Software-Technologien und IT-Systeme für die Wohnungs- und Immobilienwirtschaft

Heiko Gsell • Arne Rajchowski

Software-Technologien und IT-Systeme für die Wohnungs- und Immobilienwirtschaft

Künstliche Intelligenz, Digitale Plattformen, Property Technologies, IT-Ökosysteme

Springer Vieweg

Heiko Gsell
Aareon Stiftungsprofessur für Wirtschaftsinformatik
EBZ Business School
Bochum, Deutschland

Arne Rajchowski
Referatsleiter Digitalisierung & Smart Energy
GdW Bundesverband deutscher Wohnungs- und Immobilienunternehmen e. V.
Berlin, Deutschland

ISBN 978-3-658-51128-9 ISBN 978-3-658-51129-6 (eBook)
https://doi.org/10.1007/978-3-658-51129-6

Die Deutsche Nationalbibliothek verzeichnet diese Publikation in der Deutschen Nationalbibliografie; detaillierte bibliografische Daten sind im Internet über https://portal.dnb.de abrufbar.

Planung/Lektorat: Petra Steinmueller
Springer Vieweg ist ein Imprint der eingetragenen Gesellschaft Springer Fachmedien Wiesbaden GmbH und ist ein Teil von Springer Nature.
Die Anschrift der Gesellschaft ist: Abraham-Lincoln-Str. 46, 65189 Wiesbaden, Germany

Geleitwort

Sehr geehrte Leserinnen und Leser,

Als wir vor zwanzig Jahren noch über Haustürschlüsselverwaltung und die Ablage von Papierakten sprachen, hätte kaum jemand gedacht, dass wir heute KI-gestütztes Rechnungswesen, digitale Gebäudezwillinge und KI-Agenten diskutieren. Doch genau hier stehen wir. Software-Technologien haben unsere Branche nicht nur erreicht – sie beginnen, sie fundamental neu zu definieren.

Als Hauptgeschäftsführerin des GdW, des Bundesverbandes deutscher Wohnungs- und Immobilienunternehmen, sehe ich täglich beides: Unternehmen, denen die Einführung digitaler Technologien noch schwerfällt, und solche, die durch kluge Digitalisierungsstrategien bereits neue Maßstäbe setzen. Der Unterschied? Letztere haben erkannt, dass es nicht um Technologien geht, sondern um den strategischen Einsatz digitaler Werkzeuge zur Lösung konkreter wohnungswirtschaftlicher Probleme.

Digitalisierung ist kein Selbstzweck. Es geht nicht darum, Technik einzuführen, weil sie neu und modern ist. Vielmehr müssen wir uns fragen: Welche konkreten Probleme können wir mit digitalen Werkzeugen besser lösen? Wie können wir Klimapfade für Gebäude effizienter erstellen, Verbrauchsdaten sinnvoller nutzen und insgesamt aufwendige interne Prozesse automatisieren?

Die Wohnungswirtschaft hat in den vergangenen Jahren bereits beachtliche Schritte in Richtung digitaler Transformation unternommen. Dennoch stehen wir erst am Anfang eines Weges, der enorme Potenziale bereithält. Die Neugestaltung von Prozessen unter Einsatz intelligenter Software-Technologien bietet einen gewaltigen Hebel, um unsere Branche zukunftsfähig zu gestalten – in wirtschaftlicher, ökologischer und sozialer Hinsicht.

Das vorliegende Fachbuch nimmt Sie mit auf eine Reise durch die digitale Landschaft der Wohnungswirtschaft. Es ordnet ein, was Digitalisierung in unserem spezifischen Kontext bedeutet, und zeigt auf, wie digitale Technologien in der Wohnungswirtschaft wirken und welche Probleme sie lösen. Dabei verlieren die Autoren nie den Blick für das Wesentliche: den Menschen und seine Bedürfnisse.

Die Wohnungswirtschaft steht vor komplexen Herausforderungen: demografischer Wandel, Klimaschutz, bezahlbarer Wohnraum und steigende Kundenerwartungen.

Software-Technologien bieten uns die Chance, diese Herausforderungen effizienter und effektiver zu bewältigen. Doch dafür müssen wir die Technologien verstehen, einordnen und strategisch einsetzen können.

Wie können KI-Agenten, digitale Plattformen und Verbindungstechnologien für verschiedenen Softwarelösungen bis hin zu digitalen Identitäten in der Wohnungswirtschaft wirken und den Unternehmen konkret helfen? Technologien werden unsere Arbeit in den kommenden Jahren maßgeblich prägen und adressieren gleichzeitig aktuelle Problem- und Handlungsfelder.

Als Spitzenverband ist es unsere Aufgabe, unsere Mitgliedsunternehmen auf diesem Weg zu begleiten und Orientierung zu geben. Dieses Buch liefert dafür einen Kompass. Es verbindet Theorie und Praxis, beleuchtet Chancen, ohne Risiken auszublenden, und richtet sich gleichermaßen an Entscheiderinnen und Entscheider wie an Fachkräfte, die die digitale Transformation in ihren Unternehmen vorantreiben.

Ich wünsche Ihnen eine inspirierende Lektüre und den Mut, die hier vorgestellten Ideen in Ihrer täglichen Arbeit umzusetzen. Denn eines ist gewiss: Die Zukunft der Wohnungswirtschaft wird digital sein – gestalten wir sie gemeinsam!

Berlin, Januar 2026 Ingeborg Esser

Vorwort

Die digitale Transformation hat sich in den vergangenen Jahren von einem eher abstrakten Zukunftsthema zu einer zentralen, konkreten Gestaltungsaufgabe der Wohnungs- und Immobilienwirtschaft entwickelt. Steigende regulatorische Anforderungen, zunehmender Kostendruck, veränderte Kundenerwartungen sowie neue technologische Möglichkeiten führen dazu, dass Software-Technologien, IT-Architekturen und -Systeme sowie Plattformen heute weit mehr sind als reine Unterstützungsinstrumente operativer Prozesse. Sie prägen nicht nur die operative Leistungserbringung, sondern auch strategische Weichenstellungen, Organisationsmodelle und Kooperationsformen innerhalb der Branche.

Zugleich zeigt die Praxis, dass Digitalisierung in der Wohnungs- und Immobilienwirtschaft häufig mit Unsicherheit verbunden ist. Die technologische Dynamik ist hoch, die Anzahl verfügbarer Lösungen kaum noch überschaubar, und die Anforderungen an Integration, Datennutzung, Sicherheit und Skalierbarkeit steigen kontinuierlich. Vor diesem Hintergrund entsteht ein wachsender Bedarf an fundierter Orientierung und an einem Verständnis dafür, welche Technologien relevant sind, wie sie einzuordnen sind und wie technische Entscheidungen in einen strategischen Gesamtkontext eingebettet werden können.

Dieses Buch ist aus genau diesem Bedarf heraus entstanden. Es verfolgt das Ziel, Software-Technologien und IT-Systeme für die Wohnungs- und Immobilienwirtschaft systematisch darzustellen, einzuordnen und bewertbar zu machen. Dabei geht es uns nicht um eine isolierte Betrachtung einzelner Technologien, sondern um ein ganzheitliches Verständnis digitaler Transformation als Zusammenspiel von Technik, Strategie, Organisation und Menschen. Es richtet sich an Leserinnen und Leser, die Digitalisierung nicht nur als technisches Projekt, sondern als ganzheitliche Transformationsaufgabe verstehen und gestalten wollen.

Im Fokus stehen sowohl Grundlagentechnologien als auch moderne, teilweise noch junge technologische Ansätze, die das Potenzial haben, Geschäftsmodelle, Prozesse und Wertschöpfungsstrukturen nachhaltig zu verändern. Ergänzt werden diese durch Strategien, Methoden und Instrumente, die für die Planung und Auswahl sowie die Einführung, Integration und Weiterentwicklung von IT-Systemen und Digitalisierungstechnologien relevant sind. Besonderes Augenmerk legen wir dabei auf die Informationstechnik und die daraus entstehenden Lösungen sowie auf die strategischen Grundlagen technischer

Entscheidungen. Ziel ist es, die Komplexität moderner IT-Landschaften verständlich zu strukturieren und konkrete Unterstützung bei der Umsetzung von Digitalisierungs- und Transformationsvorhaben zu leisten.

Das Buch richtet sich an eine bewusst breit gefasste Zielgruppe. Es wendet sich an IT-Expertinnen und IT-Experten ebenso wie an Personen, die Verantwortung für die Implementierung, Integration und den Betrieb von IT-Systemen in Wohnungs- und Immobilienunternehmen tragen. Darüber hinaus adressiert es Vorstände, Geschäftsführerinnen und Geschäftsführer sowie Führungskräfte aus der Wohnungs-, Immobilien- und IT-Branche, die strategische Entscheidungen mit Blick auf ihre IT-Landschaften treffen müssen – häufig ohne selbst über einen ausgeprägten IT-Hintergrund zu verfügen, aber mit der Verantwortung für die langfristige Ausrichtung der Informationstechnik in der eigenen Organisation. Auch Gründerinnen, Gründer und Führungskräfte von Start-up-Unternehmen sollen Anregungen erhalten, um die spezifischen Anforderungen, Strukturen und Entscheidungslogiken der Branche besser zu verstehen und innovative Lösungen zielgerichtet zu entwickeln.

Ein zentrales Anliegen ist es uns, Theorie und Praxis eng miteinander zu verbinden. Die dargestellten Konzepte und Technologien werden daher durch ausgewählte Praxisbeispiele aus Wohnungs- und Immobilienunternehmen ergänzt. Diese Beispiele zeigen, wie Technologien konkret eingesetzt werden, welche Herausforderungen dabei auftreten und welche Erfolgsfaktoren sich in der Praxis bewährt haben. Sie machen deutlich, dass digitale Transformation kein linearer Prozess ist, sondern ein kontinuierlicher Lern- und Entwicklungsprozess, der technisches Know-how ebenso erfordert wie organisatorische und kulturelle Kompetenz.

Die Inhalte dieses Buches basieren auf langjähriger Erfahrung in Forschung, Lehre und Praxis an der Schnittstelle von Informationstechnik und Wohnungs- und Immobilienwirtschaft. Viele der hier behandelten Fragestellungen sind aus konkreten Projekten, Diskussionen mit Praktikerinnen und Praktikern sowie aus Lehrveranstaltungen und Weiterbildungsformaten entstanden. In diesem Sinne versteht sich das Buch auch als Ergebnis eines kontinuierlichen Dialogs zwischen Wissenschaft und Praxis.

Unser Dank gilt allen, die diesen Dialog möglich gemacht und zur Entstehung dieses Buches beigetragen haben. Insbesondere danken wir der EBZ Business School und dem GdW für die fachliche Begleitung, die inhaltlichen Impulse sowie den institutionellen Rahmen und den Freiraum, der uns das Verfassen des Buchs ermöglicht hat. Ebenso danken wir dem Kompetenzzentrum Digitalisierung Wohnungswirtschaft und dessen Mitgliedern für den intensiven Austausch und die wertvollen Perspektiven aus der Branche. Ein großer Dank gilt darüber hinaus den Wohnungs- und Immobilienunternehmen, die ihre Erfahrungen, Praxisbeispiele und Einschätzungen zur Verfügung gestellt und damit wesentlich zur Anschaulichkeit und Relevanz dieses Buches beigetragen haben.

Nicht zuletzt gilt unser persönlicher Dank unseren Ehefrauen Sara Dávila Chávez und Martina Rajchowski. Ihre Geduld, ihre Unterstützung und ihr Verständnis haben maßgeblich dazu beigetragen, dass dieses Buch entstehen konnte – gerade in Phasen, in denen die

Arbeiten an Manuskript, Struktur und Inhalten viel Zeit und Aufmerksamkeit in Anspruch genommen haben.

Wir hoffen, dass dieses Buch Leserinnen und Leser dabei unterstützt, die digitale Transformation in der Wohnungs- und Immobilienwirtschaft fundiert, reflektiert und nachhaltig zu gestalten. Wenn es dazu beiträgt, Diskussionen anzuregen, Perspektiven zu erweitern und konkrete Umsetzungsimpulse zu geben, hat es sein Ziel erreicht. Wir wünschen Ihnen eine anregende und erkenntnisreiche Lektüre.

Bochum/Berlin — Heiko Gsell
Berlin/Potsdam — Arne Rajchowski
Januar 2026

Interessenkonflikt Die Autor*innen haben keine relevanten Interessenskonflikte im Zusammenhang mit dieser Publikation.

Inhaltsverzeichnis

Abkürzungsverzeichnis

ADKAR	Awareness, Desire, Knowledge, Ability, Reinforcement
AI	Artificial Intelligence/Künstliche Intelligenz
AIOps	Artificial Intelligence für IT Operations
API	Application Programming Interface
AR	Augmented Reality
AWS	Amazon Web Services
B2B	Business-to-Business
B2B2C	Business-to-Business-to-Consumer
B2C	Business-to-Consumer
BI	Business Intelligence
BIM	Building Information Modeling
BPMN	Business Process Model and Notation
CAD	Computer Aided Design
CAFM	Computer Aided Facility Management
CDE	Common Data Environment
CI	Continuous Integration
CoAP	Constrained Application Protocol
CoE	Center of Excellence
CPS	Cyber-physische Systeme
CRM	Customer Relationship Management
CRISP-DM	Cross-Industry Standard Process for Data Mining
CSRD	Corporate Sustainability Reporting Directive
CSV	Comma-separated Values
DAP	Digital Adoption Platform
DB	Datenbank
DDoS	Distributed Denial of Service
DIY	Do it yourself
DL	Distributed Ledger
DMG	Disk Image
DMS	Dokumentenmanagementsystem

DSGVO	Datenschutzgrundverordnung
eAU	Electronische Arbeitsunfähigkeitsbescheinigung
ECM	Enterprise Content Management
EDA	Event Driven Architecture/Ereignisgetriebene Architektur
EDC	Eclipse Dataspace Connector
eID	Elektronische Identifizierung
eIDAS	Electronic Identification, Authentication and Trust Services
ELT	Extract, Load, Transform
ERP	Enterprise Resource Planning
ESB	Enterprise Service Bus
ESG	Environmental, Social and Governance
ESRS	European Sustainability Reporting Standards
ETL	Extract, Transform, Load
EU	Europäische Union
EUDI	EU Digital Identity
FM	Facility Management
FIBU	Finanzbuchhaltung
GdW	Bundesverbands deutscher Wohnungs- und Immobilienunternehmen e. V.
GEG	Gebäudeenergiegesetz
GenAI	Generative Künstliche Intelligenz
GPS	Global Positioning System
HTTP	Hypertext Transfer Protocol
HVAC	Heating, Ventilation and Air Conditioning
IaaS	Infrastructure-as-a-Service
IAM	Identity and Access Management
IoT	Internet of Things
iPaaS	Integration Platform-as-a-Service
ISMS	Informationssicherheitsmanagementsystem/Information Security Management System
JSON	Java Script Object Notation
KI	Künstliche Intelligenz/ Artificial Intelligence
KIM	Kommunikation im Medizinwesen
KPI	Key Performance Indicator
LAM	Large Action Model
LiDAR	Light Detection and Ranging
LLM	Large Language Model
LoRaWAN	Long Range Wide Area Network
MCP	Model Context Protocol
MFA	Multi-Faktor-Authentisierung
MLOps	Machine Learning Operations
MQTT	Message Queuing Telemetry Transport
NFC	Near Field Communication

NIS	Network and Information Security
NLP	Natural Language Processing
OCR	Optical Character Recognition
OPC	Open Platform Communications
OT	Operational Technology
PaaS	Platform-as-a-Service
PDCS	Plan, Do, Check, Act
PV	Photovoltaik
RAG	Retrieval Augmented Generation
RE	Rechnung
REST	REpresentational State Transfer
RoI	Return on Investment
RPA	Robotic Process Automation
RPC	Remote Procedure Call
SaaS	Software-as-a-Service
SFTP	Secure File Transfer Protocol
SGMM-KI	St. Galler Management Modell für KI
SMTP	Simple Mail Transfer Protocol
SOA	Serviceorientierte Architektur
SOAP	Simple Object Access Protocol
SSI	Self-Sovereign Identity
SSO	Single Sign-On
S/W	Software
TCP	Transmission Control Protocol
TDD	Test-Driven Development
TGA	Technische Gebäudeausrüstung
TI	Telematikinfrastruktur
TLS	Transport Layer Security
UN	Unternehmen
VAO	Vonovia Asset Observation
VR	Virtual Reality
WfMS	Workflow Management System
WLAN	Wireless Local Area Network
XML	Extensible Markup Language
XMPP	Extensible Messaging and Presence Protocol
ZIA	Zentraler Immobilienausschuss e. V.

1 Einführung – über dieses Buch (Aufbau, Inhalte, Struktur)

Die Digitalisierung eröffnet der Wohnungs- und Immobilienwirtschaft erhebliche Chancen, die Dynamik, die in dieser Branche durch multiple Krisen sowie Einflüsse von innen und außen – beispielsweise Herausforderungen der Energieversorgung und des Klimaschutzes, Fachkräftemangel, ESG-Anforderungen, Sanierungsbedarf von Gebäuden, steigende Anforderungen nach Transparenz, Flexibilität und Komfort der Stakeholder in der Branche (vgl. Bölting et al., 2023, S. 6 ff.) – entsteht, zu handhaben und in positive Impulse zu überführen. Vielfach tragen Digitalisierungstechnologien sowie auf diesen Technologien basierende Geschäftsmodelle dazu bei, Geschäftsprozesse in der Branche effizienter zu gestalten und zu verbessern. Die Implementierung von Digitalisierungslösungen in Wohnungs- und Immobilienunternehmen verlangt umfassende, auch strukturelle Veränderungen in diesen Unternehmen, die im Zuge von digitalen Transformationsprozessen vorgenommen werden müssen (vgl. Moring et al., 2018, S. 26 f.). Zur Unterstützung dieser Prozesse werden strukturierte Vorgehensmethoden und -modelle benötigt, deren Anwendung in einem passgenauen Einsatz von (informations-)technische Lösungen in den Unternehmen der Branche resultieren sollte.

Das vorliegende Werk ist aus der Beobachtung entstanden, dass die Digitalisierung nicht an einem Mangel an Technologie scheitert, sondern an der fehlenden Übersetzung technischer Möglichkeiten in tragfähige Strategien und Strukturen. Ziel ist es daher, einen systematischen Überblick über zentrale Digitalisierungstechnologien, die für die Wohnungs- und Immobilienwirtschaft aktuell und perspektivisch von Relevanz sind, ihre Anwendungsfelder und ihre organisatorischen Implikationen zu geben. Im Zuge der Darstellung der Technologien zeigt dieses Buch geeignete Strategien, Methoden und Instrumente auf, welche die Implementierung und Nutzung von Digitalisierungstechnologien in der Branche befördern. Mit Fokus auf die technologischen Aspekte wird erstens der Stand der Digitalisierungs- und Informationstechnik mit Bezug zur Wohnungs- und Immobilien-

H. Gsell, A. Rajchowski, *Software-Technologien und IT-Systeme für die Wohnungs- und Immobilienwirtschaft*, https://doi.org/10.1007/978-3-658-51129-6_1

wirtschaft dargestellt. Zweitens werden technologische Entwicklungen und daraus ableitbare technische Lösungen erörtert und drittens werden längerfristige technologische Trends beschrieben und somit Zukunftspotenziale sowie damit verbundene Effekte für Geschäftsprozesse und für Interaktionen mit den Stakeholdern der Branche (Mieterinnen und Mieter, Eigentümer, Projektentwickler, Handwerker, Dienstleister, Versorger) herausgearbeitet.

Mit den skizzierten Inhalten möchten die Autoren Orientierung schaffen, Zusammenhänge verdeutlichen und Entscheidungsräume öffnen – für Fach- und Führungskräfte der Wohnungs- und Immobilienwirtschaft ebenso wie für Forschende, die sich mit der digitalen Transformation der Branche befassen. Auch adressiert das Buch PropTech-Unternehmerinnen und -Unternehmer, IT-Dienstleister sowie Verantwortliche aus Beratung, Verwaltung und Wissenschaft, die an der Nahtstelle von Technologie und Organisation arbeiten. Der Entstehungshintergrund dieses Buchs ist gleichermaßen praxisnah wie wissenschaftlich fundiert: Das Werk speist sich aus zahlreichen Forschungs- und Entwicklungsprojekten, in denen digitale Technologien in der Wohnungswirtschaft nicht nur theoretisch betrachtet, sondern konkret implementiert wurden – von der Mieter-App über digital unterstützte Modernisierungs- und Reparaturprozesse bis hin zu KI-gestützten Assistenzsystemen. Diese Verbindung aus Forschung, Praxis und strategischer Reflexion bildet den Kern des vorliegenden Werks.

Ergänzend zu diesem Orientierungsrahmen werden den genannten Zielgruppen Methoden, Instrumente und Hilfsmittel an die Hand gegeben, das Wissen über die Technologien sowie entsprechende Lösungen strukturiert und zum Nutzen der eigenen Organisation einzusetzen. Mit der beschriebenen Ausrichtung des Buchs werden Felder adressiert, die für die technologische Gestaltung von modernen Organisationen der Branche und das damit verbundene Ausschöpfen von Effizienzsteigerungspotenzialen sowie das Erzielen von hoher Zufriedenheit der Stakeholder der Unternehmen der Wohnungs- und Immobilienwirtschaft maßgeblich sind. So folgt das Buch einer klaren Struktur, die Theorie, Technologie und Praxis miteinander verbindet. Es ist so aufgebaut, dass jedes Kapitel eigenständig gelesen werden kann, zugleich jedoch auf den Inhalten der vorangehenden Kapitel aufbaut. Die Lesenden können dem chronologischen Aufbau folgen oder gezielt Themen vertiefen, die für ihr Tätigkeitsfeld besonders relevant sind. Im Einzelnen umfassen die Kapitel des Buchs die folgenden Inhalte:

- Die Kap. 2 und 3 legen die Grundlagen für die weiteren Buchinhalte: Sie definieren die zentralen Begriffe, nehmen eine Einordnung der Digitalisierung für die Branche und eine Bewertung ihrer Bedeutung und ihres Status in der Branche vor und beschreiben die Grundlagentechnologien als Basis für eine Digitalisierung von Unternehmen – von IT-Infrastrukturen über in der Branche etablierte Software- und Internettechnologien (vgl. Gsell & Nikodemus, 2025, S. 74 f.), wie z. B. Dokumentenmanagement- oder ERP-Systeme, bis hin zu Plattformlösungen und Informationssicherheit.
- Kap. 4 diskutiert – unter der Prämisse, dass die Grundlagentechnologien in den Unternehmen bekannt und implementiert sind – moderne Digitalisierungstechnologien und

daraus abgeleitete Lösungen für die Wohnungs- und Immobilienwirtschaft. Aufbauend auf dem methodischen Ansatz einer Technologieauswahl-Matrix zeigen die Autoren auf, dass die Verarbeitung von großen Datenmengen eine zwingende Voraussetzung darstellt, damit moderne Digitalisierungslösungen funktionieren, sie nehmen eine umfassende Diskussion des Themenkomplexes künstliche Intelligenz vor und beleuchten weitere moderne Informationstechnologien, wie Robotic Process Automation (RPA), Internet of Things (IoT) und Building Information Modeling (BIM), eingehend.

- Das Kap. 5 setzt einen strategisch-methodischen Schwerpunkt, indem es zunächst die Architektur einer Digitalisierungsstrategie (vgl. Lipsmeier et al., 2019, S. 320) auf die Wohnungs- und Immobilienwirtschaft anpasst und aufzeigt, wie sich eine Digitalisierungsstrategie für Unternehmen der Branche entwickeln und operationalisieren lässt. Im Weiteren skizziert es digitale Geschäftsmodelle und beschreibt ein Vorgehensmodell zur projektgestützten Umsetzung der Digitalisierung in Unternehmen. Das Kapitel schließt mit der Beschreibung der Anwendung des Design Thinking in Digitalisierungsprojekten der Wohnungs- und Immobilienwirtschaft ab.
- Kap. 6 fokussiert das Themenfeld Proptech-Unternehmen/-Lösungen und zeigt deren zunehmende Bedeutung als Innovatoren der Wohnungs- und Immobilienwirtschaft auf. Einen wichtigen Aspekt stellt in diesem Kontext die technische Integration einschlägiger Lösungen dar, für die unterschiedliche Ansätze diskutiert werden. Eng mit diesem Themenfeld verknüpft sind die Inhalte der Kap. 7 und 8, welche zunächst die Konnektivität zwischen IT-Systemen und technische Lösungen zur Systemanbindung strukturiert aufarbeiten und im Weiteren ein Gesamtkonzept für ein integratives IT-Ökosystem beschreiben, das Interaktionen zwischen spezialisierten Softwareanwendungen, Partnersystemen und Plattformlösungen in einem solchen Ökosystem unterstützt und handhabbar macht.
- In Kap. 7 zeigen die Autoren die Möglichkeiten der technischen Ausgestaltung der Datenkommunikation und der Interaktionen zwischen unterschiedlichen IT-Systemen auf. Sie stellen dazu zunächst die Anforderungen an die Konnektivität zwischen unterschiedlichen Systemen dar und beschreiben die möglichen technischen Lösungen für die Datenkommunikation ausführlich. Einen gegenüber den bereits bekannten und überwiegend etablierten Technologien ergänzenden Punkt bildet die Kombination aus Konnektoren und Datenräumen, deren Diskussion das Kap. 7 abschließt.
- Mit Kap. 8 wird ein konzeptioneller Ansatz eingeführt, der eine Integration verschiedener Technologien, IT-Systeme, Plattformen und anderer technischer Komponenten von unterschiedlichen Systemherstellern bzw. Providern in einem IT-Ökosystem unterstützt. Dieser Ansatz eines integrativen IT-Ökosystems erleichtert die Nutzung von PropTech-Lösungen oder anderen externen IT-Systemen durch Wohnungs- und Immobilienunternehmen, indem diese Systeme an ein Kernsystem angebunden werden und damit eine direkte Datenkommunikation und Interaktionen zwischen den IT-Einzelsystemen im IT-Ökosystem vereinfacht werden. Ausgehend von der Darstellung des Status Quo in der Branche werden die Potenziale und Möglichkeiten des Einsatzes moderner IT-Systeme in der Wohnungs- und Immobilienwirtschaft aufgezeigt. Auf den

erarbeiteten Erkenntnissen aufbauend werden das Konzept des integrativen IT-Ökosystems sowie dessen Architektur und Datenmanagement beschrieben. Das Kapitel endet mit einer ausführlichen Darstellung der Handlungsfelder für den Aufbau eines solchen Ökosystems.
- Kap. 9 schließlich schließt den Bogen und richtet den Blick auf langfristige Trends, Szenarien und Perspektiven des Einsatzes moderner Software-Technologien und IT-Systeme in der Wohnungs- und Immobilienwirtschaft. Mit der Weiterentwicklung bestehender und der Generierung neuer Informationstechnologien lassen sich neu entstehende Potenziale der Digitalisierung ausschöpfen, damit verbundene organisatorische, technische und Sicherheitsanforderungen erfüllen und moderne Strukturen in der Wohnungs- und Immobilienwirtschaft gestalten.

Die über diese Inhalte erarbeiteten und beschriebenen Erkenntnisse fußen auf einer Kombination aus Literatur-, Markt- und Technologierecherche, ergänzt durch empirische Beobachtungen und Fallstudien aus Digitalisierungsprojekten der Wohnungs- und Immobilienwirtschaft. Analysiert wurden dazu unter anderem Branchenstudien des *Bundesverbands deutscher Wohnungs- und Immobilienunternehmen e. V. (GdW),* des *Zentralen Immobilien Ausschusses e. V. (ZIA),* des *Bitkom e. V.,* von *Deloitte* und *EY Real Estate,* der *EBZ Business School* sowie wissenschaftliche Beiträge zu den Themen Informationsmanagement, Plattformökonomie und künstliche Intelligenz. Die praktischen Erkenntnisse sind zum großen Teil aus eigenen Projekten der Autoren in das Werk eingeflossen. Die Ausführungen sind somit theoretisch fundiert und zugleich stets auf Umsetzbarkeit in der betrieblichen Realität geprüft.

Vor dem skizzierten Hintergrund ist die Perspektive des Buches weder rein technisch noch ausschließlich organisatorisch. Die Autoren sehen die Digitalisierung vielmehr als sozio-technisches Phänomen, das Technologie, Organisation und Mensch vereint. Diese Sicht soll sicherstellen, dass das Buch nicht als statisches Nachschlagewerk, sondern als dynamischer Orientierungsrahmen gelesen wird, der auf unterschiedliche Unternehmensgrößen und Organisationsformen von Wohnungs- und Immobilienunternehmen, Dienstleistungs- und Technologienunternehmen, die Leistungen und Lösungen für die Wohnungs- und Immobilienwirtschaft bereitstellen, sowie PropTech-Unternehmen anwendbar ist. Die lesende Person kann das Buch linear von Kapitel zu Kapitel durcharbeiten oder gezielt in Themenbereiche einsteigen, die für das eigene Arbeitsfeld relevant sind. Querverweise zeigen thematische Zusammenhänge und Verbindungen auf. Über allem steht die Erkenntnis, dass digitale Exzellenz nicht allein aus Technologie entsteht, sondern aus der Fähigkeit, sie strategisch, zielführend und verantwortungsvoll einzusetzen. Das Buch versteht sich daher nicht als Anleitung, sondern als Navigationshilfe für Wohnungs- und Immobilienunternehmen, welche die Chancen der Digitalisierung nutzen und gleichzeitig ihre gesellschaftliche Verantwortung aktiv gestalten wollen.

Literatur

Bölting, T., Eisele, B., Gaida, M., & Jüngling, J. (2023). *Human Resources Monitor Immobilienwirtschaft 2023. Ergebnisbericht zur Branchenbefragung Aus-, Fort- und Weiterbildung in der Wohnungs- und Immobilienwirtschaft.* InWIS, Europäisches Bildungszentrum der Wohnungs- und Immobilienwirtschaft (EBZ) – gemeinnützige Stiftung.

Gsell, H., & Nikodemus, P. (2025). *Digitalisierung von Geschäftsprozessen in der Immobilienwirtschaft – Informationsmanagement, Systeme Plattformen.* Springer Vieweg.

Lipsmeier, A., Kühn, A., Dumitrescu, R., & Flach, O. (2019). Erfolgsfaktor Digitalisierungsstrategie – Strategisches Management der digitalen Transformation. In J. Gausemeier, W. Bauer, & R. Dumitrescu (Hrsg.), *Vorausschau und Technologieplanung. 15. Symposium für Vorausschau und Technologieplanung. 21. und 22. November 2019.* Heinz Nixdorf Institut. https://digital.ub.uni-paderborn.de/hs/content/titleinfo/3311341. Zugegriffen: 19. Juni 2025.

Moring, A., Maiwald, L., & Kewitz, T. (2018). *Bits and bricks: Digitalisierung von Geschäftsmodellen in der Immobilienbranche.* Springer Gabler.

Bedeutung der Digitalisierung für die Wohnungs- und Immobilienwirtschaft

2

Die Ausführungen in diesem Kapitel zielen zunächst darauf ab, ein grundlegendes Verständnis für die Digitalisierung zu beschreiben und deren Bedeutung für die Wohnungs- und Immobilienwirtschaft einzuordnen. Dazu werden die Digitalisierung auch in Abgrenzung zur digitalen Transformation sowie vier grundlegende Dimensionen der Digitalisierung – digitale Produkte, digitale Prozesse, digitale Vernetzung, digitale Geschäftsmodelle – definiert. Weiterhin erörtern die Autoren die *Befähiger* zur Ausprägung der Digitalisierung in der Wohnungs- und Immobilienwirtschaft. Unter Hinzuziehen des *Reifegradmodells Digitale Prozesse 2.0* des Bitkom e. V. (vgl. Bitkom, 2022, S. 13) erfolgt eine grobe Einschätzung des Status und der Entwicklungsnotwendigkeit der Digitalisierungsdimension *digitale Prozesse* mit Bezug zur Wohnungs- und Immobilienwirtschaft. Diese Einschätzung hebt die zentrale Bedeutung der Digitalisierung für die Wirtschaftlichkeit sowie für die Stakeholderorientierung der Unternehmen der Branche und für deren Zukunftsfähigkeit hervor. Neben der Dimension digitale Prozesse beleuchten die Autoren im Weiteren die Dimension *digitale Geschäftsmodelle* vertiefend. Die Ausgestaltung dieser Dimension und die mit dieser Ausgestaltung erzielbaren Effekte zur Realisierung der Digitalisierung hängen stark von der jeweiligen Immobilienlebenszyklusphase, für welche das in einem Geschäftsmodell beschriebene Leistungsangebot vorgesehen ist, ab.

Aufbauend auf die grundlegende definitorische Einordnung und Strukturierung der Elemente der Digitalisierung mit Bezug zur Wohnungs- und Immobilienwirtschaft nehmen die Autoren in diesem Kapitel eine qualitative Bewertung des Stellenwerts der Digitalisierung für die Branche vor. Im Zuge dieser Bewertung formulieren sie besondere strategische Ansätze zur Stärkung der Digitalisierung in den Unternehmen der Branche. Im Weiteren werden technologische Aspekte, die ebenfalls zur Stärkung der Digitalisierung beitragen, diskutiert. Damit erfolgt zugleich eine Einschätzung der Chancen und Perspek-

H. Gsell, A. Rajchowski, *Software-Technologien und IT-Systeme für die Wohnungs- und Immobilienwirtschaft*, https://doi.org/10.1007/978-3-658-51129-6_2

tiven der Digitalisierung in der Branche, die vertiefend diskutiert wird. Im Anschluss erfolgt ein Abgleich der dargestellten Chancen und Perspektiven der Digitalisierung mit den aktuellen Trends, bevor abschließend die prioritär verfolgten Handlungsoptionen beschrieben werden.

2.1 Verständnis der Digitalisierung – Einordnung für die Wohnungs- und Immobilienwirtschaft

Um die Wettbewerbsfähigkeit der in den unterschiedlichen Branchen etablierten Unternehmen in Deutschland zu erhalten und ihre Verdrängung durch neue Player von den Märkten zu vermeiden, bildet die Umsetzung der Digitalisierung in diesen Unternehmen einen wichtigen Faktor. Mit der Digitalisierung dringen zunehmend Wettbewerber aus der IT- und der Internetbranche sowie aus bisher marktfremden Branchen in die jeweiligen Märkte ein (vgl. Bitkom, 2024). Diese Entwicklung bedeutet, dass die bisher diese Märkte bestimmenden Unternehmen erhebliche Anstrengungen zur Einführung und Nutzung von Digitalisierungstechnologien unternehmen müssen, um die damit verbundenen Potenziale auszuschöpfen und den neuen Wettbewerbern attraktive Leistungsangebote auf ihren angestammten Märkten entgegenzusetzen. Denn diese Wettbewerber gehen oftmals mit neuen, innovativen Geschäftsmodellen in diese Märkte und erhöhen damit den Druck auf die dort etablierten Unternehmen, ebenfalls neue, durch digitale Lösungen getriebene Geschäftsmodelle zu entwickeln. Ziel dieser Geschäftsmodelle und einer damit verbundenen digitalen Transformation muss es sein, mit innovativen Lösungen neue Bedürfnisse zu wecken sowie bestehende Anforderungen der eigenen Stakeholder optimal zu erfüllen und Verbesserungen in den eigenen Geschäftsprozessen zu erzielen.

Die Beschreibungsfaktoren *digitale Technologien, digitale Prozesse und Leistungen* sowie *digitale Geschäftsmodelle* stehen vor dem Hintergrund der beschriebenen Herausforderungen, welche die Unternehmen in nahezu allen Branchen hinsichtlich des Umgangs mit der Digitalisierung bewältigen müssen, in einem direkten Zusammenhang zueinander, welcher in einer Digitalisierungspyramide (vgl. Abb. 2.1) visualisiert ist. So verlangen die Rahmenbedingungen, unter denen Unternehmen heute agieren, effiziente Prozesse und passgenaue Leistungsangebote, die eine umfassende sowie zielführende Nutzung und Verarbeitung von Daten sowie den Einsatz von modernen Software- und Internettechnologien voraussetzen. Auf der Grundlagenebene wird damit der Begriff der *Digitisierung* geprägt, der besagt, dass ein (vormals) analoger Prozess digital befähigt bzw. in einen digitalen Prozess überführt wird.[1]

[1] Der Begriff der *Digitisierung (digitization)* wird vorwiegend im US-amerikanischen Sprachkontext genutzt und bezeichnet die Befähigung von Prozessen für die Digitalisierung. Ein analoger Prozess wird im Zuge der Digitisierung in eine digitale Form überführt, ohne den Prozess selbst zu verändern (vgl. Gartner Glossary, o. J.).

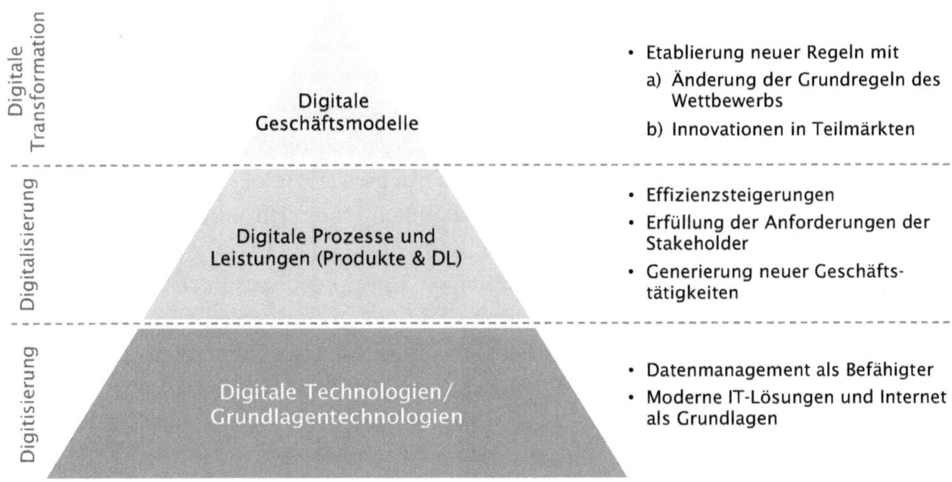

Abb. 2.1 Digitalisierungspyramide: Zusammenhang zwischen digitalen Technologien, Prozessen und Geschäftsmodellen. (Eigene Darstellung in Anlehnung an Lang, 2022, S. 14)

Mit der *Digitisierung* werden entsprechend der vorangehenden Begriffsbestimmung digitale Technologien geschaffen, die in diesem Fachbuch als *Grundlagentechnologien* der Digitalisierung ausgewiesen werden. Zu diesen Grundlagentechnologien zählen die Autoren u. a. das Informations- und Datenmanagement einschließlich der Repositories zur Datenspeicherung, Cloud Computing, E-Commerce und konventionelle Software- und Internettechnologien. Diese Technologien nehmen als Befähiger der Digitalisierung Einfluss auf die Prozesse und Leistungen in Organisationen.

Die *Digitalisierung* baut auf den Grundlagentechnologien auf. Sie bezeichnet im Rahmen des vorliegenden Fachbuchs die *Nutzung von Digitalisierungstechnologien,* „um ein Geschäftsmodell zu verändern und neue Umsatz- und Wertschöpfungsmöglichkeiten zu schaffen; …" (Lang, 2022, S. 13). Diese Definition spiegelt sich in Abb. 2.1 wider, die oberhalb der Grundlagenebene der Digitalisierungspyramide die Digitalisierung von Prozessen und Leistungen darstellt. Gemäß der gegebenen Definition zielt die Digitalisierung erstens auf eine effiziente Abwicklung von Geschäftsprozessen bis hin zu ihrer vollständigen Automatisierung, zweitens auf eine verbesserte Erfüllung der Anforderungen der Stakeholder von Unternehmen durch digitalisierte Produkte und Dienstleistungen sowie drittens auf den Aufbau und die Etablierung von neuen Geschäftstätigkeiten ab. Damit bedeutet Digitalisierung die *„Software-Werdung von allem",* d. h. eine Virtualisierung von Gegenständen, Personen, Prozessen, Wissen sowie Werten. Dieser Ansatz, der die Bereitstellung von Lösungen für konkrete Problem- bzw. Aufgabenstellungen adressiert, wird in Abschn. 4.1 mit der *Technologie-Auswahlmatrix* in eine strukturierte Methode überführt.

Die oberste Ebene der Digitalisierungspyramide repräsentiert schließlich die *digitalen Geschäftsmodelle,* die aus der Nutzung von digitalen Technologien abgeleitet werden können. Der Aufbau von digitalen Geschäftsmodellen erfolgt in Unternehmen, die ihr Geschäft bislang analog betrieben haben, im Zuge einer *digitalen Transformation*. In Abgrenzung zur *Digitalisierung* ist die *digitale Transformation* im Rahmen dieses Buchs definiert als ein „strategisch geplanter und weitreichender Veränderungsprozess zur Einführung einer software- und datengetriebenen Organisation" (Lang, 2022, S. 14). Dieser Veränderungsprozess bedarf einer Digitalisierungsstrategie der jeweiligen Organisation sowie der Nutzung von strukturierten Vorgehensmethoden und Instrumenten, von denen diejenigen, die nach Ansicht der Autoren für die Nutzung in der Wohnungs- und Immobilienwirtschaft besonders geeignet erscheinen, in Kap. 5 dieses Fachbuchs ausgeführt werden. Treiber der digitalen Transformation sind Digitalisierungstechnologien,[2] wie beispielsweise künstliche Intelligenz (KI), Blockchain-Technologie, Internet der Dinge (IoT), Robotik oder Cybersicherheit. Diese Technologien wirken somit über die Prozesse und Leistungen, in welchen sie genutzt werden, auf die Geschäftsmodelle von Unternehmen. Mit Bezug zu den beiden oberen Ebenen der Digitalisierungspyramide – die Ebene der digitalen Technologien, welche die Grundlagentechnologien zur Befähigung der Digitalisierung bereitstellt, wird hier ausgenommen – lassen sich die folgenden vier Dimensionen der Digitalisierung definieren, die spezifische Funktionen in digitalen Organisationen wahrnehmen (vgl. BMWK, o. J.):

- *Digitale Produkte:* Bei digitalen Produkten handelt es sich um datenbasierte Dienste (Softwareanwendungen oder Dienstleistungen) nicht-physischer Art, die sowohl isoliert als auch in physische Güter eingebunden sein können. Derartige Dienste werden i. d. R. automatisiert innerhalb von Leistungsprozessen erbracht und können in die unternehmenseigenen Prozesse integriert werden. Damit erzeugen sie eine positive Wirkung bzw. positiven Nutzen und schaffen einen Mehrwert sowohl intern als auch für die externen Stakeholder.
- *Digitale Prozesse:* Digitale Prozesse realisieren eine datenbasierte Darstellung der Realität zur Organisation und Steuerung von Geschäfts- oder technischen Prozessen. Die Umsetzung dieser Darstellung lässt sich mittels eines digitalen Reifegrads der Prozesse, der die Digitalisierung entlang definierter Kriterien messbar macht, bewerten. So wird ein niedriger Prozessreifegrad durch eine Abbildung und Bereitstellung von datenbasierten Informationen repräsentiert, während ein hoher Prozessreifegrad vollständige Prozesse mittels integrierter Datenmodelle abbildet und damit eine umfassende Automatisierung der Prozesse möglich macht. Damit lassen sich wiederum die Effizienz und Produktivität der Prozesse steigern und Fehler reduzieren.

[2] In Abgrenzung zum Beschreibungsfaktor *digitale Technologien*, die Organisationen als Grundlagentechnologien zur Digitalisierung befähigen, bezeichnen *Digitalisierungstechnologien* in diesem Fachbuch solche Technologien, die von Organisationen unmittelbar zur Unterstützung von digitalen Geschäftsprozessen oder zum Erbringen von digitalisierten Leistungen für ihre Stakeholder genutzt werden.

- *Digitale Vernetzung:* Mit der digitalen Vernetzung wird das Ausmaß der Verbindungen einzelner Prozesse in einem digitalen Gesamtsystem beschrieben. Ein solches Gesamtsystem wird gebildet aus Menschen, Maschinen und Daten und erstreckt sich über die internen Prozesse hinweg auf ein Prozessnetzwerk, das unterschiedliche Stakeholder miteinander verbindet. Mittels geeigneter Technologien können in digital vernetzten Prozessen Interaktionen und Kommunikation der beteiligten Akteure und Systeme umgesetzt werden.
- *Digitale Geschäftsmodelle:* Im Allgemeinen beschreibt ein Geschäftsmodell erstens die Logik, Daten und andere Nachweise, die ein Wertversprechen für Stakeholder bieten, zweitens die Wertschöpfung und deren Einbettung in ein Wertschöpfungssystem, um das Wertversprechen zu erfüllen, sowie drittens die Struktur von Einnahmen und eingesetzten Ressourcen, welche diese Werte bereitstellt (vgl. Strunz-Happe et al., 2022, S. 83). In Ergänzung zu dieser Definition zeichnet sich ein digitales Geschäftsmodell dadurch aus, dass „digitale Technologien fundamental Einfluss auf die Art und Weise des Wirtschaftens und der Umsatzgenerierung eines Unternehmens haben" (Engert & Hess, o. J.). In digitalen Geschäftsmodellen sind die Kernleistungsprozesse sowie die Stakeholderprozesse somit stark digitalisiert; die Stakeholder sind über die Prozessdaten eng in die Geschäftsprozesse integriert. Hier liegt das Ziel – ebenso wie in der Dimension digitale Produkte – in der Schaffung eines Mehrwerts für die Stakeholder, für den diese bereit sind, eine monetäre Leistung zu erbringen.

Die vorangehend skizzierten Dimensionen der Digitalisierung bilden, ergänzt um die Faktoren *Qualifizierung* sowie *Forschungs- und Innovationsaktivitäten,* die unternehmensinternen Bewertungskriterien für die Ermittlung des *Digitalisierungsindex der Wirtschaft in Deutschland* (vgl. Büchel et al., 2020, S. 6 ff.), der seit 2020 durch das Institut der Deutschen Wirtschaft IW im Auftrag des Bundesministeriums für Wirtschaft und Klimaschutz (BMWK) ermittelt wird. Die beiden vorangehend genannten ergänzenden Faktoren lassen sich wie folgt beschreiben:

- *Qualifizierung:* Mit der Qualifizierung von Mitarbeitenden werden Unternehmen dazu befähigt, als Organisation digitales Wissen und digitale Kompetenzen aufzubauen und weiterzuentwickeln. Diese Kompetenzen bilden wiederum die Basis, um aufbauend auf den Grundlagentechnologien gezielt Digitalisierungstechnologien in den Unternehmen nutzbar zu machen und die digitale Transformation zu bewältigen (vgl. Büchel et al. 2020, S. 7).
- *Forschungs- und Innovationsaktivitäten:* Die Forschungs- und Innovationsaktivitäten gehen noch einen Schritt weiter als die Qualifizierung, denn damit werden unternehmenseigene Aktivitäten betrieben, um neues Wissen und Erkenntnisse mit Bezug zur Digitalisierung zu gewinnen sowie Leistungsangebote zu entwickeln. Wesentliche Grundlagen für diese Aktivitäten bilden ein hinreichender Einsatz von finanziellen Mitteln, beispielsweise für Anlagen, Sachmittel, Personal und Aufträge, die für die For-

schung und Entwicklung eingesetzt werden, sowie von Beschäftigten in Forschung und Entwicklung, welche die entsprechenden Aktivitäten betreiben (vgl. Legler et al. 2007, S. 3).

Gemäß dem *Digitalisierungsindex 2023 des Bundesministeriums für Wirtschaft und Klimaschutz (BMWK),*[3] der neben den oben erläuterten unternehmensinternen Bewertungskriterien auch externe Kriterien einbezieht, nehmen in Deutschland insbesondere die Branchengruppen *Informations- und Kommunikationstechnik, Elektrotechnik, Maschinen- und Fahrzeugbau* sowie *Unternehmensnahe Dienstleister* eine führende Rolle in der Digitalisierung ein, denn sie bilden diejenigen Branchengruppen mit den höchsten Digitalisierungsindizes. Mit dem Wirtschaftssektor *Informations- und Kommunikationstechnik* führte eine Branchengruppe den Digitalisierungsindex an, welche die Digitalisierung in Deutschland als Anbieter von innovativen Produkten und Dienstleistungen per se vorantreibt (vgl. BMWK, 2023, S. 6.) Diese Branchengruppe stellt vielfach Querschnittstechnologien bereit, die eine wichtige Grundlagen für die Nutzung von Digitalisierungstechnologien bilden. Sie umfasst die Wirtschaftszweige Herstellung von Datenverarbeitungsgeräten, elektronischen und optischen Erzeugnissen, das Verlegen (Entwicklung und Vertrieb) von Software, die Telekommunikation, das Erbringen von Dienstleistungen der Informationstechnologie sowie die Informationsdienstleistungen, welche Datenverarbeitung, Hosting und damit verbundene Tätigkeiten sowie Webportale zusammenfasse (vgl. BMWK, 2024, S. 60).

Der für die Bewertung der Dimension *digitale Prozesse* maßgebliche Indikator *digit ler Reifegrad Prozesse* des Digitalisierungsindex, der den Anteil der Unternehmen angib deren Prozesse die Reifegradstufe „stark digitalisiert" aufweisen, liegt bei den Unternehmen der Branchengruppe *Informations- und Kommunikationstechnik* deutlich über dem Durchschnitt aller Branchen in Deutschland. Dies gilt ebenso für den Indikator *digitale Vernetzung,* der die gleichnamige Digitalisierungsdimension repräsentiert (vgl. BMWK, 2024, S. 65 f.). Mit dieser Einordnung werden in dieser Branchengruppe umfassende Daten und Informationen für die Abwicklung einschlägiger Geschäftsprozesse bereitgestellt – beispielsweise für das Billing und die Fakturierung von Zahlungen bei IT-Unternehmen, die als Cloud-Serviceprovider Software für Ihre Kunden im Pay-per-Use-Modell zugänglich machen. Weiterhin lässt sich die Digitalisierung von Prozessen durch ihre elektronische Steuerung operationalisieren, die durch geeignete IT-Systeme, wie Enterprise Resource Planning (ERP)-, Customer Relationship Management (CRM)- bzw. En-

[3] Der Digitalisierungsindex wird für insgesamt sieben Branchengruppen ausgewiesen, die jeweils unterschiedliche Wirtschaftszweige subsummieren. Die Wirtschaftszweige, die aus den für die Gruppenbildung berücksichtigten Wirtschaftszweigen den engsten Bezug zur Wohnungs- und Immobilienwirtschaft aufweisen, sind unter *Hochbau* sowie *vorbereitende Baustellenarbeiten, Bauinstallation und sonstiges Ausbaugewerbe* gefasst und der Branchengruppe *Baugewerbe, Ver- und Entsorgung* zugeordnet (vgl. BMWK, 2024, S. 60), die den letzten Platz im Ranking einnimmt. Die Wohnungs- und Immobilienwirtschaft selbst ist in keinem dieser Wirtschaftszweige explizit berücksichtigt.

terprise Content Management (ECM)-Systeme, Integrationsplattformen oder Prozesssteuerungssysteme unterstützt wird (vgl. Bitkom, 2016, S. 16). Ein Beispiel für eine IT-gestützte elektronische Steuerung von Prozessen in der Branchengruppe *Informations- und Kommunikationstechnik* ist die Zusammenführung und Auslieferung von Content an Endkonsumenten durch Telekommunikationsnetzbetreiber über entsprechende Themenmanagement- und Contentsteuerungssysteme. Beispiele für die digitale Vernetzung der Prozesse in der Branchengruppe *Informations- und Kommunikationstechnik* bilden die Wertschöpfungskette zur Herstellung von Datenverarbeitungsgeräten, in die sowohl Funktionen zur Entwicklung und Produktion der Hardware als auch zur Softwareentwicklung und -implementierung eingebunden sind, oder die Wertschöpfungskette in der Telekommunikation.

Der Indikator zur Bewertung der Dimension *digitale Produkte* nimmt die Umsatzanteile auf, die Unternehmen mithilfe von rein digitalen Produkten bzw. Dienstleistungen oder mit teildigitalisierten Produkten oder Dienstleistungen erwirtschaften. Für die Branchengruppe *Informations- und Kommunikationstechnik* liegen die Werte dieser Dimension weit über dem Durchschnitt aller Branchen (vgl. BMWK, 2024, S. 67 f.). Beispiele für digitale Produkte und Dienstleistungen, die durch diese Branchengruppe angeboten werden, sind Softwaresysteme jeglicher Art, Computer- bzw. Online-Spiele, E-Books, Audio- und Videodateien oder Cloud-basierte Dienste wie Videoconferencing oder Streaming von Musik und Filmen sowie Plattformdienste für Preisvergleichs- oder Buchungsportale. Bei teildigitalisierten Produkten dieser Branchengruppe handelt es sich beispielsweise um Hardwaresysteme für die Kommunikation, wie Mobilfunkzellen, Router oder Smartphones, oder um Dienstleistungen, die z. B. eine Implementierung und ein Customizing von komplexen Softwaresystemen in Unternehmen realisieren.

Die Digitalisierungsdimension *digitale Geschäftsmodelle* wird über die Indikatoren *digitale Beschaffungskanäle, digitale Absatzkanäle*[4] sowie *digitale Geschäftsmodelle* bewertet. Diese drei Indikatoren zeigen einen deutlichen Vorsprung der Branchengruppe *Informations- und Kommunikationstechnik* gegenüber den übrigen Branchengruppen in Deutschland und manifestieren damit die Vorreiterrolle dieser Gruppe. Beispiele für die Nutzung von digitalen Beschaffungskanälen in der Branchengruppe liegen in der Beschaffung von Verbrauchsmaterialien in Software- und Telekommunikationsunternehmen über Onlineshops oder in der Anbahnung und Etablierung der Zusammenarbeit mit Zulieferern von Herstellern von Datenverarbeitungsgeräten über B2B-Marktplätze. Digitale Vertriebskanäle für diese Branchengruppen können in der Platzierung von Informationsdienstleistungen von IT-Dienstleistern auf der Unternehmenswebsite, in der Durchführung von

[4] Die Indikatoren *digitale Beschaffungskanäle* und *digitale Absatzkanäle* werden in *Ursel (*2023*)* und *Herr* (2021) ausführlich charakterisiert. Gemäß der durch diese Autoren beschriebenen Merkmale werden für die Analyse und Aufbereitung von Informationen aus diesem Kanälen sowie zur Entscheidungsunterstützung Digitalisierungstechnologien wie Business Intelligence (BI) oder Künstliche Intelligenz (KI) genutzt. Beschaffung und Vertrieb werden mit ihrer Digitalisierung zudem ganz oder teilweise über das Internet abgebildet.

Webinaren zu Funktionen ihrer Softwarelösungen durch Softwarehersteller oder im Vertrieb der Produkte von Telekommunikationsdiensteanbietern über ihren eigenen Onlineshop liegen.

Digitale Geschäftsmodelle lassen sich dahingehend unterscheiden, dass sie entweder direkt in Unternehmen, die informationstechnische Leistungserstellung betreiben, implementiert werden, oder dass Digitalisierungstechnologien in Unternehmen jeglicher Branchen für die Umsetzung digitaler Geschäftsmodelle genutzt werden (vgl. Strunz-Happe et al., 2022, S. 92). Beispiele für digitale Geschäftsmodelle in der Branchengruppe *Informations- und Kommunikationstechnik* sind Software-as-a-Service (SaaS)-Lösungen von Unternehmen, die ihren Kunden Softwaresysteme über das Internet in einem Abonnement- oder Pay-per-Use-Modell zur Verfügung stellen, oder Internet-Hostingdienstleister, welche die Erstellung von Webseiten in einem Open-Source-Modell unterstützen und zusätzliche Premiumfunktionen in einem Abonnement bereitstellen. Video- oder Musikstreaming-Anbieter verfolgen i. d. R. ebenfalls Abonnement- oder Pay-per-Use-Modelle.

Die beiden Faktoren *Qualifizierung* sowie *Forschungs- und Innovationsaktivitäten* bilden wichtige Voraussetzungen, um die Digitalisierung in Unternehmen voranzutreiben. Die Kategorie *Qualifizierung* des Digitalisierungsindex zeigt die Anteile der Unternehmen auf, die für ihre IT-Fachkräfte sowie für ihre IT-Anwender informationstechnische Weiterbildungen anbieten. Ein weiterer Indikator, der diese Kategorie adressiert, ist der Anteil an Beschäftigten in Digitalisierungsberufen an der Gesamtzahl der Beschäftigten im jeweiligen Unternehmen. Die Kategorie *Forschungs- und Innovationsaktivitäten* bemisst sich erstens am Anteil der Forschungs- und Entwicklungsausgaben der Unternehmen an ihrem Gesamtumsatz, zweitens wird die Anzahl der in Forschung und Entwicklung beschäftigten Personen in den Unternehmen herangezogen und schließlich bildet die Anzahl an digitalisierungsaffinen Patentanmeldungen den dritten Indikator dieser Kategorie. Auch bei den beiden Faktoren *Qualifizierung* und *Forschungs- und Innovationsaktivitäten* ist die Branchengruppe *Informations- und Kommunikationstechnik* weit führend (vgl. BMWK, 2024, S. 72 ff.). Mit ihrer führenden Position in allen Kategorien des Digitalisierungsindex bildet diese Branchengruppe eine gute Orientierung in der Umsetzung der Digitalisierung für die Wohnungs- und Immobilienwirtschaft und kann als Benchmark für die Implementierung von Digitalisierungslösungen in der Branche dienen.

Mit Bezug zu den beiden letztgenannten Faktoren bleibt grundsätzlich festzuhalten, dass ein hoher Qualifizierungsanteil sowie umfassende Forschungs- und Innovationsaktivitäten – unabhängig von der jeweiligen Branche – die Entwicklung digitaler Innovationen erst möglich machen. Damit verbunden bilden die Faktoren *Qualifizierung* sowie *Forschungs- und Innovationsaktivitäten* neben den *Grundlagentechnologien* die voraussetzenden Befähiger zur Ausprägung der Dimensionen *digitale Prozesse, digitale Vernetzung, digitale Produkte* und *digitale Geschäftsmodelle* in Organisationen. Die Ausgestaltung der Dimension dig*itale Produkte* bildet eine Voraussetzung, um die Dimensionen *digitale Prozesse* und *digitale Vernetzung* ausbilden zu können. Auch setzt die Umsetzung *digitaler Geschäftsmodelle* die Implementierung *digitaler Prozesse* sowie eine hinreichende

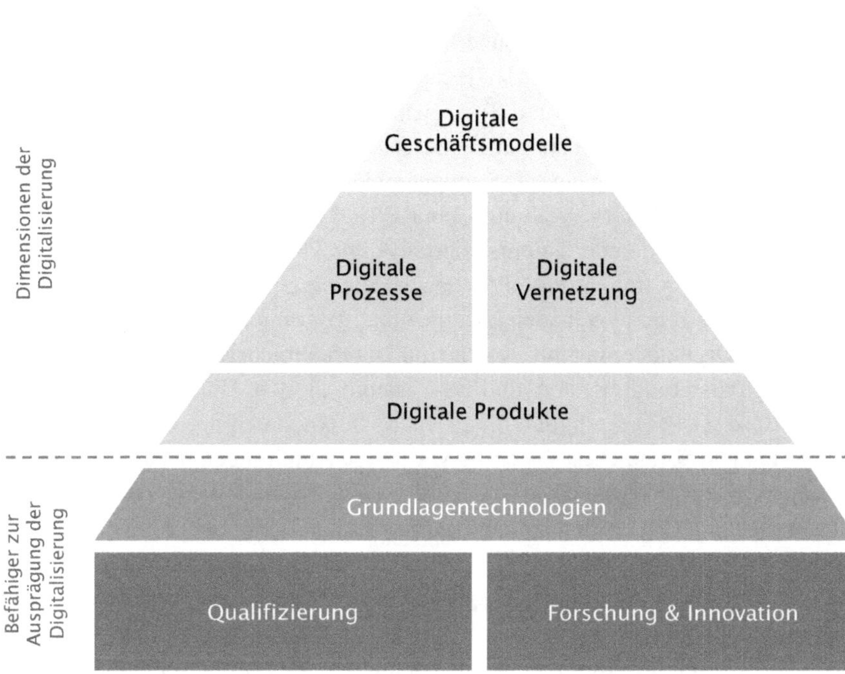

Abb. 2.2 Erweiterte Digitalisierungspyramide. (Eigene Darstellung)

digitale Vernetzung der Elemente der jeweiligen Organisation voraus. Die vier Dimensionen der Digitalisierung sowie die Befähiger zur Ausprägung dieser Dimensionen werden zur *erweiterten Digitalisierungspyramide* zusammengeführt, die als Ordnungsrahmen für die nachfolgende Einordnung der Digitalisierung für die Wohnungs- und Immobilienwirtschaft dient (vgl. Abb. 2.2).

Auf Basis der *erweiterten Digitalisierungspyramide* werden zunächst die Befähiger zur Ausprägung der Digitalisierung erörtert und hinsichtlich ihrer Bedeutung für die Wohnungs- und Immobilienwirtschaft bewertet. An erster Stelle bildet die *Qualifizierung* der Mitarbeitenden eine wichtige grundlegende Maßnahme, damit die Unternehmen der Wohnungs- und Immobilienwirtschaft Wissen und Kompetenzen auf dem Gebiet der Digitalisierung aufbauen. Der Qualifizierungsbedarf wird durch die Branche als sehr hoch eingeschätzt, müssen doch die Wohnungs- und Immobilienunternehmen zunehmend Maßnahmen zur Digitalisierung ihrer Organisationen umsetzen (vgl. Bölting et al., 2023, S. 11), um effizient zu arbeiten, dem zunehmenden Mangel an Fachkräften zu begegnen und die immer strengeren regulatorischen Anforderungen im Hinblick auf die Energieeffizienz und den Klimaschutz zu erfüllen.

Bei den Unternehmen der Wohnungs- und Immobilienwirtschaft handelt es sich hauptsächlich um sehr kleine (91,89 % mit weniger als zehn Beschäftigten) und kleine (7,20 % mit zehn bis 50 Beschäftigten) Unternehmen (vgl. ZIA, 2024, S. 2), in welchen die Mitarbeitenden eine Vielzahl an Aufgaben wahrnehmen. Daher muss mit Blick auf die Digitalisierung vielfach eine Erweiterungsqualifizierung von Mitarbeitenden dieser Unternehmen erfolgen, die bereits Aufgaben außerhalb von Digitalisierungsfunktionen ausführen. In den sehr kleinen Unternehmen der Branche werden die entsprechend qualifizierten Mitarbeiterinnen und Mitarbeiter i. d. R. projektbezogen eingesetzt, um erste oder weiterführende Digitalisierungsmaßnahmen umzusetzen. Derartige Maßnahmen können beispielsweise in der Einführung eines Dokumentenmanagementsystems, in der Vorbereitung der Einführung eines Mieterverwaltungs- oder ERP-Systems oder in der Analyse und Bewertung der Möglichkeiten der automatisierten Abwicklung von Geschäftsprozessen mittels Robotic Process Automation (RPA) liegen. Kleine Unternehmen, deren Beschäftigtenzahl bei mehr als zehn liegt, bauen über die Qualifizierung ausgewählter Mitarbeitender Stabsstellen für Digitalisierung auf, welche die Unternehmensleitung bei Entscheidungen bzgl. der Digitalisierung beraten und das Thema in den Unternehmen vorantreiben (vgl. Eder, 2022, S. 103). Lediglich die größten Unternehmen der Branche halten spezifische Abteilungen für die Digitalisierung vor. Diese Abteilungen haben die Aufgabe, die bereits eingesetzten IT-Systeme zu pflegen, zu warten und weiterzuentwickeln, neue Digitalisierungsfelder zu erschließen und die Implementierung neuer IT-Systeme, die beispielsweise eine umfassende Analyse von Daten und ein damit verbundenes Reporting oder die weitergehende Automatisierung von Geschäftsprozessen realisieren, strategisch vorzubereiten und zu begleiten.

Um die skizzierten Strukturen in einem Wohnungs- oder Immobilienunternehmen aufbauen zu können, bedarf es entsprechend qualifizierter IT-Fachkräfte. Ergänzend dazu müssen die operativ tätigen Mitarbeitenden, die als Anwenderinnen und Anwender mit den implementierten IT-Systemen arbeiten, in der Nutzung der Systeme geschult werden. Somit ist auch bei den IT-Anwenderinnen und -Anwendern, die in den einzelnen Organisationseinheiten spezifische wohnungs- oder immobilienwirtschaftliche Aufgaben wahrnehmen, eine zielführende Qualifizierung im Hinblick auf die Digitalisierung erforderlich.

Die Herausbildung des Faktors *Forschungs- und Innovationsaktivitäten* wird insbesondere aufgrund der oben aufgezeigten Beschäftigtenanzahl in den Unternehmen der Wohnungs- und Immobilienwirtschaft als schwach eingeschätzt. So fehlen gerade in den sehr kleinen Unternehmen die personellen Ressourcen (vgl. Bölting et al., 2023, S. 47 ff.), um derartige Aktivitäten zu betreiben. Diese sehr kleinen Unternehmen sowie kleine Unternehmen können ggf. mit externer Unterstützung Innovationen beziehen oder entwickeln und in der eigenen Organisation implementieren, um damit möglicherweise verbundene Effizienzsteigerungen zu erzielen. Auch können für die Implementierung von innovativen Digitalisierungslösungen die oben dargestellten Projekt- oder Stabsstellenstrukturen greifen.

Lediglich die Unternehmen der Wohnungs- und Immobilienwirtschaft mit einem großen Personalstamm sind in der Lage, eigenständig *Forschungs- und Innovationsaktivitäten* zu betreiben. Dies kann entweder in spezifischen Organisationseinheiten, die innovative Themen adressieren und vorantreiben, oder durch die Förderung von Start-Up-Unternehmen, die aus dem jeweils eigenen Haus entstehen oder außerhalb des eigenen

Hauses für das Unternehmen vielversprechende Lösungen bereitstellen, erfolgen. Insbesondere die größten Unternehmen der Branche betreiben die Aktivierung und Installierung von sog. *Corporate Start-Ups*, die spezifische Lösungen für die Wohnungs- und Immobilienwirtschaft entwickeln und der Branche zur Verfügung stellen. Eine weitere Option, die größere Wohnungs- und Immobilienunternehmen verfolgen, liegt im Aufbau von *Inkubatoren* in ihren eigenen Einflussbereichen, in denen Sie beispielsweise Flächen oder andere Ressourcen für Start-Ups zur Verfügung stellen, um Innovationen zu fördern und deren Entwicklung zu beschleunigen (vgl. Christmann & Glatte, 2022, S. 163; vgl. Herr, 2022, S. 582 f.).

Trotz der hohen Bedeutung des Faktors *Forschungs- und Innovationsaktivitäten* sowie der Möglichkeit der Realisierung der vorangehend dargestellten organisatorischen Ansätze muss die Wohnungs- und Immobilienwirtschaft derartige Aktivitäten deutlich stärker betreiben, um die Chancen der Digitalisierung für die Branche nutzbar zu machen sowie Digitalisierungslösungen nachhaltig in der Branche zu implementieren und zu etablieren (vgl. Pfnür et al., 2022, S. 9 f.). Da die Kernkompetenzen der Unternehmen der Branche nicht in ingenieur- oder informationstechnischen Fachgebieten liegen, können diese Unternehmen nur beschränkt Beiträge zur Forschung auf dem Gebiet der Informationstechnik und damit zur Fortentwicklung der Digitalisierung leisten (vgl. Wagner & Pfnür, 2022, S. 80). Sie können jedoch als Impulsgeber zur Entwicklung geeigneter Digitalisierungslösungen dienen, indem sie ihre Bedarfe und Anforderungen an entsprechende Lösungen formulieren und diese an die Lösungsentwickler adressieren. Somit beziehen die Wohnungs- und Immobilienunternehmen die entsprechenden (informations-)technischen Lösungen i. d. R. zwar von außen, sie dienen jedoch als Innovatoren, indem sie die einschlägigen Lösungen implementieren, erproben und Hinweise zu deren Verbesserung geben. Eine aktivere Rolle bei *Forschungs- und Innovationsaktivitäten* können diese Unternehmen spielen, wenn sie derartige Aktivitäten in interdisziplinären Kooperationen mit anderen Unternehmen betreiben.

Der dritte Befähiger für die Ausprägung der Digitalisierung in der Wohnungs- und Immobilienwirtschaft, die *Grundlagentechnologien,* sind in den Unternehmen der Branche etabliert (vgl. Herr, 2022, S. 580). Dies bedeutet, dass die technischen Voraussetzungen für die Implementierung und Nutzung von Digitalisierungstechnologien in den Unternehmen erfüllt sein sollten. Dies gilt unabhängig von der jeweiligen Unternehmensgröße. So nutzen die weitaus meisten Unternehmen der Branche Managementsysteme mit zugehörigen Datenbanken, in denen größere Datenmengen abgelegt werden, die wiederum für umfassende Datenanalysen nutzbar gemacht werden können. Das Datenmanagement, die Anbindung der Unternehmen an das Internet und die damit verbundene Nutzungsmöglichkeit von Cloud Computing und E-Commerce sowie die Unterstützung von Funktionen und Prozessen in den Unternehmen durch konventionelle Software- und Internettechnologien bzw. IT-Systeme stellen den Stand der Technik dar. Zahlreiche Unternehmen der Branche nutzen IT-Systeme in einem SaaS-Modell und sind daher mit den Rahmenbedingungen des Einsatzes der genannten Technologien vertraut. Im Rahmen dieses Fachbuchs werden die Grundlagentechnologien vor diesem Hintergrund in Kap. 3 unter der

Prämisse dargestellt, dass sie in den Unternehmen der Wohnungs- und Immobilienwirtschaft etabliert sind. Darauf aufsetzend diskutieren die Autoren in Kap. 4 den Stand sowie Potenziale, Lösungen und mögliche Anwendungsfelder der Nutzung von Digitalisierungstechnologien in der Branche.

Die vier Dimensionen *digitale Prozesse, digitale Vernetzung, digitale Produkte* und *digitale Geschäftsmodelle* bilden für die Wohnungs- und Immobilienwirtschaft wichtige Gestaltungsfaktoren der Digitalisierung. Die erste Dimension *digitale Prozesse* kann in allen Phasen des Immobilienlebenszyklus[5] von Bedeutung sein und eine (teil-)automatisierte Ausführung bestimmter Geschäftsprozesse – sowohl von Kerngeschäftsprozessen als auch von unterstützenden Prozessen – umsetzen. In der Wohnungs- und Immobilienwirtschaft lassen sich dazu unterschiedliche IT-Systeme, beispielsweise CAD-, ERP-, CRM- oder CAFM-Systeme, einsetzen, die eine datengeführte Abwicklung der mit diesen Systemen verknüpften Prozesse realisieren (vgl. Gsell & Nikodemus, 2025, S. 58 ff.). Dies ist mit entsprechenden Effizienzen verbunden. Eine vollautomatisierte Ausführung von Prozessen in Wohnungs- und Immobilienunternehmen verlangt erstens eine hohe Anzahl an identischen Einzelprozessen, sog. *Massenprozesse,*[6] sowie zweitens eine valide Basis an Daten, die diese Prozesse steuern bzw. in diesen verarbeitet werden. Beispiele für Prozesse, welche die genannten Voraussetzungen erfüllen, bilden die *Bezahlung von Rechnungen,* die *Nebenkostenabrechnung* oder das *Schadensmanagement* in Wohnungsunternehmen bzw. Hausverwaltungen.

Die Umsetzung der Digitalisierung und der Automatisierung von Geschäftsprozessen in Unternehmen lässt sich mittels eines *Prozessreifegrads* bewerten. Ein einschlägiges Modell, das die Reife von Prozessen hinsichtlich der Digitalisierung messbar macht, ist das *Reifegradmodell Digitale Prozesse 2.0* des *Bitkom e. V.*, welches neben wissenschaftlichen Erkenntnissen auf gesichertem Expertenwissen aus der Praxis basiert (vgl. Bitkom, 2022, S. 13 ff.). Die Bewertung der Digitalisierung von Geschäftsprozessen erfolgt in diesem Reifegradmodell entlang von insgesamt 15 Kriterien, die in die fünf Dimensionen *Technologie, Prozessqualität, Prozessdaten, Kundinnen und Kunden* sowie *Skills und Kultur* eingeordnet sind. Eine grobe Einschätzung der Reife der einschlägigen Kriterien jeder Dimension für die Wohnungs- und Immobilienwirtschaft durch die Autoren dieses Fachbuchs führt auf das in Abb. 2.3 dargestellte Modell.

---

[5] Der Immobilienlebenszyklus wird in den vier Phasen *Planung*, *Bau*, *Betrieb* und *Sanierung/Abriss* beschrieben: In der *Planung* werden die technischen, wirtschaftlichen, rechtlichen und sozialen Bedingungen der Erstellung und des Betriebs einer Immobilie geklärt. Mit dem *Bau* wird die Immobilie physisch realisiert. Der *Betrieb* beschreibt die Nutzungsphase einer Immobilie, in welche die Aufgaben des Property Managements und des Facility Managements fallen. Der Lebenszyklus endet schließlich mit der *Verwertung* der Immobilie, mit der sie entweder saniert oder abgerissen wird (vgl. Heinrich, 2022).

[6] Ein Massenprozess bezeichnet nach *Schöpp und Frick* (2012, S. 397) einen Geschäftsprozess, der aufgrund seiner sehr häufigen Ausführung und der damit verbundenen möglichen Rationalisierungseffekte über große wirtschaftliche Einsparpotenziale verfügt.

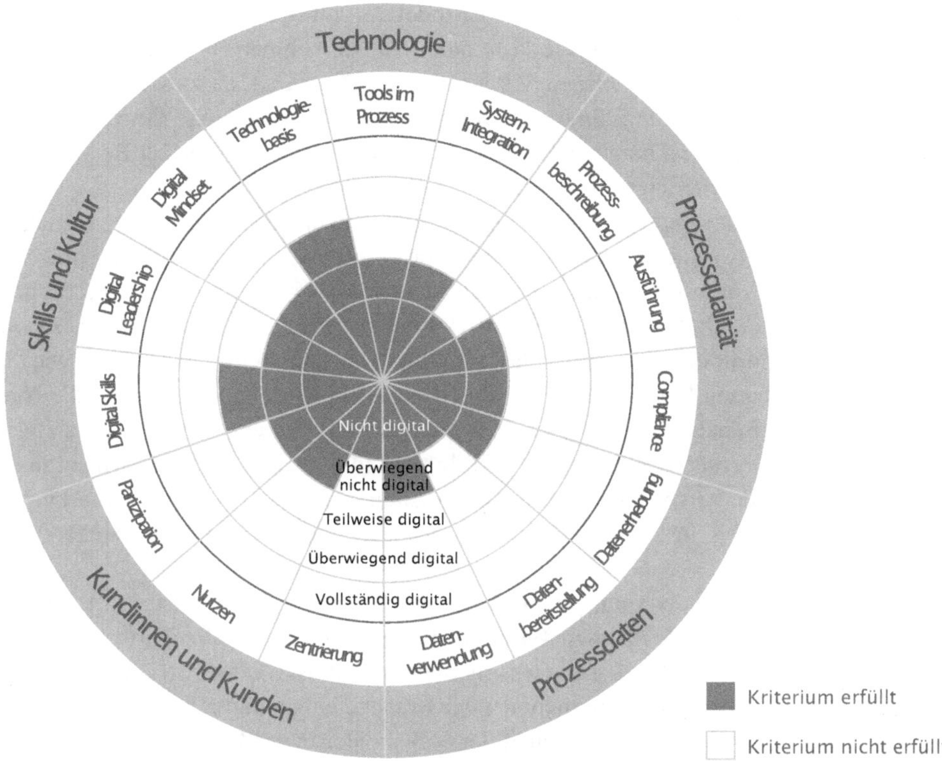

Abb. 2.3 Einschätzung des Reifegrads Digitale Prozesse 2.0 für die Wohnungs- und Immobilienwirtschaft. (Eigene Darstellung in Anlehnung an Bitkom, 2022, S. 13)

Die im Modell dargestellten Reifegrade der einzelnen Kriterien beziehen sich auf einen breiten Querschnitt der gesamten Wohnungs- und Immobilienwirtschaft. Dies bedeutet die Berücksichtigung der in die einzelnen Lebenszyklusphasen von Immobilien eingebundenen immobilienwirtschaftlichen Akteure, angefangen von Projektentwicklern und Architekten, über Bauträger, Immobilienvermittler, Wohnungsunternehmen, Managementorganisationen für Gewerbeimmobilien, Facility Management Unternehmen und andere Dienstleister der Branche bis hin zu Grundstücksentwicklern und Abbruchunternehmen. Ausgenommen werden an dieser Stelle die in der Branche aktiven und etablierten Softwareunternehmen sowie PropTech-Unternehmen. Neben den Akteuren, die entlang des Immobilienlebenszyklus aktiv sind, werden die Akteure in den unterschiedlichen Immobilien-Assetklassen[7] berücksichtigt.

[7] Bei den Assetklassen von Immobilien wird unterschieden zwischen den drei „großen" Klassen Wohnimmobilien, Gewerbeimmobilien und Sonderimmobilien, letztgenannte umfassen beispielsweise Parkplätze oder Garagen, welche eine einfache Handhabung gewährleisten. Die genannten Assetklassen lassen sich ihrerseits in mehrere Unterklassen untergliedern. Weiterhin bilden Pflegeimmobilien und Betreiberimmobilien, z. B. Hotels oder Rechenzentren, eigene spezialisierte Assetklassen (vgl. Reval Prime, o. J.).

Entsprechend des in Abb. 2.3 dargestellten Modells ergibt sich für die weit überwiegend sehr kleinen und kleinen Wohnungs- und Immobilienunternehmen (vgl. ZIA, 2024, S. 2) ein Gesamtreifegrad *Digitale Prozesse 2.0* von 1,933.[8] Dies zeigt, dass es in der Branche mit Bezug zur Digitalisierungsdimension *digitale Prozesse* erhebliche Potenziale bzw. Anforderungen zur Entwicklung dieser Dimension gibt. Dies betrifft alle zur Bestimmung des Gesamtreifegrads herangezogenen Felder – *Technologie, Prozessqualität, Prozessdaten, Kundinnen und Kunden, Skills und Kultur* (vgl. Bitkom, 2022, S. 14 ff.) – gleichermaßen. Es müsste also eine deutlich weitergehende Digitalisierung der Geschäftsprozesse erfolgen, um den Prozessreifegrad in der Branche hinsichtlich der Digitalisierung weiterzuentwickeln und damit die Effizienz und Effektivität der Prozesse zu steigern. Dies kann in einem ersten Schritt durch den vermehrten Einsatz konventioneller IT-Systeme, wie die bereits oben genannten CAD-, ERP-, CRM- oder CAFM-Systeme, oder durch die Nutzung zusätzlicher Funktionen der Systeme sowie durch die Erweiterung des Einsatzfelds dieser Systeme auf zusätzliche Prozessteile erfolgen. In weiteren Schritten können innovativere IT-Systeme, beispielsweise PropTech-Lösungen, genutzt oder moderne Digitalisierungstechnologien in die existierenden Systeme implementiert und nutzbar gemacht werden.

Vor dem Hintergrund der vorangehenden Ausführungen wird deutlich, dass die Bedeutung der Dimension *digitale Prozesse* für die Wohnungs- und Immobilienwirtschaft insgesamt sehr hoch ist, da die Prozesse erstens erheblichen Einfluss auf die Effizienz und damit auf die Wirtschaftlichkeit der Unternehmen der Branche haben und zweitens die Effektivität der Prozesse sowie die Zufriedenheit der Stakeholder in großem Maße von der Ausgestaltung der Prozesse beeinflusst wird. Mit einer zielführenden Ausgestaltung digitaler Prozesse lassen sich die Herausforderungen, denen sich die Branche heute gegenübersieht, erfolgreich bewältigen.

Die Dimension *digitale Vernetzung* hängt eng mit der vorangehend diskutierten Dimension *digitale Prozesse* zusammen, denn sie beschreibt die Bildung eines Gesamtsystems aus Mensch, Maschine und Daten innerhalb einer Organisation und über die Grenzen einer solchen hinweg (vgl. Heinrich et al., 2011, S. 17 f.). Vielfach gelingt eine digitale Vernetzung in der Wohnungs- und Immobilienwirtschaft durch den Einsatz von Plattformlösungen und -technologien, welche die unterschiedlichen Elemente des Gesamtsystems Mensch – Maschine – Daten vereinen, somit Geschäftsprozesse integrieren und die Akteure mittels Kommunikation und Interaktion zusammenbringen. In der Wohnungs- und Immobilienwirtschaft sind Plattformlösungen das am weitesten verbreitete Digitalisierungsinstrument (vgl. Rock & Schlesinger, 2023, S. 6 f.). Die entsprechenden Lösungen, wie beispielsweise Vermarktungsplattformen für Vermietungsobjekte, bringen unterschiedliche Personengruppen zusammen, nutzen E-Commerce-Mechanismen sowie Internettechnologien und verarbeiten eine Vielzahl an Daten, um

[8] Vgl. *Bitkom (2022), S. 19 f.* zur Berechnung des Gesamtreifegrads aus den arithmetischen Mitteln der Einzelreifegrade der Kriterien je Feld (Dimension) sowie aus dem arithmetischen Mittel der berechneten Einzelreifegrade der Felder.

z. B. Mietinteressent:innen mit Wohnungsangeboten zu matchen. Auch die Dimension *digitale Vernetzung* ist für die Wohnungs- und Immobilienwirtschaft somit von sehr hoher Bedeutung, denn das Agieren in der Branche verlangt nach einer vielschichtigen Vernetzung unterschiedlicher Systemelemente entlang der jeweiligen Geschäftsprozesse.

Ebenso wie die vorangehend diskutierten prozessbezogenen Dimensionen stellt die Dimension *digitale Produkte* einen Gestaltungsfaktor dar, der für die Wohnungs- und Immobilienwirtschaft eine sehr hohe Bedeutung hat. Denn diese Dimension beeinflusst die beiden vorangehend diskutierten Dimensionen direkt. So dienen *digitale Produkte,* wie sie von den in der Branche etablierten Softwareunternehmen oder von PropTech-Unternehmen bereitgestellt werden, i. d. R. dem Aufbau digitaler Prozesse und Netzwerke. Sie bilden die technische Gestaltungsbasis für die prozessbezogenen Dimensionen, was in der *erweiterten Digitalisierungspyramide* visualisiert ist (vgl. Abb. 2.2). Bei digitalen Produkten kann es sich beispielsweise um die oben beschriebenen funktionalen Erweiterungen von konventionellen IT-Systemen um BI- respektive KI-Funktionen handeln. Weiterhin können durch PropTech-Unternehmen gänzlich neue digitale Produkte, wie etwa Mietendenkommunikations-, Aufzugsmanagement- oder Building Information Modeling (BIM)-Systeme bereitgestellt werden, die in Unternehmen der Wohnungs- und Immobilienwirtschaft eingeführt und in die existierenden Ökosystem integriert werden.

Schließlich bildet die Dimension *digitale Geschäftsmodelle* denjenigen Gestaltungsfaktor der Digitalisierung, der eine hinreichende Ausgestaltung der übrigen drei Dimensionen der Digitalisierung voraussetzt. Die Bedeutung dieser Dimension für die Unternehmen der Wohnungs- und Immobilienwirtschaft hängt davon ab, in welcher Phase des Immobilienlebenszyklus das jeweilige Unternehmen aktiv ist:

- So können in der *Projektierungsphase* digitale Geschäftsmodelle, die beispielsweise mit digitalen Zwillingen Projektierungsaufgaben unterstützen, die Grundlagen des Wettbewerbs verändern und damit in dieser Phase einen disruptiven Charakter aufweisen. Entsprechend dieses Einflusses ist die Bedeutung der Dimension *digitale Geschäftsmodelle* für die Branche hoch.
- Die zweite Lebenszyklusphase, die *Realisierung,* umfasst die physische Erstellung einer Immobilie, in welcher die Möglichkeiten der Digitalisierung beschränkt sind. Digitale Geschäftsmodelle können sich in dieser Phase beispielsweise auf das Management eines Bauprojekts oder auf die Dokumentation der eingesetzten Baumaterialien beziehen und decken damit lediglich bestimmte Teilfunktionen der Phase ab. Aufgrund des Einflusses dieser Phase auf die Erfüllung bestehender regulatorischen Anforderungen wird die Bedeutung der Dimension in dieser Phase als hoch eingeschätzt.
- Die *Betriebsphase* einer Immobilie wird erstens durch das *Property Management,* also durch die betriebswirtschaftliche Verwaltung einer Immobilien oder eines Immobilienportfolios, und zweitens durch das *Facility Management,* das die Pflege, Wartung und Instandhaltung von Gebäuden steuert, ausgefüllt. Aufgrund des überwiegend verwaltenden Charakters der Aufgaben des Property Managements ist die Implementie-

rung disruptiver Geschäftsmodelle durch die originären Träger der entsprechenden Funktionen – kommunale, genossenschaftliche und privatwirtschaftliche Wohnungsunternehmen sowie Fondsmanagement-, Investment- und Asset Management-Gesellschaften für gewerblichen Immobilien – nur schwer vorstellbar. Im *Property Management* können jedoch neue, bislang nicht in Erscheinung getretene Player mit innovativen digitalen Geschäftsmodellen signifikante Veränderungen in den Wohnungs- und Immobilienmärkten hervorrufen, die disruptiven Charakter auf diesen Märkten haben. Weiterhin können die Funktionen des *Facility Managements* durch Dienstleister ausgeführt werden, welche diese Funktionen mit digitalen Geschäftsmodellen weiterentwickeln und damit ebenfalls disruptive Veränderungen auf den entsprechenden Märkten bewirken. Somit ist die Bedeutung von digitalen Geschäftsmodellen in der *Betriebsphase* des Immobilienlebenszyklus sehr hoch.
- Die abschließende Phase des Immobilienlebenszyklus *Sanierung/Abriss* stellt eine weitere physische Phase dar und verhält sich hinsichtlich der möglichen Implementierung von digitalen Geschäftsmodellen ähnlich wie die *Realisierungsphase*. Damit ist die Bedeutung von digitalen Geschäftsmodellen in dieser Phase ebenfalls hoch.

Insgesamt sind *digitale Geschäftsmodelle* und damit die Gestaltung von Veränderungen für die Wohnungs- und Immobilienwirtschaft von hoher Bedeutung. Die Voraussetzungen für ihre Implementierung liegen in einer innovativen Ausgestaltung der übrigen drei Dimensionen *digitale Prozesse* und/oder *digitale Vernetzung* sowie *digitale Produkte*. Die vorangehende Diskussion der *Dimensionen der Digitalisierung* mit Bezug zur Wohnungs- und Immobilienwirtschaft zeigt, dass die Bedeutung der Digitalisierung für die Branche insgesamt sehr hoch ist. Der Fokus der Digitalisierung liegt in der Branche aktuell jedoch nicht in der Veränderung der Grundlagen des Wettbewerbs und damit in einer Disruption der Märkte. Vielmehr zielt die Digitalisierung in der Wohnungs- und Immobilienwirtschaft auf die *Realisierung von Effizienzsteigerungen* in den Unternehmen der Branche sowie auf die *Ausrichtung der Geschäftstätigkeit auf die Stakeholder* ab, um deren Wünsche und Anforderungen optimal zu erfüllen (vgl. Wagner & Pfnür, 2022, S. 84).

2.2 Aktueller Stellenwert und Reichweite

Um die hohe Bedeutung der Digitalisierung für die Wohnungs- und Immobilienwirtschaft zu verifizieren und genauer zu bewerten, wird das *Reifegradmodell für die Immobilienbranche* von *Drees & Sommer* herangezogen (vgl. Drees & Sommer, 2025, S. 7 ff.). Dieses Reifegradmodell unterscheidet die drei Kategorien *Strategie, Digitalisierung* sowie *Transformation*. Die letztgenannte Kategorie stellt das Bewusstsein über die Notwendigkeit der Digitalisierung sowie unternehmenskulturelle Aspekte in den Mittelpunkt. Diese Kategorie wird in der Studie *Transform to Succeed 2025* von *Drees & Sommer (*2025*)* mit einem Wert von 4,00 am höchsten bewertet. Die Kategorie *Transformation* lässt sich somit als Repräsentation für die hohe Bedeutung der Digitalisierung für die Branche interpretieren. Damit werden die Aussagen des Abschn. 2.1, die in allen vier Dimensionen der Digitalisierung (vgl. Abb. 2.2) eine hohe Bedeutung für die Wohnungs- und Immobilienwirtschaft ausweisen, bestätigt. Die Kategorie *Strategie* bewertet die Implementierung von Digitalisierungsstrategien in der Branche mit einem mittleren Reifegrad von 3,07 und die Kategorie *Digitalisierung* zeigt den Einsatz von Digitalisierungstechnologien auf. Der Reifegrad dieser Kategorie wird mit 3,22 bewertet und liegt damit ebenfalls im mittleren Bereich (vgl. Drees & Sommer, 2025, S. 12 ff. und Tab. 2.1).

Die beiden Kategorien *Strategie* sowie *Digitalisierung* werden im Weiteren näher beleuchtet, da sie wesentliche Aspekte, die im Fokus dieses Buchs stehen – nämlich strategische und technische Themen – adressieren. Die Einzelbewertungen der Kriterien, die in

Tab. 2.1 Kategorien und Kriterien des Reifegrads der Digitalisierung. (Eigene Darstellung in Anlehnung an Drees & Sommer 2025, S. 12 ff.)

		Kriterium	Reifegrad	RG Kateg.
Kategorie	Transformation	Digital Mindsetting in Führungskultur	4	4,00
		Förderung von Innovation durch Kultur	4	
		Bereitschaft zur Veränderung	5	
		Einbindung der Mitarbeiterinnen in den digitalen Wandel	4	
		Kultur des lebenslangen Lernens	5	
		Digitale Kompetenzen der Mitarbeiterinnen	3	
		Erkenntnis der Notwendigkeit der digitalen Transformation	3	
		KI-Entwicklung treibt digitalen Transformation	4	
		ESG treibt digitalen Transformation	4	
	Strategie	Kooperative Netzwerke	3	3,07
		Ökosystemintegration	3	
		Beauftragung von PropTech-Unternehmen	1	
		Institutionalisierung der Digitalisierung	1	
		Partnerschaften	4	
		Entwicklung digitaler Geschäftsmodelle	4	
		Digitalisierung als Teil der Geschäftstrategie	4	
		Klare Zielsetzung für Digitalisierung	4	
		Digitalisierungsstrategie	3,67	
	Digitalisierung	Messbare Effizienzgewinne	4	3,22
		Umfassende Prozessdigitalisierung	3	
		Automatisierung von Routineaufgaben	3	
		Unterstützung der Entscheidungsfindung durch BI	3	
		Einsatz von Predictive Analytics	1	
		Integration von Datenquellen	4	
		Verankerung von IT-Strukturen	4	
		Nutzung fortgeschrittener Technologien	3	
		Unterstützende IT-Infrastruktur	4	

der Kategorie *Strategie* zusammengeführt werden, zeigen deutliche Entwicklungspotenziale bei der *Zusammenarbeit mit PropTech-Unternehmen,* im *Aufbau von (strategischen) Partnerschaften* (vgl. Drees & Sommer, 2024, S. 15) zur digitalen Erweiterung des eigenen Geschäftsmodells sowie bei der *Institutionalisierung der Digitalisierung* in den Unternehmen der Wohnungs- und Immobilienwirtschaft in speziellen Funktionseinheiten oder Stabsstellen. Diese Ergebnisse bestätigen die Einschätzungen, die bzgl. dieser drei Punkte im vorangehenden Kapitel formuliert worden sind. Neben der grundsätzlichen Notwendigkeit der nachhaltigen Implementierung einer Digitalisierungsstrategie und auf Basis einer solchen Strategie sollten die drei vorangehend skizzierten Kriterien der Kategorie *Strategie* durch die Unternehmen der Wohnungs- und Immobilienwirtschaft wie folgt gestärkt werden:

- Um die Digitalisierungsdimension *digitale Prozesse* zu fördern und von außerhalb der Unternehmen bereitgestellte technische Möglichkeiten für Effizienzsteigerungen von Geschäftsprozessen, die keine Massenprozesse sind, nutzbar zu machen, macht es für die Unternehmen der Branche Sinn, eine *Zusammenarbeit mit PropTech-Unternehmen,* die geeignete Digitalisierungslösungen für bestimmte Geschäftsprozesse anbieten, zu initiieren und zu etablieren. Im Zuge einer solchen Zusammenarbeit sind insbesondere die technischen Anforderungen zu klären und die Voraussetzungen zu deren Erfüllung zu lösen. Dazu gehören beispielsweise die Einbindung der PropTech-Lösungen in das jeweilige IT-Ökosystem, die Ausgestaltung der Programmierschnittstellen des jeweiligen führenden Systems sowie der PropTech-Lösungen und die Installierung eines möglichst automatisierten Workflows unter Einbindung der beteiligten IT-Systeme. Vor dem Hintergrund dieser vielfältigen Anforderungen sollte die Zusammenarbeit der Unternehmen der Wohnungs- und Immobilienwirtschaft mit PropTech-Unternehmen zugleich eine Zusammenarbeit mit den Softwareunternehmen, deren IT-Systeme Teil des IT-Ökosystems sind, integrieren.
- Eng verbunden mit der notwendigen Zusammenarbeit mit PropTech-Unternehmen und IT-Systempartnern ist der *Aufbau von weiterführenden Partnerschaften.* Diese können von strategischen, über Technologie- und Entwicklungspartnerschaften bis hin zu Joint Ventures reichen (vgl. Drees & Sommer, 2024, S. 16). Das Ziel von derartigen Partnerschaften, die beispielsweise im Zusammenschluss mehrerer Immobilienunternehmen liegen können und Technologiepartner integrieren sollten, liegt in einer zielführenden Ausgestaltung der Digitalisierungsdimensionen *digitale Produkte, digitale Prozesse* und *digitale Vernetzung* bis hin zur Entwicklung von *digitalen Geschäftsmodellen.* Maßnahmen zum Aufbau von Partnerschaften müssen in eine Digitalisierungsstrategie des Unternehmens eingebettet sein.
- Eine *Institutionalisierung der Digitalisierung* in den Unternehmen der Wohnungs- und Immobilienwirtschaft bildet eine weitere wichtige strategische Maßnahme, um Digitalisierungsaktivitäten in diesen Unternehmen zu fördern und voranzutreiben – diese Aktivitäten schließen die beiden vorgenannten Aspekte *Zusammenarbeit mit PropTech-Unternehmen* sowie *Aufbau von weiterführenden Partnerschaften* ein. So

sollten auch die sehr kleinen Unternehmen der Branche mit weniger als zehn Beschäftigten Maßnahmen für die Institutionalisierung der Digitalisierung ergreifen: Auf Basis einer Digitalisierungsstrategie des jeweiligen Unternehmens können die Implementierung einer Stabsstelle, der Aufbau einer Zusammenarbeit mit externen Beratern, die gut in der Branche, mit einschlägigen Technologieunternehmen und mit PropTech-Unternehmen vernetzt sind, oder die verstärkte Wahrnehmung von Digitalisierungsaufgaben durch die jeweilige Unternehmensführung Ansätze bilden, die Digitalisierung in einem ersten Schritt in Unternehmen zu institutionalisieren. Unter der Voraussetzung, dass die Digitalisierungsstrategie des jeweiligen Unternehmens auf eine nachhaltige Weiterentwicklung ausgelegt ist, leiten sich daraus weiterführende Aktivitäten ab, die eine Verstetigung und damit eine dauerhafte Institutionalisierung der Digitalisierung in den Unternehmen der Wohnungs- und Immobilienwirtschaft etablieren.

Die vorangehend beschriebenen Ansätze zielen darauf ab, die Bedingungen für die Implementierung und Etablierung von Digitalisierungstechnologien in den Unternehmen der Wohnungs- und Immobilienwirtschaft optimal zu gestalten. Sie bilden lediglich einen Ausschnitt der insgesamt auszuführenden strategischen Maßnahmen und fokussieren dabei das mögliche Ausschöpfen der technischen Potenziale der Digitalisierung.

Die Kategorie *Digitalisierung* des *Reifegradmodells für die Immobilienwirtschaft* von *Drees & Sommer (*2025*)* adressiert direkt technische Aspekte. Die vergleichsweise hohe Bewertung der Kriterien *Erhöhung der Effizienz durch Digitalisierungsmaßnahmen, Verankerung von IT-Strukturen in den Geschäftsprozessen* sowie *Unterstützung der Aufgaben durch die IT-Infrastruktur* mit einem Reifegrad von jeweils 4,0 (vgl. Drees & Sommer, 2025, S. 12) lässt darauf schließen, dass Grundlagentechnologien als Befähiger der Digitalisierung in den befragten Unternehmen der Wohnungs- und Immobilienwirtschaft weitgehend implementiert sind, sodass damit bereits Effizienzsteigerungen in Geschäftsprozessen erzielt werden können. Dies trifft jedoch bei Weitem nicht auf die Masse der Unternehmen der Branche zu, wie die Studie *Software-Landschaften und Einsatz von digitalen Lösungen in Wohnungsunternehmen* des *GdW (2024)* zeigt (vgl. Wedemeier et al., 2024, S. 6 ff.).[9] Die übrigen sechs Kriterien der Kategorie *Digitalisierung* des *Drees & Sommer*-Reifegradmodells, welche Digitalisierungstechnologien fokussieren, lassen sich wie folgt stärken:

- Das Kriterium *Digitalisierung der Immobilienprozesse* wird mit einem mittleren Reifegrad bewertet, was darauf schließen lässt, dass ein signifikanter Anteil an immobilien-

[9] Im zweiten Abschnitt des Kap. 3 werden wesentliche Ergebnisse der genannten Studie des *GdW (2024)* dargestellt und die Nutzung der als Grundlagentechnologien identifizierten Technologien in der Wohnungs- und Immobilienwirtschaft an diesen Ergebnissen gespiegelt. Weiterhin diskutieren die Autoren in Kap. 3 die relevanten technischen Grundlagen (Informations- und Datenmanagement, Cloud Computing, E-Commerce und konventionelle Software- und Internettechnologien) für die Digitalisierung der Branche.

wirtschaftlichen Kernprozessen Entwicklungspotenziale hinsichtlich der Digitalisierung und einer damit verbundenen möglichen Automatisierung aufweist. Dies bestätigt sich in einer niedrigen Bewertung des mit diesem Kriterium zusammenhängenden Kriterium *Automatisierung von immobilienwirtschaftlichen Routineaufgaben*. Faktoren, die zu einer höheren Automatisierung der immobilienwirtschaftlichen Geschäftsprozesse und Aufgaben beitragen können, liegen erstens in einer Verbesserung des Zusammenspiels der bereits entlang dieser Geschäftsprozesse eingesetzten IT-Systeme und zweitens in einer Erweiterung dieser Systeme um bestimmte konventionelle oder Digitalisierungsfunktionen. Drittens kann die in einem Wohnungs- oder Immobilienunternehmen existierende IT-Systemlandschaft um spezifische klassische IT-Lösungen, wie beispielsweise Dokumentenmanagement- oder Kooperationssysteme, oder PropTech-Lösungen mit Digitalisierungsfunktionen, wie beispielsweise RPA, Internet of Things (IoT) oder Augmented Reality (AR), erweitert werden.

- Das Kriterium *Einsatz von Business Intelligence (BI)-Werkzeugen zur Unterstützung von datengetriebenen Entscheidungen* weist mit einer ebenfalls mittleren Bewertung seines Reifegrads weitere Entwicklungspotenziale auf. Es steht in den Unternehmen der Wohnungs- und Immobilienwirtschaft zwar erhebliche Datenmengen aus den unterschiedlichen Lebenszyklusphasen zur Verfügung, jedoch werden diese in lediglich 24 % der Unternehmen zu einem bedeutenden Anteil für BI-Analysen genutzt (vgl. Drees & Sommer, 2025, S. 14), d. h. die vorhandenen Potenziale werden nicht ausgeschöpft. Um eine intensivere Nutzung von Business Intelligence zu realisieren, ist eine datentechnische Verknüpfung von BI-Analysewerkzeugen, wie beispielsweise *Microsoft Power BI* oder *Tableau* von *Salesforce,* mit den datenhaltenden Systemen der Unternehmen der Wohnungs- und Immobilienwirtschaft, z. B. ERP- oder CAFM-Systemen, erforderlich. Diese BI-Werkzeuge werden heute vielfach ergänzt um Funktionen der künstlichen Intelligenz (KI), die in diesem Rahmen entlang der BI-Schichten *Datenaufnahme, Datenverarbeitung* und *Datenzugriff* unterschiedliche Aufgaben wahrnehmen kann (vgl. Hartmann, 2019, S. 26. f.). Mit entsprechenden Werkzeugen lassen sich Digitalisierungstechnologien für die Branche nutzbar machen, um beispielsweise den Status Quo der Betriebskosten von Gebäuden oder Quartieren zu erfassen, Prognosen über die Entwicklung von Heizkosten bei Nutzung unterschiedlicher Energiequellen zur Wärmeerzeugung zu tätigen oder Immobilienmärkte besser einschätzen zu können. Die Nutzung der genannten Technologien kann das Durchführen von Analysen effizienter machen und damit das Treffen valider strategischer und operativer Entscheidungen in der Branche unterstützen.
- In die gleiche Richtung wie der *Einsatz von BI-Werkzeugen* zielt das Kriterium *Nutzung von Predictive Analytics für das Treffen von Entscheidungen in der Immobilienwirtschaft,* dessen Reifegrad ebenfalls als niedrig bewertet wird. Predictive Analytics wird von lediglich 25 % der Unternehmen der Branche in signifikantem Maße als Basis für Entscheidungen genutzt. Als Teildisziplin der Business Intelligence und des Data Mining gelten für die Entwicklung dieses Kriteriums die gleichen Bedingungen und Emp-

fehlungen wie für das vorangehend diskutierte Kriterium des *Einsatzes von BI-Werkzeugen*.
- Das Kriterium *Integration einer breiten Palette an Datenquellen in die Immobilienanalyse* spielt in die beiden vorangehend ausgeführten Kriterien hinein, denn die Verfügbarkeit von Datenquellen bildet eine wichtige Voraussetzung, um Datenanalysen durchführen und darauf basierend Entscheidungen treffen zu können. Der Reifegrad des entsprechenden Kriteriums wird als hoch eingeschätzt: Nahezu 50 % der Unternehmen geben an, eine solche Integration zu betreiben. Mit dem Digitalisierungselement *Big Data* ist die Zusammenführung großer Datenmengen aus unterschiedlichen Quellen verbunden, um gezielte Analysen für die Wohnungs- und Immobilienwirtschaft durchzuführen. Wichtige Punkte sind dabei die Anbindung der unterschiedlichen internen und externen Datenquellen an das jeweilige BI-Werkzeug sowie der ETL (Extract, Transform, Load)-Prozess[10] zur Überführung der Daten aus diesen Quellen in ein BI-Werkzeug und deren strukturierte Speicherung in einem Data Lake oder Data Warehouse des Systems. Mit der Digitalisierung müssen die Unternehmen der Wohnungs- und Immobilienwirtschaft diese Integration nutzbar machen, um deutlich vermehrt BI-Werkzeuge einzusetzen und/oder Predictive Analytics für z. B. die Vorbereitung von Entscheidungen oder das Treffen von Prognosen nutzbar zu machen. Die Voraussetzung zur Anbindung der unterschiedlichen Datenquellen an die entsprechenden IT-Systeme sind gemäß des hohen Reifegrads dieses Kriteriums zu einem hohen Anteil erfüllt.
- Die sehr niedrige Bewertung des Reifegrads des Kriteriums *Verwendung von künstlicher Intelligenz (KI), Internet of Things (IoT), Blockchain und Augmented Reality (AR)* macht die Notwendigkeit der Implementierung von spezifischen Digitalisierungstechnologien noch einmal sehr sichtbar und zeigt in Kombination mit den diskutierten Kriterien der Kategorie *Strategie* den dringenden Handlungsbedarf zur Digitalisierung der Branche auf mehreren Ebenen auf – neben strategischen Aspekten, die u. a. die Zusammenarbeit mit unterschiedlichen Unternehmen in den Fokus stellen, sind im Kern die technischen Aspekte zu fördern und umzusetzen, die in einer Einführung und Etablierung moderner Digitalisierungslösungen in den Unternehmen der Wohnungs- und Immobilienwirtschaft münden. Mit Bezug zu den genannten Digitalisierungstechnologien gibt es unterschiedlichste technische Lösungen entlang des Immobilienlebenszyklus insbesondere von PropTech-Unternehmen auf dem Markt (vgl. Blackprint, 2024), die diese Technologien einsetzen und damit Verbesserungen auf unter-

[10] ETL (Extract, Transform, Load) bezeichnet einen Datenintegrationsprozess, der dazu dient, Daten aus unterschiedlichen Quellen herauszuziehen, konsistent miteinander zu verknüpfen und diese in ein Data Warehouse, einen Data Lake oder ein anderes Zielsystem zu übertragen und dort zu speichern (vgl. IBM, o. J.). Im Zuge der Datenextraktion werden sowohl strukturierte als auch unstrukturierte Rohdaten aus unterschiedlichen Datenquellen extrahiert und in einem sog. Stagingbereich abgelegt. Dort werden Sie in einem Transformationsprozess für den beabsichtigten analytischen Anwendungsfall aufbereitet und konsolidiert. Aus dem Stagingbereich werden diese Daten schließlich in ein Data Warehouse verschoben und dort gespeichert.

schiedlichen Ebenen für die Unternehmen der Wohnungs- und Immobilienwirtschaft anstreben. Die entsprechenden Lösungen adressieren die Digitalisierungsdimensionen *digitale Produkte, digitale Prozesse* und/oder *digitale Vernetzung* in jeweils unterschiedlichen Maßen. Entsprechende Effekte, die sich mit den Lösungen erzielen lassen, liegen in den angestrebten Effizienz- und Effektivitätssteigerungen bis hin zur Bereitstellung *digitaler Geschäftsmodelle*.

Die in den vorangehenden Punkten diskutierten und aufgezeigten möglichen Ansätze von Handlungsmaßnahmen geben einen ersten Eindruck über die Gestaltungsoptionen, Potenziale und Chancen, die durch die Nutzung der einschlägigen Digitalisierungstechnologien entstehen. Die Technologien werden in Kap. 4 dieses Buchs ausführlich erläutert und eingeordnet sowie ihre möglichen Einsatz- und Nutzungsoptionen bzw. Anwendungsfelder in der Wohnungs- und Immobilienwirtschaft aufgezeigt, diskutiert und erläutert. Weiterhin werden die Potenzial, Chancen und Risiken konkreter Lösungen, welche die Digitalisierungstechnologien implizieren, diskutiert.

Die in Abschn. 2.1 und in diesem Abschnitt beschriebenen Zusammenhänge führen zu mehreren Erkenntnissen: So bedarf die Implementierung von Digitalisierungslösungen in den Unternehmen der Wohnungs- und Immobilienwirtschaft einer grundlegenden Qualifizierung der Mitarbeitenden auf dem Gebiet der Digitalisierung sowie einer Institutionalisierung dieses Themengebiets in diesen Unternehmen. Die Institutionalisierung unterstützt die notwendige Qualifizierung, da diese gezielt für diejenigen Mitarbeitenden in den Unternehmen durchgeführt werden kann, die Digitalisierungsfunktionen wahrnehmen oder künftig übernehmen sollen. Auch werden die als grundlegend identifizierten Forschungs- und Innovationsaktivitäten mit der Institutionalisierung gefördert, denn es gibt damit Stellen bzw. Verantwortungsbereiche in den Unternehmen, in welchen diese Aktivitäten angesiedelt werden können. Die Einbettung eines abgestimmten Maßnahmenpakets aus Institutionalisierung der Digitalisierung, Qualifizierung der Mitarbeitenden sowie Initiierung und Etablierung von Forschungs- und Innovationsaktivitäten in eine ganzheitliche Digitalisierungsstrategie des jeweiligen Wohnungs- bzw. Immobilienunternehmens bildet eine wichtige Voraussetzung für die zielführende Umsetzung der entsprechenden Maßnahmen. Eine valide Digitalisierungsstrategie nimmt vor diesem Hintergrund einen hohen Stellenwert für die Digitalisierung der in den Phasen des Immobilienlebenszyklus beteiligten Unternehmen ein – dies gilt unabhängig von ihrer Größe und von der jeweiligen Art ihrer Geschäftstätigkeit.

Neben den grundlegenden strategisch-organisatorischen Aspekten bildet die Nutzung der Grundlagentechnologien in der Wohnungs- und Immobilienwirtschaft (vgl. erweiterte Digitalisierungspyramide in Abb. 2.2) einen weiteren voraussetzenden Faktor, der die Implementierung und Etablierung der Digitalisierung in der Branche erst möglich macht. Denn mit dem Beherrschen und dem zielführenden Einsatz des Datenmanagements, Cloud Computing und E-Commerce sowie konventioneller Software- und Internettechnologien, lassen sich bereits signifikante Effekte hinsichtlich der Effizienz und Effektivität in den immobilienwirtschaftlichen Kernprozessen über die Phasen des Immobilienlebenszyklus durch die jeweils beteiligten Aufgabenträger erzielen. Die Beherrschung der Grundlagentechnologien, die aufgrund der hohen Reifegrade der Kriterien *Erhöhung der Effizienz durch Digitalisierungsmaßnahmen, Verankerung von IT-Strukturen in den Geschäftsprozessen* sowie *Unterstützung der Aufgaben durch die IT-Infrastruktur* als gegeben angesehen wird, bildet somit eine zwingende Bedingung für die Installierung weiterführender Digitalisierungstechnologien in Wohnungs- und Immobilienunternehmen.

Mit Bezug zu den Digitalisierungsdimensionen nehmen die *digitalen Produkte* einen sehr hohen Stellenwert ein, da sie als Träger der einschlägigen Digitalisierungstechnologien Einfluss auf die Ausgestaltung der prozessbezogenen Dimensionen haben. Die Nutzung von *digitalen Produkten* kann somit die Effizienz und Automatisierbarkeit von Geschäftsprozessen – neben Massenprozessen auch von Prozessen, die weniger standardisierbar sind und weniger häufig ausgeführt werden – und die Effektivität von Geschäftsprozessen hinsichtlich der Erfüllung der Anforderungen der Stakeholder erhöhen sowie die Ausbildung disruptiver marktverändernder *digitaler Geschäftsmodelle* fördern. Damit bilden *digitale Produkte* insgesamt eine maßgebliche Gestaltungsgröße für die Digitalisierung in den vier definierten Dimensionen der Digitalisierung und entlang der Lebenszyklusphasen von Immobilien.

Die Entwicklungspotenziale des Einsatzes moderner Digitalisierungstechnologien in der Wohnungs- und Immobilienwirtschaft werden von den Autoren vor dem Hintergrund der vorangehenden Ausführungen als erheblich eingeschätzt. Denn die Integration von Digitalisierungstechnologien in IT-Lösungen für die Branche sowie ihre Weiterentwicklung und Nutzbarmachung für gänzlich neuartige immobilienwirtschaftliche Lösungen entlang des Immobilienlebenszyklus haben eine sehr hohe Bedeutung für die Weiterentwicklung der Branche sowie für deren Schutz vor dem Einstieg neuer Wettbewerber. Denn neue Player, die bisher nicht auf den Wohnungs- und Immobilienmärkten aktiv waren, die entsprechenden Technologien jedoch sicher beherrschen und mit innovativen Digitalisierungslösungen, welche die Marktteilnehmer begeistern, in die Märkte eintreten, könnten disruptive Veränderungen auf diesen Märkten hervorrufen. Die etablierten Unternehmen der Wohnungs- und Immobilienwirtschaft sollten die entsprechenden Handlungsoptionen in ihren eigenen Händen behalten.

2.3 Entwicklungen und Potenziale

Die hohe Bedeutung der Digitalisierung für die Wohnungs- und Immobilienwirtschaft spiegelt sich auch an den möglichen Beiträgen wider, die sie zur Bewältigung der bereits eingangs dieses Kapitels formulierten Herausforderungen (vgl. Bölting et al., 2023, S. 6 ff.), der sich die Branche gegenübersieht, leisten kann. Mit Blick auf die Megatrends mit Einfluss auf die Wohnungs- und Immobilienwirtschaft – dies sind die Faktoren *Globalisierung, Wirtschaftsentwicklung, demographischer Wandel, Finanzmärkte, Digitalisierung, Nachhaltigkeit, Urbanisierung, Regulierung, E-Mobilität, Diversität,* die durch unterschiedliche Autoren identifiziert werden (vgl. Vornholz, 2017, S. 143; vgl. Plößl & Just,

Tab. 2.2 Bedeutung des jeweiligen Trends für die Wohnungs- und Immobilienwirtschaft. (Eigene Darstellung in Anlehnung an Bölting et al., 2023, S. 9)

Trend	sehr gering 1	gering 2	mittel 3	hoch 4	sehr hoch 5
Digitalisierung				4,58	
Klimaschutz und Nachhaltgikeit				4,35	
Demographie				4,14	
E-Mobilität			3,7		
Urbanisierung			3,25		
Diversität		2,82			

2020, S. 7; vgl. Bölting et al., 2023, S. 9) – bildet die Digitalisierung selbst einen sehr wichtigen dieser Trends. Im jüngsten *HR Monitor Immobilienwirtschaft 2023* (vgl. Bölting et al., 2023) wird dem Trend *Digitalisierung* die höchste Bedeutung zugesprochen, gefolgt von den Trends Klimaschutz und Nachhaltigkeit, Demographie, E-Mobilität, Urbanisierung und Diversität (vgl. Tab. 2.2).

Die *Digitalisierung* wird demnach in ihrer Bedeutung von 92 % der Unternehmen der Branche als hoch oder sehr hoch eingeschätzt und gilt damit als einer der prägenden Faktoren für die Zukunft der Branche bis 2030 (vgl. Bölting et al., 2023, S. 9). Die durch ihre Nutzbarmachung in digitalen Produkten bzw. digitalen Lösungen erzielbare (Teil-)Automatisierung von Geschäftsprozessen kann dazu beitragen, den Fachkräftemangel in der Wohnungs- und Immobilienwirtschaft zu entschärfen. Weiterhin unterstützen Digitalisierungslösungen im Rahmen des *Einsatzes von BI-Werkzeugen* und *unter Integration von KI* die Analyse und Auswertung von erhebliche Datenmengen respektive die Nutzung von *Predictive Analytics,* um datengetriebene Entscheidungen zu treffen. Damit lassen sich Auswertungen und Entscheidungsgrundlagen erstellen, um erstens den Herausforderungen von Energieversorgung und Klimaschutz zu begegnen und zweitens das Reporting für diese Themen sowie für die Regulierung rund um das Thema ESG[11] vorzunehmen.

[11] ESG benennt die Kriterien für nachhaltiges Wirtschaften von Unternehmen, nämlich *Environmental, Social and Governance* und wird als weitgefasster Begriff für Corporate Social Responsibility (CSR) verwendet (vgl. EURAMCO, 2024). Dabei umfasst das Kriterium *Environmental* Umweltschutzaspekte, wie beispielsweise die Emission von Treibhausgasen oder ein energieeffizientes Wirtschaften. Das Kriterium *Social* repräsentiert soziale Aspekte, wie beispielsweise Arbeits- und Gesundheitsschutz, Diversität und gesellschaftliches Engagement; das Kriterium *Governance* beschreibt schließlich eine nachhaltige Unternehmensführung und adressiert damit Unternehmenswerte und Corporate Governance.

Mit den Möglichkeiten der Analyse und Auswertung umfassender Datenmengen mittels *BI-Werkzeugen, künstlicher Intelligenz* und *Predictive Analytics* leistet die Digitalisierung einen wichtigen Beitrag zur Handhabung des in Tab. 2.2 an zweiter Stelle gelisteten Megatrends *Klimaschutz und Nachhaltigkeit,* dessen Bedeutung von 83 % der Unternehmen der Wohnungs- und Immobilienwirtschaft als hoch oder sehr hoch bewertet wird. Aus diesem Zusammenhang ist erkennbar, dass die identifizierten Megatrends eng miteinander verknüpft sind. Der Megatrend *Demographie,* dessen Bedeutung mit einer hohen bzw. sehr hohen Bewertung von 79 % im *HR Monitor Immobilienwirtschaft 2023* an dritter Stelle steht, ist einerseits mit der Herausforderung *Fachkräftemangel* verknüpft, der den Unternehmen zunehmend größere Schwierigkeiten bereitet, insbesondere technische Fach- und Führungskräfte zu finden (vgl. Bölting et al., 2023, S. 10). Andererseits hat der Megatrend *Demographie* Einfluss auf die künftigen Anforderungen an Wohnimmobilien, die sich mit dem demographischen Wandel ebenfalls verändern können. Auch die weiteren in diesem Monitor genannten Trendthemen *E-Mobilität, Urbanisierung* und *Diversität* lassen sich ohne einschlägige Digitalisierungs(teil)lösungen kaum zielführend und erfolgreich bewältigen.

Diejenigen Trends in der Wohnungs- und Immobilienwirtschaft, welche die Digitalisierung treiben und durch Unternehmen getragen werden, die als sog. *Digital Leaders*[12] die eigene digitale Transformation bereits eingeleitet haben, liegen in den Funktionsbereichen *Vertragsmanagement, Facility Management* und *Lageanalysen.*[13] In diesen Funktionsbereichen erwarten die Unternehmen der Branche mit dem Einsatz von Digitalisierungstechnologien die stärksten Wachstumsschübe; aktuell werden diese Technologien in den beiden folgenden Bereichen am umfassendsten eingesetzt (vgl. Rock & Schlesinger, 2023, S. 11):

- *Digitalisierung von Daten und Dokumenten:* Ein Großteil der Digital Leaders arbeitet gemeinsam mit PropTech-Unternehmen an Lösungen, welche die Verfügbarkeit von digitalen Daten erhöhen bzw. derartige Daten erst verfügbar machen. Denn die Verfügbarkeit von relevanten Daten entlang des Lebenszyklus von Immobilien und das damit verbundene Thema Datenmanagement bilden zentrale Voraussetzungen für die Implementierung der Digitalisierung in den Unternehmen der Wohnungs- und Immobilienwirtschaft. Beide Faktoren stellen eine die Digitalisierung befähigende Grundlagentechnologie dar und sollten nach dem Stand der Technik sicher von den Unternehmen der Branche beherrscht werden. Der mit 62,3 % hohe Anteil der Ausführung dieser

[12] Der Begriff *Digital Leaders* wird in Kap. 6 dieses Fachbuchs im Kontext des Themas PropTech-Lösungen definiert und ausführlich erläutert.

[13] Eine *Lageanalyse* bezeichnet eine systematische Untersuchung eines bestimmten Standorts, beispielsweise einer Stadt, eines Quartiers oder einer Immobilie. Die Ziel der Lagenanalyse liegt in der Bewertung der Merkmale und Einflussfaktoren einer örtlichen Lage, um die Risiken im Zuge von Investitionsentscheidungen (z. B. Kauf einer Immobilie oder Eröffnung eines Geschäfts) zu minimieren und die Standortwahl zu optimieren (vgl. Frenzel, 2025).

Aufgabe durch die Digital Leaders zeigt, dass die Branche dennoch zunächst einmal die Voraussetzungen für eine weitergehende Umsetzung der Digitalisierung in ihren Häusern schaffen muss.

- *ESG-Transformation der Gebäude:* Bei 69,0 % der etablierten Unternehmen der Wohnungs- und Immobilienwirtschaft besteht durch die ESG-Anforderungen ein erhöhter bis hoher Druck zur Digitalisierung. Auch hier werden konkrete Projekte unter Einsatz von PropTech-Lösungen umgesetzt, die zu einer entsprechenden Transformation auf Gebäudeebene beitragen. Damit wird direkt ein Thema adressiert, dass einen Megatrend in der Branche kennzeichnet. Die zukunftsprägende Bedeutung dieses Themas wird durch die bereits eingeleiteten Transformationsaktivitäten bestätigt. Zugleich wird die Dringlichkeit der Bewältigung der Nachhaltigkeitsanforderungen sowohl auf Unternehmensebene als auch auf Immobilienebene deutlich.

Die vorangehenden Ausführungen stellen die außerordentlich hohe Bedeutung der Digitalisierung in allen Bereichen von Unternehmen der Wohnungs- und Immobilienwirtschaft und über alle Phasen des Immobilienlebenszyklus in Gegenwart und Zukunft noch einmal heraus. Auch angesichts der aktuell bereits offenkundigen Anforderungen, die von intern und extern an die Branche gestellt werden, scheint sich der Reifegrad der Digitalisierung insbesondere bei den *Digital Leaders* weiterzuentwickeln. Diese Einschätzung basiert auf der wahrnehmbaren Entwicklung, dass die Notwendigkeit der Neuimplementierung einschlägiger Grundlagentechnologien perspektivisch abnimmt, während der Bedarf nach modernen Digitalisierungslösungen für eine zielführende Ausgestaltung der unterschiedlichen Phasen des Immobilienlebenszyklus – vor dem Hintergrund der ESG-Anforderungen als Haupttreiber z. B. für die Unterstützung der *Betriebsphase* von Immobilien – offensichtlich zunimmt (vgl. Rock & Schlesinger, 2023, S. 11).

Literatur

Bitkom (2016). *Digitale Prozesse: Begriffsabgrenzung und thematische Einordnung.* Bitkom e. V. https://www.bitkom.org/sites/default/files/file/import/160803-Whitepaper-Digitale-Prozesse.pdf. Zugegriffen: 3. Mai 2024.

Bitkom (2022). *Leitfaden zum Reifegradmodell Digitale Prozesse 2.0.* Bitkom e. V. https://www.bitkom.org/Themen/Technologien-Software/Digital-Office/Reifegradmodell-Digitale-Geschaeftsprozesse.html. Zugegriffen: 3. Mai 2024.

Bitkom (2024). *Digitalisierung der Wirtschaft: Unternehmen wollen Digitalisierung vorantreiben – Müssen aber schneller werden.* Bitkom e. V. https://www.bitkom.org/Presse/Presseinformation/Unternehmen-wollen-Digitalisierung-vorantreiben. Zugegriffen: 26. Apr. 2024.

Blackprint (2024). *PropTech Map 2024.* Blackprint. https://www.linkedin.com/posts/blackprint-pioneering-real-estate_da-ist-sie-die-proptech-map-2024-voller-activity-7199367880642101248-XOAL. Zugegriffen: 28. Mai 2024.

BMWK (o. J.). *Was ist Digitalisierung?* Bundesministerium für Wirtschaft und Klimaschutz. https://www.de.digital/DIGITAL/Navigation/DE/Lagebild/Was-ist-Digitalisierung/was-ist-digitalisierung.html. Zugegriffen: 1. Mai 2024.

BMWK (2023). *IKT-Branchenbild 2023: Volkswirtschaftliche Kennzahlen, innovations- und Gründungsgeschehen*. Bundesministerium für Wirtschaft und Klimaschutz. https://www.de.digital/DIGITAL/Redaktion/DE/Digitalisierungsindex/Publikationen/publikation-ikt-branchenbild-2023.html. Zugegriffen: 2. Mai 2024.

BMWK (2024). *Digitalisierung der Wirtschaft in Deutschland – Digitalisierungsindex 2023*. Bundesministerium für Wirtschaft und Klimaschutz, URL: https://www.de.digital/DIGITAL/Navigation/DE/Lagebild/Digitalisierungsindex/digitalisierungsindex.html. Zugegriffen: 26. Apr. 2024.

Bölting, T., Eisele, B., Gaida, M., & Jüngling, J. (2023). Human resources monitor Immobilienwirtschaft 2023. In *Ergebnisbericht zur Branchenbefragung Aus-, fort- und Weiterbildung in der Wohnungs- und Immobilienwirtschaft*. InWIS, Europäisches Bildungszentrum der Wohnungs- und Immobilienwirtschaft (EBZ) – gemeinnützige Stiftung.

Büchel, J., Demary, V., Goecke, H., & Rusche, C. (2020). *Digitalisierung der Wirtschaft in Deutschland – Digitalisierungsindex 2020*. Bundesministerium für Wirtschaft und Klimaschutz. https://www.de.digital/DIGITAL/Navigation/DE/Lagebild/Digitalisierungsindex/digitalisierungsindex.html. Zugegriffen: 2. Juni 2024.

Christmann, B., & Glatte, T. (2022). Corporate real estate management in der transformation von Wirtschaft und Gesellschaft. In A. Pfnür, M. Eberhardt, & T. Herr (Hrsg.), *Transformation der Immobilienwirtschaft – Geschäftsmodelle, Strukturen, Prozesse und Produkte im Wandel*. Springer Gabler.

Drees & Sommer (2024). *Transform to Succeed*. Drees & Sommer, TH Aschaffenburg. https://www.dreso.com/de/transform-to-succeed-digitalisierungsstudie-2024. Zugegriffen: 27. März 2024.

Drees & Sommer (2025). *Transform to Succeed 2025*. Drees & Sommer, TH Aschaffenburg. https://www.dreso.com/de/unternehmen/shared-content/publikationen/transform-to-succeed-digitalisierungsstudie-2025. Zugegriffen: 19. Juni 2025.

Eder, J. (2022). Auf dem Weg zum digitalen Kulturwandel: Ein Leitfaden für Immobilienunternehmen. In C. Jacob & S. Kukovec (Hrsg.), *Auf dem Weg zu einer nachhaltigen, effizienten und profitablen Wertschöpfung von Gebäuden*. Springer Vieweg.

Engert, S., & Hess, T. (o. J.). *Digitales Geschäftsmodell – Definition und Abgrenzung*. Bayerisches Forschungsinstitut für Digitale Transformation. https://www.bidt.digital/glossar/digitales-geschaeftsmodell/. Zugegriffen: 5. Mai 2024.

Frenzel, T. (2025). *Mikro- und Makrolage für Immobilien: Lageanalyse verstehen*. Adorable Immobilien. https://adorable-immobilien.de/%F0%9F%8F%A0-mikro-und-makrolage-verstehen-lageanalyse-fuer-immobilien/. Zugegriffen: 18. Dez. 2025.

EURAMCO (2024). *Environmental social governance (ESG) – Was bedeutet ESG?* EURAMCO holding GmbH. https://www.euramco-asset.de/glossar/environmental-social-governance-esg/. Zugegriffen: 5. Juni 2024.

Gartner Glossary (o. J.). Digitization. Gartner, Inc. https://www.gartner.com/en/information-technology/glossary/digitization. Zugegriffen: 28. Apr. 2024.

Gsell, H., & Nikodemus, P. (2025). *Digitalisierung von Geschäftsprozessen in der Immobilienwirtschaft – Informationsmanagement, Systeme Plattformen*. Springer Vieweg.

Hartmann, S. (2019). *Schöne neue welt – Wie Künstliche Intelligenz business intelligence revolutioniert*. BI-Spektrum. https://www2.deloitte.com/de/de/pages/technology/articles/business-intelligence-mit-ki.html. Zugegriffen: 27. Mai 2024.

Heinrich, J. (2022). *Der Immobilienlebenszyklus im Überblick*. FALCONFOX. https://planradar.com/de/immobilienlebenszyklus/. Zugegriffen: 16. Mai 2024.

Heinrich, L., Heinzl, A., & Riedl, R. (2011). Wirtschaftsinformatik. In *Einführung und Grundlegung* (4. Aufl.). Springer.

Herr, J. (2021). *Digitale Vertriebskanäle – Mehr Effizienz im Verkauf.* PlanRadar. https://falconfox.de/magazin/digitale-vertriebskanaele-mehr-effizienz-im-verkauf/. Zugegriffen: 4. Mai 2024.

Herr, T. (2022). Die Rolle der PropTechs in der immobilienwirtschaftlichen transformation. In A. Pfnür, M. Eberhardt, & T. Herr (Hrsg.), *Transformation der Immobilienwirtschaft – Geschäftsmodelle, Strukturen, Prozesse und Produkte im Wandel.* Springer Gabler.

IBM (o. J.). *Was ist ETL (Extrahieren, Transformieren, Laden)?* IBM Deutschland. https://www.ibm.com/de-de/topics/etl. Zugegriffen: 1. Juni 2024.

Lang, V. (2022). *Digitale Kompetenz: Grundlagen der Künstlichen Intelligenz, Blockchain-Technologie, Quanten-computing und deren Anwendung für die Digitale transformation.* Springer Vieweg.

Legler, H., Gehrke, B., Leidmann, M., Belitz, H., & Grenzmann, C. (2007). *Forschungs- und Entwicklungsaktivitäten in Deutschland im internationalen Vergleich. Studien zum deutschen Innovationssystem, no. 1–2008.* Expertenkommission Forschung und innovation (EFI). https://www.econstor.eu/bitstream/10419/156506/1/StuDIS_2008-01.pdf. Zugegriffen: 2. Mai 2024.

Plößl, F., & Just, T. (2020). *Megatrends in der Immobilienwirtschaft – Textbasierte trend- und Stimmungsanalyse.* IREBS Immobilienakademie, KPMG. https://hub.kpmg.de/megatrends-in-der-immobilienwirtschaft. Zugegriffen: 4. Juni 2024.

Pfnür, A., Eberhardt, M., & Herr, T. (2022). Einführung, Struktur und Zusammenfassung. In A. Pfnür, M. Eberhardt, & T. Herr (Hrsg.), *Transformation der Immobilienwirtschaft – Geschäftsmodelle, Strukturen, Prozesse und Produkte im Wandel.* Springer Gabler.

Reval Prime (o. J.). *Assetklasse Immobilien.* Reval Vermögensberatung, URL: https://www.reval-prime.com/lexikon/assetklasse-immobilie. Zugegriffen: 2. Jan. 2025.

Rock, V., & Schlesinger, S. (2023). *PropTech Germany 2023 Studie.* TH Aschaffenburg, Blackprint. https://www.th-ab.de/fileadmin/th-ab-redaktion/dokumente/Forschung/Projekte/PropTech-Germany-2023-Studie.pdf. Zugegriffen: 11. März. 2024.

Schöpp, C., & Frick, N. (2012). Massenprozessmanagement bei Dienstleistungen. In D. Mattfeld & S. Robra-Bissantz (Hrsg.), *Multikonferenz Wirtschaftsinformatik 2012* (S. 395–406). GITO.

Strunz-Happe, V., Bottcher, T., Weking, J., & Krcmar, H. (2022). Digitale Geschäftsmodelle. In G. Oswald, T. Saueressig, & H. Krcmar (Hrsg.), *Digitale transformation – Fallbeispiele und Branchenanalysen* (2. Aufl.). Springer Gabler.

Ursel, S. (2023). *Digitaler Einkauf – Anforderungen und Möglichkeiten.* Beschaffung aktuell. https://beschaffung-aktuell.industrie.de/einkauf-wissen/digitaler-einkauf-anforderungen-und-moeglichkeiten/. Zugegriffen: 4. Mai 2024.

Vornholz, G. (2017). *Entwicklungen und megatrends der Immobilienwirtschaft* (3. Aufl.). De Gruyter Oldenbourg.

Wagner, B., & Pfnür, A. (2022). Empirische situation der immobilienwirtschaftlichen transformation in Deutschland. In A. Pfnür, M. Eberhardt, & T. Herr (Hrsg.), *Transformation der Immobilienwirtschaft – Geschäftsmodelle, Strukturen, Prozesse und Produkte im Wandel.* Springer Gabler.

Wedemeier, C., Rajchowski, A., & Wanke, T. (2024). *Software-Landschaften und Einsatz von digitalen Lösungen in Wohnungsunternehmen – Ergebnisse einer Umfrage bei den Unternehmen der Wohnungswirtschaft.* GdW Bundesverband deutscher Wohnungs- und Immobilienunternehmen e. V. https://www.gdw.de/downloads/publikationen/gdw-information-171-software-landschaften-und-einsatz-von-digitalen-loesungen-in-wohnungsunternehmen/. Zugegriffen: 29. Dez. 2024.

ZIA (2024). *Die Bedeutung der Immobilienwirtschaft in Zahlen.* ZIA Zentraler Immobilien Ausschuss e. V. https://zia-deutschland.de/wp-content/uploads/2021/05/Bedeutung-der-Immobilienwirtschaft-in-Zahlen.pdf. Zugegriffen: 14. Mai 2024.

3 Informationstechnische Grundlagen für die Digitalisierung der Wohnungs- und Immobilienwirtschaft

In Kap. 2 wurden eine Strukturierung der Digitalisierung vorgenommen, die relevanten Begriffe eingeordnet sowie Strategien, Anforderungen und Potenziale der Digitalisierung in der Wohnungs- und Immobilienwirtschaft eingehend beleuchtet und analysiert. Im Zuge dessen werden die grundlegenden technischen Rahmenbedingungen und Maßgaben benannt, welche die Voraussetzungen für eine erfolgreiche und zielführenden Implementierung der Digitalisierung in der Branche bilden und die in diesem Kapitel weiter ausgeführt werden. Um eine Einschätzung der Erfüllung der grundlegenden Anforderungen, welche die Digitalisierung an die informationstechnische Ausstattung von Unternehmen stellt, vornehmen zu können, werden die entsprechenden Grundlagentechnologien – Informations- und Datenmanagement, Cloud Computing und E-Commerce sowie konventionelle Software- und Internettechnologien – zunächst ausführlich dargestellt und hinsichtlich ihrer Bedeutung für die Digitalisierung bewertet. Darauf aufbauend stellen die Autoren den Status Quo des Einsatzes dieser Grundlagentechnologien sowie der Herausbildung der Digitalisierung in der Wohnungs- und Immobilienwirtschaft anhand einer Befragung von 1042 Wohnungsunternehmen dar, die der *Bundesverband deutscher Wohnungs- und Immobilienunternehmen e. V. (GdW)* im Jahre 2024 durchgeführt und in einer Studie dokumentiert hat (vgl. Wedemeier et al., 2024, S. 5), und ordnen diesen ein.

Im Weiteren werden zusätzliche grundlegende IT-bezogene Themen, welche durch Digitalisierungslösungen ausgestaltet werden können bzw. welche im Zuge der Implementierung derartiger Lösungen zwingend berücksichtigt werden müssen, diskutiert. Bei diesen Themen handelt es sich um die folgenden:

- Nachhaltigkeitsinstrumente: Die regulatorischen Anforderungen, welche die Europäischen Union mit der *EU-Taxonomie Verordnung* (vgl. EU, 2020) oder der *Corporate*

H. Gsell, A. Rajchowski, *Software-Technologien und IT-Systeme für die Wohnungs- und Immobilienwirtschaft*, https://doi.org/10.1007/978-3-658-51129-6_3

Sustainability Reporting Directive (CSRD) (vgl. EU, o. J.) an die Wohnungs- und Immobilienwirtschaft stellt, erfordern die Offenlegung der Nachhaltigkeitsaktivitäten der Unternehmen sowie eine transparente, umfassende und vergleichbare Berichterstattung über die Nachhaltigkeitsaspekte Umwelt, Soziales und Governance (ESG) (vgl. Michalowski, 2024, S. 13 f.). Um diese Berichterstattung leisten zu können, sind Analysen und Auswertungen zahlreicher Gebäude- und technischer Daten vorzunehmen sowie die Ergebnisse in geeigneter Weise darzustellen. Dies erfordert smarte Messeinrichtungen und Sensoren, die beispielsweise Verbrauchs- und Anlagendaten dezentral erfassen können, die Einbindung von Daten von Versorgungsunternehmen sowie *Internet of Things (IoT)*-Lösungen, welche die Daten zusammenführen und als Basis für ein Nachhaltigkeitsreporting dienen können (vgl. Birke, 2023). Die Schonung von Ressourcen sowie daraus abgeleitete Maßnahmen für eine Circular Economy sind in der Erfüllung der ESG-Anforderungen teilweise enthalten. Die Anforderungen an die Daten und Datenaufbereitung sowie die eingesetzten Technologien und Lösungen werden in Abschn. 3.3 dieses Kapitels diskutiert.
- Plattform- und Portallösungen: Digitale Plattformen und Portallösungen bilden heute wichtige Elemente einer organisationsübergreifenden Zusammenarbeit bzw. für die Ausführung von Transaktionen zwischen unterschiedlichen Akteuren. Sie spielen in der Wohnungs- und Immobilienwirtschaft eine sehr wichtige Rolle, um die Kommunikation zwischen den unterschiedlichen Akteuren in spezifischen Kerngeschäftsprozessen effizient zu betreiben, so beispielsweise im Vermietungsprozess (vgl. Gsell & Nikodemus, 2025, S. 141) oder in der Kommunikation zwischen Wohnungsunternehmen und Mietenden. Abschn. 3.4 stellt die Anforderungen, welche an Plattformen und Portallösungen in der Immobilienwirtschaft sowie an deren technische Umsetzung gestellt werden, dar und beschreibt mögliche technische Lösungen für die Realisierung von Plattformen und Portalen.
- Informations- und Cyber-Sicherheit: Die Informationssicherheit bildet ein grundlegendes Thema, das bei jeglichem Einsatz von Informations- und Internettechnologien berücksichtig werden muss und mit fortschreitender Digitalisierung zunehmend wichtig wird. Somit müssen alle Informationswerte in Unternehmen – auch nicht-technische Systeme – geschützt werden, sodass die Bereiche IT-Sicherheit und Datenschutz in der Informationssicherheit eingeschlossen sind. Bei der Informationssicherheit handelt es sich um einen kontinuierlichen Managementprozess, der darauf abzielt, die drei Erfüllung der Schutzziele *Vertraulichkeit, Integrität* und *Verfügbarkeit* von Informationen durch geeignete Maßnahmen in den technischen und nicht-technischen Systemen einer Organisation sicherzustellen. Der Abschn. 3.5 dieses Kapitels nennt die wesentlichen Maßnahmen, die entsprechend der internationalen Norm ISO/IEC 27001 zum Erhalt der Informationssicherheit umzusetzen sind. Auch werden in diesem Abschnitt wichtige Elemente der Cyber-Sicherheit dargestellt.

Im abschließenden Abschn. 3.6 dieses Kapitels identifizieren die Autoren aus den Ausführungen des Kapitels diejenigen Themenfelder, welche für eine erfolgreiche Gestaltung einer digitalen Transformation und ein digitalisiertes Geschäft in der Wohnungs- und Immobilienwirtschaft von Relevanz sind. Diese Themenfelder adressieren zunächst die eigentlichen Digitalisierungstechnologien; im Weiteren werden strategisch-methodische Instrumente für eine digitale Transformation und die Digitalisierung des Geschäfts in der Branche dargestellt, die Rolle von PropTech-Unternehmen und -Lösungen für die Digitalisierung der Branche ausgeführt, mit den unterschiedlichen Möglichkeiten und Ausführungen von Schnittstellen die notwendigen technischen Voraussetzungen für Datenkommunikation in einer integrierten IT-Systemlandschaft aufgezeigt und schließlich ein IT-Ökosystem für die Wohnungs- und Immobilienwirtschaft beschrieben, das die in einem Wohnungs- bzw. Immobilienunternehmen eingesetzten Einzelsysteme um ein Kernsystem herum zielführend integriert.

3.1 Grundlagentechnologien der Digitalisierung

In Kap. 2 sind mit den Themen *Informations- und Datenmanagement, Cloud Computing* und *E-Commerce* sowie *Nutzung konventioneller Software- und Internettechnologien* grundlegende technische Felder als Voraussetzung für den Einsatz von Digitalisierungstechnologien in der Wohnungs- und Immobilienwirtschaft identifiziert worden. Diese Felder werden in diesem Abschnitt behandelt und mit Bezug zur Branche eingeordnet.

Daten bilden eine wesentliche Grundlage für das Arbeiten mit digitalen Lösungen, sodass zunächst das *Datenmanagement,* welches in das Informationsmanagement integriert ist und datenbezogene administrative Aufgaben erfüllt, beschrieben wird. Die Autoren spiegeln dabei die Phasen des Datenmanagement-Lebenszyklus an den Strukturen der Wohnungs- und Immobilienwirtschaft und zeigen die Aufgaben und die hohe Relevanz des Datenmanagements für die Digitalisierung der Branche auf. Im Weiteren werden die für eine Digitalisierung der Branche erforderliche *IT-Infrastruktur* sowie als deren integrale Bestandteile Cloud- und E-Commerce-Technologien beschrieben und deren grundlegende Bedeutung für die Digitalisierung der Branche diskutiert. Schließlich stellen die Autoren die wichtigsten IT-Systeme, die in der Wohnungs- und Immobilienwirtschaft eingesetzt werden, sowie deren Zwecke und Status Quo dar. Neben den insbesondere in der Bewirtschaftung von Immobilien eingesetzten prozessführenden Systemen, wie beispielsweise ERP-oder CRM-Systeme, werden im Zuge dieser Darstellung häufig eingesetzte an die führenden Systeme angebundene Systeme sowie ihre Rollen und Potenziale hinsichtlich der Digitalisierung beschrieben.

3.1.1 Informations- und Datenmanagement

Das Informationsmanagement bildet den organisatorischen Rahmen für die Planung, Steuerung und Kontrolle von Informationen und Daten in Organisationen. Es lässt sich in einem Referenzmodell darstellen, das die Managementaufgaben auf drei Ebenen aufteilt

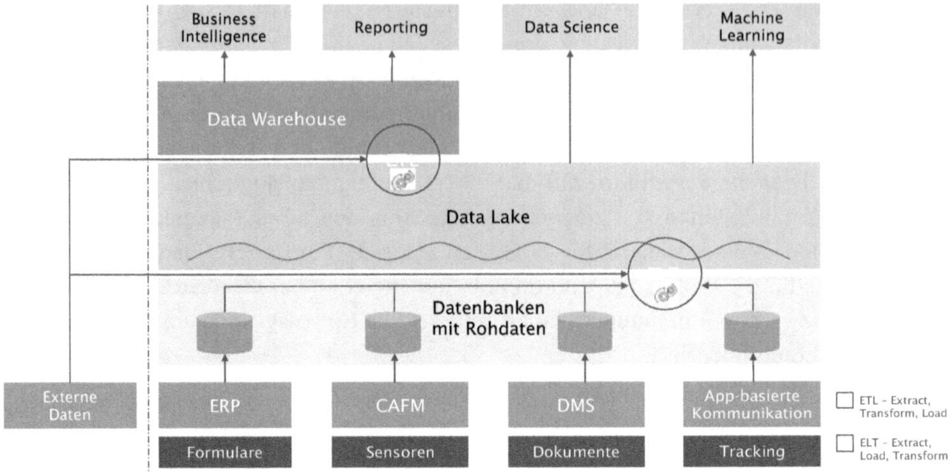

Abb. 3.1 Data Lake Architektur für die Wohnungs- und Immobilienwirtschaft. (Eigene Darstellung in Anlehnung an Wuttke, 2023)

(vgl. Krcmar, 2005, S. 47 f.). Die obere Ebene dieses Modells adressiert die Informationen selbst, die mittlere Ebene die Nutzung von Informationen und Daten und die untere Ebene die zugrundeliegende Technik. Als Querschnittsfunktion über diese drei Ebenen steht mit den Führungsaufgaben des Informationsmanagements die Leistungserbringen auf den drei Ebenen des Modells im Mittelpunkt.

Das Datenmanagement, das auf der mittleren Ebene des Informationsmanagement-Referenzmodells angesiedelt ist, umfasst die betrieblichen und technischen Funktionen *Datenmodellierung, Datenadministration, Datentechnik, Datensicherheit, Datenkonsistenz, Sicherung der Daten* und *datenbezogener Benutzerservice.* Damit liegen die zentralen Aufgaben des Datenmanagements in der Entwicklung einer Strategie für das Datenmanagement, in der Festlegung der organisatorischen Verantwortung für die Datenerfassung und Datenpflege sowie in der definierten und korrekt aufbereiteten Bereitstellung der Daten (vgl. Krcmar, 2005, S. 111). Vor dem Hintergrund dieser Aufgaben des Datenmanagements muss eine funktionierende Datenmanagementstrategie in Organisationen die folgenden Elemente entlang des Datenmanagement-Lebenszyklus implementieren (vgl. Abb. 3.1 und IBM o. J.a):

- Datenverarbeitung: Im Zuge der *Datenverarbeitung* werden „Rohdaten" aus unterschiedlichen Datenquellen, z. B. aus Formularen, mobilen Apps, Web-API oder IoT-Systemen einschließlich Sensoren erfasst. Die erfassten Daten werden mittels geeigneter Integrationsprozesse für ihre Nutzung verfügbar gemacht. Während ihrer Verarbeitung werden die Daten i. d. R. gefiltert, zusammengeführt oder aggregiert und damit für ihre Nutzung vorbereitet. In der Wohnungs- und Immobilienwirtschaft erfolgt die Erfassung der Daten über die vorangehend genannten Quellen, die Verarbeitung für ihre Nutzung in den Geschäftsprozessen dieser Unternehmen wird hauptsächlich in den prozessführenden Systemen – ERP-, Verwalter-, CRM-, CAFM- oder andere Systeme – vorgenommen. Mit der Menge an erfassten Daten nehmen auch in der Wohnungs- und Immobilienwirtschaft ihre möglichen Nutzungsfelder zu. So lassen sich beispielsweise Effizienzsteigerungen von Geschäftsprozessen mittels Business Intelligence-basierten Datenanalysen erzielen oder Daten strukturiert als Grundlage für strategische und operative Entscheidungen oder für ein ESG-Reporting zusammenführen (vgl. Domus, 2023). Die Phase der Datenverarbeitung bildet die Grundlage für die IT-gestützte Ausführung wichtiger Kerngeschäftsprozesse der Branche, wie beispielsweise die Betriebskostenabrechnung oder die Steuerung der Wartung, Instandhaltung und Reparatur gebäudetechnischer Anlagen im Rahmen des Facility Managements.

- Datenspeicherung: Daten werden vor und nach ihrer Verarbeitung gespeichert. Dabei bestimmen das jeweilige Repository[1] die Art der Daten sowie ihren Nutzungszweck. So stellen relationale oder nicht-relationale Datenbanksysteme, aus welchen die nutzenden IT-Systeme die für bestimmte Aufgaben benötigten Daten lesen bzw. in welche sie neu erzeugte Daten hineinschreiben, die grundlegenden Speichersysteme dar. Auch in der Wohnungs- und Immobilienwirtschaft werden entsprechende Datenbanksysteme vielfach eingesetzt. Alternativ kann die Datenspeicherung auf Cloud-basierten Datenplattformen erfolgen (vgl. IBM, o. J.a), insbesondere wenn die Softwarenutzung in den Unternehmen in einem Software-as-a-Service (SaaS) Cloud Service Modell erfolgt. Größere Repositories, welche die beschriebene „konventionelle“ Datenspeicherung integrieren bzw. Daten aus diesen Datenbanksystemen zusammenführen und für definierte Analyse- und Visualisierungsaufgaben nutzbar machen, sind Data Warehouses und Data Lakes. Data Warehouses halten die zusammengeführten Daten in einem strukturierten und bereinigten Datenformat vor, welches den Anforderungen der Datennutzer entspricht; Data Lakes bilden hingegen sog. *Sandboxes* für innovative Datenprojekte. Sie speichern eine unbegrenzte Menge strukturierter, semistrukturierter und unstrukturierter Rohdaten und unterstützen die explorative Nutzung dieser Daten. Data Warehouses werden in der Immobilienwirtschaft z. B. in Kombination mit ERP- und weiteren IT-Systemen genutzt, wenn die Notwendigkeit besteht, Informationen aus unterschiedlichen Quellen miteinander zu verknüpfen (vgl. GiF, 2017), um diese beispielsweise für das Prozessreporting zu nutzen (vgl. ZIA, 2019, S. 26). In Data Lakes werden ebenfalls Daten aus unterschiedlichen Quellen zusammengeführt, mit welchen komplexe Analysen als Grundlage von Entscheidungen, beispielsweise für Investitionen in Gebäudesanierungen, durchgeführt oder gebäudetechnische Anlagen und Geräten in

[1] Ein Repository bezeichnet eine Datenbank zur systematischen Ablage von Datenmodellen und ihrer Elemente (vgl. Leymann & Schumm, 2018). Seine grundlegenden Funktionen liegen in der Speicherung und Versionskontrolle der Modelle sowie in der Unterstützung beim Abrufen dieser Modelle und ihrer Elemente. Ein Repository unterstützt langlaufende Entwicklungsprozesse, in denen Benutzer Datenmodelle oder einzelne Elemente aus dem Repository abrufen, anpassen und für eine zeitgleiche Änderung durch andere Anwender sperren können. Beim Wiedereinstellen der geänderten Artefakte in das Repository werden die Sperren aufgehoben; ggf. wird eine neue Version des Datenmodells erstellt.

Echtzeit gesteuert werden. Ein mögliches Architekturkonzept für die Datenspeicherung für die Wohnungs- und Immobilienwirtschaft unter Nutzung der skizzierten Repositories wird in diesem Abschnitt weiter unten beschrieben. Es zeigt die vielschichtige Nutzbarkeit von Daten sowie die Notwendigkeit ihrer geeigneten Speicherung auf.

- Datengovernance: Mit *Datengovernance* wird über Standards und geeignete Prozesse sichergestellt, dass die in einer Organisation verarbeiteten und gespeicherten Daten effektiv genutzt werden. Dies umfasst alle Aktivitäten zum Erhalt der Datenqualität, für den sicheren Datenzugriff, zur Sicherung der Nutzerfreundlichkeit der Daten sowie zur Gewährleistung der Datensicherheit. Vielfach orientieren sich Organisationen an Taxonomien, welche die Zugänglichkeit der Daten für die Nutzer regeln und deren Demokratisierung, d. h. deren Zugänglichkeit für alle Mitarbeitenden der jeweiligen Organisation, welche mit diesen Daten arbeiten müssen, erleichtern. In den Unternehmen der Wohnungs- und Immobilienwirtschaft werden die genannten Aufgaben der Datengovernance durch eine geeignete Organisation, die von der jeweiligen Unternehmensgröße abhängt, z. B. durch eine IT-Abteilung bei größeren Unternehmen, durch eine Stabsstelle, welche i. d. R. der Unternehmensleitung zugeordnet ist, oder durch einzelne Verantwortliche in den Organisationseinheiten, wahrgenommen. Eine entsprechende organisatorische Aufstellung zum Management der Datengovernance sollte in jedem Unternehmen der Branche heute selbstverständlich sein. Sie erfordert fachliche Datenmanagement-Kompetenz als Grundlage eines reibungslosen Betriebs moderner IT-Systeme sowie einer möglichen Digitalisierung in diesen Unternehmen (vgl. Deloitte, 2022).
- Datensicherheit: Im Zuge der Datensicherheit müssen Unternehmen geeignete Strategien und Maßnahmen festlegen, um ihre digitalen Informationen und Daten vor unbefugtem Zugriff, Diebstahl oder Beschädigungen zu schützen. Neben den mit diesen Gefahren verbundenen Datenverlusten sind im Zuge der Herstellung von Datensicherheit Maßnahmen zur Sicherung des Schutzes personenbezogener Daten in Wohnungs- und Immobilienunternehmen, also insbesondere von Mietenden- oder Eigentümerdaten, zu ergreifen. Neben organisatorischen Maßnahmen zur Realisierung von Datensicherheit, die im Rahmen der Datengovernance implementiert werden sollten, sind technische und physische Maßnahmen für die Datensicherheit, wie beispielsweise Verschlüsselungen der Daten, Datenmaskierungen sowie Zugriffsbeschränkungen zu ergreifen. Auch die Entwicklung und Umsetzung einer entsprechenden Datensicherheitsstrategie in den Unternehmen der Branche als Teil der Datengovernance erfordert die notwendige fachliche Datenmanagement-Kompetenz.

Die vorangehend beschriebenen und für die Wohnungs- und Immobilienwirtschaft erläuterten Phasen des Datenmanagement-Lebenszyklus sowie die skizzierten Anforderungen und Konzepte für die Umsetzung des Datenmanagements in den Unternehmen der Branche zeigen die zwingende Notwendigkeit auf, geeignete technische Lösungen und Systeme für die Verarbeitung, Speicherung und Sicherung der Daten in diesen Unternehmen zu implementieren, um den Betrieb von IT-Systemen auf dem aktuellen

Stand der Technik zu realisieren und ggf. eine weitergehende Digitalisierung zu fördern. Dies gilt ebenso für die Etablierung geeigneter Organisationsstrukturen zur vollständigen und professionellen Erfüllung der Aufgaben der Datengovernance und der Datensicherheit. Sofern ein Wohnungs- bzw. Immobilienunternehmen die Phasen des Datenmanagement-Lebenszyklus nicht eigenständig und vollständig abbilden kann, muss es für die Erfüllung der einschlägigen Aufgaben die Unterstützung von Dienstleistern – Cloud Service Providern und/oder Beratungsunternehmen – in Anspruch nehmen oder läuft Gefahr, die eigenen Kernprozesse nicht effizient auszuführen bzw. die eigenen Ziele nicht effektiv zu erreichen. Das Datenmanagement bildet somit eine essenzielle Grundlage für die Nutzung moderner IT-Systeme in den Unternehmen der Branche sowie für die Implementierung und den zielführenden und erfolgreichen Einsatz von Digitalisierungslösungen.

Entlang des Datenmanagement-Lebenszyklus bilden die Phasen Datengovernance und Datensicherheit den strategisch-organisatorischen Rahmen für das Handling von Daten in Organisationen, das durch technische Maßnahmen flankiert werden muss. Die Phasen Datenverarbeitung und -speicherung bilden die operative Handhabung der Daten in technischen Systemen ab. Die Ziele dieser beiden Phasen liegen darin, erstens die Prozesse in den Unternehmen der Wohnungs- und Immobilienwirtschaft effizient und effektiv auszuführen, und zweitens die generierten, verarbeiteten und gespeicherten Daten als Grundlagen von umfassenden – z. B. strategischen – Analysen und für Reports verfügbar zu machen. Die Systeme haben die Aufgabe, Daten zusammenzuführen, zu organisieren und strukturiert abzulegen. Im Kern werden für die Aufgabenerfüllung die prozessführenden Systeme, prozessunterstützende Systeme sowie Repositories genutzt, die in einem aufeinander abgestimmten Zusammenspiel operieren. Ein Konzept für eine Datenmanagementarchitektur, welche die Daten fokussiert und einen Data Lake im Zentrum hat, zeigt die Abb. 3.1.

Das in Abb. 3.1 gezeigte Architekturkonzept für die Datenhandhabung und -speicherung in der Wohnungs- und Immobilienwirtschaft beinhaltet in seiner unteren Ebene die einschlägigen IT-Systeme zur Datenverarbeitung. Diese Systeme, welche die Geschäftsprozesse der Branche führen oder unterstützen, werden beispielsweise durch Bauplanungs- und Projektmanagementsysteme, ERP-Systeme, Verwaltersysteme, CRM-Systeme oder CAFM-Systeme sowie z. B. durch Dokumentenmanagementsysteme, Mietenden-Apps oder Cyber-physische Systeme (CPS) unter Integration von Sensoren und Aktoren zur Steuerung und Überwachung von gebäudetechnischen Anlagen und Geräten, repräsentiert (vgl. Abschn. 4.3). Die genannten Systeme erfassen oder erzeugen jeweils strukturierte, semi-strukturierte oder unstrukturierte Daten, die initial i. d. R. in den systembezogenen Datenbanken gespeichert werden. Aus diesen Datenbanken werden die Daten in ein Data Lake Repository übertragen und mit Daten aus Datenquellen von außerhalb des jeweiligen Unternehmens zusammengeführt und gespeichert (vgl. Wuttke, 2023).

Die Daten, die in einem Data Lake abgelegt sind, werden aufgaben- bzw. zweckbezogen in einem Extract, Transform, Load (ETL)-Prozess aufbereitet und entweder in einem Data Warehouse für strategische Analysen mittels geeigneter BI-Werkzeuge oder für ein Reporting strukturiert gespeichert oder direkt für operative Analysen genutzt. So können BI-Analysen auf Basis von Daten aus einem Data Warehouse für Immobilienunternehmen beispielsweise für eine detaillierte Analyse von Marktsegmenten und damit verbunden von Markttrends im Zuge des Immobilienvertriebs genutzt werden. Dazu können z. B. Objektdaten aus prozessführenden Systemen, Kundenpräferenzen und Preisentwicklungen aus Immobilienportalen sowie Marktdaten aus öffentlich zugänglichen Datenbanken in einem Data Warehouse zusammengeführt und mittels eines BI-Werkzeugs analysiert werden. Weiterhin können in einem Data Warehouse zusammengeführte und strukturierte Daten aus Systemen, die vorwiegend technische Daten verarbeiten, wie CAFM-Systeme oder Cyber-physische Systeme (CPS) zur Steuerung von Anlagen, sowie aus weiteren internen und externen Datenquellen, beispielsweise für ein ESG-Reporting genutzt werden.

Die Werkzeuge für operative Analysen, die z. B. der Echtzeit-Steuerung von gebäudetechnischen Anlagen, wie Aufzügen, Heizungs-, Lüftungs- und Klimaanlagen (HVAC-Anlagen), dienen und mittels Machine Learning Algorithmen vorgenommen werden, greifen direkt auf die benötigten Daten aus dem Data Lake zu, führen diese zusammen und nutzen sie für dir Generierung von Steuerungsdaten, z. B. in Form von Prognosedaten, die aus einem Algorithmus gebildet werden. Die in Abb. 3.1 dargestellte Data Lake Architektur unterstützt also die umfassende Nutzung aller durch die angebundenen IT-Systeme generierten, verarbeiteten und bereitgestellten Daten für jegliche Entscheidungs-, Reporting- und Steuerungsaufgaben in Wohnungs- und Immobilienunternehmen. Die Nutzung dieser Daten erfolgt somit einerseits dezentral durch die diese Daten verarbeiteten IT-Systeme und andererseits zentral durch die zielführende Zusammenführung und Strukturierung der Daten in einem Data Lake bzw. Data Warehouse sowie deren Analyse mittels geeigneter BI- oder KI-Werkzeuge. Der Aufbau und Betrieb der Systeme, welche in die beschriebene Architektur integriert sind, verlangt im jeweiligen Wohnungs- bzw. Immobilienunternehmen eine interne oder externe Organisation, welche in der Lage ist, diese Aufgaben zu leisten. Damit kann ein funktionierendes Informations- und Datenmanagement in diesen Unternehmen sichergestellt werden.

3.1.2 IT-Infrastrukturen, einschließlich Cloud Computing und E-Commerce

Die IT-Infrastruktur dient als Hardware- und Softwarebasis für den Betrieb aller IT-Systeme in einer Organisation. Sie umfasst die materiellen und immateriellen Komponenten, die notwendig sind, um die Anwendungssoftware, die eine Organisation nutzt, auszuführen und zu verwalten. Zu diesen Komponenten zählen räumliche Einrichtungen und physische Anlagen, Hardware, Netzwerkkomponenten, Sicherheitskomponenten, Systemsoftware und Speicher. Sie befähigen die Bereitstellung und den Betrieb von Anwendungssoftware sowie IT-Services und -Lösungen und bilden die technische Sicht auf die IT-Infrastruktur, die ebenso durch das Cloud Service Model *Infrastructure-as-a-Service*

(IaaS) repräsentiert werden kann. Die technische Sicht wird ergänzt um die institutionellen und personellen Komponenten der IT-Infrastruktur, die sich mit der technischen Sicht zur Sicht des Informationsmanagements vereinen (vgl. Patig, 2019).

Die IT-Infrastrukturkomponenten können als lokale Einrichtungen bzw. Elemente einer Organisation zur IT-Infrastruktur integriert und als solche durch die entsprechende Organisation selbst betrieben werden oder die Komponenten werden als Cloud System i. d. R. von einem Cloud Service Provider bereitgestellt. Vor dem Hintergrund dieser beiden Betriebsmodelle werden die beiden primären IT-Infrastrukturtypen *lokale bzw. traditionelle IT-Infrastruktur* und *Cloud-basierte IT-Infrastruktur* unterschieden, die sich wie folgt charakterisieren lassen (vgl. AWS, o. J.; vgl. Red Hat, 2025a):

- In der *traditionellen IT-Infrastruktur* befinden sich die gesamten Infrastrukturkomponenten im Besitz der jeweiligen Organisation, welche ihre eigenen IT-Systeme nutzt, und werden durch diese betrieben und verwaltet. Damit werden alle Daten auf eigenen Einrichtungen, Hardware- und Softwaresystemen, Servern und Speicher oder in lokalen Rechenzentren, sog. On-Premises-Rechenzentren,[2] generiert, verarbeitet und gespeichert. In dieser IT-Infrastruktur werden keine Methoden oder Services von anderen Organisationen bzw. Unternehmen verwendet. Sie bietet eine höhere Sicherheit als eine Cloud-basierte IT-Infrastruktur, benötigt jedoch eine Menge physische Ressourcen und verursacht sehr hohe Kosten für Betrieb und Wartung.
- Eine *Cloud-basierte IT-Infrastruktur* umfasst die IT-Infrastrukturkomponenten, die für das Cloud Computing benötigt werden. Diese Komponenten können sowohl durch die jeweilige Organisation in einer *Private Cloud* mit den verfügbaren Ressourcen, die in diesem Fall auch durch die Organisation selbst administriert und gewartet werden muss, betrieben werden. Im alternativen Regelfall wird die IT-Infrastruktur in einer *Public Cloud* durch einen Provider betrieben und verwaltet. Diese Infrastruktur wird von der jeweiligen Organisation bzw. dem jeweiligen Unternehmen angemietet bzw. geleast sowie über das Internet genutzt. Die entsprechenden IT-Ressourcen und Softwaresysteme werden ohne lokale Installation über eine Virtualisierung[3] verwendet. Die Cloud-basierte Infrastruktur ist flexibel, skalierbar und durch ein hohes Maß an Sicherheit gekennzeichnet.

[2] *On-Premises-Rechenzentren* bezeichnen den eigenständigen Betrieb von private Rechenzentren durch die Organisationen selbst. Sie übernehmen dabei selbst die Aufgaben der Administrierung und der Wartung dieser Rechenzentren und der darin betriebenen IT-Infrastrukturkomponenten. In diesen Rechenzentren kann die lokale Infrastruktur zur Ausführung von *Private Clouds* genutzt werden, in denen informationstechnische Ressourcen auf dieselbe Weise wie in einer *Public Cloud* virtualisiert werden (vgl. HPE, o. J.).

[3] Mit der *Virtualisierung* werden IT-Ressourcen in einer logischen Sicht zusammengefasst. Damit kann die Auslastung von Infrastrukturkomponenten wie Hardware- und Softwaresysteme, Netzwerkkomponenten oder Speicher optimiert werden. Es handelt sich somit um eine Abstraktion physischer IT-Ressourcen, um diese flexibel und bedarfsgerecht zu verteilen (vgl. Ionos, 2024).

Die beiden dargestellten Betriebsmodelle für IT-Infrastrukturen werden in Unternehmen gleichermaßen als Grundlage für die Gestaltung von organisationsspezifischen IT-Infrastrukturen herangezogen. Dies bedeutet, dass auch die Cloud-basierte IT-Infrastruktur und damit das *Cloud Computing* mit seinen Servicemodellen den Stand der Technik repräsentieren (vgl. Hentschel & Leyh, 2018, S. 6 f.). Das *National Institute for Standards and Technology (NIST)* definiert Cloud Computing als ein Modell, welches einen von Raum und Zeit unabhängigen und komfortablen Zugriff auf einen Pool von Ressourcen gewährt, welcher über ein Netzwerk – bei externen Ressourcen über das Internet – ausgeführt werden kann (vgl. NIST, 2011). Die einschlägigen Cloud Service Modelle *Infrastructure-as-a-Service (IaaS), Platform-as-a-Service (PaaS)* und *Software-as-a-Service (SaaS)* unterstützen eine aufgaben- und bedarfsbezogene Ausprägung der von der jeweiligen Organisation in Anspruch genommenen Cloud-Leistung, die ein Cloud-Provider zur Verfügung stellt. Wohnungs- und Immobilienunternehmen können ihre Leistungsbedarfe über diese Servicemodelle wie folgt abdecken:

- Im *Infrastructure-as-a-Service (IaaS)*-Modell kann ein Wohnungs- oder Immobilienunternehmen seine komplette IT-Infrastruktur – Rechenleistung, Speicherplatz, Netzwerke, Softwareanwendungen und/oder Infrastrukturdienste – für den Betrieb seiner eingesetzten Softwaresysteme, außerhalb der eigenen Aufbau-, Ablauf- und physischen Organisation abbilden. Die Nutzung reiner Infrastrukturleistungen nach dem IaaS-Modell setzt voraus, dass das jeweilige Unternehmen die Softwaresysteme, die es auf dieser Infrastruktur betreibt, entweder selbst auf den Cloud-System installiert, administriert und wartet oder für diese Aufgaben die Leistung eines Dienstleisters in Anspruch nimmt. Mit dem eigenen Betrieb von Softwaresystemen im IaaS-Modell muss das Unternehmen sowohl die eingesetzten Softwaresysteme selbst besitzen als auch die für den Betrieb notwendigen Ressourcen vorhalten. Bei einer Übertragung der entsprechenden Softwaresystem-Betriebsaufgaben an einen Dienstleister bestehen diese Notwendigkeiten nicht.
- Mit dem *Platform-as-a-Service (PaaS)*-Modell wird beispielsweise PropTech-Unternehmen sowie Softwareunternehmen, welche immobilienwirtschaftliche Softwaresysteme entwickeln, eine Plattform zur Entwicklung von Software, für deren Test und deren Ausführung zur Verfügung gestellt. In diesem Modell stellen Cloud Provider Programmier- und Ausführungsumgebungen über ein Netzwerk bereit, mit deren Unterstützung die Entwicklung von Softwaresystemen durchgeführt werden kann (vgl. Hentschel & Leyh, 2018, S. 10). Damit können die softwareentwickelnden Unternehmen beispielsweise zusätzliche, externe IT-Ressourcen, mit denen Sie z. B. die Entwicklung spezifischer Komponenten, Softwaremodule oder Apps von der Entwicklung eines Gesamtsystems isolieren können, für sich nutzbar machen. Dies kann sinnvoll sein, wenn Software durch mehrere unabhängige Partner, welche gemeinsam auf das PaaS-System zugreifen, entwickelt oder die Funktionen spezifischer Softwaremodule erprobt werden sollen. In „klassischen“ Wohnungs- und Immobilienunternehmen kann diesen Modell genutzt werden, wenn diese selbst Software entwickeln oder in die Entwicklung

eigener Software durch externe Dienstleister eingebunden sind und die entwickelte Software beispielsweise selbst testen.

- Entsprechend des *Software-as-a-Service (SaaS)*-Modells werden standardisierte Softwaresysteme, welche die effizienten Abwicklung von Geschäftsprozessen bei den nutzenden Organisationen unterstützen, von einem Cloud Software Provider i. d. R. über das Internet zur Verfügung gestellt. Der Zugang zu diesen Softwaresystemen bzw. der sie unterstützenden SaaS-Dienste durch die Nutzer erfolgt über das Internet und einen Browser (vgl. Hentschel & Leyh, 2018, S. 11). Typische Softwaresysteme, die für Wohnungs- und Immobilienunternehmen im SaaS-Servicemodell bereitgestellt werden, sind Enterprise Resource Planning (ERP)-Systeme, wie beispielsweise *Wodis Yuneo* von der *Aareon AG* oder *Wowiport* von der *Dr. Klein Wowi Digital AG,* oder typische PropTech-Lösungen, wie das *Immobilienverwaltungs- und -managementsystem* von der *Casavi GmbH* oder das *Gebäudezutrittsportal* von der Kiwi.ki GmbH. Der Einsatz derartiger Lösungen erfordert lediglich ein Minimum an Hardware für den Zugang zu den Systemen, d. h. Rechner oder mobile Geräte, bei den Nutzern dieser Lösungen.

Die traditionelle IT-Infrastruktur und die Cloud-basierte IT-Infrastruktur lassen sich für eine einzelne Organisation parallel einsetzen und damit zu einer *hybriden IT-Infrastruktur* zusammenführen. Dies bedeutet, dass die jeweilige Organisation einen Teil ihrer Softwaresysteme, z. B. das genutzte Projektmanagement- oder Buchhaltungssystem, in einem eigenen Rechenzentrum, welches mit eigenen Ressourcen (Infrastruktur, IT-Systeme, Personal) ausgestattet ist, betreibt und zugleich informationstechnische Infrastrukturen oder Systeme, welche über das Internet in einem Cloud Service Model durch einen oder mehrere Cloud Provider bereitgestellt werden, nutzt.

Für viele Unternehmen der Wohnungs- und Immobilienwirtschaft kann es sinnvoll und im Sinne der Datenverarbeitung und -speicherung zielführend sein, die beschriebene *hybride IT-Infrastruktur* zu nutzen, d. h. sowohl lokale Infrastrukturressourcen als auch Cloud Services zu nutzen. So lassen sich IT-Infrastruktursysteme einrichten, die beispielsweise Cloud-basierte Infrastruktur-, und/oder Softwareressourcen in den spezifischen Cloud Service Modellen von unterschiedlichen Cloud Service Providern bereitstellen und diese mit internen On-Premises-Ressourcen, die in das Rechenzentrum des eigenen Unternehmens vorgehalten werden, kombinieren. Dies kann dazu dienen, unterschiedliche aufgaben- und funktionsbezogenen Anforderungen an die Nutzung von IT-Infrastrukturressourcen und IT-Systemen effizient, effektiv und kostengünstig zu erfüllen (vgl. AWS, o. J.). Abb. 3.2 stellt ein mögliches Referenzmodell einer solchen hybriden IT-Infrastruktur für die Wohnungs- und Immobilienwirtschaft dar. Dieses Referenzmodell visualisiert die Möglichkeiten des IT-Infrastrukturaufbaus für Unternehmen der Branche, die jede für sich umgesetzt oder in geeigneter Weise miteinander kombiniert werden können.

Das in Abb. 3.2 gezeigte Referenzmodell integriert vier IT-Infrastrukturelemente, über welche die Nutzung von Softwaresystemen durch die jeweiligen Anwender:innen eines Wohnungs- bzw. Immobilienunternehmens erfolgen kann: Im ersten Szenario kann eine

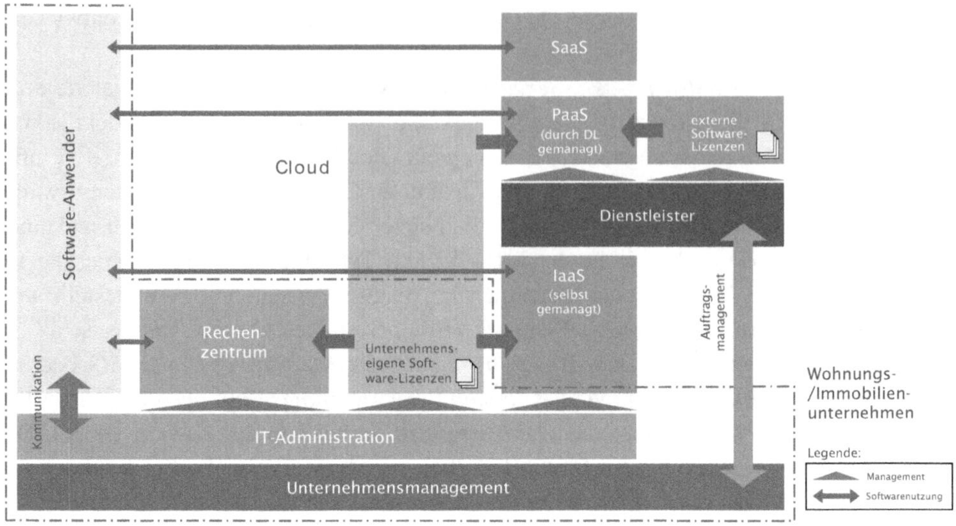

Abb. 3.2 Referenzmodell einer hybriden IT-Infrastruktur für die Wohnungs- und Immobilienwirtschaft. (Eigene Darstellung)

Nutzung von für das Unternehmen lizenzierten Systemen aus dem eigenen Rechenzentrum – das IT-Infrastrukturelement dieses Szenarios – heraus erfolgen. Das zweite Szenario repräsentiert eine Nutzung der für das jeweiligen Unternehmen lizenzierten Softwaresysteme nach dem IaaS- oder dem PaaS-Servicemodell aus einer internetbasierten Infrastruktur heraus. In beiden Szenarien werden die Installation, Administrierung und Wartung der Softwaresysteme durch eine Organisationeinheit des Unternehmens, i. d. R. die IT-Abteilung, ausgeführt, weiterhin verantwortet diese Einheit das Management des unternehmenseigenen Rechenzentrums und/oder administriert und managt im IaaS-Modell die angemietete Cloud-basierte Infrastruktur. Auch führt sie die Kommunikation innerhalb des Unternehmens, insbesondere mit den Softwareanwender:innen im Unternehmen.

Das dritte Szenario beschreibt eine Nutzung von Softwaresystemen nach dem PaaS Cloud Service Modell: In diesem Szenario wird das Management einer Cloud-basierten Plattform-Infrastruktur von einem Dienstleister durchgeführt, d. h. dieser installiert die in einem Wohnungs- bzw. Immobilienunternehmen genutzten Softwaresysteme auf einer Cloud-Plattform und verantwortet deren Administration und Wartung. Die genutzten Softwaresysteme können entweder für das jeweilige Unternehmen lizenziert sein oder der Dienstleister bezieht diese von den jeweiligen Softwareherstellern und verwaltet die zugehörigen Lizenzen in Eigenregie. Im vierten Szenario, in welchem das SaaS-Servicemodell das IT-Infrastrukturelement bildet, erfolgt die Nutzung von Softwaresystemen durch die Anwender:innen des jeweiligen Wohnungs- bzw. Immobilienunternehmens üblicherweise über das Internet, d. h. die genutzte Anwendungssoftware wird von einem Cloud Provider bereitgestellt, administriert und gewartet. Damit ist das Wohnungs- bzw. Immobilienunternehmen nicht in administrative Aufgaben, weder mit Bezug zur IT-Infrastruktur noch mit Bezug zur Software, eingebunden. In den beiden Szenarien drei und vier kann auf Ressourcen zur Administration der Softwaresysteme sowie der Infrastrukturen verzichtet werden, die Entscheider des jeweiligen Unternehmens müssen den organisatorischen Rahmen für die Nutzung der Softwaresysteme zur Unterstützung der entsprechenden Geschäftsprozesse schaffen und Geschäftsbeziehungen mit Dienstleistern bzw. Cloud Providern, welche die Systeme und Infrastrukturen managen, eingehen.

Neben Cloud Computing stellt E-Commerce ein modernes elektronisches Interaktions- bzw. Transaktionskonzept dar, das infrastrukturellen Charakter aufweist, dessen Beherrschung auch in der Wohnungs- und Immobilienwirtschaft den Stand der Technik repräsentieren sollte und welches damit eine wichtige Grundlage für die Digitalisierung der Branche bildet. Dieses Konzept repräsentiert jegliche Art von geschäftlichen Transaktionen zwischen Akteuren bzw. Partnern über elektronische Kanäle und damit ohne direkten physischen Kontakt (vgl. Metzger et al., 2018). Die vier Schlüsselfaktoren dieses Interaktionskonzepts – Digitale Innovationen, Skaleneffekte, Data Driven Marketing und Customer Centricity – lassen sich im Einzelnen wie folgt beschreiben:

- Mittels *Digitaler Innovationen* lassen sich Prozesse sowie Prozessschritte strukturieren, standardisieren und automatisieren. Sie repräsentieren digitale Informationstechnologien, welche die Kosten der entsprechenden Prozesse reduzieren sowie ihre Qualität auf eine einheitliche Basis stellen und verbessern. Mit dieser Digitalisierungsunterstützung entstehen in der Prozessausführung Daten, die sich speichern und analysieren lassen (vgl. Große Holtforth, 2017, S. 13).
- *Skaleneffekte* bezeichnen in der Produktionstheorie die Abhängigkeit zwischen der Produktionsmenge und der Menge der genutzten Produktionsfaktoren; so sinken die Produktionskosten einer Leistung idealerweise bei steigender Produktionsmenge dadurch, dass der Anteil der Fixkosten je produzierter Einheit immer kleiner wird (vgl. Voigt & Weber, 2018). Übertragen auf das Plattformgeschäft, durch welches E-Commerce geprägt ist, bedeutet dies, dass den hohen Anfangsinvestitionen für die Programmierung und Implementierung digitaler innovativer Plattformen sehr geringe Kosten der Vervielfältigung und Distribution der Plattformleistungen gegenüberstehen, sodass sich mittels einer Skalierung des Geschäfts zunehmende positive Gewinneffekte erzielen lassen (vgl. Große Holtforth, 2017, S. 21 f.).
- Im *Data Driven Marketing* werden die in einer Organisation verfügbaren Daten – z. B. Kundendaten, produktbezogene Daten, Vertriebsdaten – herangezogen, um Werbung für Produkte oder Dienstleistungen möglichst zielgenau auszuspielen und deren Wirkung zu optimieren. So nutzen erfolgreich digitalisierte Unternehmen i. d. R. die in erheblichem Umfang verfügbaren Kundendaten, um Produktentwicklungen und Kundenansprache effizienter zu gestalten, d. h. die Akzeptanz und Nutzung der eigenen Plattform sowie deren Inhalte und der vertriebenen Produkte zu analysieren und zu steuern (vgl. Große Holtforth, 2017, S. 30).
- Die *Customer Centricity* geht über die „herkömmliche" Kundenorientierung deutlich hinaus. Es handelt sich um eine Strategie und Ausrichtung der Unternehmenskultur,

welche die Kundengruppen mit höchstem Ertragspotenzial fokussiert. Aufgrund dieser engen Fokussierung auf spezifische Kundengruppen können die Kundenbindung gestärkt und die Wertschöpfung einer Plattformorganisation gesteigert werden (vgl. Fader, 2012, S. 9).

Um eine zielführende Ausführung von Transaktionen im E-Commerce zu realisieren, müssen die vier dargestellten Schlüsselfaktoren in geeigneter Weise zusammenspielen. Dies bedeutet, dass ein Prozess mit einer zweifachen Verstärkung aufgebaut werden sollte (vgl. Abb. 3.3): In einem ersten Wirkungskreis kann eine Kombination von digitalen Innovationen mit Skaleneffekten zu überdurchschnittlichen Umsätzen führen. Die mit der Erschließung von Skaleneffekten erzielbaren Gewinne lassen sich in weitere digitale Innovationen investieren, welche wiederum die Skaleneffekte weiter verstärken können. Ein zweiter Wirkungskreis, der sich aus den Schlüsselfaktoren bildet, zielt auf das Etablieren erfolgreicher und nachhaltiger Kundenbeziehungen durch das Zusammenwirken eines datengetriebenen Marketing und der Kundenzentrierung ab. In diesem Zusammenwirken werden potenziell durch eine verbesserte Nutzererfahrung und Kundenzufriedenheit zusätzliche Kundendaten generiert, die wiederum analysiert und in Maßnahmen zur Kundenbindung überführt werden können (vgl. Große Holtforth, 2017, S. 10). Die beiden beschriebenen Wirkungskreise sind in einem Modell der E-Commerce Schlüsselfaktoren in Abb. 3.3 visualisiert.

Die Nutzung des E-Commerce, seiner Mechanismen und Schlüsselfaktoren in der Wohnungs- und Immobilienwirtschaft bezieht sich insbesondere auf die Kommunikation und den Einsatz von Transaktionsplattformen für die Abbildung spezifischer Aufgaben

Abb. 3.3 Modell der E-Commerce Schlüsselfaktoren. (Eigene Darstellung in Anlehnung an Große Holtforth, 2017, S. 10)

entlang des Immobilienlebenszyklus. Mit Bezug zu den Phasen Planung/Entwurf, Bau/Erstellung, Verwaltung/Bewirtschaftung, Abriss und Sanierung einer Immobilie (vgl. Gsell & Nikodemus, 2025, S. 48 f.) lassen sich die folgenden E-Commerce-Szenarien beschreiben:

- Im Zuge der Planungs- bzw. Entwurfsphase können beispielsweise für die Akquisition von Investitionsmitteln B2B-Plattformen eingesetzt werden, welche Immobilienentwickler und potenzielle Investoren zusammenführen. Der Wirkungskreis *Customer Centricity/Data Driven Marketing* hilft im Prozess der Investorensuche bei der Identifizierung und zielgenauen Ansprache und Überzeugung potenzieller Investoren für ein Immobilienprojekt. Je erfolgreicher ein solches plattformgebundenes Zusammenbringen von Projektentwicklern und Investoren über eine Vielzahl an Projekten umgesetzt werden kann, desto stärker kommt auch der Wirkungskreis Digital *Innovation/Skaleneffekte* zur Geltung und trägt zur vermehrten Abwicklung entsprechender Transaktionen über die entsprechende Plattform bei.
- Eine wichtige Aufgabe in der Phase Bau/Erstellung einer Immobilie liegt im Angebotsmanagement, in dessen Rahmen Ausschreibungen vorgenommen werden, Angebote bearbeitet und verhandelt und schließlich Aufträge vergeben werden (vgl. Gsell & Nikodemus, 2025, S. 52). Auch dieser Prozess lässt sich plattformgestützt abwickeln, wobei die E-Commerce-Mechanismen bzw. -Schlüsselfaktoren insbesondere beim Betreiber einer entsprechenden Plattform greifen sollten. Der Wirkungskreis *Digital Innovation/Skaleneffekte* kann eine breite Ansprache der Akteure in der Bauphase des Immobilienlebenszyklus realisieren, während der Wirkungskreis *Customer Centricity/ Data Driven Marketing* auf mehrere Gewerke eins zu bauenden Gebäudes ausgerichtet und damit mehrfach ausgebildet werden kann. Gelingt dies, folgen daraus wiederum positive Einflüsse auf den Wirkungskreis *Digital Innovation/Skaleneffekte,* sodass insgesamt eine sehr starke Plattform entstehen kann.
- In der Immobilienlebenszyklusphase Verwaltung/Bewirtschaftung steht die Kommunikation mit den Stakeholdern im Mittelpunkt, welche einerseits einen reibungslosen Betrieb der Immobilien sicherstellen und andererseits die Mietenden und Eigentümer von Immobilien zufriedenstellen sollen. Die Schlüsselfaktoren des E-Commerce müssen vor diesem Hintergrund so ausgeprägt werden, dass sie die Nutzung einschlägiger Plattformen und Apps durch die unterschiedlichen Gruppen attraktiv machen. Dies bedeutet, dass beispielsweise mit digitalen Innovationen in einer App für Mietende und Eigentümer attraktive Funktionen bereitgestellt werden, welche eine breite Nutzung dieser App zur Folge haben. Digitale Innovationen auf einer Transaktionsplattform sollten zahlreiche Dienstleister und Immobilienunternehmen zur Nutzung dieser Plattform für die Anbahnung und Abwicklung von Bewirtschaftungsgeschäften für Immobilien motivieren. In beiden Beispielen hat der Wirkungskreis *Digital Innovation/ Skaleneffekte* positiven Einfluss auf den Wirkungskreis *Customer Centricity/Data Driven Marketing,* sodass die Inhalte für die Zielgruppen optimal auf diese zugeschnitten

werden und sich die Attraktivität der jeweiligen App bzw. Plattform weiter erhöhen können.

- Die abschließende Phase des Immobilienlebenszyklus Abriss und Sanierung kann unterschiedlich ausgestattet werden und damit unterschiedliche Lösungen mit Bezug zum E-Commerce nutzbar machen. So werden beim Abriss eines Gebäudes eher Plattformen benötigt, die z. B. Auftraggeber von Abrissaufgaben mit Abriss-, Entsorgungs- und Recyclingunternehmen zusammenbringen, während für Sanierungsaufgaben, die eine Revitalisierung von Immobilien zum Ziel haben, ähnlich wie in der Phase Bau/Erstellung ein plattformgestütztes Auftragsmanagement zielführend sein kann. Für beide Möglichkeiten, die mittels Plattformen unterstützt werden, führen eine geeignete Ausgestaltung der Schlüsselfaktoren des E-Commerce zu deutlichen Nutzensteigerungen des Einsatzes derartiger Plattformen.

Die vorangehend beschriebenen Szenarien zeigen auf, dass die Beherrschung des E-Commerce und der damit verbundenen Mechanismen und Schlüsselfaktoren durch die Unternehmen der Wohnungs- und Immobilienwirtschaft eine wichtige Grundlage für die Digitalisierung der Branche bildet, um insbesondere Plattformtechnologien für diese nutzbar zu machen. Der Einsatz von Plattformen und Portalen bildet heute in den meisten Branchen ein wichtiges Instrument der Geschäftstätigkeit, insbesondere für die Abwicklung von Transaktionsaufgaben. Dies gilt auch für die Wohnungs- und Immobilienwirtschaft. Die zugrundeliegenden E-Commerce-Technologien und -Schlüsselfaktoren repräsentieren vor diesem Hintergrund einen Stand der Technik, der von dieser Branche angenommen werden muss.

3.1.3 Konventionelle Software- und Internettechnologien für die Wohnungs- und Immobilienwirtschaft

Software- und Internettechnologien bzw. IT-Systeme bilden in der Wohnungs- und Immobilienwirtschaft wichtige Elemente für die Generierung, Verarbeitung und Speicherung von Daten (vgl. Abschn. 3.1.1) sowie zur Unterstützung der einschlägigen Kernprozesse der Branche. Insbesondere in Geschäftsprozessen, die standardisierte Abläufe abbilden und die zugleich in sehr hoher Häufigkeit ausgeführt werden, werden üblicherweise prozessführende Systeme, wie beispielsweise ERP-, Verwalter-, CRM- oder CAFM-Systeme, entlang des Lebenszyklus von Immobilien eingesetzt. Diese Systeme sowie die den Systemen zugrundeliegenden Technologien repräsentieren den Stand der Technik in der Wohnungs- und Immobilienwirtschaft und bilden damit eine maßgebliche Grundlage für die Digitalisierung der Branche.

Die Nutzung von konventionellen Software- und Internettechnologien setzt erstens ein strukturiertes Datenmanagement und damit die Etablierung von systembezogenen Datenmodellen im jeweiligen Wohnungs- bzw. Immobilienunternehmen voraus. Zweitens verlangt der Betrieb von Informations- und Kommunikationssystemen den Zugriff auf eine

IT-Infrastruktur und damit eine gewisse Vertrautheit mit den Möglichkeiten der Bereitstellung von IT-Infrastrukturen als technische Basis. Dies gilt in gleicher Weise für den Einsatz von modernen Digitalisierungstechnologien in den Unternehmen. So kann die Nutzbarmachung von IT-Systemen und Digitalisierungslösungen intern On-Premises oder externer als Software-as-a-Service (SaaS)-Lösung erfolgen. Zudem können definierte Funktionen, die in einzelnen Kerngeschäftsprozessen auszuführen sind, in Transaktionsplattformen – und damit unter E-Commerce-Prämissen – abgebildet werden. Somit etabliert der Einsatz von konventionellen IT-Systemen in den Unternehmen der Branche ein Gesamtsystem zur Befähigung dieser Unternehmen für die Digitalisierung. Einige der üblicherweise in der Branche über den Lebenszyklus einer Immobilie eingesetzten Systeme werden in diesem Abschnitt eingeführt und mit Blick auf ihre Digitalisierungspotenziale diskutiert.

Computer Aided Design (CAD)

In den ersten beiden Phasen des Immobilienlebenszyklus, den Phasen Planung/Entwurf und Bau/Erstellung einer Immobilie (vgl. Gsell & Nikodemus, 2025, S. 48), bildet *Computer Aided Design (CAD)* ein grundlegendes Gestaltungs- und Planungsinstrument, welches die Kernprozesse Projektentwicklung, Bauplanung und Bauausführung unterstützt. Dabei werden computergestützte Softwaresysteme verwendet, um Modelle von objektbasierten Konstruktionen – in der Immobilienwirtschaft von Gebäuden, Teilgebäuden oder Räumen – zu erstellen, zu modifizieren, zu analysieren und zu optimieren (vgl. Bitkom, 2024, S. 4). CAD-Technologien ermöglichen eine präzise, genaue und realistische Darstellung von komplexen Objekten und deren Strukturen üblicherweise in drei räumlichen Dimensionen. Neben der Modellierung und der möglichen zügigen Überarbeitung bzw. Anpassung von Konstruktion unterstützen entsprechende Systeme u. a. die Ausführung komplexer Berechnungen, die Erstellung von Material- bzw. Stücklisten sowie die Kollisionsüberprüfung zwischen Bauteilen mittels Simulation. Durch dieses Leistungsspektrum können Konstruktionen und Planungen von Objekten deutlich effizienter durchgeführt werden (vgl. Alle Aktien, o. J.).

Mit der dritten Generation von CAD-Systemen, welche die Erstellung parametrischer volumenorientierter 3D-Modelle erlaubt und die sich seit Ende der 1980er-Jahre etabliert haben (vgl. Thome et al., 1998, S. 151), lassen sich sog. digitale Zwillinge von Gebäuden erstellen, die über alle Phasen des Immobilienlebenszyklus nutzbar gemacht werden können. Bei einem digitalen Zwilling handelt es sich um eine umfassende Wissensrepräsentation der jeweiligen Immobile, die genutzt werden kann, um Planungen durchzuführen und Entscheidungen mit Bezug zur Immobilie zu treffen. Um die aktuellen Anforderungen an die Erstellung, Veränderung und Aktualisierung von digitalen Modellen einer Immobilie erfüllen zu können, müssen die CAD-Systeme nachfolgende Funktionen implementieren (Hausknecht & Liebich, 2016, S. 71 f.):

- Erzeugung und Visualisierung dreidimensionaler intelligenter Objekte, die sich mit beliebigen alphanumerischen Informationen verknüpfen lassen.

- Konstruktion von Strukturelemente, wie z. B. Geschoss- oder Anlagenkomplexe, und Unterstützung einer systematischen Zusammenführung dieser Elemente.
- Identifizierung von logischen Abhängigkeiten zwischen konstruierten Strukturelementen sowie Nachführung dieser Abhängigkeiten bei Veränderungen.
- Bedarfsbezogene Ableitung von Plänen, wie z. B. Grundrissen, Schnitten oder Ansichten, aus den 3D-Modellen zur Erzeugung von Plänen ohne zusätzlichen Aufwand und Nachführung der Pläne in ihren möglichen Ansichtsformen.
- Generierung von Material- bzw. Stücklisten, Mengengerüsten und Simulationen, z. B. Kollisionsprüfungen oder Finite Elemente Analysen, aus den Modellen heraus.
- Anbindung von anderen Softwaresystemen über moderne Programmierschnittstellen (API).

Die implementierten Funktionen von CAD-Systemen bilden die Grundlage für weitere Funktionen, welche über spezielle Softwareanwendungen, die einem Building Information Modeling (BIM)-Ansatz folgen und der technischen Planung und Simulation von Teilsystemen der jeweiligen Immobilien, beispielsweise von Räumen, Architekturelementen, der Haustechnik und technischen Anlagen, der Kosten- und Terminplanung sowie der Koordination und Kommunikation dienen können (vgl. Moring et al., 2018, S. 43), abgebildet werden. Die speziellen Softwareanwendungen nutzen einen digitalen Zwilling der jeweiligen Immobilie und entwickeln diesen weiter. Somit bildet das Computer Aided Design (CAD) eine Grundlage, um insbesondere die beiden eingangs dieses Abschnitts genannten Phasen des Immobilienlebenszyklus Planung/Entwurf sowie Bau/Erstellung mit BIM als kollaborativen Design-, Konstruktions- und Inbetriebnahmeprozess einer Immobilie hocheffizient und effektiv auszugestalten. BIM bezeichnet eine Arbeitsmethodik, welche die für den Lebenszyklus einer Immobilie relevanten Informationen und Daten konsistent erfasst, verwaltet und in transparenter Kommunikation zwischen den Beteiligten Akteuren austauscht bzw. diese für eine weitere Bearbeitung bereitstellen. Zur Unterstützung dieser Methodik wird der digitale Zwilling der Immobilie herangezogen (vgl. BMVI, 2015, S. 4). Die Möglichkeiten, welche das Building Information Modeling (BIM) für die Digitalisierung der Wohnungs- und Immobilienwirtschaft bietet, werden in Abschn. 4.7 dieses Buchs ausführlich beschrieben und diskutiert.

Dokumentenmanagement

Das *Dokumentenmanagement* ist schwerpunktmäßig in der Phase Verwaltung/Bewirtschaftung des Immobilienlebenszyklus anzusiedeln und bezeichnet die Organisation, Speicherung und Verwaltung von Dokumenten innerhalb einer Organisation. Zu den Aufgaben des Dokumentenmanagements gehören das Umsetzen von Richtlinien, Verfahren und Technologien, um sowohl physische Papierdokumente als auch elektronische Dokumente effizient zu verwenden. Damit soll sichergestellt werden, dass die Dokumente ordnungsgemäß und sicher archiviert werden, leicht zugänglich sind und von den autorisierten Personen, die mit den jeweiligen Dokumenten arbeiten müssen, effektiv aufgefunden, genutzt und abgelegt werden können (vgl. Adobe, o. J.). Bei diesen Dokumenten kann es sich sowohl um Schriftstücke als auch um andere Gruppen von Dokumenten, beispielsweise um Fotos, Videos oder CAD-Modelle, handeln, deren Inhalte nicht ausschließlich alphanumerische oder numerische Daten umfassen. Beispiele für immobilienwirtschaftliche Dokumente sind Investitionstabellen, Dokumentationen von Immobilienkäufen, Grundbuchauszüge, Fotos von Miet- oder Kaufobjekten, Mietverträge oder Rechnungen.

Um die einschlägigen Aufgaben des Dokumentenmanagements effizient ausführen zu können, werden diese i. d. R. elektronisch unterstützt. So sind die Dienste, die mittels eines Dokumentenmanagementsystems (DMS) ausgeführt werden, üblicherweise über standardisierte Programmierschnittstellen (API) in Client-Server-Netzwerke sowie damit in erfolgskritische Geschäftsprozesse eingebunden. Damit wird das Ziel verfolgt, durch eine schnelle Bereitstellung der benötigten Informationen die Produktivität in diesen Prozessen zu erhöhen (vgl. Lackes & Siepermann, 2018). Ein digitales DMS kann die Prozesse ergänzend zur Verwaltung von Daten und Dokumenten automatisiert abbilden; damit können z. B. Rechnungen ohne manuelle Überprüfung freigegeben oder elektronisch eingehende Schreiben den richtigen Vorgängen vollautomatisiert zugeordnet werden (Hoffstiepel, 2023).

Dokumentenmanagementsysteme (DMS) werden häufig in einem engen Zusammenspiel mit prozessführenden Systemen, wie z. B. ERP- oder CRM-Systemen, eingesetzt, sodass sie direkt mit den erfolgskritischen Kerngeschäftsprozessen verknüpft werden können. Damit wird eine direkte und reibungslose Ein- und Ausgabe der für die Prozessausführungen relevanten Daten sowie deren zügige Verarbeitung und Archivierung unterstützt, sodass das Dokumentenmanagement vollständig automatisiert ablaufen kann. Denn mit der skizzierten Integration können die Systeme unter Nutzung spezifischer Dienste viele Aufgaben, in denen eine große Menge an elektronischen Daten und Dokumenten verarbeitet werden müssen, übersichtlich, schnell und strukturiert abbilden. So setzen DMS-Dienste beispielsweise eine Einordnung von Daten und Dokumenten in übersichtliche Kategorien um, sodass sie leicht aufzufinden und benutzerfreundlich zu handhaben sind. Die Suche nach spezifischen Daten kann damit beispielsweise über die Selektion von Dokumententypen oder mittels einer Recherche-Funktion entlang spezifischer Merkmalsausprägungen vorgenommen werden. Wichtige Anforderungen, welche mittels der einschlägigen Systeme erfüllt werden, liegen zudem in ihrer Revisionssicherheit, d. h. Veränderungen an den archivierten Dokumenten durch Unberechtigte können nicht vorgenommen werden, und in der Archivierung der Dokumente unter Einhaltung der Vorgaben der Datenschutzgrundverordnung (DSGVO). Schließlich werden die archivierten Daten und Dokumente durch den Einsatz von Verschlüsselungstechnologien sowie eine Zugriffssteuerung zur Sicherung sensibler Daten geschützt.

Für die Digitalisierung ergeben sich insbesondere aus dem Zusammenwirken des Dokumentenmanagements mit Geschäftsprozessen der Wohnungs- und Immobilienwirtschaft sowie durch die Verknüpfung von DMS mit anderen in den Unternehmen der Branche eingesetzten IT-Systeme zum Management dieser Prozesse signifikante Potenziale. Unter Einsatz geeigneter Technologien, insbesondere von Micro- bzw. Web-Services, lassen sich vollständig oder teilweise automatisierte Workflows aufbauen, die unterschiedlich ausgeprägt sein können. Diese Workflow-Ausprägungen stellen sich wie folgt dar:

- Definierte *standardisierte Workflows* für wiederkehrende einfache Aufgaben unterstützen beispielsweise die Verteilung bzw. Weiterleitung von Dokumenten an die bearbeitenden Personen oder Teams innerhalb und außerhalb der eigenen Organisation über definierte Dokumentenparameter, wie z. B. Kategorien, Projekte oder Kundennummern. Ein DMS-Dienst versendet dazu lediglich einen Link auf das jeweilige Dokument im Dokumentenmanagementsystem, in dem das entsprechende Dokument direkt bearbeitet und für alle Beteiligten konsistent gehalten werden kann. Ein weiteres Beispiel für einen standardisierten DMS-gestützten Workflow bildet die Aufgaben- oder Terminüberwachung, für welche das zu überwachende Dokument in seinen Metadaten mit einem Zielzeitpunkt für das Ende des nächsten Bearbeitungsschritts versehen wird. Mit diesem Zielzeitpunkt können die Dokumentenbearbeitung gesteuert, Erinnerungen zur Bearbeitung automatisiert ausgelöst und versandt sowie bei Zeitüberschreitung Eskalationsmechanismen ausgelöst werden.
- Die *Ad-hoc-Workflows* beziehen sich ebenfalls auf einfache Aufgaben. Sie können bei Bedarf schnell erstellt und im Zuge einer sequenziellen Aufgabenausführung eingerichtet werden und folgen keinem vorgegebenen Prozessmodell. Ein Auslöser für die Einrichtung eines Ad-hoc-Workflows kann beispielsweise in der wiederholten Feststellung eines Verarbeitungsfehlers in einer eingehenden Rechnung eines Handwerksunternehmens sein. Mit der Einrichtung einer Benachrichtigung aus dem DMS heraus beim Eintreten des Verarbeitungsfehlers können die beteiligten Akteure direkt reagieren und manuell eingreifen und damit beispielsweise den Ausfall von Skonto-Erlösen oder das Anfallen von Mahngebühren vermeiden.
- Die dritte Ausprägung bilden schließlich *umfangreiche Workflows,* welche komplexe Geschäftslogiken abbilden und über logische Abfragen gesteuert werden. So lässt sich beispielsweise ein *Purchase-to-Pay*-Prozess über einen DMS-basierten Workflow zumindest teilautomatisieren, indem die Dokumente zu einem Auftrag – Bestellung, Auftragsbestätigung, Ausführungsbeleg und Rechnung – in geeigneter Weise durch das Dokumentenmanagementsystem (DMS) gehandhabt werden. Dazu wird beim Eintreffen der Rechnung die Bestellnummer aus dem Rechnungsdokument mit der Nummer der Bestellung abgeglichen. Anhand der Ausführungsbestätigung wird mittels des sog. *Three-way-Match* geprüft, ob die bestellte Leistung vollständig und in der erwarteten Qualität erbracht worden ist. Das DMS prüft automatisiert die Richtigkeit des Rechnungsbetrags. Mit den beschriebenen Prüfungen steuert das DMS den umfangreichen Workflow. Das System übergibt die relevanten Daten aus den Dokumenten, z. B. die Auflistung der Leistungen für Kalkulationen oder den Rechnungsbetrag zur Buchung sowie zur abschließenden Archivierung des Vorgangs, parallel zum Workflow oder mit dessen Abschluss beispielsweise an das ERP-System des Unternehmens.

Die für das (teil-)automatisierte Ausführen der aufgezeigten DMS-gestützten Workflows notwendigen Technologien, insbesondere die DMS-Dienste für die Abwicklung von spezifischen Aufgaben des Dokumentenmanagements oder die Nutzung von Dokumentenmanagementsystemen (DMS) in einem SaaS-Servicemodell, erfordern eine grundsätzliche Verfügbarkeit von modernen Programmierschnittstellen (API) sowie den Gebrauch standardisierter Kommunikationsprotokolle für den Datenaustausch zwischen den unterschiedlichen IT-Systemen der Wohnungs- und Immobilienwirtschaft. Diese mit DMS eingebrachten Technologien können somit als Treiber für die Digitalisierung und Automatisierung der Branche wirken. Ebenso können die mittels der Dokumentenmanagementsysteme implementierten Workflows und deren Verknüpfung mit prozessführenden Systemen als Grundlage für eine weitergehende Automatisierung immobilienwirtschaftlicher Geschäftsprozesse dienen.

Enterprise Resource Planning (ERP)

Das *Enterprise Resource Planning (ERP)* bildet in der weit überwiegenden Anzahl der Wohnungsunternehmen das Zentrum der operativen Bewirtschaftungsaktivitäten und unterstützt die Geschäftstätigkeiten in der Immobilienlebenszyklusphase *Verwaltung/Bewirtschaftung.* Dazu setzen die Unternehmen ERP-Systeme mit definierten Anwendungsschwerpunkten ein, die sich u. a. an den Immobilien-Assetklassen[4] orientieren. Diese Systeme dienen als zentrale Instanzen für die Steuerung der Kernprozesse von Immobilienunternehmen, wofür sie Stamm- und Bewegungsdaten aus einer angebundenen Datenbank nutzbar machen und verarbeiten.

In Wohnungs- und Immobilienunternehmen bilden ERP-Systeme die zentralen Systeme, um die Kernprozesse der Verwaltung und Bewirtschaftung von Immobilien zu steuern und zu lenken. So integrieren diese Systeme üblicherweise Funktionen für die Zahlungsabwicklung, die Bestandsverwaltung und Finanzbuchhaltung, die Betriebs- und Heizkostenabrechnung sowie in der Assetklasse Wohnimmobilien die Mieten- und Anlagenbuchhaltung. Mit diesen Funktionen bilden sie definierte Prozessketten i. d. R. durchgängig (Ende-zu-Ende) ab (vgl. Wicho, 2024) und führen die Aktivitäten unterschiedlicher Stakeholder strukturiert zusammen. Zudem müssen ERP-Systeme als zentrale Einheiten mit anderen IT-Systemen interagieren und Daten austauschen, sodass sie mit modernen Programmierschnittstellen (API) ausgestattet sein sollten. Diese API ermöglichen in Kombination mit Konnektoren eine Anbindung von Drittsystemen, wie z. B. von Dokumentenmanagementsystemen.

Die Digitalisierung unterstützt die Weiterentwicklung von immobilienwirtschaftlichen ERP-Systemen, wenn diese Systeme beispielsweise BI-/KI-Funktionen implementieren und Daten aus externen Quellen, wie ESG-relevanten Messwerten oder geobasierte Klimaprognosen, mit den ERP-eigenen Daten integrieren, die gebündelten Daten analysieren und die Analyseergebnisse präsentieren. Oder es lassen sich mit der Integration von BI-/KI-Analytik in die ERP-Systeme z. B. Risiken, Rentabilitäten und Nachhaltigkeiten

[4] Zu den geläufigen Immobilien-Assetklassen vgl. Fußnote 7.

verschiedener Alternativen bewerten. Technische Grundlagen für die möglichen Entwicklungen von ERP-Systemen bilden die zunehmend großen Datenbestände sowie Cloud-Technologien, Künstliche Intelligenz (KI) und die „Demokratisierung" der Informationstechnik. Diese drei Trends treiben die weitere Entwicklung von ERP-Systemen und lassen sich wie folgt detaillieren (vgl. Thies, 2023):

- Wie in Abschn. 3.1.2 diskutiert, stellen Cloud Technologien bereits heute eine wichtige Basis für die Bereitstellung von Softwaresystemen – so auch von ERP-Systemen – über Netzwerke dar. Die Softwareanwender:innen können mit Cloud-basierten Systemen unabhängig von Ort und Zeit arbeiten und zwischen den unterschiedlichen Geräten (Desktop, Notebook, Smartphone, Tablet) wechseln. 90 % der Unternehmen in Deutschland mit mindestens 20 Beschäftigten nutzen bereits Cloud Services bzw. -Anwendungen für unterschiedliche IT-Aufgaben, beispielsweise für die Datenspeicherung, für Webkonferenzen, Büroprozesse oder für die Unterstützung von Geschäftsprozessen (vgl. Rohleder, 2023, S. 2). Aktuell liegt der Anteil der Nutzung von Cloud-basierten ERP-Systemen in der Wohnungs- und Immobilienwirtschaft noch deutlich unter diesem Wert, es lassen sich jedoch insbesondere in Wohnungsunternehmen mittlerer Größe zunehmend Tendenzen zum Einsatz von SaaS-Lösungen erkennen (vgl. Wedemeier et al., 2024, S. 7).
- ERP-Systeme integrieren perspektivisch innovative Funktionen, welche die Effizienz der Systeme basierend auf künstlicher Intelligenz (KI) und maschinellem Lernen steigern. So lassen sich mit KI-Technologien Routineaufgaben dahingehend automatisieren, dass keine manuellen Eingriffe erforderlich sind sowie Prozesse lediglich überwacht und Ergebnisse kontrolliert werden müssen. Umgekehrt kann KI digital unterstützte Geschäftsprozesse permanent überprüfen, Auffälligkeiten identifizieren sowie Fehler erkennen. Auch können Machine Learning Algorithmen Prognosen erstellen, um z. B. Energieverbräuche im Vorfeld abzuschätzen, Leerstände proaktiv zu managen oder Baukosten realistisch kalkulieren zu können. Interaktive Assistenzsysteme, wie z. B. Chatbots, können zudem einen integrativen Bestandteil von ERP-Systemen bilden, um Prozesse dialoggeführt zu steuern.
- Die „Demokratisierung" der Informationstechnik manifestiert sich schließlich in den technischen Möglichkeiten, die ihr zugrunde liegen: So können IT-Lösungen aufgebaut werden, die ohne umfassende Schulungen nutzbar sind. Wichtige Faktoren bilden dabei intuitiv zu nutzende User Interfaces sowie Möglichkeiten der Individualisierung und Personalisierung von Softwareanwendungen. Mit Bezug zu ERP-Systemen können Anwender:innen der Systeme die Funktionen, die sie benötigen, idealerweise selbst programmieren. Dies lässt auf Basis von No-Code- und Low-Code-Funktionen umsetzten, die von KI unterstützt die Grenzen zwischen der Nutzung und der Entwicklung von Software aufweichen. Mittels grafischer Benutzeroberflächen können solche Anwendungen von Fachanwender:innen weitgehend automatisiert ohne Programmierkenntnisse modelliert werden. Die geschilderten Möglichkeiten unterstützen eine zügige Anpassung der immobilienwirtschaftlichen Geschäftsprozesse an neue Anforderungen und deren einfache Abbildung im jeweils genutzten ERP-System.

Mit den vorangehend skizzierten Trends werden definierter Technologien adressiert, die entsprechend ihres Stands der Technik spezifische Weiterentwicklungen erfordern und sich damit unterschiedlich bewerten lassen. So stellen Cloud Technologien heute ein übliches Instrument dar, um ERP-Systeme in der Wohnungs- und Immobilienwirtschaft kostengünstig, effizient und unter der Hoheit von Organisation bzw. Akteuren mit einschlägiger Fachkompetenz zu betreiben. Die führenden Hersteller von ERP-Systemen für die Wohnungs- und Immobilienwirtschaft stellen heute entsprechende SaaS-Lösungen für ihre Kunden bereit, welche die Anforderungen an derartige Lösungen bestens erfüllen.

Die Entwicklung von ERP-Systemen ist durch eine hohe Komplexität und Dynamik der Geschäftsprozesse, die durch diese Systeme gesteuert werden, vielfältige Anforderungen an ihre Funktionen sowie die notwendige Umsetzung eines handhabbaren Datenmanagements auf Basis einer vielschichtigen Datenablage und -speicherung geprägt. Die zielführende unternehmensspezifische Ausgestaltung eines ERP-Systems erfordert die genaue Kenntnis der zu unterstützenden Geschäftsprozesse sowie der Architektur, der Funktionen und der Konfigurationsmechanismen des jeweiligen Systems. Daher werden für das Customizing von ERP-Systemen Kompetenzen aus unterschiedlichen Domänen i. d. R. in einem umfassenden Projekt zusammengeführt; d. h. in einem solchen Projekt arbeiten Personen aus dem jeweiligen Wohnungs- bzw. Immobilienunternehmen, die mit den zu unterstützenden Geschäftsprozessen vertraut sind, sowie Berater, Softwarearchitekten und Softwareingenieure des jeweiligen ERP-Herstellers eng zusammen. Die Entwicklung einer „Configure-and-Play"-ERP-Lösung unter Implementierung von No-Code- oder Low-Code-Konfigurationsfunktionen mit KI-Unterstützung erscheint vor dem Hintergrund der Komplexität eines ERP-Customizing und der geschilderten personellen Anforderungen zum gegenwärtigen Zeitpunkt nicht wirtschaftlich und somit kaum umsetzbar (vgl. Nickel et al., 2020, S. 15).

Die skizzierte Integration von Business Intelligence (BI) und künstlicher Intelligenz (KI) mit ERP-Systemen für die Wohnungs- und Immobilienwirtschaft erscheint als nächster – teilweise bereits vollzogener – Entwicklungsschritt für diese Systeme naheliegend und zielführend. Denn mit einer solchen Integration lassen sich Effizienzsteigerungen in der Steuerung der Prozesse erzielen und die Effektivität von kundenbezogenen Aktivitäten erhöhen. Wesentlich für die Ausschöpfung der Möglichkeiten von BI und KI ist eine effektive Datenintegration in entsprechende Funktionen, sodass die Daten aus unterschiedlichen Datenquellen miteinander verknüpft und eine hohe Datenqualität erzielt werden (vgl. E4D, 2023). Das jeweilige ERP-System speist also den Datenpool, der durch die BI-/Ki-Funktionen genutzt wird. Weiterhin lässt sich dieser Datenpool durch die Anbindung anderer Systeme, beispielsweise von CRM- oder CAFM-Systemen, sowie durch den Zufluss externer Markt- und Statistikdaten, wie Mietpreisentwicklungen oder Standortdaten von Geodienstleistern, Informationen zu Einwohnerzahlen, Kaufkraft oder Standortqualität, erweitern.

Die breite Verfügbarkeit von kunden- und prozessbezogenen Daten oder von Messdaten zu prozessbezogenen Leistungsparametern (KPI), die in ERP-Systemen vorgehalten werden, können dazu genutzt werden, häufig durchzuführende Geschäftsprozesse unter

Einsatz von BI/KI einfacher zu gestalten oder zu beschleunigen, eine Entlastung von Mitarbeitenden von Routinetätigkeiten zu realisieren oder die Prozesse in Wohnungs- und Immobilienunternehmen intelligenter zu steuern. Eine Integration von BI-/KI-Funktionen in das jeweils eingesetzte ERP-System bedeutet den direkten Zugang dieser Funktionen zu den relevanten Daten, um idealerweise automatisierte Datenanalysen auszuführen und die aufgezeigten Effekte zu erzielen. Darüber hinaus lässt sich das Berichtswesen mit den Ergebnissen der Datenanalysen nahtlos steuern und vollziehen. So können mittels der BI-/KI-Funktionen Reports sowie Benchmarks und Prognosen auf Basis von kennzeichnenden Leistungsparametern der Branche „ auf Knopfdruck" erstellt werden, wenn diese als Standards in das jeweilige ERP-System eingebettet sind (vgl. Wicho, 2022).

Die Integration von BI- und KI-Funktionen in prozessführende Systeme wird i. d. R. auf Basis etablierter Lösungen realisiert. So sind Microsoft Power BI oder ChatGPT von Open AI diejenigen Systeme der Wahl, die in ERP- oder andere (prozessführende) Systeme integriert werden. Mit der Integration dieser Lösungen in ein ERP-System lassen sich analysebezogene Aufgaben in der Wohnungs- und Immobilienwirtschaft zusammenfassend wie folgt gestalten (vgl. Gypsilon, 2024):

- Ausführung von *Datenanalysen in Echtzeit,* um unmittelbar auf Änderungen im eigenen Geschäftsumfeld oder im Markt zu reagieren. Beispielsweise können Echtzeitanalysen von Energieverbrauchsdaten von Gebäuden Hinweise auf technische Probleme von Anlagen geben. Die Erfassung, Strukturierung und Überwachung von Geschäftskennzahlen kann ebenfalls in Echtzeit vorgenommen werden, sodass das jeweiligen Unternehmen vom Top-Management zielführend gesteuert werden kann.
- Übersichtliche Visualisierung der wichtigsten Unternehmenskennzahlen mittels *interaktiver Dashboards,* die beispielsweise die Liquidität eines Wohnungs- bzw. Immobilienunternehmens und den Fluss der Finanzmittel transparent machen. Die Dashboards lassen sich flexibel auf die Bedarfe der jeweiligen Nutzenden anpassen und ermöglichen die Erfassung wichtiger Leistungsparameter einer Organisation auf einen Blick.
- Schnelle und interaktive Aufbereitung von Daten sowie *Erstellung von standardisierten Berichten* und Zeitreihenanalysen aus der jeweils gewohnten Arbeitsumgebung heraus. Die Analyseergebnisse lassen sich grafisch aufbereiten und die Ansichten von übergreifend zu detailliert staffeln.
- Im Rahmen von *Kollaboration und Datenfreigabe* unterstützt das automatische Erstellen und Verteilen von Berichten und Dashboards eine Zusammenarbeit unterschiedlicher Akteure, z. B. der Mitarbeiterinnen und Mitarbeiter eines Wohnungsverwaltungsteams, und stellt Transparenz für die an einem Prozess Beteiligten sicher. Die beteiligten Akteure und Organisationseinheiten können durch eine nahtlose Verknüpfung von Datenanalysen und deren Ergebnisse effizient zusammenarbeiten. Die Anzeige von Analyseergebnissen mittels Dashboards kann auf Desktop-Rechnern, Tablets und Smartphones erfolgen.

- Mit der *Datenmodellierung* aus historischen Daten und aus den Modellen abgeleiteten *Prognosen* lassen sich zukünftige Entwicklungen abschätzen und besser verstehen. So können beispielsweise in einem Maklerunternehmen durch die Zusammenführung von Verkaufspreisen aus der Vergangenheit, Größen und Zuständen von Objekten und externen Daten zur Standortqualität, wie Schulen, ärztliche Versorgung, Freizeitangebote oder Einkaufsmöglichkeiten in Kombination mit geplanten Sanierungsvorhaben und erwarteter Kostenentwicklungen mögliche Szenarien aufgebaut und auf dieser Basis Prognosen für künftige Verkaufspreise für vergleichbare Objekte erstellt werden.

Die vorangehenden Ausführungen zeigen, dass Business Intelligence (BI) und künstliche Intelligenz (KI) in ihrer Nutzung innerhalb von ERP-Systemen nicht voneinander zu trennen sind, sodass diese Technologien im vorliegenden Abschnitt als Einheit behandelt werden. Die wahrscheinlichsten Anwendungsfälle, welche diese Technologien in ERP-Systemen implizieren, bilden Datenanalysen sowie die Automatisierung von Geschäftsprozessen, die bereits ausgeführt worden sind. Weitere Implementierungsfelder, welche ein intensives Training mit einer sehr großen Datenmenge erfordern, liegen in Chatbots und in der Sprachverarbeitung. Um die genannten Funktionen in ERP-Systemen umsetzen zu können, müssen diese Systeme definierte Anforderungen erfüllen. Diese liegen erstens in der Ausgestaltung der Systeme als dezentrale Cloud-basierte Plattformen (vgl. Nickel et al., 2020, S. 16). Weiterhin müssen die Systeme intelligent und erweiterbar sein, potenzielle Implementierungspartner sollten über Cloud-Expertise verfügen, es muss über alle Kanäle hinweg eine nahtlose User Experience bzw. Customer Experience in den ERP-Systemen sichergestellt sein, was die Attraktivität dieser Systeme erhöht, und die Daten des jeweiligen ERP-Systems müssen gut zugänglich sein (vgl. Accenture, 2018, S. 22). Der letztgenannte Punkte verlangt die Verfügbarkeit von flexiblen Schnittstellen der ERP-Systeme, der Datenmodelle und zu externen Diensten.

Customer Relationship Management (CRM)

Beim *Customer Relationship Management (CRM)* handelt es sich um einen strategischen Ansatz, welcher die vollständige Planung, Steuerung und Durchführung aller Interaktionen mit den Stakeholdern einer Organisation beinhaltet. In der Wohnungs- und Immobilienwirtschaft können Immobilienkäufer, Mietende, Eigentümer, Handwerker, Versorger und andere Dienstleister die Stakeholder des jeweiligen Unternehmens repräsentieren. Das CRM führt das *Relationship Management* zur Abbildung der Beziehungen der Organisation zu seinen Stakeholdern, das *Knowledge Management,* welches umfassendes Wissen über die Stakeholder bereitstellt, das *Stakeholder-bezogene Business Process Management* zur Strukturierung der entsprechenden Geschäftsprozesse sowie *informationstechnische Aspekte* mit Bezug zu den Stakeholdern, beispielsweise der Einsatz geeigneter IT-Systeme, zusammen (vgl. Holland, 2018). Unter Einbeziehung der gesamten jeweiligen Organisation nimmt es eine zielgruppenorientierte Marktbearbeitung über deren vollständigen Lebenszyklus auf Basis der vorliegenden detaillierten Informationen zu den Stakeholdern (sog. *Database Marketing*) vor, die i. d. R. in Datenbanken abgelegt sind.

Die Datenbanken können z. B. die Stammdaten zu den Stakeholdern, Traktionsdaten zu Kunden und Dienstleistern, spezielle Profildaten sowie Aktions- und Reaktionsdaten enthalten. Ziel des Customer Relationship Management (CRM) ist es, eine optimale, nachhaltige und dauerhafte Beziehung der Organisation zu ihren Stakeholdern aufzubauen (vgl. Lackes et al., 2018b).

Zur Unterstützung der beschriebenen Aktivitäten wird oftmals ein unterstützendes System, ein CRM-System, eingesetzt, welches die Stakeholderbeziehungen über ihren Lebenszyklus steuert und spezifische Funktionen, wie die Kommunikation mit den Stakeholdern sowie Maßnahmen in den Bereichen Marketing, Vertrieb und Service, ausführt. In der Immobilienwirtschaft zeigt sich der Einsatz eines solchen Systems oder eines Portals, das CRM-Funktionen umsetzt, als Werkzeug für das Interessentenmanagement und die Vermarktung von Immobilien insbesondere für Immobilienmakler als sinnvoll und zielführend. So werden beispielsweise eine effektive und effiziente Interessenten-/Kundenbearbeitung im Sinne eines Lead Managements im Rahmen von Interaktionen zwischen dem jeweiligen Maklerunternehmen und seinen (potenziellen) Kunden unterstützt sowie eine Erfassung, Aufbereitung und anwendungsorientierte Auswertung von Interessentendaten vorgenommen, um z. B. ein Matching von Objektangeboten zu potenziellen Kunden vornehmen zu können. Auch lassen sich im Zuge eines Vermietungsprozesses zahlreiche anfallende Aufgaben bis zur Unterzeichnung eines Mietvertrags vereinfachen und beschleunigen. Weitere Aufgaben des CRM, welche insbesondere über Interessenten- bzw. Vermarktungsportale ausgeführt werden können, liegen u. a. im Schalten von Anzeigen, in der Verwaltung von Daten von Interessenten für Kauf- oder Mietobjekte mit Bezug zu den unterschiedlichen Assetklassen, im genannten Matching von Interessenten und Immobilien, in der Koordinierung von Besichtigungsterminen und in der weiterführenden Kommunikation der unterschiedlichen Akteure.

Im Zuge eines Verkaufs- oder Vermietungsprozesses haben sich CRM-basierte *Plattform- und Portallösungen* (vgl. Abschn. 3.4) aufgrund der Vielzahl an Akteuren, die miteinander interagieren, sowie aufgrund der Vielfalt an Transaktionen, die in einem solchen Prozess auszuführen sind, als sehr gut geeignet erwiesen, die an Kundenbeziehungsprozesse gestellten Anforderungen optimal zu erfüllen. So lassen sich die Aufgaben entlang eines entsprechenden Prozessen – von der Vermarktung einer Immobilie bzw. dem Lead Management über Bewerbermanagement, Vertragsmanagement, Mietendenverwaltung, Zahlungsmanagement, Vermietungsende bis hin zur Übergabe – mit geeigneten Funktionen zielführend unterstützen: Verkaufs- oder Mietobjekte werden heute zu einem weit überwiegenden Teil über Portale wie *ImmoScout 24* oder *Immowelt* angeboten. Vermieter können ihre Angebote über Plattformen wie *Immomio, Wohnungshelden* oder *EverReal* managen. Mietinteressent:innen können ihre Daten wiederum über Bewerberportale wie *Rentcard* unabhängig von einem konkreten Objekt hinterlegen und pflegen (vgl. Gsell & Braun, 2024, S. 34). Derartige Portale können im weiteren Verlauf eines Vermietungsprozesses die Vertragsunterzeichnung und nach der Vertragsunterzeichnung eine Mietendenverwaltung unterstützen. Damit lassen sich unter Einrichtung von Mietenden-Benutzerkonten Dokumente, wie beispielsweise Betriebskostenabrechnungen, zur Verfügung stellen oder die Mieterinnen und Mieter könnten über das jeweilige Portal Schäden bzw. andere Anliegen direkt an das verwaltende Unternehmen kommunizieren. Ein solches CRM-basiertes Portal setzt also eine unmittelbare Integration der Mietenden in die digitalisierten Prozesse des jeweiligen Unternehmens um, sodass beispielsweise ein *Schadensmanagementprozess* nahtlos ohne Medienbruch ausgeführt werden kann.

Die Potenziale für die Weiterentwicklung von Customer Relationship Management (CRM)-Systemen in der Immobilienwirtschaft gestalten sich ähnlich wie die von ERP-Systemen über die Trends Cloud Computing, BI-/KI-Integration sowie Demokratisierung der Informationstechnik: Auch mit Bezug zu CRM-Systemen stellen Cloud Technologien den Stand der Technik dar, welcher sich in der hohen Verfügbarkeit von SaaS-basierten CRM-Systemen abbilden. Mit *Salesforce* bildet ein Unternehmen bereits seit den 2000er-Jahren CRM-Funktionen für seine Kunden über das Internet ab und nimmt damit eine Vorreiterrolle zur Bereitstellung von Kundenservices über das Internet ein (vgl. Weiß, 2019). Auch lassen sich mit der Erweiterung der Systeme um BI-/KI-Funktionen verbesserte Datenanalysen aus den vorhandenen mit dem jeweiligen CRM verknüpften Datenbasen heraus ausführen und eine Automatisierung von Geschäftsprozessen realisieren. Die bedarfsbezogene Konfiguration von CRM-Systemen mittels No-Code- und Low-Code-Funktionen durch die Fachanwender:innen dieser Systeme erscheint aufgrund der Fokussierung derartiger Systeme auf die Vermarktung und das Management von Stakeholderbeziehungen etwas weniger komplex als die No-Code- oder Low-Code-Konfiguration von ERP-Systemen. Insbesondere für kleinere Immobilienunternehmen, welche einen überschaubaren CRM-Funktionsumfang benötigen und nicht über die finanziellen Ressourcen für ein umfassendes Customizing eines komplexen CRM-Systems verfügen, erscheinen einfachere CRM-Systeme, die Werkzeuge für eine überschaubare Konfiguration dieser Systeme implementieren, geeignet für ihre anwenderbezogene Konfiguration (vgl. Vargas, 2025). Vor diesem Hintergrund hat die Entwicklung von Lösungen, welche No-Code- bzw. Low-Code-Werkzeuge mit modernen Programmierschnittstellen zur Anbindung an Softwaresysteme, so auch CRM-Systeme, zur einfachen Konfiguration der Systeme implementieren, bereits begonnen (vgl. da Cruz et al., 2021, S. 3).

Computer Aided Facility Management (CAFM)

Das *Facility Management* stellt eine wichtige Funktion in der Bewirtschaftung von Immobilien dar. Es ist definiert als die „Integration von Prozessen innerhalb einer Organisation für das Erbringen und Entwicklung der vereinbarten Leistungen, welche zur Unterstützung und Verbesserung der Effektivität der Hauptaktivitäten der Organisation dienen" (DIN EN 15221-1, 2007, S. 5). Diese Definition adressiert erstens Flächen und Infrastrukturen, d. h. Grundstücke und Gebäude, und zweitens Menschen und die Organisationen, welche die Leistungen im Rahmen der Bewirtschaftung einer Immobilie erbringen. Vor dem Hintergrund dieser Aktivitätenfelder wird das Facility Management als „ein strategisches Konzept zur Bewirtschaftung, Verwaltung und Organisation aller Sachressourcen innerhalb eines Unternehmens" (Nävy, 1998, S. 2) definiert. Die Sachressourcen fassen Grundstücke, Gebäude, Räume, Infrastrukturen, Anlagen, Maschinen und Versorgungseinrichtungen innerhalb einer Organisation zusammen und stellen damit den Bezug zur jeweiligen Immobilie her.

Mit den in den vorangehenden Definitionen beschriebenen Aufgaben stellt ein *Computer Aided Facility Management (CAFM)*-System Immobilienunternehmen eine auf die eigenen Bedürfnisse angepasste Komplettlösung bereit, welche die zentrale Instanz zur Steuerung und Lenkung aller Prozesse rund um Gebäude und Immobilien bildet. Die Basis für ein solches umfassendes Softwaresystem bilden einzelne Softwarewerkzeuge, welche bestimmten gebäudebezogenen Anwendungszwecken dienen, wie dem Instandhaltungs-, dem Reinigungs- oder dem Umzugsmanagement. Idealerweise lässt sich diese Softwaresystem über moderne Programmierschnittstellen (API) an das jeweils führende Softwaresystem, z. B. an das ERP-System, anbinden.

Ein CAFM-System unterstützt zahlreiche Aktivitäten, die während der Bewirtschaftung einer Immobilien, an und in dieser Immobilie ausgeführt werden. Die Nutzenpotenziale eines solchen Softwaresystems für die unterschiedlichen Stakeholder lassen sich wie folgt darstellen (vgl. Marchionini et al., 2018, S. 11):

- Effiziente, d. h. aufwandsarme, schnelle und fehlerfreie Ausführung von Planungs- und operativen Aufgaben für die physische Bewirtschaftung von Immobilien, wie beispielsweise Flächennutzungsplanung, Wartungs-/Instandhaltungsplanung oder Reinigungsplanung.
- Steuerung der operativen Facility Management Prozesse und Sicherung der Informationsverfügbarkeit entlang dieser Prozesse als Grundlage von Entscheidungen entlang dieser Prozesse. Die Bereitstellung von aufbereiteten Informationen mittels des jeweiligen CAFM-Systems ist insbesondere bei wiederholt auftretenden Betriebsproblemen von hoher Bedeutung.
- Herstellung von Transparenz über die Kosten sowie Schaffung der Möglichkeit zur Identifizierung von Kosteneinsparungspotenzialen, z. B. in Wartungsprozessen, Reinigungsprozessen oder in Energieverbräuchen.
- Sicherung der Verfügbarkeit und Werterhaltung der baulichen und technischen Anlagen durch planmäßige Wartung und Instandhaltung dieser Anlagen sowie Realisierung von Werterhalt bzw. Wertsteigerungen der Bausubstanz durch gezielte Modernisierungen der.
- Erhöhung der Reaktionsfähigkeit auf Anfragen zum Gebäude- und Anlagenbestand, Unterstützung von Werbe- und PR-Aktivitäten mit Bezug zu den jeweiligen Immobilien, Verbesserung der Wertermittlung des Anlagevermögens, korrekte Kalkulation von Kosten und Realisierung einer verursachergerechten Kostenzuordnung/Abrechnung durch die Bereitstellung aktueller Informationen, Daten, Kennzahlen aus dem Facility Management.

Mit den Möglichkeiten der Digitalisierung lässt sich eine weitergehende Integration von CAFM-Systemen zur Steuerung und Lenkung der Aktivitäten des Facility Managements mit der Ausführung dieser Aktivitäten erzielen, sodass (teil-)automatisierte Workflows entstehen. Diese Workflows können über Workflow-Module, welche in CAFM-Systemen integriert sind, (teil-)automatisiert gesteuert werden und Funktionen der CAFM-Software entlang spezifischer Prozesspfade flexibel aufrufen (vgl. Krämer et al., 2018, S. 85). Neben den in CAFM-Systeme integrierten Workflows können externe Workflow Management Systeme (WfMS) genutzt werden, welche unterschiedliche IT-Systeme in einem Prozessfluss integrieren. Damit ist die Integration der angebunden Systeme zwar nicht so tief – es werden die jeweiligen IT-Systeme aufgerufen und Identifizierungsdaten sowie Status übergeben – jedoch beschränken die Steuerung der Workflows nicht auf CAFM-Aufgaben, sondern es können systemübergreifende Geschäftsprozesse abgebildet und gesteuert werden (vgl. Krämer et al., 2018, S. 105).

Ergänzend zur System-/Prozessintegration und der damit möglichen (teil-)automatisierten Ausführung von Workflows können die Integration des CAFM-Systems mit dem prozessführenden System des jeweiligen Wohnungs- bzw. Immobilienunternehmens sowie mit anderen Systemen, beispielsweise mit den Steuerungssystemen der gebäudetechnischen Anlagen, weitere Potenziale erschließen, um erstens Planungen koordiniert über das CAFM ausführen und zweitens die Daten aus den unterschiedlichen Systemen in einem CAFM-Datenpool zusammenführen und für übergreifende gebäudetechnische Entscheidungen nutzen zu können. Die Integrationen erfordern moderne Programmierschnittstellen (API) im jeweiligen CAFM-System sowie in den anzubindenden Systemen sowie die Nutzung von standardisierten Kommunikationsprotokollen, sodass der Datenaustausch reibungslos vonstatten gehen kann.

Schließlich können ebenso wie bei ERP- und CRM-Systemen Effizienzpotenziale durch den Betrieb der CAFM-Systeme in einem SaaS-Servicemodell gehoben werden. Weitere Potenziale zur Steigerung der Effizienz und Effektivität in der Nutzung von CAFM-Systemen liegen in einer No-Code- bzw. Low-Code-gestützten Anpassbarkeit dieser Systeme an veränderte Facility Management Prozesse sowie zur Realisierung einer einfachen Anbindung neu hinzukommender IT-Systeme zur Steuerung neuer gebäudetechnischer Anlagen.

Workflow Management

Ein *Workflow* bezeichnet einen formal beschriebenen, vollständig oder teilweise automatisierten Geschäftsprozess, welcher i. d. R. in hoher Frequenz wiederholt wird. Er leitet die auszuführenden Aufgabe ein, bündelt die Einzelschritte der Aufgabe in einer Sequenz, aktiviert die einzubindenden Organisationseinheiten und Akteure und führt die abhängigen Arbeitsprozesse aus unterschiedlichen Abteilungen zusammen (vgl. Gadatsch, 2008, S. 53). Mit der (Teil-)Automatisierung des entsprechenden Prozesses lassen sich erhebliche Effekte zur Steigerung der Prozesseffizienz und Kundenorientierung erzielen. In einem Workflow werden Daten, Informationen, Aufgaben und/oder Dokumente von einer eine Aufgabe ausführende Stelle – einer Person oder einem Softwaresystem – an die nachfolgende ausführende Stelle entlang prozeduraler Regeln weitergegeben. Für die Realisierung einer automatisieren Steuerung muss ein solcher Prozess zeitlich, fachlich und ressourcenbezogen spezifiziert sein (vgl. Feldmann, o. J.).

Aus der vorangehenden Beschreibung leitet sich die Definition des *Workflow Managements* ab, welches als „aktive Vorgangsunterstützung und -steuerung durch die automatische Weitergabe oder Verteilung von Informationen" definiert ist (Feldmann, o. J.). Für die automatisierte Weitergabe der Informationen müssen der jeweilige Workflow definierten Regeln sowie die einzelnen Prozessschritte einer festen Reihenfolge folgen. Mit dem Workflow Management wird das Ziel verfolgt, die häufig große Anzahl an bearbeitenden Stellen, die räumlich verteilt sein können, zu koordinieren sowie den Verlauf und den Bearbeitungsstand des Prozesses zu überwachen (vgl. Lackes et al., 2018a).

Die Steuerung und Überwachung eines Workflows wird üblicherweise informationstechnisch unterstützt, wobei die einschlägigen Funktionen einer solchen Unterstützung in IT-Systeme mit anderen Hauptaufgaben, beispielsweise in ERP-, CRM- oder CAFM-Systeme, integriert sein oder mittels eines speziellen Workflow Management Systems (WfMS) genutzt werden können. Die Workflow Management Funktionen werden durch eine sog. *Workflow Engine* umgesetzt, welche die Aufgaben des abgebildeten Prozesses entlang definierter Regeln und Algorithmen abarbeitet und den Prozesse damit steuert. Als Kern eines Workflow Management Systems bzw. eines entsprechenden Moduls innerhalb eines „Muttersystems" ruft die Workflow Engine ergänzend zur Steuerung und Überwachung des Prozesses über Schnittstellen die IT-Systeme auf, welche in die Aufgabenausführung eingebunden sind (vgl. Feldmann, o. J.). Das *Workflow Referenzmodell* der *Workflow Management Coalition (WMC)* in Abb. 3.4 zeigt die wichtigsten Funktionskomponenten, die durch Workflow Management Systeme abgebildet werden. Dabei handelt es sich um Softwarekomponenten, unterschiedliche Arten von Daten zur Steuerung der Softwarekomponenten sowie externe Anwendungen und Anwendungsdatenbanken als Teil des übergreifenden Workflowsystems. Diese externen Anwendungen dienen als Modellierungswerkzeuge oder als Werkzeuge zur Administrierung und Überwachung von Workflows.

Die Funktionsaufrufe im Workflow Management, welche die Prozessfolge steuern, können entweder systemgestützt durch die Aktivierung von Softwarekomponenten und/oder Services des WfMS oder durch die Einbindung von manuell ausgeführte Tätigkeiten umgesetzt werden. Neben dieser Steuerung von Workflows erfüllen Workflow Management Systeme die folgende Aufgaben (vgl. Gadatsch, 2008, S. 273 ff.):

- Modellierung und Simulation: Für eine einfache Handhabung von Workflows, die aus vielen Schritten bestehen, bildet die Erstellung einer grafischen Repräsentation der Workflows eine zentrale Funktion der Systeme. So kann ein WfMS visuelle Unterstützung zur der Modellierung und Konfiguration von Workflows leisten, indem der Strukturbaum der Workflows mit seinen Abhängigkeiten und Bedingungen dargestellt werden. Mit der Bereitstellung eines Modells des jeweiligen Workflows kann dieser mittels einer Simulation getestet werden.
- Instanziierung und Ausführung: Ein Workflow Management System muss genaue, fallspezifische Prozesse instanziieren, d. h. das System muss wissen, mit welchen Daten, Personen, Anwendungsprogrammen, Plattformen und anderen IT-Ökosystem-

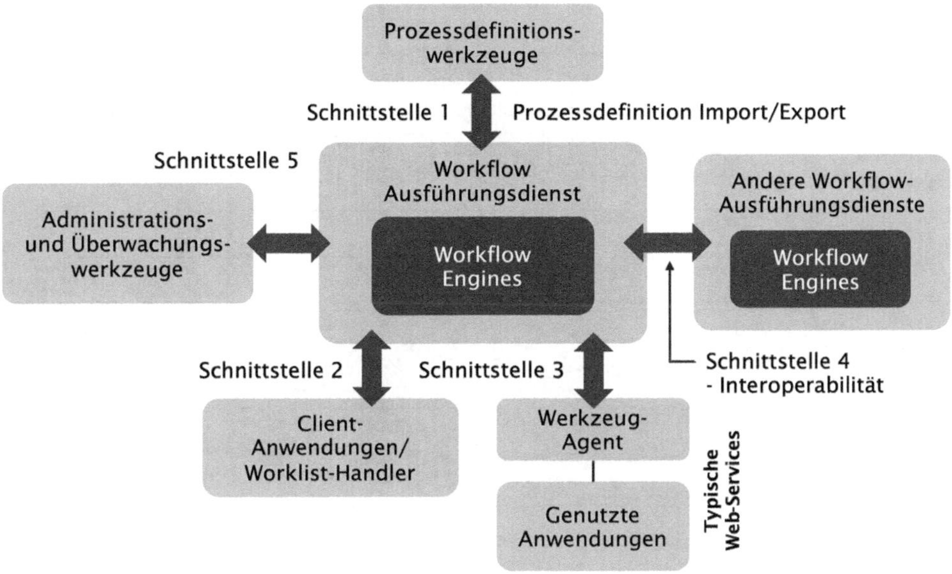

Abb. 3.4 Workflow Referenzmodell. (Eigene Darstellung in Anlehnung an Cull &Eldabi, 2010, S. 270)

komponenten der jeweilige Workflow interagieren kann. In der Praxis bestimmt das System die geeigneten Schritte und Programme für alle Teilprozesse. Auf Basis der Instanziierung kann der Workflow mit den relevanten Programmen durch das Workflow Management System ausgeführt werden.

- Monitoring and Analyse: Die Kernfunktionen eines WfMS umfassen auch das Monitoring der Arbeitsschritte sowie die Analyse ausgeführten der Prozesse. Dazu werden die Daten, die im Zuge der Workflows entstehen, genutzt, sodass Fehler identifiziert und eine kontinuierliche Optimierung der Workflows realisiert werden können. Darüber hinaus lassen sich damit Berichte und Statistiken erstellen.

Workflows können entlang der spezifizierten Prozesspfade durch ein Workflow Management System flexibel gesteuert werden (vgl. Krämer et al., 2018, S. 85). Dabei werden auch die jeweiligen IT-Systeme aufgerufen, die in die Workflows eingebunden sind, und diesen Systemen Identifizierungsdaten sowie Status übergeben. Die Steuerung der Workflows erfolgt somit systemübergreifend. Beispielsweise stellt sich die Ausführung eines teilautomatisierten *Rechnungsworkflows* wie folgt dar (vgl. Abb. 3.5):

- Zunächst wird die eingehende Rechnung in der zugehörige Akte eines Dokumentenmanagementsystems (DMS) abgelegt. Anschließend erfolgt eine Übertragung der Rechnungsdaten in das CAFM-System, in welchem der Rechnungsdatensatz der Person zur Bearbeitung zugewiesen wird, welche die Prüfung der Rechnung vornehmen muss und diese Daten ggf. anpasst. Nach der Prüfung wird die Rechnung mittels einer

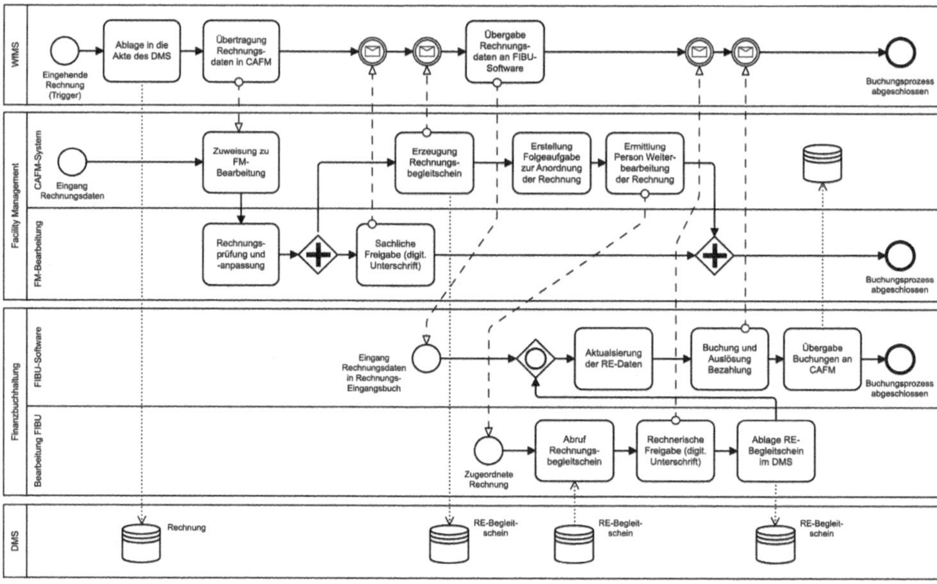

Abb. 3.5 BPMN eines Rechnungsworkflows über unterschiedliche Systeme hinweg. (Eigene Darstellung in Anlehnung an Koch et al., 2018, S. 287 f.)

digitalen Unterschrift, welche z. B. in *Acrobat Reader* erstellt werden kann, sachlich freigegeben. Mit der Freigabe wird ein Rechnungsbegleitschein erzeugt und dieser mit Bezug zur Rechnung an das DMS übertragen und dort abgelegt. Zugleich überträgt das WfMS den Rechnungsdatensatz vom CAFM-System an das Rechnungseingangsbuch der Finanzbuchhaltungssoftware.

- Das CAFM-System erstellt im Anschluss einen Folgeaufruf zur Anordnung der Rechnung und ermittelt die Person zur Weiterbearbeitung der Rechnung anhand von Regeln, wie z. B. Freigabegrenzen. Zur Freigabe ruft die bearbeitende Person der Finanzbuchhaltung den Rechnungsbegleitschein aus dem DMS ab und erteilt die zweiten Freigabe durch eine weitere Signatur. Der signierte Rechnungsbegleitschein wird anschließend wieder im DMS abgelegt. Die Rechnung selbst wird im Rechnungseingangsbuch des Finanzbuchhaltungssystems aktualisiert.
- Zum Abschluss wird die Rechnung aus dem Finanzbuchhaltungssystem heraus gebucht und bezahlt. Die Anwender:innen dieses Systems haben dazu über eine API Zugriff auf die eigentlichen Rechnungsdaten im Rechnungseingangsbuch sowie auf den Rechnungsbegleitschein im DMS. Nach dem Verbuchen der Rechnung im Finanzbuchhaltungssystem werden die Buchungsdaten an das CAFM-System übergeben, sodass auch die bearbeitende Person im Facility Management über das System Zugriff auf die Buchungsdaten erhält und über die Buchung informiert ist.

Mit den dargestellten Workflow wird eine Organisationseinheitsübergreifende Rechnungsbearbeitung vom Eingang der Rechnung bis hin zu ihrer Bezahlung abgebildet. Entlang dieses Workflows arbeiten die jeweiligen Softwareanwender:innen in den Organisationseinheiten mit spezifischen Softwaresystemen, d. h. das Workflow Management System bildet über die Steuerung des skizzierten Rechnungsworkflows das Verbindungsglied zwischen den unterschiedlichen Einheiten, den verschiedenen Systemen und den einzelnen Prozessschritten. Vielfach werden aus den eingebundenen Softwaresystemen bzw. aus elektronisch unterstützen Arbeitsschritten, wie der digitalen Freigabe mit einer elektronischen Unterschrift, Statusmeldungen an das WfMS übermittelt, die eine Fortführung des Workflows sicherstellen.

Potenziale hinsichtlich einer Digitalisierung des Workflow Managements lassen sich insbesondere aus der Integration von Low Code- oder No Code-Funktionen in Workflow Management Systeme ableiten. Mit derartigen Funktionen können Mitarbeitende ohne Programmierkenntnisse auf ihre Anforderungen zugeschnittene Workflows mit einem solchen integrierten Workflow-Werkzeug erzeugen. Mit einem solchen Werkzeug lassen sich die einzelnen Prozessschritte eines Workflows per Drag and Drop zum gewünschten Workflow kombinieren, welcher dann durch das Workflow Management System (WfMS) (teil-)automatisiert ausgeführt und gesteuert wird. Voraussetzung dafür ist, dass die einzelnen Schritte des Workflows vorab abgestimmt und klar definiert sind, ihre Reihenfolge festgelegt ist, sie über Regeln miteinander verknüpft sind und sie Rollen bzw. Personen oder IT-Systemen zugeordnet sind. Die No-Code- oder Low-Code-Werkzeuge lassen sich mit KI-Funktionen ergänzen, die erstens beim Erarbeiten der genannten Voraussetzungen durch eine kontextbasierte Analyse einer Geschäftsprozessbeschreibung unterstützen und die Modellierer zweitens mit dem Erkennen von Mustern in den Workflows bei deren Erstellung im jeweiligen WfMS sowie bei der Verknüpfung der Workflows mit IT-Systemen und bei der Zuordnung von Ablaufschritten zu Rollen oder Personen führen können.

3.2 Status Quo des Einsatzes von Software-Technologien in der Wohnungs- und Immobilienwirtschaft

Die Grundlagentechnologien zur Befähigung der Digitalisierung, die in Abschn. 3.1 ausgeführt worden sind, sind in der Wohnungs- und Immobilienwirtschaft weitgehend implementiert. Darauf lassen die Ergebnisse der Befragung von 155 Fach- und Führungskräften der Branche, davon 27 % aus der Projektentwicklung, 25 % aus Beratungsunternehmen und 23 % aus dem Asset Management (vgl. Drees & Sommer, 2024, S. 10), die 2023 im Rahmen der ersten Studie *Transform to Succeed* von *Drees & Sommer (*2024*)* durchgeführt worden ist, schließen. Dieses Bild bestätigt sich mit der 2025 vorgenommenen Befragung von 120 Fach und Führungskräften der zweiten gleichnamigen Studie von *Drees & Sommer (*2025*)* (vgl. auch Abschn. 2.2 des vorliegenden Fachbuchs). Ein nicht so klares Bild zeigt die Studie *Software-Landschaften und Einsatz von digitalen Lösungen in Wohnungsunternehmen* des *GdW (2024),* in deren Rahmen 1042 Wohnungsunternehmen aller Größenklassen und Rechtsformen befragt worden sind (vgl. Wedemeier et al., 2024, S. 5). Mit dieser Gruppe fokussiert die Befragung zwar die Phase der Verwaltung/Bewirtschaftung des Immobilienlebenszyklus sowie die Assetklasse Wohnimmobilien, die Ergebnisse können aufgrund der dominierenden Stellung dieses Sektors in der Wohnungs- und Immobilienwirtschaft insgesamt als repräsentativ für die Branche bewertet werden.

Die *GdW*-Studie beleuchtet elementare technologische Aspekte und damit die Voraussetzungen für eine Digitalisierung von Organisationen, nämlich u. a. die IT-Infrastruktur der befragten Unternehmen, den Einsatz von ERP- und digitalen Archiv-/Dokumentenmanagementsystemen, die Geschäftsprozesse *Vermarktung und Vermietung* sowie *Abwicklung von Reparaturaufträgen* und die im Zuge dieser Prozesse eingesetzten Systeme. Zudem werden im Rahmen der Studie weitere Technologiefelder, welche den Stand der Digitalisierung in der Wohnungs- und Immobilienwirtschaft bewertbar machen, wie z. B. das ESG-Reporting, adressiert. Die untersuchten Felder behandeln nicht nur die Grundlagentechnologien als Voraussetzung der Digitalisierung, sondern gehen als die Digitalisierung ausprägende Technologiefelder darüber hinaus. Die im Zuge dieser Studie erarbeiteten Ergebnisse zeigen den aktuellen Stand auf den untersuchten Technologiefeldern auf, identifizieren Entwicklungspotenziale und formulieren Handlungsempfehlungen für die Branche.

Die IT-Infrastruktur, also die grundlegenden Hardware- und Softwareelemente für den Betrieb moderner Informations- und Kommunikationssysteme in Organisationen, zu welcher die Autoren neben den „klassischen“ Infrastrukturtechnologien auch Cloud Computing- und E-Commerce-Systeme zählen, bildet eine wichtige Basis für die Digitalisierung der Wohnungs- und Immobilienwirtschaft. Etwa ein Viertel der befragten Unternehmen betreibt seine zentralen Softwareanwendungen, seien es Office-Anwendungen oder die prozessführenden Systeme, wie beispielsweise ERP-Systeme oder andere vollintegrierte Systeme, in einer Cloud-Infrastruktur im sog. *Software-as-a-Service (SaaS)*-Modell (vgl. Wedemeier et al., 2024, S. 7). Insbesondere Wohnungsunternehmen mittlerer Größe, die zwischen 1000 und 5000 Wohneinheiten verwalten, nutzen dieses Modell, während die kleinen und die großen Wohnungsunternehmen ihre IT-Infrastruktur überwiegend selbst in einem eigenen oder externen Rechenzentrum mit eigenen personellen Ressourcen betreiben. Wichtige Aufgaben mit Bezug zur IT-Infrastruktur liegen in der Planung, in der Auswahl und im Betrieb der eigenen Software-Landschaft unter den Maßgaben geringer Kosten, eines angemessenen Ressourceneinsatzes sowie der Berücksichtigung der Anforderungen des Kerngeschäfts des jeweiligen Unternehmens.

Die Funktionen der prozessführenden Systeme in der Wohnungs- und Immobilienwirtschaft, insbesondere auch von ERP-Systemen, liegen schwerpunktmäßig in der Stammdatenhaltung, in der Abwicklung von Buchungsprozessen sowie in der Steuerung der Kerngeschäftsprozesse der Unternehmen. Diese Systeme stehen i. d. R. im Zentrum der jeweiligen unternehmensspezifischen Softwarelandschaft und werden mit einem Anteil von 85 % bei der weit überwiegenden Mehrzahl der befragten Wohnungsunternehmen unabhängig von ihrer Größe und Rechtsform eingesetzt (vgl. Wedemeier et al., 2024, S. 10). Auch wenn es sich bei den eingesetzten prozessführenden Systemen um universelle Systeme handelt, geht der Trend zu einer stärkeren Aufteilung von Geschäftsfunktionen auf spezialisierte Software-Technologien und IT-Lösungen, die an das jeweilige prozessführende System z. B. über standardisierte Programmierschnittstellen (API) angebunden werden müssen.

Bei digitalen Archivsystemen bzw. Dokumentenmanagementsystemen handelt es sich um spezialisierte Lösungen, die i. d. R. an das jeweilige prozessführende System angebunden werden müssen. Diese Lösungen dienen dazu, beispielsweise Vertrags- oder Rechnungsdokumente, die üblicherweise durch das führende System verarbeitet werden, revisionssicher und in einem schnellen Zugriff abzulegen. Aufgrund der notwendigen Verarbeitung der Dokumente im jeweiligen prozessführenden System ist das Funktionieren der Schnittstellen zwischen den beteiligten Systemen essentiell (vgl. Wedemeier et al., 2024, S. 18 f.).

Auch für die Unterstützung weiterer Geschäftsprozesse im Immobilienlebenszyklus, insbesondere in den Funktionen des Property Managements, ist die Anbindung externer Systeme an das jeweilige prozessführende System erforderlich. So können digitale Lösungen eine vollständige IT-gestützte Abwicklung eines Vermietungsprozesses – von der Internet-basierten Vermarktung eines Objekts über das Interessent:innen-Management bis hin zur Vertragsabwicklung mittels digitaler Unterschriften und Übergabe des jeweiligen Objekts – realisieren. Eine solche IT-gestützte Abwicklung kann zu einer Reduzierung der Aufwände für diesen Prozess sowie zu einer sicheren Einhaltung datenschutzrechtlicher Vorgaben beitragen. Auch können entsprechende Lösungen mit der Mietendenkommunikation sowie mit Customer Relationship Management (CRM)-Systemen verknüpft werden, um den gesamten Mietendenlebenszyklus (vgl. Gsell, 2022, S. 60) abzubilden. Ähnliches gilt für die Abwicklung von Wartungs- und Reparaturprozessen, die mit Unterstützung entsprechender Portale, über welche die Auftragsvergabe, die Kommunikation und die Rechnungsstellung ausgeführt werden, realisiert werden kann. Die Anbindung eines solchen Portals an das jeweils prozessführende System erleichtert die Budgetierung und das Reporting. Die Anforderungen an die Schnittstellen und die Datensicherheit der Kommunikation mit den externen Dienstleistern gestalten sich hier komplex, sodass für die Implementierung der Schnittstellen einiger Programmier- und Abstimmungsaufwand zu betreiben ist. Vor diesem Hintergrund sind erfahrene mittelständische Softwareunternehmen, wie beispielsweise *BTS Software* aus Düsseldorf oder das Hamburger Unternehmen *Immoportal-services,* mit ihren Lösungen am Markt erfolgreicher als junge PropTech-Unternehmen (vgl. Wedemeier et al., 2024, S. 23).

Aufgrund strenger werdender regulatorischer Vorgaben gewinnt das ESG-Reporting an Bedeutung, sodass dafür zunehmend energetisch-technische Gebäudedaten bereitgestellt und verarbeitet werden müssen. Viele der benötigten Daten sind aus den eher kaufmännisch geprägten prozessführenden Systemen schwer zu gewinnen, sodass hier spezifische IT-Lösungen, beispielsweise von *Quantrefy,* für die Datenhaltung, Datenaktualisierung, Auswertung und ERP-Report-Erstellung am Markt bereitgestellt werden (vgl. Wedemeier et al., 2024, S. 26), die jedoch von lediglich 5 % der befragten Unternehmen genutzt werden. Die Mehrzahl der Unternehmen nutzt hingegen für die Bereitstellung der Daten und die Erfüllung der Berichtspflichten Excel Tabellen sowie Informationen aus elektronischen oder papierbasierten Dokumenten (vgl. Wedemeier et al., 2024, S. 28). Diese Handhabung des Datenmanagements und des ESG-Reporting kann als Hinweis auf eine unzureichend ausgeprägte Digitalisierung dieser Unternehmen und damit auf eine nicht vollständige Implementierung der notwendigen Grundlagentechnologien interpretiert werden.

Die skizzierten Studienergebnisse zeigen, dass in der Wohnungs- und Immobilienwirtschaft noch deutliche Entwicklungspotenziale in Richtung Digitalisierung vorhanden sind. So lassen sich die Erkenntnisse der Studie des *GdW (2024)* insbesondere mit Blick auf die Grundlagentechnologien der Digitalisierung und damit mit Blick auf die grundlegenden Anforderungen zur Befähigung der Digitalisierung von Wohnungs- und Immobilienunternehmen abschließend in folgenden Punkten zusammenfassen:

- Die IT-Infrastruktur der Wohnungs- und Immobilienunternehmen zeigt sich solide. Aus den Befragungsergebnissen zu diesem Punkt lassen sich eine gewisse Bereitschaft zum Einsatz von moderner Cloud- bzw. E-Commerce- und insbesondere SaaS-Lösungen und eine zunehmende Akzeptanz derartiger Lösungen erkennen. So nutzt ein Viertel der befragten Unternehmen bereits Cloud-basierte Lösungen. Insbesondere Unternehmen mittlerer Größe setzen die entsprechenden Technologien bereits ein, während kleine und große Unternehmen vorwiegend eigene Infrastrukturen nutzen.
- Konventionelle Software- und Internettechnologien werden in Wohnungs- und Immobilienunternehmen umfassend eingesetzt. Dies trifft insbesondere auf die zentralen Felder IT- und Netzwerkinfrastruktur, prozessführende Systeme und auf die digitale Archivierung bzw. das Dokumentenmanagement zu. Die diesen Feldern zugehörigen Technologien können als Stand der Technik für die Branche angesehen werden. In Anwendungsfeldern, die spezialisierte Digitalisierungslösungen verlangen, wie beispielsweise das ESG-Reporting oder das Building Information Modeling (BIM), lässt sich jedoch feststellen, dass die entsprechenden Technologien nicht breit etabliert sind und somit nicht zum Stand der Technik in der Branche gezählt werden können (vgl. Wedemeier et al., 2024, S. 26 und S. 44 f.).
- Das jeweils prozessführende System, zumeist ein ERP-System, bilden das zentrale Softwaresystem in den Wohnungs- und Immobilienunternehmen. So setzen 85 % der befragten Unternehmen ein ERP-System ein, wobei das Softwareunternehmen *Aareon* mit seinem Produkt *Wodis* sowie mit weiteren Lösungen den Markt dominiert (vgl. Wedemeier et al., 2024, S. 10 f.). Weiterhin befinden sich technische Daten haltende Systeme, die zur Bereitstellung und zum Management von detaillierten Gebäudeinformationen genutzt werden könnten, bei vielen Unternehmen der Branche noch in der Einführung. Dies zeigt auch die bei Weitem überwiegende manuelle Ausführung des ESG-Reporting in den Unternehmen.
- Die vielfach manuelle Ausführung des ESG-Reporting deutet den Nachholbedarf bei der Implementierung von Nachhaltigkeitslösungen bereits an. So weisen Technologien für das ESG-Reporting, zur Unterstützung der Gebäudeautomation und für „intelligentes Wohnen“ (Smart Home) trotz steigender regulatorischer Anforderungen einen niedrigen Nutzungsgrad bei den befragten Unternehmen auf (vgl. Wedemeier et al., 2024, S. 34 und S. 45 f.). Lediglich 5 % dieser Unternehmen nutzen spezifische Software-

lösungen für das ESG-Reporting, was den Bedarf an Innovation und Investitionen in diesem Bereich unterstreicht.
- Informations- und Datenmanagement werden in der Wohnungs- und Immobilienwirtschaft vielfach unzureichend abgebildet. Gebäudedaten sind in der Mehrzahl der befragten Unternehmen nicht in ausreichender Detaillierung elektronisch verfügbar. Weiterhin ist die Integration der unterschiedlichen genutzten IT-Systeme mit dem jeweiligen prozessführenden System mangels der Universalität der genutzten Programmierschnittstellen häufig lückenhaft (vgl. Wedemeier et al., 2024, S. 29). Dies trifft sowohl für die Anbindung „klassischer" IT-Systeme, wie digitaler Archive oder CRM-Systeme, als auch für die Anbindung mobiler Lösungen, wie Softwareanwendungen für Wohnungsübergaben oder die Verkehrssicherung, zu. Damit können Daten nicht effizient genutzt und zwischen unterschiedlichen Systemen synchronisiert werden, was die Effektivität und Automatisierbarkeit von Geschäftsprozessen hemmt.

Als Fazit der Ergebnisse der Studie des *GdW (2024)* bleibt festzuhalten, dass die Grundlagentechnologien zur Befähigung der Digitalisierung in Wohnungsunternehmen nur teilweise implementiert sind. Zwar ist die Verfügbarkeit dieser Technologien gegeben, jedoch weisen insbesondere kleine Wohnungsunternehmen deutliche Defizite in der Nutzung moderner Technologien, wie z. B. SaaS-Lösungen, auf (vgl. Wedemeier et al., 2024, S. 16). Die in der GdW-Studie dokumentierte partielle und damit in der Breite lückenhafte Implementierung der für eine Digitalisierung notwendigen Grundlagentechnologien in Wohnungsunternehmen, insbesondere von Cloud- und E-Commerce-Technologien sowie von Gebäude- bzw. technische Daten haltenden Systemen, die in zunehmend wichtige Nachhaltigkeitsreporting- und Smart Building-Prozesse der Unternehmen integriert werden müssen (vgl. Birke, 2023), steht im Widerspruch zur Bewertung des Einsatzes derartiger Technologien, der sich aus der Studie *Transform to Succeed* von *Drees & Sommer (*2024*)* ableitet. Vor diesem Hintergrund wird nachfolgend eine differenzierte Bewertung der Ergebnisse der beiden Studien im Vergleich vorgenommen.

Während die Befragung des *GdW* im Jahre 2024 Wohnungsunternehmen adressiert hat, welche die Bewirtschaftung von Immobilien direkt betreiben und damit vorwiegend die Geschäftsprozesse des Property Managements und des Facility Managements steuern (für die Beschreibung dieser Geschäftsprozesse vgl. die Modelle in Gsell & Nikodemus, 2025, S. 63 ff.), haben die im Rahmen der Studie von *Drees & Sommer (*2024*)* befragten Fach- und Führungskräfte aus der Projektentwicklung, der Beratung und dem Asset Management lediglich einen indirekten Blick auf die operativen Bewirtschaftungsprozesse in Wohnungs- und Immobilienunternehmen. Dies führt zu einem positiveren Bild des Stands der Erfüllung von grundlegenden technischen Anforderungen, als dies die ausführenden Instanzen dieser operativen Prozesse selbst haben. Insgesamt lassen sich die Ergebnisse damit so interpretieren, dass erste Schritte in der Implementierung von Grundlagentechnologien, welche die Digitalisierung befähigen, in der Wohnungs- und Immobilienwirtschaft getan sind, dass diese Implementierungen jedoch noch nicht in der Breite der Branche abgeschlossen sind. Auch werden die Potenziale, die den Grundlagentechnologien mit Blick auf die Digitalisierung innewohnen, von den Unternehmen der Branche bei Weitem nicht ausgeschöpft. Selbst wenn existierende Grundlagentechnologien bei einer bedeutenden Anzahl an Wohnungs- und Immobilienunternehmen eingesetzt werden, dient dies oftmals lediglich dem Abdecken des notwendigen Mindestbedarfs, um „konventionelle" Software- und Internettechnologien nutzen zu können. Trotz dieses Einsatzes besteht erheblicher Entwicklungsbedarf in Richtung einer effektiven Nutzung dieser Technologien zur Digitalisierung der Geschäftsprozesse und zur Bereitstellung digitalisierter Lösungen für die Stakeholder von Wohnungs- und Immobilienunternehmen. Digitalisierungslösungen, welche in der Branche für ein erfolgreiches Agieren vor dem Hintergrund der bestehenden Herausforderungen zukunftsweisend sind, werden in Kap. 5 dieses Buchs dargestellt bzw. entwickelt und diskutiert.

3.3 Nachhaltigkeitsinstrumente

Der Gebäudesektor hat einen Anteil von rund 28 % der weltweiten Emissionen von CO_2. Weitere 11 % werden für die Produktion von Rohstoffen für den Bau von Gebäuden emittiert (vgl. Gulden et al., 2023, S. 8). Damit ist die Wohnungs- und Immobilienwirtschaft eine der Branchen, die am meisten zum CO_2-Ausstoß beiträgt, sodass das Thema Nachhaltigkeit vor dem Hintergrund des anhaltenden Klimawandels auch in dieser Branche ein wichtiges Gestaltungsfeld bildet, um einen Beitrag zum Klimaschutz und zur Reduzierung klimaschädlicher Einflüsse zu leisten. Dies gilt über den gesamten Lebenszyklus von Immobilien, reicht also von der Planung/Entwurf – einschließlich der Finanzierung – über die Erstellung und die Bewirtschaftung bis hin zum Abriss bzw. zur Sanierung/dem Re-Development der jeweiligen Immobilie.

Um die Nachhaltigkeit von Immobilien über ihren Lebenszyklus sicherzustellen hat die Europäische Union mit der *EU-Taxonomie Verordnung* (vgl. EU, 2020) und der *Corporate Sustainability Reporting Directive (CSRD)* (vgl. EU, o. J.) regulatorische Anforderungen formuliert, die von den Unternehmen der Wohnungs- und Immobilienwirtschaft einzuhalten sind. Zugleich hat die Erfüllung möglichst hoher Nachhaltigkeitsstandards Einfluss auf Investitionsentscheidungen sowie den Werterhalt einer Immobilie. Daher werden von den Kreditinstituten für Investitionsentscheidungen bzw. Entscheidungen über Immobilienkreditvergaben neben regelmäßig zu erstellenden Finanzberichten vielfach Berichte über die Erfüllung definierter ESG-Kriterien eingefordert.

Mit der Digitalisierung stehen Methoden und Instrumente zur Verfügung, die es erlauben, Nachhaltigkeitsziele effizient zu verfolgen, zu steuern und ein Berichtswesen über die Zielerfüllung zu betreiben. So können beispielsweise mittels IoT- und BI-Technologien Daten in Echtzeit erfasst, analysiert und visualisiert werden. Damit lassen sich die Grundlagen für fundierte Entscheidungen und ein valides Berichtwesen legen, weiterhin können Maßnahmen zur Nachhaltigkeit proaktiv gesteuert werden. Der vorliegende Abschnitt fokussiert die Möglichkeiten, welche die Digitalisierung für eine effiziente Erfassung und

Nachverfolgung von Nachhaltigkeitszielen in den Unternehmen der Wohnungs- und Immobilienwirtschaft bereitstellt.

Im ESG-Kontext müssen Umweltdaten, z. B. Energieverbräuche, CO_2-Emissionen oder Wasserverbräuche, soziale Daten, wie die Zufriedenheit der Mitarbeitenden oder Daten zur Gesundheit und Sicherheit am Arbeitsplatz, sowie Governance-Daten zu Unternehmensführung, Compliance oder Risikomanagement erfasst und verarbeitet werden. Die entsprechenden Daten stammen aus unterschiedlichen Quellen, nämlich aus internen Systemen, wie dem jeweiligen prozessführenden System – oft das eingesetzte ERP-System – und/oder weiteren Systemen, z. B. einem Customer Relationship Management oder einem Computer Aided Facility Management System, aus externen Datenquellen, also von Versorgern, Dienstleistern oder aus öffentlich zugänglichen Datenbanken, sowie aus internen und aus externen technischen Systemen, z. B. der Gebäudeautomation, Sensoren in Anlagen und Geräten oder Sensoren, welche Umgebungsdaten aufnehmen. Um eine effiziente Verfolgung und Steuerung von Nachhaltigkeitszielen sowie ein valides Berichtswesen zu unterstützen, müssen die zugrunde liegenden Daten insbesondere hohe Anforderungen in den nachfolgend beschriebenen Merkmalen erfüllen (vgl. PwC, o. J.):

- *Datenverfügbarkeit:* Um eine valide Grundlage für die Bewertung der Nachhaltigkeit entlang definierter Kenngrößen zu schaffen, müssen die Daten, die zur Bildung der Kenngrößen benötigt werden, in den internen und externen Systemen erfasst, dort vorgehalten und nutzbar gemacht werden können. Diese Datenverfügbarkeit vor dem Hintergrund einer sehr heterogenen Landschaft an Datenquellen sicherzustellen, erfordert eine *intelligente Vernetzung der Speicher- und Backup-Systeme* des Ökosystems, aus dem die Daten herangezogen werden.
- *Datenqualität:* Unvollständige, inkonsistente oder veraltete Daten können die Aussagekraft der Berichterstattung beeinträchtigen. Daher muss die Datenqualität bereits an der Datenquelle, bspw. durch automatisierte Validierungsregeln und Plausibilitätsprüfungen, gesichert werden. Weiterhin muss entlang des gesamten Lebenszyklus der Daten deren Rückverfolgbarkeit und Dokumentation sichergestellt werden. Im Zuge der Datenverarbeitung und -transformation, in welcher Rohdaten in verwertbare Informationen überführt werden, sind qualitätssichernde Maßnahmen in den Transformationsschichten zu implementieren, um die Konsistenz, Korrektheit und Vollständigkeit der Daten sicherzustellen (vgl. Deuring, 2023).
- *Datenintegration:* Die Bildung von definierten Kenngrößen verlangt oft eine Zusammenführung von Daten aus unterschiedlichen Quellen. Diese Daten weisen i. d. R. unterschiedliche Strukturen und Formate auf, sodass erhebliche technische und organisatorische Anstrengungen zu betrieben sind, um die Daten zielführend zu integrieren und die zur Steuerung der Prozesse bzw. für ein Reporting erforderlichen Kenngrößen bilden zu können. Diese Anstrengungen spiegeln sich in einem Prozess des Kombinierens, Konsolidierens und Zusammenführens von Daten aus mehreren Quellen wider, mit dem eine einheitliche Sicht auf die Daten generiert wird.

- *Datensicherheit und Datenschutz:* Im Zuge der Sicherung einer hohen Datenqualität müssen die Daten gegen Manipulationen geschützt werden. Weiterhin verlangt die mögliche Verarbeitung personenbezogener Daten, z. B. im Rahmen der ESG-Berichterstattung, die Einhaltung der geltenden Regularien. Auch diesbezüglich sind geeignete technische und organisatorische Maßnahmen zu vollziehen.

Eine effektive Nutzung der bereitgestellten Daten für die Steuerung von Nachhaltigkeitsmaßnahmen in Unternehmen der Wohnungs- und Immobilienwirtschaft sowie für das ESG-Berichtswesen erfordert eine systematische Aufbereitung dieser Daten mittels eines strukturierten Vorgehens: Im ersten Schritt muss dazu eine Standardisierung der Daten erfolgen, d. h. es sind einheitliche Formate und Definitionen für Datenpunkte zu schaffen und die Daten müssen im Zuge einer Validierung anschließend auf Vollständigkeit, Konsistenz und Plausibilität geprüft werden. Nachfolgend werden die Daten auf unterschiedlichen Ebenen – Gebäude, Portfolio, Gesamtbestand – aggregiert. Die aggregierten Daten können analysiert werden, sodass Trends, Risiken und Verbesserungspotenziale identifiziert werden. Die abschließende Visualisierung führt idealerweise auf eine verständliche Darstellung der Analyseergebnisse für die unterschiedlichen Stakeholdergruppen. Auf Grundlage der Ergebnisse können diese Gruppen strategische und Investitionsentscheidungen treffen, Nachhaltigkeitsrisiken bewerten und Kommunikationsaktivitäten betreiben.

Moderne IT-Systeme für das Management und das Reporting von Nachhaltigkeitsmaßnahmen der Immobilienwirtschaft, die mit den aufbereiteten Daten arbeiten, basieren auf flexiblen und skalierbaren Serviceorientierten Architekturen (SOA).[5] Ergänzend unterstützen Cloud-basierte Plattformen eine zentrale Erfassung, Verarbeitung und Analyse der ESG-Daten aus verschiedenen Quellen. Durch den Einsatz von Microservices und modernen, standardisierte Programmierschnittstellen (API) implementieren die Nachhaltigkeitslösungen eine modulare Struktur, welche eine schnelle und problemlose Integration in existierende IT-Infrastrukturen erlauben. Dadurch können direkte Interaktionen mit den datenhaltenden Systemen, wie z. B. ERP-, CRM- oder CAFM-Systemen, abgebildet und die ESG-Prozesse – insbesondere die Erstellung von ESG-Berichten – mithilfe einer Workflow Engine automatisiert werden.

Als weitere Technologie, die Teil von informationstechnischen Nachhaltigkeitslösungen sein kann, kann künstliche Intelligenz bzw. Machine Learning im Zuge der Analyse großer ESG-Datensätze Muster und Anomalien automatisiert erkennen, mittels Prognosemodellen Vorhersagen von Energieverbräuchen, Emissionen und anderen Nach-

[5] Eine Serviceorientierten Architektur (SOA) bezeichnet ein abstraktes Architekturmuster, das technologieunabhängig angewendet werden kann. Im Zentrum einer solchen Architektur steht das Anbieten, Suchen und Nutzen von Diensten in einem Netzwerk. Die angebotenen Dienste können plattformübergreifend von Softwareanwendungen oder anderen Diensten genutzt werden. Die SOA ist unabhängig von der jeweiligen Implementierung, sodass die entsprechenden Anwendungen funktional zerlegt und prozessorientiert betrachtet werden können. Damit lassen sich Teilprozesse oder Dienste über das Netzwerk ansprechen (vgl. Melzer, 2010, S. 9).

haltigkeitskennzahlen treffen und um auf Basis historischer Daten und Szenarioanalysen Empfehlungen zur Optimierung von ESG-Maßnahmen geben. Mit diesen Optionen unterstützt KI eine proaktive Steuerung von Nachhaltigkeitsstrategien und die Entscheidungsfindung auf Managementebene in Unternehmen der Wohnungs- und Immobilienwirtschaft.

Auch das Building Information Modeling (BIM) kann ein technologisches Hilfsmittel für eine Unterstützung des Nachhaltigkeitsmanagement und -reporting sein. So kann ein BIM-Prozess die Planung und die Simulation von Bauprojekten unter Nachhaltigkeitsaspekten, wie bspw. Materialauswahl oder Energieeffizienz, unterstützen und die Gebäudedaten für das Nachhaltigkeitsmanagement über den gesamten Lebenszyklus eines Gebäudes verfügbar machen. Die Daten werden in einem digitalen Zwilling des Gebäudes abgebildet, der im Laufe des Gebäudelebenszyklus weitere Daten, z. B aus der Gebäudeautomation, aus Anlagen und Geräten oder aus Sensoren, aufnehmen, verarbeiten und für das Nachhaltigkeitsmanagement nutzbar machen kann. Mittels der Integration eines digitalen Zwillings eines Gebäudes in ein entsprechendes IT-System können die Steuerung von Nachhaltigkeitsmaßnahmen und das Nachhaltigkeitsberichtswesen über den gesamten Gebäudelebenszyklus somit in geeigneter Weise unterstützt werden.

Zur Erfüllung der Anforderungen nach Datenschutz und Datensicherheit müssen die IT-Nachhaltigkeitslösungen am Markt robuste Sicherheitsmaßnahmen implementieren, welche die Einhaltung der gesetzlichen Vorgaben, wie der Datenschutzgrundverordnung (DSGVO) zum Schutz personenbezogener Daten, gewährleisten. Auch müssen diese Maßnahmen die Implementierung von Sicherheitsprotokollen, Verschlüsselungstechnologien und Zugriffskontrollen zum Schutz vor unbefugten Zugriffen auf die Daten, vor unberechtigten Datenmanipulationen sowie vor Datenverlusten umfassen. Die entsprechenden Sicherheitsmaßnahmen müssen in ein Sicherheitskonzept eingebettet sein, um das Vertrauen der Stakeholder zu gewährleisten und die entsprechenden regulatorischen Anforderungen zu erfüllen.

Gängige Lösungen für das Nachhaltigkeitsmanagement und die Nachhaltigkeitsberichterstattung implementieren Funktionen für eine automatisierte Erfassung der relevanten Daten aus unterschiedlichen Quellen bzw. Systemen, für eine standardgemäße Berichtserstellung, für die Planung von Maßnahmen zur Optimierung der Nachhaltigkeit sowie zur Identifizierung von Nachhaltigkeitsrisiken. Die Umsetzung dieser Lösungen kann als SaaS-Lösung, als Plattformlösung mit Zugang über das Internet oder als On-Premises-Software zum Betrieb in Eigenregie durch das jeweilige Unternehmen realisiert werden. Die Auswahl des für das jeweilige Wohnungs-/Immobilienunternehmen geeigneten Softwaresystems für das Nachhaltigkeitsmanagement und -reporting hängt von dessen spezifischen Anforderungen und Zielen ab.

Für den Aufbau eines leistungsfähigen Gesamtsystems für das Nachhaltigkeitsmanagement in der Wohnungs- und Immobilienwirtschaft sind neben informationstechnischen Lösungen weitere Instrumente erforderlich. So sollte eine CSRD-Strategie zunächst die Ziele, Kennzahlen sowie die Methoden und Instrumente zur Erfassung der relevanten Kennzahlen sowie zur Berichterstattung festlegt und dokumentiert. Darauf aufbauend müssen die eingesetzten Nachhaltigkeitsinstrumente das Treffen von fundierten

Entscheidungen unterstützen, zur Erfüllung der regulatorischen Anforderungen beitragen sowie eine glaubwürdige Kommunikation gegenüber den Stakeholdern der Unternehmen sicherstellen. Wichtige Instrumente, die über die in diesem Abschnitt dargestellten informationstechnischen Lösungen hinausgehen sowie methodische und prozessorientierte Aspekte adressieren, liegen in den Punkten *Wesentlichkeitsanalyse (ESG-Materialitätsanalyse), Lebenszykluskostenanalyse/Lebenszyklusanalyse* sowie *Nachhaltigkeitszertifizierungssysteme für Gebäude und Quartiere.* Diese Instrumente seien in aller Kürze wie folgt zusammengefasst:

- Die *Wesentlichkeitsanalyse* dient der Identifizierung der wichtigsten Nachhaltigkeitsthemen, die sowohl für das jeweilige Unternehmen und für die Stakeholder als auch für die Gesellschaft gemäß dem Prinzip der doppelten Wesentlichkeit – zugleich von außen nach innen sowie von innen nach außen wirkend – von Bedeutung sind (vgl. Michalowski, 2024, S. 16 f.). Für eine solche Analyse sind Stakeholderbefragungen durchzuführen, um die ESG-Risiken und -Chancen aufzunehmen sowie die relevanten Punkte in einer Wesentlichkeitsmatrix zu dokumentieren und zu priorisieren. Damit kann das Unternehmen mit seiner Nachhaltigkeitsstrategie die relevanten Handlungsfelder fokussieren, sich gezielt auf regulatorische Anforderungen vorbereiten und alle Anspruchsgruppen in das Nachhaltigkeitsmanagement einbinden.
- Mit einer *Lebenszykluskostenanalyse bzw. einer Lebenszyklusanalyse* kann eine ganzheitliche Betrachtung der ökonomischen und ökologischen Effekte eines Gebäudes – also mit Fokus auf die Kosten und mit Fokus auf die Umweltauswirkungen – über seinen gesamten Lebenszyklus realisiert werden (vgl. Aengenvoort & Krämer, 2021, S. 628 ff.). Die Analysemethoden werden in der Projektentwicklung und -bewertung, bei Förderanträgen und bei Nachhaltigkeitszertifizierungen eingesetzt. Sie diesen der Entscheidungsunterstützung, bspw. bei der Auswahl von Bauweisen und Materialien, der Optimierung von Betriebskosten und der Umweltbilanz sowie der Herstellung von Transparenz gegenüber Investoren und Nutzern von Gebäuden.
- *Nachhaltigkeitszertifizierungssysteme für Gebäude und Quartiere* bilden standardisierte Bewertungssysteme, um die Qualität der Nachhaltigkeit von Immobilien objektiv zu messen; dabei werden sowohl ökologische als auch sozikulturelle und ökonomische Faktoren bewertet. Weitere Qualitätskriterien beziehen sich auf Funktionen, Technik, Prozesse und den Standort eines Gebäudes oder Quartiers (vgl. DGNB, 2023, S. 13). Mit einer solchen standardisierten Nachhaltigkeitsbewertung für Neubauten und Bestandsgebäude können ein Qualitätsnachweis gegenüber Investoren und Gebäudenutzern bereitgestellt und damit schließlich eine verbesserte Markt- und Förderfähigkeit erzielt werden.

Die vorangehend beschriebenen Instrumente fokussieren die Identifizierung geeigneter Handlungsmaßnahmen für die ESG-Berichterstattung und deren Abbildung auf den Lebenszyklus einer Immobilien, die Identifizierung von ESG-Kriterien sowie ein strukturiertes Vorgehen bei der Berichterstattung entlang dieser Kriterien. Für die Berichterstattung werden üblicherweise eine Vielzahl an Kriterien mit spezifischen Daten-/Berichtspunkten herangezogen (vgl. Michalowski, 2024, S. 12 ff.; vgl. Gefma/PwC, 2025, S. 17 f.), die in allen Branchen möglichst einheitlich genutzt werden sollten, so auch in der Wohnungs- und Immobilienwirtschaft. Im Sommer 2025 hat der *Zentrale Immobilienausschuss e. V. (ZIA)* für die Branche eine KPI-Liste vorgelegt, die im vorgenannten Sinne auf die Vereinheitlichung des nachhaltigkeitsbezogenen Datenaustauschs zwischen Immobilienunternehmen und Kreditinstituten abzielt (vgl. ZIA, 2025, S. 2). Die in der Liste dokumentierten KPI und Datenpunkte sind durch die in einen Berichtsprozess eingebundenen Akteure auf Wesentlichkeit und Praktikabilität geprüft. Durch die Vereinheitlichung können die Aufwände für das Berichtswesen sowohl auf Seiten der Immobilienunternehmen als auch auf Seiten der Kreditinstitute reduziert und zugleich die Erfüllung der gesetzlichen Berichtspflichten sichergestellt werden. Die KPI-Liste wird durch den ZIA als Excel-Datei bereitgestellt und durch ein Begleitdokument erläutert (vgl. ZIA, 2025).

Vorgehensmodell für die Entwicklung eines Klimapfads

Die ZIA-KPI-Liste hilft Wohnungs- und Immobilienunternehmen, die richtigen Daten für ein strukturiertes Reporting entsprechend der regulatorischen Vorgaben bereitzustellen und das Reporting damit vorzunehmen. Mit diesem Reporting lässt sich der Status Quo der Immobilienbestände der jeweiligen Unternehmen dokumentieren. Ziel muss es jedoch sein, eine kontinuierliche Verbesserung der ESG-Kriterien bzw. eine sukzessive Reduzierung der CO_2-Emissionen bis hin zur Klimaneutralität zu erzielen. Dies verlangt nach einem Plan, der die Entwicklungsschritte und -maßnahmen für die Verringerung der CO_2-Emissionen in den Beständen der Wohnungs- und Immobilienunternehmen aufzeigt, d. h. Unternehmen müssen eine unternehmensspezifische Dekarbonisierungsstrategie verbunden mit einem konkreten Klimapfad entwickeln. Dazu lässt sich ein definiertes Vorgehensmodell heranziehen, das einen Klimapfad unter Nutzung geeigneter Softwarelösungen für die Erfassung und Auswertung umfangreicher Daten aus unterschiedlichen Unternehmensbereichen sowie für die Darstellung und die Bewertung der technischen Möglichkeiten zur Reduzierung von CO_2-Emissionen aufbaut.

Ein Vorgehensmodell für die Entwicklung eines Klimapfads, das für die Wohnungs- und Immobilienwirtschaft erprobt und praktikabel anwendbar ist, ist in Abb. 3.6 dar-

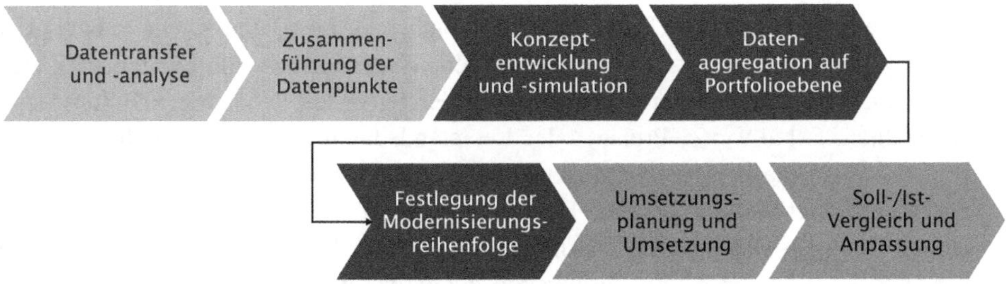

Abb. 3.6 Vorgehensmodell für die Entwicklung eines Klimapfads. (Eigene Darstellung)

gestellt. Es besteht aus drei Phasen, die das Zusammentragen der relevanten Daten, die Konzeptentwicklung sowie die Umsetzung des Klimapfads umfassen. Der in diesen Phasen aufzubauende Klimapfad spiegelt die Dekarbonisierungsstrategie der jeweiligen Organisation wider, welche die aktuelle CO_2-Bilanz sowie deren Rückrechnung auf das Jahr 1990 und die Dekarbonisierungsmaßnahmen bis zum Jahr 2045 aufzeigt sowie die erforderlichen und darüberhinausgehend geplanten energetischen Maßnahmen für die Gebäudehüllen und die technische Gebäudeausrüstung festlegt. Die entsprechenden Maßnahmen werden mit dem Klimapfad priorisiert, deren Umsetzung zeitlich geplant sowie die Umsetzungskosten zum Zeitpunkt der Umsetzung prognostiziert (vgl. Pfretzschner, 2024, S. 50).

Die Elemente des Klimapfads lassen sich mit dem in Abb. 3.6 visualisierten Vorgehensmodell entlang der dargestellten Prozessschritte strukturiert aufbauen. Die drei Phasen des Vorgehensmodells, Planung, Konzeption und Umsetzung des Klimapfads, bilden jede für sich Kernfaktoren für die erfolgreiche Entwicklung des Klimapfads, dessen zielführende Umsetzung sowie seine kontinuierliche Überarbeitung entlang sich mit der Zeit ändernder Rahmenbedingungen. Die einzelnen Schritte des Vorgehensmodells gestalten sich wie folgt (vgl. Pfretzschner, 2024, S. 51 f.):

- *Datentransfer und -analyse:* Der erste Schritt zur Entwicklung eines Klimapfads, der die Planungs- bzw. Vorbereitungsphase einleitet, liegt in der Ermittlung der Stammdaten des Gebäudebestands sowie der CO_2-emissionsbestimmenden Daten, also beispielsweise von Daten zum Zustand jedes einzelnen Gebäudes im Bestand, zu den Energieverbräuchen, zur je Gebäude vorliegenden Heiz- und Warmwasserinfrastruktur sowie zu lokalen Emissionsfaktoren es Strom- und Fernwärmebezugs. Diese Daten werden zusammengetragen und einer Plausibilitätsprüfung unterzogen. Die Ermittlung der entsprechenden Daten und die Plausibilitätsprüfung werden für jedes Gebäude im Bestand durchgeführt. Ergebnis ist eine gesicherte Übersicht über die gebäudebezogenen Energieverbräuche und CO_2-Emissionen. Bei ggf. fehlenden Werten werden Annahmen entlang der *GdW Arbeitshilfe 85* getroffen (vgl. GdW, 2020), sodass von einer Vollständigkeit der Daten ausgegangen werden kann. Darauf aufbauend werden die Daten im nächsten Schritt aufbereitet.
- *Zusammenführung der Datenpunkte:* Im zweiten Schritt werden die zusammengetragenen und plausibilisierten Daten um zahlreiche weitere Daten aus heterogenen Datenquellen angereichert. Dabei handelt es sich z. B. um Daten zur Lage bzw. Ausrichtung der Gebäude, zur Belegung der Gebäudedächer mit Photovoltaik-(PV-)Anlagen, um Wetterdaten, Daten zu Anlagen und Geräten in den Gebäuden (z. B. Leistungskennzahlen, Schallwerte, Preise) oder Leerstandsdaten über einen zeitlichen Horizont. Im Zuge dieser Anreicherung werden Redundanzen und Inkonsistenzen in den Daten eliminiert und der gesamte Datenbestand wird strukturiert. Damit sind alle für die notwendigen Datenpunkte zusammengeführt, die als Grundlage zur Entwicklung von praxisbezogenen Modernisierungskonzepten für den Bestand des jeweiligen Unternehmens und damit dem Aufbau eines Klimapfads für das Unternehmen dienen.

- *Analyse der strukturierten Daten:* Der strukturierte Datenbestand wird im Weiteren analysiert; aus dieser Analyse leiten sich eine CO_2-Gesamtbilanz sowie konkrete Handlungsfelder entlang des Immobilienbestands ab, für die Lösungsansätze gesucht werden. Die Analyse der Daten schließt die Planungs-/Vorbereitungsphase für die Erstellung des Klimapfads ab.
- *Konzeptentwicklung und Simulation:* Den Einstieg in die Konzeptionsphase bildet die Entwicklung einer Morphologie aus unterschiedlichen Lösungen für die im Zuge der Datenanalyse betrachteten Handlungsfelder. Mit dieser Morphologie werden mehrere Kombinationen von Lösungen gebildet, die in unterschiedlichen energetischen Modernisierungskonzepten für den Gesamt-Immobilienbestand münden. Die Konzepte werden über einen definierten zeitlichen Horizont, der i. d. R. bei 20 Jahren liegt, in ihrer Wirkung simuliert sowie technisch, wirtschaftlich und hinsichtlich der ökologischen Effekte bewertet. Diese Bewertung erfolgt für jedes einzelne Bestandsobjekt, für das sich daraus das jeweils optimale Modernisierungskonzept entwickelt.
- *Datenaggregation auf Portfolioebene:* Im zweiten Schritt der Konzeptionsphase werden die technischen, wirtschaftlichen und ökologischen Daten von der Objektebene auf die Portfolioebene aggregiert und auf die Kernkonzepte, welche die Modernisierung des Bestands beschreiben, fokussiert. Daraus werden die zu beschaffenden Anlagen, die in den Gebäuden durchzuführenden Sanierungen und die damit verbundenen Leistungen identifiziert und in eine Art „Einkaufsliste" überführt. Auf dieser Basis werden sowohl die kurzfristigen Investitionsbedarfe als auch die Investitionsbedarfe über einen längeren Zeithorizont ermittelt. Ggf. lassen sich aus den aggregierten Daten bzw. den umzusetzenden Kernkonzepten für die Modernisierung des Bestands neue Geschäftsmodelle ableiten.
- *Festlegung der Modernisierungsreihenfolge:* Der letzte Schritt in der Konzeptionsphase zielt darauf ab, die Modernisierungsreihenfolge festzulegen. Dazu werden nicht nur die Kernkonzepte für die Modernisierung, die den eigentlichen Klimapfad beschreiben, herangezogen, sondern diese müssen mit den übrigen Sanierungs- bzw. Instandsetzungsmaßnahmen, deren Fokus nicht auf der energetischen Modernisierung liegen, kombiniert werden (vgl. Pfretzschner, 2024, S. 51), d. h. es wird eine Ergänzung der energetischen Modernisierungskonzepte, die den Klimapfad der jeweiligen Organisation beschreiben, um die „herkömmliche" Instandhaltungsplanung vorgenommen werden. Die entstehenden Gesamt-Modernisierungs-/Sanierungskonzepte werden noch einmal betriebswirtschaftlich bewertet, um deren ökonomische Tragfähigkeit zu ermitteln. Erst auf dieser Basis und unter Berücksichtigung der erzielbaren CO_2-Emmissions-Reduzierungseffekte werden diese Konzepte priorisiert und die konkrete Umsetzung der zugehörigen Maßnahmen geplant.
- *Umsetzungsplanung und Umsetzung:* Mit dem Schritt der Umsetzungsplanung beginnt die Umsetzungsphase des Klimapfads. Dabei werden die betriebswirtschaftliche sowie die personelle und organisatorische Umsetzbarkeit des geplanten Klimapfads entlang der geplanten Modernisierungs- und Instandhaltungsmaßnahmen geprüft. Im Rahmen der betriebswirtschaftlichen Prüfung wird zunächst ermittelt, ob, wie, in welchem zeit-

lichen Rahmen und mit welchen Effekten hinsichtlich der betriebswirtschaftlichen Ergebnisse, bilanziellen Strukturen und Liquidität der Organisation diese Maßnahmen abgebildet werden können (vgl. Pfretzschner, 2024, S. 51). Die Prüfung der personellen und organisatorischen Umsetzbarkeit dient der Sicherstellung der Durchführung der Modernisierungs- und Instandhaltungsmaßnahmen vor dem Hintergrund der in der jeweiligen Organisation verfügbaren Personalstärke und -qualifikation sowie der bestehenden Organisationsstrukturen. Ggf. sind im Zuge der Umsetzungsplanung geeignete Anpassungs- und Qualifizierungsmaßnahmen vorzunehmen. Erst mit der Erfüllung der entsprechenden Anforderungen kann die Umsetzung des ersten Gesamt-Modernisierungs-/Sanierungskonzepts erfolgen.
- *Soll-/Ist-Vergleich und Anpassung:* Mit der Umsetzung der Gesamt-Modernisierungs-/Sanierungskonzepte müssen die Wirkung der entsprechenden Maßnahmen geprüft und den erwarteten Effekten gegenübergestellt werden. Dies lässt sich über Kennzahlen realisieren, entlang der geprüft wird, ob die angestrebten Zieleffekte erreicht werden bzw. in welchem Maße die Zielerreichung über- oder unterschritten wird. Die jeweiligen Grade der Zielerreichung der Kennzahlen bilden exzellente Indikatoren für die Wirksamkeit der umgesetzten Maßnahmen des Klimapfads. Der Soll-/Ist-Vergleich und die in diesem Vergleich aufgenommenen Abweichungen, neue technische Entwicklungen sowie veränderte Rahmenbedingungen für den Klimapfad machen dessen regelmäßige Neubewertung und Anpassung notwendig. Dazu sind die entsprechenden aktualisierten technischen, wirtschaftlichen und ökologischen Daten neu zu bewerten und mit den entwickelten Gesamt-Modernisierungs-/Sanierungskonzepten abzugleichen. Aus diesem Abgleich können sich inhaltliche Verschiebungen in den Konzepten ableiten und es muss ggf. die Modernisierungsreihenfolge neu festgelegt werden.

Mit dem letzten Schritt des beschriebenen Vorgehensmodells wird die Wiederholung des Prozesses zur Entwicklung des Klimapfads auf Basis eines aktualisierten Datenstands eingeleitet – beginnend mit dem ersten Schritt der Konzeptionsphase, nämlich der Konzeptentwicklung und Simulation. Dies bedeutet, dass der Entwicklungsprozess für den jeweiligen Klimapfad in regelmäßigen Intervallen durchlaufen werden sollte, um eine veränderte Datenlage und damit veränderte Rahmenbedingungen bei der Priorisierung der Modernisierungskonzepte zu berücksichtigen. Denn mit jedem neuen Verbrauchsjahr und jedem abgeschlossenen Modernisierungs-/Sanierungsprojekt ändert sich die Datengrundlage, was zu Verschiebungen in den Kernkonzepten der Modernisierung führen kann und in der Folge eine Neubewertung der Maßnahmen und eine Anpassung der Modernisierungsreihenfolge notwendig machen kann.

Das beschriebene Vorgehensmodell für die Entwicklung eines Klimapfads und die entlang des Modells eingesetzte Softwareunterstützung zur Analyse und Darstellung der Datenlage sowie zur Ableitung von Kernkonzepten für eine portfoliobezogenen Modernisierung des Immobilienbestands bilden somit ein Instrumentarium, das Wohnungs- und Immobilienunternehmen bis hin zum Erreichen ihrer Klimaneutralität unterstützen kann. Ggf. muss dieses Instrumentarium zeitlich auch darüber hinaus eingesetzt werden, um die Klimaneutralität der jeweiligen Organisation zu erhalten.

3.4 Plattform- und Portallösungen

Mit der Etablierung des Internets und digitaler internetbasierter Geschäftsmodelle bilden Plattformen sowie Portale zunehmend wichtige Systeme für multilaterale Interaktionen und für die Kommunikation zwischen verschiedenen Stakeholdergruppen, die i. d. R. in Plattform-Ökosysteme eingebettet sind. Eine digitale Plattform stellt ein netzwerkbasiertes Softwaresystem dar, das von unterschiedlichen Akteuren – in der Wohnungs- und Immobilienwirtschaft üblicherweise von immobilienhaltenden, -verwaltenden oder -betreibenden Akteuren, von Immobiliennutzern sowie von Akteuren, die (Dienst-)Leistungen rund um Immobilien erbringen – mittels Cloud- und mobiler Technologien, moderner, standardisierter technischen Schnittstellen und Kommunikationsprotokolle sowie geeigneter Benutzungsoberflächen, genutzt werden kann (vgl. Gsell & Nikodemus, 2025, S. 168).

Die Interaktionen auf einer Plattform bzw. in einem Portal, also der Austausch von Informationen, das Erbringen von Leistungen sowie die Abwicklung von finanziellen Transaktionen, werden durch Dienste realisiert, die durch die jeweilige Plattform bzw. das Portal bereitgestellt werden.[6] Dabei fungiert der jeweilige Plattform- bzw. Portalbetreiber oft als Vermittler bzw. Broker. Seine Aufgabe liegt in der Sicherung der Ausführung der Interaktionen sowie in einem schnellen und einfachen Onboarding neuer Akteure (vgl. Fraunhofer IESE, 2023, S. 9). Abb. 3.7 zeigt die Rollen der unterschiedlichen Akteure sowie die Objekte in einem immobilienwirtschaftlichen Ökosystem, welches in seinem Zentrum eine Plattform oder ein Portal integriert.

Der Nutzen von Plattformen und Portalen ist eng verbunden mit den zugrunde liegenden Cloud- und mobilen Technologien. Sie sind bei globaler Reichweite unabhängig von Raum und Zeit für alle Stakeholdergruppen zugänglich, ihre Skalierung ist mit überschaubaren zusätzlichen Aufwänden realisierbar, sodass insbesondere in mehrseitigen Märkten, die über eine Plattform miteinander verbunden werden, durch entsprechende Netzwerkeffekte viele weitere Akteure unmittelbar in die jeweilige Plattform eingebunden werden können (zu den Anforderungen, die sich aus mehrseitigen Märkten an Plattformen ableiten vgl. Engelhardt et al., 2017, S. 9 ff.). So lassen sich mit innovativen Plattform-Geschäftsmodellen innerhalb sehr kurzer Zeit zielführende multilaterale Interaktions- und Transformationsmöglichkeiten aufbauen. Dies setzt jedoch das mittel- bis langfristige Überschreiten einer „kritischen Masse“ an Plattformteilnehmern voraus, welche auf der jeweiligen Plattform interagieren und diese damit tragen (vgl. Demary, 2016, S. 8 f.).

Weitere Anforderungen für die erfolgreiche Etablierung einer Plattform liegen neben der notwendigen *Skalierbarkeit des Angebots* in der *Offenheit für Kooperationen* und

---

[6] Im Unterschied zu einer Plattform, die multilaterale Interaktionen zwischen einer Vielzahl von Akteuren unterstützt, dient ein Portal, das über das Internet bereitgestellt wird, als Zugang für definierte Zielgruppen zu bestimmten, teilweise individuell bereitgestellten Informationen und als Kommunikationsmittel zwischen den informationsbereitstellenden Akteuren und den Nutzern des Portals (vgl. Siepermann et al., 2013).

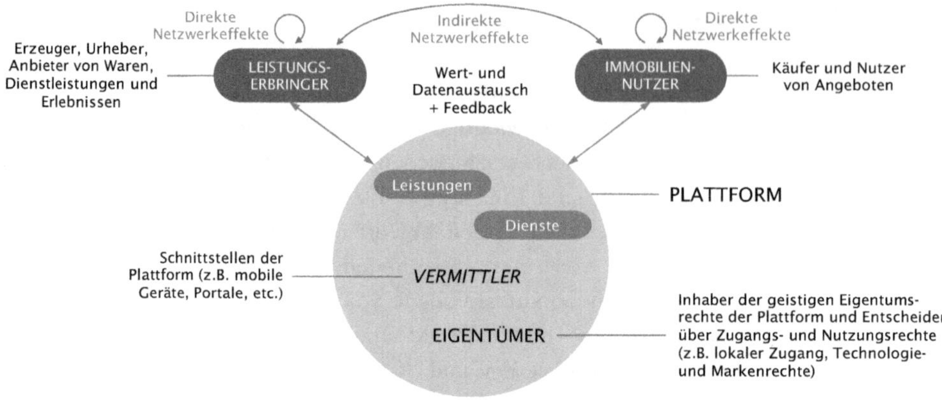

Abb. 3.7 Akteure und Objekte eines immobilienwirtschaftlichen Plattform-Ökosystems. (Eigene Darstellung verändert nach Arnold et al., 2023, S. 14)

einem *nutzergruppenübergreifenden Informationsaustausch.* Die Erfüllung dieser Voraussetzungen setzen Vertrauen in die über die Plattform abgewickelten geschäftlichen Beziehungen durch vertragliche Garantien sowie gesicherte politische Rahmenbedingungen voraus. Ein wichtiger zu beachtender Faktor ist eine mögliche Abhängigkeit des jeweiligen Wohnungs- bzw. Immobilienunternehmens von einem Plattform- bzw. Technologieanbieter, wenn die Abwicklung von Leistungen, wie z. B. die Beauftragung von Handwerksunternehmen oder die Regulierung von Schäden durch eine Versicherung, über entsprechende Plattformen ausgeführt wird.

Um die skizzierten Anforderungen zielführend erfüllen und die für eine Plattform notwendigen Funktionen bereitstellen zu können bedarf es einer geeigneten technologischen Architektur und funktionalen Ausgestaltung. Diese bestimmen die Einsatzfähigkeit, das Integrationspotenzial und die Akzeptanz von Plattformen und Portalen bei den Nutzern aus der Wohnungs- und Immobilienwirtschaft maßgeblich. Zur Erfüllung der Funktions- und Integrationsanforderungen werden moderne Plattformen und Portale typischerweise auf Serviceorientierten Systemarchitekturen (SOA)[7] aufgebaut. Diese basiert auf einem Cloud-nativen Ansatz mit Microservices,[8] Containern sowie einer skalierbaren Infrastruktur, die über ein Infrastructure-as-a-Service (IaaS)- oder ein Platform-as-a-Service (PaaS)-Modell abgebildet und über sog. Hyperscaler, wie *AWS, Azure* oder *Google Cloud,* bereitgestellt wird (vgl. Red Hat, 2025b).

[7] Zur Erläuterung von Serviceorientierten Architekturen (SOA) vgl. Fußnote 18.

[8] Bei Microservices handelt es sich um einen Cloud-nativen Architekturansatz für einzelne Anwendungen, bei dem eine Sammlung unabhängiger Dienste über schlanke Programmierschnittstellen (API) miteinander kommunizieren. Die Kernfunktionen innerhalb einer Anwendung funktionieren in einer Microservice-Architektur unabhängig voneinander. Damit können diese Funktionen an sich ändernde geschäftliche Anforderungen angepasst werden, ohne dass eine Änderung der Anwendungen als Ganzes erforderlich ist (vgl. Red Hat, 2023).

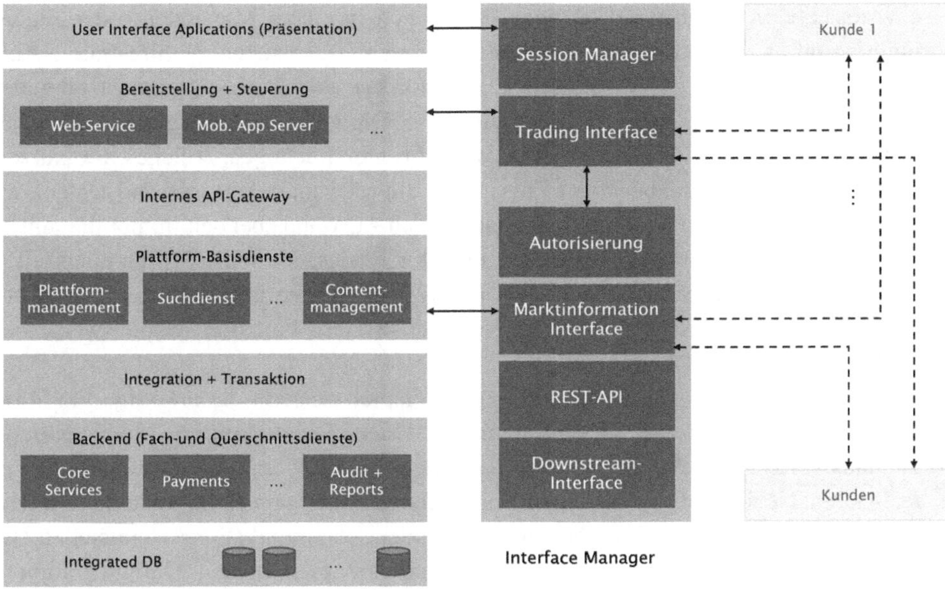

Abb. 3.8 Referenzarchitektur für ein Plattformsystem der Immobilienwirtschaft. (Eigene Darstellung verändert nach BMIBH, 2019, S. 7)

Eine Referenzarchitektur für ein immobilienwirtschaftliches Plattformsystem ist in Abb. 3.8 dargestellt. Ein zentrales Merkmal dieser Architektur ist die Mandatenfähigkeit (Multi-Tenancy) des Plattform- bzw. Portalsystems. Dies ist im wohnungs- und immobilienwirtschaftlichen Kontext – mit zahlreichen Stakeholdern, wie Mietparteien, Eigentümern, Verwaltungsinstanzen, Handwerksunternehmen, Dienstleistern und Versorgern – von zentraler Bedeutung. Das Backend, ist eventbasiert, d. h. die Fach- und Querschnittsdienste, die in dieser Architektur bereitgestellt werden, sind ereignisgesteuert und ermöglichen damit eine entkoppelte Kommunikation untereinander. Mit einer solchen ereignisgesteuerten Architektur (EDA) wird es einem verteilten System ermöglicht, Ereignisse in Echtzeit zu erkennen, zu verarbeiten, zu verwalten und auf diese zu reagieren, während sie auftreten. Dienste fungieren hier als Ereignisproduzenten, sie erzeugen oder erfassen Ereignisse, oder als Ereignisverbraucher, welche Ereignisse verarbeiten und darauf reagieren – also weitere Aktionen, Workflows oder eigene Ereignisse initiieren (vgl. SAP, o. J.).

Auf Basis der skizzierten und in Abb. 3.8 visualisierten Referenzarchitektur können wohnungs- und immobilienwirtschaftliche Plattformen und Portale spezifische Funktionen implementieren, die für die Nutzenden wichtige Komponenten der entsprechenden Plattform bilden. Einige ausgewählte Beispiele solcher Funktionen lassen sich wie folgt beschreiben:

- Entsprechend des Konzepts von *Self-Services* interagieren Nutzer digital, um sich zu informieren, Produkte und Dienstleistungen zu kaufen oder Dienstleistungen, beispielsweise im Banking-Sektor, selbst auszuführen. Dies gilt ebenso für die Immobilienwirtschaft, in welcher Self-Service-Funktionen in einem Mietenden- oder Eigentümerportal es dem adressierten Personenkreisen z. B. erlauben, administrative Aufgaben wie die Einsicht in Verträge, das Anfordern von Bescheinigungen oder das Melden von Schäden eigenständig auszuführen. Die technische Integration in das jeweilige Portal kann auf einem webbasierten Frontend erfolgen, welches die Nutzerkonten mit einem rollenbasierten Zugriff auf die relevanten Services und Daten verknüpfen. Mit Self-Service-Funktionen lassen sich Aufwände bei den Immobilienunternehmen und damit Kosten reduzieren, zugleich reduzieren sich die Bearbeitungszeiten und die Kundenzufriedenheit steigt. Da Plattformen und Portale vielfach als SOA implementiert sind, kann die Einbindung einer Self-Service-Funktion beispielsweise modular als eigener Dienst erfolgen.

- Mit *digitalen Kommunikationskanälen,* wie beispielsweise in die jeweilige Plattform integrierte Messenger oder Ticketsysteme, lässt sich eine strukturierte, dokumentierte und nachvollziehbare Kommunikation zwischen Stakeholdern und Leistungsanbietern realisieren. Neben einer verbesserten Nachvollziehbarkeit von Kommunikationsaktivitäten zwischen den Akteuren können mit digitalen Kommunikationsschnittstellen Bearbeitungszeiten verkürzt und die Erreichbarkeit verbessert werden. Die Integration in die jeweiligen Plattform kann z. B. durch die Anbindung eines existierenden Messenger- oder Ticketsystems über eine moderne Programmierschnittstelle (API) erfolgen.
- Die Integration einer *digitalen Objektpräsentation und -suche* unterstützt Immobilienunternehmen bei einer verbesserten Vermarktung von Immobilien und damit bei einer Reduzierung von Leerständen. So können Interessierte die Suche auf einer Plattform aktiv nutzen, während Mitarbeitende von Immobilienunternehmen die entsprechenden Inhalte pflegen. Mit der Integration einer solchen Funktion in eine Plattform wird über eine große Reichweite eine größere Sichtbarkeit erzielt. Damit können eine bessere Passgenauigkeit bei der Ansprache von Interessierten realisiert und kürzere Vermarktungszeiten umgesetzt werden. Die Implementierung der Anbindung mit entsprechenden Filterfunktionen und der Bereitstellung von Geodaten kann über API oder Middleware und den *OpenImmo*-Standard[9] realisiert werden.
- Eine *digitale Vertragsabwicklung* umfasst die vollständige Erstellung, Prüfung und Signatur von beispielsweise Mietverträgen über eine digitale Plattform. Damit können Mietende Mietverträge digital unterzeichnen und die Verwaltungen die Vertrage digital erstellen und prüfen. Der Betreiber der jeweiligen Plattform muss die technische und rechtliche Konformität einer solchen digitalen Vertragsabwicklung sichern, sodass die Prozesse zum Vertragsabschluss beschleunigt, dieser vollständig dokumentiert und

[9] Bei *OpenImmo* handelt es sich um einen XML-basierten Standard, welcher den Austausch von Immobiliendaten zwischen unterschiedlichen Softwaresystemen unterstützt. Eine für die Nutzung dieses Standards einzurichtende Programmierschnittstelle erlaubt eine Synchronisierung von Immobiliendaten sowie deren Übertragung aus einem IT-System heraus auf die eigene Website oder ein Immobilienportal (vgl. ImmoXXL, o. J.).

Mietverträge rechtssicher abgeschlossen werden können. Wesentliche Elemente, welche für die digitale Vertragsabwicklung zu implementieren sind, sind ein *elektronischer Signaturdienst* sowie ein Vertragsmanagementsystem. Diese können über Schnittstellen angebunden werden.

- Die *digitale Handwerkerintegration* in eine wohnungswirtschaftliche Plattform oder ein Portal ermöglicht eine elektronische Beauftragung von Handwerksunternehmen und eine entsprechende Verfolgung der Aufträge durch den jeweiligen Auftraggeber. Damit lassen sich schnellere Instandsetzungen, transparentere Prozesse und eine bessere Verfolgung von Wartungsarbeiten sowie eine Reduzierung von Koordinationsaufwänden realisieren. Die Integration kann über Workflows sowie mittels API bzw. Middleware zur Anbindung der jeweiligen Handwerkersoftware erfolgen.
- Mit einem *digitalen Betriebskostenmanagement* können die Erfassung, Plausibilisierung und Verteilung von Betriebskosten über ein immobilienwirtschaftliches Portal abgewickelt werden. Dazu sind das ERP-System, über welches die administrative Abwicklung der Betriebskostenabrechnung ausgeführt wird, sowie die Stammdatenverwaltung über API an das Portal anzubinden. Die Funktion könnte in ein Mietenden- oder Eigentümerportal eingebunden werden, über welches die jeweilige Verwaltung die Abrechnungen zugänglich macht und die Mietenden ihre jeweilige Abrechnung prüfen. Erzielbare Effekte sind Qualitätsverbesserungen der Abrechnung sowie eine Reduzierung der Abrechnungszeiträume.
- Mit der Implementierung des *Nutzer- und Rollenmanagement* in die jeweilige Plattform bzw. das jeweilige Portal wird schließlich eine sichere und differenzierte Zugriffssteuerung auf die Plattform/das Portal und auf die zugehörigen Dienste realisiert. Somit können alle Plattformnutzer – Mietende, Eigentümer, Handwerksunternehmen, Dienstleister, Versorger – mit rollenbasierten Rechten auf die Plattform und die Plattformfunktionen zugreifen, sodass diese sicher und Compliance-konform betrieben wird. Die entsprechenden Funktionen, das Identity Access Management (IAM) sowie ein Single Sign-On (SSO) bilden Standardmodule auf der Ebene des Interface Managements der jeweiligen Plattform.

Die vorangehend dargestellten Plattform- bzw. Portalfunktionen zeigen, dass Informationssysteme und insbesondere Plattformen eine wichtige strategische Rolle als Befähiger von digitalen Geschäftsmodellen einnehmen. In dieser Rolle stellen sie höchste Anforderungen an Flexibilität, Sicherheit und Integration, sodass sie spezifische technische Lösungen umsetzen müssen: So sollte die Architektur von Plattformen und Portalen auf eine lose Kopplung, die Nutzung moderner, standardisierter Programmierschnittstellen (API) und damit auf die Anbindung externer IT-Funktionen ausgerichtet sein – dies wird durch die in Abb. 3.8 aufgezeigte Referenzarchitektur repräsentiert. Darüber hinaus erfordern entsprechende Plattform- und Portallösungen eine konsistente Cloud-Strategie in Bezug auf die genutzten einschlägigen Cloud Service Modelle. Um flexibel auf neue Anforderungen der Märkte, der Stakeholder oder auf notwendige Veränderungen in den Prozessen reagieren zu können, muss eine dynamische Veränderbarkeit der jeweiligen Plattform mittels agiler Methoden und einer engen Zusammenarbeit zwischen Plattformentwicklungsteams und -betreibern im Sinne des DevOps[10]-Ansatzes realisiert werden. Zudem sollten die IT-Verantwortlichen bzw. -Teams eine Brückenfunktion zwischen Unternehmensführung, Organisationseinheiten und externen Partnern übernehmen, was eine Koordinierungsfunktion von Plattformstrategie mit der IT-Strategie einschließt.

Wesentliche Punkte bilden schließlich die Themen Datensicherheit und Datenschutz, welche durch geeignete Sicherheitsarchitekturen der jeweiligen Plattform abgebildet werden müssen. Die Erfassung, Verarbeitung und Nutzung großer Datenmengen stellen für Plattformen und Portale wichtige Erfolgsfaktoren dar, um ein attraktives Leistungsangebot bereitzustellen und diese für die Nutzenden attraktiv zu machen. Viele der Daten, die in Plattformen und Portalen genutzt werden, sind personenbezogene Daten, die entweder durch die Nutzenden bewusst hinterlassen werden oder durch deren Aktivitäten auf der Plattform entstehen (vgl. Demary, 2016, S. 9). Die Handhabung dieser Daten auf den Plattformen und Portalen unterliegt der Europäischen Datenschutzgrundverordnung (DSGVO). Um zugleich die Geschäftsmodelle von Plattformen und Portalen zu fördern und die angestrebten und notwendigen Skalierungseffekte zu erzielen sowie die personenbezogenen Daten der Plattformnutzenden in angemessener Weise zu schützen, sollten die im vorangehenden Absatz skizzierten technischen Lösungsansätze konsequent verfolgt werden.

Mit Blick auf die zukünftige Entwicklung lassen sich für Plattformen und Portale Perspektiven in der Wohnungs- und Immobilienwirtschaft aufzeigen, die passgenaue Lösungen für spezifische Aufgaben bzw. Funktionen der Branche bereitstellen. Derartige Lösungen können sich wie folgt gestalten:

- Plattformen und Portale fungieren zunehmend als *Integrations- und Orchestrierungsschicht,* die unterschiedliche Prozesse, Funktionen, Dienste und Akteure integrieren. Mit einem Kernsystem im Zentrum können wohnungs–/immobilienwirtschaftliche IT-Ökosysteme sich somit zu entsprechenden Integrations- und Orchestrierungsplattformen ausbilden, welche z. B. (Energie-)Versorger, Mobilitätdienste oder PropTech-Lösungen anbinden. Die technischen Voraussetzungen für Ausbildung von Plattformen als integrierende und orchestrierende IT-Ökosysteme bilden moderne, standardisierte

[10] Der Begriff *DevOps* repräsentiert eine Softwareentwicklungsmethode, welche darauf abzielt, qualitativ hochwertige Softwareanwendungen und Dienste sehr schnell bereitzustellen. Dazu werden in dieser Methode die Arbeiten von Softwareentwicklungsteams und IT-Betriebsteams unter Nutzung gemeinsamer Werkzeuge und Verfahren, wie beispielsweise häufiger kleiner Updates, miteinander kombiniert. Ein solches System impliziert einen Wandel in der Unternehmenskultur, welcher die Koordination und Zusammenarbeit von Entwicklungs- und IT-Operations-Teams fördert (vgl. IBM, o. J.b).

Schnittstellen, ein zielführendes API-Management sowie die Nutzung standardisierter Datenformate.
- Vor dem Hintergrund der hohen Bedeutung von Daten entwickeln sich Plattformen hin zu *datengetriebenen Serviceplattformen,* die künstliche Intelligenz (KI) sowie Machine Learning (ML) zur Optimierung der abgebildeten Prozesse einsetzen. Auf immobilienwirtschaftlichen Plattformen lassen sich damit beispielsweise Vorhersagen im Facility Management treffen, Schäden automatisiert klassifizieren oder Kommunikationsaktivitäten personalisieren. Die Plattformen speisen sich dazu aus Data Lakes, sie nutzen KI-Frameworks und steuern dezentrale Prozesse mittels Edge Computing.
- Die *Integration von IoT-Geräten und -Funktionen,* also von Sensoren, Aktoren, Zählern, einer IoT-Steuerung oder anderen Komponenten, in Plattformen kann künftig Effizienz-, Zeit- und Qualitätspotenziale für Wartung, Energieeffizienz und Nutzerinteraktion ausschöpfen. Dazu sind die Nutzung von interoperablen Kommunikationsprotokollen, wie MQTT oder LoRaWAN, von IoT-Plattformen und Edge-Geräten mit API-Anbindungen an die jeweilige Plattform erforderlich.
- Ein zentrales Element künftiger Plattformen bildet das *digitale Identitätsmanagement,* beispielsweise für Bewohner, Handwerker oder Dienstleister, das über Self-Sovereign Identities (SSI) oder eIDAS-konforme Lösungen abgebildet wird, mittels derer Vertrauensdienste für elektronische Transaktionen bereitgestellt werden. Technische Grundlagen für ein solches digitales Identitätsmanagement bilden die Implementierung eines Identity and Access Managements (IAM) sowie Funktionen für Sigle Sign-On (SSO) und Multi-Faktor-Authentisierung (MFA) auf den entsprechenden Plattformen.
- Eine Integration von Smart-Meter-Gateways, die Abbildung von Datenmodellen für Nachhaltigkeit sowie eine Automatisierung des Nachhaltigkeitsreporting entwickeln sich zu Kernfunktionen entsprechender Nachhaltigkeits- bzw. Reportingplattformen. Diese nehmen künftig eine Schlüsselrolle bei der *Dekarbonisierung und ESG-Compliance* in der Wohnungs- und Immobilienwirtschaft ein, beispielsweise indem sie Energiedaten überwachen, CO_2-Bilanzierungen vornehmen und ESG-Reports erstellen.

Die vorangehenden Entwicklungsmöglichkeiten zeigen erstens die Potenziale auf, die spezifischen Plattformfunktionen sowie den Abbildungen dieser Funktionen durch teilweise moderne Digitalisierungstechnologien innewohnen. Zweitens adressieren sie für die Wohnungs- und Immobilienwirtschaft notwendigerweise zu entwickelnde Aufgabenbereiche, für die Plattformen und Portale für die Branche gut handhabbare und geeignete Lösungen bereitstellen können. Am Beispiel der *GSW Sigmaringen* wird nachfolgend aufgezeigt, wie ein integrativer, plattformbasierter Einsatz von IoT-Geräten und digitalen Zutritts- und Zugangssystemen als Bausteine einer integrierten Bewirtschaftungsarchitektur von Wohnungen und Gebäuden dazu beitragen können, die operative Effizienz, Transparenz und Qualität der Bewirtschaftung von Immobilen zu optimieren. Das dargestellte Praxisbeispiel beschreibt das finale Wunschbild des Unternehmens, das jedoch so nicht umgesetzt ist (vgl. Eberhardt, 2021).

Praxisbeispiel: Plattformbasierter Einsatz von IoT- und digitalen Zutrittssystemen bei der GSW Sigmaringen

Die *GSW Gesellschaft für Siedlungs- und Wohnungsbau Baden-Württemberg* mit Sitz in Sigmaringen steht den typischen Herausforderungen der Branche in der Bewirtschaftung ihrer Immobilien gegenüber, nämlich einer hohen operativen Komplexität des Betriebs eines heterogenen Gebäudebestands, dem hohen Koordinationsaufwand bei Instandhaltungen, Dienstleistereinsätzen und der Schlüsselverwaltung sowie steigenden regulatorischen Anforderungen und begrenzten personellen Ressourcen. Um mit diesen Herausforderungen umzugehen, nutzt das Unternehmen eine Plattform, auf welcher IoT-Technologien sowie digitale Zutrittslösungen integriert sind. Die Einrichtung dieser Plattform gründet sich auf einer plattformbasierten Digitalisierungsstrategie im Gebäudebetrieb. Ausgangspunkt dieser Strategie ist die Erkenntnis, dass einzelne smarte Geräte oder Insellösungen in der Wohnungswirtschaft nur begrenzte betriebswirtschaftliche Effekte entfalten, solange sie nicht systematisch in bestehende Betriebs- und Bewirtschaftungsprozesse integriert sind.

Vor diesem Hintergrund hat die GSW Sigmaringen einen mehrschichtigen, Plattform-basierten Architekturansatz konzipiert, bei dem IoT-Sensorik sowie digitale Zutritts- und Zugangssysteme über eine zentrale Plattform orchestriert werden. Die Ebenenarchitektur dieser Plattform stellt sich wie folgt dar:

- Auf der *IoT-Feldebene* sind die Sensoren, z. B. zur Erfassung von Energieverbräuchen, Raumklima oder Anlagenzuständen, sowie die digitalen Zutrittskomponenten/Aktoren, wie elektronische Zylinder, Knäufe, Transponder und/oder App-basierte Öffnungssysteme platziert.
- Die *Edge- und Gateway-Ebene* umfasst lokale Gateways zur Aggregation, Vorverarbeitung und sicheren Übertragung der Daten, die von der IoT-Feldebene bereitgestellt werden. Sie stellt die Betriebsfähigkeit auch bei eingeschränkter Internetverfügbarkeit sicher.
- Die *IoT- und Zutrittsebene* dient der zentralen Verwaltung von Geräten, Berechtigungen und Ereignissen. Sie umfasst das auch ein Regelwerke für zeitlich begrenzte Zugangsrechte, z. B. für Dienstleister, Handwerks- und Wartungsunternehmen oder Notdienst. Sie ersetzt weitgehend klassische Schlüsselverwaltungsprozesse.
- Die *Integrationsebene* bzw. Betriebsplattform realisiert die Anbindung an das ERP-System, das Ticketsystem und die Instandhaltungssoftware. Sie steuert zudem die automatisierte Auslösung von Serviceprozessen, gibt z. B. Zutritte frei und vergibt Aufträge.

Mit der skizzierten Architektur soll die Plattform Funktionen der Integration der heterogene IoT-Geräte, der Standardisierung von Datenströmen sowie der Kopplung an die betrieblichen Anwendungssysteme wie folgt übernehmen: Das integrierte digitale Zutrittssystem repräsentiert in dieser Architektur eine spezielle IoT-Domäne, bei der physische Zugänge über digitale Identitäten, Berechtigungen und Zeitfenster gesteuert werden. Es reduziert den administrativen Aufwand bei der Schlüsselverwaltung. Auch realisiert es eine erhöhte Nachvollziehbarkeit und Sicherheit des Zugangs zu den Gebäuden des Unternehmens durch die Protokollierung von Zutritten. Parallel dazu liefert die IoT-Sensorik kontinuierlich Zustands- und Verbrauchsdaten der technischen Anlagen und Geräte, die eine zustandsbasierte Instandhaltung ermöglichen, Energieverbräuche transparent und vergleichbar machen sowie Frühindikatoren für Störungen oder ineffizienten Betrieb liefern. In Verbindung mit dem digitalen Zutrittssystem können Serviceeinsätze zielgerichtet vorbereitet und effizient abgewickelt werden.

Der erwartete praktische Nutzen der integrierten Plattformarchitektur entsteht für die GSW Sigmaringen insbesondere durch die Kopplung von Zutrittsfunktionen mit IoT-basierten Betriebsdaten und Serviceprozessen. So können Serviceeinsätze gezielt vorbereitet, automatisiert ausgelöst und mit definierten Zugangsrechten verknüpft werden. Gleichzeitig liefern Sensor- und Zustandsdaten eine belastbare Grundlage für zustandsbasierte Instandhaltungen, Energieoptimierungen und eine verbesserte Transparenz im Gebäudebetrieb. Die Plattformintegration reduziert Medienbrüche, senkt Koordinationsaufwände und erhöht die Prozesssicherheit. Ferner fungiert die Plattform als Integrationsschicht zwischen der physischen Gebäudeebene und den betriebswirtschaftlichen Anwendungssystemen.

Den wirtschaftlichen Nutzen dieses visionären Ansatzes bewertet die GSW Sigmaringen anhand klar definierter Kennzahlen für Prozesse, Kosten, Qualität und Strategie. Beispiele der über die Kennzahlen abbildbaren Effekte liegen in *reduzierten Vor-Ort-Terminen, verkürzten Durchlaufzeiten von Serviceaufträgen, geringere Kosten für Schlüsselmanagement und ungeplante Instandhaltung* sowie in einer *höhere Erstbehebungsquote* und *verbesserte Mieterzufriedenheit.* Auch muss der integrierte Plattformansatz die Erfüllung regulatorischer Anforderungen, insbesondere im Kontext von Energieeffizienz und ESG-Berichterstattung, unterstützen.

Das Praxisbeispiel der GSW Sigmaringen zeigt, dass digitale Zutritts- und IoT-Lösungen ihren Nutzen in einer Plattformintegration optimal entfalten können, sofern die technischen Voraussetzungen einer Ausstattung der Systeme mit standardisierten Schnittstellen und einer damit verbundenen Integrationsfähigkeit der Systeme erfüllt werden (vgl. Kap. 8). So kann die Plattform als sozio-technische Integrationsinstanz fungieren, die Technik, Organisation und Prozesse verbindet. Damit wird Digitalisierung zu einem Management- und Organisationsprojekt, nicht zu einem reinen IT-Vorhaben. Weiterhin zeigt das Beispiel, dass auch kommunale Wohnungsunternehmen durch einen pragmatischen, skalierbaren Plattformansatz unter Integration moderner Digitalisierungstechnologien messbare Effekte erzielen können.

3.5 Informations- und Cyber-Sicherheit

Vor dem Hintergrund der Notwendigkeit, in der Wohnungs- und Immobilienwirtschaft umfassende Informationen und Daten zu verarbeiten, bilden der Schutz und die Sicherung dieser Informationen und Daten wichtige Faktoren, um die Aufgaben in den Unternehmen stabil auszuführen. Dies gilt insbesondere, wenn zur Unterstützung bzw. zur Ausführung der einschlägigen Aufgaben in den Unternehmen informationstechnische Systeme und Plattformen sowie Digitalisierungstechnologien eingesetzt werden. Da Informationen heute einer der wesentlichen Produktionsfaktoren auch in der Wohnungs- und Immobilienwirtschaft darstellen, müssen diese umfassend gegen Missbrauch, unberechtigte Manipulation, Sabotage, Verlust und andere Gefahren geschützt werden. Vor diesem Hintergrund umfasst *Informationssicherheit* alle Maßnahmen, die alle Informationen in Unternehmen – seien es elektronische oder physisch vorhandene – „vor jeglichen Bedrohungen und Gefahren wie Datenmissbrauch und Datenverlust schützen" (Hanitsch, 2025). Damit adressiert die Informationssicherheit nicht nur technische Systeme, die Informationen erzeugen, verarbeiten und speichern, sondern sie schließt organisatorische Aspekte, wie Strategien, Prozesse und Mitarbeitende ein.

Neben technischen Maßnahmen schließt die Informationssicherheit strategische, organisatorische, prozessbezogene und personelle Aspekte ein. In den Unternehmen der Wohnungs- und Immobilienwirtschaft bilden personenbezogene Daten von Mitarbeitenden und Mietenden, wichtige geschäftliche und prozessbezogene Daten, Bau- und Objektinformationen sowie sensorgenerierte Daten aus gebäudetechnischen Anlagen und Geräten, die in unterschiedlicher Form – sowohl digital als auch analog – vorliegen können, die zu schützenden Informationen. Diese müssen gegen einschlägige Bedrohungen und Gefahren abgesichert werden. Dazu müssen die drei grundlegenden Schutzziele der Informationssicherheit – *Vertraulichkeit, Integrität* und *Verfügbarkeit* von Informationen – erfüllt und Unternehmen damit vor wirtschaftlichen Schäden, Verstößen gegen Gesetze, Vorschriften oder Verträge sowie Imageverlusten bewahrt werden. Neben den drei genannten Schutzzielen können in bestimmten Kontexten weitere Ziele von hoher Bedeutung für die Informationssicherheit sein, so z. B. die Überprüfbarkeit der Echtheit und Vertrauenswürdigkeit von Informationen, Authentizität, oder die Nichtabstreitbarkeit von Handlungen. Die Informationssicherheit ist eng verknüpft mit der *IT-Sicherheit,* dem *Datenschutz,* der *Datensicherheit* sowie der *IT-Compliance,* sodass sich diese Sicherheitsfelder mit ihren spezifischen Merkmalen wie folgt von der *Informationssicherheit* abgrenzen (vgl. Hanitsch, 2025):

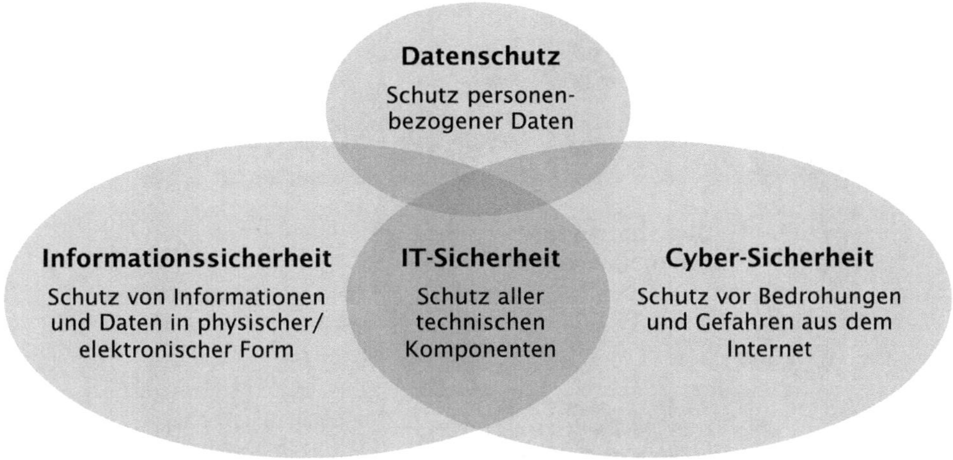

Abb. 3.9 Zusammenhang zwischen Informationssicherheit, Cyber-Sicherheit und Datenschutz. (Eigene Darstellung)

- Die IT-Sicherheit fokussiert den Schutz von elektronisch gespeicherten Informationen und der IT-Systeme selbst. Sie lässt sich in die Bereiche Computersicherheit, Netzwerksicherheit sowie Cyber-Sicherheit, welche Bedrohungen und Gefahren aus dem Internet adressiert, aufteilen. Insbesondere die Bedrohungen aus dem Internet, wie Ransomware oder Phishing, steigen mit der Vernetzung von immobilienwirtschaftlichen Systemen mit dem Internet sowie mit dem zunehmenden Einsatz von Cloud-Lösungen. Die IT-Sicherheit ist damit sowohl ein Teilgebiet der Informationssicherheit als auch ein Teilgebiet der *Cyber-Sicherheit* (vgl. Abb. 3.9).
- Im Rahmen des Datenschutzes sind personenbezogene Daten gemäß der Datenschutzgrundverordnung (DSGVO) der Europäischen Union (EU) gegen nicht autorisierte Verwendung zu schützen, d. h. personenbezogene Daten dürfen nur dann und in dem Umfang erhoben, verarbeitet und gespeichert werden, wenn sie einem bestimmten Zweck dienen. Sie müssen durch die Nutzenden der Daten wieder gelöscht werden, wenn der Zweck erfüllt ist bzw. wenn sie nicht mehr zur Erfüllung des bestimmten Zwecks benötigt werden. Der Datenschutz weist über die Verarbeitung von personenbezogenen Daten innerhalb und außerhalb einer Organisation Überschneidungen zur Informationssicherheit und Cyber-Sicherheit auf (vgl. Abb. 3.9).
- Datensicherheit bezeichnet die technische Sicherung von Daten jeglicher Art, um diese vor Verlusten, unbefugten Manipulationen und anderen Bedrohungen zu schützen.
- Mit IT-Compliance wird die Einhaltung der geltenden Gesetze und Regelungen adressiert. In Unternehmen sollten für diese Gesetze und Regelungen entsprechende Richtlinien formuliert sein und gelten. Dies trifft mit Bezug zur Datenschutzgrundverordnung (DSGVO) z. B. auf die bereits dargestellte Handhabung personenbezogener Daten zu. Ziel der IT-Compliance ist ein regelkonformes Verhalten der Akteure in den Unternehmen, um Verstöße zu vermeiden.

Abb. 3.10 Vorgehensmodell zur Erzeugung von IT-Sicherheit in der Wohnungs- und Immobilienwirtschaft. (Eigene Darstellung)

Um der Bedrohungen und Gefahren handhabbar zu werden und Risiken zu minimieren, benötigen die Unternehmen der Wohnungs- und Immobilienwirtschaft Konzepte zur Wahrung der Informationssicherheit. Diese Konzepte müssen strategische, organisatorische und technische Maßnahmen beschreiben, um die in den Unternehmen genutzten Informationen und Daten vor Missbrauch und Verlust zu schützen, die Vertraulichkeit von geschäfts- und prozessbezogene Daten zu wahren, den Datenschutz sicherzustellen sowie eventuellen Risiken vorzubeugen, entstehende Risiken frühzeitig zu erkennen und diese zu minimieren – also erstens deren Eintreten zu verhindern und zweitens Notfallpläne bereitzuhalten sollte ein Risiko eintreten. Idealerweise münden die Konzepte in einem Informationssicherheitsmanagementsystem (ISMS), z. B. nach ISO/IEC 27001, mit welchem Organisationen sicherstellen können, dass sie die Anforderungen des Datenschutzes und der IT-Sicherheit systematisch erfüllen. I. d. R. basiert ein ISMS auf dem Vorgehen des PDCA-Zyklus als Grundlage für eine fortlaufende Verbesserung der Informationssicherheit. Mit diesem Vorgehen wird eine kontinuierliche Anpassung des Sicherheitsmanagements an sich verändernde Prozesse, Anforderungen und damit Bedrohungen und Gefahren gewährleistet.

Ein Vorgehensmodell für die Gewährleistung der IT-Sicherheit in der Wohnungs- und Immobilienwirtschaft entlang der Leistungserbringung der jeweiligen Unternehmen lässt sich aus dem PDCA-Zyklus ableiten. Dabei werden vier Phasen durchlaufen, die sich wie folgt darstellen (vgl. Abb. 3.10):

- *Prozessanalyse und Identifizierung* der IT-Komponenten: Ausgehend vom jeweiligen immobilienwirtschaftlichen Prozess werden diejenigen informationstechnischen Komponenten, also Hardware, Software und IT-Infrastrukturkomponenten, identifiziert, die den Geschäftsprozess begleiten.

- *Analyse* der IT-Komponenten: Für eine komponentenbezogene Analyse der Gefährdungsrisiken werden Dazu werden Gefährdungskataloge, die innere äußeren Sicherheitsrisiken auflisten, herangezogen. Damit wird für jede Komponente zunächst das Schadenspotenzial sowie die Eintrittswahrscheinlichkeit des jeweiligen Schadens ermittelt.
- *Risikobewertung:* Für die IT-Komponenten wird in der nächsten Phase eine Risikobewertung bzgl. der Erfüllung der Schutzziele der Informationssicherheit vorgenommen. So ermittelt sich aus der Kombination des Schadenspotenzials mit der Eintrittswahrscheinlichkeit des jeweiligen Schadens eine Bewertungsgröße, die sich quantifizieren und in eine Risikomatrix einordnen lässt (vgl. BMI, 2012, S. 36).
- *Maßnahmenentwicklung und -umsetzung:* In Abhängigkeit von der Risikobewertung werden Maßnahmen zum Umgang mit den Risiken festgelegt, die von einer strikten Vermeidung des Risikoeintritts über Notfallmaßnahmen bei Eintritt einer Gefährdung bis hin zur Akzeptanz des Risikos reichen können. Diese Maßnahmen können in technischen, organisatorischen oder personellen Maßnahmen liegen und an den IT-Komponenten bzw. dem jeweiligen Prozess vorgenommen werden. Mit der Anpassung des Prozesses wird dieser kontinuierlich beobachtet und der prozessbezogene IT-Sicherheitszyklus beginnt von neuem.

Das dargestellte Vorgehensmodell adressiert sowohl die unternehmensinterne IT-Sicherheit als auch die unternehmensextern Sicherheit (Cyber-Sicherheit), schützt demnach vor Gefahren durch Fehlbedienungen und sicherheitsriskantem Verhalten sowie vor Angriffen von außen. Der Zyklus muss regelmäßig neu ausgeführt werden, um Veränderungen in den Risiken zu erfassen und diese für die Sicherheit der immobilienwirtschaftlichen Prozesse bewertbar zu machen.

Vor dem Hintergrund der heute intensiven Nutzung von IT-Systemen sowie der Digitalisierung zahlreicher Prozesse bildet die *Cyber-Sicherheit* ein sehr wichtiges Sicherheitsfeld. In Abgrenzung zur Informationssicherheit, welche neben der elektronischen die nicht-digitale Form des Datenmanagements abdeckt, fokussiert die Cyber-Sicherheit als eigene Disziplin alle Aspekte der IT-Sicherheit mit Bezug zum „Cyber-Raum". Damit werden sämtliche mit dem globalen Internet verbundenen IT-Infrastrukturen und IT-Systeme bei der Entwicklung von Sicherheitskonzepten und -maßnahmen berücksichtigt (vgl. Pohlmann, 2022, S. 2).

Die Bedrohungen aus dem Internet steigen mit zunehmender Digitalisierung, mit der wachsenden Verbreitung von Cloud-basierten mehrseitigen Plattformen in der Wohnungs- und Immobilienwirtschaft sowie mit einer mit diesen Faktoren verbundenen Vernetzung von wohnungs- bzw. immobilienwirtschaftlichen Systemen untereinander und mit dem Internet (vgl. Müth et al., 2023). Ziel der *Cyber-Sicherheit* ist es, Angriffe aus dem Internet auf die IT-Infrastruktur und die IT-Systeme zu verhindern und damit Hardware und Software vor Cyberrisiken zu schützen. Auch die Infrastrukturen und Systeme von Wohnungs- und Immobilienunternehmen, die wie nahezu jedes Unternehmen mit dem Internet interagieren, müssen gegen derartige Angriffe geschützt werden. Dabei liegen die Schutzziele der Cyber-Sicherheit ebenso wie bei der Informationssicherheit in der Vertraulichkeit, Integrität und Verfügbarkeit. Weiterhin bilden die Authentifikation, also die Prüfung, ob es sich bei einer behaupteten Identität tatsächlich um diese Identität handelt, die Authentizität, die Verbindlichkeit sowie die Anonymisierung/Pseudonymisierung wichtige Faktoren der Cyber-Sicherheit (vgl. Pohlmann, 2022, S. 2).

Der *Lagebericht 2024 des BSI* dokumentiert eine wachsende Gefahr von Cyberangriffen auf Unternehmen, die getrieben wird durch eine zunehmende Professionalisierung und Spezialisierung von Cyberkriminellen (vgl. BSI, 2024, S. 8 ff.). Dies stellt insbesondere kleine und mittlere Unternehmen – eine der Hauptzielgruppen von Cyberangriffen – welche das Gros der Unternehmen in der Wohnungs- und Immobilienwirtschaft ausmachen, vor große Herausforderungen. Die Wohnungs- und Immobilienwirtschaft ist aufgrund ihrer vielfältigen digitalen Angriffsflächen, beispielsweise über E-Mail-Adressen oder Schwachstellen in der genutzten Software, aufgrund häufig veralteter IT-Systeme und unzureichender regelmäßiger Wartung dieser Systeme sowie aufgrund der notwendigen starken Vernetzung von Daten und Systemen besonders gefährdet (vgl. Engel, 2025). Gemäß des BSI-Lageberichts hat sich die cyberkriminelle Schattenwirtschaft weiter ausdifferenziert, wobei eine Arbeitsteilung zwischen Ransomware[11]-Betreibern, deren Partnern (Affiliates) und Access Brokern erfolgt. Diese Struktur erlaubt eine effizientere und zielgerichtetere Durchführung von Angriffen. Neben Angriffen mit Ransomware erfolgt eine verstärkte Nutzung von *Zero-Day-Schwachstellen,* also von Schwachstellen, für die es noch keine Sicherheitsupdates gibt, um in IT-Systeme einzudringen und Daten zu stehlen. Gelingt ein solcher Angriff, verbindet der jeweilige Cyberkriminelle eine Lösegeldforderung mit der Drohung der Veröffentlichung der gestohlenen Daten.

Mit derartigen Angriffen und weiteren Angriffsstrategien besteht breiter Handlungsbedarf mit Fokus auf Angriffsflächen, die mit der Digitalisierung von Wirtschaft und Gesellschaft – einschließlich der Wohnungs- und Immobilienwirtschaft – größer werden. Dies erfordert von den einschlägigen Unternehmen, die eigenen Angriffsflächen zu ermitteln und zu schützen (BSI, 2024, S. 8). Wichtige Schutzmaßnahmen liegen in der Analyse von Angriffsrisiken und Schwachstellen und einem darauf aufbauenden verlässlichen Risiko- und Schwachstellenmanagement mit der regelmäßigen Ausführung von Sicherheitsupdates und Backups, der Durchführung von Penetrationstests der IT-Systeme, einer Sen-

---

[11] Bei *Ransomware* handelt es sich um Schadprogramme, die Rechnersysteme sperren oder die Daten, die sich auf den Systemen befinden, verschlüsseln. In der Folge eines erfolgreichen Ransomware-Angriffs erpressen die Cyberkriminellen ihre Opfer, indem sie diesen kommunizieren, dass sie die Daten erst wieder freigeben, nachdem sie eine Lösegeldzahlung erhalten haben (vgl. BSI, o. J.). Da in der Wohnungs- und Immobilienwirtschaft eine Vielzahl an sensiblen Daten erzeugt, verarbeitet und gespeichert werden, ist die Branche für Ransomware besonders anfällig. So kann ein erfolgreicher Angriff nicht nur den Zugriff auf wichtige Daten unmöglich machen, sondern zusätzlich könnten die Daten durch die Cyberkriminellen veröffentlicht werden. Um höchstmögliche Sicherheit gegen Ransomware herzustellen, sollten Unternehmen proaktiv technischen und organisatorische Schutzmaßnahmen ergreifen und diese mit regelmäßigen Backups und die Sensibilisierung ihrer Mitarbeitenden kombinieren (vgl. Hoffmann, 2023).

sibilisierung der Mitarbeitenden der Unternehmen durch Schulungen sowie dem Aufbau eines ISMS, welches in unterschiedlichen Handlungsfeldern – Unternehmen, physische Objekte, in der Wohnungs- und Immobilienwirtschaft sind dies Gebäude, IT-Infrastruktur, IT-Systeme, Mitarbeitende – gezielt Schwachstellen minimiert und Angriffe abwehrt.

Eine weitere wirksame Schutzmaßnahme liegt in der Nutzung moderner Cloud-/SaaS-Lösungen mit integrierten Sicherheitsfunktionen anstelle eines On-Premises-Betriebs von Softwaresystemen im eigenen Unternehmen. So lässt sich mit dem Outsourcing von IT-Services an erfahrene Provider über Cloud-Lösungen die Verantwortung für die Sicherheit der Cloud-basierten Systeme, welche die Provider betreiben und Wohnungs- und Immobilienunternehmen im Software-as-a-Service-Modell nutzen können, auf diese übertragen. Diese müssen sicherstellen, dass keine unbefugten Personen und Drittsysteme sich Zugang zur IT-Infrastruktur, in welcher die Cloud-basierten Systeme betrieben werden, sowie zu den Systemen selbst verschaffen. Weiterhin müssen sie beispielsweise mittels regelmäßiger Sicherheitsupdates und Backups der Systeme gewährleisten, dass alle durch sie betriebenen Systeme gegen Fehlbedienungen, Angriffe, Sabotage, Naturkatastrophen und weitere denkbare Vorfälle, welche die Schutzziele der Informationssicherheit gefährden könnten, abgesichert sind. Laut einer Studie von *Grant Thornton* zur *Cybersecurity in der deutschen Immobilienwirtschaft* hat gut die Hälfte der befragten Unternehmen die Aufgaben der IT-Sicherheit an externe Dienstleister vergeben (vgl. Grant Thornton, 2023, S. 7).

3.6 Konzepte moderner Digitalisierungslösungen

Im vorliegenden Kapitel sind erstens der Stand der Technik der für eine digitale Transformation von Unternehmen bzw. für den Einsatz von Digitalisierungstechnologien notwendigen Grundlagentechnologien sowie zweitens die Potenziale, die mit einer geeigneten Ausgestaltung dieser Technologien verbunden sind, dargestellt. Die nachfolgenden Kapitel setzen auf die in diesem Kapitel gewonnenen Erkenntnisse auf. Dabei behandeln sie die folgenden Inhalte:

- Moderne Digitalisierungstechnologien für die Wohnungs- und Immobilienwirtschaft: Die Technologien, die im vorliegenden Kapitel mit ihrem Entwicklungsstand und ihren möglichen Ausgestaltungen beschrieben sind, bilden in vielen Fällen zwingende Grundlagen für den Aufbau bzw. die Implementierung weiterführender moderner Digitalisierungstechnologien. Diese sollte auf einzelne der Grundlagentechnologien aufsetzen und/oder unter Integration von bestimmten Grundlagentechnologien implementiert werden. Diese modernen Digitalisierungstechnologien, angefangen bei *künstlicher Intelligenz (KI)* und *KI-Agenten* über *Robotik, Internet of Things (IoT)* bis hin zu *Building Information Modeling (BIM),* werden mit ihren Potenzialen, Ausprägungen und Einsatzmöglichkeiten in der Wohnungs- und Immobilienwirtschaft in Kap. 4 ausführlich diskutiert. Eine wesentliche Grundlage für das Funktionieren der genannten

Digitalisierungstechnologien bildet in vielen Fällen die Handhabung/Nutzung großer Mengen an einschlägigen Daten im jeweiligen Einsatzfeld. Mit Bezug zu Abschn. 3.1.1 wird im ersten Abschnitt des Kapitels 4 die Nutzbarmachung von sehr großen Datenmengen im Sinne von *Big Data* behandelt. Im Rahmen dessen stellen die Autoren die notwendige Aufbereitung der Daten für die Nutzung, einschlägige Werkzeuge und Instrumente sowie die Potenziale, die sich daraus für die Wohnungs- und Immobilienwirtschaft erschließen, dar. Die weiteren Abschnitte führen die genannten Digitalisierungstechnologien umfassend aus, ordnen diese in den Kontext der Wohnungs- und Immobilienwirtschaft ein und zeigen Einsatzfelder in der Branche, die Anforderungen sowie mögliche Trends und Entwicklungen bzgl. dieser Technologien auf.

- Voraussetzungen und Methoden für die digitale Transformation und die Implementierung von Digitalisierungstechnologien: Die grundlegende Voraussetzung für eine Digitalisierung von Wohnungs- und Immobilienunternehmen liegt im Vorhandensein einer klaren Digitalisierungsstrategie für das jeweiligen Unternehmen. Mehrere Studien zeigen, dass eine solche Strategie bei der weitaus größten Mehrheit der Unternehmen der Branche nicht vorhanden ist (vgl. Gsell et al., 2025, S. 46 f.; vgl. ZIA/EY, 2024, S. 10). Um die Voraussetzungen nach der Bildung und Formulierung einer Digitalisierungsstrategie zu erfüllen, zeigen die Autoren ein Vorgehensmodell zur Entwicklung einer solchen Strategie auf. Weiterhin werden Methoden und Hilfsmittel zur Entwicklung von digitalen wohnungs- und immobilienwirtschaftlichen Geschäftsmodellen aus Digitalisierungstechnologien heraus sowie zur Visualisierung dieser Geschäftsmodelle mittels einschlägiger Canvas dargestellt und erläutert. Auf Basis einen digitalen Geschäftsmodells lassen sich einschlägige Digitalisierungslösungen mit einem strukturierten Vorgehen planen und umsetzen. Eine Methode, die einen Beitrag zur Digitalisierung insbesondere von Prozessen in der Wohnungs- und Immobilienwirtschaft leisten kann, ist das *Design Thinking,* das ausführlich beschrieben wird. Neben der Optimierung von Geschäftsprozessen lassen sich mit dieser Methode Anforderungen an zu implementierende digitale Systeme entwickeln. Die Darstellung der genannten methodischen Vorgehens- und Beschreibungsmodelle sowie der Methoden zum Aufbau und zur Etablierung eines digitalen Geschäfts wird in Kap. 5 vorgenommen. Dabei gehen die Autoren davon aus, dass die einer Digitalisierung von Unternehmen zugrundeliegenden Digitalisierungstechnologien bekannt sind.
- Rolle und Bedeutung von PropTech-Lösungen: In vielen Fällen stellen sog. *PropTech*-Unternehmen innovative Lösungen bereit, welche spezifische Prozesse in Wohnungs- und Immobilienunternehmen unterstützen oder spezifische Funktionen erfüllen. Sie agieren oft als Vorreiter der Digitalisierung in der Branche und sind damit die Treiber einer digitalen Transformation. Die Position von PropTech-Unternehmen in der Branche lässt sich aus der Kombination ihrer Nähe zur Wohnungs- und Immobilienwirtschaft auf der einen Seite und ihrer wirtschaftlichen Stärke auf der anderen Seite bestimmen. Aus einer sog. *Key Issue Matrix* sowie einer *SWOT-Analyse* leiten die Autoren strategische Ansätze und Potenziale für PropTech-Unternehmen ab, die diese entsprechend ihrer Position verfolgen sollten. Zur weiteren Einordnung entwickeln die Auto-

ren technische Realisierungsfelder für die spezifischen PropTech-Lösungen. Mit den entwickelten Modellen und Ansätzen beschreiben die Autoren in Kap. 6 Pfade für PropTech-Unternehmen, um ihre Lösungen in der Wohnungs- und Immobilienwirtschaft zielführend anbieten zu können. Die technische Kernvoraussetzung für das Angebot liegt in der Bereitstellung von modernen, standardisierten Programmierschnittstellen (API) in den PropTech-Lösungen, sodass sie mit dem jeweiligen prozessführenden System interagieren und in ein IT-Ökosystem eingebunden werden können.
- Integration von Systemen mittels Schnittstellen sowie Konnektoren/Datenräumen: Die Anbindung von PropTech-Lösungen und anderer digitaler Lösungen an das jeweilige führende System, die einen Austausch von Stamm- und Bewegungsdaten zur Nutzung in den angebundenen Systemen möglich macht, verlangt nach flexiblen intelligenten Schnittstellenlösungen. Diese Lösungen betreffen die Programmierschnittstellen (API), die modern und gut zugänglich sein sollten, sowie Konnektoren, welche so gestaltet sein müssen, dass sie als intelligente Bindeglieder zwischen unterschiedlichen Systemen eingesetzt werden können, die über Datenräume interagieren. Damit kann ein souveräner, vertrauenswürdiger Datenaustausch zwischen unterschiedlichen IT-Systemen aufgebaut werden, ohne dass die Daten über einen Intermediär übermittelt werden. In Kap. 7 werden die skizzierten Technologien vorgestellt und darauf basierende Zukunftslösungen für die Wohnungs- und Immobilienwirtschaft aufgezeigt.
- Integrative IT-Ökosysteme für die Wohnungs- und Immobilienwirtschaft: In Kap. 8 dieses Fachbuchs stellen die Autoren ein Konzept eines IT-Ökosystems vor, das standardisierte Schnittstellen, modulare Architekturprinzipien und definierte Integrationsmechanismen implementiert. Dies ermöglicht es, ein Kernsystem gezielt zu erweitern und spezialisierte externe IT-Systeme und Plattformen anzubinden, die spezifische Prozesse, die über die wohnungs- und immobilienwirtschaftlichen Kernprozesse hinausgehen, systemtechnisch optimal unterstützen. Dabei bildet das jeweilige Kernsystem eine handhabbare Anzahl von Funktionen ab; es ist gegenüber den geläufigen ERP- und Verwaltungssystemen in seinem Funktionsumfang reduziert. Die strukturierte Integration von Daten, Prozessen und Funktionen in diese organisations- und systemübergreifende IT-Architektur kann über moderne, standardisierte Programmierschnittstellen sowie Konnektoren/Datenräume realisiert werden. Im Kontext der Wohnungs- und Immobilienwirtschaft dienen integrative IT-Ökosysteme als strukturierender Rahmen für die Zusammenarbeit zwischen ERP-Systemen, PropTech-Lösungen und datengetriebenen Services und unterstützen damit die schrittweise digitale Transformation bestehender Geschäfts- und Betriebsmodelle

Entsprechend der vorangehenden Auflistung und ausgehend von den Darstellungen der Möglichkeiten moderner Digitalisierungstechnologien sowie von strategischen und methodischen Realisierungskonzepten und Umsetzungsmodellen entwickeln und erläutern die Autoren in den nachfolgenden Kapiteln Zukunftskonzepte für die Ausgestaltung einer modernen IT-Landschaft in den Unternehmen der Wohnungs- und Immobilienwirtschaft. Diese Zukunftskonzepte repräsentieren erstens die Positionen und die Entwicklungsmöglichkeiten von etablierten Software- sowie PropTech-Unternehmen und deren Lösungen; zweitens zeigen sie die mögliche Ausgestaltung von API und Datenräumen auf. Das dritte Zukunftskonzept, welches ausführlich dargestellt wird, liegt in einem integrativen IT-Ökosystem, das um ein Kernsystem herum die für eine effiziente Abbildung von Geschäftsprozessen geeigneten externen Systeme einbindet und dazu vielfach Start-Up- bzw. PropTech-Lösungen mit standardisierten API nutzt oder einen Austausch von Produktivdaten zwischen den unterschiedlichen Systemen des IT-Ökosystems über intelligente Konnektoren/Datenräume realisiert.

Mit den beschriebenen Inhalten stellt das vorliegende Fachbuch moderne technische Lösungsansätze für die Digitalisierung der Wohnungs- und Immobilienwirtschaft vor, die in vielen Fällen bereits umsetzbar sind. Die Voraussetzungen für eine Umsetzung entsprechender Lösungen bilden erstens interne unternehmensspezifische Faktoren, wie beispielsweise das Vorhandensein einer Digitalisierungsstrategie, standardisierter Prozesse und für die Digitalisierung qualifizierte Mitarbeitende. Zweitens müssen unternehmensübergreifende technische Standards insbesondere für die Kommunikation und den Datenaustausch entwickelt werden, welche das Zusammenspiel unterschiedlicher IT-Systeme und Plattformen in einem integrativen IT-Ökosystem unterstützen. Dazu mögen zur Ergänzung der existierenden technischen Lösungsansätze bisweilen konzeptionelle und technische Entwicklungsaktivitäten notwendig sein. Dennoch können und sollten die Unternehmen der Wohnungs- und Immobilienwirtschaft mit der Implementierung vorhandener Lösungen vorangehen und dadurch die weitere Entwicklung der Digitalisierung sowie der Integration von IT-Lösungen in organisations- und systemübergreifenden IT-Architekturen gestalten und fördern.

Literatur

Accenture (2018). *2019 ERP Trends: Unleashing Exponential Evolution*. Accenture UK. https://fliphtml5.com/kewni/rztn/Accenture-Unleashing-Exponential-Evolution-PDF/7/. Zugegriffen: 13. Febr. 2025.

Adobe (o.J.). *Digitales Dokumentenmanagement: Alle wichtigen Infos*. Adobe Systems. https://www.adobe.com/de/acrobat/resources/what-is-document-management.html. Zugegriffen: 8. Febr. 2025.

Aengenvoort, K., & Krämer, M. (2021). BIM im Betrieb von Bauwerken. In A. Borrmann, M. König, C. Koch, & J. Beetz (Hrsg.), *Building information Modeling – Technologische Grundlagen und industrielle praxis* (2. Aufl.). Springer Vieweg.

Alle Aktien (o.J.). *Computer Aided Design. Lexikon*. Equity Research Partners. https://www.alle-aktien.com/lexikon/computer-aided-design. Zugegriffen: 7. Febr. 2025.

Arnold, L., Buck, C., Guggenberger, T., & Häckel, B. (2023). *Digitale Plattform-Ökosysteme – Von linearer zu vernetzter Wertschöpfung von Unternehmen*. Fraunhofer FIT, Institutsteil Wirtschaftsinformatik. https://www.wi.fit.fraunhofer.de/de/publikationen.html. Zugegriffen: 13. Sept. 2024.

AWS (o.J.). *Was ist IT-Infrastruktur?* Amazon Web Services. https://aws.amazon.com/de/what-is/it-infrastructure/. Zugegriffen: 22. Jan. 2025.

Birke, F. (2023). *Die Rolle von Daten beim ESG-Reporting in der Immobilienwirtschaft*. Blogbeitrag. Metr. https://metr.systems/de/rolle-von-daten-beim-esg-reporting-immobilienwirtschaft/. Zugegriffen: 8. Jan. 2025.

Bitkom (2024). *Building Information Modeling: Grundlage der Dekarbonisierung von Immobilien*. AK Digital Real Estate & Construction. Bitkom e. V. https://www.bitkom.org/sites/main/files/2024-05/230524-digital-real-estate-construction-building-information-modelling-grundlage-der.pdf. Zugegriffen: 7. Febr. 2025.

BMI (2012). *Praxisleitfaden – Projektmanagement für die öffentliche Verwaltung*. Bundesministerium des Inneren. https://www.verwaltung-innovativ.de/SharedDocs/Publikationen/Steuerung/praxisleitfaden_projektmanagement.pdf. Zugegriffen: 25. Okt. 2025.

BMIBH (2019). *Referenzarchitektur Portale und Integration*. Bundesministerium des Inneren, für Bau und Heimat, Der Beauftragte für Informationstechnik. https://www.cio.bund.de/SharedDocs/downloads/Webs/CIO/DE/digitaler-wandel/architekturen-standard/portale-und-integration.pdf. Zugegriffen: 24. Apr. 2025.

BMVI (2015). *Stufenplan Digitales Planen und Bauen*. Bundesministerium für Verkehr und digitale Infrastruktur. https://bmdv.bund.de/SharedDocs/DE/Publikationen/DG/stufenplan-digitales-bauen.pdf. Zugegriffen: 7. Febr. 2025.

BSI (2024). *Die Lage der IT-Sicherheit in Deutschland*. Bundesamt für Sicherheit in der Informationstechnik. https://www.bsi.bund.de/SharedDocs/Downloads/DE/BSI/Publikationen/Lageberichte/Lagebericht2024.pdf. Zugegriffen: 7. Mai 2025.

BSI (o.J.). *Ransomware – Vorsicht vor Erpressersoftware*. Bundesamt für Sicherheit in der Informationstechnik. https://www.bsi.bund.de/DE/Themen/Verbraucherinnen-und-Verbraucher/Cyber-Sicherheitslage/Methoden-der-Cyber-Kriminalitaet/Schadprogramme/Ransomware/ransomware_node.html. Zugegriffen: 8. Jan. 2025.

da Cruz, M., de Paula, H., Captuo, B., Mafra, S., Lorenz, P., & Rodriguez, J. (2021). OLP – A RESTful Open Low-Code Platform. *Future Internet, 13*(10), 249. https://doi.org/10.3390/fi13100249. Zugegriffen: 16. Febr. 2025.

Cull, R., & Eldabi, T. (2010). A Hybrid Approach to Workflow Modeling. *Journal of Enterprise Information Management, 23*(3), 268–281. https://www.researchgate.net/publication/220306383_A_hybrid_approach_to_workflow_modelling. Zugegriffen: 23. Febr. 2025.

Deloitte (2022). *Das Zielbild 2025 der Wohnungswirtschaft*. Deloitte. https://www.deloitte.com/de/de/Industries/real-estate/perspectives/zielbild-wohnungswirtschaft.html. Zugegriffen: 17. Jan. 2025.

Demary, V. (2016). *Der Aufstieg der Onlineplattformen*. Institut der deutschen Wirtschaft. https://www.iwkoeln.de/fileadmin/publikationen/2016/305493/IW-Report_2016__32_Digitale_Plattformen.pdf. Zugegriffen: 22. Apr. 2025.

Deuring, F. (2023). *Hohe Datenqualität zählt: So kann sie nachhaltig erreicht werden*. Handelsblatt. https://www.handelsblatt.com/adv/firmen/datenqualitaet.html. Zugegriffen: 16. Apr. 2025.

DGNB (2023). *DGNB Kriterienkatalog Gebäude Neubau – Version 2023* (4. Aufl.). DGNB. https://www.dgnb.de/de/zertifizierung/das-wichtigste-zur-dgnb-zertifizierung/nutzungsprofile. Zugegriffen: 11. Okt. 2025.

DIN EN 15221-1 (2007). *Facility Management – Teil 1: Begriffe (deutsche Fassung)*. Beuth Verlag.

Domus (2023). *Digitalisierung der Immobilienwirtschaft: Wie moderne Technologien den Weg zum Erfolg ebnen*. Domus. https://www.domus-software.de/ratgeber/digitalisierung-in-der-immobilienwirtschaft-wie-moderne-technologien-den-weg-zum-erfolg-ebnen/. Zugegriffen: 16. Jan. 2025.

Drees & Sommer (2024). *Transform to Succeed. Studie*. Drees & Sommer, TH Aschaffenburg. https://www.dreso.com/de/en/transform-to-succeed-digitalisierungsstudie-2024. Zugegriffen: 27. März 2024.

Drees & Sommer (2025*). Transform to Succeed 2025. Studie*. Drees & Sommer, TH Aschaffenburg. https://www.dreso.com/de/unternehmen/shared-content/publikationen/transform-to-succeed-digitalisierungsstudie-2025. Zugegriffen: 19. Juni 2025.

Drosihn, S. (2017). *Plattformen und Portale – Auswirkungen auf die Immobilienwirtschaft*. Abschlussarbeit. EBZ Business School. https://www.gdw.de/uploads/pdf/Abschlussarbeiten/2018/Drosihn_Plattformen_und_Portale.pdf. Zugegriffen: 8. Sept. 2024.

Eberhardt, B. (2021). *Digitale Zutritts- und Zugangssysteme*. DigiWoh Kompetenzzentrum Digitalisierung Wohnungswirtschaft e. V. https://digiwoh.de/inhalte/digitale-zutritts-und-zugangssysteme. Zugegriffen: 21. Dez. 2025.

E4D (2023). *Business Intelligence als Game Changer für die Immobilienbranche*. Excellence 4 Digital. https://excellence4.digital/business-intelligence-immobilienbranche/. Zugegriffen: 12. Febr. 2025.

Engel, D. (2025). *Cybersicherheit in der Immobilienwirtschaft: Warum jetzt Handlungsbedarf besteht*. Artikel. LinkedIn. https://www.linkedin.com/pulse/cybersicherheit-der-immobilienwirtschaft-warum-jetzt-besteht-engel-44y4e/. Zugegriffen: 7. Mai 2025.

Engelhardt, S. v., Wangler, L., & Wischmann, S. (2017). *Eigenschaften und Erfolgsfaktoren digitaler Plattformen. Studie*. Begleitforschung zum Technologieprogramm AUTONOMIK für Industrie 4.0. https://www.digitale-technologien.de/DT/Redaktion/DE/Downloads/Publikation/autonomik-studie-digitale-plattformen.pdf. Zugegriffen: 28. Sept. 2024.

Europäische Union (2020). Verordnung (EU) 2020/852 des Europäischen Parlaments und des Rates vom 18. Juni 2020 über die Einrichtung eines Rahmens zur Erleichterung nachhaltiger Investitionen und zur Änderung der Verordnung (EU) 2019/2088 . Amtsblatt der Europäischen Union, URL: https://eur-lex.europa.eu/legal-content/DE/TXT/PDF/?uri=CELEX:32020R0852. Zugegriffen: 2. Aug. 2024.

Europäische Union (o.J.). *Corporate sustainability reporting*. Directorate-General for Financial Stability, Financial Services and Capital Markets Union, URL: https://finance.ec.europa.eu/capital-markets-union-and-financial-markets/company-reporting-and-auditing/company-reporting/corporate-sustainability-reporting_en. Zugegriffen: 14. Jan. 2025.

Fader, P. (2012). *Customer centricity – Focus on the right customers for strategic advance* (2. Aufl.). Wharton Digital Press. https://executiveeducation.wharton.upenn.edu/wp-content/uploads/2019/01/Customer-Centricity-Excerpt-2019.pdf. Zugegriffen: 4. Febr. 2025.

Feldmann, C. (o.J.). *Workflow-Management*. IPD Institut für Prozessmanagement und Digitale Transformation. https://www.fh-muenster.de/ipd/a-z/workflow-management.php. Zugegriffen: 20. Febr. 2025.

Fraunhofer IESE (2023). *Digitale Ökosysteme in Deutschland: Inspirierende Beispiele zur Stärkung der deutschen Wirtschaft*. Fraunhofer IESE. https://www.iese.fraunhofer.de/blog/whitepaper-digitale-oekosysteme/. Zugegriffen: 15. Sept. 2024.

Gadatsch, A. (2008). *Grundkurs Geschäftsprozessmanagement – Methoden und Werkzeuge für die IT-praxis: Eine Einführung für Studenten und Praktiker* (5. Aufl.). Vieweg.

GdW (2020). *GdW Arbeitshilfe 85 – CO_2-Monitoring*. GdW Bundesverband deutscher Wohnungs- und Immobilienunternehmen e. V. https://www.gdw.de/downloads/publikationen/arbeitshilfen/gdw-arbeitshilfe-85-co2-monitoring/. Zugegriffen: 4. Nov. 2025.

Gefma/PwC (2025). *ESG-Reporting im Property und Facility Management*. gefma Deutscher Verband für Facility Management e. V./PwC. https://www.pwc.de/de/content/04a5aaf0-5b11-4714-8c9b-4b36f79e1064/pwc-whitepaper-esg-reporting-im-property-und-facility-management.pdf. Zugegriffen: 2. Dez. 2025.

GiF (2017). *Data-Warehouse. Glossar*. GiF Gesellschaft für immobilienwirtschaftliche Forschung. https://gif-ev.com/glossar-eintrag/data-warehouse/. Zugegriffen: 16. Jan. 2025.

Grant Thornton (2023). *Cybersecurity in der deutschen Immobilienwirtschaft – Ein unterschätztes Risiko. Studie.* Grant Thornton. https://www.grantthornton.de/globalassets/1.-member-firms/de-germany/presse/gt_studie_cybersecurity.pdf. Zugegriffen: 7. Mai 2025.

Große Holtforth, D. (2017). *Schlüsselfaktoren im E-Commerce – Innovationen, Skaleneffekte, Daten und Kundenzentrierung. Essentials.* Springer Gabler.

Gsell, H. (2022). Property Management – Integration von ERP- und Start-Up-Lösungen. VNW-Magazin, 4/2022. Verband Norddeutscher Wohnungsunternehmen. https://www.yumpu.com/de/document/view/67261667/vnw-magazin-4-2022. Zugegriffen: 3. Jan. 2025.

Gsell, H., & Braun, H. (2024). Verarbeitung von personenbezogenen Daten in der frühen Phase des Vermie- tungsprozesses. *Hauptbeitrag, Informatik Spektrum, Ausg, 47*(1–2), 26–37. https://link.springer.com/article/10.1007/s00287-024-01564-0. Zugegriffen: 26. Apr. 2024.

Gsell, H., & Nikodemus, P. (2025). *Digitalisierung von Geschäftsprozessen in der Immobilienwirtschaft – Informationsmanagement, Systeme, Plattformen. Lehrbuch.* Springer Vieweg.

Gsell, H., Stamer, C., & Füllbeck, M. (2025). *IT und Digitalisierung in der Haus- und WEG-Verwaltung 2025. Studie.* EBZ Business School/InWIS Forschung & Beratung.

Gulden, R., Engelmann, M., Gierth, R.-C., & Happ, A. (2023). *Aktuelles aus der Immobilienwirtschaft: ESG in der Beratungs- und Unternehmenspraxis sowie der aktuelle Trend zum eigenen Handwerker – Gründe und Folgen. Deloitte Legal Webcast.* Deloitte Legal. https://www2.deloitte.com/content/dam/Deloitte/dl/Documents/legal/Deloitte%20Legal%20Webcast%20 24.05.2023.pdf. Zugegriffen: 11. Apr. 2025.

Gypsilon (2024). *Was ist Power BI?* Gypsilon Software. https://www.gypsilon.de/neuigkeiten/was--ist-power-bi-und-wie-konnen-unternehmen-sie-ihre-datenanalyse-optimieren. Zugegriffen: 12. Febr. 2025.

Hanitsch, N. (2025). *Informationssicherheit kurz erläutert: Definition, Ziele und Maßnahmen. Blogbeitrag.* Secjur. https://www.secjur.com/blog/informationssicherheit. Zugegriffen: 30. Apr. 2025.

Hausknecht, K., & Liebich, T. (2016). *BIM-Kompendium – Building Information Modeling als neue Planungsmethode.* Fraunhofer IRB Verlag. https://elibrary.vdi-verlag.de/10.51202/9783816794905/bim-kompendium. Zugegriffen: 25. Juli 2024.

Hentschel, R., & Leyh, C. (2018). Cloud Computing: Status quo, aktuelle Entwicklungen und Herausforderungen. In S. Reinheimer (Hrsg.), *Cloud Computing – Die Infrastruktur der Digitalisierung.* Springer Vieweg. https://www.researchgate.net/publication/324799587_Cloud_Computing_Status_quo_aktuelle_Entwicklungen_und_Herausforderungen. Zugegriffen: 24. Jan. 2025.

Hoffmann, D. (2023). *Wie Ransomware-Angriffe die Immobilienwirtschaft bedrohen. Artikel.* LinkedIn. https://www.linkedin.com/pulse/wie-ransomware-angriffe-die-immobilienwirtschaft-hoffmann-ermhf/. Zugegriffen: 9. Mai 2025.

Hoffstiepel, J. (2023). *Digitales DMS für Immobilienunternehmen: Ablage, Rechnungsverarbeitung, Posteingang – effizient und transparent. Blogbeitrag.* CREM Solutions. https://www.crem--solutions.de/blog/immobilienmanagement/dms-in-immobilienunternehmen/. Zugegriffen: 8. Febr. 2025.

Holland, J. (2018). *Customer Relationship Management (CRM). Gabler Wirtschaftslexikon.* Springer Gabler. https://wirtschaftslexikon.gabler.de/definition/customer-relationship-management-crm-30809/version-254385. Zugegriffen: 16. Febr. 2024.

HPE (o.J.). *Was sind On-Premises Rechenzentren im Vergleich zu Cloud Computing? HPE Glossar.* HP Enterprise. https://www.hpe.com/de/de/what-is/on-premises-vs-cloud.html. Zugegriffen: 23. Jan. 2025.

IBM (o.J.a). *Was ist Datenmanagement?* IBM Deutschland. https://www.ibm.com/de-de/topics/data-management. Zugegriffen: 16. Jan. 2025.

IBM (o.J.b). *Was ist DevOps?* IBM Deutschland. https://www.ibm.com/de-de/topics/devops. Zugegriffen: 17. Mai 2025.

ImmoXXL (o.J.). *OpenImmob – automatischer Austausch von Immobiliendaten über das Internet. Blogbeitrag*. Immonia. https://www.immoxxl.de/blog/openimmo. Zugegriffen: 26. Apr. 2025.

Ionos (2024). *Was ist Virtualisierung? Digital Guide*. Ionos. https://www.ionos.de/digitalguide/server/konfiguration/virtualisierung/. Zugegriffen: 23. Jan. 2025.

Koch, A., Härtig, M., Hinke, R., Jaspers, E., Kalweit, T., May, M., & Reimann, B. (2018). CAFM-software und ihre IT-Umgebung. In M. May (Hrsg.), *CAFM-Handbuch – Digitalisierung im facility management erfolgreich einsetzen* (4. Aufl.). Springer Vieweg.

Krämer, M., Hinke, R., & Mosig, M. (2018). Geschäftsprozesse im facility management. In M. May (Hrsg.), *CAFM-Handbuch – Digitalisierung im facility management erfolgreich einsetzen* (4. Aufl.). Springer Vieweg.

Krcmar, H. (2005). *Informationsmanagement* (4. Aufl.). Springer.

Lackes, R., & Siepermann, M. (2018). *Dokumentenmanagement. Gabler Wirtschaftslexikon*. Springer Gabler. https://wirtschaftslexikon.gabler.de/definition/dokumentenmanagement-33891/version-257407. Zugegriffen: 8. Febr. 2025.

Lackes, R., Siepermann, M., & Schewe, G. (2018a). *Workflow Management. Gabler Wirtschaftslexikon*. Springer Gabler. https://wirtschaftslexikon.gabler.de/definition/workflow-management-50208/version-273430. Zugegriffen: 20. Febr. 2025.

Lackes, R., Siepermann, M., & Wübbenhorst, K. (2018b). *Database Marketing. Gabler Wirtschaftslexikon*. Springer Gabler. https://wirtschaftslexikon.gabler.de/definition/database-marketing-30988/version-254557. Zugegriffen: 16. Febr. 2025.

Leymann, F., & Schumm, D. (2018). *Repository. Gabler Wirtschaftslexikon*. Springer Gabler. https://wirtschaftslexikon.gabler.de/definition/repository-52691/version-275809. Zugegriffen: 11. Okt. 2025.

Marichionini, M., Hohmann, J., & May, M. (2018). Zum Verhältnis von Facility management und CAFM. In M. May (Hrsg.), *CAFM-Handbuch – Digitalisierung im facility management erfolgreich einsetzen* (4. Aufl.). Springer Vieweg.

Melzer, I. (2010). *Service-orientierte Architekturen mit web services* (4. Aufl.). Spektrum Akademischer Verlag.

Metzger, J., Kollmann, T., & Sjurts, I. (2018). *E-Commerce. Gabler Wirtschaftslexikon*. Springer Gabler. https://wirtschaftslexikon.gabler.de/definition/e-commerce-34215/version-257721. Zugegriffen: 2. Febr. 2025.

Michalowski, D. (2024). *KI-basiertes Nachhaltigkeitsmanagement im Corporate Real Estate Management. Bachelor Thesis*. EBZ Business School.

Moring, A., Maiwald, L., & Kewitz, T. (2018). *Bits and bricks: Digitalisierung von Geschäftsmodellen in der Immobilienbranche*. Springer Gabler.

Müth, M., Betz, R., Nern, C., Özka, A., Hellwig, M., & Payer, T. (2023). *Cyber Security in der Immobilienwirtschaft. Studie in Kooperation mit dem Zentralen Immobilien Ausschuss (ZIA)*. KPMG. https://hub.kpmg.de/de/cyber-security-in-der-immobilienwirtschaft. Zugegriffen: 30. Apr. 2025.

Nävy, J. (1998). *Facility management – Grundlagen, Computerunterstützung, Einführungsstrategie, Praxisbeispiel* (1. Aufl.). Springer.

Nickel, K., Hasenbeck, F., Daniels, U., Andrä, M., Gold, B., & Kolkmann, H. (2020). *Künstliche Intelligenz in ERP-Systemen – Chancen, Trends und Risiken*. Kompetenzplattform KI.NRW. https://publica.fraunhofer.de/bitstreams/37173fb9-8910-4e38-8f4b-7066d53cc221/download. Zugegriffen: 12. Febr. 2025.

NIST (2011). *The NIST definition of Cloud Computing*.National Institute of Standards and Technology. https://csrc.nist.gov/pubs/sp/800/145/final. Zugegriffen: 1. Febr. 2025.

Patig, S. (2019). *IT-Infrastruktur. Enzyklopädie der Wirtschaftsinformatik.* Gito. https://wi-lex.de/index.php/lexikon/informations-daten-und-wissensmanagement/informationsmanagement/it-infrastruktur/. Zugegriffen: 22. Jan. 2025.

Pfretzschner, G. (2024). Klimapfad fertig, und dann? Artikel, VdW Magazin 01/2024 (S. 50–52). VdW Niedersachsen/Bremen e. V. https://iwb-e.de/wp-content/uploads/2024/04/Art_GPf_Klimapfad_vdw__Magazin_01_24.pdf. Zugegriffen: 1. Dez. 2025.

Pohlmann, N. (2022). *Cyber-Sicherheit: Das Lehrbuch für Konzepte, Prinzipien, Mechanismen, Architekturen und Eigenschaften von cyber-Sicherheitssystemen in der Digitalisierung* (2. Aufl.). Springer Vieweg.

PwC (o.J.). *Building a sustainable path to cleaner ESG data.* PwC. https://www.pwc.com/us/en/services/esg/library/esg-data-collection-reporting.html. Zugegriffen: 16. Apr. 2025.

Red Hat (2023). *Was Sind Microservices? Aufbau, Komponenten und Management.* Red Hat. https://www.redhat.com/de/topics/microservices/what-are-microservices. Zugegriffen: 22. Jan. 2025.

Red Hat (2025a). *Was ist IT-Infrastruktur?* Red Hat. https://www.redhat.com/de/topics/cloud-computing/what-is-it-infrastructure. Zugegriffen: 29. Aug. 2025.

Red Hat (2025b). *IaaS vs. PaaS vs. Saas: Cloud Service-Modelle im Vergleich.* Red Hat. https://www.redhat.com/de/topics/cloud-computing/iaas-vs-paas-vs-saas. Zugegriffen: 11. Okt. 2025.

Rohleder, K. (2023). *Cloud Report 2023 – Welche Rolle spielt die Cloud für die deutsche Wirtschaft?* Bitkom. https://www.bitkom.org/sites/main/files/2023-05/230516Bitkom-ChartsCloud-Reportfinal.pdf. Zugegriffen: 26. Juli 2024.

SAP (o.J.). *Was ist eine ereignisgesteuerte Architektur?* SAP Deutschland. https://wirtschaftslexikon.gabler.de/definition/portal-43956/version-161543. Zugegriffen: 22. Apr. 2025.

Siepermann, M., Lackes, R., & Kollmann, T. (2013). *Portal. Gabler Wirtschaftslexikon.* Springer Gabler. https://www.sap.com/germany/products/technology-platform/what-is-event-driven-architecture.html. Zugegriffen: 25. Apr. 2025.

Thies, C. (2023). *3 Megatrends für das ERP-System von morgen. Serie Zukunft Immobilienwirtschaft.* Haufe.de. https://www.haufe.de/immobilien/wohnungswirtschaft/erp-systeme-der-zukunft-die-drei-megatrends_260_605518.html. Zugegriffen: 10. Febr. 2025.

Thome, O., Britten, W., & Hochmuth, R. (1998, Oktober 15 und 16). Erweiterungsmöglichkeiten von 3D-CAD-Systemen – ein Erfahrungsbericht im Umgang mit Programmierschnittstellen. 9. Symposium „Fertigungsgerechtes Konstruieren". https://www.designsociety.org/download-publication/27494/Erweiterungsm%C3%B6glichkeiten+von+3D-CAD-Systemen+%E2%80%93+ein+Erfahrungsbericht+im+Umgang+mit+Programmierschnittstellen. Zugegriffen: 7. Febr. 2025.

Vargas, J. (2025). *How to Build a No-code/Low-code CRM in 2025 + Top No-code CRM Builders. Blogbeitrag.* LowCode Agency. https://www.lowcode.agency/blog/no-code-low-code-crm. Zugegriffen: 16. Febr. 2025.

Voigt, K.-I., & Weber, J. (2018). *Economies of Scale. Gabler Wirtschaftslexikon.* Springer Gabler. https://wirtschaftslexikon.gabler.de/definition/economies-scale-36167/version-259630. Zugegriffen: 4. Febr. 2025.

Wedemeier, C., Rajchowski, A., & Wanke, T. (2024). *Software-Landschaften und Einsatz von digitalen Lösungen in Wohnungsunternehmen – Ergebnisse einer Umfrage bei den Unternehmen der Wohnungswirtschaft.* GdW Bundesverband deutscher Wohnungs- und Immobilienunternehmen e. V. https://www.gdw.de/downloads/publikationen/gdw-information-171-software-landschaften-und-einsatz-von-digitalen-loesungen-in-wohnungsunternehmen/. Zugegriffen: 29. Dez. 2024.

Weiß, H. (2019). *Wie Salesforce mit CRM aus der Cloud zum Marktführer wurde. Comuputer-Weekly.de.* TechTarget Germany. https://www.computerweekly.com/de/feature/Wie-Salesforce-mit-CRM-aus-der-Cloud-zum-Marktfuehrer-wurde. Zugegriffen: 16. Febr. 2025.

Wicho, M. (2022). *Business Intelligence: Solide Entscheidungen treffen. BundesBauBlatt*. Bauverlag. https://info.aareon.de/wodis-yuneo-news/wodis-dialoge-end-to-end-prozesse. Zugegriffen: 9. Febr. 2025.

Wicho, M. (2024). *Einblicke aus den Wodis Dialogen: Effizienz durch End-to-End-Prozesse. Blogbeitrag*. Aareon. https://info.aareon.de/wodis-yuneo-news/wodis-dialoge-end-to-end-prozesse. Zugegriffen: 9. Febr. 2025.

Wuttke, L. (2023). *Was ist ein Data Lake?* Datasolut. https://datasolut.com/was-ist-ein-data-lake/. Zugegriffen: 20. Jan. 2025.

ZIA (2019). *Gebaut auf Daten – digitale Immobilienwirtschaft. Vierte Digitalisierungsstudie von ZIA und EY Real Estate*. ZIA Zentraler Immobilien Ausschuss e. V. https://zia-deutschland.de/wp-content/uploads/2021/04/zia_ey_digitalisierungsstudie_20191.pdf. Zugegriffen: 16. Jan. 2025.

ZIA (2025). *Begleitbericht zur ZIA KPI-Liste*. ZIA Zentraler Immobilien Ausschuss e. V. https://zia-deutschland.de/wp-content/uploads/2025/05/ZIA_KPI-List_Report_final.pdf. Zugegriffen: 29. Nov. 2025.

ZIA/EY (2024). *Digitalisierungsstudie 2024: KI – ein „Game Changer" in der Immobilienwirtschaft?* ZIA Zentraler Immobilien Ausschuss e. V. https://zia-deutschland.de/wp-content/uploads/2024/09/202493_Digitalisierungsstudie_ZIA_EY.pdf. Zugegriffen: 29. März 2025.

Digitalisierungstechnologien und abgeleitete Lösungsansätze für die Wohnungs- und Immobilienwirtschaft

4

Dieses Kapitel adressiert Digitalisierungstechnologien und die aus diesen Technologien abgeleiteten Lösungen, die in der Wohnungs- und Immobilienwirtschaft zu Effizienzsteigerungen, verbesserter Kommunikation und Interaktion mit den Stakeholdern und ggf. zur Erschließung neuer Geschäftsfelder beitragen können. Dazu stellen die Autoren mit der *Technologieauswahl-Matrix* zunächst eine Methode zur Einordnung und Auswahl geeigneter Digitalisierungstechnologien bzw. -lösungen für definierte Aufgabenstellungen in Wohnungs- und Immobilienunternehmen dar. Im Anschluss diskutieren sie die einschlägigen Technologien, die als moderne Informationstechnologien eine Digitalisierung bzw. Automatisierung von immobilienwirtschaftlichen (Teil-)Geschäftsprozessen ermöglichen sowie die Voraussetzungen für die Nutzung der Digitalisierungstechnologien bilden, ausführlich. Bei diesen Technologien handelt es sich um *Big Data*, *künstliche Intelligenz (KI)*, *KI-Agenten*, *Robotic Process Automation (RPA)*, *Internet of Things (IoT)* sowie *Building Information Modeling (BIM)*. Weitere moderne Informationstechnologien, die noch nicht reif für den Einsatz in der Wohnungs- und Immobilienbranche sind, werden im abschließenden Abschnitt kurz beschrieben. Die Implementierung der in Kap. 3 ausgeführten technischen Grundlagen bildet die Basis für eine weitergehende Digitalisierung der Prozesse in Wohnungs- und Immobilienunternehmen unter Nutzung der in diesem Kapitel diskutierten Technologien.

4.1 Technologieauswahl-Matrix

Mit der Ausführung von immobilienwirtschaftlichen Geschäftsprozessen entlang des Lebenszyklus von Immobilien sind spezifische Aufgaben zu erfüllen und ggf. Probleme zu lösen, bei denen Digitalisierungstechnologien unterstützen bzw. wesentliche Er-

H. Gsell, A. Rajchowski, *Software-Technologien und IT-Systeme für die Wohnungs- und Immobilienwirtschaft*, https://doi.org/10.1007/978-3-658-51129-6_4

leichterungen bringen können. Die für die Digitalisierung relevanten Aufgaben und damit verbunden Probleme leiten sich aus charakteristischen Merkmalen ab, die Wohnungs- und Immobilienunternehmen in diesem Zusammenhang kennzeichnen. Beispiele für diese Merkmale sind der Einsatz zentralisierter, häufig isolierter IT-Lösungen, wie ERP-, Dokumentenmanagement- und Workflow Management Systeme, Electronic Banking sowie der Microsoft Office Suite (vgl. Wedemeier et al., 2024, S. 28; vgl. Gsell et al., 2025, S. 26), eine stabile Stammdatenhaltung, die oft in einem ERP-System stattfindet, dezentrale Gebäudebestände mit gut beschreibbaren Daten sowie einer hohen Dichte an Sensorik, zahlreiche Interaktionen mit bekannten Partnern, zu wenige Mitarbeitende oder die Anforderungen der Klima- bzw. Wärmewende.

Die digitale Transformation einer Organisation muss sich erstens auf einer Digitalisierungsstrategie der Organisation gründen; sie muss zweitens auf die zielführende Ausgestaltung eines *digitalen Lösungsraums* ausgerichtet sein, der die oben beispielhaft aufgeführten Aufgabenstellungen adressiert und dessen Breite durch die verfügbaren und für die Bearbeitung der Aufgabe ausgewählten IT-/Digitalisierungslösungen bestimmt wird. Die Bedienung dieses Lösungsraums muss somit durch IT- und Digitalisierungstechnologien, wie z. B. KI-, IoT-, DL- oder VR–/AR-Technologien, sowie durch die Umsetzung dieser Technologien mit Bezug zu definierten Aufgabenstellungen in Wohnungs-/Immobilienunternehmen erfolgen. Damit wird ein Modell beschrieben, welches für bestimmte immobilienwirtschaftliche Aufgabenstellungen den Lösungsraum, der durch den Einsatz spezifischer IT-/Digitalisierungslösungen entsteht, und dessen Breite definiert. Die jeweiligen Aufgaben und der digitale Lösungsraum werden über die IT-/Digitalisierungslösungen und eine Bewertungsmatrix aus sog. *Bereitstellungsbedingungen* zusammengeführt (vgl. Abb. 4.1). Diese Matrix formuliert die Kriterien und Bedingungen, deren Erfüllung eine Bereitstellung von passgenauen IT-und/oder digitalen Lösungen für

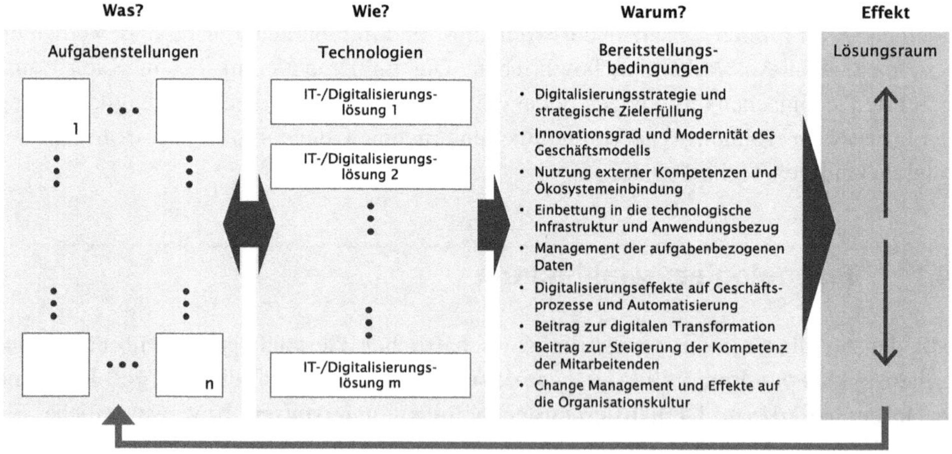

Abb. 4.1 Technologieauswahl-Matrix für die Wohnungs- und Immobilienwirtschaft. (Eigene Darstellung)

die definierten Aufgabenstellungen umsetzbar macht. Anhand der Breite des digitalen Lösungsraums lässt sich wiederum eine Bewertung der Nutzbarkeit der bereitgestellten Lösung vornehmen.

Das in Abb. 4.1 dargestellte Modell – die *Technologieauswahl-Matrix* – beschreibt in seiner Anwendung die zu bewältigenden Aufgabenstellungen jeweils eines bestimmten Wohnungs- oder Immobilienunternehmens, welches bereits eine Digitalisierungsstrategie sowie ein digitales Geschäftsmodell implementiert hat. Es gleicht die Passgenauigkeit spezifischer verfügbarer IT-/Digitalisierungslösungen über definierte Kriterien, die *Bereitstellungsbedingungen*, mit den Anforderungen der jeweiligen Aufgabenstellung ab und bewertet die Erfüllung dieser Bedingungen, unter denen die ausgewählte IT- bzw. digitale Lösung in dem Unternehmen implementiert werden kann.

Die Bewertungskriterien bzw. die *Bereitstellungsbedingungen* bilden die zentralen Elemente der Technologieauswahl-Matrix. Sie unterstützen eine Einordnung von IT- und/oder digitalen Lösungen und bestimmen damit die Breite des digitalen Lösungsraums entsprechend ihres Beitrags zur Durchführung der jeweils formulierten Aufgabenstellung. Die von *Drees & Sommer* entwickelten und in Tab. 2.1 aufgelisteten Dimensionen und Kriterien des Reifegrads der Digitalisierung (vgl. Drees & Sommer, 2025, S. 10) bilden eine geeignete Grundlage für diese Einordnung der Lösungen hinsichtlich ihres Beitrags zur Erfüllung der Aufgabenstellung. Auf dieser Grundlage werden die Bereitstellungskriterien wie folgt beschrieben:

- *Digitalisierungsstrategie und strategische Zielerfüllung*: Die IT-/Digitalisierungslösung unterstützt die Digitalisierungsstrategie der Organisation und leistet auch unter langfristigen Planungsaspekten einen wichtigen Beitrag, die jeweilige Aufgabenstellung im Sinnen der strategischen Zielerfüllung des Geschäfts und mit hoher Effizienz, Schnelligkeit und Qualität zu erreichen.
- *Innovationsgrad und Modernität des Geschäftsmodells*: Die Lösung weist einen sehr hohen Innovationsgrad auf und lässt sich als *Smart Service* in einem mit der Aufgabenstellung verbundenen modernen Geschäftsmodell abbilden.
- *Nutzung externer Kompetenzen und Ökosystemeinbindung*: Es lässt sich eine nahtlose Einbindung der Lösung in die externe und interne Unternehmensorganisation realisieren. Die Lösung fördert zudem Transparenz, Kommunikation und Entscheidungsfähigkeit der Organisation.
- *Einbettung in die technologische Infrastruktur und Anwendungsbezug*: Die bestehende IT-Infrastruktur der Organisation bettet die Lösung optimal ein und unterstützt eine bestmögliche Leistungserbringung der Lösung mit Bezug zur Aufgabenstellung.
- *Management der aufgabenbezogenen Daten*: Die verfügbaren aufgabenbezogenen Daten werden durch die IT-/Digitalisierungslösung optimal genutzt und verarbeitet. Die verarbeiteten Daten können als Basis für Prognosen und Entscheidungen im Kontext der Aufgabenstellung genutzt werden.

- *Digitalisierungseffekte auf beteiligte Geschäftsprozesse und Automatisierung*: Die Lösung verbessert die Digitalisierung der mit der Aufgabenstellung verbundenen Geschäftsprozesse und trägt zur Erhöhung ihres Automatisierungsgrads bei.
- *Beitrag zur digitalen Transformation*: Durch die Digitalisierung der Aufgabenstellung wirkt die zu implementierende Lösung als Treiber der digitalen Transformation für die Organisation.
- *Beitrag zur Steigerung der Kompetenz der Mitarbeitenden*: Mit der Implementierung der Lösung geht ein Kompetenzgewinn der an der jeweiligen Aufgabe beteiligten Mitarbeitenden einher; Voraussetzung ist eine geeignete Qualifizierung dieser Mitarbeitenden.
- *Change Management und Effekte auf die Organisationskultur*: Die Implementierung der Lösung wird in geeigneter Weise durch einen Veränderungsmanagement-Prozess begleitet und sie unterstützt eine geeignete Ausrichtung der Unternehmenskultur. Eine hinreichende Veränderungsbereitschaft sowie eine veränderungsfördernde Führungs- und Innovationskultur sind vorhanden.

Zur Bewertung der Nutzbarkeit möglicher IT- bzw. Digitalisierungslösungen für die Ausführung bestimmter Aufgabenstellungen eines Unternehmens der Branche werden die neun aufgelisteten Bereitstellungbedingungen entlang einer Likert-Skala von 1 bis 5 gemäß ihrer Erfüllungsstufe eingeordnet. Jeder der Skalenwerte repräsentiert eine *Maßzahl Mz*, welche die Erfüllung der jeweiligen Bereitstellungsbedingung quantifiziert. Somit reichen die Werte von einer Nicht-Erfüllung des jeweiligen Kriteriums über einen niedrigen, mittleren und hohen Erfüllungsgrad bis hin zu einer vollständigen Erfüllung des Kriteriums (vgl. Tab. 4.1). Diese Skalierung erlaubt eine klar abgrenzbare quantitative Abstufung der Bereitstellungsbedingungen, die sich aus der differenzierten qualitativen Einordnung ihrer Erfüllung ableitet.

Um eine quantitative Gesamtbewertung der Erfüllung der Bereitstellungsbedingungen vornehmen zu können, werden die Einzelmaßzahlen dieser Bedingungen zu einer *Gesamtmaßzahl* Mz_{ges} zusammengeführt. Diese Gesamtmaßzahl repräsentiert die *Breite des digitalen Lösungsraums*, der durch die Nutzung einer ausgewählten IT-/Digitalisierungslösung für eine Aufgabenstellung entsteht. Die Breite dieses Lösungsraums gibt wiederum an, ob und mit wie starkem Effekt die ausgewählte IT- bzw. digitale Lösung die

Tab. 4.1 Skalierung der Erfüllung der Bereitstellungsbedingungen. (Eigene Darstellung)

Erfüllungsstufe: Qualitative Einordnung der Erfüllung der Bereitstellungsbedingung	Nicht-Erfüllung	niedriger Erfüllungsgrad	mittlerer Erfüllungsgrad	hoher Erfüllungsgrad	vollständige Erfüllung
Maßzahl: Quantitative Einordnung der Erfüllung der Bereitstellungsbedingung	**1**	**2**	**3**	**4**	**5**

Aufgabenerfüllung unterstützt. Die Gesamtmaßzahl Mz_{ges} baut sich wie folgt auf: Aus den Einzelmaßzahlen Mz_i, welche gemäß Tab. 4.1 mit dem jeweiligen Erfüllungsgrad der neun Bereitstellungsbedingungen verknüpft sind und die entsprechend ihrer Bedeutung für die Breite des digitalen Lösungsraums gewichtet werden, wird die Gesamtmaßzahl Mz_{ges} der Breite des Lösungsraums durch die Summe der gewichteten Einzelmaßzahlen $g_i \times Mz_i$ gebildet zu $Mz_{ges} = \Sigma (g_i \times Mz_i)$. Die Gewichtung der Bereitstellungbedingungen bildet somit einen wichtigen Faktor für die Gesamtbewertung der für eine Aufgabenstellung ausgewählten IT-/Digitalisierungslösung.

Aufgrund der Entwicklungspotenziale und -notwendigkeiten der Kategorien *Strategie* und *Digitalisierung* des von *Drees & Sommer* (2025) entwickelten Reifegradmodells (vgl. Drees & Sommer, 2025, S. 7 ff.) sowie der sehr fortgeschrittenen Entwicklung der Kategorie *Transformation* (vgl. Abschn. 2.2) werden die ersten sechs den Kategorien *Strategie* und *Digitalisierung* zugeordneten Bereitstellungsbedingungen mit dem Faktor $g_j = 2$ gewichtet, während die übrigen drei Bereitstellungsbedingungen, die der Kategorie *Transformation* zugeordnet sind, mit dem Gewichtungsfaktor $g_k = 1$ beaufschlagt werden. Mit der genannten Zuordnung der Gewichtungsfaktoren zu den Bereitstellungsbedingungen entsteht ein Verhältnis der Einzelmaßzahlen zueinander, welches hinsichtlich der jeweiligen Bedeutung dieser Kriterien für die Breite des digitalen Lösungsraums, der durch den Einsatz einer IT-/Digitalisierungslösung für eine Aufgabenstellung gebildet wird, sinnvoll und angemessen erscheint. Somit lässt sich die Gesamtmaßzahl Mz_{ges} der Breite dieses Lösungsraums durch die Formel $Mz_{ges} = 2 \times \Sigma Mz_j + \Sigma Mz_k$ beschreiben. Mit dieser Formel liegt die maximal erzielbare Breite des digitalen Lösungsraums bei $Mz_{max} = 75$. Damit die Nutzung einer IT- bzw. digitalen Lösung für die Bearbeitung einer definierten Aufgabenstellung als valider Beitrag zur Digitalisierung und damit zielführend eingestuft werden kann, sollten die beiden folgenden Bedingungen erfüllt sein:

- Die Breite des durch eine IT-/Digitalisierungslösung eingefassten digitalen Lösungsraums sollte mindestens $^2/_3$ der maximal erzielbaren Breite betragen, also bei $Mz_{mind} = {}^2/_3 \times Mz_{max} = 50$ liegen.
- Die erreichten Einzelmaßzahlen der Bereitstellungsbedingungen sollten mindestens einen mittleren Erfüllungsgrad repräsentieren, d. h. es muss gelten $Mz_{i\ min} = 3$.

Wird eine der beiden vorgenannten Bedingungen nicht erfüllt, so sollte von einer Implementierung der ausgewählten IT-/Digitalisierungslösungen im jeweiligen Wohnungs- bzw. Immobilienunternehmen abgesehen werden. Denn in diesem Fall wird die entsprechende Lösung als nicht hinreichend für die digitale Aufgabenerfüllung bewertet. Ggf. muss eine andere Lösung ausgewählt oder gänzlich auf eine IT-/Digitalisierungslösung verzichtet werden. Neben der Erfüllung der formulierten Bedingungen muss eine finanzielle Bewertung in Form eines Kosten-/Nutzen-Abgleichs vorgenommen werden. Diese ist unabhängig von der Bewertung der Bereitstellungbedingungen und sollte in einer Einschätzung der Finanzierbarkeit und des wirtschaftlichen Nutzens der jeweiligen IT-/Digitalisierungslösung resultieren.

Mit der dargestellten Bewertung der Bereitstellungsbedingungen für IT- bzw. digitale Lösungen für definierte Aufgabenstellungen und der daraus abgeleiteten Quantifizierung der Breite eines digitalen Lösungsraums, die durch die Gesamtmaßzahl der Erfüllung der Bereitstellungsbedingungen repräsentiert wird, bildet die Technologieauswahl-Matrix einen validen Ansatz zur Einschätzung der Digitalisierungseffekte, die durch entsprechende IT-/Digitalisierungslösungen in einem Wohnungs- bzw. Immobilienunternehmen erzielbar sind. Das Modell unterstützt somit die zielorientierte Formulierung von Aufgaben-/ Problemstellungen einer digitalisierten Organisation sowie das strukturierte Finden und Implementieren von passgenauen IT- bzw. Digitalisierungslösungen zur Erfüllung dieser Aufgabenstellungen. Dazu werden mit den Bereitstellungsbedingungen Kriterien herangezogen, welche eine Auswahl und Bewertung der möglicherweise einzusetzenden Informations- bzw. Digitalisierungstechnologien vor dem Hintergrund der erzielbaren Effekte für die Digitalisierung und des damit verbundenen Nutzens für das jeweilige Unternehmen quantifizieren und unterstützen. Die Technologieauswahl-Matrix implementiert kein Werkzeug zur finanziellen Bewertung von IT- und Digitalisierungslösungen, sondern sie fokussiert über die breite des digitalen Lösungsraums die Zielführung der Umsetzung von spezifischen Lösungen in der Wohnungs- und Immobilienwirtschaft entlang der für die Branche relevanten Kriterien.

4.2 Big Data

Die Nutzung von *Big Data*, also von sehr großen Datenmengen, ist häufig eine zwingende Voraussetzung für den zielführenden Einsatz von Digitalisierungstechnologien in Wirtschaft und Gesellschaft (vgl. OECD, 2020, S. 22; vgl. Gsell & Nikodemus, 2025, S. 3). Dies bedeutet, dass sowohl „klassische" Softwaresysteme bzw. -Technologien, wie ERP-, Workflow-Management-, CRM- oder CAFM-Systeme, als auch modernere Technologien, die zunehmend im Fokus stehen, wie künstliche Intelligenz, Internet of Things oder Smart Ledger Technologien, ohne die umfassende Nutzung von großen Datenmengen nicht funktionieren. Big Data bildet somit den treibenden Faktor der genannten Technologien, indem sie mit ihrer Zusammenführung, Strukturierung und Aufbereitung durch die entsprechenden Systeme neuartige Informationen zur Ausführung von Geschäftsprozessen, als Grundlage für strategische und operative Entscheidungen oder zur Steuerung von technischen Prozessen generieren. Dies gelingt auch aufgrund der spezifischen Merkmale von Big Data, die sich in ihrer nachfolgend dargestellten Definition widerspiegeln.

Eine breite Definition von *Big Data*, die sowohl technologische als auch methodische Aspekte integriert, und die als Basis für die weiteren Ausführungen dienen soll, ist die von *De Mauro* et al. *(*2016*)*. Demnach bildet Big Data einen Informationsgegenstand, der durch eine extrem große Menge (*Volume*), eine schnelle Verarbeitungsgeschwindigkeit (*Velocity*) und große Vielfalt hinsichtlich Format, Struktur und Datenquellen (*Variety*) charakterisiert ist und spezifische Technologien und analytische Methoden einsetzt, um diesen in Wert zu überführen. Mit dieser Definition werden drei Hauptaspekte von Big Data adressiert, die sich wie folgt darstellen (vgl. De Mauro et al., 2016, S. 127):

- *Volume*, *Velocity* und *Variety* beschreiben die wichtigsten Charakteristika der Informationen, die als Big Data bezeichnet werden. Neben diesen drei Hauptcharakteristika weisen diese Informationen eine hohe Variabilität (*Variability*), d. h. eine hohe Streuung in der Verteilung ihrer Werte, sowie eine hohen Unsicherheit (*Veracity*) und Komplexität (*Complexity*) auf (vgl. Yaseen & Obaid, 2020, S. 47).
- Um Big Data angemessen nutzen zu können, müssen spezielle Technologien und analytische Methoden eingesetzt werden. Die gängigsten dieser Technologien basieren auf *Apache*, einer Software, welche die Client-Server-Kommunikation aufseiten eines http-Servers steuert: So kann erstens das verteilte Big Data Framework *Apache Handoop* sehr große Datenmengen speichern und mit hoher Geschwindigkeit verarbeiten. Zweitens wird *Apache Spark* für die Verarbeitung von Daten im Arbeitsspeicher von Rechnern genutzt. Diese Technologie integriert SQL, Streaming, Machine Learning und Graphenverarbeitung. Bei der dritten Technologie handelt es sich um *Apache Kafka*, das große Datenströme verarbeiten kann und eine Programmierschnittstelle zum Laden und Exportieren von Datenströmen für andere Systeme bereitstellt (vgl. Wuttke).
- Mit *Value* wird die Transformation der Informationen in Erkenntnisse bzw. Wissen bezeichnet, die wirtschaftliche Werte für Unternehmen und Gesellschaft schaffen. Mithilfe der für die Verarbeitung von Big Data eingesetzten Transformationstechnologien und -methoden wird ein messbarer Nutzen für das Geschäftsergebnis sowie für die operative Resilienz einer Organisation geschaffen (vgl. Wuttke, 2024b).

Die Transformationstechnologien und -methoden für Big Data ermöglichen die Analyse von großen Datenmengen und die Ableitung von strategischen und operativ nutzbaren Erkenntnissen. Sie erlaube zudem die Verarbeitung vieler unterschiedlich strukturierter Daten und unterschiedlicher Datenformate bzw. Datentypen in sehr hoher Geschwindigkeit. Die Möglichkeit der Verarbeitung von Big Data bildet einen entscheidenden Wettbewerbsfaktor in allen wirtschaftlichen Bereichen und einen Gestaltungsfaktor für eine präventive Entwicklung der Gesellschaft. So bilden Big Data beispielsweise den Input für Large Language Models (LLM), um KI-basierte digitale Assistenten in Organisationen betreiben zu können, Online-Handelsunternehmen können anhand der über ihre Websites erfassten großen Mengen an Kundendaten ihren Kunden personalisierte Angebote machen oder geeignete Bilddaten lassen sich, wenn sie in sehr großen Mengen vorliegen, im Bereich der Medizin als Trainingsdaten für spätere Diagnosen verwenden.

Die Einsatzfelder von Big Data in der Wohnungs- und Immobilienwirtschaft reichen über den gesamten Immobilienlebenszyklus angefangen von Mietpreis- oder Marktanalysen in der Planungs-/Entwurfsphase über die Automatisierung von Geschäftsprozessen in der Phase der Bewirtschaftung bis hin zur Identifizierung der eingesetzten Materialien in der Abriss- bzw. Sanierungsphase. Dabei werden die für die jeweilige Aufgabe benötigten großen Datenmengen mit den für diese Aufgaben geeigneten Technologien zusammengeführt, die Big Data als Grundlagen für die Bildung von Ergebnissen nutzen.

Die Technologien, die Big Data als Input zur Lösung bestimmter Aufgabenstellungen verwenden, bringen nur mit diesen großen Datenmengen, die sie verarbeiten, zweckmäßige und valide Ergebnisse hervor. Es handelt sich bei diesen Technologien vielfach um zukunftsweisende moderne Digitalisierungstechnologien, nämlich künstliche Intelligenz (KI), Robotik, Robotic Process Automation (RPA), Internet of Things (IoT) sowie Building Information Modelung (BIM). Diese Technologien werden in den nachfolgenden Abschnitten dieses Kapitels ausführlich diskutiert. Mit Bezug zu Big Data werden in diesem Abschnitt zunächst die wichtigsten aktuellen Anwendungsfelder dargestellt, die eine Verarbeitung von großen Datenmengen in der Branche realisieren. Zu Beginn des Immobilienlebenszyklus, also in der Phase *Planung/Entwurf* (vgl. Gsell & Nikodemus, 2025, S. 57), fokussieren diese aktiven Anwendungsfelder die Analyse von Standorten und Märkten sowie die Planung mittels Szenarien. Sie stellen sich wie folgt dar:

- Eine datengetriebene *Standort-, Markt- und Mietpreisanalyse* dient in der Planungs–/Entwurfsphase zur Bewertung von Investitionsstandorten und zur Ermittlung geeigneter Nutzungskonzepte einer Immobilie. Datenquellen für dieses Anwendungsfeld bilden Geo- und Demografiedaten, Verkehrsdaten zu Grundstücken bzw. Standorten, Angebots- und Nachfragedaten für Immobiliensegmente sowie Zielgruppen-Insights. Für die Erhebung, Verarbeitung, Analyse und Visualisierung der großen Datenmengen aus i. d. R. heterogenen Quellen werden spezifische Technologien eingesetzt: Das Kernsystem bildet ein Business Intelligence (BI-)System, das KI-Funktionalitäten (Natural Language Processing NLP und Machine Learning) integriert, und räumliche Analysen sowie Zeitreihenanalysen der großen Datenmengen vornehmen kann. Ein solches System wird gespeist aus einem Data Warehouse oder Data Lake, die wiederum die Quellsysteme in geeigneter Weise anbinden (vgl. Abb. 3.1). Weiterhin stellt ein solches System interaktive Dashboards und Reports bereit, über welche die Analyseergebnisse präsentiert werden (vgl. Künzel, 2024, S. 83 f.).
- Ein weiteres Big Data Anwendungsfeld in der Planungs- und Entwurfsphase bildet die *Szenarioplanung*, die ein strategisches Zukunftsfeld mit hohem Potenzial zur Unterstützung der Projektentwicklung beschreibt. Die Herausforderungen der Szenarioplanung liegen in hohem Rechenaufwand, da zahlreiche Parameter in die Planung eingehen müssen, in den sehr heterogenen Datenquellen sowie in der hohen Unsicherheit und Varianz der Daten. Das Zentrum der Szenarioplanung bildet ein digitaler Zwilling des jeweiligen Gebäudes oder Quartiers, an dem mögliche Entwicklungspfade in einem virtuellen Abbild simuliert werden. Die Simulation der Auswirkungen von Bebauungs- oder Infrastrukturmaßnahmen wird flankiert von agentenbasierten Methoden, um unterschiedliche Veränderungen in der Ausbreitung und Verdichtung des Umfelds von Immobilien in den Szenarien abzubilden. Weitere Umfeldsimulationen liegen in Mietpreisprognosen und Leerstandsentwicklungen, für welche Machine Learning (ML-)

Verfahren genutzt werden, sowie in der Ausbildung von Kapitalwertszenarien, welche unter Einsatz der Monte Carlo Methode[1] erfolgt. Die Ergebnisse der infrastrukturellen und ökonomische Szenarioanalysen werden zusammengeführt und mittels BI-Werkzeugen visualisiert (vgl. SAP, o.J.).

- Die *Immobilienbewertung/Due Dilligence* bildet das dritte Anwendungsfeld, das in der Phase Planung/Entwurf eine große Menge an Daten heranzieht. Dieses Anwendungsfeld integriert Funktionen der *Standort-, Markt- und Mietpreisanalyse* und greift im Kern ebenfalls auf BI-Systeme zurück. Die eingesetzten Analysetechnologien unterstützen insbesondere die Datenaggregation aus unterschiedlichen Quellen sowie eine finanzielle, technische, rechtliche und ESG-bezogene Risikobewertung und die Erstellung interaktiver Bewertungsberichte. Die BI-Systeme strukturieren und analysieren die Daten, führen diese zusammen und daraus generieren Bewertungsergebnisse. Zur Unterstützung der Immobilienbewertung integrieren diese Systeme ebenfalls KI-Funktionen sowie darüber hinaus Wert- und Finanzmodellen. Weiterhin werden Robotic Process Automation (RPA) zur Analyse von Zahlungsströmen und für Soll-/Ist-Vergleiche sowie Plattformen zur automatisierten rechtlichen Prüfung und zur Prüfung der ESG-Anforderungserfüllung genutzt, um eine valide Risikobewertung durchzuführen. Die Visualisierung der Bewertungsergebnisse erfolgt durch das BI-System in entsprechenden Dashboards (vgl. Poth, 2022, S. 48 ff.; vgl. Albrecht, 2023, S. 133 ff.).

In der zweiten Phase des Immobilienlebenszyklus, der *Bau- bzw. Erstellungsphase*, gibt es kaum aktive Anwendungsfelder für Big Data. Es lassen sich jedoch Potenziale aus der Nutzung von Bauprozessdaten und dem Building Information Modeling (BIM) identifizieren. Somit kann mit der *Bauprozessoptimierung* mindestens ein Anwendungsfeld für die Nutzung großer Datenmengen deutlichem Entwicklungspotenzial für die Phase *Bau/Erstellung* des Immobilienlebenszyklus wie folgt beschrieben werden:

- Das Big Data Anwendungsfeld der *Bauprozessoptimierung* basiert auf einem digitalen Zwilling des zu erstellenden Gebäudes, der in einem Building Information Modeling (BIM-)Prozess entsteht und IoT-Technologien nutzt. Bei den zugrunde liegenden Daten, die durch eine BIM-Plattform[2] genutzt werden, handelt es sich um Planungsdaten,

[1] Die *Monte Carlo Methode* bezeichnet ein Verfahren, das numerische Probleme mithilfe des wiederholten Ziehens von zufälligen Stichproben aus bekannten Verteilungen gelöst werden. Die Methode wird häufig genutzt, um mathematische, physikalische, biologische, technische oder ökonomische Systeme zu simulieren. Der Einsatz erfolgt häufig dann, wenn die Nutzung deterministischer Algorithmen zu aufwendig oder nicht möglich ist (vgl. Kolanski 2008, S. 63).

[2] Bei einer *BIM-Plattform* handelt es sich um eine Web-basierte Plattform, die eine gemeinsame Datenumgebung über den Lebenszyklus einer Immobilie bereitstellt. Neben dem digitalen Zwilling des entsprechenden Gebäudes und seiner technischen Komponenten werden auf der Plattform bauprojektbezogenen Daten und Dokumente mittels eines Projektinformationsmodells verwaltet. Eine solche Plattform ist i. d. R. modular aufgebaut, sodass Funktionen der Plattform aktiviert oder deaktiviert werden können (vgl. BauNetz, o.J.).

Sensordaten, Zeitreihen, Logistikdaten – also in Summe um sehr heterogene Daten, die in (nahezu) Echtzeit verarbeitet werden müssen. Die zentrale BIM-Plattform dient zur Erstellung, Verwaltung und Koordination des jeweiligen digitalen Zwillings der Immobilie. Neben der Verwaltung der Gebäudedaten und -dokumente implementiert die Plattform BIM-Integrationssoftware für das Management zeitbezogener, kostenbezogener und baubetriebsbezogener Daten. Die BIM-Plattform dient somit als zentrale Drehscheibe für das Management der großen Menge an heterogenen Daten. Für die Bauprozessoptimierung implementiert die BIM-Plattform zusätzlich BI-/KI-Funktionen sowie Simulations- und Prozessanalyse-Werkzeuge. Die Simulations- und Analyseergebnisse lassen sich in einem digitalen Bauleitstand anzeigen sowie über sog. *Mixed Reality Systeme*, welche die reale Umgebung und eine virtuelle Umgebung miteinander verknüpfen, sowie *3D-Viewer* visualisieren (vgl. Eastman et al., 2011, S. 156 ff.).

Die dritte Phase des Immobilienlebenszyklus umfasst die *Verwaltung bzw. Bewirtschaftung* einer Immobilie (vgl. Gsell & Nikodemus, 2025, S. 57). Aufgrund der vielfältigen Interaktionen in dieser Phase und der notwendigen Einbindung zahlreicher Gruppen von Akteuren, von denen einige Kundenrollen innehaben, weist diese Phase mehrere Anwendungsfelder für Big Data aus, die sowohl betriebswirtschaftliche als auch technische Aufgabenstellungen adressieren. Die wichtigsten dieser Anwendungsfelder stellen sich wie folgt dar:

- Die Kernaufgaben der Bewirtschaftungsphase des Immobilienlebenszyklus liegen in der betriebswirtschaftlichen und technischen Verwaltung von Immobilien sowie in der damit verbundenen Kommunikation mit den unterschiedlichen Stakeholdern. In diesem Kontext bildet die *Automatisierung von Geschäftsprozessen* als Schlüsselbereich der Digitalisierung in der Wohnungs- und Immobilienwirtschaft ein wichtiges Anwendungsfeld von Big Data in dieser Lebenszyklusphase, um Entscheidungen datenbasiert zu unterstützen und um die Kommunikation zu führen. Für die Automatisierung von Geschäftsprozessen in der Bewirtschaftung von Immobilien kommen mehrere Automatisierungstechnologien zum Einsatz: Die wichtigsten dieser Technologien bilden ERP- oder ein anderes prozessführende Systeme, welche unter Integration von KI-Funktionen (NLP, Machine Learning) das Workflow Management steuern, sowie Robot Process Automation (RPA), um repetitive, Software-gestützter Aufgaben mit Nutzendeninteraktion automatisiert auszuführen. Weiterhin bilden *Process Mining*[3] sowie Prognosen wichtige Funktionen der entsprechenden Systeme (vgl. Herr, 2022, S. 579 ff.; vgl. Ditfurth et al., 2021, S. 20 ff.). Typische Prozesse in der Betriebsphase, die aufgrund ihrer Häufigkeit und der damit möglichen Standardisierung oder ihrer bereits vorhandenen umfassenden technischen Abbildung für eine Automatisierung prädestiniert sind, sind z. B. die Nebenkostenabrechnung, das Mahnwesen/Forderungs-

[3] Zum Begriff des *Process Mining* vgl. Fußnote 6.

management, die Mieterkommunikation sowie die Zählerstandsübermittlung und die Instandhaltung.

- Das Anwendungsfeld *Mieterzufriedenheit und Serviceoptimierung* ist von zunehmender strategischer Bedeutung für die Verwaltungs-/Bewirtschaftungsphase des Immobilienlebenszyklus. Die Ziele dieses Anwendungsfelds liegen in der Realisierung einer hohen Kundenzentrierung, in der Früherkennung eventueller Unzufriedenheiten der Stakeholder sowie in einer datengetriebenen Priorisierung der internen Prozesse mit Kundenbezug. Die in diesem Anwendungsfeld genutzten großen Datenmengen stammen aus sehr unterschiedlichen Datenquellen, wie z. B. aus Serviceportalen, E-Mails, sozialen Medien, IoT-Geräten und -Systemen oder CRM-Systemen, und sind damit sehr heterogen und häufig unstrukturiert. Die Strukturierung und Verarbeitung dieser Daten können mit KI-Unterstützung durch Informationstechnologien erfolgen, die zur Organisation und Optimierung von Stakeholder-bezogenen Prozessen dienen. Bei diesen Technologien handelt es sich z. B. um Ticket-Systeme, Bots, virtuelle Assistenten oder RPA (vgl. Künzel, 2024, S. 80 f.). Im Zuge der Umsetzung von Lösungen in diesem Anwendungsfeld sind die regulatorischen Vorgaben zum Datenschutz, insbesondere die Datenschutzgrundverordnung (DSGVO), zu beachten.
- Mit einem *Energie- und Ressourcenmanagement* wird in der Betriebsphase des Immobilienlebenszyklus auf eine Reduzierung des Energieverbrauchs bzw. eine effiziente Energienutzung abgezielt. Damit werden sowohl die ökonomischen Themen *Kosteneffizienz* und *Ressourcenschonung* als auch die strategischen Themen *Klimastrategie* und *Erfüllung der ESG-Regulatorik* adressiert. In diesem Anwendungsfeld müssen schnell entstehende große Datenmengen erfasst, aggregiert, analysiert und gesteuert werden. Die Kerntechnologien für dieses Anwendungsfeld bilden IoT-Plattformen und -Gateways, die andere Systeme sowie dezentrale Geräte (Sensoren, Aktoren) mit eigener Rechenkapazität in IoT-Netzwerken als Edge-Systeme[4] anbinden. Im Zusammenspiel einer IoT-Plattform und einer Big Data Analyseplattform, welche KI-, Energiemanagement- und Simulationsfunktionen integriert, können eine Steuerung und Lenkung der Energieströme vorgenommen werden. Die Plattformen unterstützen erstens das Monitoring der Aktivitäten und zweitens eine automatisierte Reporterstellung. Vor dem Hintergrund der Integration zahlreicher verteilter Systeme und der hohen Frequenz von Datenentstehung und -austausch müssen diese Systeme insbesondere gegen Cyberangriffe geschützt werden. Auch ist der Datenschutz nach DSGVO zu beachten, da beispielsweise Verbrauchsdaten, die in diesen Anwendungsfeld analysiert werden, als personenbezogenen Daten gelten (vgl. Siemens, 2021, S. 4 ff.).
- Schließlich bildet *Predictive Maintenance* ein weiteres technisches Anwendungsfeld für Big Data in der Phase der Verwaltung/Bewirtschaftung des Immobilienlebens-

[4] Mit *Edge*-Lösungen werden Geräte, Sensoren, Aktoren für das Internet der Dinge (IoT) sowie Gateways und Recheninfrastruktur möglichst nah an Datenquellen bereitgestellt, sodass sie in unmittelbarer Umgebung von den Menschen, die datengetriebene Entscheidungen treffen müssen, betrieben werden. Damit lassen sich Prozesse und automatisierte Aufgaben verbessern und Kundenerlebnisse optimieren (vgl. Intel, o.J.b).

zyklus. Wesentliche Ziele in diesem Anwendungsfeld sind die Überwachung der technischen Gebäudeausrüstung, wie z. B. von Heizungs-, Lüftungs- und Klimaanlagen (HVAC-Anlagen), Aufzügen und Pumpen, die intelligente Auswertung der entsprechenden Betriebsdaten sowie die bedarfsgerechte Planung der Wartung dieser Geräte und Anlagen. Damit leistet dieses Anwendungsfeld Beiträge zur Vermeidung von Energieverlusten und Ressourcenverschwendung und damit zur Umsetzung einer ESG-Strategie. Weiterhin wird ein wirtschaftlicher Betrieb dieser Geräte und Anlagen durch zeitoptimierte Wartung und Instandhaltung sowie durch die Vermeidung von Schäden und damit verbundenen Reparaturen unterstützt. Das Anwendungsfeld lässt sich mit den gleichen Plattformen, Systemen und Werkzeugen nutzbar machen wie das Anwendungsfeld *Energie- und Ressourcenmanagement*, denn die beiden Anwendungsfelder sind eng miteinander verknüpft. In beiden Anwendungsfeldern liegen die Anforderungen an die Verarbeitung von Daten in deren hoher Qualität und Redundanzfreiheit sowie in einer hohen Wirtschaftlichkeit der Datenerfassung, -verarbeitung und -speicherung (vgl. Siemens, 2021, S. 4 ff.).

Noch weniger als in der Phase *Bau/Erstellung* sind Anwendungsfelder von Big Data in der *Abriss-/Sanierungsphase* des Immobilienlebenszyklus ausgeprägt. Jedoch gibt es auch in dieser Phase Anwendungsfelder mit Entwicklungspotenzial. Eines der prägendsten dieser Anwendungsfelder für diese Phase stellt das Feld *Lebenszyklusanalysen* im Zusammenspiel mit *Materialdatenbanken* dar, das sich wie folgt beschreiben lässt:

- Das Anwendungsfeld *Lebenszyklusanalysen* adressiert in der Abriss-/Sanierungsphase des Immobilienlebenszyklus die Themengebiete *Nachhaltigkeit* und *Kreislaufwirtschaft* sowie die regulatorischen Anforderungen, die diese Themen treiben, wie die ESG-Taxonomie, die Corporate Sustainability Reporting Directive (CSRD) oder das Gebäudeenergiegesetzt (GEG). Um die notwendigen Analysen von Gebäuden, verbauten Materialien, Komponenten, technischen Geräten und Anlagen durchführen zu können, müssen in diesem Anwendungsfeld große Mengen an Daten zu Baustoffen, Bauweisen, Emissionen, Transportwegen und Recyclingmöglichkeiten aus unterschiedlichen Quellen erfasst, strukturiert, bewertet und verarbeitet werden. Digitalisierungstechnologien, die für das Anwendungsfeld relevant sind, sind digitale Zwillinge der Immobilien und in diesem Kontext BIM-basierte Methoden, weiterhin mit dem jeweiligen digitalen Zwilling zu verknüpfende Materialdatenbanken und Building Circularity Plattformen, die Daten zu Umweltwirkung und Wiederverwendungspotenzialen von Baumaterialien bereitstellen. Für die eigentlichen Analysen werden die digitalen Zwillinge mit Life Cycle Assessment (LCA-)Software verknüpft, die BIM-gestützt eingesetzt wird. (vgl. Popowicz et al., 2024, S. 411 f.). Eine Präsentation der Analyseergebnisse erfolgt aus dem jeweiligen digitalen Zwilling heraus mittels geeigneter Viewer und Reporting-Werkzeuge.

Die dargestellten Anwendungsfelder von Big Data zeigen auf, dass erstens die spezifischen zu bearbeitenden Aufgabenstellungen klar definiert sein müssen, um die für die

Aufgabenbearbeitung benötigten Daten und damit die entsprechenden Datenquellen zu identifizieren, und dass zweitens für eine zielführende Bearbeitung dieser Aufgaben der Einsatz spezifischer IT-Systeme und Digitalisierungstechnologien erforderlich sind. Die Nutzbarmachung der großen Menge an Daten in den Anwendungsfeldern liegt in ihrem Training für große Sprachmodelle und zur Mustererkennung, in ihrer Konsolidierung aus den unterschiedlichen Quellen in Data Warehouses, Plattformen oder digitalen Zwillingen sowie in ihrer BI-/KI-basierten Analyse respektive Simulation und der Visualisierung der entsprechenden Ergebnisse. Für das Nutzbarmachen der großen Datenmengen wird mit dem *Data Mining* ein strukturiertes methodisches Vorgehen verfolgt, das im CRISP-DM abgebildet wird und das die Aufbereitung und Nutzbarmachung von großen Datenmengen bis hin zur Ableitung von validen Erkenntnissen und deren Visualisierung beschreibt (vgl. Chapman et al., 2020, S. 13). Dieses Vorgehen muss zum Teil in den genutzten informationstechnischen Systemen abgebildet werden, sodass die für das Erzielen der angestrebten Ergebnisse notwendigen Konsolidierungs- und Analyseprozesse automatisiert abgebildet werden.

4.3 Künstliche Intelligenz (KI)

Künstliche Intelligenz (KI) bildet eine wichtige Schlüsseltechnologie für die Digitalisierung jeglicher Unternehmen und Branchen (vgl. Bitkom, 2017, S. 40 f.) – so auch für Unternehmen der Wohnungs- und Immobilienwirtschaft. Es handelt sich bei künstlicher Intelligenz um eine Vielzahl komplexer technischer Verfahren, die unterschiedliche Funktionen wahrnehmen können. KI-gestützte Systeme implementieren Sprachmodelle, künstliche neuronale Netze, Mechanismen zum regelbasierten Lernen, Mustererkennung, Bildverarbeitung oder Wissensmodellierung und werden für spezifische Aufgabenstellungen herangezogen. Allgemein bezeichnet künstliche Intelligenz Technologien, welche „menschliche Fähigkeiten im Sehen, Hören, Analysieren, Entscheiden und Handeln ergänzen und stärken“ (Ronsdorf, 2020). Im Grundsatz werden zwei Kategorien künstlicher Intelligenz unterschieden (vgl. Initiative Intelligente Vernetzung, 2019, S. 7):

- Schwache künstliche Intelligenz: Bei *schwacher künstlicher Intelligenz* handelt es sich um Systeme, die ein intelligentes Verhalten mithilfe von Mathematik und Methoden der Informatik simulieren, jedoch keine Intelligenz besitzen.
- Starke künstliche Intelligenz: *Starke künstliche Intelligenz* umfasst Systeme, die in der Lage sind, schwierige Aufgaben ebenso gut wie ein Mensch zu bewältigen.

Die *schwache künstliche Intelligenz* bezeichnet Technologien, die in *ChatGPT* und ähnlichen „statistischen Text-Generatoren“ zum Einsatz kommen und die grundsätzlich für alle Menschen zugänglich sind. ChatGPT gehört zur *Generativen Künstlichen Intelligenz (GenAI)*, die jegliche Art von Inhalten, wie Bilder, Video, Audio, Text, Code, 3D-Modelle und Simulationen, auf Basis von mathematischen und statistischen Operationen erzeugt (vgl. Bendel, 2024). Diese Technologie basiert auf sog. *Foundation Models*, welche durch das Training mit großen Datenmengen entwickelt werden. Bezogen auf Sprache werden mit sog. *Large Language Models (LLM)* Modelle erzeugt, die menschähnliche Texte generieren können und damit die Grundlage für Chatbots und KI-Assistenten bilden. Sie sind in der Lage, Texte zu verfassen, zu übersetzen und zusammenzufassen. Die Basismodelle lassen sich auch außerhalb der Sprachverarbeitung, beispielsweise in der Bildverarbeitung, nutzen.

Im Gegensatz zur *schwachen künstlichen Intelligenz* ist die *starke künstliche Intelligenz* viel weniger konkret. Es handelt sich um „eine theoretische Form der KI, die zur Beschreibung eines definierten Vorgehens bei der Entwicklung von künstlicher Intelligenz verwendet wird" (IBM, o.J.). Sie zielt darauf ab, ein intelligente Maschine bereitzustellen, die wie ein Mensch denken, fühlen, entscheiden und planen kann. Weiterhin muss eine solche Maschine über ein Selbstbewusstsein verfügen und in der Lage sein, Probleme zu lösen, zu lernen und für die Zukunft zu planen. Eine solche Maschine sollte vom menschlichen Verstand nicht unterscheidbar sein sowie durch Informationen und Erfahrungen kontinuierlich dazulernen und ihre Fähigkeiten im Laufe der Zeit zunehmend ausbauen und verbessern können. Sie existiert bisher lediglich als theoretisches Konzept (vgl. IBM, o.J.). Die Konstruktion einer solchen Maschine ist nach Expertenmeinung mit den heute verfügbaren Technologien nicht möglich.

4.3.1 Technologiefelder der künstlichen Intelligenz

Ausgehend von den beiden grundlegenden KI-Verfahren *Machine Learning* und *wissensbasierte KI* lassen sich Teilgebiete der künstlichen Intelligenz (KI) bezeichnen, welchen definierte Technologiefelder der KI zuzuordnen sind. Die Teilgebiete der KI, die den *Machine Learning*-Verfahren zugeordnet werden, generieren Ergebnisse bzw. Aussagen aus sehr großen Datenmengen, die mittels numerischen bzw. statistischer Verfahren und Algorithmen verarbeitet und analysiert bzw. ausgewertet werden. Demgegenüber werden in den Teilgebieten der *wissensbasierten KI* Modelle aus Expertenwissen erstellt, die sowohl von Menschen verstanden als auch von Maschinen interpretiert werden können (vgl. Gethmann et al., 2022, S. 18).

Grundsätzlich integrieren alle Teilgebiete der KI und somit die mit diesen verbundenen Technologiefelder beide der genannten Verfahren, wobei eine Schwerpunkt-Zuordnung der Technologiefelder zu jeweils einem der beiden KI-Verfahren vorgenommen werden kann (vgl. Abb. 4.2). Damit werden die Technologiefelder der KI so um die Verfahren herum gruppiert, dass die Felder, welche vorwiegend die Fähigkeiten *Lernen*, *Wahrnehmen* und *Kommunizieren* repräsentieren, nahe am Machine Learning angeordnet sind, während die Technologiefelder, die *Wissen*, *Denken* und *Handeln* markieren, näher an den wissensbasierten KI-Verfahren liegen. Nachfolgend werden zunächst die Technologiefelder die vorwiegend Machine Learning-Verfahren implementieren, skizziert:

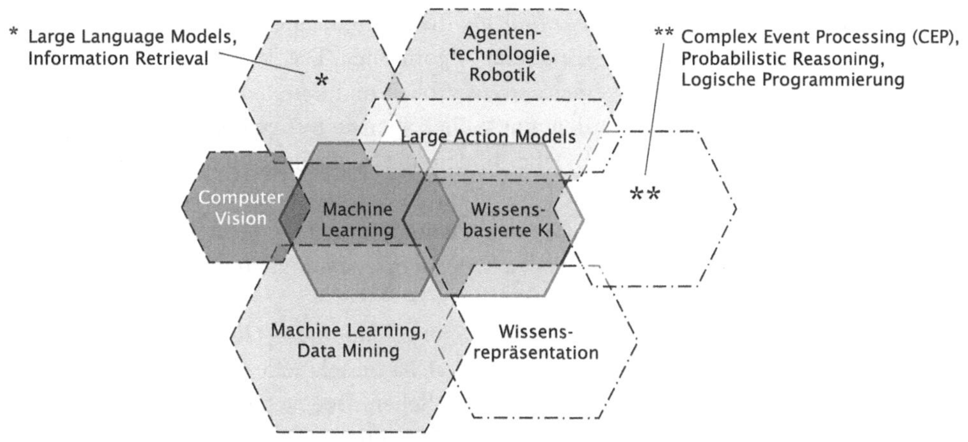

Abb. 4.2 KI-Technologiefelder. (Eigene Darstellung in Anlehnung an Gethmann et al., 2022, S. 17)

- Data Mining: Der Zweck des *Data Mining* liegt in der Identifizierung und Extraktion von Mustern, Trends und Zusammenhängen aus großen Datenbeständen. Dazu werden integrierte Methoden und Verfahren der künstlichen Intelligenz und der Statistik genutzt; weiterhin kommen Modelle des jeweiligen Anwendungsbereichs zum Einsatz. Die Methoden des Data Mining[5] sind in den umfassenden Prozess der *Knowledge Discovery in Databases (KDD)* eingebettet (vgl. Lackes, 2018a). Der Data Mining Prozess lässt sich weiterhin in einem strukturierten Vorgehen – dem sog. *Cross-Industry Standard Process for Data Mining (CRISP-DM)* – ausführen, das ausgehend von den Zielen der Datenanalyse bis hin zur Anwendung von KI-Methoden und -Algorithmen sowie der Ableitung von validen Erkenntnissen zu den untersuchten Daten reicht (vgl. Chapman et al., 2020, S. 13). Mögliche Anwendungsfelder des Data Mining liegen in der Analyse von Kundenverhalten und -präferenzen für die Entwicklung personalisierter Marketingkampagnen und Angebote insbesondere im Onlinehandel oder der Analyse von Risiken im Finanzwesen, um beispielsweise Debit- oder Kreditkartenbetrug zu erkennen. Im Zuge des Verkaufs von Immobilien kann Data Mining eingesetzt werden, um die Kreditwürdigkeit von potenziellen Käufern von Objekten zu überprüfen und deren Zahlungsverhalten zu prognostizieren.

[5] Es werden vier Gruppen von *Data Mining Methoden* unterschieden, nämlich die Klassifikation, die Prognose, die Segmentierung sowie die Abhängigkeitsentdeckung (vgl. Wuttke, 2024a). Mit der Klassifikation werden Muster anhand von Klassifikationsmerkmalen, wie z. B. Produktaffinitäten, gesucht, während mit einer Prognose eine Suche nach Mustern von numerischen Zielvariablen vorgenommen wird, um beispielsweise Umsatz- oder Absatzwerte vorherzusagen. Die Segmentierung findet Gruppen von Daten mit gleichen Merkmalen, sodass mit dieser Methode z. B. eine gezielte Ausrichtung von Marketingmaßnahmen im Vertrieb vorgenommen werden kann; die Abhängigkeitsentdeckung sucht hingegen nach Mustern von Elementen, die untereinander in Beziehung und Abhängigkeit stehen, wie dies in einer klassischen Warenkorbanalyse erfolgt.

- Machine Learning: *Machine Learning* als Technologie im engeren Sinne dient der Modellbildung unter Nutzung geeigneter Algorithmen. Das jeweilige Modell entsteht dabei durch das „Trainieren" einer extrem großen und komplexen Mengen an Daten, die kontinuierlich generiert werden, um Vorhersagen zu treffen oder Bewertungen vorzunehmen. Die generierten Modelle bilden die Grundlage für spezifischere Anwendungen wie beispielsweise die Optimierung von Geschäftsprozessen, medizinische Diagnostik, Filtern von E-Mails, Spracherkennung oder Computer Vision, für welche die Nutzung klassischer Algorithmen schwierig bzw. unmöglich und zeitaufwendig ist (vgl. Gamil, 2023, S. 1 f.).
- OCR/Computer Vision: Bei *Optical Character Recognition (OCR)* und *Computer Vision* handelt es sich um KI-Technologien, welche maschinelles Lernen und neuronale Netze nutzen, um die kognitiven Funktionen Sehen, Beobachten und Verstehen abzubilden. Die Technologien integrieren Edge Computing, Cloud Computing, Softwareanwendungen sowie Deep Learning Modelle, um erfasste visuelle Daten zu erkennen, einzuordnen, zu analysieren und darauf basierende Aktivitäten zu initiieren (vgl. Intel, o.J.a). Mittels dieser Technologien und unter Nutzung bildgebender Sensoren können Rechner Informationen aus Bildern extrahieren, um beispielsweise Personen zu erkennen, Bewegungen zu analysieren oder Vitalparameter kontaktlos zu qualifizieren (vgl. Fraunhofer IMS, 2024). In der Immobilienwirtschaft kann OCR/Computer Vision z. B. zur Sicherung von Gebäuden oder Grundstücken vor dem Zutritt Unbefugter oder zur Überwachung von gebäudetechnischen Anlagen und Geräten sowie damit verbunden zur Erkennung von Defekten und Anomalien im Betrieb dieser Anlagen und Geräte genutzt werden.
- Information Retrieval: Die Grundlage für das *Information Retrieval* bzw. die *Informationsrückgewinnung* bilden große, häufig unstrukturierte Datenbasen, aus welchen Informationen gezielt gesucht und extrahiert werden. Die Rückgabe der Informationen erfolgt i. d. R. gewichtet. Der Fokus liegt dabei auf dem Auffinden von Textdokumenten, zunehmend werden auch multimediale Dokumente, wie beispielsweise Fotos, Videos oder Sprachdaten, gesucht. Um Daten bzw. Informationen zu organisieren, zu speichern und zu repräsentieren, wird ein automatisierter Prozess ausgeführt, welcher die Phasen Sammlung und Indexierung sowie Suche und Abgleich von Informationen umfasst. Die zweite Phase schließt die Bewertung der Relevanz der gefundenen Informationen für die Nutzenden ein (vgl. Stuck, 2023). Anwendungsfelder des Information Retrieval sind beispielsweise Suchmaschinen oder Online-Bibliotheken.
- Large Language Models (LLM): Bei *Large Language Models (LLM) – große Sprachmodelle* – handelt es sich um leistungsstarke Modelle, welche auf das Verstehen und das Erzeugen menschlicher Sprache ausgerichtet sind. Damit sind diese Modelle in der Lage, Texte zu analysieren und zu verstehen sowie kohärente Antworten zu generieren und sprachbezogene Aufgaben auszuführen. Die Modelle können mittels natürlicher Sprachverarbeitung Erkenntnisse aus großen Mengen von Textdaten herausziehen, Übersetzungen vornehmen und Informationsabfragen unterstützen. Weiterhin können

sie komplexe Texte, Fragen und Anweisungen verarbeiten sowie schlüssige Texte mit korrekter Grammatik und Rechtschreibung generieren (vgl. Fraunhofer IESE, 2023). Typische Anwendungsbeispiele für LLM sind der Kundensupport von Telekommunikationsunternehmen oder im Onlinehandel. In der Immobilienwirtschaft können derartige Modelle in der App-gebundenen oder telefonischen Kommunikation mit Mieterinnen und Mietern zum Einsatz kommen.

In der vorangehenden Auflistung wird die Fähigkeit des *Lernens* durch die Technologien des Data Mining sowie des Machine Learning repräsentiert. Die beiden Technologien sind mit dem CRISP-DM in ein Vorgehen eingebettet, welches diese als Zwischenschritte zur Vorbereitung für Entscheidungen oder Vorhersagen nutzt, die mit der Interpretation der Ergebnisse dieser Technologieanwendungen getroffen werden. Ihre möglichen Einsatzgebiete sind im Zuge der Darstellung der beiden Technologien bereits genannt. Sie bilden die Grundlage für die Ausfüllung der weiteren in diesem Kontext genannten Technologiefelder Computer Vision, welche die Fähigkeit *Wahrnehmen* markiert, sowie Information Retrieval und Large Language Models (LLM), die der Fähigkeit *Kommunizieren* zuzuordnen sind. Gegenüber den Technologiefeldern mit Bezug zu Machine Learning-Verfahren stellen sich die Technologiefelder, welche eher auf Verfahren der wissensbasierten KI zurückzuführen sind, wie folgt dar:

- Wissensrepräsentation: Die *Wissensrepräsentation* bzw. *Knowledge Representation* untersucht als Forschungsfeld der künstlichen Intelligenz die Darstellung von Wissen in Rechnern (vgl. Lackes, 2018b) und bildet damit das grundlegende Element für die wissensbasierten KI-Verfahren. Ziel einer rechnerbasierten Wissensrepräsentation ist es, maschinenlesbare Wissensbasen, die formal definiertes Wissen über einen Anwendungsbereich speichern, in IT-Systemen für die Lösung komplexer Aufgaben nutzbar zu machen. So kann aus der Wissensrepräsentation, welche Wissen explizit bereitstellt, über verschiedene Inferenzmechanismen implizites Wissen abgeleitet werden. Weiterhin macht sie Widersprüche und Modellierungsfehler in einzelnen KI-Technologiefeldern transparent. Eine moderne Wissensrepräsentation basiert i. d. R. auf formaler Logik, also Beschreibungslogiken und regelbasierten Formalismen (vgl. ICCL, 2021). Die entsprechend formale Abbildung von Wissen erlaubt es, dass dieses Wissen von künstlicher Intelligenz verstanden und genutzt werden kann. Anwendungsbeispiele der intelligenten Nutzung von Wissensrepräsentationen im Zusammenspiel mit KI bilden Expertensysteme, welche die Entscheidungsfindung und Problemlösung unterstützen, oder Suchmaschinen, die eine kontextbezogene Suche und das Erkennen relevanter Informationen ermöglichen (vgl. KI-Echo, o.J.).
- Logische Programmierung: Die *logische Programmierung* fokussiert die Beschreibung des Wissens eines Anwendungsbereichs; Programme werden hier als eine Reihe von logischen Regeln und Fakten definiert. Entsprechende logische Programmiersprachen verwenden formale Logik, um Berechnungen auf Basis von Inferenzregeln und logischen Beziehungen zwischen Fakten, Regeln und Abfragen durchzuführen (vgl. Le-

novo, o.J.). Ein logisches Programm prüft somit, ob eine abgefragte Aussage wahr entsprechend der hinterlegten Regeln ist. Damit kann das Programm spezifische Informationen aus der zugrunde liegenden Wissensrepräsentation abrufen. Ein Beispiel für die Anwendung der logischen Programmierung liegt in der Aktienanalyse: Hier lassen sich Finanzdaten mit logischen Regeln und Schlussfolgerungen verknüpfen, sodass Prognosen von Kurs- und Marktentwicklungen generiert werden können (vgl. Alle Aktien, o.J.). In vergleichbarer Weise lässt sich die logische Programmierung unter Heranziehen einer validen Wissensbasis auch auf die Prognose der Entwicklung von Immobilienpreisen anwenden.

- Probabilistic Reasoning: Mit dem *Probabilistic Reasoning* werden mathematische Wahrscheinlichkeitsverfahren genutzt, um Unsicherheiten in Entscheidungsprozessen zu modellieren und zu managen. Die Methode stellt einen fundamentalen Ansatz zur Unterstützung intelligenter Systeme dar, die in komplexen realen Szenarien, in welchen Informationen oft unvollständig und unscharf sind, betrieben werden (vgl. GeeksforGeeks, 2024). Mit seiner Nähe zu wissensbasierten KI-Verfahren werden mit dem Probabilistic Reasoning Wahrscheinlichkeiten bzgl. des Eintretens bestimmter Ereignisse oder Ergebnisse berechnet. Damit unterstützt es begründete Entscheidung unter Berücksichtigung impliziter Unsicherheiten in bestehenden Daten und Informationen. Anwendungsfelder sind die medizinische Diagnose, um Unsicherheiten von Symptomen, Testergebnissen und der Patientenhistorie zu handhaben, oder das autonome Fahren, um Unsicherheiten von Sensorwerten, Straßenzuständen und im Verkehrsaufkommen auszugleichen (vgl. Kumari, 2024). Mit dieser Methode lassen sich Unsicherheiten in Immobilienmärkten, beispielsweise in der Preisentwicklung, in bestimmten Wertindikatoren oder im Verhalten von Investoren besser einschätzen.
- Complex Event Processing (CEP): *Complex Event Processing (CEP)* beschreibt die Echtzeitverarbeitung von unterschiedlichen Ereignisströmen mittels technischer Funktionen, welche beispielsweise in Business Process Management Systeme (BPMS) integriert sein können. Damit wird aus Ereignissen, die voneinander abhängen, neues Wissen generiert, mit dem insbesondere Geschäftsprozesse gesteuert werden. Es handelt sich um eine Technologie, mit welcher parallele geschäftsbezogene Datenströme aggregiert, verarbeitet, in Beziehung gesetzt und analysiert werden, um in Echtzeit komplexe Ereignisse vorherzusagen, die mit einer definierten Wahrscheinlichkeit aus weniger komplexen Faktoren resultieren (vgl. Kay, 2020; vgl. Lawton, 2023). Damit lassen sich Chancen und Risiken von Ereignissen abschätzen und geeignete Reaktionsmaßnahmen auf diese ergreifen. Anwendungsfelder des CEP liegen z. B. in der Verbesserung von Algorithmen für den Börsenhandel, in einem reaktionsschnellen Echtzeit-Marketing oder in der Betrugserkennung. Im Facility Management kann es eine vorausschauende Wartung oder ein IoT-basiertes Zusammenspiel von gebäudetechnischen Anlagen und Systemen unterstützen.
- Robotik: Mit der Integration von künstlicher Intelligenz in die *Robotik* kann eine Vereinfachung der Handhabung von Robotern erfolgen, sodass Roboter weitgehend selbstständig agieren können. Dies gilt sowohl für Softwareroboter, welche menschliche

Aktivitäten am Rechner, die in sich häufig wiederholender Frequenz auszuführen sind, nachbilden (vgl. Gsell & Nikodemus, 2025, S. 76) als auch für physische Roboter, die manuelle Arbeiten, beispielsweise im Handel, im Bildungsbereich, in der Pflege oder in der Hotellerie, automatisiert ausführen (vgl. Stock-Homburg & Merkle, 2019, S. 9). Aufgrund des wissensbasierten Charakters des „Handelns" von Robotern in ihrem Umfeld wird diese Technologie den wissensbasierten KI-Verfahren zugeordnet, obwohl die Befähigung der automatisierten Ausführung von Roboteraktionen auf Sensoren und Aktoren sowie dem Training mit großen Datenmengen fußt und die Robotik damit originäre Verfahren des Machine Learning nutzt. Zugleich sind entsprechende Systeme zunehmend in der Lage mit Sensordaten sowie den trainierten Modellen aus ihrem Kontext heraus Inferenzen zu erzeugen und daraus entsprechendes Handeln abzuleiten (vgl. IT-P, 2024; vgl. Automationspraxis, 2022). Anwendungsgebiete der Robotik in der Immobilienwirtschaft können in der automatisierten Abwicklung von Geschäftsprozessen beispielsweise im Rahmen des Property Managements oder in der automatisierten Ausführung von Arbeiten in bzw. an Gebäuden im Rahmen des Facility Managements liegen.

- Agententechnologie: Die *Agententechnologie* implementiert intelligente Softwareagenten, also Rechnerprogramme, welche flexibel, autonom, vorausschauend und mit einer gewissen „Intelligenz" ausgestattet sind. Die Agenten können damit als autonome intelligente Problemlöser angesehen werden, die Zielen folgen sowie Fähigkeiten, Funktionen und Wissen integrieren und damit in einem engen Ausschnitt der realen Welt proaktiv und zielführend agieren können (vgl. Unland, 2019). Softwareagenten sind entlang von Architekturen aufgebaut, von denen die *Belief-Desire-Intention (BDI)*-Architektur die gängigste ist. Es handelt sich dabei um eine Softwarearchitektur, die menschähnliches Schließen und Entscheiden simuliert. Das zugehörige Modell basiert auf der Theorie des praktischen Schließens, welches die Festlegung eines Ziels (deliberation) mit einer Planung zur Zielerreichung (means-ends-reasoning) verknüpft. *Beliefs* entsprechen in diesem Modell getroffenen Annahmen, *Desires* bezeichnen die Ziele des Softwareagenten und *Intentions* stellen die geplanten Aktionen zur Zielerreichung dar (vgl. Abschn. 4.4.1). Mit diesen Modellelementen prüft der Agent im ersten Schritt des BDI-Prozesses seine Ziele in Abhängigkeit von neuen Informationen bzw. aufgenommenen Änderungen des Umfelds, im zweiten Schritt leitet er daraus die aktuellen Ziele ab und im dritten Schritt, der Planung, wählt der Agent den die festgelegten notwendigen Aktionen aus, um die Ziele zu erreichen (vgl. Walker, o.J.). Zur Ausführung des Prozesses müssen Softwareagenten über eine Wissensrepräsentation verfügen, welche den für ihn relevanten Ausschnitt der Realwelt abbildet (vgl. Unland, 2019). Agententechnologien stellen damit Werkzeuge für verteilte und mobile Systeme dar, sie können als Multi-Agentensysteme miteinander interagieren und damit eine gemeinsame Aufgabe lösen oder durch Nutzung von sog. Agentenplattformen die Entwicklung von Software unterstützen.
- Large Action Models (LAM): *Large Action Models (LAM)* stellen eine Erweiterung von LLM dar, indem sie aus natürlichsprachlichen Anweisungen auf Basis von Wahr-

scheinlichkeiten nicht nur textliche oder sprachliche Antworten generieren, sondern vielmehr Aktionen ableiten und diese ausführen. So sind sie in der Lage, eine nachfolgende Aktion in einer Abfolge komplexer Aufgaben vorherzusagen, sodass sie mit Software interagieren, Benutzeroberflächen bedienen oder Befehle autonom ausführen können. Die Basis für Large Action Models (LAM) bildet das sog. *Tool Learning*, welches den LAM vermittelt, welche Werkzeuge mit welchen Funktionen zur Verfügung stehen. (vgl. Kelbert et al., 2024). Die Entwicklung eines LAM folgt einen strukturierten Vorgehen, nach dem zunächst Datenbasen aufgebaut werden, die eine große Menge an Informationen über die Nutzeranforderungen, das Umfeld und dessen Verhalten sowie die zugehörigen Aktionen beinhalten. Diese dienen als Basis für das Trainieren des Modells, sodass es Aktionen in spezifischen Umfeldern planen kann. Anschließend wird das Modell in ein Softwareagentensystem integriert, das mit seinem Umfeld interagieren kann. Dieses System umfasst üblicherweise Komponenten zur Erfassung des Umfelds, zur Nutzung von Werkzeugen, zur Aktualisierung seines Speichers und zur Ausführung von Feedbackschleifen, sodass das LAM neben der Ausführung von Aktionen seine Pläne in Abhängigkeit von Echtzeitrückmeldungen über das Umfeldverhalten anpassen kann. Abschließend wird das Modell evaluiert, um seine Verlässlichkeit, Robustheit und Sicherheit zu gewährleisten (vgl. Wang et al., 2024, S. 2). Beispielhafte Anwendungsfelder von LAM sind virtuelle Assistenten im Handel, die Aufgaben im Namen von Kunden erledigen, wie z. B. die Ausführung von Ticketbuchungen, oder die Prozessautomatisierung, mit welcher wiederkehrend und zeitaufwendige Aufgaben, wie beispielsweise Dateneingaben, die Handhabung von Papieren oder das Lagermanagement zügig ausgeführt werden können (vgl. Toloka, 2024).

Die vorangehend beschriebenen Technologien mit Bezug zu wissensbasierten KI-Verfahren gehen mit der Wissenspräsentation von der Fähigkeit des *Wissens* aus. Diese bildet die Basis für die weiteren Technologiefelder, von denen die logische Programmierung, das Probabilistic Reasoning und das Complex Event Processing die Fähigkeit *Denken* sowie die Robotik und die Agententechnologie die Fähigkeit *Handeln* repräsentieren. Die Large Action Models (LMA) nehmen in dieser Darstellung eine Sonderrolle ein: Sie fokussieren zwar das *Handeln*, aufgrund ihrer Verknüpfung mit Large Language Models (LLM) und den hohen Anforderungen an ein selbstständiges Schließen aufgrund der erfassten Umwelteinflüsse sind sie in Abb. 4.2 in ihrer Ausdehnung erweitert und berühren auch die Fähigkeiten *Kommunizieren* sowie *Denken*.

Die KI-Technologiefelder *Data Mining*, *Agententechnologie* und *Large Action Models (LAM)* können gänzlich neue Perspektiven der Nutzung von Informations- und Kommunikationstechnologien sowie des Einsatzes von Digitalisierungstechnologien in zahlreichen Branchen – so auch in der Wohnungs- und Immobilienwirtschaft – eröffnen. Sie werden im Kontext unterschiedlicher in diesem Fachbuch behandelter technologischer Themen ausführlich diskutiert.

4.3.2 Transformationsfelder der künstlichen Intelligenz

Die Grundlage für den Einsatz von *künstlicher Intelligenz* bilden die Entwicklung der Informationstechnologie sowie ihre Durchdringung aller Lebensbereiche in den letzten Jahrzehnten. Internettechnologien, Cloud-Computing, das Internet der Dinge und insbesondere die Entwicklung von Hardware bzw. Rechenleistung ermöglichen der sog. *generativen künstlichen Intelligenz (GenAI)*, Informationen extrem schnell zu erfassen, zu verarbeiten, aufzubereiten und damit neue Inhalte zu generieren (vgl. Bendel, 2024) – sei es in Stichpunkten, Listen, Vergleichen, Fachsprache oder leichter Sprache entsprechend der Anforderungen der jeweiligen Nutzer. Vor dem Hintergrund dieser Möglichkeiten bildet künstliche Intelligenz eine eigenständige Basis, Aufgaben im Zuge von z. B. Geschäftsprozessen ganzheitlich zu wahrzunehmen und das Leistungsangebot der Digitalisierung zu potenzieren (vgl. Preuss & Rajchowski, 2024).

Künstliche intelligente Systeme arbeiten auf Grundlage von verfügbaren Daten, um Komplexität zu reduzieren und komplexe Zusammenhänge für Menschen leicht zugänglich zu machen. KI vernetzt sich mit anderen Digitalisierungstechnologien und nutzt diese als Basis für die eigene Weiterentwicklung. Diese Fähigkeit wird von *Amy Webb*, CEO und Gründerin des *Future Today Institute*, als *Technology Supercycle* bezeichnet, den sie im *2024 Tech Trends Report* beschreibt (vgl. Webb, 2024, S. 3). Treiber dieses technologischen Superzyklus sind demnach die sog. *Big Techs* – Unternehmen wie *Amazon*, *Alphabet*, *Apple*, *Microsoft*, *Oracle* oder *Meta* – mit den Technologieentwicklungen *künstliche Intelligenz*, *Biotechnologie* und dem *Ökosystem von interagierenden Geräten*, wie z. B. Wearables für Menschen und Haustiere oder Sensoren und Aktoren für Objekte. Diese bedeutenden Technologiesegmente können die Beziehung der Menschen mit allen anderen Dingen und ihrer Umwelt neu definieren. Die Untersuchungen des *Future Today Institute* zeigen, dass jegliche existierende Digitalisierungstechnologie in irgendeiner Weise in den Superzyklus integriert wird (vgl. Webb, 2024, S. 3). Dies bedeutet mit Blick auf die *künstliche Intelligenz*, dass diese als eine der treibenden Technologien alle übrigen Technologien überlagert und ein intelligentes Management der mittels weiterer Digitalisierungstechnologien unterstützten Prozesse und Aktionen befördern kann.

In der aktuellen Fachdiskussion zur *künstlichen Intelligenz* lassen sich drei Transformationsfelder identifizieren, die durch künstliche Intelligenz getrieben werden. Dabei handelt es sich um die *Transformation der Wissensgenerierung und -nutzung*, die *Transformation der Prozesse* sowie die *Transformation der Softwareentwicklung und des Softwareeinsatzes* (vgl. Preuss & Rajchowski, 2024). Diese Transformationsfelder werden nachfolgend charakterisiert, beschrieben sowie entlang von Beispielen aus der Wohnungs- und Immobilienwirtschaft vertieft.

Transformation der Wissensgenerierung und -nutzung

Mit der *Transformation der Wissensgenerierung und -nutzung* lässt sich Wissen mittels geeigneter KI-Werkzeuge – i. d. R. auf Basis der Analyse umfassender Datenmengen aus heterogenen Quellen – erzeugen, strukturieren sowie in Echtzeit abrufen und nutzbar machen. In Unternehmen und Organisationen werden zur Generierung und Nutzung von Wissen Informationen gesammelt, zugeordnet, weitergeleitet, abgerufen und bearbeitet – diese Arbeiten werden gewöhnlich von Menschen ausgeführt. Bisher war es schwierig, sie zu standardisieren und zu skalieren. Mit Unterstützung von künstlicher Intelligenz kann Wissen mittlerweile jederzeit und in jeder gewünschten Form von Menschen generiert und nutzbar gemacht werden.

In der Wohnungs- und Immobilienwirtschaft liegen umfassende Wissensbestände vor, die aufgrund ihrer Komplexität, Verteilung und Art nur schwer von Menschen erfasst und verarbeitet werden können. Künstliche Intelligenz unterstützt hier eine *schnelle Analyse und strukturierte Aufbereitung großer Informationsmengen* im Vergleich zu menschlicher Kapazität und beschleunigt damit die Recherche sowie die Aufbereitung von Informationen. Auch lassen sich durch eine KI-gestützte Verknüpfung und Gewichtung von großen Datenmengen die objektive Bewertung von Informationen erleichtern und die Qualität der Informationen kontinuierlich verbessern. Schließlich kann KI im Rahmen der Wissensgenerierung und -nutzung dazu verwendet werden, Informationen entlang definierter Anforderungen und Vorgaben mit dem Ziel der Präsentation in vorgegebenen Strukturen aufzubereiten. Ein Beispiel dafür ist die Erstellung von Reports und Dokumentationen, die strengen formalen Anforderungen folgen müssen. Aufgrund ihres formalen Charakters lassen sich entsprechende Dokumente maschinell auslesen und generieren (vgl. Preuss & Rajchowski, 2024). Somit stellen sich einige prägende Anwendungsfelder in der Wohnungs- und Immobilienwirtschaft für die *Transformation der Wissensgenerierung und -nutzung durch KI* wie folgt dar:

- Automatisierte Zuordnung von Daten und Dokumenten zu Projekten/Akteuren oder Aktualisierung von Stammdaten zu Gebäuden im jeweils führenden wohnungswirtschaftlichen System.
- Automatisierte Ausführung von Routineaufgaben, wie z. B. Daten-/Dokumentenmanagement, Erstellung von Reports, Baudokumentationen und Nachweisdokumenten (beispielsweise für eine Bauförderung), Durchführung von Zahlungsabgleichen und -zuordnungen.
- Kommunikation mit Mietenden, Eigentümer, Handwerkern und anderen Stakeholdern sowie Versorgern von Wohnungs- bzw. Immobilienunternehmen mittels LLM-Bots.

Ein automatisierte Zuordnung von Daten bzw. Dokumenten zu Projekten oder Akteuren basiert auf der *Erkennung von definierten Mustern bzw. Inhalten*, entsprechend derer eine solche Zuordnung vorgenommen wird. Die grundlegenden Technologien der Muster- bzw. Inhalteerkennnung bilden *Machine Learning*, *Deep Learning* und *Semantic Analytics*. Diese Technologien unterstützen die Analyse großer Mengen an Daten, Dokumenten sowie deren Inhalte und die Zuordnung dieser Informationen zu bestimmten Kategorien, beispielsweise zu bestimmten Verzeichnissen in einem Dokumentenmanagementsystem (vgl. Talevski, 2020, S. 324). Oftmals wird die Mustererkennung um *generative KI-Technologien* ergänzt. Anwendungsfelder, die sich unter Nutzung der genannten

Technologien erschließen lassen, sind beispielsweise automatisierte Zuordnungen von Aufträge und Rechnungen aus Bau-, Reparatur- oder Instandhaltungsmaßnahmen in einem Gebäude zu Projekten, automatisierte Zahlungsabgleiche und -zuordnungen, automatisierte Zuordnungen von Dokumenten zu Mietendenakten, automatisierte Prüfungen von Unterlagen auf Vollständigkeit, automatisierte Einordnungen von Dokumenteninhalten in die entsprechende (Stamm-)Datenkategorie von wohnungswirtschaftlichen ERP-Systemen oder automatisierte Planungen von Reparaturen bzw. vorausschauende Wartungen im Zuge des Facility Managements. Vielfach werden bei diesen Aufgaben Daten aus unterschiedlichen Quellen zusammengeführt und analysiert. Nachfolgend werden einige der genannten Anwendungsfelder näher beleuchtet.

Ein beispielhaftes Anwendungsfeld der Mustererkennung in Organisationen bildet die automatisierte Erstellung von Reports: So lassen sich mithilfe von *Mustererkennung* und *generativer KI* im Corporate Reporting alle Prozessschritte von der ersten Erfassung einer Transaktion bis hin zur internen und externen Berichterstattung automatisiert ausführen: Zunächst können im Zuge eines Reportingprozesses große Datenmengen aus unterschiedlichen Quellen analysiert, daraus Muster erkannt und schließlich auf dieser Basis eigenständige Reports erstellt werden. Funktionen, die in diesem Prozess durch künstliche Intelligenz übernommen werden können, sind das Erkennen von Zusammenhängen in großen Dokumenten, die Vernetzung unterschiedlicher Informationsquellen und das Ableiten von Vorschlägen für Analysen. Die entsprechenden Systeme implementieren die Fähigkeit, selbstständig zu lernen und sich somit zu verbessern; sie arbeiten sehr präzise und vermeiden damit Fehler (vgl. Berger et al., 2024, S. 35 f.).

In der Wohnungs- und Immobilienwirtschaft müssen neben Finanzreports, für welche die Daten hauptsächlich aus den Buchhaltungssystemen herangezogen werden, aufgrund von EU-Verordnungen zum Umweltschutz, beispielsweise der EU-Taxonomie Verordnung (vgl. EU, 2020), ESG-Reports über Energieverbräuche von Gebäuden, über Sanierungsmaßnahmen oder über die Handhabung von Bauabfällen erstellt werden. Die dafür notwendigen Daten können sich aus den jeweiligen ERP-Systemen, aus anderen Unternehmenssystemen, aus Informationen von Versorgern und Dienstleistern der Wohnungs- und Immobilienunternehmen sowie aus weiteren externen Quellen speisen. Generative KI-Systeme erstellen aus diesen Daten die entsprechenden ESG-Reports, die heute insbesondere an Anleger bzw. Investoren gerichtet sind, jedoch auch für die Überwachung gesetzlich vorgegebener Maßnahmen im Zuge des Baus und des Abbruchs von Gebäuden genutzt werden können.

Im Facility Management kann eine KI anfallende Reparaturanfragen analysieren, diese entlang von erkannten Mustern einordnen und anhand der vorgenommenen Einordnung geeignete Maßnahmen zur Reparatur generativ entwickeln sowie diese priorisieren. Auch kann in diesem Kontext eine vorausschauende Wartung vorgenommen werden, in welcher Sensordaten in Gebäuden und gebäudetechnischen Anlagen und Geräten analysiert, über die Analysen Muster erkannt und mittels Machine Learning Algorithmen Restlaufzeiten der jeweiligen Anlagen bzw. Geräte kalkuliert werden. Aus den Mustern und Kalkulationen können im Weiteren Wartungs- bzw. Reparaturbedarfe identifiziert und priorisiert werden. Auch kann eine generative KI aus gebäudetechnischen Sensordaten Erkenntnisse über Flächenauslastungen in Echtzeit gewinnen, Trends und Anomalien identifizieren und daraus Maßnahmen, beispielsweise zur Reinigung oder zu anderen Serviceabläufen, ableiten (vgl. Ball, 2019, S. 7 ff.).

Ein weiteres wichtiges KI-Anwendungsfeld, das der *Transformation der Wissensgenerierung und -nutzung* in der Wohnungs- und Immobilienwirtschaft zuzuordnen ist und hauptsächlich auf generativer KI und damit auf Large Language Models (LLM) fußt, bildet die Kommunikation zwischen Wohnungs- bzw. Immobilienunternehmen und deren Stakeholdern. Heute werden für die entsprechenden Kommunikationsaufgaben vielfach LLM-Bots eingesetzt, die dazu dienen, wiederkehrende Fragen und Interaktionen der jeweiligen Stakeholdergruppe zu systematisieren und zu automatisieren. So können mithilfe von Bots Formulierung von Briefen oder E-Mails unterstützt oder aus umfassenden Wissensbasen heraus Informationen zu komplexen Themen bereitgestellt werden. Damit lassen sich beispielsweise Anrufe von Mietenden mit Chatbots annehmen und in eine intelligente Konversation überführen. Im Zuge einer solchen Konversation wird das jeweilige Anliegen durch einen Bot dokumentiert und vorqualifiziert. Auf Basis der Vorqualifizierung werden idealerweise Lösungsvorschläge zur Handhabung des jeweiligen Anliegens bereitgestellt. So lassen sich 30 bis 60 % sich wiederholender Anliegen durch eine Anbindung jeglicher Kommunikationskanäle (z. B. Chat, Voice, soziale Netzwerke) mit dem Einsatz von Bot-Technologien effizient bearbeiten (vgl. Aareon, o.J.).

Transformation der Prozesse

Im zweiten Feld *Transformation der Prozesse* unterstützt KI assistierte und automatisierte Entscheidungen in Prozessen. Bislang werden Aufgaben und Prozesse in Unternehmen digital abgebildet und dokumentiert, was aufgrund der großen Menge an Aufgaben und Prozessen jedoch dazu führt, dass sich deren Bewertung und Strukturierung durch Menschen sehr schwierig gestaltet. Eine Identifizierung und Dokumentation mittels *Process Mining*[6] *Methoden* ermöglicht die Dokumentation bereits abgeschlossener Prozesse. Mittels KI-Technologien, wie beispielsweise *Large Action Models (LAM),*[7] können

[6] *Process Mining* bezeichnet eine Data Mining-Methode, mit welcher „Geschäftsprozesse anhand von Logfiles und Bewegungsdaten aus betrieblichen Informationssystemen rekonstruiert und analysiert werden können" (Siepermann 2018). Die Nutzung von *Process Mining Methoden* ermöglicht die Extraktion unbekannter Prozesse aus den Event-Logs der Informationssysteme und kann die Grundlage bilden, um existierende Prozessmodelle mit den real ablaufenden Prozessen abzugleichen. Damit entsteht ein realistisches Bild der untersuchten Prozesse, um diese zu verbessern und die prozessimmanenten Aufgaben wiederholbar und effizient abzuwickeln.

[7] Bei einem *Large Action Model (LAM)* handelt es sich um eine Erweiterung des *Large Language Models (LLM)*, welches natürlichsprachliche Anweisungen aufnimmt und daraus eine textuelle Ausgabe auf Basis von Wahrscheinlichkeiten generiert. Ein LAM kann aus Anweisungen weitergehend Aktionen ableiten und diese ausführen. Large Action Models werden in Assistenzsystemen verwendet, um auf Anweisung eigenständig Aufgaben, deren Bearbeitung ihnen vorab antrainiert worden ist, in den entsprechenden Softwareanwendungen auszuführen (vgl. Jöckel 2024; vgl. Abschnitt 4.3.1).

darüberhinausgehend Prozesse abgebildet werden, die in der Zukunft ausgeführt werden sollen – die Modelle sind somit in der Lage, Aktionen und Tätigkeiten zu prognostizieren. Sie nutzen statistische Methoden, deren Einsatz aufgrund der Möglichkeit der Massendatenverarbeitung äußerst effizient und sehr objektiv ist. Durch die Analyse und Verarbeitung großer Datenmengen stellen sie Zusammenhänge zwischen den Daten her und auf dieser Basis können wiederum unterschiedliche zukünftige Prozessszenarien untersucht und optimiert werden. Die Ergebnisse lassen sich in unterschiedlichen Formaten aufbereiten, so beispielsweise in Prozessdiagrammen, Entscheidungsvorlagen oder Ausschreibungen. Auch können mit den Modellen mehrere Handlungsoptionen vorhergesagt und Empfehlungen generiert werden, was die Komplexität von Entscheidungsprozessen reduziert. Damit werden Analysen einer aktuellen Situation aus Eingaben, Beschreibungen oder Daten mit einer Ableitung von Prognosen, die sich in den Handlungsoptionen abbilden, kombiniert (vgl. Preuss & Rajchowski, 2024). Nachfolgende Anwendungsfelder zeigen die hohe Gestaltungskraft einer KI-getriebenen *Transformation von Prozessen* in der Wohnungs- und Immobilienwirtschaft auf:

- Erstellung von Klimapfaden für Gebäudecluster sowie Entwicklung und Bereitstellung zugehöriger Maßnahmen oder ressourcenschonende Bewirtschaftung von Grünflächen.
- Mietenden-/Objekt-Matching im Vermietungsprozess und andere entscheidungsvorbereitende Prozesse im Immobilienlebenszyklus.
- Überwachung von Energieanlagen in Gebäuden und Vorhersage des Gebäude-Wärmeverbrauchs oder Prognosen von möglichen Verkaufspreisen von Immobilien.

Die Erstellung von Klimapfaden (vgl. Abschn. 3.3) sowie die Entwicklung und Bereitstellung von Maßnahmen für deren Aufbau stellen einen hochkomplexen Prozess dar, bei dem zahlreiche Einflussgrößen – beispielsweise strategische, ökonomische und zeitliche Rahmenbedingungen, Gesetze, Risiken, Wechselwirkungen mit anderen Sektoren und/oder Bedürfnisse von Stakeholdern – zu berücksichtigen sind. Mittels KI-gestützter Assistenzsysteme, die über *Mustererkennung* und *generativer KI* durch einen solchen Prozess führen können, kann dieser effektiv gestaltet werden und damit valide Handlungsoptionen bereitstellen.

Im Rahmen von Vermarktungs- und Vermietungsprozessen können Mustererkennung und LAM entlang einer KI-getriebene *Transformation von Prozessen* dabei unterstützen, eine (teil-)automatisierte Vorbereitung von Entscheidungen zu realisieren. So lässt sich mit Unterstützung der genannten Technologien ein Matchingprozess von Mietinteressent:innen mit einem Mietobjekt ausführen (vgl. Abb. 4.3): Für die Ausführung des Prozesses werden eine große Menge an Mietenden-bezogenen Daten, welche Mietenden-Kennzahlen und -Informationen, wie statistische Personendaten (z. B. Alter, Geschlecht, Familienstand, Vermögens–/Einkommenssituation, Anzahl Kinder im Haushalt), Liquiditäts- und Zahlungsdaten sowie Daten zur Kreditwürdigkeit, umfassen, analysiert und mit den Anforderungen des jeweiligen Vermieters und den Gegebenheiten des jeweiligen Mietobjekts abgeglichen. Eine intelligente Datenverarbeitung führt die Mietenden-

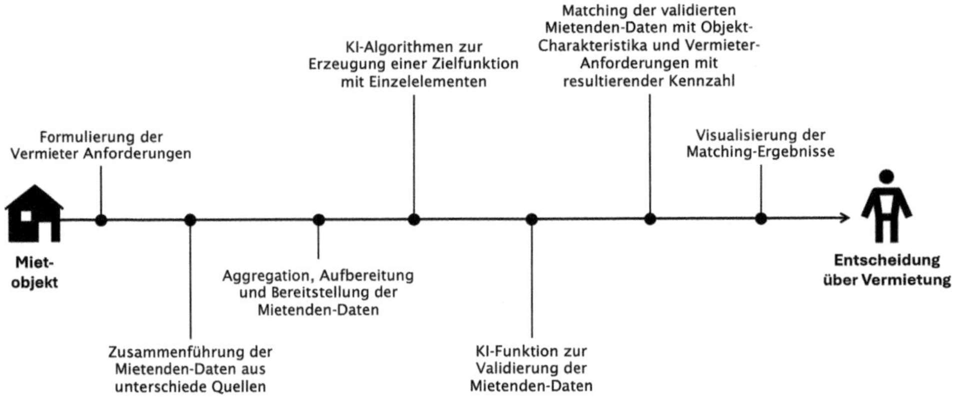

Abb. 4.3 Vorgehensmodell für ein Mietenden-/Objekt-Matching im Rahmen eines Vermietungsprozesses. (Eigene Darstellung)

Kennzahlen aus heterogenen Datenquellen zusammen und strukturiert diese. Weitere Schritte liegen in der Aggregation, der Aufbereitung und der Bereitstellung der aggregierten Daten als Grundlage für Entscheidungen. Die genannten Prozessschritte können mit *Business Intelligence (BI)*-Funktionalitäten umgesetzt werden. Die integrierten *Machine Learning Algorithmen zur Mustererkennung* (vgl. Fraunhofer IKS, 2023) müssen die Mietenden-Kennzahlen mit den hinterlegten Anforderungen der Vermieter bzw. der Objekte abgleichen und die Passgenauigkeit des Matching bewerten. Die Ergebnisse dieses Abgleichs werden schließlich mit LAM-Unterstützung bewertet und als Basis für eine Entscheidungsfindung übersichtlich dargestellt. Im beschriebenen Prozess müssen die Akteure beim Einsatz von Methoden zur Mustererkennung und eines LAM streng auf die Einhaltung des Schutzes personenbezogener Daten achten.

Weitere mögliche Einsatzfelder von *Machine Learning Algorithmen* und *Large Action Models (LAM)* bilden die Prognose der Entwicklung von Immobilienmärkten in ausgewählten Regionen oder Stadtteilen, die Prognose von Verkaufspreisen bestimmter Immobilienobjekte in Abhängigkeit von deren Lage und der standortbezogen Versorgungs- und Verkehrsinfrastruktur oder die Analyse und Eingrenzung der Anforderungen und Bedürfnisse von Kunden in der Angebots- bzw. Verkaufsphase von Immobilien. Die angeführten Beispiele verlangen erstens eine exakte Formulierung der jeweiligen Aufgabenstellung mit klarer Abgrenzung des Untersuchungsfelds, zweitens strukturierte Methoden und Vorgehensweisen zur Auswahl der geeigneten Algorithmen und drittens eine erhebliche Menge an verfügbaren Daten für Training und Test der Algorithmen sowie für die Nutzung eines LAM.

Auch die Echtzeitsteuerung der Gebäudeautomation, die Steuerung von Heizungs-, Lüftungs- und Klimaanlagen (HVAC-Anlagen) sowie anderer gebäudetechnischer Anlagen in der Betriebs- und Nutzungsphase von Immobilien bilden mögliche Einsatzfelder von Machine Learning Algorithmen und LAM. So kann die intelligente Regelungsoptimierung einer Heizungsanlage über die Bestimmung der notwendigen Vorlauftemperatur auf Basis definierter Eingangsparameter, wie beispielsweise der Zieltemperatur, der Außentemperatur, der Luftfeuchte oder dem Solareintrag, realisiert werden (vgl. Meckenstock, 2023, S. 29 f.). Mittels eines Machine Learning Algorithmus, welcher die Methode des überwachten Lernens implementiert und die genannten Eingangsparameter nutzt, lassen sich die Heizenergieverbräuche prognostizieren. Ein entsprechendes Projekt zur Ermittlung dieser Verbräuche kann bereits durch die entstehende Datentransparenz einen Mehrwert schaffen, denn deskriptive Analysen der Daten sowie ihr Aufbereitungsprozess können schnell zu erschließende Optimierungspotenziale für die Beheizung eines Gebäudes aufzeigen. Im Zuge von Analysen durch Machine Learning Algorithmen führen mehr Eingangsparameter und eine höhere Tiefe zu genaueren Ergebnissen. Der ökonomische Nutzen einer durch einen Machine Learning Algorithmus gesteuerten Heizungsanlage liegen im überschaubaren Aufwand des Trainings der Algorithmen, sodass schnell Energieeinsparungseffekte erzielt werden können. Der eigentliche Aufwand liegt insbesondere in der Sammlung und Auswahl der Rohdaten für das Trainieren und Testen der Algorithmen sowie in deren Analyse sowie in der sinnvollen Auswahl und Parametrisierung des mit einem Machine Learning Algorithmus aufgebauten Modells. Auch ist eine Gebäudeinfrastruktur, die Daten in standardisierter und gesicherter Qualität liefern kann, für die Anwendung von Machine Learning Algorithmen unverzichtbar (vgl. Meckenstock, 2023, S. 63 ff.).

Transformation der Softwareentwicklung und des Softwareeinsatzes

Eine *Transformation der Softwareentwicklung und des Softwareeinsatzes* bedeutet grundlegende Veränderungen in der Planung, Nutzung, Steuerung und Verwaltung von Informations- und Kommunikationssystemen. Um die Komplexität von Aufgaben handhaben zu können und diese Aufgaben zu automatisieren, werden heute i. d. R. Softwaresysteme eingesetzt. Einerseits vereinfachen *Low-Code-* und *No-Code-Anwendungen* die Anpassung und Nutzung von Software mit Bezug zu den eigenen Geschäftsprozessen, andererseits kann eine Erweiterung von etablierten Softwaresysteme um KI-gestützte Funktionen bzw. deren Verknüpfung mit KI-gestützten Softwaresysteme erheblichen Zusatznutzen erbringen. Zusätzlich lassen sich fehlende Funktionen einer Software auf Basis bereits entwickelter Softwarebausteine ergänzen. So stellen Softwarebibliotheken auf Plattformen wie *GitHub* beispielsweise eine Vielzahl von Anwendungsbausteinen, sog. *Building Blocks*, bereit, mit denen spezifische Nutzeranforderungen umgesetzt werden können. Mit der Kombination aus vollständigem Programmcode und der Fähigkeit von KI, ihrerseits Programmcode erstellen zu können, lassen sich in diesem Szenario kleine und mittlere Lücken in existierender Software durch Eigenentwicklungen schließen. In der weiteren Entwicklung können KI-Technologien genutzt werden, um Software zu dem Zeitpunkt, zu dem sie benötigt wird, automatisch zu generieren und auszuführen. So könnten perspektivisch z. B. ERP-Komponenten mit einem konkreten Bedarf nach spezifischen Funktionen in Echtzeit generieret werden. Die Software passt sich somit automatisch an die Bedarfe der jeweiligen Nutzenden an. Dazu können personalisierte Assistenten aufgebaut werden, die als Kommunikationsschnittstelle auf unterschiedliche IT-Komponenten zugreifen, die von Dienstleistern und Open-Source-Plattformen bereitgestellt werden, und diese in existierende Softwaresysteme einbinden (vgl. Preuss & Rajchowski, 2024).

Sowohl für etablierte Softwareunternehmen der Branche und PropTechs als auch für „klassische" Wohnungs- und Immobilienunternehmen können die skizzierten Ansätze der *Transformation der Softwareentwicklung und des Softwareeinsatzes* für die Unterstützung von Aktivitäten zur Entwicklung neuer Software bzw. Teilen davon, z. B. für die Implementierung von Programmcode, oder zur Erweiterung existierender Software genutzt werden. So lassen sich prägende Anwendungsfelder für dieses Transformationsfeld der künstlichen Intelligenz in der Wohnungs- und Immobilienwirtschaft beispielsweise wie folgt beschreiben:

- Ergänzung von immobilienwirtschaftlichen ERP-Systemen um *Business Intelligence Funktionen* und KI für umfassende Datenanalysen.
- Automatisierte Entwicklung kleinerer Softwarewerkzeuge zur Ausführung von überschaubaren iterativen Aufgaben sowie zur Ergänzung von fehlenden Daten basierend auf vorhandenen Datenquellen.
- Automatische Erzeugung von Funktionen, Benutzeroberflächen und Inhalten in Mietendenportalen entsprechend der Nutzerbedarfe und in Abhängigkeit von der verfügbaren technischen Infrastruktur.

Trotz der Möglichkeiten, welche die Transformation der Softwareentwicklung und des Softwareeinsatzes mittels künstlicher Intelligenz bieten, erfordert die Nutzung der dargestellten Ansätze bei deren Anwendern informationstechnische Fachkompetenz. Denn die Anwender müssen festlegen, an welchen Stellen in einer Anwendungssoftware mit welchem Programmcode bzw. welcher Technologie, in welcher Form und in welchem Umfang die Transformationsansätze genutzt werden. Sie müssen weiterhin die Transformationsergebnisse umfassend auf ihre korrekte Funktion und die Erfüllung der Stakeholder- bzw. Auftraggeberanforderungen sowie die Anforderungen der Nutzenden der erstellten bzw. angepassten Software testen und sicherstellen. Diese Erwartungen lassen sich nur mit entsprechender IT-Kompetenz erfüllen.

Die Ergänzung von immobilienwirtschaftlichen ERP-Systemen wie auch anderer Systeme, die zur Unterstützung der Kernprozesse in der Wohnungs- und Immobilienwirtschaft genutzt werden und die i. d. R. eine sehr große Menge an relevanten Daten vorhalten und verarbeiten, um BI-/KI-Funktionen erlaubt das Nutzbarmachen dieser Daten für die Steuerung operativer Prozesse sowie strategischer Entscheidungen. Die Transformationsleistung zeigt sich bei diesem Beispiel im Ergebnis, denn mit der Implementierung eines BI-/KI-Instrumentariums für die Kernsysteme der Branche, die beispielsweise durch eine direkte Einbindung eines solchen Instrumentariums oder eine enge API-Anbindung eines entsprechenden BI-/KI-Systems an ein Kernsystem realisiert wird, werden Algorithmen, Analyse- und Auswertungsmethoden und -hilfsmittel sowie Visualisierungswerkzeuge zur Verfügung gestellt, welche die mit den Kernsystemen verknüpften Datenbasen zielführend ausschöpfen und damit weitreichende geschäftsrelevante sowie technische Erkenntnisse erzielbar machen können. Die entsprechenden BI- bzw. KI-basierten Analysen können damit unmittelbar und schnell durchgeführt werden. Es lassen sich somit z. B. auch zeitliche Zusammenhänge zu bestimmten Ereignissen, die durch die entsprechenden Systeme aufgenommen und abgebildet werden, herstellen.

Wenn die bereits angesprochene notwendige grundlegende IT-Kompetenz beispielsweise bei klassischen Wohnungs- und Immobilienunternehmen vorhanden ist, werden diese Unternehmen mit der Transformation der Softwareentwicklung und des Softwareeinsatzes in die Lage versetzt, schnell und direkt selbst Lösungen für überschaubare und weniger komplexe Aufgaben- bzw. Problemstellungen zu „bauen". Dies ermöglicht es diesen Unternehmen in einem gewissen Rahmen flexibel auf Anforderungen zu reagieren, Lösungsansätze kostengünstig zu erproben und ggf. bestimmte Datenquellen und/oder Kommunikationskanäle an einzelne IT-Systeme anzubinden. Ähnliches gilt für die etablierten Softwareunternehmen, die Softwarelösungen für die Branche bereitstellen, sowie für PropTech-Unternehmen. Aufgrund der unterstellten breiten technischen Kompetenz können entsprechende Projekte bei diesen Unternehmen sicherlich größer und komplexer sein als bei klassischen Wohnungs- und Immobilienunternehmen.

Auch die automatisierte Erzeugung von Funktionen, Benutzeroberflächen und Inhalten in Mietendenportalen sowie in anderen Softwareanwendungen repräsentiert ein Anwendungsfeld der Transformation der Softwareentwicklung und des Softwareeinsatzes, das vorwiegend von Software- und PropTech-Unternehmen belegt wird. Dieses Feld adressiert die Softwareentwicklung direkt und kann diese gezielt unterstützen, indem erstens Teile von Code automatisiert generiert werden, die dann an der richtigen Stelle in die Software eingebracht werden. Weiterhin können definierte Vorlagen bzw. Entwurfsmuster für die Codeerstellung genutzt werden, die in unternehmenseigenen und öffentlichen Verzeichnissen abgelegt sein und mittels künstlicher Intelligenz angepasst werden können. Drittens lassen sich öffentlich, beispielsweise über GitHub oder andere Plattformen zum Speichern, Verwalten und Teilen von Code, verfügbare Codeelemente für die Ausführung von bestimmten Funktionen oder die Repräsentation definierter Softwareinhalte heranziehen, ggf. mittels KI in geeigneter Weise anpassen, in die eigene zu entwickelnde Software integrieren und als Teillösungen in einem Gesamtsystem nutzen.

4.3.3 Anforderungen, Entwicklungen und Trends

Die diskutierten Transformationsfelder der künstlichen Intelligenz zeigen auf, dass KI darauf ausgerichtet ist, Probleme zu lösen. So repräsentieren KI und Digitalisierung die *Virtualisierung von allem*, d. h. die Umwandlung von Aufgaben, Prozessen und allem, was in der realen Welt existiert, in informationstechnische Unterstützungssysteme. Vor diesem Hintergrund ist der Aspekt, dass KI und Digitalisierung Probleme lösen helfen, die Menschen in ihrer Aufgabenausführung sehen bzw. formulieren, ein entscheidender Faktor. Die emotionale Verbindung von Menschen zu diesen Problemen beeinflusst, ob die Menschen die KI- bzw. digitale Unterstützung akzeptieren (Preuss & Rajchowski, 2024). Aus

Tab. 4.2 St. Galler Management Modell für den betrieblichen Einsatz von Künstlicher Intelligenz (eigene Darstellung in Anlehnung an Giffen et al., 2020, S. 13)

Management von Künstlicher Intelligenz (KI) 1. Initiale KI-Projekte durchführen, 2. Organisationales Lernen sicherstellen					
Organisation des Betriebs 1. Identifizierung von KI-Potentialen in Business und Use Cases 2.Aufbau und Entwicklung von KI-Fähigkeiten in der Organisation 3.Gestaltung Anbietermanagement für KI-Dienste	**Rechtliche Gestaltung** 1.Sicherung von geistigem Eigentum an KI-Modellen 2.Gestaltung haftungsrechtlicher Fragestellungen	**Regulierung und Compliance** 1.Identifikation und Übersetzung der anwendbaren regulatorischen Anforderungen 2.Implementierung von Governance, um Regularien umzusetzen	**Lebenszyklus-Management** 1.Management von Trainingsdaten und Data Bias 2.Versionierung und Versions-management von KI-Modellen	**Technologie-Infrastruktur** 1.Auswahl geeigneter KI-Frameworks, KI-Bibliotheken und KI-Plattformen 2.Weiter-entwicklung bestehender IT-Infrastruktur-prozesse	**Cybersicherheit** 1.Identifikation von Angriffspunkten auf eingesetzte KI-Systeme 2.Bewusstsein für neue KI-Bedrohungs-szenarien schaffen

dieser Sicht auf die KI–/digitale Unterstützung entsteht die Chance, dass künstliche Intelligenz als ein Werkzeug wahrgenommen und eingesetzt wird, das zur Bewältigung von Aufgaben beiträgt. Vielfach liegen die Ziele der entsprechenden Aufgaben in einer Erhöhung der Effizienz von Prozessen, in der Reduzierung von administrativem Aufwand und Routineprozessen sowie in einer Beschleunigung von (Planungs-)Prozessen (vgl. Preuss & Rajchowski, 2024).

Die Anforderungen, die für die Wahrnehmung der genannten Chance zu erfüllen sind, adressieren interne und externe Aspekte eines Unternehmens. Zur Beschreibung dieser Anforderungen sowie der Einflüsse von künstlicher Intelligenz auf das Managementsystem einer Organisation bildet das *St. Galler Management Modell für KI (SGMM-KI)* eine geeignete Basis (vgl. Giffen et al., 2020, S. 4 f.). Das Modell unterscheidet sieben Handlungsfelder, welche die häufig in Organisationen verankerten Perspektiven auf die Organisation mit Bezug zu künstlicher Intelligenz widerspiegeln. Damit lassen sich die Herausforderungen, die mit der Nutzung von künstlicher Intelligenz verbunden sind, auf diese Handlungsfelder abbilden (vgl. Tab. 4.2).

Die im SGMM-KI definierten Handlungsfelder unterstützen eine strukturierte Beschreibung der organisatorischen, technischen sowie Organisation und Technik verbindende Anforderungen für die Einführung und Etablierung von künstlicher Intelligenz in Organisationen. Die Abbildung dieser Handlungsfelder auf die Wohnungs- und Immobilienwirtschaft und die daraus abgeleiteten Anforderungen stellen sich wie folgt dar (vgl. Giffen et al., 2020, S. 14 ff.):

- Management von künstlicher Intelligenz (KI): Das *Management von KI* in einer Organisation ist den übrigen Handlungsfeldern übergeordnet. Es muss sich an der Gesamtstrategie sowie der Digitalisierungsstrategie der Organisation ausrichten. Mit der Erfüllung der entsprechenden Führungsaufgabe wird die Organisation befähigt, KI-Systeme für die Ausführung von Geschäftsprozessen einzuführen und zu betreiben. Für die Wohnungs- und Immobilienwirtschaft leitet sich daraus die Notwendigkeit ab, entlang des Lebenszyklus einer Immobilie zunächst diejenigen Kernprozesse zu identifizieren, für welche eine KI-Unterstützung zu einer Erhöhung der Produktivität und/oder Effektivität beitragen kann. Diese Prozesse sollten zunächst mittels „klassischer" Business Process Management Methoden ohne KI-gestützte Maßnahmen optimiert werden; die bereits eingesetzten IT-Systeme sind bei dieser Optimierung zu berücksichtigen. Für die optimierten Prozesse ist im nächsten Schritt eine Entscheidung über die Form einer möglichen KI-Unterstützung zu treffen. Auf dieser Basis werden die Kernprozesse mit KI-Unterstützung gestaltet. Die Implementierung der KI-Unterstützung in Wohnungs- und Immobilienunternehmen erfolgt i. d. R. in Form von Projekten, in deren Rahmen eine KI-adäquate Problemformulierung stattfindet, eine Wertschöpfungsmechanik etabliert wird und das entsprechende Projekt in der Organisation kommuniziert wird (vgl. Giffen et al., 2020, S. 15).

- Organisation des Geschäftsbetriebs: Die in diesem Handlungsfeld auszuführenden Maßnahmen zielen auf die Gestaltung einer für eine spezifische KI-Unterstützung geeigneten *Aufbauorganisation* sowie auf die Umsetzung dieser aufbauorganisatorischen Strukturen. In Abhängigkeit von den neu gestalteten KI-gestützten Kernprozessen wird für deren Abwicklung eine Aufbauorganisation konzipiert, welche die einzelnen Kernprozesse möglichst umfassend ohne Brüche und Ende-zu-Ende verantwortet. Die entsprechenden Organisationseinheiten sollten neben der Verantwortung für die mit den Prozessen verbundenen Aufgaben die Entscheidungskompetenz im Rahmen der Aufgabenausführung innehaben. Die operativen Maßnahmen zur Umsetzung dieser Strukturen liegen erstens in der Identifizierung von Wertschöpfungspotenzialen, die mit dem KI-Einsatz verbunden sind und sich aus einem entsprechenden Geschäftsmodell ableiten. Für Wohnungs- und Immobilienunternehmen liegenderartige Potenziale in der Entlastung von Mitarbeitenden dieser Unternehmen von Routinetätigkeiten, im Erzielen einer höheren Arbeitsproduktivität sowie in einer verbesserten Erfüllung der Anforderungen der Stakeholder dieser Unternehmen. Zweitens müssen KI-Kompetenzen in den Organisationen aufgebaut werden, d. h. entweder müssen die Mitarbeitenden für die Nutzung digitaler Technologien qualifiziert werden oder es müssen entsprechende Kompetenzen von extern hinzugezogen werden. Der zielführende Aufbau von KI-Kompetenzen erfordert das Einbringen von Domänenwissen, sodass die intern bzw. extern vorhandenen wohnungs- bzw. immobilienwirtschaftlichen Kompetenzen im Zuge des KI-Kompetenzaufbaus für die jeweilige Organisation mit diesen KI-Kompetenzen zu verknüpfen sind. Mit dem Erbringen von externer Leistungserbringung muss im Rahmen der Organisation des Geschäftsbetriebs, über welches die Leistungserbringung der Anbieter gesteuert und die erbrachten Leistungen abgerechnet werden, drittens ein Anbietermanagement etabliert werden (vgl. Giffen et al., 2020, S. 15 f.).
- Rechtliche Gestaltung: Das Handlungsfeld *rechtliche Gestaltung* dient insbesondere der Sicherung des geistigen Eigentums an den im Zuge des KI-Einsatzes aufgebauten KI-Modellen. Durch das jeweilige Wohnungs-bzw. Immobilienunternehmen müssen dazu vertragliche Vereinbarungen mit beteiligten Drittparteien getroffen werden – insbesondere könnten dies Softwareunternehmen oder andere Dienstleister betreffen, die definierte KI-Leistungen zur Verfügung stellen. Weiterhin müssen in diesem Hand-

lungsfeld haftungsrechtliche Aspekte fixiert werden, die sich aus dem KI-Einsatz ableiten. In der Wohnungs- und Immobilienwirtschaft können derartige Aspekte beispielsweise die technische Gebäudeausrüstung (z. B. HVAC-Anlagen, Aufzugsysteme, Zugangssysteme) betreffen oder es können z. B. fehlerhafte Aktionen durch KI-gestützte Systeme ausgeführt werden, wie die Buchung von Versorgerabrechnungen auf falsche Verbraucherkonten oder die fehlerhafte Zuordnung von Dokumenten in einem Dokumentenmanagementsystem. Entsprechende rechtliche Aspekte müssen vertraglich geregelt und/oder entstehende Schäden durch eine Versicherung abgedeckt werden.

- Sicherstellung von Compliance und Regulierung: Das Handlungsfeld *Sicherstellung von Compliance und Regulierung* adressiert erstens die Identifizierung, die Herstellung des Verständnisses und die Anwendung regulatorischer Vorgaben auf definierte Sachverhalte der Branche sowie die Umsetzung dieser gesetzlichen Vorgaben in den Unternehmen der Wohnungs- und Immobilienwirtschaft. Zweitens sind im Rahmen dieses Handlungsfelds Compliance-Richtlinien zu entwickeln. Diese Richtlinien können Prozesse für die Implementierung und das Testen von KI-Lösungen, ein strukturierbares Vorgehen und sowie Methoden für die Bewertung der Risiken und die geeignete Dokumentation der KI-Lösungen umfassen (vgl. Giffen et al., 2020, S. 19).
- Management des KI-Lebenszyklus: Mit dem *Management des KI-Lebenszyklus* werden Maßnahmen in einem Handlungsfeld formuliert, welches die operativen Aspekte des KI-Einsatzes mit seinen technischen Aspekten verbindet. Es berührt damit alle Lebenszyklusphasen der KI-Entwicklung von der Ideengenerierung über die Spezifizierung der zu lösenden Aufgabe, die Akquisition von Trainingsdaten, die Modellentwicklung und -evaluation bis hin zum Release Management (vgl. Miao et al., 2017, S. 1394). Die technischen Aspekte behandeln die Akquisition der benötigten Daten aus unterschiedlichen Quellen, z. B. aus dem ERP-/Verwaltungssystem oder dem CAFM-System des jeweiligen Wohnungs- bzw. Immobilienunternehmens, aus öffentlichen zugänglichen Datenbanken oder aus gänzlich anderen Datenquellen. Weitere technischen Aspekte liegen in der Exploration der Daten, in welcher eine erste Analyse der Datensätze erfolgt, um die Daten kennenzulernen (vgl. Shearer, 2000, S. 16), sowie in der Erstellung des Datenmodells für die adressierte Aufgabenstellung. Den technisch getriebenen Aufgaben werden mit den organisatorischen Aspekten definierte Rollen zugewiesen, z. B. *Product Owner, Data Engineer, KI-Spezialist* oder *Data Scientist* (vgl. Giffen et al., 2020, S. 18). Neben den spezifischen Entwicklungsaufgaben des jeweiligen KI-Systems sind im Rahmen dieses Handlungsfelds die Trainingsdaten für die KI-Systementwicklung zu managen und das Versionsmanagement der KI-Modelle durchzuführen. Das Management der Trainingsdaten zielt darauf ab, Fehler, Verzerrungen und Halluzinationen, also sog. *Bias* in den Daten mittels geeigneter Kriterien und Prozesse zu detektieren und zu beheben. Das Ziel der Versionierung der KI-Modelle liegt in der Dokumentation von Veränderungen der jeweiligen Modelle, die bei jedem Training der Modelle entstehen. Mit dem Versionsmanagement sind Rollen, Strukturen, Prozesse und Softwarewerkzeuge zu definieren, welche ein kontrolliertes Verändern der KI-Modelle unterstützen. Damit besteht ein direkter Zusammenhang mit den Be-

reichen *Compliance*, *Haftung* und *Dokumentation* aus den Handlungsfeldern *rechtliche Gestaltung* sowie *Sicherstellung von Compliance und Regulierung* (vgl. Giffen et al., 2020, S. 18 f.).

- KI-Technologie-Infrastruktur: Das Handlungsfeld *KI-Technologie-Infrastruktur* adressiert die infrastrukturellen und technischen Voraussetzungen für den KI-Einsatz in den Unternehmen der Wohnungs- und Immobilienwirtschaft. Die Aufgaben in diesem Handlungsfeld liegen in der Auswahl des für die KI-Aufgabenerfüllung geeigneten Frameworks und der heranzuziehenden Bibliotheken und Plattformen sowie im Aufbau der konkreten technischen KI-Lösung. Mit der Aufgabenerfüllung werden Rahmenbedingungen geschafften, die einen effektiven Einsatz der jeweiligen Werkzeuge ermöglichen. Ein Teil dieser Rahmenbedingungen besteht in der Bereitstellung von Rechenleistung für den KI-Einsatz einschließlich der Skalierungsmöglichkeit dieser Ressourcen, die sich mit einer Cloud-Lösung realisieren lässt. Auch die Weiterentwicklung dieser Infrastruktur also die Integration neuer KI-Hardware und -Software in bestehende IT-Infrastrukturen, stellt eine wichtige technisch getriebene Aufgabe im Handlungsfeld KI-Technologie-Infrastruktur dar.
- Cyber-Sicherheit von KI-Systemen: Ein weiteres technisches Handlungsfeld für den Einsatz von KI in der Wohnungs- und Immobilienwirtschaft bildet die *Cyber-Sicherheit von KI-Systemen*, denn der KI-Einsatz muss gegen Angriffe und Manipulationen von innen und von außen abgesichert werden. Dazu muss in einem ersten Schritt eine strukturierte Analyse der möglichen Angriffspunkte auf das jeweilige KI-System vorgenommen werden, hier stehen insbesondere die Datenschnittstellen im Fokus. Auf Basis der Analyseergebnisse werden Prozesse und Werkzeuge implementiert, mit denen die entsprechenden Risiken frühzeitig erfasst, eingeschätzt und minimiert werden können. Ein Beispiel hierfür bildet das Beobachten von Datenschnittstellen, z. B. aus einem Mietendenportal zu einem LLM-Bot für das Annehmen, Einordnen und Beantworten von Anfragen der Mietenden, um mittels geeigneter Analysen Anomalien erkennen zu können. Ein zweites Aufgabenfeld in diesem Handlungsfeld bildet das Schaffen eines Bewusstseins der Mitarbeitenden des jeweiligen Wohnungs-/Immobilienunternehmens über die Gefahren von Angriffen und entsprechenden Bedrohungsszenarien. Die Mitarbeiterinnen und Mitarbeiter müssen bzgl. der entsprechenden Bedrohungen hinreichend sensibilisiert werden, um diese erkennen und geeignete Abwehrmaßnahmen treffen zu können (vgl. Giffen et al., 2020, S. 19 f.).

Mit den dargestellten Handlungsfeldern werden die Anforderungen an den KI-Einsatz systematisiert: So zeigen diese technische, organisatorische und Integrationsanforderungen auf, die mit geeigneten Ansätzen zur Erfüllung dieser Anforderungen verknüpft werden. Diese Handlungsfelder für den KI-Einsatz sind nicht speziell auf die Wohnungs- und Immobilienwirtschaft ausgerichtet, sondern gelten unabhängig von bestimmten Branchen. Die in den Feldern beschriebenen Anforderungen und Ansätze lassen sich somit direkt auf die Wohnungs- und Immobilienwirtschaft anwenden. Damit bildet das *St. Galler Management Modell für KI (SGMM-KI)* insgesamt den am besten geeigneten Rahmen, um die Anforderungen an den KI-Einsatz auch in dieser Branche abzubilden.

KI-Werkzeuge, die bereits einsetzbar sind, bilden erstens LLM-basierte Systeme, welche für die Kommunikation mit Stakeholdern innerhalb von entsprechenden Portalen und als Assistenzsysteme in der Wohnungs- und Immobilienwirtschaft erprobt bzw. betrieben werden oder bereits produktiv sind (vgl. Abschn. 4.3.4). Dies bedeutet, dass diese Werkzeuge mit kurz- und mittelfristiger Perspektive zur Entlastung von Mitarbeitenden in den Unternehmen der Branche von sich häufig wiederholenden Kommunikationsaufgaben, Routinetätigkeiten, dem Auffinden von elektronisch abgelegten Dokumenten oder dem Erstellen von Standardschreiben und Standard-E-Mails eingesetzt werden. Ein breiterer Einsatz derartiger KI-Lösungen in der Wohnungs- und Immobilienwirtschaft ist bei Erfüllung der Voraussetzungen bzgl. einer vorhandenen Digitalisierungsstrategie und der durch das SGMM-KI abgebildeten Anforderungen an den KI-Einsatz mittelfristig zu erwarten. Die technischen Voraussetzungen sehen die Autoren bereits heute erfüllt. Zweitens lassen sich für umfassende Datenanalysen und damit insbesondere für die Steuerung technische Gebäudeausrüstung, wie HVAC-Anlagen oder Aufzugsysteme Machine Learning Werkzeuge und Algorithmen einsetzen, die große Datenmengen nutzbar machen, um in Echtzeit Muster zu erkennen und Steuerungsinformationen für gebäudetechnische Anlagen und Geräte nutzbar zu machen. Eine weitere Voraussetzung ist hier neben den bereits genannten der Aufbau geeigneter Algorithmen für die Datenverarbeitung. Auch in diesem Aktionsfeld sind die relevanten Technologien bereits vorhanden, sodass ebenfalls mittelfristig eine breite Etablierung derartiger Steuerungslösungen möglich ist.

4.3.4 Umsetzung von generativer KI in der Wohnungs- und Immobilienwirtschaft

Aktuelle GenAI-basierte Lösungen in der Wohnungs- und Immobilienwirtschaft lassen sich dem in Abschn. 4.3.2 diskutierten Feld *Transformation der Wissensgenerierung und -nutzung durch KI* zuordnen. Sie fokussieren in der Lebenszyklusphase der Verwaltung/Bewirtschaftung von Immobilien zu einem großen Teil erstens das Assistieren von Mitarbeitenden bei der Recherche nach Informationen, Daten und Dokumenten im eigenen Unternehmen sowie bei der Ausführung von Routinetätigkeiten. Zweitens leisten sie Hilfestellung und Entlastung bei der Kommunikation mit den Stakeholdern des jeweiligen Unternehmens. Dazu lassen sich LLM-Bots einsetzen, um beispielsweise schriftliche oder mündliche Nachrichten entgegenzunehmen, zu verarbeiten und an den jeweils am besten geeigneten Prozesspfad weiterzurouten oder die Kommunikation zu führen und die Bedarfe der Stakeholder – insbesondere bei häufig wiederkehrenden Anliegen – direkt zu befriedigen. Ein konkretes Praxisbeispiel für den Einsatz von generativer KI, das nachfolgend dargestellt wird, beschreibt die Nutzung einer GenAI-basierten Lösungen als KI-Mitarbeiter-Assistent bei der *Volkswohnung GmbH* in Karlsruhe, der in Zusammenarbeit mit *Bots4You* entwickelt wurde (vgl. Jüngling & Miran, 2024). Die Mitarbeitenden des Unternehmens werden durch diesen Assistenten bei täglichen Routineaufgaben, wie beispielsweise bei der Suche in internen Dokumenten, der Erstellung von E-Mails auf Basis interner Richtlinien oder bei Recherchen im Internet, unterstützt.

Praxisbeispiel: Einsatz von GenAI als KI-Mitarbeiter-Assistent bei der Volkswohnung Karlsruhe

Als eines der größten kommunalen Wohnungsunternehmen in Deutschland sind die Geschäftsprozesse der *Volkswohnung GmbH* durch hohe Wissensintensität geprägt und erfordern ein hohes Maß an Koordination und Kommunikation. So werden z. B. im Servicecenter des Unternehmens jährlich 40.000 E-Mails sowie etwa 68.000 telefonische Anfragen bearbeitet. Vor diesem Hintergrund strebt das Unternehmen sein Anfang 2024 eine zielführende Entlastung und Unterstützung seiner Mitarbeitenden durch digitale Technologien und insbesondere durch generative Künstliche Intelligenz an.

Im Unterschied zu vielen frühen KI-Initiativen in der Wohnungswirtschaft, die primär auf die Automatisierung der Stakeholderkommunikation abzielen, hat sich die Volkswohnung bewusst für die Nutzung von generativer künstlicher Intelligenz als *interner KI-Mitarbeiter-Assistent* entschieden, um das tägliche Arbeiten der Mitarbeitenden an den Stellen zu unterstützen, an denen ein hoher Anteil an Such-, Schreib-, Abstimmungs- und Entscheidungsaufwand anfällt. Somit ist der KI-Einsatz explizit als Produktivitäts- und Wissensmanagementinstrument konzipiert worden. Aus strategischer Sicht wird damit erstens das Ziel verfolgt, eine unternehmensinterne KI-Plattform aufzubauen und langfristig im Unternehmen zu etablieren, die auf eigenen Daten basiert und in die bestehende IT-Systemlandschaft integriert ist. Zweitens sollten die Mitarbeitenden mit dem KI-Einsatz möglichst frühzeitig einen konkreten, spürbaren Nutzen erfahren, um Akzeptanz und Vertrauen in die Technologie aufzubauen. Zur langfristigen Etablierung der Plattform und zur Weiterentwicklung der Digitalisierungsstrategie hat das Unternehmen geeignete Use Cases identifiziert und bewertet, für welche der KI-Mitarbeiter-Assistent schrittweise eingeführt worden ist.

Vor dem Start das eigentliche Pilotprojekts, das in Zusammenarbeit mit der *bots4you GmbH*, einem auf die Wohnungs- und Immobilienwirtschaft spezialisierten KI-Anbieter, durchgeführt worden ist, hat die Volkswohnung die organisatorische und Governance-bezogene Voraussetzungen für den Einsatz von generativer künstlicher Intelligenz im Unternehmen geschaffen. Wesentliche dieser Voraussetzungen waren das Erarbeiten einer unternehmensinternen KI-Richtlinie, der Abschluss einer entsprechenden Betriebsvereinbarung sowie die formale Definition des Pilotprojekts. Diese vorbereitenden Maßnahmen haben sich als zentral erwiesen, um rechtliche Sicherheit, Transparenz und Akzeptanz aufseiten der Mitarbeitenden sicherzustellen. Das Unternehmen hat den KI-Einsatz damit frühzeitig als Bestandteil verantwortungsvoller Unternehmensführung positioniert und organisatorisch in das Unternehmen integriert.

Das Pilotprojekt startete mit 16 Pilotanwenderinnen und -anwendern aus unterschiedlichen Bereichen des Unternehmens und war auf eine Laufzeit von rund sechs

Monaten ausgelegt. Ein wesentliches Element des Projektdesigns lag in einem intensiven Onboarding der Pilotgruppe: Dabei sind die Mitarbeitenden technisch eingewiesen und gezielt im Umgang mit Prompts und Fragestellungen geschult worden. Ziel war die Entwicklung eines Verständnisses dafür, wie GenAI sinnvoll „angesprochen" werden muss, um qualitativ hochwertige und arbeitsrelevante Ergebnisse bereitzustellen.

Technisch basiert der KI-Mitarbeiter-Assistent auf einer zentralen KI-Plattform, die ausschließlich in Deutschland beziehungsweise der EU betrieben wird und den Anforderungen der DSGVO sowie des EU-AI-Acts entspricht. Als Besonderheit wird die eingesetzte KI nicht mit internen Unternehmensdaten trainiert, vielmehr erfolgt der Zugriff auf internes Wissen kontextbezogen, z. B. über angebundene Dokumente, Richtlinien, ERP-Informationen oder E-Mail-Archive. Damit behält das Unternehmen jederzeit die Datenhoheit, während gleichzeitig die Vorteile generativer KI genutzt werden können. Der KI-Assistent kommt im Unternehmen in folgenden drei definierten Modi zum Einsatz:

- Im ersten Modus unterstützt die KI-Lösung die Erstellung von Texten, E-Mails, Briefen oder Konzepten ohne Bezug auf interne Unternehmensinformationen.
- In einem zweiten Modus wird der Assistent mit internen Dokumenten und Wissensbeständen gekoppelt. In diesem Kontext kann die KI fachliche Fragen beantworten, interne Zuständigkeiten klären oder Schriftstücke auf Basis von Verfahrens- und Arbeitsanweisungen, Hausordnungen oder anderen internen Vorgaben formulieren.
- Ergänzt werden diese beiden Modi durch einen dritten Modus, in dem die KI gezielt auf das Internet zugreifen kann, um aktuelle Informationen, etwa zu rechtlichen Rahmenbedingungen oder Förderprogrammen, zu recherchieren.

Bereits während der Pilotphase zeigte sich, dass der KI-Mitarbeiter-Assistent eine Vielzahl praxisnaher Anwendungsfälle abbildet: Dazu zählen beispielsweise die Beantwortung interner Fachfragen, die Erstellung standardisierter E-Mail-Entwürfe, die Unterstützung bei der Vorbereitung von Wohnungs-Vorabnahmen oder die Analyse und Vorprüfung von Verträgen. Charakteristisch für die beschriebenen Use Cases ist, dass die KI als *assistierender Co-Worker* fungiert, der Informationen strukturiert, Vorschläge unterbreitet und Mitarbeitende damit entlastet.

Mit dem Einsatz des KI-Mitarbeiter-Assistenten ließ sich bereits nach kurzer Zeit eine signifikante Produktivitätssteigerung festgestellt. Durch das intensive Onboarding erweisen sich die Mitarbeitenden als „KI-ready" und nutzen den Assistenten intuitiv und regelmäßig. Neben den erwarteten Effizienzgewinnen sind auch unerwartete Effekte festgestellt worden: So hat der KI-Einsatz Defizite bzw. Lücken im bestehenden Wissensmanagement sichtbar gemacht und damit Hinweise darauf geliefert, welche Informationen in Prozessen bislang fehlten oder unzureichend dokumentiert waren. Weiterhin sind aus dem Nutzungsverhalten heraus zahlreiche neue Ideen für weiterführende Use Cases entstanden.

Eine zentrale Erkenntnis des Pilotprojekt ist die, dass perfekte Datenqualität keine zwingende Voraussetzung für einen erfolgreichen Start mit generativer KI darstellt. Entscheidende Faktoren für die erfolgreiche Einführung einer entsprechenden Lösung bilden vielmehr ein transparenter Umgang mit bestehenden Datenlücken, ein klarer Nutzenfokus sowie die enge Einbindung der Mitarbeitenden. Ebenso zeigte sich, dass ein unterstützender Technologiepartner, der die Charakteristika und Bedarfe der Wohnungs- und Immobilienwirtschaft gut kennt, den Einstieg erleichtert und die Akzeptanz der Lösung fördert.

Das Praxisbeispiel zeigt, dass der Einsatz von generativer KI nicht als isoliertes Digitalisierungsvorhaben verstanden werden darf, sondern als strategischer Hebel zur Neugestaltung von Wissensarbeit genutzt werden sollte. GenAI-Lösungen entfalten an den Stellen ihre Wirkung, an denen sie unmittelbar in Koordinations-, Kommunikations- und Entscheidungsprozesse eingebunden sind. Für Unternehmen bedeutet dies, dass der Mehrwert entsprechender Lösungen weniger in der Automatisierung einzelner Tätigkeiten, sondern im skalierbaren Verfügbarmachen von organisationalem Wissen im Arbeitskontext liegt. Strategisch relevant ist dabei insbesondere, dass bestehende Strukturen des Wissensmanagements hinterfragt werden. So werden unvollständige, veraltete oder implizite Wissensbestände offengelegt, sodass Wissenslücken, Prozessbrüche und organisatorische Inkonsistenzen systematisch erkannt und eliminiert werden können. Damit kann generative künstliche Intelligenz zu einem Steuerungsinstrument organisationalen Lernens werden.

Festzuhalten bleibt, dass ein erfolgreicher GenAI-Einsatz primär eine Führungs- und Organisationsaufgabe darstellt. Wesentliche Erfolgsfaktoren bilden Governance, Qualifizierung der Mitarbeitenden und eine konsequente Ausrichtung auf konkrete Nutzungsszenarien mit frühem, sichtbaren Effekten. Eine Einbettung von Überlegungen und Planungen zu künstlicher Intelligenz in eine Digitalisierungsstrategie schafft die Grundlage für eine zukunftsfähige Wissens- und Entscheidungsarchitektur im jeweiligen Wohnungs- bzw. Immobilienunternehmen.

4.4 KI-Agenten – Von statischen Workflows zu autonomen Akteuren

Aus den Ausführungen des Abschn. 4.3, die insbesondere die *generative künstliche Intelligenz* adressiert, wird ersichtlich, wie generative KI bereits begonnen hat, etablierte Prozesse und Geschäftsmodelle in der Wohnungs- und Immobilienwirtschaft zu verändern. Während viele Unternehmen der Branche noch die strukturierte Einführung von Werkzeugen und ihre Anwendungsfelder generativer KI planen, zeichnet sich am Horizont bereits die nächste Entwicklungsstufe ab, nämlich die *KI-Agenten*. Dabei ist es ein bemerkenswertes Phänomen, zu beobachten, mit welcher Selbstverständlichkeit der Begriff „KI-Agent" mittlerweile in Diskussionen über digitale Transformation auftaucht. Noch vor wenigen Monaten war das Konzept des Software-Agenten primär tief in akademischen Kreisen der Informatik verwurzelt – ein Nischenthema mit einer hoch komplexen und fundierten fachlichen Basis.

Diese geschilderte Demokratisierung eines einst hochspezialisierten Konzepts ist das Resultat der erfolgreichen Verschmelzung von den sofort „anfassbaren" Ergebnissen generativer KI mit etablierten Prinzipien der Agententechnologie: Während generative KI-Systeme primär darauf ausgelegt sind, auf Anfrage Inhalte zu erzeuge – seien es Text, Bild, Code oder andere Medien – gehen KI-Agenten einen entscheidenden Schritt weiter: Sie verfügen über eine gewisse Autonomie, können eigenständig Entscheidungen treffen, mit ihrer Umgebung interagieren und zielgerichtet handeln (vgl. IBM, 2024). Ein KI-Agent ist nunmehr nicht mehr nur ein passives System, das auf Anfragen reagiert, sondern ein proaktiver digitaler Mitarbeiter, dem die Nutzenden nicht mehr regelbasiert jede Art von „Verhalten" und „Reaktionen" vorgeben müssen. Im Unterschied zu „herkömmlichen" Software-Technologien verfügen KI-Agenten über die Fähigkeit, aus Daten und Interaktionen Schlüsse zu ziehen, sich anzupassen und innerhalb definierter Parameter selbstständig zu handeln. Sie repräsentieren damit eine organische Weiterentwicklung der generativen KI-Systeme, indem sie deren Fähigkeiten zur Inhaltsgeneration mit zielgerichtetem Handeln verbinden.

In den folgenden Abschnitten beleuchten die Autoren genauer, wie KI-Agenten in der Wohnungs- und Immobilienwirtschaft eingesetzt werden können und welche technischen sowie organisatorischen Voraussetzungen für ihre Implementierung notwendig sind. Dabei werden sowohl theoretische Grundlagen behandelt als auch praktische Anwendungsbeispiele betrachtet, um ein umfassendes Bild dieser Technologieentwicklung zu vermitteln.

4.4.1 Definition: Das Wesen von Software-KI-Agenten

Die heutige *Agentic AI* basiert auf Grundlagen, die bereits in den 1980er-Jahren gelegt wurden. Bereits seinerzeit gab es einen festen Glauben daran, dass die Agenten-Theorie ein zentraler Bestandteil der Softwareentwicklung werden würde, insbesondere in verteilten Systemen (vgl. Wooldridge, 2009). Bereits vor 30 Jahren haben *Wooldridge und Jennings (*1995*)* die Kerneigenschaften intelligenter Agenten mit *Autonomie, soziale Fähigkeit, Reaktivität* und *Proaktivität* definiert. Ein Agent ist demnach kein bloßes Programm, das Befehle ausführt, sondern ein Akteur, der seinen Zustand und seine Umwelt wahrnimmt und zielgerichtet eigene oder kollektive Aufgaben erfüllt (vgl. Uhrmacher & Weyns, 2009).

Mit dem *Belief-Desire-Intention (BDI-)Modell* lässt sich die interne Logik eines Agenten sehr anschaulich beschreiben. Es handelt sich dabei um ein grundlegendes Framework in der KI und Robotik zur Modellierung rationaler Agenten, das menschliche Entscheidungsprozesse nachahmt. Dazu stattet es Agenten mit *Glaubenssätzen*, *Wünschen* und *Absichten* aus, um eine Balance zwischen deliberativem Denken (Planen) und Handeln (Ausführen) zu finden und so adaptive, zielgerichtete Verhaltensweisen zu ermöglichen (vgl. Bratman, 1987). Die Elemente des Frameworks stellen sich wie folgt dar:

- *Beliefs (Überzeugungen oder Umweltinformationen)*: Die Glaubenssätze stellen das Informationsmodell des jeweiligen Agenten über seine Umwelt bereit. Dieses Informationsmodell unterscheidet sich von bloßen Daten, da „Überzeugungen" implizieren, dass der Agent diese Informationen für wahr hält, um darauf basierend zu handeln. Diese Überzeugungen werden ständig durch neue Wahrnehmung aktualisiert (vgl. Perez Perez, 2019; vgl. Schönmann, 2003, S. 4). Ein Beispiel für *Beliefs* aus der Wohnungs- und Immobilienwirtschaft stellt eine *Handwerker-Eingangsrechnung in einem Wohnungsunternehmen* dar und das Wissen darum, wie eine solche Rechnung aussieht und welche Aufgaben für den Umgang damit erforderlich sind.
- *Desires (Wünsche/Ziele)*: Wünsche repräsentieren die „motivationalen Zustände" des Agenten. Es handelt sich dabei um Ziele, die der Agent erreichen möchte oder soll. Ziele können komplex und widersprüchlich sein (vgl. Schönmann, 2003, S. 5). Desires bedeuten im Beispiel der Handwerker-Eingangsrechnung deren *Verarbeitung in mindestens drei Dimensionen*, so die *Erfüllung der Handwerker-Erwartung*, die *Erfüllung gesetzlicher Vorgaben im externen Rechnungswesen*, die *Aktualisierung von Bestandsinformationen* und/oder schließlich die *Aktualisierung der Budgetierung*.
- *Intentions (Absichten)*: Die Absichten basieren auf den Zielen des Agenten, zu deren Ausführung er sich verpflichtet hat. Sobald ein Wunsch zur Absicht wird, plant der Agent konkrete Schritte zu dessen Erreichung. Er formuliert die Fragen: *was mache ich jetzt wirklich? wie gehe ich dabei vor?* (vgl. Schönmann, 2003, S. 6). Aus vielen möglichen Zielen wählt der Agent einige aus und definiert die daraus folgenden Pläne. Diese Pläne strukturieren das Handeln des Agenten und die auszuführenden Prozessschritte (vgl. Meyer et al., 2015). Diese Unterteilung ist wichtig, da abhängig von den Umweltinformationen eines Agenten und seinen Zielen es ggf. nicht möglich ist, alle Ziele vollständig zu erreichen. Sofern sich lediglich Teilziele erreichen lassen, wählt der Agent für diese Teilziele die erforderlichen Schritte aus und setzt diese um. Im Beispiel der Handwerker-Eingangsrechnung enthält diese i. d. R. *keine Informationen zu Veränderungen im Bestand des Wohnungsunternehmens* und kann daher *keiner bekannten Budgetposition zugeordnet* werden.

Ein BDI-Agent kann beliebig viele *Wünsche* bzw. Ziele verfolgen, die er jedoch nicht zwingend erreichen muss. Vor diesem Hintergrund legt der Agent sich nach einer Zielauswahl auf eine konkrete *Absicht* fest, die dieser bis zur Zieler füllung weiterverfolgt. Ein mögliches Verwerfen dieser Absicht und der Zeitpunkt des Verwerfens ist abhängig von der Implementierung des Agenten sowie von seinen Parametern. Weiterhin dürfen bei den jeweils aktuell ausgewählten Intentionen keine Widersprüche auftreten, damit der Agent sich im Erreichen seiner Ziele nicht selbst behindert. Demgegenüber sind bei den Wünschen Inkonsistenzen möglich, da diese nicht zwingend verfolgt werden (vgl. Schönmann, 2003, S. 7).

4.4.2 KI-Agenten: Verbindung der Multi-Agenten-Theorie mit Technologien der generativen künstlichen Intelligenz

Das *Belief-Desire-Intention (BDI-)Modell* beschreibt, wie Wahrnehmung, Entscheidung und Handlung ineinandergreifen. Um es Software-basiert umzusetzen und mit generativer Künstlicher Intelligenz zu KI-Agenten weiterzuentwickeln, ist es notwendig, die vorgestellten Elemente des BDI-Modells weiter zu konkretisieren. Für diese Konkretisierung sind vereinfacht dargestellt die folgenden Schritte sequenziell auszuführen (vgl. Adam & Gaudou, 2016):

- *Erfassung und Verarbeitung von Eingangsinformationen*, wie beispielsweise E-Mails, Dateien, Anrufe, unternehmensinterne und -externe Informationen.
- *Zielauswahl*: Analyse und Bewertung der Eingangsinformationen und Auswahl der dazu passenden Ziele, z. B. Analyse der Eingangsrechnung und Definition, wie diese weiterverarbeitet werden kann.
- *Planung und Ausführung*: Übernahme der bewerteten Eingangsinformationen und Auswahl der dazu passenden Aktionen; anschließende Umsetzung dieser Aktionen.

Im Kontext der generativen künstlichen Intelligenz agiert ein LLM (vgl. Beginn des Abschn. 4.3) als das „Gehirn" hinter diesen drei Schritten (vgl. Siebert, 2025). Eine Anwendung der bekannten Erkenntnisse über die Funktionsweise von LLM-Technologien auf die vorangehend genannten drei Schritte führt auf die folgenden vier *Arbeitsebenen von KI-Agenten* (vgl. Wuttke, 2025):

- *Eingangsebene*: Es werden Informationen durch die jeweiligen Nutenden oder anfragenden Einheiten bereitgestellt oder der Agent greift automatisiert auf Informationen in verschiedenen Formaten zu.

- *Gedächtnis*: Einbindung des aktuellen Kontexts der Aufgabe, des „Wissens" aus dem LLM selbst sowie zusätzlich bereitgestellter Informationen, z. B. über ein RAG[8]-System aus dem jeweiligen Unternehmen.
- *Planung*: Nutzung der Reasoning-Fähigkeiten des LLM und „Chain of Thoughts", um die Aufgabe zu „überdenken" und ein geeignetes Vorgehen abzuleiten.
- *Umsetzung und Werkzeuge*: Umsetzung der Planung und Nutzung der zur Verfügung stehender technischer Werkzeuge, beispielsweise REST-API zu anderen Systemen, Model Context Protocol[9] (MCP-)Server oder Code-Ausführung.

KI-Agenten stellen vor dem Hintergrund der genannten Arbeitsebenen Softwaresysteme dar, die KI nutzen, um im Namen der Nutzerinnen und Nutzer Ziele zu verfolgen und Aufgaben zu erledigen. Sie zeigen Denkvermögen, Planung und Gedächtnis und zeigen ein gewisses Maß an Autonomie, um Entscheidungen zu treffen, zu lernen und sich anzupassen (vgl. Siebert, 2025). Die nachfolgende Tabelle vergleicht abschließend KI-Agenten mit anderen gebräuchlichen Technologien. Die Abgrenzung von KI-Agenten gegenüber „herkömmlichen" KI-Assistenten, Bots oder starren Workflows führt zu einer insbesondere für die Wohnungs- und Immobilienwirtschaft notwendigen fachlichen Klarheit und zu einer realistischen Einschätzung der prinzipiell zur Verfügung stehenden und eingesetzten Technologien.

Tab. 4.3 zeigt, dass „klassische Bots" und Workflows regelbasiert – einem Prozess „If-This-Then-That" folgend – agieren und Assistenten primär reaktiv auf direkte Prompts antworten. Demgegenüber zeichnen sich echte Agenten durch Autonomie, Zielorientierung und operative Handlungsfähigkeit aus. Sie sind damit in der Lage, komplexe Zielvorgaben selbstständig in Unteraufgaben zu zerlegen, externe Werkzeuge zu nutzen und ihren Pfad bei Hindernissen eigenständig anzupassen (vgl. Sapakota et al., 2026).

4.4.3 Technologischer Werkzeugkasten für die Umsetzung von KI-Agenten

Die Leistungsfähigkeit eines KI-Agenten hängt nicht nur von seiner kognitiven Tiefe ab, sondern sie definiert sich maßgeblich durch die Qualität und Beschaffenheit seiner Schnittstellen zur digitalen Umwelt. Auf dieser Werkzeugebene fungieren verschiedene Techno-

---

[8] Ein *Retrieval Augmented Generation (RAG-)System* stellt einen KI-Framework zur Verbindung eines LLM mit externen Wissensquellen, beispielsweise Datenbanken oder Dokumente, dar. Zweck des System ist es, genauere, aktuellere und kontextbezogene Antworten zu generieren, ohne das genutzte KI-Modell neu trainieren zu müssen. Das RAG-System sucht relevante Informationen in den externen Daten und nutzt diese, um die Antwort des LLM zu erweitern. Dies reduziert Halluzinationen und ermöglicht domänenspezifische Antworten (vgl. Honroth et al., 2024).

[9] MCP bezeichnet mit dem *Model Context Protocol* einen neuer integrativen Standard, der es KI-Modellen bzw. LLM ermöglicht, sicher und standardisiert mit externen Daten und Werkzeugen zu kommunizieren (vgl. auch Tab. 4–4).

Tab. 4.3 Vergleich von KI-Agenten mit anderen Technologien. (Eigene Darstellung in Anlehnung an Google Cloud, 2025)

Technologie	KI-Agent	KI-Assistent	Bot	Workflow
Zweck	Aufgaben autonom wiederkehrend, proaktiv ausführen.	Nutzende bei Aufgaben unterstützen.	Automatisierung einfacher Aufgaben oder Unterhaltungen.	Automatisierung komplexer, vordefinierter verzweigter Aufgaben.
Funktionen	Kann komplexe, mehrstufige Aktionen ausführen, Daten aus verschiedenen Quellen und Formaten verarbeiten, kann Entscheidungen unabhängig treffen.	Reagiert auf Anfragen, übersetzt Informationen oftmals Prompts als Eingangsinformationen für eine KI, liefert Informationen und führt einfache Aufgaben aus; kann Aktionen empfehlen, aber der/die Nutzende trifft die Entscheidungen.	Folgt vordefinierten Regeln; grundlegende Interaktionen.	Folgt vordefinierten Abläufen und nutzen innerhalb von Workflow-Knoten KI-Funktionen, um z. B. Informationen für den nächsten Workflow-Schritt bereitzustellen.
Interaktion	Proaktiv und zielorientiert.	Reaktiv; reagiert auf Nutzeranfragen.	Reaktiv; reagiert auf Trigger oder Befehle.	Reaktiv; reagiert auf Trigger oder Befehle.
Freiheitsgrad, Autonomie	Hoch, realisiert autonom vorab definierte Ziele auf Basis der zur Verfügung stehenden Informationen und Umsetzungsmöglichkeiten.	Gering, benötigt und wartet auf menschliche Interaktion.	Gering, bricht bei unzureichenden Eingaben ab und folgt definierten Regeln.	Gering, der definierte Workflow bestimmt das Verhalten; Autonomie findet nur innerhalb der Workflow-Knoten statt, also in den Ergebnissen.
Beispiel Wohnungs- und Immobilienwirtschaft	"Erkenne alle eingehenden Rechnungen, überprüfe diese und nutze die Informationen für die Aktualisierung der Bestandsdaten zu unseren Gebäuden."	"Gib mir drei Stichwörter für die zu erstellenden Stellenbeschreibung. Die Weiterleitung des Ergebnisses erfolgt über MS Teams."	Ein Bot überprüft jede Nacht die Stammdaten der Mieter im ERP-System und erstellt einen Bericht über Abweichungen in den jeweiligen Feldern.	"Lies die Angebotsmieten im PLZ-Bereich auf ImmoScout 24 aus und übertrage die Mietpreise pro qm in eine Excel-Tabelle."

logien als „Hände“ des Agenten. Ebenso wie die Digitalisierung insgesamt verlangen KI-Agenten Datenkommunikation und technologische Interoperabilität (vgl. dazu auch Kap. 7), um agentenbasierte Ökosysteme umzusetzen. So müssen Software-Technologien und IT-Systeme in der Wohnungs- und Immobilienwirtschaft vielfach Daten untereinander austauschen, um Datensilos, die ein Ausschöpfen der Potenziale vielfach in den Organisationen vorhandenen Daten verhindern, zu vermeiden. In gleicher Weise muss eine Anbindung von KI-Agenten an die IT-Systeme von Wohnungs- und Immobilienunternehmen umgesetzt werden, damit diese ihre Aufgaben zielführend ausführen können.

Fehlende Interoperabilität führt oft dazu, dass Mitarbeitende als „menschliche Schnittstelle“ fungieren müssen – sie übertragen Daten manuell von einem System in ein anderes. Somit ist Konnektivität zwingend erforderlich, um manuelle Interventionsbedarfe an den Systemgrenzen zu eliminieren und eine verlustfreie Datenübertragung in Echtzeit zu gewährleisten. Folglich fungieren Schnittstellen nicht nur als technisches Beiwerk, sondern als das architektonische Rückgrat, auf dem eine medienbruchfreie Automatisierung aufbauen muss. Ohne Interoperabilität zwischen den Systemen in der Wohnungs- und Immobilienwirtschaft besteht die Gefahr, die wichtige Technologie der KI-Agenten nur unzureichend auszuprägen.

Tab. 4.4 Schnittstellen/Protokolle für eine KI-agentenbasierte Kommunikation. (Eigene Darstellung)

Technologie	Funktion im Kontext von KI-Agenten	Vorteile
REST-API	Direkter Datenaustausch und Ansteuerung von Funktionen	Hohe Zuverlässigkeit und Geschwindigkeit; etablierter Standard
Screen Reading	Visuelle Erfassung von Bildschirminhalten (OCR/Computer Vision)	Ermöglicht dem Agenten das „Ver-ständnis" von Anwendungen ohne API-Zugang
RPA (vgl. Abschnitt 4.5)	Automatisierte Ausführung von Klicks und Tastatureingaben in bekannten Masken und Interaktionen	Brückentechnologie, aufwendiger als APIs in Echtzeit auszuführen; oft Bestandteil von Batch-Läufen außerhalb der Arbeitszeiten
Model Context Protocol (MCP)	Offener Standard zur universellen Anbindung von Datenquellen und Werkzeugen an LLM	Reduziert den Integrationsaufwand drastisch durch „Plug-and-Play"-Konnektivität zwischen LLM- und angebundenen Systemen; das KI-System nutzt die angebundene Software

Die in Tab. 4.4 aufgelisteten Schnittstellentechnologien bilden wichtige Befähiger für die integrierte Nutzung von KI-Agenten. Die charakteristischen Merkmale dieser Technologien lassen sich wie folgt beschreiben:

- *REpresentational State Transfer (REST-)API* bilden das Rückgrat moderner Softwarearchitekturen und stellen den bevorzugten Interaktionskanal für KI-Agenten dar. Der Grund hierfür liegt in der Determiniertheit; wenn also ein Agent eine Information an einen API-Endpunkt sendet, ist die Antwort des Servers vorhersehbar und maschinenlesbar (vgl. Richter, 2025).
- Über *Screen Reading* erhält ein KI-Agent die Fähigkeit, visuelle Benutzeroberflächen zu interpretieren, die keine moderne Programmierschnittstelle implementieren, während *RPA* es dem Agenten ermöglicht, repetitive Interaktionen auf „Eingabemasken-Ebene" präzise zu replizieren. Erst durch diese technologische Diversität auf der Ausführungsebene wird ein Agent von einem rein beratenden System zu einem aktiven Akteur, der in der Lage ist, Brüche in der digitalen Prozesskette autonom zu überbrücken und heterogene Softwarelandschaften zu orchestrieren.
- Das *Model Context Protocol (MCP)*, entwickelt von *Anthropic* und als Open Source veröffentlicht, ist ein universelles Protokoll für die Kommunikation zwischen dem „Gehirn" – einer KI – und der „Welt" – den genutzten Daten und eingesetzten Werkzeugen. MCP abstrahiert die Verbindung zwischen Systemen, ähnlich wie ein USB-Anschluss. Ein Agent muss somit nicht wissen, wie er beispielsweise mit einer PostgreSQL-Datenbank spricht; vielmehr verbindet er sich einfach mit einem „PostgreSQL MCP Server". Dieser Server veröffentlicht seine Fähigkeiten in einem standardisierten Format wie folgt: „Ich habe Tabellen A, B, C und kann SQL ausführen". Mit der MCP-Technologie, die ausreichende Serverkapazitäten voraussetzt und

die Rest-API nutzen, existiert ein Standard, um KI-Technologien direkt mit Softwarelösungen, die für die Ausführung von KI-Agenten notwendig sind, zu verbinden (vgl. Elunic, 2025).

Erst die beschriebene technologische Vielfalt überbrückt Brüche in digitalen Prozessketten. KI-Agenten haben die Fähigkeit Software-Werkzeuge über verschiedene Wege aufzurufen. Diese Fähigkeit ermöglicht es ihnen erst mit externen Datenquellen zu arbeiten oder Informationen aus anderen IT-Systemen bzw. Softwareanwendungen abzurufen. Beispiele für diese Anwendungen liegen in *ERP-Systemen*, aus denen Mietendendaten abgerufen oder Buchungen im Rechnungswesen umgesetzt werden können, *Kalender-Systeme* für eine Koordination von Terminen für Handwerker und Mietende oder *IoT-Sensoren* zur Abfrage von Daten aus Heizungsanlagen und Sensoren zur Verbrauchserfassung. Auch lassen sich Daten aus organisationsexternen Systemen abfragen, wie beispielsweise Marktdaten zu Angebotsmieten oder Mietspiegel aus bestimmten Regionen.

KI-Agenten markieren einen Meilenstein in der Digitalisierung der Wohnungs- und Immobilienwirtschaft. Sie verbinden die Möglichkeiten generativer KI mit einem durchdachten, theoretisch fundierten Softwarekonzept und bilden Multi-Agenten-Systeme. Damit erhalten die Unternehmen der Branche ein neues Werkzeug, um die zentralen Ziele der Digitalisierung – Automatisierung und Vernetzung – voranzutreiben.

4.5 Robotic Process Automation (RPA)

Um die Effizienz von computergestützten Aktivitäten zu steigern, an denen Personen beteiligt sind, indem diese beispielsweise Daten eingeben oder einen teilautomatisierten Ablauf begleiten, lassen sich Bots einsetzen, welche die entsprechenden Eingaben zunächst erlernen und danach selbstständig ausführen (vgl. Czarnecki & Auth, 2018, S. 116). Diese Bots repräsentieren Roboter; die automatisierte Aufgabenausführung, welche manuelle Tätigkeiten ersetzt, wird als *Robotic Process Automation (RPA)* bezeichnet. Somit ist RPA als automatisierte Aufgabenausführung definiert, bei der ein Softwareroboter auf Basis von strukturierten Daten in einem Geschäftsprozess repetitive, regelbasierte – bisher von einer Person ausgeführte – Aktivitäten in Softwareanwendungen durch seine Aktionen ersetzt, ohne die genutzten Anwendungen zu verändern (vgl. Aguirre & Rodriguez, 2017, S. 66). Der Roboter bildet seine automatisierten Aktionen dabei direkt auf der Benutzeroberfläche der jeweiligen Softwareanwendung ab. Manuelle Aktivitäten werden üblicherweise an der regulären Benutzerschnittstelle des jeweiligen IT-Systems limitiert (vgl. Santos et al., 2020, S. 408 f.), was für RPA die Folge hat, dass dies keiner Systemschnittstelle bedarf. Aus Sicht der Softwareanwendung handelt es sich bei RPA um Benutzer, welche sich analog zu Personen, die mit den Anwendungen interagieren, mit Benutzernamen und Passwörtern anmelden und auf den Softwareanwendungen Befehle ausführen. Somit sind keine Änderungen an den jeweiligen bestehenden Softwareanwendungen erforderlich. Zugleich bilden jedoch die Anzahl der serverseitig bearbeitbaren Client-Anfragen eine Restriktion für die Skalierbarkeit von RPA. Auch sind bei der Verwaltung der Zugangsdaten Aspekte der Cyber-Sicherheit zu beachten (vgl. Czarnecki & Auth, 2018, S. 117).

In der Wohnungs- und Immobilienwirtschaft zielt der Einsatz von Robotic Process Automation darauf ab, Mitarbeitende in den Unternehmen der Branche von Routinetätigkeiten mit zahlreichen manuellen Schritten zu entlasten. Entsprechende Routinetätigkeiten fallen am häufigsten in der Phase der *Verwaltung bzw. Bewirtschaftung* des Immobilienlebenszyklus an, sodass RPA auch in dieser Phase schwerpunktmäßig zum Einsatz kommt. Derartige Routinetätigkeiten liegen beispielsweise in der Anlage von Benutzern im ERP-System eines Immobilienunternehmens oder in der Anlage und im Versand von Sparverträgen durch Wohnungsgenossenschaften mit Spareinrichtung (vgl. Grimsmann, 2024, S. 31). Eine genauere Analyse dieser Prozesse zeigt oftmals auf, dass sie Optimierungspotenziale aufweisen, die zu einem Teil durch ihre Neugestaltung und zu einem weiteren Teil durch den Einsatz von RPA ausgeschöpft werden können. Die durch entsprechende Maßnahmen erzielbaren Verbesserungen liegen i. d. R. in der Reduzierung der Zeit-, Kosten- und Personalaufwände in den Prozessen als Folge einer Eliminierung oder Verringerung manueller Arbeitsschritte, einer Verringerung der Arbeitsbelastung der Mitarbeitenden sowie einer Steigerung der Produktivität der einschlägigen Prozesse.

Damit ein RPA-Einsatz die gewünschten Effizienzeffekte erzielen kann, müssen die Prozesse, die mittels Softwarerobotern effizienter gestaltet werden sollen, bestimmte Bedingungen erfüllen. Diese Bedingungen stellen sich wie folgt dar (vgl. Grimsmann, 2024, S. 9; vgl. Feldmann, 2022, S. 7):

- Hoher Grad der *Prozessstandardisierung*: Der jeweilige Prozess muss einem gut strukturierten, standardisierten Ablauf folgen; entsprechend dieser Anforderung darf dieser Prozess wenige bis gar keine Abweichungen von seinem immer wiederkehrenden Ablauf aufweisen. Auch sollte eine Dokumentation des Prozesses vorliegen und dieser ausgereift optimiert sein.
- Hoher Grad der *Regelbasiertheit* des Prozesses: Die Prozessaktivitäten folgen eindeutigen Regeln, sodass ein geringer oder gar kein Bedarf an kognitiven Fähigkeiten für die Ausführung dieser Aktivitäten erforderlich sind. Typische Aktivitäten liegen im Suchen, Sammeln, Zusammenfassen und Aktualisieren von Daten sowie im Treffen von einfachen Entscheidungen nach exakt definierten Kriterien.
- Hohes *Transaktionsvolumen*: Der Prozess wird häufig ausgeführt und hat einen bedeutenden Zeitbedarf.
- Der Prozess besitzt einen hohen *Reifegrad*, d. h. er ist im jeweiligen Unternehmen bereits vielfach ausgeführt worden und damit etabliert und er bildet notwendige Aktivitäten als Voraussetzung zur Wahrnehmung der Kernaufgaben oder als Teil der Kernaufgaben des jeweiligen Unternehmens ab.
- Die im Rahmen des jeweiligen Prozesses zu erfassenden und zu verarbeitenden Daten liegen *strukturiert, digital und in hoher Qualität* vor.
- Hoher negativer Einfluss manueller Aktivitäten: Häufige menschliche Interaktionen mit unterschiedlichen Softwaresysteme in den jeweiligen Prozessen führen zu hohen Pro-

zesskosten. Auch entsteht durch manuelle Eingaben in diesen Systeme eine hohe Fehleranfälligkeit, z. B. aufgrund von Medienbrüchen zwischen den Systemen.

Für die Implementierung von Robotic Process Automation (RPA) in einen Unternehmen haben *Herm* et al. *(*2022*)* ein Vorgehensmodell entwickelt, das die drei Phasen *Initialisierung*, *Implementierung* und *Skalierung* umfasst (vgl. Abb. 4.4). Jedes RPA-Projekt muss diese Phasen durchlaufen, wobei insbesondere Implementierungsmaßnahmen, die projektexterne Einflüsse aufnehmen, wie die Weiterentwicklung und Etablierung eines *Center of Excellence (CoE)* für RPI-Projekte, kontinuierlich betrieben werden müssen. Das Vorgehensmodell unterstützt den systematischen Aufbau und die Entwicklung von RPA-Projekten in der Praxis und lässt sich flexibel auf die jeweiligen Rahmenbedingungen sowie Branchen anpassen (vgl. Herm et al., 2022, S. 21) (Abb. 4.4).

Die drei Phasen eines RPA-Projekts *Initialisierung*, *Implementierung* und *Skalierung* beinhalten spezifische Aufgaben, sie werden durch ein kontinuierliches Implementierungsmanagement und die Instrumente des *Center of Excellence (CoE)* begleitet. Die Initialisierungsphase eines RPA-Projekts wird durch die drei Aufgaben Festlegung der Anforderungen an RPA, Abgleich mit der Geschäftsstrategie sowie Selektion unterschiedlicher RPA-Technologien gebildet. Diese Aufgaben stellen sich im Detail wie folgt dar (vgl. Herm et al., 2022, S. 22 ff.):

- Mit der *Festlegung der RPA-Anforderungen* werden die Bedarfe und Möglichkeiten, die eine Automatisierung der jeweiligen Prozesses bedeuten, ermittelt. Die Auswahl und Bewertung von bestehenden Prozessen in einer Organisation hinsichtlich ihrer

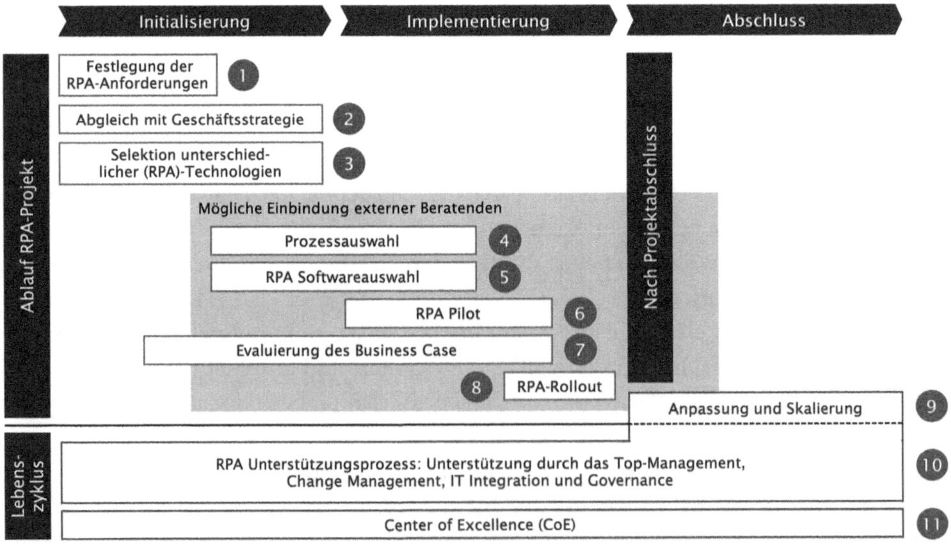

Abb. 4.4 Vorgehensmodell für die RPA-Implementierung. (Eigene Darstellung in Anlehnung an Herm et al., 2022, S. 24)

Automatisierung kann mit unterschiedlicher Methoden durchgeführt werden. Im Rahmen dieser Aufgabenausführung muss das Unternehmen abhängig von seinem Digitalisierungsgrad ermitteln, ob und in welchem Maße manuell ausgeführte Prozesse durch existierende IT-Systeme automatisiert werden sollen.

- Entlang seiner *Geschäfts- und Digitalisierungsstrategie* muss das jeweilige Unternehmen die Bedeutung, die Zweckmäßigkeit und den Nutzen der Einführung von RPA bewerten. Dazu werden RPA-Erfolgsfaktoren ermittelt, die insbesondere den Einfluss auf die strategischen Ziele im Fokus haben. Auch sollten mit dieser Aufgabenerfüllung bereits organisatorische Aspekte berücksichtigt werden, um beispielsweise eventuell notwendige Rollen und Funktionen in der Organisation bereitstellen zu können.
- Die *Auswahl der einzuführenden Softwaretechnik für RPA* zielt darauf ab, die für die Automatisierungsaufgaben am besten geeigneten Technologien zu identifizieren; zugleich ist damit eine Entscheidung gegen die Einführung von RPA möglich. So können andere Methoden, wie z. B. Process Reengineering, der Einsatz von Machine Learning Algorithmen, die Anpassung von eigenen Werkzeugen oder die Nutzung konventioneller Business Process Management Systeme zur Automatisierung von Prozessen eingesetzt werden. Oft wird RPA lediglich als Übergangstechnologie vor der Einführung und Integration von Programmierschnittstellen genutzt, um eine Ad-hoc-Prozessautomatisierung zu realisieren.

Im Zuge der Implementierungsphase wird eine Auswahl der zu automatisierenden Prozesse getroffen, die einzusetzende RPA-Software wird ausgewählt, es wird ein erster PRPA-Pilot aufgebaut und schließlich wird damit der erstellte Business Case bewertet. Einige dieser Aufgaben werden bereits in der Initialisierungsphase angestoßen, ihre wesentliche Ausführung erfolgt jedoch in der Phase der Implementierung von RPA. Die genannten Aufgaben lassen sich im Detail wie folgt beschreiben (vgl. Herm et al., 2022, S. 24 f.):

- Nachdem RPA als Zieltechnologie definiert worden ist, werden die *Prozesskandidaten für die Umsetzung von Robotic Process Automation ausgewählt* und bezüglich der Umsetzung priorisiert. Für die Auswahl der zu automatisierenden Geschäftsprozesse werden Informationen der Endnutzer und der Stakeholder sowie Informationen aus den an den Prozessen beteiligten Abteilungen benötigt. Vielfach werden Automatisierungen mittels RPA für eine initiale Implementierung und Tests für einfachere Backoffice-Prozesse, wie Buchhaltung oder Finanzen, gestaltet. Grundsätzlich sollten bei der Prozessauswahl der Standardisierungsgrad und die Prozessstabilität berücksichtigt werden, da derartige Prozesse i. d. R. klarer in der Ausführung und besser dokumentiert sind. Grundsätzlich bildet die Häufigkeit der Prozessausführung ein wichtiges Merkmal für das Automatisierungspotenzial und für die Möglichkeit der Effizienzsteigerung. Weiterhin verlangt die Automatisierung eines Prozesses mittels RPA digitalen Input und Output der Daten in den und aus dem entsprechenden Prozess.

- Die *Auswahl der zu nutzenden RPA-Software* bildet einen weiteren grundlegenden Arbeitsschritt in der Implementierungsphase. Auswahlkriterien bilden hier die Kosten der Software, die Qualifikationsanforderungen für deren Einsatz sowie bereits durchgeführte erfolgreiche Implementierungen der entsprechenden RPA-Software. Auch können eine qualifizierte Unterstützung von außen, Unterstützung durch eine Community, die Reputation des Softwareanbieters, die Möglichkeit der Ergänzung von Softwarerobotern durch Low-Code-Programmierung sowie der Entwicklungsstand der Software, ihre Verwaltbarkeit und Sicherheit sowie ein mögliches Cloud-Betrieb und die Flexibilität der Lizenzierung wichtige Entscheidungsaspekte für eine entsprechende Software sein.
- Der *Aufbau eines RPA-Piloten* bildet den Kern der Implementierungsphase und dient als *Proof of Concept* für eine initiale oder eine der ersten RPA-Implementierungen. Ein solcher Pilot dient zur Verifizierung der Funktionalität sowie als technischer und finanzieller Nachweis der RPA-Technologie für ein gegebenes Prozessszenario. Ziel ist das Erbringen des Nachweises für den produktiven Einsatz der Robotic Process Automation (RPA). Die Bewertungskriterien umfassen die Qualität des automatisierten Prozesses sowie den berechneten Return on Investment (RoI). Für eine verlässliche Aussage sollte der Pilot einige Monate betrieben werden, um eine datengetriebene, valide Analyse zu ermöglichen.
- Der Aufbau eines Business Case beginnt bereits in der Initiierungsphase des RPA-Projekts, seine *Bewertung* erfolgt in der Implementierungsphase. Diese dient dazu die RPA-Leistungen vom Pilotbetrieb auf den regulären Einsatz zu überführen und in der Organisation zu skalieren. Weiterhin ist insbesondere eine wirtschaftliche Bewertung des Business Case für das Management von hoher Bedeutung, um dessen langfristige Unterstützung sicherzustellen. Neben dem wirtschaftlichen Faktor spielen bei der Bewertung insbesondere die Prozesszeiten, die menschlichen Fehlerraten, die IT-Infrastruktur und deren Kosten eine Rolle.
- Der *RPA-Rollout* umfasst alle Aktivitäten, um die implementierten Softwareroboter für die täglichen Aufgaben verfügbar zu machen und zu aktivieren. Es handelt sich dabei um einen spezifischen Schritte, der sozio-technische Aspekte der Mensch-Maschine-Kooperation, das Rechtemanagement und die Akzeptanz der Mitarbeitenden einschließt.

Die Phase der Skalierung der Robot Process Automation beginnt nach Abschluss eines RPA-Projekts und stellt schließlich die Anpassung und Skalierung der Ergebnisse für weitere Implementierungen in den Mittelpunkt. Die entsprechende Aufgaben sind nachfolgend zusammengefasst (vgl. Herm et al., 2022, S. 26):

- Um auf Basis eines erfolgreichen RPA-Rollouts eine Expansion des RPA-Portfolios in einem Unternehmen zu realisieren, können RPA-Bibliotheken und Implementierungstemplates aufgebaut werden. Damit lassen sich zunehmend komplexe Prozesse automatisieren. Zusätzlich wird durch die Integration von externen Dienstleistern weitere

Unterstützung für komplexere Prozesse bereitgestellt, wodurch eine weitere Skalierung der Automatisierung mittels RPA ermöglicht wird. Auch müssen die Mitarbeitenden der jeweiligen Organisation, die von der Automatisierung betroffen sind, frühzeitig in den Veränderungsprozess eingebunden werden.

Mit der Anpassung und Skalierung von RPA geht ein RPA-Projekt in einen kontinuierlichen RPA-Unterstützungszyklus über, der die in den dargestellten Phasen auszuführenden Aufgaben bei jedem Projekt wiederholt durchläuft. Dieser Zyklus integriert eine kontinuierliche Unterstützung des Managements, um eine konsistente finanzielle Unterstützung zu erzielen sowie die strategische Orientierung und das Bewusstsein über die Fähigkeiten und Limitationen von Softwarerobotern zu stärken. Auch müssen mit einem kontinuierlichen RPA-Unterstützungsprozess die Erfüllung gesetzlicher Vorgaben, die Sicherung der IT-Unterstützung zu Beginn von RPA-Projekten sowie ein Change Management stabil implementiert werden (vgl. Herm et al., 2022, S. 26). Neben dem kontinuierlichen RPA-Prozess ist ein Center of Excellence (CoE) aufzusetzen, das über die drei Phasen von RPA-Projekten greift und die benötigten Rollen, Fähigkeiten sowie Leistungskennzahlen definiert. Das CoE hat die Aufgaben, das Arbeiten der Softwareroboter zu überwachen und diese zu pflegen sowie weitere Prozesse mit Automatisierungspotenzial zu identifizieren. Damit trägt es Prozessinnovationen, die Entwicklung neuer Leistungen und unterstützt die Steigerung der Effizienz der Organisation. Die Implementierung eines RPA-ausgeführten Prozesses ist im nachfolgenden Absatz am Beispiel der *GEWOBA Nord Baugenossenschaft eG* für die Anlage eines Sparvertrags beschrieben.

Praxisbeispiel: Einsatz von RPA zur Automatisierung einfacher Arbeitsschritte bei der GEWOBA Nord

Im Zuge eines Pilotprojekts sind bei der GEWOBA Nord Baugenossenschaft eG zunächst einmal die wirtschaftlichen Effekte einer möglichen RPA-Einführung untersucht worden. Dazu hat das Unternehmen zwei Prozesse mit Automatisierungspotenzial identifiziert, die eine Folge von manuellen Aktivitäten in Softwaresystemen aufweisen und aus definierten Inputdaten definierte Outputdaten erzeugen. Es handelt sich bei den untersuchten Prozessen erstens um die *Anlage eines ERP-Benutzers* im entsprechenden System sowie zweitens um die *Anlage und Versand eines Sparvertrags.* Im Zuge der Anlage eines Benutzers des ERP-Systems bilden die Daten der/des neuen Mitarbeitenden die Inputdaten für den Benutzer; die mit der Anlage generierten Benutzerdaten zur Authentisierung und Authentifizierung bilden die Outputdaten des Prozesses. In ähnlicher Weise gilt dies für die Anlage des Sparvertrags. Die Anlageaktivitäten beider Prozesse werden manuell in einschlägigen Systemen vorgenommen, sodass ihre automatisierte Ausführung zur Steigerung der Effizienz dieser Prozesse beitragen kann. Für die GEWOBA Nord bildet ein möglichst kurzer RoI das wesentliche Erfolgskriterium für die RPA-Nutzung. Dieses bemisst sich aus der Gegenüberstellung der Investitions- und Betriebskosten für den Softwareroboter mit den mit der Automatisierung verbundenen zeitlichen Einsparungen von manuellen Tätigkeiten in diesen Prozessen. Zeitgleich besteht eine Konformität mit dem strategischen Ziel Erhöhung der Digitalisierung und Automatisierung der Prozesse im Unternehmen, um die aktuellen Herausforderungen, denen die Branche insgesamt gegenübersteht, erfolgreich zu bewältigen.

Der Einsatz von RPA erscheint für die genannten Prozesse sowie auch für weitere Kernprozesse des Unternehmens am besten geeignet, um eine zügige Umsetzung von Automatisierungsmaßnahmen zu realisieren und daraus die angestrebten Effizienzeffekte zur erzielen. Aufgrund ihrer Überschaubarkeit und der Einbindung nur weniger Verantwortungsbereiche erscheinen die beiden ausgewählten Prozesse sehr gut für eine Robotic Process Automation (RPA) geeignet. Bevor jedoch eine solche Automatisierung durchgeführt wird, werden die Prozesse zunächst in ihrer Ablauffolge optimiert: So lassen sich bereits ohne den Einsatz von RPA durch das Hinterfragen bzw. Analysieren bestehender Prozesse große Optimierungspotenziale identifizieren. So wurde bei der GEWOBA Nord in Vorbereitung auf die Automatisierung der Prozess mittels RPA zur Anlage eines Sparvertrages mithilfe von BPMN analysiert und optimiert. Wichtige Schritte dieses Prozesses liegen in der Anlage des jeweiligen Sparvertrags im ERP-System, dessen Verknüpfung mit der/dem Sparenden in diesem System sowie dem Erstellen und Versenden der Vertragsdokumente. Der größten Zeitanteil im Prozess liegt beim Erstellen der Dokumente, sodass der Fokus auf diesen Prozessschritt gerichtet wird. Der Erstellungsprozess hat sich vor seiner Optimierung aus 193 Aktionen, davon 112 Mausklicks, gebildet; dies bei einer durchschnittlichen Prozessdauer von 10:40 min. Die Optimierung des Prozesses bestand im Anpassen und Zusammenführen der unterschiedlichen Dokumente und damit in einer Reduzierung der zu erstellenden Dokumente. Mit diesen Maßnahmen ließ sich die Bearbeitungszeit bereits um 50 % reduzieren. Auch müssen die Dokumente nach ihrer Erstellung nicht mehr bearbeitet werden (bspw. farbliche Markierungen) und können sofort zur weiteren Verarbeitung abgespeichert werden. Mit den vorgenommenen Optimierungen sind für den Prozess *Anlage und Versand eines Sparvertrags* die notwendigen Voraussetzungen für eine Automatisierung dieses Prozesses erfüllt, sodass die erwarteten Effekte mit hoher Wahrscheinlichkeit eintreten.

Für die Auswahl des initial einzusetzenden RPA-Werkzeugs hat die GEWOBA Nord eine Nutzwertanalyse für die drei marktführenden Systeme UiPath, Automation Anywhere sowie SS & C Blue Prism entlang der fünf Bewertungskriterien *Integrationsfähigkeit*, *Reifegrad und Sicherheit*, *Lizenzmodelle*, *Qualifikationsanforderungen* sowie *Schulungsmöglichkeiten und Testumgebung* vorgenommen, die jeweils zu gleichen Anteilen gewichtet worden sind (vgl. Grimsmann, 2024, S. 43 f.). Im Ergebnis ist UiPath als das geeignetste Werkzeug für die Robotic Process Automation (RPA) im Proof of Concept identifiziert worden, sodass unter Einsatz dieses Werkzeugs die beiden nachfolgend beschriebenen Bot-gestützte automatisierte Abläufe aus den ausgewählten Prozessen entwickelt worden sind:

- Im Prozess *Anlage eines ERP-Benutzers* werden zunächst die Stammdaten einer/eines neuen Mitarbeitenden aus dem Ticketsystem, das den Auftrag zum Anlegen eines neuen ERP-Benutzers entgegengenommen hat, in eine Excel-Datei übertragen. Diese Datei bereitet die Eingangsinformationen für die weitere Verarbeitung so auf, dass sie anschließend automatisiert aus dieser Excel-Datei in die entsprechenden Formularfelder des ERP-Systems übertragen werden.
- Beim zweiten Prozess *Anlage und Versand eines Sparvertrags* werden die Vertragsdokumente zunächst automatisiert nacheinander im ERP-System erstellt, dann als Word-Dokumente abgespeichert, aus Word heraus in pdf-Dokumente umgewandelt und schließlich in ein RPA-generiertes Vertragsverzeichnis abgelegt. Dort werden die Dokumente automatisiert über ein pdf-Werkzeug zu einem Dokument zusammengefügt und schließlich an einen Zustelldienstleister übergeben.

Nach der Implementierung von RPA sind die beiden Prozesse in einem Pilotbetrieb erprobt und im Zuge der Erprobung sind geringfügige technische Schwierigkeiten gelöst worden. Mit der erfolgreichen Validierung der Prozesse aus dem Piloten heraus ist schließlich eine Bewertung der wirtschaftlichen Effekte der Automatisierung mittels RPA erfolgt. So zeigt insbesondere der Prozess zur *Anlage und Versand eines Sparvertrags* einen signifikanten wirtschaftlichen Nutzen von RPA: Wurden vor der Automatisierung Kosten von 4,98 EUR je Prozessdurchlauf (aus Prozessdauer und eingesetzten Ressourcen) verursacht, so haben sich diese Kosten im automatisierten Prozess auf 0,48 EUR je Prozessdurchlauf reduziert. Der reduzierte Wert leitet sich aus den geringeren Ressourcenkosten des Bots im Vergleich zu Mitarbeitenden ab – sobald der Bot eingerichtet ist, führt er die Befehle und Prozessschritte im Hintergrund ohne menschliches Interaktion durch. Mit diesem Effekt amortisieren sich die Implementierungskosten des Bots von etwa 2000 EUR bei 1500 Ausführungen pro Jahr, bereits nach drei bis vier Monaten. Eine derartig positive Bilanz lässt sich mit der Automatisierung des Prozesses *Einrichtung eines ERP-Benutzers* nicht erzielen, da die Komplexität dieses Prozesses aufgrund der hohen Anzahl verschiedener Abteilungen mit unterschiedlichen Berechtigungen sehr hoch ist und der Prozess mit 20 bis 25 Ausführungen im Jahr zugleich nicht hinreichend oft ausgeführt wird, um eine hinreichende Wirtschaftlichkeit zu erzielen.

Eine vollumfängliche Bewertung der Wirtschaftlichkeit einer Automatisierung mittels RPA verlangt neben einer Break-Even-Analyse die Berücksichtigung der sog. *Leerkapazität* des Bots, d. h. seines verbleibenden zeitlichen Potenzials für weitere Prozessautomatisierungen. Dieses Potenzial leitet sich aus der Gesamtkapazität des Bots und seiner Nutzkapazität bereits implementierter Automatisierungen ab. Somit lässt sich bei einer Ausschöpfung des Gesamtpotenzials von RPA, also mit dem Einsatz des Bots für weitere Prozesse sein wirtschaftlicher Betrieb realisieren. Eine Entscheidung für oder gegen den Einsatz dieser Technologie muss unter Berücksichtigung strategischer Überlegungen sowie vor dem Hintergrund der Ressourcen und Budgetplanung der jeweiligen Organisation vorgenommen werden.

Die Vorteile von RPA lassen sich ausschöpfen, wenn die entsprechende Automatisierung vormals manuell ausgeführte Aktivitäten in bestehenden Prozessen ersetzt. Dabei werden einfache und repetitive Aktivitäten fokussiert, die durch unterschiedliche, nicht integrierte Softwaresysteme unterstützt werden. Die komplexitätsgrade der zu ersetzenden Aktivitäten lassen sich in *Routineaufgaben*, bei denen die Nutzenden Daten aus unterschiedlichen Softwareanwendungen kopieren bzw. kombinieren, *strukturierte Aufgaben mit regelbasierten Entscheidungen*, bei denen die Nutzenden in Erweiterung zu einfachen Routineaufgaben Daten aus unterschiedlichen Softwareanwendungen heranziehen und bewerten, sowie *unstrukturierte Aufgaben und Entscheidungen*, die auf Erfahrungswissen zugreifen müssen, unterscheiden. Die letztgenannten Aufgaben verlangen nach neuartigen RPA-Lösungen, welche Ansätze von künstlicher Intelligenz (KI) integrieren (vgl. Czarnecki & Auth, 2018, S. 118 f.).

Mit der Integration von KI in RPA-Werkzeuge besteht die Erwartung, dass sich auch unstrukturierten Aufgaben und Entscheidungen automatisieren lassen. Entsprechende Beispiele liegen in der Identifizierung von Problemen, die in einem Dialog mit Kunden adressiert werden, oder die Ableitung von strategischen Handlungsempfehlungen aus Vertriebsdaten. Mit einer angestrebten Automatisierung derartiger Aufgaben steigen erstens der Aufwand für die RPA-Implementierung sowie zweitens die Komplexität der einschlägigen Werkzeuge bzw. Systeme. Insbesondere die einfache Implementierung von RPA bildet jedoch einen wesentlichen Erfolgsfaktor für diese Automatisierung und damit eine weiterhin gültige Anforderung, die auch KI-gestützte Systeme erfüllen müssen. Marktreife Lösungen für eine Automatisierung unstrukturierter Aufgaben und Entscheidungen sind auch vor dem Hintergrund der angestrebten Erfüllung diese Anforderung derzeit noch in der Entwicklung (vgl. Czarnecki & Auth, 2018, S. 120).

Robotic Process Automation (RPA) ermögliche eine automatisierte Ausführung von manuell an Rechnern ausgeführten repetitiven Aufgaben, die einen hohen Grad an Standardisierung und Regelbasiertheit sowie ein hohes Transaktionsvolumen aufweisen müssen. Erfüllen die zu automatisierenden Aufgaben diese Bedingungen, kann diese Technologie die Arbeitsschritte entlang eines wohlstrukturierten Ablaufs sequenziell ausführen.

Daher werden die entsprechenden durch Menschen aufzuführenden Arbeitsschritte auf der Benutzeroberfläche von Softwareanwendungen durch den Softwareroboter imitiert. Somit kann dieser Roboter eine Vielzahl einfacher Prozesse ausführen, so z. B. das Klicken auf der Benutzeroberfläche der Softwareanwendung, die Suche nach Daten im Internet sowie deren Sammlung, das Anmelden auf einem Rechner sowie die Eingabe von Daten, die im konventionellen Prozess mittels einer Tastatur ausgeführt wird. Damit können RPA rechnergestützte Routineaufgaben von Menschen übernehmen; die verbundenen Geschäftsprozesse werden damit häufig effizienter ausgeführt.

Allerdings ist ein RPA-System nicht in der Lage, selbst zu lernen oder sich an dynamisch verändernde Umweltbedingungen anzupassen. Daher ist die RPA-Technologie für eine Ausführung unstrukturierter, mehrdeutiger und komplexer Aufgaben und Umgebungen wenig geeignet. Für die Ausführung derartiger Aufgaben können KI-basierte Systeme eingesetzt werden, die auf das Nachahmen kognitiver Entscheidens ausgerichtet sind. So können diese Systeme z. B. eingehende E-Mails klassifizieren und diese an unterschiedliche Aufgabenträger weiterleiten oder Energieverbräuche prognostizieren. Zur Ausführung dieser Aufgaben integriert die Systeme KI-Mechanismen zur Analyse sehr großer Mengen an verteilten Daten, die eine Simulation von Handlungen in komplexen Umgebungen erlauben. Die Stärken von KI und damit verbunden von Machine Learning liegen in ihrer Anpassungsfähigkeit an komplexere Aufgabenstellungen, sodass eine Integration dieser Technologien in IT-Systeme, die Geschäftsprozesse in der Wohnungs- und Immobilienwirtschaft steuern, zielführend sein kann (vgl. Auth & Heinecke, 2021, S. 7).

Um eine vollständige Ende-zu-Ende-Automatisierung von Geschäftsprozessen zu realisieren, lassen sich KI-gestützte Prozessplattformen für *Hyperautomatisierung*[10] einsetzen, die mehrere technologische Ansätze integrieren. Mittels der integrierten Technologien können diese Plattformen komplexe Geschäftsprozesse, wie etwa die Optimierung eines Lieferkettenprozesses im Handel oder den kompletten Prozess vom Angebot bis zum Abschluss von Versicherungsverträgen einschließlich der Unterzeichnung der Verträge optimieren. Es lassen sich somit komplexe Prozesse, an denen mehrere Personen, Organisationseinheiten und IT-Systeme beteiligt sind, automatisieren. Auch können diese Prozessplattformen Funktionen wie ein intelligentes Dokumentenmanagement, die Orchestrierung von Workflows und das Management von sog. Data Fabrics, die Datenquellen aus unterschiedlichen Systemen verknüpfen, abbilden.

[10] *Hyperautomatisierung* bezeichnet einen strategischen Technologietrend, der eine schnelle Identifizierung, Analyse und Automatisierung von möglichst vielen Geschäfts- und IT-Prozessen in einer Organisation beschreibt. Dabei werden zahlreiche Technologien, Werkzeuge und Plattformen eingesetzt, zu denen künstliche Intelligenz (KI), Machine Learning, ereignisbasierte Softwarearchitekturen, Robotic Process Automation (RPA), Geschäftsprozessmanagement und intelligente BPM-Suites, Integration Platform-as-a-Service (iPaaS), Low-Code- und No-Code-Werkzeuge sowie andere Arten von Entscheidungs-, Prozess und Automatisierungswerkzeuge zähen (vgl. Gartner, o.J.).

4.6 Internet of Things (IoT)

Beim *Internet of Things (IoT)* handelt es sich um die Vernetzung von physischen Komponenten, also von Systemen, Anlagen, Geräten, Sensoren, Aktoren und/oder anderen technischen Komponenten, die über das Internet miteinander kommunizieren und Daten austauschen können. Die Technologie, die das IoT tragen, integrieren analoge und virtuelle Realitäten (vgl. Bölting et al., 2016, S. 11 f.). Die genannten physischen Systeme tauschen (in Echtzeit) Daten untereinander oder mit einer zentralen Einheit aus, um Prozesse auszuführen oder Entscheidungen zu treffen. Somit bildet das Internet of Things (IoT) ein Netzwerk von „intelligenten" Objekten, die miteinander und mit dem Internet verbunden sind, um Daten zu sammeln und auszutauschen (vgl. Künzel, 2024, S. 101).

Haupteinsatzgebiete von IoT-Technologien in der Wohnungs- und Immobilienwirtschaft bilden Aufgaben im Zusammenhang mit dem jeweiligen Gebäude, um beispielsweise smarte Leistungen in der Nutzung bzw. Bewirtschaftung des Gebäudes zu erbringen, gebäudetechnische Anlagen und Geräte intelligent zu betreiben oder regulatorische Anforderungen effizient zu erfüllen. Die Aufgabenerfüllung erfolgt durch die Aufbereitung, Analyse und Bewertung von strukturierten Daten aus den IoT-Systemen, die in Abhängigkeit von der jeweiligen Aufgabenstellung dezentral in *Edge-Systemen* (vgl. Abschn. 4.2) mit der zeitnahen lokalen Bereitstellung von Ergebnissen realisiert oder die zentral, beispielsweise über eine angebundene Plattform oder ein prozessführendes IT-System, angestoßen und umgesetzt werden können.

Um die Sammlung, den Austausch und die intelligente Verarbeitung von Daten aus IoT-Netzwerken in der Wohnungs- und Immobilienwirtschaft zielführend betreiben zu können, müssen unterschiedliche technologische Ansätze zusammenspielen. Diese Ansätze stellen sich wie folgt dar (vgl. Gille, 2023, S. 162 f.):

- Die Kern-IoT-Technologien bilden die Basis für die Aufgabenerfüllung. Mit diesen Technologien lassen sich Daten an lokal verteilten Stellen aus Messungen, Datenbanken, Systemeingaben, Websites und dem Tracking von Bewegungen von Nutzenden im Internet erfassen, zusammenführen, an geeignete Strukturierungs- und Analysesysteme übergeben und damit nutzbar machen. Ein wichtiges Element dieser IoT-Technologien stellen *Edge Computing Systeme* dar, die Daten aus nah verbauten Sensoren aufnehmen und verarbeiten und den Transfer bzw. den Austausch der Daten realisieren sowie die Steuerung von IoT-Komponenten in Echtzeit über das Internet anstoßen (vgl. Appius et al., 2021, S. 309).
- Die zweite befähigende Technologie für die Realisierung von IoT-gestützten Lösungen stellt die Cloud Technologie dar, welche die Zusammenführung van Daten aus lokal verteilten IoT-Komponenten unterstützt, diese Komponenten über das Internet verknüpft und zudem Softwaredienste bereitstellt, die für Datenanalysen eingesetzt werden können. Weiterhin ermöglichen Cloud Technologien die Anbindung der Komponenten an die prozessführenden Systeme, wie ERP- oder Verwaltungssysteme. Diese

Anbindung wird mittels moderner Schnittstellenstandards, z. B. REST (REpresentational State Transfer) oder OPC (Open Platform Communications) und Kommunikationsprotokolle, wie HTTP (Hypertext Transfer Protocol) oder MQTT (Message Queuing Telemetry Transport), realisiert (vgl. Abschn. 6.4.1).

- Schließlich bilden mobile Technologien den dritten technologischen Ansatz für das Internet of Things, die dessen Anwendung in der Wohnungs- und Immobilienwirtschaft, insbesondere im Gebäudesektor, fördert. Die entsprechenden Komponenten umfassen sowohl die Hardware – mobile Geräte und Kommunikationsinfrastruktur – als auch Software sowie Standards wie WLAN (Wireless Local Area Network) und 5G. Die mobilen Geräte sind in diesem Kontext einerseits selbst mit Sensorik ausgestattet, die Teil eines IoT-Netzwerks sein können, andererseits ermöglichen sie den Zugang zum Internet of Things.

Mit diesen drei technologischen Ansätzen werden die Kommunikation und Steuerung von IoT-Netzwerken realisiert, weiterhin unterstützen sie die Interaktion der Netzwerke mit ihren Stakeholdern. Diese Technologien werden in der Wohnungs- und Immobilienwirtschaft für Aufgaben in der Bewirtschaftungsphase von Immobilien und hier insbesondere im Betrieb von Gebäuden eingesetzt. Einige mögliche Anwendungsfelder sind in Abschn. 4.2 dieses Kapitels skizziert, denn der Einsatz von IoT-Technologien verlangt und nutzt die Verarbeitung großer Datenmengen. Die wichtigsten Informationstechnologien für den Einsatz von Internet of Things im Gebäudesektor, die das reibungsloses Funktionieren und die Kommunikation der IoT-Komponenten ermöglichen, bilden Edge Computing, Sensoren und Aktoren im Zusammenspiel sowie standardisierte Funktechnologien. Die Sensoren dienen der unmittelbaren Erfassung physikalischer Daten, also der Umgebungssituation. Edge Computing Systeme können die erfassten Daten (vor-)verarbeiten und darauf basierend Steuerungsinformationen erzeugen; weiterhin setzen diese Systeme die Übertragung von Informationen und Steuerungssignalen an die Aktoren um, welche schließlich der Umsetzung von Steuerungsaktionen durch Einwirkung auf ihre Umwelt dienen. Für die Kommunikation der unterschiedlichen Komponenten eines IoT-Netzwerks werden häufig Funktechnologien genutzt, die spezifische Standards implementieren. Gängige Standards für eine drahtlose Datenübertragung, die in IoT-Netzwerken eingesetzt werden, sind LoRa (Long Range) mit einer Reichweite von zwei Kilometer im Stadtgebiet, ZigBee oder Z-Wave. Endgeräte, die LoRa implementieren, kommunizieren beispielsweise mit LoRa-Gateways, die wiederum Datenpakete an einen LoRaWAN-Server übermitteln. Ein solcher Server, der häufig Schnittstellen für IoT-Plattformen und -Anwendungen implementiert, kann weitere Cloud-Systeme anbinden (vgl. Gille, 2023, S. 167).

Weitere wichtigen Elemente, welche die Nutzung der Ergebnisse von lokal verarbeiteten Daten nutzbar machen oder ihrerseits Daten weiterverarbeiten und die verarbeiteten Daten anderen Komponenten und Systemen eines IoT-Netzwerks zur Verfügung stellen sowie bestimmte Aufgaben mit Bezug zu Gebäuden erfüllen, bilden an das Netzwerk angebundene Plattformen. Diese Plattformen unterstützen hauptsächlich die Gebäudeautomation oder das Facility Management. Die grundlegenden Verwaltungsfunktionen derartiger Plattformen liegen in den folgenden Punkten (vgl. Gille, 2023, S. 175):

- Nutzendenverwaltung sowie Autorisierung der Nutzenden für definierte Zugänge zu Daten, Dokumenten und Plattform-Funktionen.
- Ausführung von ETL-Prozessen (Extract, Transform, Load) für eine strukturierte Ablage von Daten aus Quellsystemen und/oder einem Data Lake in einem Data Warehouse sowie Realisierung eines effizienten Datenzugriffs in das Data Warehouse bzw. den Data Lake mittels geeigneter Plattform-Werkzeuge.
- Unterstützung und Management komplexer Geschäftsprozesse, wie z. B. Schadensabwicklung, Zahlungs-, Abrechnungs- und Mahnwesen, bedarfsbezogene Reinigung von Gebäude(-teilen) sowie vorausschauende Wartung und Reparaturen.
- Konfiguration von Prozessabläufen mittels „Wenn-dann"- oder zeitbezogenen Bedingungen.
- Verwaltung von Daten, die im Zuge eines Building Information Modeling entstehen und verarbeitet werden. Diese Daten werden in digitalen Zwillingen abgebildet.

Die vorangehend beschriebenen Funktionen von IoT-Plattformen bilden die Grundlage für die Kommunikation in und Steuerung von IoT-Netzwerken sowie für die Interaktionen der Netzwerke mit den Stakeholdern. IoT-Netzwerke werden in der Wohnungs- und Immobilienwirtschaft hauptsächlich für Aufgaben in der Phase der Verwaltung/Bewirtschaftung von Immobilien und hier insbesondere im Betrieb von Gebäuden eingesetzt. Für diesen Betrieb stellen IoT-Technologien spezifische digital gestützte Lösungen bereit. Einige wichtige gebäudetechnische Beispiele für Lösungen, die auf IoT-Technologien basieren, stellen sich wie folgt dar (vgl. Gille, 2023, S. 168 ff.):

- *Digitale Zugangskontrolle*: Klassische Zugänge zu Flächen, also zu Gebäuden, Etagen, Räumlichkeiten sowie zu technischer Gebäudeausrüstung, wie z. B. zu Aufzügen oder Schließfächern, werden mittels rein mechanischer Schlösser und Schlüssel realisiert. Eine digitale Zutrittskontrolle, die über ein IoT-Netzwerk zentral gesteuert wird und digitale Schlüssel – Magnetkarten, Transponder, Smartphone-Apps bzw. mobile Telefone mit Bluetooth- oder NFC-Technologie, die bestimmten Personen zugeordnet sind – nutzt, erlaubt eine entfernte Freigabe und Entzug von Zugängen zu Flächen und Ausstattung. Die Steuerung kann individuell für bestimmte Personen erfolgen oder für bestimmte Rollen, wie beispielsweise Mietende, Entsorger, Handwerker oder andere Dienstleister. Die jeweiligen Rollen, müssen Personen zugeordnet sein und auf den jeweiligen Zugangsgeräten/Schlüsseln, die sich in Besitzt dieser Personen befinden, hinterlegt sein. Die Übertragung der Informationen zur Freigabe von Zugängen bzw. deren Entzug zu jeder zu definierenden Fläche und Anlage erfolgt über das IoT-Netzwerk an die Schlösser. Die Anbindung der Schlössen an das Netzwerk kann leitungsgebunden oder über Funktechnik erfolgen, ebenso müssen die Schlüssel an das IoT-Netzwerk und damit an die zentrale Steuerung angebunden sein, um deren Gültigkeit zu überprüfen – dies kann ausschließlich über geeignete Funktechnologien erfolgen.

- *Parkraummanagement*: Das digitale Management von Parkräumen erlaubt die gesteuerte Belegung von Parkflächen in und an Gebäuden. Ebenso wie bei der Zugangskontrolle wird die Steuerung zentral wahrgenommen, d. h. die Erfassung der Zufahrten auf und Zuweisung von Parkplätzen kann NFC-gebunden über Apps, Barcodes, Nummernschilderkennung oder elektronische Schlüssel erfolgen, die Belegungen der Parkplätze können direkt auf den Flächen, über Monitore, die aus dem Steuerungssystem gespeist werden oder über Apps angezeigt werden. Auch die Erfassung der Parkdauer erfolgt im zentralen Steuerungssystem über die Messung der Zeit von der Zufahrt bis zur Registrierung des Ausfahrwunschs. Die Abrechnung der Parkgebühren kann über dezentral angebundene Geräte, wie z. B. Terminals, Apps und Mobiltelefone oder elektronische Abrechnungssysteme zum E-Mail-Versand von E-Rechnung, erfolgen.
- *Energiemanagement*: Die Steuerung und Regelung der Energiezufuhr an Heizungs-, Lüftungs- und Klimaanlagen (HVAC-Anlagen) sowie der Beleuchtungssysteme erfolgt i. d. R. über eine Gebäudeleittechnik, die mit einem IoT-Netzwerk verknüpft ist. Damit lassen sich aus den Zählerständen für Haupt- und Nebenzählern, der Speicherung der aufgenommenen Daten in einem angebundenen Data Warehouse und der Flächenzuordnung zu Mietenden die Verbräuche über die zeitliche Entwicklung mit Bezug zu den Mietenden erfassen. Damit können sowohl für die Mietenden als auch für die Betreiber die Verbräuche, CO_2-Äquivalente und entstehende Kosten transparent gemacht werden. Auch können mittels des IoT-Netzwerks Korrelationen der Verbrauchsdaten mit Wetter- und Verkehrsdaten für das Gebäude vorgenommen werden, sodass sich Kostentreiber identifizieren und Optimierungen entwickeln lassen. Auch können durch die Zusammenführung von Daten aus unterschiedlichen Quellen im Netzwerk übergreifende Machine Learning Regelungsmechanismen für die HVCA-Anlagen genutzt werden, um einen effizienten Betrieb dieser Anlagen zu realisieren.
- *Raumklimaanalyse*: Im Zusammenhang mit dem Energiemanagement steht die Analyse des Raumklimas – Raumtemperatur, Luftqualität, Lärmbelastung – welche das Wohlbefinden von Menschen maßgeblich bestimmen. Sensoren, die in IoT-Netzwerke integriert sind, können CO2-Werte, Feinstaubbelastungen und die Konzentration von flüchtigen organischen Verbindungen in der Luft aufnehmen. Die entsprechenden Daten lassen sich mit weiteren Daten aus dem Netzwerk, z. B. Belegungsdaten von Räumlichkeiten, in Dashboards darstellen sowie zur Analyse an entsprechende Werkzeuge übertragen. Weiterhin können aus den Analysen Schwellwertüberschreitungen an den Dashboards angezeigt und/oder direkt an die an das IoT-Netzwerk oder -Gateway angebundenen mobilen Geräte übermittelt werden.
- *Bedarfsbezogenes Facility Management*: Mit Belegungsdaten der Räumlichkeiten sowie Daten, die durch die Sensortechnik aus den Flächen einer Immobilie bereitgestellt werden, können über ein angebundenes CAFM-System die Planung und Steuerung der Pflege, Wartung und Instandhaltung der jeweiligen Immobilien entsprechend des Be-

darfs vorgenommen werden. Die Ausführung der Aktivitäten lassen sich mittels an das IoT-Netzwerk bzw. -Gateway angebundener mobiler Geräte bei den Personen, welche diese durchführen, unterstützen und verfolgen.

- *Präventive Wartung und Instandhaltung*: Als Teilaufgabe des Facility Management bilden die sensorbasierte Überwachung sowie ein detailliertes Monitoring ihrer Betriebsleistung von Anlagen und Geräten wichtige Aufgaben, um eine kontinuierliche Live Analyse des Ist-Zustands der entsprechenden Anlagen und Geräte zu realisieren und bei sich abzeichnenden Problemen unmittelbar eingreifen zu können. Eine Zusammenführung der anlagenbezogenen Sensordaten sowie deren Abgleich mit den erwarteten Nenndaten unterstützt ein frühzeitiges Eingreifen. Die Sensoren, das Monitoring, Analysewerkzeuge, Gebäudeleittechnik, dezentrale Steuerungssysteme für die Anlagen und Geräte sind für die Wahrnehmung dieser Aufgaben in einem IoT-Netzwerk integriert, sodass die Informationen über notwendige Wartungen und Instandhaltungen automatisiert an die Verantwortlichen übermittelt werden können.
- *Automatisierte Schadensmeldung*: Im Gebäude, in Anlagen oder einem Geräten auftretende Schäden können von Sensoren detektiert werden und durch ein Edge Computing System angestoßen über das IoT-Netzwerk an die Gebäudeleittechnik und ein Monitoring oder direkt an einen Dienstleister, der an das Netzwerk angebunden ist, übermittelt werden. Auch ist eine manuell initiierte Schadensmeldung mittels eines integrierten Portals oder einer App an die Leittechnik möglich. Mit einer Klassifizierung des Schadens durch die Leittechnik, einer im Leitsystem oder durch einen Menschen vorgenommenen Schadensanalyse wird der weitere Workflow angestoßen. Damit dient das IoT-Netzwerk dem Auslösen eines Workflows zur Schadensbehebung, die beispielsweise durch ein prozessführendes System, z. B. ein ERP- oder CRM-System, gesteuert wird.

Die beschriebenen Lösungen zielen erstens auf eine Verbesserung des Komforts der Nutzenden eines Gebäudes und damit auf die Effektivität der von spezifischen Bewirtschaftungsprozessen. Zweitens streben sie eine Reduzierung von Emissionen jeglicher Art an, sodass Energieverbräuche und Energiekosten gesenkt sowie ökologische Effekte erzielt werden können. Schließlich sollen mit diesen Lösungen Effizienzgewinne in wichtigen Geschäftsprozessen umgesetzt werden, die zur Entlastung von Mitarbeitenden beitragen, eine verbesserte Koordination und Steuerung der beteiligten Akteuren ermöglichen und damit eine höhere Wirtschaftlichkeit der Prozesse und Zufriedenheit der Stakeholder realisieren. Mögliche Effekte des IoT-Einsatzes im Energiemanagement zeigt das folgende Beispiel der *Vonovia SE* im nachfolgenden Beispiel anhand der Heizungssteuerung (vgl. Köhler, 2023).

Praxisbeispiel: Intelligentes Energiemanagement bei Vonovia

Seit mehreren Jahren verfolgt das mit mehr als 550.000 Einheiten größte Wohnungsunternehmen Europas, die *Vonovia SE*, eine systematische Dekarbonisierungs- und Digitalisierungsstrategie, die technische Effizienz, Versorgungssicherheit und Mieterwohlfahrt im Quartier miteinander koppelt. Dabei bildet das intelligente Energiemanagement von Bestands-Heizungsanlagen durch herstellerunabhängige, datengetriebene Lösungen ein zentrales Handlungsfeld. In diesem Kontext kooperiert Vonovia mit dem PropTech Unternehmen *Othermo GmbH*: So waren bereits im Jahr 2023 mehr als 1450 gasbefeuerte Heizungsanlagen an eine gemeinsam entwickelte digitale Lösung angebunden, die Störungen in Echtzeit erkennt und Regelparameter automatisch optimiert. Interne Analysen zeigen ein daraus entstehendes Einsparpotenzial von rund 15 % bei Energieverbrauch und CO_2-Emissionen auf (vgl. Vonovia, 2023, S. 70).

Mit dem intelligenten Energiemanagement ist das Ziel verbunden, den Anlagenbetrieb systematisch zu digitalisieren, Energieflüsse transparent zu machen und Heizsysteme durch eine datenbasierte Optimierung dynamisch anzupassen. Technisch basiert das intelligente Energiemanagement auf einer *Internet of Things (IoT)*-gestützten Infrastruktur, deren Kern eine Plattform, die *Vonovia Asset Observation (VAO)*, mit angebundenem IoT-Gateway bildet. Dieses Gateway „klinkt" sich in Kessel, Pumpen, Zähler und weitere Komponenten von bestehenden Heizungsanlagen ein. Es liest Betriebsdaten, wie Vor- und Rücklauftemperaturen, Pumpendruck, Durchflüsse und Brennerstarts, kontinuierlich aus und übermittelt Regelbefehle bidirektional. Die Daten werden in Echtzeit und verschlüsselt an eine Cloud-Plattform übertragen und dort analysiert sowie mit Wetterdaten, Gebäudemerkmalen und historischen Verbräuchen kombiniert. Im Zuge einer prädiktiven und adaptiven Steuerung werden die Sollwerte und Betriebsmodi der Anlagen mittels einer datenbasierten Regelungslogik, die thermodynamische Prinzipien und Echtzeitdaten kombinieren, dynamisch angepasst. Damit lassen sich die Taktung reduzieren, Überhitzung verhindern und Energie einsparen; weiterhin können Serviceeinsätze datenbasiert priorisiert und damit Wartungszyklen bedarfsorientiert anstatt kalenderbasiert geplant werden. Das System ist als erweiterbares Datenökosystem konzipiert (vgl. Abb. 4.5): Die Kommunikation innerhalb des Ökosystems erfolgt über standardisierte Programmierschnittstellen (API), sodass weitere IoT-Systemkomponenten, etwa Smart Meter Gateways, die Energieabrechnung oder Gebäudeleittechnik, aufwandsarm und ohne Probleme integriert werden können. Die Datenübertragung erfolgt über Mobilfunk oder gesicherte IP-Verbindungen, ausschließlich mittels des TLS-Sicherheitsprotokolls. Personenbezogene Daten werden nicht verarbeitet; die Betriebsdaten dienen der Effizienz- und Zustandsbewertung. Durch die zentrale Plattformarchitektur entsteht ein transparenter Datenpool, der für das Energiemonitoring, die ESG-Berichterstattung und die Investitionsplanung genutzt werden kann. Damit dien das intelligente Energiemanagement auch als Grundlage, langfristig sektorübergreifende Kopplungen zwischen Wärme, Strom und Mobilität aufzubauen.

Die Einführung des intelligenten Energiemanagements erfolgt in einem strukturierten Prozess, der insgesamt sechs Phasen umfasst: Zunächst werden ein Portfolio-Screening durchgeführt und im Zuge dessen die technischen Daten der zentralen Anlagen aufgenommen. Auf Basis dieser Analysen werden das IoT-Gateways aufgebaut und die bestehenden Komponenten der Heizungsanlagen sicher an dieses Gateway angebunden. Die Regelungslogik, also Heizkurven, Vorlauftemperaturen, Differenzdruck oder Nachtbetrieb, der Anlagen wird parametrisiert, im Anschluss erfolgt ein Pilotbetrieb der Anlagen mit einer intensiven Datenauswertung und einem engmaschigen Monitoring, d. h. mit Vergleichen von Soll- und Ist-Daten, einer Heizgradtagebereinigung sowie einem Performance-Tracking. Liefert der Pilotbetrieb überzeugende Ergebnisse kann eine Skalierung der Lösung auf weitere Heizungsanlagen erfolgen, d. h. es wird ein Rollout in Clustern von Gebäuden vorgenommen und es erfolgt eine Integration in eine Quartiersplattform. Weiterhin werden begleitende Schulungen für Techniker und Servicepartner durchgeführt. Im Betrieb des Clusters werden schließlich kontinuierliche Verbesserung über saisonale Lernzyklen ausgeführt, sodass das System ständig optimiert wird. Die herstellerunabhängige Architektur des Ökosystems erleichtert die Integration in heterogene Bestände und schützt Investitionen, weil Hardware-Wechsel nicht zwingend einen Plattformwechsel erfordern.

Mit der Einführung des intelligenten Energiemanagements lassen sich die CO_2-Emissionen deutlich reduzieren, weiterhin können Betriebskosten für Vonovia eingespart und die Heizungsanlagen effizienter betrieben werden. Auch ermöglicht die gewonnene Datentransparenz eine proaktive Instandhaltungsplanung und liefert belastbare Kennzahlen für Nachhaltigkeitsberichte gemäß der ESG- bzw. EU-Taxonomiekriterien. Die wichtigsten nachgewiesenen Effekte des im Jahre 2023 durchgeführten Projekts sind in Tab. 4.5 zusammengefasst.

Im operativen Betrieb zeigt sich der Nutzen des intelligenten Energiemanagements in drei Dimensionen: Erstens reduziert die vorausschauende Regelung Taktungen, Übertemperaturen und ineffiziente Rückläufe; dies senkt Brennstoffverbrauch und verlängert die Lebensdauer der Komponenten des Heizungsanlage. Zweitens minimiert das Frühwarnsystem Ausfälle, indem es Anomalien, wie z. B. Sensor-Drifts, Druckverluste oder Luft im System, proaktiv meldet. Disposition und Service können aus der Ferne steuern oder gezielt Einsätze planen. Drittens wird Transparenz für Controlling und Quartiersmanagement von Vonovia geschaffen, denn Verbrauchs- und Effizienzdaten sind in Dashboards konsolidiert. Die Daten können in einer „My Vonovia"-App visualisiert und verbrauchsreduzierende Maßnahmen mit geeigneten Diensten unterstützt werden (vgl. Vonovia, 2023, S. 70 f.).

Die Herausforderungen der Implementierung eines intelligenten Energiemanagements liegen weniger in der IoT-Technologie als vielmehr in Governance und Skalierung: Datenqualität, IT-Sicherheit, Rollenverteilung zwischen Eigentümer, Dienstleistern und Messdiensten sowie die Einbettung in regulatorische Rahmen, wie z. B. Heizkostenverordnung oder Transparenz gegenüber Mietenden, müssen klar definiert sein. Erfolgsfaktoren der dargestellten Lösung liegen in einer standardisierten, herstellerunabhängigen Architektur des implementierten Ökosystems, in Transparenz und Nachvollziehbarkeit der Algorithmen, interner Schulung und Akzeptanzförderung im technischen Service sowie einem stufenweisen Skalierungskonzept, das Investitionssicherheit schafft. Mit der IoT-basierten Vernetzung, algorithmischen Regelungen und datenbasierter Wartung lassen sich Effizienzpotenziale im Bestand von Vonovia realisieren, die unmittelbar ökologisch und ökonomisch wirksam sind. Darüber hinaus zeigt die Kooperation mit Othermo exemplarisch, wie digitale Plattformen, PropTech- und Wohnungsunternehmen gemeinsam Lösungen entwickeln können, die Bestandssanierung und Klimaziele miteinander verbinden. Damit bildet das intelligente Energiemanagement die Grundlage für eine Transformation zu klimaneutralen Quartieren als einen Baustein der digitalen Zukunft der Wohnungs- und Immobilienwirtschaft.

Die angeführten gebäudetechnischen Lösungsbeispiele sowie das Fallbeispiel Vonovia zeigen, dass IoT-Lösungen in der Wohnungs- und Immobilienwirtschaft vorwiegend dazu dienen, die Sicherheit, den Komfort von Nutzenden und Dienstleistern sowie die wirtschaftliche und die Energieeffizienz in und von Gebäuden zu erhöhen. Treiber dieser Lösungen sind die zu Beginn dieses Abschnitts dargestellten technologischen Ansätze, die heute

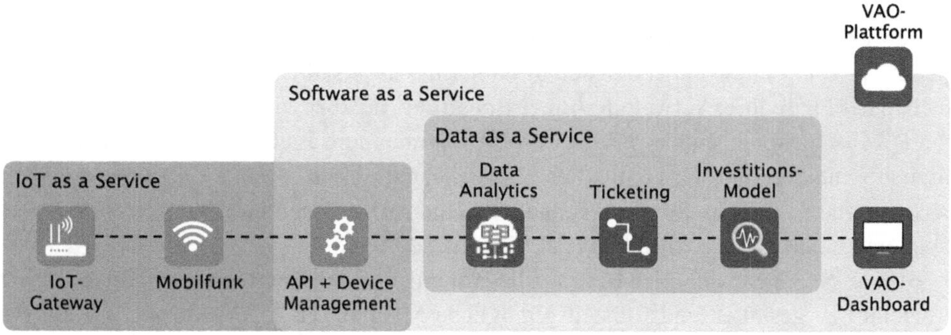

Abb. 4.5 Ökosystem des intelligenten Energiemanagements bei Vonovia. (Eigene Darstellung in Anlehnung an Köhler, 2023, S.19)

Tab. 4.5 Zentrale Effekte des IoT-Energiemanagements bei Vonovia. (Eigene Darstellung)

Wirkungsebene	Effekt/Ergebnis
Energieeffizienz	Ca. 15 % Reduzierung des durchschnittlichen Wärmeverbrauchs
Kostenreduzierung	Deutlich geringere Brennstoff- und Wartungskosten
Störungsmanagement	Reduzierung der Anzahl ungeplanter Störungen um ca. 20 % und schnellere Fehlerbehebung
Mietendenkomfort	Signifikate Verbesserung der Temperaturstabilität in Räumen
Nachhaltigkeit	Reduzierung der CO2-Emissionen um mehrere tausend Tonnen pro Jahr

kostengünstig verfügbar sind, sowie die Möglichkeiten, Datenkommunikation in IoT-Netzwerken und über Netzwerke hinweg mittels standardisierter Kommunikationsprotokolle und moderner Kommunikationsschnittstellen zu betreiben. Verbunden mit den über die Sensortechnik erzeugten Daten, entsprechenden Analysemöglichkeiten und der Vernetzung aller in ein IoT-System eingebundenen Komponenten und Anlagen lassen sich moderne Digitalisierungslösungen für Gebäude bereitstellen, welche die genannten Effekte erzielen und damit einen spürbaren Nutzen für die Branche erzeugen können.

4.7 Building Information Modeling (BIM) und digitale Zwillinge

Das *Building Information Modeling (BIM)* bezeichnet eine Methode zur Entwicklung, zum Aufbau und zur Nutzung eines digitalen Modells eines Gebäudes und/oder seinen integrierten gebäudetechnischen Anlagen und Geräten. Damit beschreibt diese Methoden einen kollaborativen Prozess, um einen digitalen Zwilling eines Gebäudes über den gesamten Lebenszyklus der entsprechenden Immobilie, insbesondere in ihrer Erstellungsphase – von der Planung über den detaillierten Entwurf bis hin zur Bauausführung – sowie auch in der Phase ihrer Verwaltung/Bewirtschaftung, nutzbar zu machen. Diese Definition von BIM ist entsprechend in der ISO 19650 dokumentiert. Ziel von BIM ist es, eine verlässliche Entscheidungsbasis mit Bezug zu gebauten Assets – neben Gebäuden sind dies beispielsweise Brücken, Straßen, Tunnel oder Industrieanlagen und deren integrierte Anlagen und Geräte – bereitzustellen (vgl. IStructE, 2021, S. 4).

BIM leistet einen wichtigen Beitrag, die Planung und den Bau von Immobilien deutlich effizienter zu gestalten und frühzeitig mögliche Mängel, die Auswirkungen auf die Bewirtschaftung der Immobilie haben können, zu identifizieren und zu beseitigen. Als Grundlage für das Arbeiten in diesen Phasen des Immobilienlebenszyklus dient das digitale Gebäudemodell bzw. der *digitale Zwilling* des Gebäudes. In das Modell werden die Modelle der gebäudetechnischen Systeme (HVAC, TGA) integriert, weiterhin wird das Modell im Zuge der genannten Phasen sukzessive um weitere Informationen ergänzt, es wird weiter gepflegt und qualifiziert. Das Modell wird getragen durch eine Datenbasis, die alle enthaltenen Informationen zu Bauteilen, Systemen, Materialien und Produkteigenschaften umfasst (vgl. Westphal, 2018).

Die Erstellung eines digitalen Gebäudemodells mittels BIM erfolgt in neun Leistungsphasen, in welchen die Immobilie geplant und aufgebaut wird (vgl. Goldshteyn & Ritz, 2022, S. 221). Dabei wird die Datenbasis, die das Modell trägt, aufgebaut und sukzessive um Informationen erweitert, sodass schließlich ein vollständiger digitaler Zwilling der Immobilie entsteht, der alle baulichen Komponenten und gebäudetechnischen Systeme umfasst und beschreibt. Der Informationsaufbau entlang der neun Leistungsphasen stellt sich wie folgt dar (vgl. Goldshteyn & Ritz, 2022, S. 220 f.):

- In der Leistungsphase 1, der *Grundlagenermittlung*, wird das Bauprojekt aufgesetzt. Dabei werden die Informationsanforderungen der Auftraggeber ermittelt und dokumentiert sowie der BIM-Abwicklungsplan erstellt. Alle in dieser Phase ermittelten Grundlagen und Rahmendaten werden festgehalten.
- Die Leistungsphase 2 bezeichnet die *Vorplanung des Projekts*. In dieser Phase wird die Struktur des digitalen Gebäudemodells erstellt, so werden die Nullpunkt-Referenz festgelegt und die Etagen und Raumstrukturen des Gebäudes mit den entsprechenden Raumeigenschaften in einem Computer Aided Design (CAD)-System erzeugt und in einem zentralen Koodinationsmodell in einer Common Data Environment (CDE) abgelegt. Das Koordinationsmodell kann bereits in dieser Phase mit weiteren Informationen angereichert werden.
- Im Zuge der *Entwurfsplanung* (Leistungsphase 3) wird die Bibliothek des Koordinationsmodells um weitere Informationen ergänzt. Zudem werden die Bauteilkomponenten einschließlich einer Darstellung ihrer Eigenschaften und weiterer bauteilbezogener Informationen im Modell angelegt.
- Mit der Leistungsphase 4, der *Genehmigungsplanung*, werden der Bauantrag und alle notwendigen Dokumente direkt aus dem BIM-Projekt bzw. der CDE abgeleitet und an die Behören übergeben. Bei Implementierung geeigneter Schnittstellen aufseiten der Behören könnten diese Dokumente direkt aus dem Koordinationsmodell bzw. der CDE heraus erfolgen.
- Die Leistungsphase 5 repräsentiert die *Ausführungsplanung* und der Abschluss dieser Phase bezeichnet zugleich das Ende der Planung. In dieser Phase werden die Daten zu den Baukomponenten sowie die Informationen für die Leistungsbeschreibung zur Übergabe an die Bauausführung/Realisierung bereitgestellt. Auf Basis dieser Informationen werden die Werk- und Montagepläne für die Unternehmen, die das Gebäude bauen, erstellt. In dieser Phase besteht die Herausforderung, dass sich nicht alle Informationen aus der CDE im Detail in den Plänen abbilden lassen. Weiterhin müssen

in dieser Leistungsphase Informationen zum Lieferzeitpunkt und zum Ablauf des Einbaus in der in der CDE nachgepflegt werden, um die Pläne erstellen zu können.

- In den Leistungsphasen 6 und 7, der *Vorbereitung der Vergabe* und der *Mitwirkung bei der Vergabe*, welche die ersten beiden Phasen der Bauausführung/Realisierung beschreiben, werden die Mengen der benötigten Baukomponenten ermittelt, um diese in einem Leistungsverzeichnis zu beschreiben. In diesen Phasen müssen die Leistungen aus dem Leistungsverzeichnis mit den digitalen Baukomponenten in der CDE verknüpft werden. Idealerweise wird das Leistungsverzeichnis direkt aus dem Koordinationsmodell bzw. der Common Data Environment (CDE) erstellt, was eine Formulierung der Bedarfe vom Ende des Erstellungsprozesses des digitalen Gebäudemodells gedacht erfordert.
- Im Zuge der *Objektüberwachung* (Leistungsphase 8) müssen die Änderungen, die beim Bau des Gebäudes vorgenommen werden, in das zentrale Koordinationsmodell des Gebäudes eingepflegt werden. Weiterhin werden auf Basis des Bautagebuchs alle Informationen von der Baustelle mit den entsprechenden Bauteilen aus der Planung verknüpft. Damit verbunden sind die Kontrolle und Dokumentation der entstandenen Kosten und erreichten Termine. Das in der Objektüberwachung entstehende zentrale Gebäudemodell wird als „As-Built"-Modell bezeichnet und in der CDE mit allen Änderungen festgeschrieben.
- Die Leistungsphase 9 schließt die Bauausführung bzw. Realisierung ab. Es handelt sich bei dieser Phase um die *Objektbetreuung*, in der das Koordinationsmodell und insbesondere die Baukomponenten vor, während und nach der Inbetriebnahme und Übergabe des Gebäudes um Informationen für das Computer Aided Facility Management (CAFM) ergänzt werden. Damit erfolgt eine Verknüpfung betriebsspezifischer Daten mit dem digitalen Gebäudemodell.

Die vorangehenden Punkte beschreiben einen sehr strukturierten Prozess zum Aufbau eines digitalen Zwillings. Damit wird eine Grundlage für eine reibungslose Kollaboration aller Stakeholder, die über den Immobilienlebenszyklus in die Erstellung, das Management und die Revitalisierung einer Immobilie eingebunden sind, geschaffen. Denn der digitale Zwilling sowie die Common Data Environment (CDE) ermöglichen den Austausch, die Zusammenführung und die Verwaltung von Bauwerksdaten und Gebäudeinformationen sowie der Informationen über die gebäudetechnischen Systeme der Immobilie. Mit dem beschriebenen Ablauf und einer frühzeitigen Integration aller Beteiligten in diesen Ablauf lassen sich die Voraussetzungen zur Erfüllung der Anforderungen an einen digitalen Zwilling für alle Phasen des Immobilienlebenszyklus sehr strukturiert, vollständig und frühzeitig schaffen (vgl. Goldshteyn & Ritz, 2022, S. 218).

Mit dem Prozess des Informationsaufbaus für einen digitalen Zwilling entsteht ein virtuelles Abbild einer Immobilie, das alle der Immobilie und ihrer enthaltenen Systeme zugehörigen Informationen umfasst. So werden Daten und Dokumente, wie Installationspläne, Montageanleitungen, Brandschutzplanungen, Mengen- und Stückzahllisten, Terminpläne, Bautagebücher oder E-Mails, direkt mit den jeweiligen Objektdaten der Immobilie sowie der integrierten Systeme verknüpft, sodass ein Netzwerk aller vorhandenen Informationen entsteht. Während Bewirtschaftung der Immobilien können zudem Echtzeitdaten, welche die in der Immobilie verbauten Sensoren und Leitsysteme bereitstellen, direkt mit den entsprechenden Komponenten und Systemen verbunden werden, sodass sich das Management der Immobilie und ihrer Systeme, insbesondere Planung und Steuerung von Wartungen, Instandhaltungen und Reparaturen, auch in dieser Immobilienlebenszyklusphase deutlich vereinfachen lässt (vgl. Goldshteyn & Ritz, 2022, S. 224).

4.8 Weitere Technologien

Die vorangehenden Abschnitte haben die wichtigsten Digitalisierungstechnologien für die Wohnungs- und Immobilienwirtschaft diskutiert und einschlägige Anwendungsfelder aufgezeigt. Die diskutierten Technologien – Big Data, künstliche Intelligenz (KI), KI-Agenten, Robotic Process Automation (RPA), Internet of Things (IoT), Building Information Modeling (BIM) – gelten als zentrale Treiber der digitalen Transformation und stehen im Fokus einer weiteren Entwicklung für ihre verbreitete Nutzung in der Branche. Jenseits der genannten Technologien, die entweder weitgehend etabliert sind oder in der Wohnungs- und Immobilienwirtschaft intensiv diskutiert werden, haben perspektivisch weitere Digitalisierungstechnologien Einfluss auf die Geschäfts- und Kundenprozesse in der Wohnungs- und Immobilienwirtschaft. Die entsprechenden Technologien sind in der Wohnungs- und Immobilienwirtschaft bisher wenig präsent, können aber mit ihrer Weiterentwicklung für strategische Innovations- und Digitalisierungsprojekte in der Branche an Bedeutung gewinnen.

In diesem Abschnitt werden ausgewählte moderne Digitalisierungstechnologien in einem Überblick dargestellt, die bisher nicht in der Tiefe behandelt worden sind, jedoch über signifikantes Transformationspotenzial für die Digitalisierung verfügen. Im Fokus stehen dabei die Technologien *Augmented Reality (AR)*, *Digitale Identitäten/eID*, *Smart Contracts*, die auf Blockchain-Technologien basieren, *Edge Computing* sowie *verhaltensbasierte Digitale Zwillinge*. Die Relevanz und der Nutzen dieser Technologien sowie mögliche Anwendungsfelder in der Wohnungs- und Immobilienwirtschaft werden nachfolgend beschrieben.

Augmented Reality (AR)

Die Technologie *Augmented Reality (AR)*, also die rechnergestützte Erweiterung der realen Welt um digitale Inhalte wie Bilder, Texte oder dreidimensionale Objekte (vgl. Arena et al., 2022, S. 1 f.), unterstützt neue Formen der Interaktion von Stakeholdern der Wohnungs- und Immobilienwirtschaft mit ihrer Umgebung. So können Visualisierungen von digitalen Objekten in realen Umgebungen von Objekten in realen Umgebungen vorgenommen werden, beispielsweise können bei Besichtigungen Möbel oder andere Einrichtungsgegenstände in ein zu vermietendes oder zu verkaufendes Objekt integriert werden, oder es können Schritt-für-Schritt-Anleitungen z. B. bei der Reparatur oder Wartung von gebäudetechnischen Anlagen oder Geräten in das jeweilige Objekt eingeblendet werden. Bei der Nutzung von AR-Technologien bleibt die reale Umgebung im Gegensatz zur Nutzung von Virtual Reality (VR)-Technologien präsent. Die reale Umgebung wir hier mittels Smartphones, Tablets oder AR-Brillen überlagert. Augmented Reality wird durch die technologischen Komponenten Sensorik und Erkennung der Umgebung, z. B. mit Kameras, GPS oder LiDAR, Echtzeit-Datenverarbeitung zur Darstellung virtueller Objekte sowie Visualisierung durch ein Ausgabegerät umgesetzt. So werden die digitalen Inhalte mittels Echtzeit-Tracking und Bildverarbeitung präzise in die reale Umgebung eingeblendet.

Die Einsatzmöglichkeiten von AR in der Wohnungs- und Immobilienwirtschaft liegen neben der bereits genannten virtuellen Einrichtung von Objekten mit Möbeln bei deren Besichtigung in der Visualisierung von geplanten Ein- und Umbauten im bzw. am jeweiligen Objekt, in der Verfolgung des Baufortschritts mittels des Abgleichs von Planungsdaten (CAD-Daten, Gebäudemodell) mit dem jeweiligen Ist-Zustand der Immobilie während des Baus einer Immobilie oder in der Visualisierung von Verläufen von elektrischen oder Wasserleitungen in Gebäuden für das Facility Management. So erprobt beispielsweise Strabag PFS AR-Anwendungen für das Facility Management, mit denen Leitungen und Wartungspunkte in Gebäuden mittels mobiler Endgeräte sichtbar gemacht werden können (vgl. Strabag PFS, o.J.). Der Nutzen der skizzierten Anwendungen von AR liegt in der Möglichkeit, gesicherte Entscheidungen auf Basis der umgesetzten Visualisierungen zu treffen, schnell und effizient Maßnahmen beispielsweise im Rahmen des Facility Managements einzuleiten und eine effektive Einbindung von Stakeholdern in immobilienwirtschaftliche Prozesse zu realisieren. Damit betet diese Technologie hohes Innovationspotenzial insbesondere für digitale Dienstleistungen entlang des Immobilienlebenszyklus. Es bestehen jedoch noch Entwicklungsnotwendigkeiten in der Standardisierung der zugrunde liegenden Datenmodelle und in der hybriden Einsetzbarkeit auf unterschiedlichen Geräten sowie in Konzepten für die Erfüllung von Datenschutzanforderungen.

Digitale Identitäten/eID

Digitale Identitäten ermöglichen die eindeutige Identifizierung und Authentifizierung von Organisationen, Personen oder Maschinen/Rechnern in digitalen Umgebungen. Auch *elektronische Identifizierungs- (eID-)*Systeme implementieren die entsprechenden Technologien für eine elektronische Identifizierung und Authentifizierung. Diese Systeme stellen die Rechtskonformität eines digital erbrachten Identitätsnachweises sicher. Eine eID wird i. d. R. durch eine staatliche Behörde erstellt und ausgegeben. Digitale Identitäten setzen sich aus unterschiedlichen Attributen, wie z. B. eine Identifikationsnummer, Name, Adresse, Geburtsdatum oder Gerätenummer zur Authentisierung sowie einem Nachweismechanismus, beispielsweise ein Passwort, ein biometrisches Verfahren oder ein Zertifikat, zur Authentifizierung zusammen. Technische bzw. regulatorische Grundlagen für digitale Identitäten bilden erstens die EU-Verordnung eIDAS, die einheitliche europäische Standards für digitale Identitäten setzt (vgl. BSI, o.J.), zweitens die Self-Sovereign Identity (SSI), gemäß derer Nutzende einer digitalen Identität selbst über diese Identität verfügen (vgl. BSI, 2021, S. 3), und drittens eine Blockchain-basierte Identitätsverwaltung, bei der Authentifizierungen dezentral gespeichert und verifiziert werden.

In der Wohnungs- und Immobilienwirtschaft, in der häufig sensible und/oder personenbezogene Daten verarbeitet und rechtsverbindliche Transaktionen ausgeführt werden, ist eine sichere elektronische Authentisierung, also eine zweifelsfreie Identifizierung, von zentraler Bedeutung. So müssen beispielsweise digitale Mietverträge rechtssicher unterzeichnet werden, was eine entsprechende digitale Identifizierung der unterzeichnenden Personen bzw. Partner voraussetzt. Auch Zugänge zu Portalen, beispielsweise zu Mietendenportalen, oder Zugangskontrollen zu Gebäuden müssen mittels einer sicheren digitalen Identifizierung der jeweiligen Organisationen, Personen oder Systeme überprüft und bei Bestätigung der Identität sowie der Autorisierung des Zutritts freigegeben werden.

Ein Beispiel für den Einsatz eines eID-Verfahrens bildet die Plattform *Verimi*, die von großen Wohnungsunternehmen, z. B. von der *Vonovia SE*, sowie von PropTech-Unternehmen genutzt wird, um eIDAS-konforme eID-Dienste für die digitale Mietendenidentifizierung im Zuge von digitalen Vertragsprozessen zu nutzen. Die Verbreitung der entsprechenden Technologien für die Nutzung digitaler Identitäten hängt von deren Akzeptanz, der Interoperabilität und dem Vertrauen in diese Technologien bzw. in das zugehörige digitale Wallet ab. Durch regulatorische Initiativen wie die geplante *EU Digital Identity Wallet* (vgl. BMI, 2023) wird die Verbreitung dieser Technologien und damit die Nutzbarkeit für unterschiedliche Prozesse in der Wohnungs- und Immobilienwirtschaft zunehmen. In der Branche entsteht damit die Basis für vollständige digitale Ende-zu-Ende-Prozesse, z. B. von der Wohnungssuche bis zur Kündigung des Mietvertrags.

Smart Contracts

Bei *Smart Contracts* handelt es sich um digitale Verträge, die auf Blockchain-Technologie basieren. Sie basieren auf „Wenn-dann"-Logiken und ermöglichen das Hinterlegen definierter Bedingungen. Während des Vertragsverlaufs können an einzelne Bedingungen geknüpfte Aktionen, beispielsweise der Versand eines Exposés an Kaufinteressenten für ein Objekt, automatisch ausgeführt werden, wenn der Auslöser für die entsprechende Aktion, im Beispiel das Eingehen einer Interessensbekundung für das Objekt via E-Mail, angestoßen wird (vgl. Mitschele, 2019). Smart Contracts werden auf dezentralen Blockchain-Netzwerken betrieben und sind damit transparent und unveränderlich.

Mit ihrer Basis auf der Blockchain-Technologie können Smart Contracts Prozesse automatisieren, beschleunigen und absichern. Damit kann diese Technologie einige wichtige Aufgaben der Wohnungs- und Immobilienwirtschaft wahrnehmen, wie z. B. eine vertragsgesteuerte Nebenkostenabrechnung nach Echtzeitverbräuchen, das automatische Einziehen von Miete zum Fälligkeitsdatum oder die Verwaltung und Rückzahlung von Kautionen ohne die Einbindung von Kreditinstituten. Die Realisierung derartiger Lösungen stellt eine vielversprechende Perspektive dar, ist bisher jedoch über den Pilotstatus noch nicht hinausgekommen. Konkretere Ansätze gibt es lediglich bei der Emission von Token-basierten Wertpapieren, die automatisierte Ausschüttungen integrieren können (vgl. Cashlink, o.J.). Die Vorsicht bei der Realisierung von Smart Contract Lösungen in der Wohnungs- und Immobilienwirtschaft begründet sich aus rechtlichen Unsicherheiten und einer hohen technischen Komplexität. Perspektivisch ermöglichen entsprechende Lösungen den Aufbau von sicheren Vertrauensarchitekturen ohne Intermediäre, so z. B. bei Mietkautionskonten oder für Mikropayment-basierte Energiedienstleistungen.

Edge Computing

Bei *Edge Computing* handelt es sich um das Pedant zum *Cloud Computing*: Es bezeichnet ein Datenverarbeitungsmodell, das durch die Nutzung dezentraler informationstechnischer Ressourcen eine dezentrale Analyse und Verarbeitung von Daten an den Orten ihrer Erzeugung bzw. Entstehung, etwa direkt in Gebäuden oder technischen Anlagen und Geräten und damit häufig am Rand einer Netzwerkperipherie, realisiert (vgl. Appius et al., 2021, S. 308). Durch die dezentrale Handhabung der Daten können Latenzen, notwendige Bandbreiten für die Datenübertragung und die Abhängigkeit von einer Internetverbindung deutlich reduziert werden. Unterschiedliche Netzwerkkomponenten, wie Router, Gateways oder Server, können Edge-Funktionen implementieren, d. h. Daten direkt vor Ort sammeln, analysieren und verarbeiten. Eine Anbindung dieser Komponenten an die Datenquellen, Sensoren und Steuerungseinheiten erfolgt über API, für die Kommunikation der Daten werden standardisierte IoT-Protokolle wie MQTT, CoAP oder XMPP genutzt. Die Edge Systeme können autonom agieren und somit zeitkritische Anwendungen, wie z. B. eine Energie- oder Sicherheitsautomatisierung optimal steuern.

Die genannten Anwendungsfelder zeigen, dass Edge Computing in der Wohnungs- und Immobilienwirtschaft für die Gebäudeautomatisierung und hier für die dezentrale Steuerung von Systemen, Anlagen und Geräten von hoher Bedeutung ist. So können beispielsweise elektronische Türöffner, Heizungsanlagen oder Aufzüge autonom gesteuert werden. Weitere Einsatzfelder liegen im Energiemanagement, beispielsweise zur Abfederung von Lastspitzen oder zur Verbrauchsoptimierung von Systemen, die durch PV-Anlagen gespeist werden. Einsatzfelder der Sicherheitsautomatisierung bilden z. B. der Datenschutz, indem sichergestellt wird, dass sensible Daten einen definierten (physischen) Bereich, wie ein Gebäude oder eine Anlage, nicht verlassen, oder die Ausfallsicherheit, denn Edge Computing Systeme können auch ohne eine bestehende Internetverbindung gesteuert werden. Edge Computing stellt insbesondere im Zusammenspiel mit dem Internet of Things (IoT) leistungsstarke und effektive Lösungen für die Wohnungs- und Immobilienwirtschaft bereit (vgl. Abschn. 4.5). So lassen sich mit einem entsprechenden Energiemanagement-System, das intelligente Energiezähler und HCAI-Anlagen mit Edge Computing Technologien integriert und eine Cloud-basierte Steuerung anbindet, beispielsweise Energieerzeuger, -speicher und -verbraucher zielführend steuern, um ein aufeinander abgestimmtes Zusammenspiel der Systeme zu realisieren und damit Verbrauchsoptimierungen zu erzielen.

Der Einsatz von Edge Computing in der Wohnungs- und Immobilienwirtschaft erfordert robuste Hardware, regelmäßige und sichere Updates sowohl der System- als auch der Steuerungssoftware und eine klare Abgrenzung zu anderen dezentralen Systemen sowie zu den zentralen IoT-Komponenten bzw. zur zentralen IT-Infrastruktur. Für modern

Quartierslösungen bilden Edge Computing Systeme wichtige Bausteine für eine Echtzeit-Energiesteuerung.

3D-Druck (Additive Fertigung)

In der Wohnungs- und Immobilienwirtschaft ist die Technologie *3D-Druck bzw. additive Fertigung* in der Lebenszyklusphase *Bau/Erstellung* einer Immobilien von stärkster Relevanz. Diese Technologien hat sich in den vergangenen Jahren deutlich weiterentwickelt und ermöglicht den direkten Druck von Bauteilen, Strukturen oder ganzen Gebäuden aus Beton, Recyclingmaterialien oder Kompositen (vgl. Hochwarth, 2024). Für die Branche bietet diese Technologie die Möglichkeit, schneller, kostengünstiger und ressourcenschonender zu bauen, zu sanieren und zu modernisieren. Mit 3D-Druck bzw. additiver Fertigung werden Bauteile oder Strukturen auf Basis digitaler Modelle, oft CAD-Modelle, schichtweise erstellt bzw. aufgebaut. Im Unterschied zu subtraktiven Verfahren, bei denen Material entfernt wird, wird beim 3D-Druck nur an den Stellen Material aufgetragen, an denen es benötigt wird. Die Steuerung erfolgt direkt aus CAD- oder BIM-Modellen der Bauteile bzw. Strukturen, die in maschinenlesbare Werkzeugpfade überführt werden (vgl. Bos et al., 2016, S. 2).

Für den 3D-Druck werden drei Hauptverfahren genutzt, nämlich die *Extrusion*, also das kontinuierliche Auspressen von Beton oder einer Geopolymermischung mit einer Düse, das *Pulverbettverfahren*, das ein schichtweises Auftragen und Verfestigen von Pulver aus beispielsweise Sand oder Gips bezeichnet, sowie das *Hybridverfahren*, das 3D-Druck mit „klassischen" Bauprozessen kombiniert. Mittels des letztgenannten Verfahrens lassen sich z. B. auch Schaltungselemente druckt (vgl. 3Druck.com, 2017). Für die Wohnungs- und Immobilienwirtschaft bietet die 3D-Druck-Technologie erhebliches Potenzial für Neubau, Sanierung und Ersatzfertigung. Mit der Minimierung des Materialverbrauchs und dem Einsatz von Recyclingmaterial lassen sich zudem Nachhaltigkeitspotenziale erschließen und CO_2-Reduzierungen erzielen, auch können die Reduzierung von Bauzeiten und von Arbeitskosten bei standardisierten Bauteilen zu einer Verbesserung der Kosteneffizienz führen (vgl. Bos et al., 2016). Anwendungsfelder dieser Technologie in der Wohnungs- und Immobilienwirtschaft sind der serielle Wohnungsbau, denkmalgestützte Sanierungen sowie das modulare Bauen. So hat die *Peri GmbH* im Jahr 2020 in Beckum das erste gedruckte Wohnhaus erstellt (vgl. Goldmann, 2020); in den Niederlanden ist mit dem Projekt *Milestone* in Eindhoven ein Pilotprojekt mit 3D-gedruckten Mietobjekten umgesetzt worden.

Trotz der dargestellten Potenziale werden die weitere Entwicklung und der breite Einsatz der 3D-Druck-Technologie durch einige äußere Einflüsse und ungünstige Rahmenbedingungen gehemmt. So fehlt es z. B. an Normen und Standards für den 3D-Druck, was zu erheblichen Zeitverlusten beim Erteilungen von Baugenehmigungen führt; zudem ist die Kombinierbarkeit der Baumaterialien Beton und geopolymere Materialien mit anderen Materialien eingeschränkt, d. h. für das Bauen mit Holz oder Stahl ist diese Technologie kaum geeignet. Auch sind für die Anschaffung von 3D-Druckmaschinen und für Mischsysteme hohe Investitionen zu tätigen, die durch eine Beschleunigung der Bauprozesse und die Reduzierung der Arbeitskosten mindestens aufgewogen werden müssen. Weiterhin gibt es für die Erstellung von Bauteilen oder Strukturen nach keinen durchgängigen Prozess, der Planungs-, Genehmigungs- und Bauaktivitäten integriert. Hier fehlt es vielfach an geeigneten standardisierten Schnittstellen zur Datenübertragung. Aufgrund dieser Limitierungen sind noch erhebliche Entwicklungsaktivitäten erforderlich, die erst langfristig einen umfassenderen Einsatz dieser Technologien erwarten lassen.

Literatur

3Druck.com (2017). *Neue Methoden für 3D-Druck von voll funktionsfähigen Elektronikschaltungen.* 3Druck. https://3druck.com/forschung/neue-methode-fuer-3d-druck-von-voll-funktionsfaehigen-elektronikschaltungen-4064109/. Zugegriffen: 15. Aug. 2025.

Aareon (o.J.). *KI-basierte Mieterkommunikation.* Aareon Deutschland. https://info.aareon.de/de-de/digitale-erlebnisse/ki-kommunikation. Zugegriffen: 01. Aug. 2024.

Adam, C., & Gaudou, B. (2016). BDI agents in social simulations: a survey. *The Knowledge Engineering Review, 31*(3), 207–238. https://www.researchgate.net/publication/306074863_BDI_agents_in_social_simulations_a_survey. Zugegriffen: 22. Dez. 2025.

Albrecht, T. (2023). Bedeutung von künstlicher Intelligenz, Machine Learning und Smart Data für die Wertermittlung von Industrieimmobilien. In O. Everling & P. Salostowitz (Hrsg.), *Rating von Industrieimmobilien.* Springer Gabler.

Aguirre, S., & Rodriguez, A. (2017). Automation of a business process using robotic process automation (RPA): A case study. In J. Figueroa-García, E. López-Santana, J. Villa-Ramírez, & R. Ferro-Escobar (Hrsg.) *Applied computer sciences in engineering. WEA 2017, Communications in computer and information science* (Bd. 742, S. 66–71). Springer. https://www.researchgate.net/publication/319343356_Automation_of_a_Business_Process_Using_Robotic_Process_Automation_RPA_A_Case_Study. Zugegriffen: 09. Mai 2024.

Alle Aktien (o.J.). *Logische Programmierung.* Lexikon. Equity Research Partners. https://www.alleaktien.com/lexikon/logische-programmierung. Zugegriffen: 25. Dez. 2024.

Appius, D., Probst, R., & Tokarski, K. (2021). Edge Computing und Industrie 4.0. In J. Schellinger, K. Tokarski, & I. Kissling-Näf (Hrsg.), *Digital Business: Analysen und Handlungsfelder in der Praxis.* Springer Gabler.

Arena, F., Collotty, M., Pau, G., & Termine, F. (2022). An overview of augmented reality. *Article, Computers, 11*(2). https://doi.org/10.3390/computers11020028. Zugegriffen: 10. Aug. 2025.

Auth, G., & Heinecke, A. (2021). *AI eats RPA für breakfast: Warum RPA nicht der große Wurf ist, sondern nur ein Instrument.* Präsentation, 15. Juli 2021. InfAI. https://cms.digiwoh.de/uploads/Erfahrungsaustausch_RPA_Heinecke_0b1a994ab6.pdf. Zugegriffen: 26. Juli 2025.

Automationspraxis (2022). *KI-Robotik: Chancen und Hürden.* Konradin. https://automationspraxis.industrie.de/ki/ki-eine-grosse-chance-fuer-die-robotik/. Zugegriffen: 27. Dez. 2024.

Ball, T. (2019). *Digitalisierung: Fokus künstlicher Intelligenz im Facility Management.* Lünkendonk. https://www.luenendonk.de/produkte/studien-publikationen/kuenstliche-intelligenz-unterstuetzt-moderne-facility-manager/. Zugegriffen: 02. Aug. 2024.

BauNetz (o.J.). *BIM Kollaborationsplattform (CDE).* Baunetz Wissen. https://www.baunetz-wissen.de/integrales-planen/fachwissen/software/bim-kollaborationsplattform-cde-5289553. Zugegriffen: 14. Juli 2025.

Bendel, O. (2024). *Generative KI. Gabler Wirtschaftslexikon.* Springer Gabler. https://wirtschaftslexikon.gabler.de/definition/generative-ki-124952/version-390717. Zugegriffen: 29. Juli 2024.

Berger, J., Geberth, S., & Fischer, F. (2024). *Generative künstliche Intelligenz im Corporate Reporting: Eine Revolution im Finanzbereich? Corporate Governance Inside, Ausgabe 01/2024.* Deloitte. https://image.marketing.deloitte.de/lib/fe31117075640474771d75/m/1/2b6b4d32-b4d7-499d-be99-d88aa680cdc9.pdf. Zugegriffen: 02. Aug. 2024.

Bitkom (2017). *Künstliche Intelligenz: Wirtschaftliche Bedeutung, gesellschaftliche Herausforderungen, menschliche Verantwortung.* Bitkom e. V./DFKI. https://www.dfki.de/fileadmin/user_upload/import/9744_171012-KI-Gipfelpapier-online.pdf. Zugegriffen: 11. Aug. 2024.

BMI (2023). *Persönliche digitale Brieftasche für Bürgerinnen und Bürger: Sichere Identifizierung und Verwaltung amtlicher Dokumente mit dem Smartphone.* Bundesministerium für Wirtschaft und Klimaschutz. https://www.bmi.bund.de/SharedDocs/pressemitteilungen/DE/2023/11/digitale-brieftasche.html. Zugegriffen: 12. Aug. 2024.

BMWK (2020). *Auf einen Blick – Datenökonomie. Berlin: Bundesministerium für Wirtschaft und Klimaschutz.* https://www.bmwk.de/Redaktion/DE/Schlaglichter-der-Wirtschaftspolitik/2020/09/kapitel-1-7-auf-einen-blick. Zugegriffen: 02. Aug. 2025.

Bölting, T., Königsmann, T., & Neitzel, M. (2016). *Digitalisierung in der Immobilienwirtschaft – Chancen und Risiken. Studie im Auftrag der Bundesarbeitsgemeinschaft Immobilienwirtschaft Deutschland (BDI).* InWIS, EBZ Business School.

Bratman, M. (1987). *Intention, plans, and practical reasons.* CSLI Publications.

BSI (o.J.). *eIDAS-Verordnung über elektronische Identifizierung und Vertrauensdienste.* Bundesamt für Sicherheit in der Informationstechnik. https://www.bsi.bund.de/dok/7831030. Zugegriffen: 12. Aug. 2025.

BSI (2021). *Eckpunktepapier für Self-sovereign Identities (SSI). Bundesamt für Sicherheit in der Informationstechnik.* https://www.bsi.bund.de/SharedDocs/Downloads/DE/BSI/Krypto/Eckpunkte_SSI_DLT.pdf. Zugegriffen: 12. Aug. 2025.

Bos, F., Wolfs, R., Ahmed, Z., & Salet, T. (2016). Additive manufacturing of concrete in construction: potentials and challenges of 3D concrete printing. *Virtual and Physical Prototyping, 11*(3), 209–225. https://doi.org/10.1080/17452759.2016.1209867. Zugegriffen: 15. Aug. 2025.

Cashlink (o.J.). *Der Wandel der Finanzmarktinfrastruktur durch token-basierte Vermögenswerte und DLT.* Cashlink Technologies. https://cashlink.de/de/. Zugegriffen: 20. Aug. 2025.

Chapman, P., Clinton, J., Kerber, R., Khabaza, T., Reinartz, T., Shearer, C., & Wirth, R. (2020). *CRISP-DM – Step-by-step data mining guide.* SPSS. https://www.kde.cs.uni-kassel.de/wp-content/uploads/lehre/ws2012-13/kdd/files/CRISPWP-0800.pdf. Zugegriffen: 25. Dez. 2024.

Czarnecki, C., & Auth, G. (2018). Prozessdigitalisierung durch Robotic Process Automation. In T. Barton, C. Müller, & C. Seel (Hrsg.), *Digitalisierung in Unternehmen – Von den theoretischen Ansätzen zur praktischen Umsetzung.* Springer Vieweg.

De Mauro, A., Greco, M., & Grimaldo, M. (2016). A formal definition of big data based on its essential features. *Library Review, 65*(3), 122–135. https://doi.org/10.1108/LR-06-2015-0061. Zugegriffen: 10. Juli 2025.

Ditfurth, J. v., Linzmaier, T., Lohmann, M., & Terhalle, T. (2021). *Ecosystems in der Immobilienwirtschaft. Studie.* ZIA/Deloitte. https://zia-deutschland.de/wp-content/uploads/2021/04/Deloitte-Zia-Studie_ECO-System1.pdf. Zugegriffen: 16. Juli 2025.

Drees & Sommer (2025). *Transform to Succeed 2025.* Studie, Drees & Sommer, TH Aschaffenburg. https://www.dreso.com/de/unternehmen/shared-content/publikationen/transform-to-succeed-digitalisierungsstudie-2025. Zugegriffen: 19. Juni 2025.

Eastman, C., Teicholz, P., Sacks, R., & Liston, K. (2011). *BIM handbook: A guide to building information modeling.* Wiley. https://www.academia.edu/3183272/BIM_handbook_A_guide_to_building_information_modeling_for_owners_managers_designers_engineers_and_contractors. Zugegriffen: 14. Juli 2025.

Elunic (2025). *MCP: Der neue Standard für KI-Agenten in der Industrie*. Elunic. https://www.elunic.com/de/mcp-standard-ki-agenten-industrie/. Zugegriffen: 21. Dez. 2025.

EU Artificial Intelligence Act (2024). *Zusammenfassung des AI-Gesetzes auf hoher Ebene*. Future of Life Institute. https://artificialintelligenceact.eu/de/high-level-summary/. Zugegriffen: 02. Aug. 2024.

Europäische Union (2020). *Verordnung (EU) 2020/852 des Europäischen Parlaments und des Rates vom 18. Juni 2020 über die Einrichtung eines Rahmens zur Erleichterung nachhaltiger Investitionen und zur Änderung der Verordnung (EU) 2019/2088*. Amtsblatt der Europäischen Union. https://eur-lex.europa.eu/legal-content/DE/TXT/PDF/?uri=CELEX:32020R0852. Zugegriffen: 02. Aug. 2024.

Feldmann, C. (2022). Grundlagen zur Automatisierung von Geschäftsprozessen mit Robotic Process Automation. In C. Feldmann (Hrsg.), *Praxishandbuch Robotic Process Automation (RPA) – Von der Prozessanalyse bis zum Betrieb*. Springer Gabler.

Fraunhofer IESE (2023). *Was sind Large Language Models? Blogbeitrag*. Fraunhofer-Institut für Experimentelles Software Engineering IESE. https://www.iese.fraunhofer.de/blog/large-language-models-ki-sprachmodelle/. Zugegriffen: 27. Dez. 2024.

Fraunhofer IKS (2023). *Künstliche Intelligenz (KI) und maschinelles Lernen*. Fraunhofer-Institut für Kognitive Systeme IKS. https://www.iks.fraunhofer.de/de/themen/kuenstliche-intelligenz.html. Zugegriffen: 29. Nov. 2024.

Fraunhofer IMS (2024). *Computer vision*. Fraunhofer-Institut für Mikroelektronische Schaltungen und Systeme IMS. https://www.ims.fraunhofer.de/de/Kernkompetenz/Embedded-Software-and-AI/Computer-Vision.html. Zugegriffen: 24. Dez. 2024.

Gamil, Y. (2023). Machine learning in concrete technology: A review of current researches, trends, and applications. *Frontiers in Built Environ, 9*, 23 February 2023. https://www.frontiersin.org/journals/built-environment/articles/10.3389/fbuil.2023.1145591/full. Zugegriffen: 26. Dez. 2024.

Gartner (o.J.). *Hyperautomation. Information Technology Glossary*. Gartner. https://www.gartner.com/en/information-technology/glossary/hyperautomation. Zugegriffen: 01. Aug. 2025.

GeeksforGeeks (2024). *Probalistic Reasoning in Artificial Intelligence*. GeeksforGeeks. https://www.geeksforgeeks.org/probabilistic-reasoning-in-artificial-intelligence/. Zugegriffen: 24. Dez. 2024.

Gethmann, C., Buxmann, P., Distelrath, J., Humm, B., Lingner, S., Nithsch, V., Schmidt, J., & Spiecker gen. Döhmann, I. (2022). *Künstliche Intelligenz in der Forschung: Neue Möglichkeiten und Herausforderungen für die Wissenschaft*. Springer.

Giffen, B. v., Borth, D., & Brenner, W. (2020). Management von Künstlicher Intelligenz in Unternehmen. *HMD Praxis der Wirtschaftsinformatik, 57*(1), 4–20. https://www.alexandria.unisg.ch/server/api/core/bitstreams/264c90cb-8214-45f8-9b53-e2930bd89c52/content. Zugegriffen: 25. Juni 2025.

Gille, M. (2023). Internet of Things – Gebäudedigitalisierung. In H. Gündling, V. Rock, & C. Schulz-Wulkow (Hrsg.), *Next Generation Real Estate – Innovationen, digitale Transformation und ESG* (2. Aufl.). Frankfurt School Verlag.

Goldmann, M. (2020). *Deutschlands erstes Wohnhaus aus dem 3D-Drucker*. Deutsches Architektenblatt. https://www.dabonline.de/bautechnik/haus-3d-drucker-betondruck-deutschlands-erstes-wohnhaus-gedruckt-beckum-beton-peri/. Zugegriffen: 18. Aug. 2025.

Goldshteyn, B., & Ritz, E. (2022). Building Information Modeling: Der Leitfaden für die erfolgreiche Implementierung. In C. Jacob & S. Kukovec (Hrsg.), *Auf dem Weg zu einer nachhaltigen, effizienten und profitablen Wertschöpfung von Gebäuden: Grundlagen – neue Technologien, Innovationen und Digitalisierung – Best Practices*. Springer Vieweg.

Grimsmann, L. (2024). *Robotic Process Automation: Wirtschaftlichkeitsbetrachtung der Implementierung eines RPA-Tools, Bachelor Thesis.* EBZ Business School.

Gsell, H., Stamer, C., & Füllbeck, M. (2025). *IT und Digitalisierung in der Haus- und WEG-Verwaltung 2025. Studie.* EBZ Business School/InWIS Forschung & Beratung.

Gsell, H., & Nikodemus, P. (2025). *Digitalisierung von Geschäftsprozessen in der Immobilienwirtschaft – Informationsmanagement, Systeme, Plattformen.* Springer Vieweg.

Google Cloud (2025). *Was ist ein AI-Agent?* Google Ireland. https://cloud.google.com/discover/what-are-ai-agents?. Zugegriffen: 21. Dez. 2025.

Hausknecht, K., & Liebich, T. (2016). *BIM-Kompendium – Building Information Modeling als neue Planungsmethode.* Fraunhofer IRB Verlag. https://elibrary.vdi-verlag.de/10.51202/9783816794905.pdf. Zugegriffen: 06. Aug. 2025.

Herm, L.-V., Janiesch, C., Helm, A., Imgrund, F., Hofmann, A., & Winkelmann, A. (2022). A framework for implementing robotic process automation projects. *Original article, Information Systems and e-Business Management, 21* (2023), 1–35. https://link.springer.com/article/10.1007/s10257-022-00553-8. Zugegriffen: 24. Juli 2025.

Herr, T. (2022). Die Rolle der PropTechs in der immobilienwirtschaftlichen Transformation. In A. Pfnür, M. Eberhardt, & T. Herr (Hrsg.), *Transformation der Immobilienwirtschaft – Geschäftsmodelle, Strukturen, Prozesse und Produkte im Wandel.* Springer Gabler.

Hochwarth, D. (2024). *Was ist additive Fertigung? Definition, Anwendung, Potenzial.* VDI Verlag. https://www.ingenieur.de/technik/fachbereiche/3d-druck/was-ist-additive-fertigung-definition-anwendung-potenzial/. Zugegriffen: 15. Aug. 2025.

Honroth, T., Siebert, J., & Kelbert, P. (2024). *Retrieval Augmented Generation (RAG): Chatten mit den eigenen Daten.* Fraunhofer IESE. https://www.iese.fraunhofer.de/blog/retrieval-augmented-generation-rag/. Zugegriffen: 21. Dez. 2025.

IBM (o.J.). *Was ist starke KI?* IBM Deutschland. https://www.ibm.com/de-de/topics/strong-ai. Zugegriffen: 29. Juli 2024.

IBM (2024). *AI agents: What they are and how they work.* IBM Deutschland. https://www.ibm.com/think/topics/ai-agents. Zugegriffen: 21. Dez. 2025.

ICCL (2021). *Wissensrepräsentation und logisches Schließen.* International Center für Computational Logic. https://iccl.inf.tu-dresden.de/web/Wissensrepr%C3%A4sentation_und_logisches_Schlie%C3%9Fen. Zugegriffen: 25. Dez. 2024.

Intel (o.J.a). *Was ist Computer Vision?* Intel Deutschland. https://www.intel.de/content/www/de/de/learn/what-is-computer-vision.html. Zugegriffen: 24. Dez. 2024.

Intel (o.J.b). *Nutzen Sie mit intelligenten Edge-Systemen die Vorteile von IoT.* IBM Deutschland. https://www.intel.de/content/www/de/de/edge-computing/edge-devices.html. Zugegriffen: 17. Juli 2025.

Initiative Intelligente Vernetzung (2019). *Künstliche Intelligenz – Impulse zu einem Megatrend.* Initiative Intelligente Vernetzung. https://www.bmwk.de/Redaktion/DE/Publikationen/Technologie/kuenstliche-intelligenz-impulse-zu-einem-megatrend.pdf. Zugegriffen: 24. Dez. 2024.

IStructE (2021). *An introduction to building information modeling (BIM).* The Institute of Strucutral Engineering. https://www.istructe.org/IStructE/media/Public/An_introduction_to-Building_Information_Modelling_BIM.pdf. Zugegriffen: 27. Jan. 2025.

IT-P (2024). *Künstliche Intelligenz (KI) und Robotik: Ein starkes Duo für die Zukunft.* IT-P Information Technology-Partner. https://www.it-p.de/blog/ki-robotik-zukunft/. Zugegriffen: 27. Dez. 2024.

Jöckel, L. (2024). *Large Action Models (LAMs) nutzen neurosymbolische KI – Die nächste Stufe im Hype rund um Generative KI.* Fraunhofer IESE. https://www.iese.fraunhofer.de/blog/large-action-models-nutzen-neurosymbolische-ki/. Zugegriffen: 21. Aug. 2024.

Jüngling, A., & Miran, M. (2024). *Projektbericht ERP und Softwarelandschaften: KI-Mitarbeiter-assistent der Volkswohnung.* DigiWoh Kompetenzzentrum Digitalisierung Wohnungswirtschaft e.V. https://www.digiwoh.de/inhalte/ki-assistent. Zugegriffen: 03. Juni 2025.

Kay, C. (2020. *Was ist Complex Event Processing (CEP)? Blogbeitrag, IT-Talents.* Talentzeit. https://www.it-talents.de/it-wissen/was-ist-complex-event-processing-cep. Zugegriffen: 26. Dez. 2024.

Kelbert, P., Siebert, J., & Jöckel, L. (2024). *Large action models (LAMs), tool learning, function calling and Agents. Blogbeitrag.* Fraunhofer-Institut für Experimentelles Software Engineering IESE. https://www.iese.fraunhofer.de/blog/large-action-models-multi-agents/. Zugegriffen: 27. Dez. 2024.

KI-Echo (o.J.). *Automatisierte Wissensrepräsentation. Glossar.* KI-Echo. https://ki-echo.de/glossar/automatisierte-wissensrepraesentation/. Zugegriffen: 26. Dez. 2024.

Köhler, W. (2023). *Effizienzsteigerung und verbessertes Störungsmanagement bei Heizungsanlagen.* Präsentation. DigiWoh/Vonovia. https://www.digiwoh.de/inhalte/digitale-tga-ueberwachung-erfahrungsaustausch-mit-der-vonovia. Zugegriffen: 05. Aug. 2025.

Kolanski, H. (2008). *Statistische Methoden der Datenanalyse. Vorlesungsskript.* Humboldt-Universität. https://www.zeuthen.desy.de/~kolanosk/smd_ss08/skripte/mc.pdf. Zugegriffen: 14. Juli 2025.

Kumari, S. (2023). *Automatisierte Wissensrepräsentation. Scaler Topics.* InterviewBit. https://www.scaler.com/topics/artificial-intelligence-tutorial/probabilistic-reasoning/. Zugegriffen: 25. Dez. 2024.

Künzel, T. (2024). *Digitalisierung in der Immobilienbranche – Smart Home, Künstliche Intelligenz und virtuelle Besichtigungen.* Springer Gabler.

Lackes, R. (2018a). *Data Mining. Gabler Wirtschaftslexikon.* Springer Gabler. https://wirtschaftslexikon.gabler.de/definition/data-mining-28709/version-252334. Zugegriffen: 25. Dez. 2024.

Lackes, R. (2018b). *Wissensrepräsentation. Gabler Wirtschaftslexikon.* Springer Gabler. https://wirtschaftslexikon.gabler.de/definition/wissensrepraesentation-50902/version-274114. Zugegriffen: 25. Dez. 2024.

Lawton, G. (2023). *Komplexe Ereignisverarbeitung (Complex Event Processing, CEP). Definition, ComputerWeekly.de.* TechTarget. https://www.computerweekly.com/de/definition/Komplexe-Ereignisverarbeitung-Complex-Event-Processing-CEP. Zugegriffen: 25. Dez. 2024.

Lenovo (o.J.). *Wie unterscheidet sich die logische Programmierung von traditionellen Programmierparadigmen? Glossar.* Lenovo Deutschland. https://www.lenovo.com/de/de/glossary/logic-programming/. Zugegriffen: 25. Dez. 2024.

Meckenstock, N. (2023). *Anwendungspotenziale von Machine Learning in der Optimierung herkömmlicher Heizungsanlagen.* EBZ Business School.

Meyer, J.-J., Broersen, J., & Herzig, A. (2015). BDI logics. In H. van Ditmarsch, J. Halpern, W. van der Hoek, & B. Kooi (Hrsg.), *Handbook of logics for knowledge and belief. Chapter10* (S. 453–493). College Publications.

Miao, H., Li, A., Davis, L., & Deshpande, A. (2017). *ModelHub: Deep Learning Lifecycle Management. IEEE 33rd International Conference on Data Engineering (ICDE)* (S. 1393–1394). https://ieeexplore.ieee.org/document/7930088. Zugegriffen: 05. Juli 2025.

Mitschele, J. (2019). *Smart Contract. Gabler Wirtschaftslexikon.* Springer Gabler. https://wirtschaftslexikon.gabler.de/definition/smart-contract-54213/version-372222. Zugegriffen: 12. Aug. 2025.

OECD (2020). *Going Digital: Den digitalen Wandel gestalten, das Leben verbessern.* OECD Publishing. https://doi.org/10.1787/e78eb379-de. Zugegriffen: 09. Juli 2025.

Perez Perez, A. (2019). *Machine Learning: Nutzen der BDI-Agenten Architektur (Beliefs, Desires, Intentions). MSDN Magazine Issues.* Microsoft. https://learn.microsoft.com/de-de/archive/msdn-magazine/2019/january/machine-learning-leveraging-the-beliefs-desires-intentions-agent-architecture. Zugegriffen: 21. Dez. 2025.

Poth, J. (2022). *Wie KI und Big Data die Immobilienbewertung verändern können. Bachelorarbeit.* Hochschule für Angewandte Wissenschaften. https://reposit.haw-hamburg.de/handle/20.500.12738/16138. Zugegriffen: 14. Juli 2025.

Popowicz, M., Katzer, N., Kettele, M., Schöggl, J.-P., & Baumgartner, R. (2024). Digital technologies for life cycle assessment: a review and integrated combination framework. *Article, The International Journal of Life Cycle Assessment, 30*, 405–428. https://link.springer.com/article/10.1007/s11367-024-02409-4. Zugegriffen: 17. Juli 2025.

Preuss, S., & Rajchowski, A. (2024). Künstliche Intelligenz und ihre Auswirkungen auf die Wohnungswirtschaft. In R. Flade, W. Orians, & H. Sartoris (Hrsg.), *Wohnen in Würzburg – Neunzig Jahre Stadtbau*. Würzburg.

Richter, J. (2025). *KI – Warum APIs das Rückgrat künstlicher Intelligenz sind*. Consulteer InCyber. https://incyber.consulteer.com/de/insights/incyber-ai-and-apis. Zugegriffen: 21. Dez. 2025.

Ronsdorf, J. (2020). *Microsoft erklärt: Was ist künstliche Intelligenz? Definition & Funktionen von KI*. Microsoft Corporation. https://news.microsoft.com/de-de/einfach-erklaert-was-ist-kuenstliche-intelligenz/. Zugegriffen: 29. Juli 2024.

Santos, F., Pereira, R., & Vasconcelos, J. (2020). Towards robotic process automation implementation: an end-to-end perspective. *Business Process Management Journal, 26*(2), 405–420. https://www.academia.edu/87283411/Toward_robotic_process_automation_implementation_an_end_to_end_perspective. Zugegriffen: 09. Mai. 2024.

Sapakota, R., Raumeliotis, K., & Karkee, M. (2026). AI Agents vs. Agentic AI: A Conceptual taxonomy, applications and challenges. *Information Fusion, 126*, Part B, February 2026, 103599. https://www.sciencedirect.com/science/article/pii/S1566253525006712. Zugegriffen: 22. Dez. 2025.

SAP (o.J.). *Was ist Szenarioplanung?* SAP. https://www.sap.com/germany/products/financial-management/what-is-scenario-planning.html. Zugegriffen: 14. Juli 2025.

Schönmann, F. (2003). *BDI-Architektur (Beliefs – Desires – Intentions). Seminar Kognitive Modellierung animierter Agenten, Sommersemester 2003*. Universität Bielefeld. https://www.defined.de/studium-files/bdi/bdi.pdf. Zugegriffen: 21. Dez. 2025.

Siebert, J. (2025). *Agentic AI – Multi-Agenten-Systeme im Zeitalter generativer KI*. Fraunhofer IESE. https://www.iese.fraunhofer.de/blog/agentic-ai-multi-agenten-systeme/. Zugegriffen: 21. Dez. 2025.

Siemens (2021). *New criteria for a new, smart building era*. Siemens Switzerland. https://www.siemens.com/global/en/products/buildings/contact/smart-building-whitepaper.html. Zugegriffen: 17. Juli 2025.

Siepermann, M. (2018). *Process mining. Gabler Wirtschaftslexikon*. Springer Gabler. https://wirtschaftslexikon.gabler.de/definition/process-mining-54500/version-277529. Zugegriffen: 21. Aug. 2024.

Shearer, C. (2000). The CRISP-DM model: The new blueprint for data mining. *Journal of Data Warehousing, 5*(4), Fall 200, 13–22. https://mineracaodedados.wordpress.com/wp-content/uploads/2012/04/the-crisp-dm-model-the-new-blueprint-for-data-mining-shearer-colin.pdf. Zugegriffen: 07. Juli 2025.

Stock-Homburg, R., & Merkle, M. (2019). Roboter und KI in der Arbeitswelt – Szenarien, Chancen und Herausforderungen. In Plattform Industrie 4.0 (Hrsg.), *KI und Robotik im Dienste der Menschen*. Bundesministerium für Wirtschaft und Energie (BMWi). https://www.bmwk.de/Redaktion/DE/Publikationen/Industrie/industrie-4-0-ki-und-robotik.pdf. Zugegriffen: 27. Dez. 2024.

Strabag PFS (o.J.). *Anwendungen*. Strabag Property and Facility Services. https://www.strabag-pfs.at/databases/internet/_public/content30.nsf/web30?Openagent&id=DE-STRABAGPFS.ATN_meandris.html. Zugegriffen: 10. Aug. 2025.

Stuck, N. (2023). *Information Retrieval*. Wolf of SEO. https://wolf-of-seo.de/was-ist/information-retrieval/. Zugegriffen: 27. Dez. 2024.

Talevski, M. (2020). *Contract Analytics: Lässt künstliche Intelligenz Raum für menschliche Intelligenz? – Auf den Use Case kommt es an!* Legal Revolutionary. https://lrz.legal/images/pdf/Contract_Analytics.pdf. Zugegriffen: 11. Aug. 2024.

Toloka (2024). *Large action models: Transforming human-computer interaction*. Toloca. https://toloka.ai/blog/large-action-models/. Zugegriffen: 27. Dez. 2024.

Uhrmacher, A., & Weyns, D. (2009). *Multy agent systems: Simulation and applications. Enzyklopädie der Wirtschaftsinformatik*. CRC Press/Taylor & Francis.

Unland, R. (2019). *Agententechnologie. Enzyklopädie der Wirtschaftsinformatik*. GITO. https://wilex.de/index.php/lexikon/technologische-und-methodische-grundlagen/agententechnologie/. Zugegriffen: 27. Dez. 2024.

Vonovia (2023). *Annual report 2023*. Vonovia. https://report.vonovia.com/2023/q4/app/uploads/Vonovia-SE_Annual-Report-2023.pdf. Zugegriffen: 08. Sept. 2025.

Walker, S. (o.J.). *What ist the belief-desire-intention (BDI) agent model? Glossary*. Klu. https://klu.ai/glossary/belief-desire-intention-agent-model. Zugegriffen: 27. Dez. 2024.

Wang, L., Yang, F., Zhang, C., Lu, J., Qian, J., He, S., Zhao, P., Qiao, B., Huang, R., Qin, S., Su, Q., Ye, J., Zhang, Y., Lou, J.-G., Lin, Q., Rajmohan, S., Zhang, D., & Zhang, Q. (2024). *Large action models: From inception to implementation*. arXiv preprint, arXiv:2412.10047 [cs.AI]. https://arxiv.org/pdf/2412.10047. Zugegriffen: 27. Dez. 2024.

Webb, A. (2024). *2024 tech trends report* (17. Aufl.). Future Today Institute. https://futuretodayinstitute.com/wp-content/uploads/2024/03/TR2024_Full-Report_FINAL_LINKED.pdf. Zugegriffen: 02. Aug. 2024.

Wedemeier, C., Rajchowski, A., & Wanke, T. (2024). Software-Landschaften und Einsatz von digitalen Lösungen in Wohnungsunternehmen – Ergebnisse einer Umfrage bei den Unternehmen der Wohnungswirtschaft. : GdW Bundesverband deutscher Wohnungs- und Immobilienunternehmen e. V. https://www.gdw.de/downloads/publikationen/gdw-information-171-software-landschaften-und-einsatz-von-digitalen-loesungen-in-wohnungsunternehmen/. Zugegriffen: 29. Dez. 2024.

Westphal, T. (2018). *Digitale Planung und BIM in der Wohnungswirtschaft – Was nützt BIM im Gebäudebetrieb? Artikel, Facility Management 04/2018*. Bauverlag. https://www.facility-management.de/artikel/fm_Was_nuetzt_BIM_im_Gebaeudebetrieb_-3200320.html. Zugegriffen: 05. Aug. 2025.

Wooldridge, M. (2009). *An introduction to multiagent systems* (2. Aufl.). Wiley.

Wooldridge, M., & Jennings, N. (1995). Intelligent agents: Theory and practice. *The Known Engineering Review, 10*(2), 115–152. https://www.cs.ox.ac.uk/people/michael.wooldridge/pubs/ker95.pdf. Zugegriffen: 21. Dez. 2025.

Wuttke, L. (2024a). *Data Mining: Algorithmen, Definition, Methoden und Anwendungsbeispiele*. Datasolution. https://datasolut.com/was-ist-data-mining/. Zugegriffen: 24. Dez. 2024.

Wuttke, L. (2024b). *Was ist big data? Definition, 4 V's und Technologie*. Datasolution. https://datasolut.com/was-ist-big-data/. Zugegriffen: 10. Juli 2025.

Wuttke, L. (2025). *KI-Agenten: Die Zukunft intelligenter Automatisierung*. Datasolution. https://datasolut.com/ki-agenten/. Zugegriffen: 21. Dez. 2025.

Yaseen, H., & Obaid, A. (2020). Big data: definition, architecture & applications. *JOIV International Journal on Informatics Visualization, 4*(1). https://www.researchgate.net/publication/339419749_Big_Data_Definition_Architecture_Applications. Zugegriffen: 10. Juli 2025.

Strategien und Methoden für die Digitalisierung in der Wohnungs- und Immobilienwirtschaft

5

Eine strukturierte und zielführende Implementierung und Gestaltung von Digitalisierungslösungen in Unternehmen der Wohnungs- und Immobilienwirtschaft lässt sich mit geeigneten Methoden und Instrumenten, die auf die Anforderungen der Beteiligten zugeschnitten sind und diese Anforderungen in bester Weise im Sinne eines Change Managements[1] einbinden, umsetzen. Diese Methoden und Instrumente stellen sicher, dass die Wohnungs- und Immobilienunternehmen Transparenz über das Erreichen der mit der Implementierung der jeweiligen Technologien angestrebten Ziele erlangen, die Implementierung der Technologien nachhaltig erfolgt und diese passgenau in die Organisation eingebettet sind. Unter diesen Voraussetzungen lassen sich die angestrebten Effizienz- und Effektivitätsziele der Nutzung von Digitalisierungslösungen im jeweiligen Unternehmen erreichen.

Um einen strategischen, planerischen und operativen Rahmen für die Implementierung und Gestaltung von Digitalisierungslösungen in Unternehmen der Wohnungs- und Immobilienwirtschaft bereitzustellen, bedarf es einer Digitalisierungsstrategie als Grundlage. Das Ziel der Implementierung einer solchen Strategie besteht neben der Schaffung des Rahmens in der Zielbeschreibung des integrierten Ökosystems, in welchem die in einem Unternehmen umgesetzten IT- und Digitalisierungslösungen miteinander interagieren. Auf Basis der Digitalisierungsstrategie lassen sich auf definierte Aufgaben zugeschnittene Lösungen in Wohnungs- und Immobilienunternehmen einführen, die sowohl von innerhalb und außerhalb der Branche etablierten Softwareunternehmen – hier seien beispielhaft

[1] Das *Change Management* integriert alle (Projekt-)Aufgaben, Aktivitäten und Maßnahmen, die aufbau- und ablauforganisatorische Veränderungen in einer Organisation unterstützen. Die Ziele dieser Veränderungen liegen in der Umsetzung neuer Strategien, in der Einführung neuer Organisationsstrukturen, in der Implementierung neuer Systeme, Prozesse und Abläufe oder in der Anpassung der Verhaltensweisen von Mitarbeitenden (vgl. Fleig, 2023).

H. Gsell, A. Rajchowski, *Software-Technologien und IT-Systeme für die Wohnungs- und Immobilienwirtschaft*, https://doi.org/10.1007/978-3-658-51129-6_5

die Unternehmen *Aareon, SAP, Techem, DATEV* oder *DATASEC* genannt – als in vielen Fällen auch von PropTech-Unternehmen bereitgestellt werden und zunehmend moderne Digitalisierungstechnologien integrieren.

Eine Digitalisierungsstrategie folgt einer Architektur, sie sollte mittels eines strukturierten Vorgehens entwickelt werden und ihre erfolgreiche Entwicklung und Implementierung sowie die Umsetzung der auf der Strategie basierenden Maßnahmen verlangen die Erfüllung definierter Voraussetzungen und Rahmenbedingungen sowie den Einsatz bestimmter Methoden und Instrumente. Vor diesem Hintergrund behandeln die Autoren in diesem Kapitel die folgenden Themen:

- Architektur der *Digitalisierungsstrategie:* Der architektonische Aufbau einer Digitalisierungsstrategie nach *Lipsmeier* et al. *(*2019*)* beschreibt ein Referenzmodell mit primären und sekundären Strategieelementen. Die primären Strategieelemente umfassen eine *Vision, strategisch Stoßrichtungen* sowie *Maßnahmen zur Strategieumsetzung* und werden flankiert durch die sekundären Strategieelemente. Diese sekundären Strategieelemente unterstützen insbesondere die Maßnahmen zur Strategieumsetzung und bilden sich in Gestaltungsfeldern zur Implementierung der Digitalisierungsstrategie, die mit ihrer Operationalisierung ausgefüllt werden müssen, ab.
- Vorgehen zur *Entwicklung und Operationalisierung einer Digitalisierungsstrategie:* Die Entwicklung einer Digitalisierungsstrategie folgt einem auf die Wohnungs- und Immobilienwirtschaft angepassten Vorgehensmodell. Dabei werden die grundlegenden strategischen Elemente ausgearbeitet und deren Umsetzung konzeptionell vorbereitet. Für die Implementierung der Digitalisierungsstrategie sowie der Maßnahmen der Digitalisierung sind die Felder *Organisation, Prozesse, Personal (Fähigkeiten und Initiative)* sowie *(Informations-)Technik* auszugestalten, welche definierten Bedingungen genügen müssen.
- *Digitale Geschäftsmodelle* in der Wohnungs- und Immobilienwirtschaft: Die Beschreibung eines Geschäftsmodells erfolgt üblicherweise entlang eines Canvas, das die Zusammenhänge zwischen den relevanten Gestaltungsfeldern aus Markt- und Wertschöpfungssicht visualisiert. Mit dem Value Proposition Canvas und dem Smart Service Canvas werden zwei aufeinander aufbauende Canvases skizziert, die spezifische Geschäftsmodelle für Digitalisierungslösungen in der Wohnungs- und Immobilienwirtschaft darstellbar machen.
- Vorgehensmodell zur *Durchführung von Digitalisierungsprojekten* in Unternehmen der Wohnungs- und Immobilienwirtschaft: Mit dem von *Preuss & Leonhardt (*2017*)* entwickelten und vielfach erprobten *Digital Innovation Model* für die Konzeption, Entwicklung sowie Umsetzung bzw. Implementierung von Digitalisierungslösungen in den Unternehmen der Branche bekommen diese Instrumente und Werkzeuge an die Hand, mittels derer sie die entsprechenden IT-Systeme im eigenen Unternehmen implementieren und zugleich die notwendigen organisatorischen Anpassungen auf Basis einer unternehmensspezifischen Digitalisierungsstrategie vornehmen können.

- *Design Thinking* zur partizipativen Entwicklung von Digitalisierungslösungen für die Wohnungs- und Immobilienwirtschaft: Unter Berücksichtigung der Anforderungen und Bedürfnisse der Stakeholder in den Unternehmen sowie der Nutzer einschlägiger Digitalisierungslösungen kann deren Entwicklung zielführend und integrativ erfolgen und damit passgenau gestaltet werden.

5.1 Architektur einer Digitalisierungsstrategie

Auch für die Unternehmen der Wohnungs- und Immobilienwirtschaft bildet eine Digitalisierungsstrategie, die in die Gesamt-Unternehmensstrategie eingebettet ist, eine grundlegende Voraussetzung für eine zielführende Ausrichtung der eigenen IT und der zu implementierenden Digitalisierungstechnologien. Sie dient als Basis, um eine digitale Transformation dieser Unternehmen zu fördern und die Digitalisierung in den Unternehmen wohlstrukturiert zu betreiben und zielorientiert weiterzuentwickeln. Eine solche Strategie muss für das jeweilige Unternehmen geeignete strategische Optionen formulieren, die erstens die zu erbringenden *materiellen und nicht materiellen Leistungen* unterschiedlich umsetzen sowie zweitens auf die *Rolle* der jeweiligen Organisation als *Leistungsersteller oder Plattformbetreiber* im Hinblick auf die avisierte Leistungserbringung ausgerichtet sind (vgl. Schallmo & Lohse, 2020, S. 105 f.). Aus der Kombination dieser beiden Dimensionen entstehen vier generische Digitalisierungsstrategien, die auch durch Unternehmen der Wohnungs- und Immobilienwirtschaft abgebildet werden können und sich wie folgt darstellen:

- Die Kombination aus *materieller Leistung* und der *Rolle Leistungsersteller* führt auf die strategische Option eines Unternehmens als *Product Provider*. Diese Option ist in der Wohnungs- und Immobilienwirtschaft – wie in nahezu jeder anderen Branche – kaum mehr von Relevanz. Es werden zwar materielle Leistungen und Produkte in der Branche genutzt, Beispiele bilden hier neben Baumaterialien als Substanz insbesondere die technische Gebäudeausrüstung (z. B. HVAC-Anlagen, Aufzugsysteme, Zugangssysteme); die entsprechenden Anlagen und Systeme lassen sich isoliert jedoch kaum mehr zielführend betreiben. Sie verlangen vielmehr nach produktbezogenen Dienstleistungen oder nach begleitenden Plattformen, beispielsweise für deren intelligente Steuerung oder für Predictive Maintenance (vgl. Busse, 2023; vgl. Galenza, 2022).
- Mit der Kombination *nicht-materieller Leistung* und der *Rolle Leistungsersteller* wird die strategische Option *Service Provider* verfolgt. Traditionelle Wohnungs- und Immobilienunternehmen, Projektentwicklungs- und Bauunternehmen, welche in den ersten Phasen eines Immobilienlebenszyklus definierte Leistungen bereitstellen, sowie Handwerks- und Facility Management Unternehmen verfolgen i. d. R. diese strategische Option, ggf. findet eine Erweiterung der Leistungserbringung auf Plattformen statt. Für jedes Unternehmen muss diese generische Strategie spezifisch ausgestattet werden.

- Als *Product Platform Operator* fungieren Unternehmen, die *materielle Leistungen* über den Aufbau und *Betrieb von Plattformen* bereitstellen. Eine solche strategische Ausrichtung wird häufig von Ausrüstern von gebäudetechnischen Anlagen verfolgt, welche ergänzend zu ihren materiellen Leistungen bzw. physischen Produkten über eigene Plattformen oder Portale produktnahe Dienstleistungen anbieten. Wird Software als eine materielle Leistung angesehen, verfolgen vielfach auch etablierte Softwareunternehmen sowie PropTech-Unternehmen diese strategische Option, insbesondere wenn sie ihren Kunden ihre Leistungen in einem Software-as-a-Service-Modell zur Verfügung stellen, d. h. den Nutzenden über das Internet Zugang zu der genutzten Software gewähren. So können z. B. auch ERP-Hersteller oder Anbieter von Mietenden-Apps in diese Gruppe eingeordnet werden.
- Mit der Kombination aus *immaterieller Leistung* und Aufbau und *Betrieb von Plattformen* ist die strategische Option *Service Platform Operator* verbunden. Gemäß dieser Strategie werden eigene und fremdbezogene immaterielle Leistungen isoliert oder im Verbund mit anderen Leistungen auf einer durch einen Service Provider aufgebauten und betriebenen Plattform angeboten bzw. ggf. erbracht. Etablierte Beispiele aus der Immobilienwirtschaft für die Umsetzung dieser Strategie bilden die Plattformen *ImmoScout 24* oder *Immomio*.

Oftmals lässt sich keine klare Zuordnung einer Digitalisierungsstrategie einer Organisation zu genau einer der vorangehend aufgelisteten strategischen Optionen vornehmen. Unternehmen der Wohnungs- und Immobilienwirtschaft müssen i. d. R. mindestens zwei der beschriebenen generischen Strategien miteinander verknüpfen, d. h. sie müssen für sich jeweils eine individuelle Digitalisierungsstrategie aufbauen. Diese kann sich an den dargestellten strategischen Optionen orientieren; ihre Entwicklung erfordert ein wohlstrukturiertes Vorgehen, das die Strategie entlang der in Abb. 5.1 dargestellten Strategieelemente systematisch aufbaut.

Eine einschlägige Digitalisierungsstrategie muss vor dem Hintergrund der Herausforderungen, vor denen die Wohnungs- und Immobilienwirtschaft steht, nicht nur von den Anbietern entsprechender IT- und Digitalisierungslösungen verfolgt werden. Sondern sie muss auch von den Unternehmen der Branche entwickelt und implementiert werden, welche Leistungen für diejenigen Stakeholder erbringen, die Immobilien aller Assetklassen in ihrer Bewirtschaftungsphase nutzen, instandhalten bzw. instandsetzen und das Facility Management verantworten. Denn auf Basis einer solchen Strategie müssen die Auswahl, die Einführung und der Betrieb von IT- und digitalen Systemen der Erfüllung der angestrebten Effizienz- und Effektivitätsziele der Unternehmen der Branche im Rahmen ihrer Leistungserbringung dienen.

Als ein zentraler Bestandteil des strategischen Managements gibt die Digitalisierungsstrategie einer Organisation den Rahmen für eine digitale Transformation dieser Organisation vor bzw. initiiert, plant und steuert die Digitalisierungsaktivitäten der Organisation zielgerichtet. Sie ist definiert als ein „Werkzeug zur ganzheitlichen Planung und Koordination der digitalen Transformation eines Unternehmens" (Lipsmeier et al., 2019, S. 318)

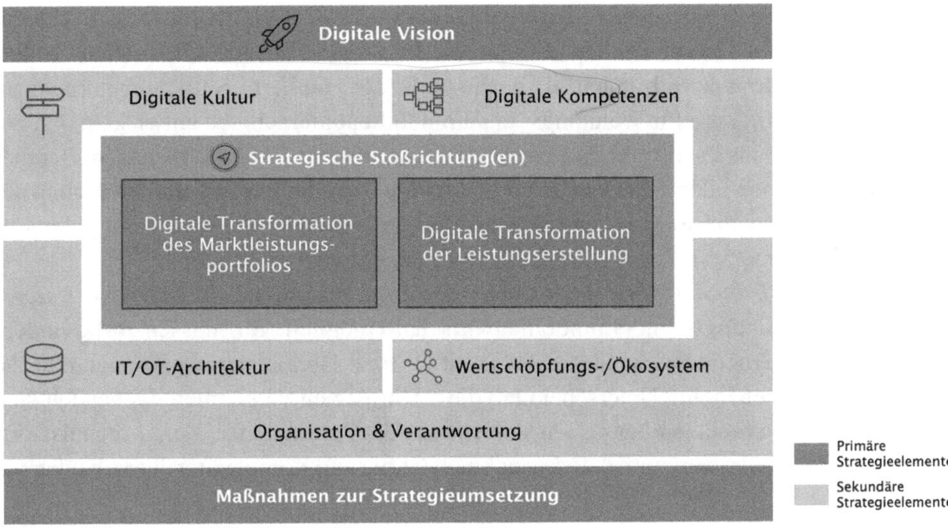

Abb. 5.1 Referenzmodell einer Digitalisierungsstrategie. (Eigene Darstellung in Anlehnung an Lipsmeier et al., 2019, S. 321)

und fokussiert eine auf die strategischen und operativen Ziele ausgerichteten Generierung von Erfolgspositionen und deren Weiterentwicklung auf der Grundlage von IT und Digitalisierung". In Abhängigkeit vom Zweck der jeweiligen Organisation bildet sie entweder eine eigene Strategie neben der Gesamtstrategie der Organisation, ist integraler Bestandteil einer Gesamtstrategie der Organisation oder ist mit der Gesamtstrategie identisch (vgl. Lipsmeier et al., 2019, S. 320). Die verfolgte grundlegende strategische Option muss in jedem Fall auf die Gesamtstrategie der jeweiligen Organisation abgestimmt sein. Für die in der Wohnungs- und Immobilienwirtschaft aktiven Unternehmen ist davon auszugehen, dass die drei Modelle des Zusammenwirkens von Digitalisierungs- und Gesamtstrategie wie folgt implementiert werden:

- Aufgrund des geschäftlichen Fokus der „klassischen" Wohnungs- und Immobilienunternehmen, welche hauptsächlich den Bau und im großen Stil die Verwaltung von Immobilien fokussieren, müssen diese eine oder funktionsbezogen *mehrere Digitalisierungsstrategien neben der Unternehmensstrategie* implementieren. Diese Strategien zielen auf die bestmögliche Unterstützung der Aufgabenerfüllung der jeweiligen Funktion mittels IT und Digitalisierung ab und sind zugleich exakt auf die Gesamtstrategie der Organisation abgestimmt. Bei den Unternehmen, welche dieses Modell der Digitalisierungsstrategie implementieren, handelt es sich i. d. R. um Unternehmen, die Gebäude bzw. Immobilien unterschiedlicher Assetklassen managen. Weiterhin können entlang des Immobilienlebenszyklus beispielsweise auch Bauunternehmen und Projektentwickler ihre Digitalisierungsstrategie nach diesem Modell ausprägen.

- Eine *Digitalisierungsstrategie als integraler Bestandteil der Gesamtstrategie* scheint insbesondere für Organisationen relevant, die Leistungen für die „klassischen" Unternehmen der Branche erbringen, d. h. die z. B. als etablierte Softwareunternehmen Anwendungssoftware für Wohnungs- uns Immobilienunternehmen entwickeln und bereitstellen oder als Facility Management Unternehmen das Gebäude managen. Bei diesen Unternehmen bilden die Anwendungssoftware bzw. die Planung und Steuerung der erbrachten Dienstleistungen zentrale Leistungsgegenstände, die mittels digitaler Lösungen effizienter, effektiver oder überhaupt erbracht werden können.
- Auch eine *vollständige Übereinstimmung der Digitalisierungs- und Gesamtstrategie* ist in der Wohnungs- und Immobilienwirtschaft möglich. So müssen insbesondere PropTech-Unternehmen, die ihr Geschäft auf IT- bzw. Digitalisierungslösungen für die Branche gründen, keine Unterscheidung dieser Strategien vornehmen. Es handelt sich bei diesen Unternehmen häufig um junge Start-Up-Unternehmen, deren organisatorische und Geschäftsstruktur i. d. R. hinsichtlich Größe und Komplexität überschaubar ist.

Um dem Aufbau einer Digitalisierungsstrategie eine Struktur zu geben, haben *Lipsmeier* et al. *(*2019*)* ein Referenzmodell einer solchen Strategie entwickelt, das in Abb. 5.1 dargestellt ist. Dieses Referenzmodell implementiert primäre und sekundäre Strategieelemente. Die primären Strategieelemente definieren und konkretisieren die *Ziele (digitale Vision),* die *strategische Stoßrichtung* sowie die *Maßnahmen* der digitalen Transformation. Bei den sekundären Strategieelementen handelt es sich mit der *digitalen Kultur,* der *digitalen Kompetenz,* der *IT-/OT-Architektur,* dem *Wertschöpfungs-/Ökosystem* sowie der *Organisation und Verantwortung* um solche Elemente, die wichtige Voraussetzungen für die Realisierung der primären Strategieelemente des Referenzmodells bilden und deren zielführende Umsetzung flankieren (vgl. Lipsmeier et al., 2019, S. 320).

Lipsmeier et al. *(*2019*)* haben das dargestellte Modell für kleine und mittlere Unternehmen konzipiert (vgl. Lipsmeier et al., 2019, S. 315 f.). Dies ist somit für die große Mehrzahl der Unternehmen der Wohnungs- und Immobilienwirtschaft bestens geeignet, um eine Digitalisierung ihrer Prozesse im Zusammenspiel mit ihrer Organisation, der gegebenen (IT-)Infrastruktur sowie den Mitarbeitenden wohlstrukturiert und zielführend umzusetzen. Eine explizite Anpassung des Modells an die Branche ist vor diesem Hintergrund kaum notwendig. Die Teile der Strategieelemente, bei denen es sinnvoll erscheint, werden in der nachfolgenden Beschreibung auf die Wohnungs- und Immobilienwirtschaft ausgerichtet.

Die *digitale Vision* stellt ein „konkretes, realisierbares und gleichzeitig distanziertes Zukunftsbild des Unternehmens im Kontext der Digitalisierung" (Lipsmeier et al., 2019, S. 322) dar. Die Vision wird in Form eines digitalen Leitbilds schriftlich fixiert. Dieses setzt sich aus einer *digitalen Mission, digitalen Grundwerten* und *digitalen Zielen* zusammen. Die digitale Mission muss sich aus den vom jeweiligen Unternehmen adressierten Handlungsfeldern der digitalen Transformation ableiten. Die digitalen Grundwerte repräsentieren die zentralen Werte des Handelns und die Verhaltensgrundsätze eines Unternehmens im Kontext der digitalen Transformation, die sich auf die Felder *digital Leadership, digitale Innovation, Datennutzung, Daten- und IT-Sicherheit* sowie *grundlegende*

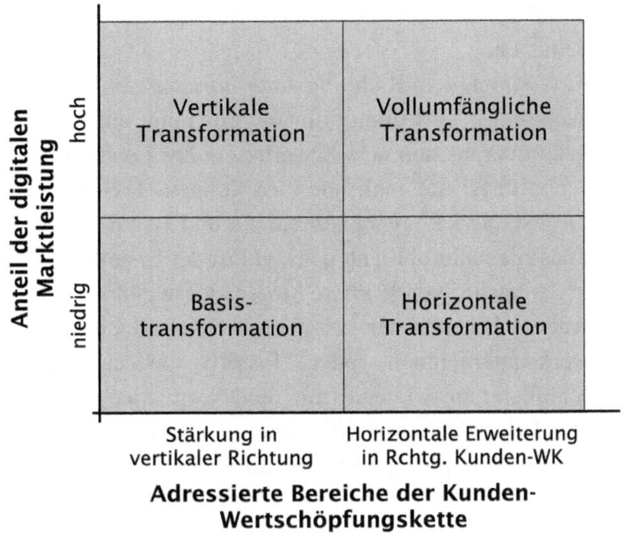

Abb. 5.2 Normstrategien der digitalen Transformation des Marktleistungsportfolios. (Eigene Darstellung verändert nach Lipsmeier et al., 2019, S. 323)

Anpassung der Organisation beziehen. Ein Beispiel für einen solchen Grundsatz in einem Software- oder Start-Up-Unternehmen der Branche kann die Implementierung moderner, standardisierter Programmierschnittstellen (API) in den entwickelten Softwaresystemen sein. Schließlich beschreiben die digitalen Ziele die zu erreichenden Ziele der digitalen Transformation des jeweiligen Unternehmens.

Das zweite primäre Strategieelement des Modells, die *strategische Stoßrichtung,* beschreibt im Weiteren erstens die digitale Transformation des Marktleistungsportfolios und zweitens die digitale Transformation der Leistungserstellung. Beide Stoßrichtungen ziehen zweidimensionale Handlungsräume auf, die Normstrategien abbilden. Der Handlungsraum der *digitalen Transformation des Marktleistungsportfolios* spannt die Dimensionen *Anteil der digitalen Marktleistung* sowie *adressierte Bereiche der Kunden-Wertschöpfungskette* auf, aus denen sich die vier Normstrategien *Basis-Transformation, vertikale Transformation, horizontale Transformation* und *vollumfängliche Transformation* ableiten (vgl. Abb. 5.2).

Jedes Unternehmen bestimmt seine strategische Stoßrichtung grundsätzlich selbst. In Abhängigkeit vom Entwicklungsstand bzw. dem Digitalisierungsgrad des jeweiligen Wohnungs- bzw. Immobilienunternehmens und den Zielmärkten lassen sich Empfehlungen für eine jeweils zu verfolgende Strategie zur Gestaltung des Marktleistungsportfolios wie folgt skizzieren:

- Die „klassischen" Wohnungs- und Immobilienunternehmen weisen eine klare Kundenstruktur insbesondere im „Consumer"-Bereich auf und bedienen vielfach die Bewirtschaftungsphase im Immobilienlebenszyklus. Vor diesem Hintergrund erscheint es zielführend, dass diese Unternehmen durch die Verfolgung der Strategien Basis-Transformation oder *vertikale Transformation* ihr bestehendes Leistungsportfolio stärken und damit den Teil der Wertschöpfungskette leistungsfähiger gestalten, den sie bereits bedienen.

- Eine Strategie in Richtung einer *horizontalen Transformation* setzt bei der Gruppe der Wohnungs- und Immobilienunternehmen eine gewisse Größe oder eine Wachstumsvision voraus, um eine Erweiterung des Leistungsangebots entlang der Kunden-Wertschöpfungskette realisieren zu können. Das Verfolgen dieser Strategie ist auch für Projektentwicklungsunternehmen und Bauunternehmen denkbar, um aus einer frühen Phase des Immobilienlebenszyklus, der Erstellungsphase, das eigene Leistungsangebot in die nachfolgende Phase hinein zu erweitern.
- Andere Dienstleister von Wohnungs- und Immobilienunternehmen, wie z. B. Handwerksunternehmen oder Facility Management Unternehmen, können eine Stabilisierungsstrategie mit den Normstrategien der *Basis-Transformation* oder der *vertikalen Transformation* verfolgen. Eine Erweiterung des Leistungsangebots entlang der Wertschöpfungskette und damit das Verfolgen einer horizontalen Transformationsstrategie scheint für diese Unternehmen wenig zielführend.
- Als weitere Dienstleister der Wohnungs- und Immobilienwirtschaft können traditionelle Softwareunternehmen nach Einschätzung der Autoren auf die Erweiterung ihres Leistungsangebots entlang der Wertschöpfungskette der Branche fokussieren und damit die *horizontale Transformationsstrategie* präferieren. Diese Strategie bedeutet eine Umwandlung oder Erweiterung des Leistungsportfolios dieser Unternehmen, um die gesamte Wertschöpfungskette der eigenen Kunden mittels digitaler Marktleistungen zu orchestrieren (vgl. Lipsmeier et al., 2019, S. 234). Das Verfolgen einer ähnlich ambitionierten Strategie, die mit einer *vollumfänglichen Transformation* verbunden ist und sich zugleich auf spezifische Funktionen in Wohnungs- und Immobilienunternehmen als Kunden bezieht, ist für PropTech-Unternehmen vorstellbar.

Die zweite strategische Stoßrichtung zieht einen Handlungsraum für die *digitale Transformation der Leistungserstellung* auf und richtet den Blick damit in die Organisation hinein. Die beiden Dimensionen, die diesen Handlungsraum beschreiben, sind erstens die *Tiefe der digitalen Transformation* und zweitens die *Breite der digitalen Transformation.* Sie führen auf die drei Normstrategien Basis-Transformation, evolutionäre Transformation und radikale Transformation (vgl. Abb. 5.3).

Eine erste Einordnung der Normstrategien mit Bezug zu den wesentlichen für die Wohnungs- und Immobilienwirtschaft relevanten Unternehmensarten führt auf ein differenziertes Bild der Möglichkeiten. Dieses stellt sich wie folgt dar:

- Insbesondere bei den etablierten Softwareunternehmen sind lokale Verbesserungen von Prozessabschnitten durch Informations- und Kommunikationstechnologien bzw. Digitalisierungstechnologien, also *Basis-Transformationen,* oder schrittweise digitale Transformationen in Form von *evolutionären Transformationen* denkbar. Die Ziele einer Basis-Transformation liegen in der Gestaltung effizienterer, effektiverer und flexiblerer Prozessabschnitte, die einer evolutionären Transformation liegen in der Ausbil-

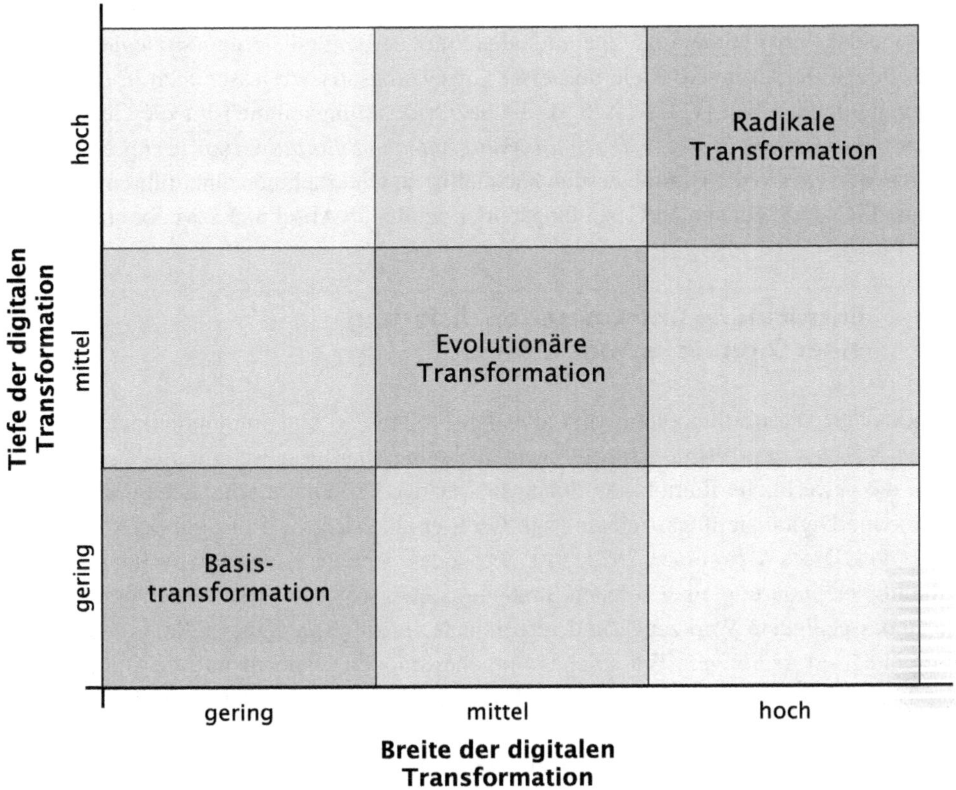

Abb. 5.3 Normstrategien der digitalen Transformation der Leistungserstellung. (Eigene Darstellung verändert nach Lipsmeier et al., 2019, S. 325)

dung von digitalen Ende-zu-Ende-Prozessen durch eine durchgängige Integration und Automatisierung der Prozesse (vgl. Lipsmeier et al., 2019, S. 325).

- *Evolutionäre Transformationen* sind auch für die übrigen Dienstleister der Wohnungs- und Immobilienwirtschaft, also z. B. für Handwerksunternehmen oder Facility Management Unternehmen denkbar. Die Unternehmen, die Projektentwicklung betreiben und die Bauunternehmen sind ähnlich einzuordnen wie die Dienstleister, wobei diese Unternehmen unter Umständen auch die Strategie einer *radikalen Transformation* ihrer Leistungserstellung verfolgen. Ebenso wie die digitalen Transformation des Marktleistungsportfolios hängt die angestrebte digitale Transformation der Leistungserstellung des jeweiligen Unternehmens von der Digitalisierungsvision und -mission dieses Unternehmens ab.
- Die Unternehmen, die die Autoren für eine *radikale Transformation* prädestiniert sehen, sind die „klassischen" Wohnungs- und Immobilienunternehmen; diese könnten vielfach eine grundlegende Überwindung ihrer bestehenden Strukturen, Systeme und Prozesse anstreben. Dies gilt qua Zweck ebenso für PropTech-Unternehmen. Prozesse und Systeme werden mit der Verfolgung dieser Strategie grundlegend erneuert.

Die Maßnahmen zur Strategieumsetzung als weiteres primäres Strategieelement werden im Zuge der Entwicklung und Operationalisierung der Digitalisierungsstrategie konkretisiert. Ihre Anforderungen, Ziele und erste Umsetzungsansätze lassen sich in einer Zielpyramide beschreiben (vgl. Abb. 5.5), die als Orientierungsrahmen für die Gestaltungsfelder *Organisation, Prozesse, Personal (Fähigkeiten und Initiative)* sowie *(Informations-) Technik* dienen, um die Digitalisierung nachhaltig im Unternehmen einzuführen. Die Zielpyramide und die genannten Gestaltungsfelder werden in Abschn. 5.2 weiter ausgeführt.

5.2 Entwicklung und Operationalisierung einer Digitalisierungsstrategie

Insbesondere die traditionellen, verwaltenden Wohnungs- und Immobilienunternehmen, wie z. B. Haus- und WEG-Verwaltungen, Wohnungs(bau)gesellschaften oder Unternehmen, die gewerbliche Immobilien managen, verfügen zu einem erheblichen Anteil noch über keine Digitalisierungsstrategie (vgl. Gsell et al., 2025, S. 46 f.; vgl. ZIA/EY, 2024, S. 10; vgl. Drees & Sommer, 2025, S. 11 f.), sodass sie eine Anleitung für die systematische Implementierung einer solchen Strategie, idealerweise in Form eines Vorgehensmodells, das geeignete Werkzeuge und Instrumente für die Strategieerstellung und -gestaltung integriert, benötigen. Ein solches Vorgehensmodell, welches auf die Unternehmen der Branche anwendbar ist, ist das nach *Schallmo & Lohse (*2020*)*, dessen Phasen in Abb. 5.4 dargestellt sind.

Gemäß dem dargestellten Modell werden initial umfassende strategische Analysen vorgenommen, aus denen die Digitalisierungsstrategie zunächst mit ihren beiden Stoßrichtungen erarbeitet und daraus die konkreten Ziele und Handlungsfelder abgeleitet werden. Digitalisierungsstrategie, Ziele und Handlungsfelder sollten das Resultat des im Vorgehensmodell abgebildeten Entwicklungsprozesses sein. Die Anwendung der sechs Phasen des Vorgehensmodells auf die Wohnungs- und Immobilienwirtschaft ist nachfolgend skizziert:

- In der ersten Phase, der *Analyse der Einflussfaktoren der Makro- und Mikroumwelt* auf die Digitalisierung der jeweiligen Organisation, werden erstens die Technologien und die Technologietrends mittels einer *PESTEL-Analyse*[2] und zweitens das Markt- und Wettbewerbsumfeld mittels der sog. *fünf Forces*[3] nach *Porter (*2008*)* untersucht. Bei-

[2] Bei der *PESTEL-Analyse* handelt es sich um ein „Radarsystem“ für Strategie- und Portfolioentwicklung sowie Projektmanagement in Organisation, welches die sechs Bereiche politische (Political P), wirtschaftliche (Economic E), sozio-kulturelle (Social S), technische (Technological T), ökologische/geografische (Environmental E) und rechtliche (Legal L) Einflussfaktoren adressiert. Die Methode unterstützt eine Analyse des Makroumfelds und berücksichtigt damit entsprechende Faktoren auf die Strategieentwicklung (vgl. BMI, o. J.). Zur weiteren Vertiefung vgl. auch *Fleig (*2024*)*.

[3] *Porter's Five Forces* stellen ein grundlegendes Werkzeug für die Wettbewerbsanalyse dar. Dieses Werkzeug, das von *Michael E. Porter* im Jahr 1979 entwickelt worden ist, untersucht die fünf Kräfte,

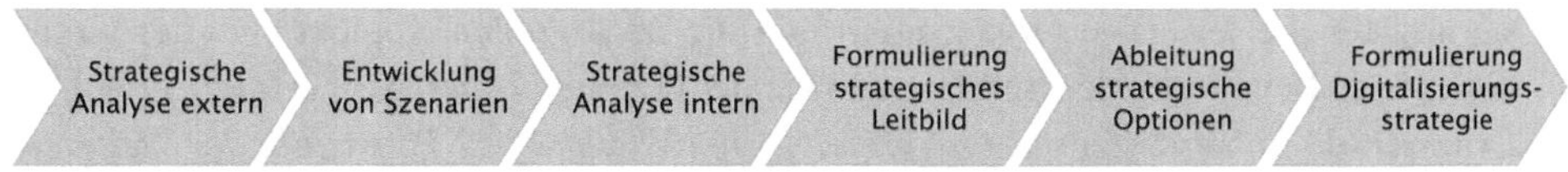

Abb. 5.4 Vorgehensmodell zur Entwicklung einer Digitalisierungsstrategie. (Eigene Darstellung in Anlehnung an Schallmo & Lohse, 2020, S. 84)

spiele für die Einflussfaktoren der Makroumwelt auf die Wohnungs- und Immobilienwirtschaft sind regulatorische Vorgaben der nationalen und europäischen Behörden, wie Bauvorschriften oder ESG-Vorgaben; weiterhin die Zinsentwicklung oder technisch-methodische Entwicklungen, wie künstliche Intelligenz oder Building Information Modeling (BIM). Die für ein Unternehmen relevanten Einflussfaktoren werden nach den Methoden des *Risikomanagements* bewertet. Bei den Einflussfaktoren aus der Mikroumwelt kann es sich beispielsweise um neue Wettbewerber im Markt oder um Veränderungen von Software- und Dienstleistungskosten handeln. Auch diese Einflussfaktoren werden nach den Risikomanagement-Methoden bewertet.

- In der nachfolgenden Phase werden aus den Analysen und Bewertungen heraus *kohärente Szenarien* entwickelt (vgl. Schallmo & Lohse, 2020, S. 90). Dazu wird mit den aus den Risikoanalysen abgeleiteten Prognosen der Entwicklung dieser Einflussfaktoren ein Optionenraum in Form eines morphologischen Kastens[4] aufgebaut. Die Szenarien entstehen aus drei bis fünf Kombinationen unterschiedlicher Ausprägungen der Einflussfaktoren, die zueinander passen (vgl. Schallmo & Lohse, 2020, S. 94).
- In der dritten Phase wird eine *interne strategische Analyse* des jeweiligen Unternehmens vorgenommen. Diese Analyse muss die Felder *Organisation, Prozesse, Personal (Fähigkeiten und Initiative), (Informations-)Technik* adressieren und die Stärken und Schwächen dieser Felder im Vergleich zum Wettbewerb und mit Bezug zur Digitalisierung aufzeigen. Ergänzend dazu wird die digitale Reife des Unternehmens erfasst; dazu erscheint das Reifegradmodell von *Drees & Sommer (*2025*)* (vgl. Abschn. 2.2) eine für die Wohnungs- und Immobilienwirtschaft bestens geeignete Grundlage. Ziel der Analyse des digitalen Reifegrads ist die Identifizierung der Befähiger der Digitali-

welche die Dynamik des Wettbewerbs und die Rentabilität in jeder Branche bestimmen. Bei diesen Kräften handelt es sich um die Wettbewerberintensität, die Bedrohung durch neue Anbieter, die Verhandlungsstärke der Lieferanten und der Abnehmer sowie die Bedrohung durch Substitutionsprodukte oder -dienste (vgl. WCG, o. J.). Die Zusammenhänge der fünf Kräfte sind in *Porter (*2008*)* detailliert und praxisbezogen dargestellt.

[4] Der *morphologische Kasten* beschreibt eine zweidimensionale Entscheidungsmatrix, die neben der Strategieentwicklung in der Produktentwicklung eingesetzt wird. Mittels dieser Methode wird eine Fragestellung in definierte Felder aufgegliedert. Für jedes dieser Felder werden mögliche Lösungsvarianten entwickelt und in einer zweidimensionalen Matrix mit Parametern und deren Ausprägungen dokumentiert. Durch die Kombination der unterschiedlichen Teillösungen werden Gesamtlösungen generiert und schließlich priorisiert, sodass die für die jeweilige Fragestellung am besten geeignete Lösung ausgewählt werden kann (vgl. REFA, o. J.).

sierung für die jeweilige Organisation und die im digitalen Kontext erzielten Ergebnisse. Eine Bewertung der Befähiger sowie der erzielten Ergebnisse erfolgt entlang der Kriterien *digitaler Reifegrad im Vergleich zum Wettbewerb, Potenziale der Weiterentwicklung des jeweiligen Befähigers* und *Relevanz des Befähiger bzgl. seiner Weiterentwicklung* z. B. entlang einer fünfstelligen Likert-Skala, die eine ausgewogene Quantifizierung der Bewertungskriterien erlaubt. Mit dieser internen strategischen Analyse wird eine Aussage getroffen, wo die jeweilige Organisation in Bezug zu den Einflussfaktoren der Makro- und Mikroumwelt steht. Weiterhin wird in diesem Rahmen eine Einschätzung vorgenommen, wie gut die Organisation aktuell und künftig in der Lage ist, eine Digitalisierungsstrategie sowie entsprechende Digitalisierungsprojekte zu entwickeln und diese umzusetzen (vgl. Schallmo & Lohse, 2020, S. 98).

- Die vierte Phase beschreibt die Entwicklung der *digitalen Vision*/des *digitalen Leitbilds* der Organisation bestehend aus den genannten Elementen *digitale Mission, digitale Grundwerte* und *digitale Ziele*. Dazu werden aus den vorgenommenen strategischen Analysen sowie den erarbeiteten Szenarien zunächst aktuelle (kurzfristige) und zukünftige (mittel- und langfristige) Handlungsfelder abgeleitet (vgl. Schallmo & Lohse, 2020, S. 100).
- Im Rahmen der *Entwicklung der strategischen Optionen,* die in der der fünften Phase erfolgt, werden die strategischen Stoßrichtungen für die digitale Transformation des Marktleistungsportfolios sowie für die digitale Transformation der Leistungserstellung aus den gebildeten Handlungsfeldern ermittelt. Aus diesen Stoßrichtungen leitet sich die vorzugsweise zu verfolgende generische Digitalisierungsstrategie ab (vgl. Schallmo & Lohse, 2020, S. 105 f.), welche die Dimensionen Leistung und Rolle zu *Product Provider, Service Provider, Product Platform Operator* und *Service Platform Operator* kombinieren.
- Die sechste Phase umfasst schließlich die Ausformulierung der Digitalisierungsstrategie auf Basis der relevanten strategischen Optionen. Im Zuge dieser Ausformulierung werden Projekte und Maßnahmen definiert, die mit Bezug zu den Handlungsfeldern einen spezifischen Zielfokus legen, wobei entsprechend der strategischen Stoßrichtungen sowie der verfolgten generischen Strategie entweder die *Operational Excellence,* die *Customer Experience* oder die *Digital Excellence* im Mittelpunkt steht und damit entweder die Prozesse, die Kundenerfahrung oder die digitale Ausrichtung des gesamten Unternehmens adressiert werden (vgl. Schallmo & Lohse, 2020, S. 108 f.). Abschließend muss die verfolgte strategische Option mit dem Leitbild des Unternehmens abgeglichen und auf Passgenauigkeit überprüft werden. Weiterhin muss ein Abgleich mit der Gesamtstrategie des Unternehmens vorgenommen werden, der sicherstellt, dass alle strategischen Elemente konsistent aufeinander abgestimmt sind.

Vor dem Hintergrund der Ausprägungen der strategischen Stoßrichtungen einer digitalen Transformation, die sich aus der digitalen Vision ableiten, wird als eine Kernmaßnahme für die Strategieumsetzung eine digitale Architektur aufgebaut, welche die drei Ebenen

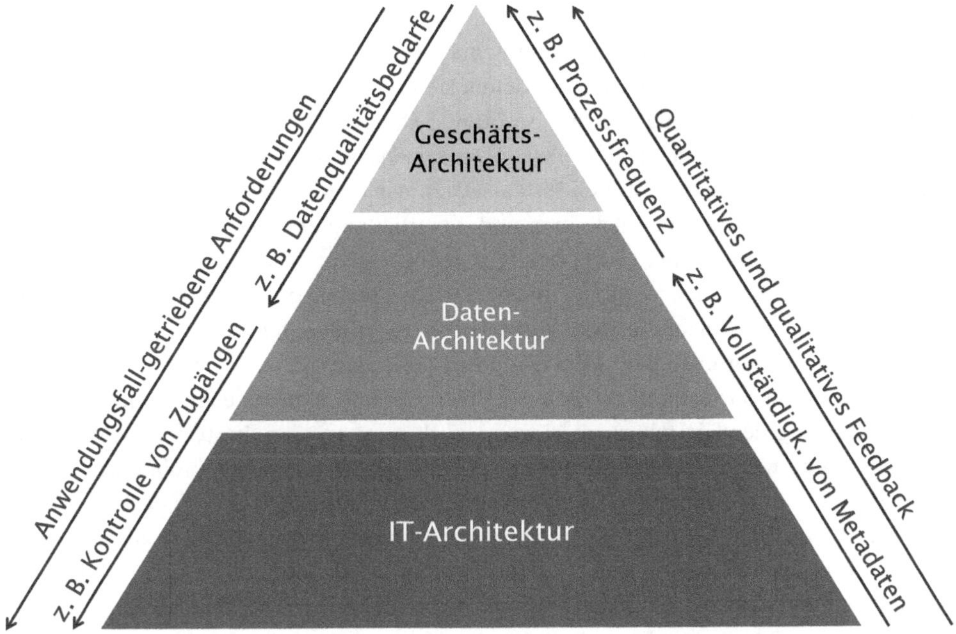

Abb. 5.5 Zielpyramide aus Geschäft, Daten und Informationstechnik. (Eigene Darstellung in Anlehnung an Deloitte, 2025, S. 22)

Geschäft, Daten sowie *Anwendungen und Technologie* in einer Zielpyramide ausgestaltet und die im digitalen Leitbild formulierten Ziele konkretisiert. Die Datenebene bildet das Bindeglied zwischen der Geschäftsebene und der IT-Ebene. Entlang der Pyramide werden die Anforderungen über Geschäftsfälle (Use Cases) von der Geschäftsebene auf die Datenebene, z. B. durch die Formulierung von Anforderungen an die Datenqualität, und weiter auf die IT-Ebene, die beispielsweise in Zugangskontrollen für die Nutzer adressieren, heruntergebrochen. In umgekehrter Pyramidenrichtung werden die Effekte, welche durch die Maßnahmen auf der IT-Ebenen und der Datenebene erzielt werden, an die Geschäftsebene zurückgespielt (vgl. Abb. 5.5).

In den drei in der Zielpyramide dargestellten Ebenen werden Anforderungen und Maßnahmen beschrieben, welche die Umsetzung der Digitalisierungsstrategie entsprechend der festgelegten strategischen Stoßrichtungen konkretisieren. Die Merkmale zur Ausgestaltung dieser Ebenen lassen sich wie folgt beschreiben (vgl. Deloitte, 2025, S. 22):

- Geschäftsebene: Auf der *Geschäftsebene* wird die Digitalisierung aus der strategischen Stoßrichtung fachlich motiviert. Weiterhin werden die Ziele der Digitalisierung bzw. der digitalen Transformation auf dieser Ebene festgelegt. Wesentliche Aufgaben bestehen in der Identifizierung und Priorisierung der Handlungsfelder für die Digitalisierung sowie in der Ermittlung der erzielbaren Potenziale. Es erfolgt auf dieser Ebene zudem

ein Abgleich der Digitalisierungsstrategie und der Handlungsfelder für die Digitalisierung mit der Gesamt-Unternehmensstrategie.
- Datenebene: Aus der Geschäftsebene leiten sich Anforderungen an die *Inhalte und die Qualität* der für die Digitalisierung benötigten *Daten* sowie an das *Datenmanagement* und die Handhabung der Daten über ihren Lebenszyklus ab. Es müssen die validen Datenquellen identifiziert, Rollen für das Datenmanagement definiert und Prozesse für die Datengenerierung, -bereitstellung und -verarbeitung entwickelt werden. Die transparente Aufbereitung und Gruppierung datenbezogener Aktivitäten bilden Einflussfaktoren für die Datenqualität und das Datenmanagement und damit für die Digitalisierungsmaßnahmen. Sie bilden Eingangsgrößen für die Ausgestaltung der informationstechnischen bzw. Digitalisierungslösungen.
- Ebene Informationstechnologie: Auf der Ebene der Informationstechnologie erfolgt die Ausgestaltung der Digitalisierungslösungen, d. h. es werden die Referenzarchitektur und Designprinzipien für die Lösungen mit Bezug zur den auf der Geschäftsebene festgelegten Zielen entwickelt. Weiterhin werden die funktionalen und nicht-funktionalen Anforderungen an die technischen Lösungen formuliert und eine Auswahl der einzusetzenden Technologien getroffen. Damit werden Anwendungen bewertet und ausgewählt, Konfigurationen festgelegt sowie die Entwicklung und der Betrieb der Lösungen geplant, um erstens die Geschäftsanforderungen und zweitens die Anforderungen an die Dateninhalte, die Datenqualität und das Datenmanagement zu erfüllen.

Die Strukturen und Kompetenzen eines Unternehmens im Hinblick auf die Digitalisierung werden mit der *internen strategische Analyse* in der dritten Phase der Entwicklung einer Digitalisierungsstrategie (vgl. Abb. 5.4) analysiert und bewertet. Im Zuge der Implementierungsplanung muss das jeweilige Wohnungs- bzw. Immobilienunternehmen festlegen, wie es sich in den Feldern *Organisation, Prozesse, Personal (Fähigkeiten und Initiative)* sowie *(Informations-)Technik* aufstellt, um die Digitalisierung entlang der mit der Zielpyramide aus Geschäft, Daten und Informationstechnik (vgl. Abb. 5.5) entwickelten Anforderungen nachhaltig im Unternehmen einzuführen. Auf Basis der Analysen und Bewertungen in den genannten Feldern sind die folgenden Planungs- und Umsetzungsaufgaben zu erfüllen:

- Im Feld Organisation muss ein geeignetes *Organisationsmodell* für die Implementierung und Weiterentwicklung der Digitalisierung entwickelt werden, d. h. es wird üblicherweise eine verantwortliche Stelle geschaffen und es werden Ressourcen bereitgestellt.
- Bzgl. der *Prozesse* in den Handlungsfeldern der Digitalisierung sind zunächst diejenigen zu identifizieren und zu priorisieren, bei denen eine Digitalisierung vor dem Hintergrund der Digitalisierungsstrategie zielführend erscheint. Die Priorisierung hängt neben den durch die Digitalisierung erzielbaren Effekten vom Aufwand, der für die Vorbereitung einer Digitalisierung in Richtung Prozessstandardisierung und -optimierung zu treffen ist, ab. Weiterhin sollten mögliche Kooperationen mit Partnern für

die Digitalisierung angedacht, geplant und ggf. umgesetzt werden, um eine bestmögliche Abbildung der Prozesse durch geeignete Lösungen zu realisieren und die mit Bezug zu den Handlungsfeldern existierenden Potenziale auszuschöpfen.
- Für die beteiligten *internen Akteure* müssen die benötigten Fähigkeiten und Initiativen dieser Akteure identifiziert werden, die eine erfolgreiche und zielführende Nutzung der Digitalisierungslösungen voraussetzen. In diesem Kontext sind weiterhin möglicherweise erforderliche Qualifizierungsmaßnahmen von Mitarbeitenden oder Mitarbeitendengruppen zu konzipieren, zu planen und durchzuführen. Zudem sollte bei der Implementierung der Digitalisierungsstrategie und der Umsetzung einschlägiger Maßnahmen darauf geachtet werden, dass eine aktive Einbindung der Mitarbeitenden im Sinne eines Change Managements erfolgt, um die erfolgreiche und nachhaltige Implementierung der Digitalisierungsstrategie sowie der IT- und Digitalisierungslösungen, die diese Strategie tragen, zu realisieren.
- Das Feld *(Informations-)Technik* ist direkt mit der Ebene Informationstechnologie der Zielpyramide verknüpft. In diesem Feld werden die Anforderungen aus der Ebene Informationstechnologie direkt umgesetzt. Dies bedeutet, dass die bereits angesprochene hohe Datenqualität sichergestellt, ein möglichst einheitliches Datenmodell für die gesamte Organisation zur einfachen und schnellen Implementierung der IT- und Digitalisierungslösungen sowie ein handhabbares Datenmanagement über den Lebenszyklus der Daten entwickelt, eingeführt und etabliert werden.

Die vorangehend dargestellten Planungs- und Umsetzungsaufgaben zur Digitalisierung in den entsprechenden Handlungsfeldern greifen eng ineinander. So bildet die Ausgestaltung der Organisation den möglichen Rahmen der Verankerung der Digitalisierung in Wohnungs- und Immobilienunternehmen. Sie hat wiederum Einfluss auf die Prozessgestaltung, die Fähigkeiten der Mitarbeitenden der Organisation sowie das Datenmanagement in der zugehörigen IT-Landschaft. Die Organisationseinheiten, die in einem Wohnungs- bzw. Immobilienunternehmen insbesondere in die Umsetzung der Digitalisierung eingebunden sind, sind die jeweiligen Fachbereiche, der IT-Bereich und der Bereich, der die Digitalisierung verantwortet. Dabei müssen klare Regelungen getroffen werden, wie diese Parteien interagieren und in welchem Umfang der Digitalisierungsbereich in die Umsetzung der Digitalisierung eingebunden ist (vgl. Deloitte, 2025, S. 25).

Mit den beschriebenen Anforderungen, Planungen und vorbereitenden Maßnahmen werden wichtige Befähiger für die angestrebte digitale Transformation ausgestaltet. Für die eigentliche Umsetzung müssen digitale Projekte und Programme initiiert werden, welche die aus den strategischen Analysen sowie den erarbeiteten Szenarien abgeleiteten Handlungsfelder adressieren. Die Digitalisierungsmaßnahmen werden entsprechend ihrer Größe in digitale Kleinprojekte, digitale Projekte und digitale Programme kategorisiert. Die Zuordnung von Projekten zu den Kategorien erfolgt über die Kriterien *Umfang, inhaltliche Komplexität, Auswirkungen/Organisation des Projekts* sowie *Projektrisiko.*

5.3 Beschreibung digitaler Geschäftsmodelle in der Wohnungs- und Immobilienwirtschaft

Die in Abschn. 5.2 beschriebene Zielpyramide adressiert auf ihrer oberen Ebene das digitale Geschäft eines Unternehmens aus seiner Digitalisierungsstrategie. Aus der Identifizierung und Priorisierung der Handlungsfelder für die Digitalisierung und mit deren Einbettung in die Gesamt-Unternehmensstrategie sowie mit der Ermittlung der erzielbaren Digitalisierungspotenziale lässt sich ein digitales Geschäftsmodell für das jeweilige Immobilienunternehmen ableiten. Zur Beschreibung und Visualisierung des Geschäfts stellt das strategische Management Modelle, sog. *Canvases,*[5] zur Verfügung. Die spezifische Modellbildung unter Nutzung eines Canvas erfolgt dabei im Zuge einer Entwicklungs- bzw. Planungsphase zur Vorbereitung eines definierten (digitalen) Geschäfts auf Basis einer Geschäftsidee und idealerweise unter Heranziehen der eigenen Digitalisierungsstrategie vor der Implementierung und operativen Umsetzung dieses Geschäfts. So führt beispielsweise das *Business Model Canvas* als meistgenutzter Ansatz die Sicht auf die im Rahmen einer Geschäftsmodellentwicklung vorgesehene Wertschöpfung mit dem geplanten Leistungsangebot zusammen (vgl. Kreutzer et al., 2017, S. 62 f.).

Canvases lassen sich auch in der Wohnungs- und Immobilienwirtschaft einsetzen – sowohl in klassischen Wohnungs- und Immobilienunternehmen als auch in Unternehmen, die Gebäude bzw. Immobilien entwickeln, bauen und/oder Sanieren, sowie in Unternehmen, die Softwareanwendungen, Produkte und/oder Dienstleistungen für die Branche anbieten und damit Teil der Branche sind, hier seien in der Branche etablierte Softwareunternehmen, PropTech-Unternehmen, Handwerksunternehmen oder Facility Management Unternehmen genannt. Sie beschreiben definierte Gestaltungsfelder, an denen sich die Umsetzung des jeweiligen Geschäftsmodells mit Bezug zu Technik, Organisation, Prozessen und Personal orientieren muss. Diese Gestaltungsfelder repräsentieren in ihrer Summe ein handhabbares Beschreibungsraster für innovatives Geschäft. Damit unterstützen diese Instrumente eine Systematisierung neuer Geschäftsideen in spezifischen Modellen sowie deren Umsetzung in innovatives Geschäft.

Die zunehmende Bedeutung der Digitalisierung und von Digitalisierungstechnologien für das Geschäft von etablierten Unternehmen und von Start-Ups sowie die mit der Digitalisierung verbundenen veränderten Anforderungen und Erwartungen der Märkte erfordern bisweilen einen anderen Blick auf die Zusammenhänge der relevanten Faktoren und damit eine andere Darstellung von Geschäftsmodellen. Vor diesem Hintergrund sind aus einer Weiterentwicklung des *Business Model Canvas* das *Value Proposition Canvas* sowie das *Smart Service Canvas* entstanden, die ihren Fokus auf die Abbildung der Anforderungen

[5] Ein *Canvas* (engl. Leinwand) bezeichnet einen vorstrukturierten Plan in Form eines Plakats, welches Managementzusammenhänge darstellt (vgl. Angermeier, o. J.). Das Modell wurde 2008 erstmals als *Business Modell Canvas* veröffentlicht und besteht aus mehreren Teilflächen, die jeweils einen definierten Aspekt eines Geschäfts visualisieren und beschreiben.

der Kundensegmente an ein digitalisiertes Leistungsangebot und der Möglichkeiten zur Erfüllung dieser Anforderungen legen.

Das *Value Proposition Canvas* beschreibt einen Ausschnitt des *Business Model Canvas* und führt damit die beiden Felder *Kundensegmente* und *Wertangebot* dieses Modells näher zusammen. Dazu werden die Kundenbedürfnisse – Aufgaben, Nutzen, Schwierigkeiten – als *Customer Profile* dem Leistungsangebot – Produkte/Dienstleistungen, Nutzenerzeuger, Problemlöser – welches als *Value Map* repräsentiert wird, einander gegenübergestellt und die Passgenauigkeit, der sog. *Fit,* dieser beiden Ansichten bewertet.

Das *Customer Profile,* welches das jeweilige Kundensegment repräsentiert, kann von einem Leistungsanbieter kaum beeinflusst werden, wohingegen die *Value Map* vom Leistungsanbieter gestaltet und kontrolliert wird. Die Aufgaben eines Leistungsanbieters bestehen somit darin, die Anforderungen und Wünsche der Kunden aufzunehmen und bestmöglich zu verstehen, um diese in ein passgenaues Leistungsangebot zu überführen. Ziel des Leistungsanbieters muss es dabei sein, mit den eigenen Produkten und Dienstleistungen optimale Lösungen bereitzustellen, sodass die Kundenaufgaben in gewünschter Weise, unter Stiftung des höchsten Nutzens und unter Berücksichtigung der von den Kunden formulierten erwarteten Schwierigkeiten erfolgreich und passgenau ausgeführt werden. Das *Value Proposition Canvas* bildet damit ein wertvolles Instrument zur strukturierten Entwicklung und Ausarbeitung von digitalen Produkten, Dienstleistungen sowie Geschäftsmodellen aus ersten Geschäftsideen.

Für die Akteure in der Wohnungs- und Immobilienwirtschaft bedeutet dies, dass die Modellbildung stark von der Art und Technologieorientierung des jeweiligen Unternehmens abhängt: Ein „klassisches" Wohnungs- bzw. Immobilienunternehmen, das in der Betriebsphase einer Immobilie die Anforderungen seiner Kunden mit Bezug zur Nutzung dieser Immobilie abbilden muss, muss zwischen den Aufgabenfeldern *Stakeholderkommunikation und kaufmännische Abwicklung* sowie *technische Bewirtschaftung* der jeweiligen Immobilien unterscheiden und hier ggf. zwei unterschiedliche Geschäftsmodelle implementieren, die beide konsistent in eine Gesamtstrategie des jeweiligen Wohnungs- bzw. Immobilienunternehmens eingebettet sein müssen. Dies begründet sich aus den signifikant unterschiedlichen Geschäftsfeldern, die durch die beiden genannten Aufgabenfelder gebildet werden und für die nach Einschätzung der Autoren unterschiedliche informationstechnische Lösungen eingesetzt werden müssen. Unternehmen, die hingegen ihrerseits Leistungen für die klassischen Wohnungs- und Immobilienunternehmen bereitstellen oder erbringen, wie z. B. Softwareunternehmen, PropTech-Unternehmen, Handwerksunternehmen oder Facility Management Unternehmen, sollten i. d. R. mit einem einzigen Geschäftsmodell, das sie in einem *Value Proposition Canvas* abbilden, auskommen.

Um sowohl für die klassischen Unternehmen der Branche als auch für ihre Dienstleister einen IT- bzw. Digitalisierungsfokus klar in den jeweiligen Geschäftsmodellen abzubilden, sollten die entsprechenden technischen Lösungsansätze, die Rahmenbedingungen für ihren zielführenden Einsatz, wie beispielsweise eine gegebene (Plattform-)Infrastruktur, sowie die Faktoren, welche eine Passung zwischen Wertschöpfungs- und Kundensicht kennzeichnen, in die Beschreibung eines digitalen Geschäftsmodells eingehen. Eine entsprechende Fokussierung auf eine solche Beschreibung bildet das *Smart Service Canvas,* das sich aus dem *Value Proposition Canvas* ableitet. Es umfasst vier Elemente, nämlich das *Customer Profile* und die *Value Map* des Value Proposition Canvas sowie zusätzlich den *Fit* zwischen diesen beiden Sichten und ein *Ökosystem,* welches die erforderliche technische Infrastruktur und digitale Plattformen für das digitale Geschäftsmodell beschreibt (vgl. Pöppelbuß & Durst, 2017, S. 96). Das *Smart Service Canvas* lässt sich analog zum *Business Model Canvas* sowie zum *Value Proposition Canvas* einsetzen, d. h. die Felder werden durch eine einzelne Person oder einen definierten Personenkreis der jeweiligen Organisation ausgestaltet.

Das *Smart Service Canvas* ist für eine Beschreibung und Visualisierung von Geschäftstätigkeiten in allen Unternehmen der Wohnungs- und Immobilienwirtschaft einsetzbar, sofern die Ausführung des Geschäfts mittels IT- oder digitaler Lösungen realisiert wird und damit entsprechende Lösungen als Teil des Modells dargestellt werden. Für klassische Wohnungs- und Immobilienunternehmen kann dies relevant sein, um ein modernes Geschäftsmodell für die Abwicklung ihres „traditionellen" Geschäfts unter Nutzung von ERP-, CAFM- oder andere Softwarelösungen zu entwickeln und zu beschreiben. Die Softwareunternehmen, PropTech-Unternehmen, Handwerksunternehmen und die übrigen Dienstleister der Branche können das *Smart Service Canvas* für eine Gesamtbeschreibung ihres Geschäfts unter Einsatz von Digitalisierungslösungen nutzen. Eine beispielhafte Beschreibung des digitalen Geschäfts des Berliner PropTech-Unternehmens *KIWI.KI GmbH* mittels des Smart Service Canvas zeigt der grau hinterlegten Absatz.

Praxisbeispiel: Smart Service Canvas von KIWI.KI

Die *KIWI.KI GmbH* wurde 2012 gegründet, beschäftigt etwa 30 Mitarbeitende und entwickelt und vertreibt digitale Zugangslösungen für die Wohnungswirtschaft. Ziel des Angebots ist es, den Zugang zu Mehrfamilienhäusern sicherer, komfortabler und effizienter zu gestalten. Mit den IoT-basierten schlüssellosen Zugangslösungen (vgl. Abschn. 4.5) lassen sich Türen mittels Transponder, Smartphone-App oder Online-Portal entriegeln. Die Verwaltung der Zutrittsrechte erfolgt zentral in Echtzeit über eine browserbasierte Lösung. Das System ist herstellerunabhängig einsetzbar und eignet sich sowohl für den Einsatz in Neubauten als auch in Bestandsimmobilien. Das Produktangebot umfasst nachrüstbare Lösungen für Hauseingangstüren, digitale Beschläge für Wohnungs- und Innentüren, digitale Schlüsseltresore für Technik- und Gemeinschaftsräume sowie Bluetooth-basierte Lösungen mit DIY-Installationsoptionen (vgl. KIWI, o.J.).

Zu den Kunden des Unternehmens zählen mehr als 600 Wohnungsunternehmen, darunter namhafte Akteure wie *Covivio, Heimstaden, GESOBAU* oder die *GAG Immobilien.* Neben diesen größeren Wohnungsunternehmen stellen Unternehmen, die zwischen 500 und 5000 Einheiten vertreten, wie beispielsweise die *KHW Rheda*

Wiedenbrück oder die *GWG Gifhorn,* eine sehr relevante Kundengruppe für KIWI dar. Ein wichtiger strategischer Partner und Gesellschafter von KIWI ist der Schweizer Gebäudezulieferer *Arbonia AG,* größter Hersteller von Holztüren für den Geschosswohnungsbau in Europa, mit dem u. a. das gemeinsame Produktsortiment *SmartDOORS* entwickelt worden ist, in denen die Stromversorgung über die Zarge erfolgt. Mit seinem innovativen Ansatz trägt KIWI maßgeblich zur Digitalisierung der Wohnungswirtschaft bei und bietet Lösungen, die den Verwaltungsaufwand für Wohnungsunternehmen reduzieren sowie den Komfort und die Sicherheit für Bewohner:innen verbessern. Die aus der Geschäftstätigkeit des Unternehmens ableitbaren Beschreibungen der Elemente des zugehörigen Smart Service Canvas sind in Abb. 5.6 und Abb. 5.7 dargestellt.

Gemäß des dargestellten Modells liegt die Kundenaufgabe in einer effizienten und sicheren Verwaltung von Zutrittsrechten zu Immobilien. Der im entsprechenden *Customer Profile* abgebildete Nutzen liegt in der Reduzierung des Verwaltungsaufwands sowie in der Erhöhung von Sicherheit und Komfort für die Benutzer des KIWI-Systems. Wichtige Anforderungen liegen im Datenschutz, in der Herstellung der Akzeptanz für das System sowie im Management von eventuellen technischen Störungen. Das System wird im Kontext der Verwaltung von Immobilien eingesetzt, muss in die bestehenden Kernprozesse der Organisation eingebunden werden und nutzt moderne Kommunikations- und Sensortechnologie.

Das im *Fit* bezeichnete smarte Produkt besteht aus physischen Locks plus integrierter Kommunikationstechnik sowie einem Portal für die Verwaltung und Steuerung der Locks. Damit kann eine hohe Automatisierung der Zugangsverwaltung realisiert werden. Erlöse werden durch den Verkauf der Hardware sowie insbesondere durch Softwarelizenzen für die KIWI-Portale, die bei den Kunden des Unternehmens betrieben werden, und die regelmäßige Wartung und Pflege der betriebenen Portale erzielt.

Die *Value Map* beschreibt das digitale Zutrittssystem, das Portal sowie moderne, standardisierte Programmierschnittstellen als *Smart Services* Leistungen, die eine automatische Verwaltung und Steuerung der Zugangsberechtigungen ermöglichen und Mechanismen implementieren, die Sicherheitsrisiken minimieren. Ergänzend zu den Grundfunktionen des Systems lassen sich mittels der vom System verarbeiteten Daten Analysen vornehmen und Berichte erstellen sowie ein Echtzeit-Monitoring von Zutritten und Status des Systems vornehmen. Das System passt sich in ein *Ökosystem* ein, dessen technische Infrastruktur aus einer Cloud-basierten Plattform, sicheren Serverstandorten und regelmäßigen Updates besteht und das als Plattform das Online-Portal, Apps sowie API für die Anbindung anderer Anwendungen implementiert.

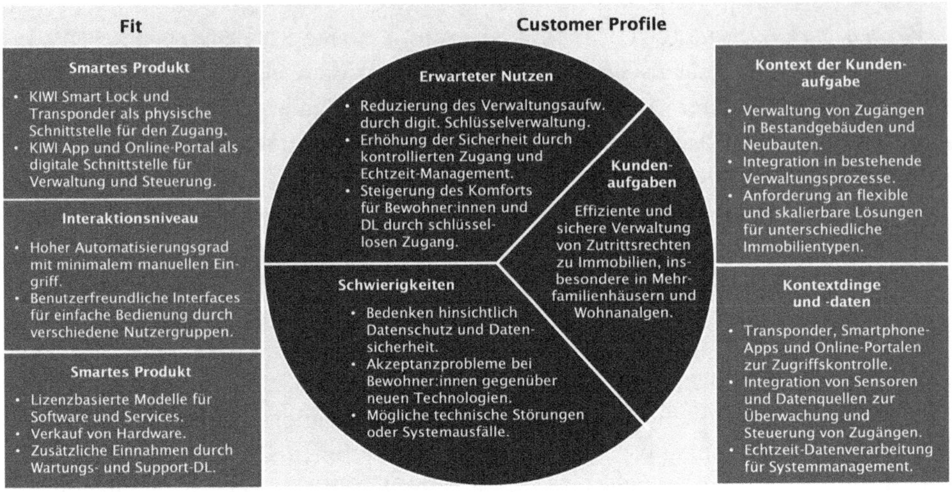

Abb. 5.6 Customer Profile und Fit des Smart Service Canvas für KIWI.KI. (Eigene Darstellung)

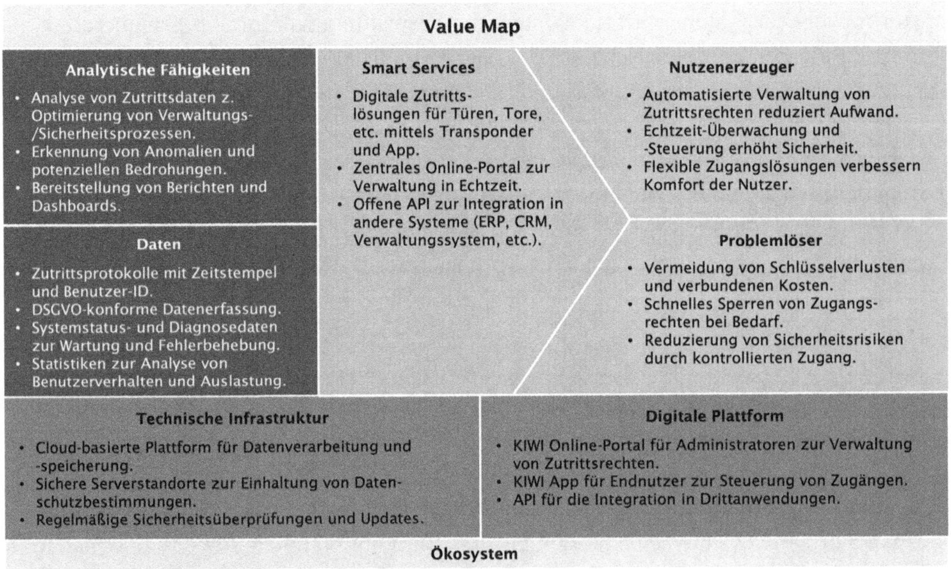

Abb. 5.7 Value Map und Ökosystem des Smart Service Canvas für KIWI.KI. (Eigene Darstellung)

Aus der Darstellung des Geschäfts von KIWI mittels des *Smart Service Canvas* ist ersichtlich, dass dieses Instrument ebenso wie die anderen Canvases eine sehr strukturierte Beschreibung dieses Geschäfts in einem Modell realisiert. Es unterstützt damit die Darstellung und Visualisierung des Geschäfts für die eigene Organisation oder für Dritte. Auf Basis des entsprechenden Modells kann die Organisation die weitere Geschäfts- und Finanzplanung, d. h. der Prozesse, der Aufbauorganisation, der personellen Ressourcen, der IT-Strukturen und -Systeme sowie der finanziellen Ausstattung (Kosten vs. Erlöse), vornehmen. Das *Smart Service Canvas* dient jedoch ebenso wenig wie das *Value Proposition Canvas* und das *Business Model Canvas* der Auswahl und Bewertung der Eignung von IT–/digitalen Lösungen für bestimmte Aufgabenstellungen in der Wohnungs- und Immobilienwirtschaft. Dazu wird mit der *Technologieauswahl-Matrix* ein anderes Instrumentarium eingesetzt, welches in Abschn. 4.1 entwickelt und vorgestellt wird.

5.4 Vorgehensmodell für die Ideenfindung, Planung und Umsetzung von Digitalisierungsprojekten

Die Überführung der entwickelten Digitalisierungsstrategie in deren Umsetzung muss in Unternehmen der Wohnungs- und Immobilienwirtschaft in einem strukturierten Prozess vorgenommen werden, der die strukturellen Rahmenbedingungen des jeweiligen Unternehmens berücksichtigt sowie die betroffenen Mitarbeitenden einbindet. Ausgangspunkt sollte eine valide Entscheidung über die zu implementierende Lösung sein, welche beispielsweise über die Aufgaben-Lösungsraum-Matrix (vgl. Abb. 4.1) den Mehrwert der Lösung für die Organisation belegt. Für die Planung, Vorbereitung und Umsetzung des jeweiligen Digitalisierungsprojekts ist somit einem Vorgehensmodell zu folgen, welches den entsprechenden Einführungsprozess führt. Ein für die Wohnungs- und Immobilienwirtschaft in zahlreichen Projekten nachgewiesenermaßen erfolgreiches Vorgehensmodell für die Einführung neuer Digitalisierungslösungen bildet das *Digital Innovation Model* nach *Preuss & Leonhardt (*2017*)*. Dieses Modell arbeitet nutzerzentriert, bindet die beteiligten Personen an zentraler Stelle aktiv in den Veränderungsprozess ein und adressiert die Bereiche Produkt und Geschäft mit definierten Zielen (vgl. Preuss & Leonhardt, 2017, S. 29).

Ein wesentlicher Aspekt dieses Vorgehensmodells liegt in seinem Ausgangspunkt, nämlich der Herstellung eines Verständnisses über das jeweils zu lösende Problem und der damit verbundenen Formulierung einer klaren Aufgabenstellung für das zugehörige Digitalisierungsprojekt. Dazu sind insbesondere die Anforderungen der Nutzerinnen und Nutzer der zu entwickelnden Digitalisierungslösung zu analysieren. Mit dem Digital Innovation Model werden diese Anforderungen systematisch erfasst und aufgearbeitet. Das Modell adressiert die Bereiche *Nutzer, Produkt* und *Innovator,* die sich wie folgt charakterisieren lassen (vgl. Pruss & Leonhardt, 2017, S. 44):

- Der Bereich *Nutzer* fokussiert die Zielgruppe des jeweiligen IT-/Digitalisierungsprojekts und damit die Anforderungen und Bedürfnisse dieser Zielgruppe. Weiterhin untersucht dieser Bereich den möglichen Beitrag der Nutzenden zur Verbreitung der IT-/Digitalisierungslösung in ihrem eigenen Geschäfts- bzw. Aufgabenumfeld.
- Im Bereich *Produkt* werden die eigentliche Lösung und das mit dieser Lösung angestrebte Nutzenerlebnis modellhaft beschrieben. Ausgehend vom Zweck des entsprechenden IT-Systems werden Motivationspunkte für den Einsatz der Lösung durch

die Nutzenden formuliert und daraus die gewünschten Funktionen und Eigenschaften des zu implementierenden Systems abgeleitet.

- Der Bereich *Innovator* des Modells adressiert schließlich die aus Entwicklungssicht elementaren Aspekte im Zusammenhang mit der zu entwickelnden IT-/Digitalisierungslösung, nämlich die Ziele, die mit der Lösung verfolgt werden, die Partner für die Entwicklung sowie die Wirtschaftlichkeit der Entwicklung. Dieser Bereich bezweckt eine zielführende Umsetzung der entsprechenden Lösung.

Das Digital Innovation Model erlaubt die Planung und Durchführung der Entwicklung einer IT-/Digitalisierungslösung in einem iterativen Prozess, in welchem die spezifischen Aspekte der jeweiligen Lösung immer weiter detailliert werden (vgl. Preuss & Leonhardt, 2017, S. 45). Das Modell ist in Abb. 5.8 dargestellt.

Die Phasen der Durchführung eines durch das Digital Innovation Model geführten Projekts für die Wohnungs- und Immobilienwirtschaft beginnen und enden im Bereich *Innovator*. Sie lassen sich wie folgt beschreiben (vgl. Preuss & Leonhardt, 2017, S. 45 ff.):

- Das strukturierte Vorgehen beginnt im Bereich *Innovator* mit der Formulierung des Ziels und des Fokus des Entwicklungsprojekts, d. h. in dieser Phase werden die erwarteten *Ergebnisse der Innovation* beschrieben. Das Ziel muss sehr konkret dargestellt werden. Für ein Wohnungsunternehmen kann es z. B. darin liegen, eine flexible elektronische Bereitstellung von Daten und Dokumenten für die Mietenden zu realisieren; ein PropTech-Unternehmen könnte mit seinem Projekt beispielsweise das Ziel verfolgen, Immobilienunternehmen bei ihrem intelligenten ESG-Reporting zu unterstützen.

Abb. 5.8 Digital Innovation Model für die Wohnungswirtschaft. (Eigene Darstellung in Anlehnung an Preuss & Leonhardt, 2017, S. 42 f.)

- In der nachfolgenden Phase, die mit *erfolgversprechendste Zielgruppe* überschrieben ist, wird der Bereich *Nutzer* adressiert. In dieser Phase werden die Nutzer identifiziert, die dem jeweiligen IT-/Digitalisierungsprojekt aufgeschlossen gegenüberstehen und dazu bereit sind, den weiteren Anwendern den Nutzen und die Erleichterung ihrer Arbeit durch die einzuführende Lösung zu vermitteln. Dazu muss die jeweilige Zielgruppe der Lösung exakt beschrieben werden. Eine solche Beschreibung kann durch die Bildung von Personas[6] realisiert werden, sodass auf Basis dieser Personas die das Projekt unterstützenden Nutzerinnen und Nutzer identifiziert werden können. In einem Wohnungsunternehmen können diese erfolgversprechenden Zielgruppen z. B. technikaffine Mitarbeitende sein, deren Arbeit durch eine elektronische Bereitstellung von Daten und Dokumenten für die Mietenden erleichtert wird; in Immobilienunternehmen kann dies eine ähnliche Zielgruppe sein, die mit einer geeigneten PropTech-Lösung kein Such- und Aufbereitungsaufwand für die Erstellung von ESG-Reports beispielsweise für Kreditinstitute mehr hätte.
- In der dritten Phase *Bedürfnisse und Probleme* werden die Problemwahrnehmung der Nutzenden ermittelt und die sich daraus ergebenden Bedürfnisse abgeleitet. Weiterhin werden die aktuelle Problemlösung durch die Nutzenden sowie der zeitliche und der Kostenaufwand dafür ermittelt. Aus diesen Nutzendensichten entsteht ein Überblick über das Digitalisierungsprojekt, aus dem sich definierte Anforderungen an die zu entwickelnde Digitalisierungslösung ableiten lassen. Insbesondere aus den Situationen, in welchen der Bedarf nach einer Problemlösung am größten ist, lassen sich spezifische Anforderungen ableiten. So werden beispielsweise Daten aus Dokumenten i. d. R. als Input für behördliche Prozesse oder zur Information Dritter benötigt und sollten schnell gefunden werden. Somit sollten eine klare Bereitstellungsstruktur, die ein intuitives Finden bestimmter Daten unterstützt und eine Schlagwortsuche bzw. ein Tagging von Daten und Dokumenten Teil der Lösung sein.
- Die vierte Phase *Aufmerksamkeit und Diffusion* ist ebenfalls im Bereich *Nutzer* angesiedelt. Ziel dieser Phase ist es, die Promotion und Verbreitung der Lösung bzw. des Systems zu planen und zu fördern, indem die Nutzenden und die Situationen identifiziert werden, in denen der jeweiligen Lösung maximale Aufmerksamkeit zuteilwird. Diese Kenntnis unterstützt eine klare Positionierung der Lösung sowie eine sofortige Erkennbarkeit des Nutzens, sodass die Nutzenden direkt Argumente für die aktive Nutzung der Lösung haben. Für eine Lösung zur digitalen Bereitstellung von Daten und Dokumenten von Mietenden oder Eigentümern kann dies beispielsweise das direkte Verfügbarmachen einer solchen Lösung mit einigen Grundfunktionen für diese Mieten-

[6] Eine *Persona* bildet ein wesentliches Instrument zur Entwicklung eines Produkts bzw. einer Dienstleistung insbesondere im *Design Thinking*. Sie bildet eine fiktive, aber detaillierte Darstellung einer typischen Person aus einer Zielgruppe, um die Bedürfnisse, Verhaltensweisen und Ziele dieser Zielgruppe besser verstehen zu können und die zu entwickelnden Produkte bzw. Dienstleistungen entsprechend zu gestalten (vgl. Kuenen, 2018).

den bzw. Eigentümer bedeuten, sodass diese Zielgruppen die Lösung erproben und ihren Nutzen unmittelbar erkennen können.

- Mit der Phase *Erstnutzungserlebnis* geht der Entwicklungsprozess in den Bereich *Produkt* über. Diese Phase soll den Nutzenden den einfachsten möglichen Zugang zur entwickelten Lösung geben, d. h. die Hürde für die erstmalige Nutzung der Lösung muss so niedrig wie möglich gehalten werden. Für ein System zur Bereitstellung von Daten und Dokumenten kann dies z. B. ein kurzer Überblick über die Funktionen des Systems sein, die in einem „Klick"-Tutorial spielerisch getestet werden können. Mit dem erfolgreichen Ausführen dieses Tutorials wird ein positives Erlebnis für die jeweiligen Nutzenden verbunden. Damit sollte das System eine schnelle und einfache Lösung des in der Phase *Probleme und Bedürfnisse* identifizierten wahrgenommenen Nutzendenproblems erkennbar machen.
- Auch die nachfolgende Projektphase bewegt sich im Bereich *Produkt* und zielt auf eine dauerhafte respektive regelmäßige Nutzung der entwickelten IT-/Digitalisierungslösung als *Stammnutzung* ab. Im Zuge dieser Phase werden Planungen vorgenommen, um die kontinuierliche Nutzung der entsprechenden Lösung zu initiieren und zu etablieren, d. h. es sind Anreize für diese kontinuierliche Nutzung zu schaffen und ein dauerhafter Nutzen der Lösung erkennbar zu machen. Für die elektronische Daten- und Dokumentenbereitstellung für Mietende oder Eigentümer liegt ein solcher Nutzen in einem schnellen, routinierten Prozess des Abrufs definierter Daten und Dokumente durch diese Nutzenden in dem Moment, in dem sie diese immobilienbezogenen Daten oder Dokumente benötigen. Mit diesen grundlegenden Konzepten, Planungen und abgeleiteten Maßnahmen mit Bezug zum Produkt geht der Prozess in die nachfolgende Phase über, die wieder – wie die erste Phase des Vorgehensmodells – den Bereich *Innovator* adressiert.
- In der Phase *Eigenschaften und Funktionen,* die auf die konzeptionellen Ausarbeitungen der Bereiche *Nutzer* und *Produkt* – insbesondere auf die Analyse der Zielgruppe, ihren Erwartungen an ein System zur Lösung einer geschäftlichen Aufgabenstellung und der damit verbundenen Wahrnehmung eines Problems sowie dem geplanten Prozess von der Erstnutzung der Lösung bis zu ihrer Stammnutzung – aufsetzt, werden die erforderlichen Eigenschaften der jeweiligen Lösung definiert und daraus die benötigten Funktionen und Leistungen abgeleitet. Hier muss der Nutzen für die jeweilige Zielgruppe im Fokus stehen und die Kernfunktionen sollten sich von denen anderer Anbieter abheben und damit ein Alleinstellungsmerkmal der entsprechenden Lösung bilden. Ziel dieser Phase ist die Konzeption und Entwicklung der bestmöglichen Unterstützung für die formulierte Aufgabe.
- Mit der Phase *Unterstützer, Partner und Kritiker* werden Aktivitäten geplant und Akteure identifiziert, welche die Verbreitung bzw. die Promotion der IT-/Digitalisierungslösung in ihrem Umfeld fördern. Diese gilt es durch definierte Maßnahmen für die aktive Förderung der Lösung zu gewinnen. Sie müssen von der Lösung begeistert werden. Aus dieser Gruppe nehmen die Schlüsselpartner eine Sonderrolle ein, denn insbesondere

diese müssen zur Verbreitung der Lösung motiviert werden, sodass die Unterstützung durch sie in jedem Fall gegeben ist.
- Die letzte Phase des Digital Innovation Model, die *Umsetzung und Finanzierung,* die ebenfalls im Bereich *Innovator* angesiedelt ist, fokussiert die wirtschaftliche Bewertung der Lösung. Hier sind die Entwicklungs- und Realisierungskosten sowie die Betriebskosten für die Lösung den zu erwartenden Erträgen in klassischer Weise gegenüberzustellen. Die Ziele dieser Phase liegen in der Kalkulation eines benötigten Budgets, insbesondere für die Vermarktung der IT-/Digitalisierungslösung, sowie des Return on Investment (RoI). Als Voraussetzung muss in dieser Phase ein Erlösmodell entwickelt werden, d. h. es sind Überlegungen anzustellen, wie mit der entwickelten Lösung bei den Nutzern der Lösung Umsätze erzielt werden.

Das dargestellte Vorgehensmodell sollte durch ein Projektteam durchlaufen werden, dessen Mitglieder unterschiedliche Kompetenzen aufweisen. Damit kann auf Basis einer vorausgehenden grundsätzlichen Entscheidung für die Entwicklung einer IT-/Digitalisierungslösung mittels des *Aufgaben-Lösungsraum-Modells* für eine definierte Aufgabenstellung die eigentliche Entwicklung mit Fokus auf die avisierten Nutzerinnen und Nutzer valide und zielführend vorbereitet werden. Neben den *Nutzern* der zu entwickelnden Lösung adressieren andere Phasen des Digital Innovation Model mit den Bereichen *Produkt* und *Innovator* Kernelemente, die im Zusammenhang mit den Nutzenden stehen und die auf die Erfüllung der Bedürfnisse der Nutzenden ausgerichtet sind, um erstens definierte Aufgaben effizient und effektiv mit der jeweiligen entwickelten Lösung auszuführen und zweitens mit dieser Lösung für die eigene Organisation signifikante Erlöse zu erzielen. Die eigentliche Entwicklung der entsprechenden Lösung sollte unter Einbindung der Nutzergruppen ausgeführt werden. Hier ist die Methode des *Design Thinking* sehr gut geeignet, um diese Einbindung in geeigneter Weise zu realisieren (vgl. Abschn. 5.5).

5.5 Anwendung des Design Thinking für die Digitalisierung der Wohnungs- und Immobilienwirtschaft

Die Digitalisierung verändert Organisationsstrukturen, Prozesse, die Anforderungen an die Qualifikation von Mitarbeitenden sowie Geschäftsmodelle in der Wohnungs- und Immobilienwirtschaft in erheblichem Maße. Sie fokussiert nicht nur technische Systeme, sondern verlangt auch Veränderungen der Denk- und Arbeitsweisen. Vor diesem Hintergrund erweist sich das *Design Thinking* als geeignete Methode, um digitale Innovationen menschzentriert und praxisbezogen zu entwickeln. Die Methode verbindet kreative Problemlösung mit strukturiertem Vorgehen und zielt darauf ab, sowohl technologische Machbarkeiten als auch die Bedürfnisse der Nutzenden und wirtschaftliche Tragfähigkeit zu vereinen (vgl. Meinel & von Thienen, 2016, S. 311). In Verbindung mit dem *Digital Innovation Model* ermöglicht diese Methode, definierte Digitalisierungslösungen bei ihrem hinreichenden Beitrag zur Bewältigung einer definierten Aufgabenstellung (vgl. Abschn. 4.1) weiter zu konkretisieren.

Es handelt sich beim *Design Thinking* um eine innovative Methode, die sich durch Interdisziplinarität, iterative Entwicklungszyklen und konsequente Nutzendenorientierung auszeichnet. Ursprünglich wurde diese Methode im Produktdesign entwickelt; sie hat sich mittlerweile als Denk- und Arbeitsansatz etabliert, der in unterschiedlichen Branchen genutzt wird. Die zentralen Prinzipien, denen diese Methode mit Fokus auf die Wohnungs- und Immobilienwirtschaft folgt, sind *Empathie für die Nutzenden,* ein *interdisziplinäres Zusammenspiel* von Experten aus unterschiedlichen Verantwortungsbereichen, ein *iteratives Vorgehen* mit der *frühzeitigen Umsetzung und Test von Prototypen,* sowie eine *Fehlerkultur,* in welcher Fehler als Lernchancen gesehen werden (vgl. von Thienen et al., 2011, S. 83 f.). In der Wohnungs- und Immobilienwirtschaft, die traditionell durch langfristige Planungszyklen, komplexe regulatorische Anforderungen und hierarchische Entscheidungsstrukturen geprägt ist, sind diese Prinzipien von hoher Bedeutung für den Erfolg von Veränderungsprozessen. Denn sie unterstützen eine flexible, kreative und anwendungsorientierte Gestaltung der digitalen Transformation in der Wohnungs- und Immobilienwirtschaft (vgl. Marx, 2025, S. 16 f.).

In der Wohnungs- und Immobilienwirtschaft kann Design Thinking nicht nur die Entwicklung innovativer Lösungen und Gestaltung effizienterer Prozesse unterstützen, sondern auch spürbaren Einfluss auf die Innovationskultur haben. So empfinden Mitarbeitende den kollaborativen Charakter der Methode als motivierend, da dieser eine Mitgestaltung ermöglicht und starre Hierarchien durch offene Kommunikationsstrukturen ersetzt. Vor diesem Hintergrund wird Design Thinking insbesondere in den Bereichen erfolgreich eingesetzt, in denen Unternehmen einen Perspektivwechsel hin zu den Nutzendengruppen – in der Wohnungs- und Immobilienwirtschaft hauptsächlich zu den Mietenden und Dienstleistern – suchen und vollziehen. Typische Anwendungsfelder liegen in den Bereichen Mietendenkommunikation, Bestandsmanagement und Prozessdigitalisierung; Beispiele für die Nutzung der Methode sind die *Entwicklung digitaler Mietendenplattformen,* die *Optimierung interner und externer Kommunikationsprozesse* sowie die *Konzeption und Entwicklung intelligenter Gebäude- und Dienstleistungslösungen.* Mietenden-Apps dienen heute nicht mehr nur der Schadensmeldung, sondern sie bilden vielmehr ein integratives Kommunikations- und Dienstleistungsinstrument, das von der Energieverbrauchsanalyse bis hin zu Buchungen von Gemeinschaftsräumen reicht. Durch eine frühzeitige Einbindung der App-Nutzerinnen und -Nutzer entstehen Lösungen, die sowohl in der Handhabung als auch in der Akzeptanz und der Nutzung „konventionell" entwickelten Lösungen deutlich überlegen sind (vgl. Marx, 2025, S. 45).

Die Design Thinking Methode folgt einem strukturierten Vorgehen, das jedoch iterativ, nicht linear durchlaufen wird (vgl. Abb. 5.9). Die integrierten Iterationsschleifen zielen darauf ab, dass die an einem Digitalisierungsprojekt beteiligten Akteure, die sich aus unterschiedlichen Disziplinen rekrutieren, aus Fehlern der vorangehenden Vorgehensschritten bzw. Projektphasen lernen und die Lösung kontinuierlich verbessern. Angereichert wird das Vorgehen um Methoden wie *Rapid Prototyping* und *kontinuierliche*

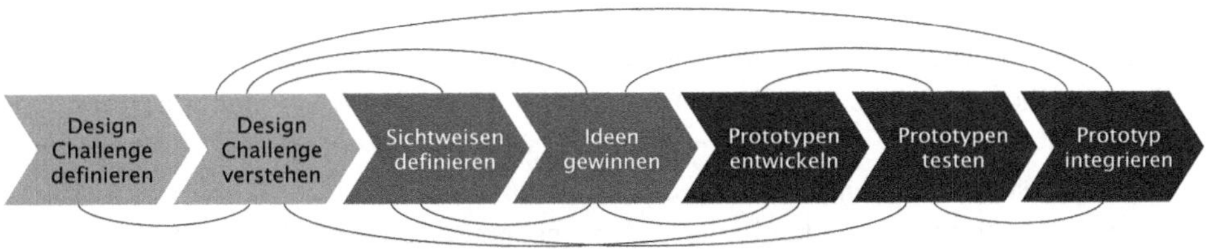

Abb. 5.9 Vorgehensmodell des Design Thinking. (Eigene Darstellung in Anlehnung an Schallmo & Lang, 2020, S. 24)

Feedbackschleifen, die eine Spiegelung der Lösungen an sich schnell verändernde Marktbedingungen unterstützen.

Das in der Abbildung dargestellte Prozessmodell des Design Thinking bildet die methodische Grundlage für Innovationsprojekte. Den Ausgangspunkt bildet die *Definition der Design Challenge;* darauf aufbauend folgen sechs weitere Phasen vom *Verstehen der Design Challenge* über die *Ideengenerierung* bis hin zur *Prototypenbehandlung* (vgl. Abb. 5.9). In digitalen Projekten der Wohnungs- und Immobilienwirtschaft hat sich insbesondere die Kombination aus *Verstehen* und *Prototyping* als erfolgskritisch erwiesen. In der Phase des *Verstehens* werden die Rahmenbedingungen erfasst, die Aufgabenstellung bzw. der Problemraum abgegrenzt sowie die Nutzendengruppen bzw. Stakeholder analysiert. In der Phase *Sichtweisen definieren* erfolgt eine qualitative Exploration. Die Nutzendenbedürfnisse und -kontexte werden durch Interviews, Beobachtungen und eine Begleitung des jeweiligen Prozesses erfasst. Die Erkenntnisse der Untersuchung werden anschließend zusammengeführt und analysiert, um eine klare Sicht auf die Aufgabenstellung zu formulieren. Auf dieser Grundlage erfolgt die *Entwicklung von Lösungsideen,* indem divergentes Denken gefördert und Kreativität methodisch angeregt werden. In der Prototyping-Phase werden die entwickelten Lösungskonzepte möglichst schnell greifbar gemacht, indem erste Lösungsversionen, z. B. Modelle, Storyboards oder Service-Blaupausen, gestaltet und visualisiert werden. Schließlich werden die Prototypen mit einer Auswahl an „echten" Nutzenden getestet, aus denen Rückmeldungen zur jeweiligen Lösung generiert werden, die wiederum in vorlaufende Phasen des Design Thinking Prozesses einfließen.

Die Anwendung von Design Thinking auf die Wohnungs- und Immobilienwirtschaft erfordert einen passgenauen Zuschnitt der organisationalen Voraussetzungen, wie Zeit, Ressourcen und Führungskultur, auf diese Methode. Mit der Erfüllung der Voraussetzungen lassen sich die genannten Design Thinking Phasen klar auf die Branche abbilden: So werden in der Phase *Verstehen* die komplexen Wertschöpfungsstrukturen von der Projektentwicklung über die Vermarktung bis hin zur Verwaltung zunächst analysiert. In der *Beobachtungsphase* werden qualitative Methoden wie Mietenden- oder Eigentümerinterviews genutzt, um verborgene Bedürfnisse dieser Gruppen zu identifizieren. Die *Synthese- und Definitionsphase* bündelt die gewonnenen Erkenntnisse, um präzise Problemdefinitionen zu formulieren und Chancenfelder zu identifizieren. Die *Ideenentwicklung* wird interdisziplinär durchgeführt, wobei bewusst divergentes Denken gefördert wird.

Schließlich werden in der *Prototyping- und Testphase* Service-Prototypen, z. B. in Form von Customer Journeys oder Service Blueprints, frühzeitig in realen Umgebungen getestet.

Die Einführung von Design Thinking in Unternehmen der Wohnungs- und Immobilienwirtschaft adressiert die Felder *Strategie, interne Prozesse und Veränderungsmanagement* sowie *Führung/Leadership*. Im Rahmen der *Strategie* lassen sich mehrere strategische Stoßrichtungen identifizieren: Erstens müssen die Mitarbeitenden der Organisation qualifiziert, also für die Design Thinking Denkweise sensibilisiert und methodisch geschult werden. Auf die geeignete Qualifikation der Mitarbeitenden aufbauend sind die strukturellen Voraussetzungen für die Einführung von Design Thinking zu schaffen, d. h. es sind beispielsweise geeignete Räumlichkeiten bereitzustellen, es müssen interdisziplinäre Teams gebildet oder digitale Kollaborationswerkzeuge nutzbar gemacht werden. Auch sollte die Methode strategisch im Unternehmen verankert werden, indem sie in die einschlägigen Zielsysteme und die Governance-Strukturen integriert wird. Weiterhin empfiehlt sich ein pilotbasiertes Vorgehen, bei dem erste Anwendungsfälle erprobt und anschließend skaliert werden – sog. „Scaling by Replication". Begleitend muss ein Kulturwandel vollzogen werden, der Offenheit, Fehlerakzeptanz und Lernbereitschaft fördert. Auf diese Weise entsteht langfristig eine lernende Organisation, die Innovation als kontinuierlichen Prozess versteht und regelmäßig reflektiert. Schließlich sollte auch die interorganisationale Zusammenarbeit ausgebaut werden, etwa in Form von Partnerschaften mit Start-up-Unternehmen, Hochschulen oder Innovationsnetzwerken. Die skizzierten Handlungsempfehlungen sind in Tab. 5.1 noch einmal zusammenfassend dargestellt.

Auf der *internen Prozessebene* sind iterative, nutzendenzentrierte Abläufe zu etablieren. Design Thinking unterstützt die Transformation linearer Prozesse hin zu flexiblen, anpassungsfähigen Systemen, die kontinuierliches Feedback aufnehmen und dies in Ver-

Tab. 5.1 Strategische Aspekte der Einführung von Design Thinking. (Eigene Darstellung)

Strategischer Fokus/ Handlungsfeld	Effekt/Ziel	Praktische Umsetzung (Realisierungskonzept)
Sensibilisierung und Schulung	Grundlegendes Verständnis für Design Thinking fördern und methodische Kompetenz aufbauen	Interaktive Workshops, Bootcamps, Blended Learning, Sensibilisierung durch Vorträge
Schaffung struktureller Voraussetzungen	Infrastrukturelle und organisatorische Voraussetzungen schaffen	Einrichtung von Innovationsräumen, interdisziplinäre Teams, digitale Kollaborationsplattformen
Integration in strategische Unternehmensziele	Design Thinking strategisch legitimieren und mit Unternehmenszielen verknüpfen	Verankerung in Zielsystemen, Einrichtung eines Innovationsboards
Pilotprojekte und iterative Skalierung	Design Thinking praxisnah erproben und schrittweise skalieren	Pilotprojekte mit klaren Use Cases, Evaluation und Übertragung durch "Scaling by Replication"
Kulturelle Transformation und Veränderungsbegleitung	Offenheit, Fehlerkultur und kollaboratives Arbeiten im Unternehmen verankern	Multiplikatoren ausbilden, Storytelling, interne Events, Vorbildfunktion der Führung
Etablierung einer lernenden Organisation	Reflexions- und Lernprozesse institutionalisieren	Retrospektiven, Feedbackroutinen, Innovationsmetriken, zentrales Learning-Repository
Förderung interorganisationaler Zusammenarbeit	Externe Innovationsimpulse integrieren und Co-Creation ermöglichen	Co-Creation-Workshops, Partnerschaften mit Start-Up-Unternehmen und Hochschulen, Innovation Challenges

besserungen umsetzen. So tragen crossfunktionale Workshops und die Einführung klarer Prozessverantwortungen dazu bei, Silos zu überwinden und Schnittstellen zu verbessern. Das Veränderungsmanagement bildet dabei den organisatorischen Rahmen: Die Stakeholder werden aktiv in den Design Thinking Prozess eingebunden: Führungsverhalten wird auf partizipative, experimentelle Ansätze ausgerichtet. Führungskräfte übernehmen die Rolle von Befähigern, die Freiräume schaffen und als Vorbilder im Innovationsprozess dienen. Die digitale Infrastruktur fungiert als Befähiger für iteratives Arbeiten, beispielsweise durch No-Code- oder Low-Code-Plattformen, Prototyping-Werkzeuge oder die Integration von Informationssystemen in frühen Projektphasen (Tab. 5.2).

Schließlich bilden *Führung und interdisziplinäre Teams* die zentralen Träger der Design-Thinking-Kultur. So agieren die Führungskräfte als strategische Befähiger und kulturelle Architekten einer Organisation, die Freiräume schafft, Ressourcen bereitstellt und eine innovative Haltung im Unternehmen fördert. Interdisziplinäre Teams sind die operativen Umsetzer, indem sie die Bedürfnisse der Nutzenden recherchieren, Ideen entwickeln, in kurzen Zyklen Prototypen erstellen und testen. Der Erfolg entsteht aus der Wechselwirkung der Führungs- und der Teamebene. Resonanzformate, wie z. B. Design Reviews, interne Showcases oder Learning Journeys, sorgen für einen kontinuierlichen Austausch und Lernprozesse, die Strategie und Umsetzung miteinander verbinden (Tab. 5.3).

Tab. 5.2 Prozessbezogene Aspekte der Einführung von Design Thinking. (Eigene Darstellung)

Strategischer Fokus/ Handlungsfeld	Ziel	Praktische Umsetzung (Realisierungskonzept)
Prozessorientierung und Iteration	Umgestaltung linearer Prozesse in iterative, nutzerorientierte Abläufe	Einsatz von Customer Journeys und Service Blueprints, Durchführung von Design Sprints
Schnittstellenmanagement und Siloüberwindung	Integration abteilungsübergreifender Perspektiven zur Reduzierung von Reibungsverlusten	Crossfunktionale Design-Workshops, Etablierung von Process Ownern, Prozesslandkarten
Veränderungsmanagement als organisatorischer Rahmen	Systematische Steuerung des organisationalen Wandels	Stakeholderanalysen, partizipative Formate, Nutzung des ADKAR-Modells
Führung und Prozessverantwortung	Führung als Ermöglichung von Innovation und partizipativer Prozessgestaltung	Führungskräftetrainings zu Design Thinking und Change Management, Leadership by Example
Technische Infrastruktur und Digitalisierung	Digitale Unterstützung iterativer Prozessentwicklung und Sicherstellung technischer Umsetzbarkeit	Einsatz von No-Code-/Low-Code-Plattformen, frühzeitige IT-Integration, Software-Schulungen

Tab. 5.3 Führungsbezogene Aspekte der Einführung von Design Thinking. (Eigene Darstellung)

Strategischer Fokus/ Handlungsfeld	Effekt/Ziel	Praktische Umsetzung (Realisierungskonzept)
Führungskräfte	Strategische Befähiger und kulturelle Architekten	Schaffung von Freiräumen, Vorleben von Fehlerkultur, Ressourcenbereitstellung, Visionstransfer
Interdisziplinäre Teams	Operative Träger von Design Thinking Prozessen	Erkundung von Nutzerbedürfnissen, Ideengenerierung, Prototyping, iterative Umsetzung
Zusammenarbeit zwischen Führungskräften und Teams	Wechselseitige Verstärkung und strategisch-operative Kopplung	Initiierung von Feedbackformaten und Resonanzräumen/-mögichkeiten

Die in Tab. 5.1 bis Tab. 5.3 zusammengefassten Handlungsfelder zeigen, dass die Einführung von Design Thinking für die Digitalisierung der Wohnungs- bzw. Immobilienunternehmen durch mehrere zentrale Erfolgsfaktoren geleitet wird: Eine *nutzendenzentrierte Innovationskultur* fördert eine erfolgreiche Verankerung des Design Thinking im jeweiligen Unternehmen und bildet einen Teil der Kultur dieses Unternehmens. Weiterhin ist die *Unterstützung des Top-Managements* erforderlich, um den Einführungsprozess aktiv zu fördern und Freiräume im jeweiligen Unternehmen zu schaffen. Mit *agilen Teamstrukturen* und interdisziplinären Teams lassen sich kreative Ergebnisse erzielen und Innovationen flexibel entwickeln. Weiterhin sichern kurze Feedbackschleifen und damit verbunden ein *iteratives Vorgehen* praxisnahe Lösungen. Und schließlich müssen die Mitarbeitenden in den Unternehmen über *digitale Kompetenz* verfügen, um einschlägige Methoden und Instrumente effektiv nutzen zu können.

Design Thinking hat sich mittlerweile als eine wirkungsvolle Methode zur Gestaltung der digitalen Transformation in der Wohnungs- und Immobilienwirtschaft erwiesen. Die Kombination aus Empathie, Kreativität und Struktur fördert Innovationen, die sowohl technologisch tragfähig als auch sozial anschlussfähig sind. Für die Branche bedeutet dies, dass Digitalisierung nicht nur ein IT-Thema ist, sondern dass sie geprägt wird durch gemeinsames Denken, Experimentieren und Lernen. Vor diesem Hintergrund leistet Design Thinking einen wichtigen Beitrag, um die Wohnungs- und Immobilienwirtschaft zukunftsfähig, vernetzt und nutzendenorientiert zu gestalten (vgl. Marx, 2025, S. 67 f.).

Literatur

Angermeier, G. (o.J.). *Canvas-Methode*. Projektmagazin.de. https://www.projektmagazin.de/glossarterm/canvas-methode. Zugegriffen: 18. Juni 2024.

BMI (o.J.). PESTEL-Methode/PESTEL-Technik/PESTEL-Analyse. *Orgahandbuch, Methoden und Techniken*. Bundesministerium des Inneren. https://www.orghandbuch.de/Webs/OHB/DE/OrganisationshandbuchNEU/4_MethodenUndTechniken/Methoden_A_bis_Z/PESTEL_Methode/PESTEL_Methode_node.html. Zugegriffen: 6. Juli 2025.

Busse, L. v. (2023). *Digitales Aufzugsmanagement – wie Liftanlagen ESG-Ziele unterstützen*. Blackprint. https://www.blackprint.de/blog/wie-liftanlagen-esg-ziele-unterstuetzen. Zugegriffen: 4. Juli 2025.

Deloitte (2025). *Digitale roadmap*. Deloitte Consulting.

Drees & Sommer (2024). *Transform to Succeed*. Drees & Sommer, TH Aschaffenburg. https://www.dreso.com/de/transform-to-succeed-digitalisierungsstudie-2024. Zugegriffen: 27. März 2024.

Drees & Sommer (2025). *Transform to Succeed 2025*. Drees & Sommer, TH Aschaffenburg. https://www.dreso.com/de/unternehmen/shared-content/publikationen/transform-to-succeed-digitalisierungsstudie-2025. Zugegriffen: 19. Juli 2025.

Fleig, J. (2023). *Was ist change management oder Veränderungsmanagement?* Business-Wissen.de. https://www.business-wissen.de/hb/was-ist-change-management-oder-veraenderungsmanagement/. Zugegriffen: 14. Juli 2025.

Fleig, J. (2024). *Die PESTEL-Methode in der Übersicht mit Aufbau und Anwendung*. Business-Wissen.de. https://www.business-wissen.de/hb/die-pestel-methode-in-der-uebersicht-mit-aufbau-und-anwendung/. Zugegriffen: 6. Juli 2025.

KIWI (o.J.). *Keyless mit KIWI*. KIWI.KI. https://kiwi.ki/. Zugegriffen: 1. Juni 2025.

Kreutzer, R., Neugebauer, T., & Pattloch, A. (2017). *Digital business leadership: Digitale transformation – Geschäftsmodell-innovation – Agile organisation – Change-management*. Springer Gabler.

Kuenen, K. (2018). *Persona*. Springer Gabler. https://wirtschaftslexikon.gabler.de/definition/persona-119156/version-368104. Zugegriffen: 6. Juli 2025.

Galenza, K. (2022). *Digitaler Aufzugsbetrieb – Von der Betriebsdatenerfassung bis zum Notfallplan*. Bauverlag. https://www.facility-management.de/artikel/fm_Digitaler_Aufzugsbetrieb-3804947.html. Zugegriffen: 4. Juli 2025.

Gsell, H., Stamer, C., & Füllbeck, M. (2025). *IT und Digitalisierung in der Haus- und WEG-Verwaltung 2025*. EBZ Business School/InWIS Forschung & Beratung.

Lang, V. (2022). *Digitale Kompetenz: Grundlagen der Künstlichen Intelligenz, Blockchain-Technologie*. Quanten-Computing und deren Anwendung für die Digitale Transformation.

Lipsmeier, A., Kühn, A., Dumitrescu, R., & Flach, O. (2019). Erfolgsfaktor Digitalisierungsstrategie – Strategisches management der digitalen transformation. In J. Gausemeier, W. Bauer, R. Dumitrescu, (Hrsg.), *Vorausschau und Technologieplanung. 15. Symposium für Vorausschau und Technologieplanung. 21. Und 22. November 2019*. Heinz Nixdorf Institut. https://digital.ub.uni-paderborn.de/hs/content/titleinfo/3311341. Zugegriffen: 19. Juni 2025.

Marx, T. (2025). *Nutzung von Design thinking bei Wohnungs- und Immobilienunternehmen zur konzeptionellen Prozessverbesserung*. EBZ Business School.

Meinel, C., & von Thienen, J. (2016). Design Thinking. Aktuelles Schlagwort, Informatik Spektrum, Ausg. 39(4), S. 310–314. https://www.researchgate.net/publication/303594901_Design_Thinking. Zugegriffen: 5. Okt. 2025.

Nagl, A., & Bozem, K. (2018). *Geschäftsmodelle 4.0: Business model building mit Checklisten und Fallbeispielen*. Springer Gabler.

Osterwalder, A., & Pigneur, Y. (2011). *Business model generation: Ein Handbuch für Visionäre*. Campus.

Osterwalder, A., Pigneur, Y., Bernarda, G., Smith, A., & Papadakos, T. A. (2015). *Value proposition design*. Campus.

Pöppelbuß, J., & Durst, C. (2017). Smart service canvas – Ein Werkzeug zur strukturierten Beschreibung und Entwicklung von smart-service-Geschäftsmodellen. In M. Bruhn & K. Hadwich (Hrsg.), *Dienstleistungen 4.0. Geschäftsmodelle – Wertschöpfung – Transformation* (Bd. Band 2, S. 90–111). Springer Gabler.

Porter, M. (2008). The Five Competitive Forces That Shape Strategy. In Harvard Business Review. January 2008, S. 23–41. https://www.blueoceanstrategyaustralia.com.au/wp-content/uploads/2023/08/HBRs-10-Must-Reads-on-Strategy.pdf. Zugegriffen: 6. Juli 2025.

Preuss, S., & Leonhardt, T. (2017). The digital innovation model – Software planen, die Nutzer lieben (3. Aufl.). Quantic digital. https://www.stephan-preuss.de/buch. Zugegriffen: 11. Juni 2025.

REFA (o.J.). *Morphologischer Kasten*. REFA Group. https://refa.de/service/refa-lexikon/morphologischer-kasten. Zugegriffen: 6. Juli 2025.

Schallmo, D., & Lang, K. (2020). *Design thinking erfolgreich anwenden – So entwickeln Sie in 7 Phasen kundenorientierte Produkte und Dienstleistungen* (2. Aufl.). Springer Gabler.

Schallmo, D., & Lohse, J. (2020). *Digitalstrategien erfolgreich entwickeln – Grundlagen*. Ansätze und Vorgehensweisen.

von Thienen, J., Noweski, C., Meinel, C., & Rauth, I. (2011). The co-evolution of theory and practice and design thinking – Or – „mind the oddness trap!". In H. Plattner, C. Meinel, & L. Leifer, (Hrsg.), *Design thinking: Understand – Improve – Apply*. Springer. https://www.academia.edu/30924868/Design_Thinking. Zugegriffen: 6. Okt. 2025.

WCG (o.J.). *Porter's Five Forces*. WCG. https://www.wcg.de/glossar/porters-five-forces/. Zugegriffen: 6. Juli 2025.

ZIA/EY (2024). *Digitalisierungsstudie 2024: KI – ein „Game Changer" in der Immobilienwirtschaft?* ZIA Zentraler Immobilien Ausschuss e. V. https://zia-deutschland.de/wp-content/uploads/2024/09/202493_Digitalisierungsstudie_ZIA_EY.pdf. Zugegriffen: 29. März 2025.

PropTech-Lösungen 6

Zahlreiche (informations-)technische Lösungen, die einen Beitrag zu einer digitalen Transformation des Geschäfts von Unternehmen der Wohnungs- und Immobilienwirtschaft sowie zur Digitalisierung der Interaktion und Kommunikation dieser Unternehmen mit ihren Kunden und Stakeholdern leisten, werden von sog. Property Technology Unternehmen, kurz PropTechs, entwickelt, vermarktet und in die etablierten Unternehmen der Branche eingebracht. Damit spielen PropTech-Unternehmen eine wichtige Rolle bei der Überführung von digitalen Technologien in innovative Lösungen sowie bei deren Verbreitung und Etablierung in der Wohnungs- und Immobilienwirtschaft.

Bei PropTech-Unternehmen handelt es sich um Unternehmen, die digitale Produkte bzw. innovative Geschäftsmodelle für Unternehmen mit Immobilienbezug (im Business-to-Business-Geschäft) oder für private Immobilienbesitzer (im Business-to-Consumer-Geschäft) anbieten und implementieren. Das Angebot steht dabei in Bezug zu mindestens einer Immobilienlebenszyklus-Phase und/oder zu mindestens einer Immobilien-Assetklasse (vgl. Linn & Schlesinger, 2022, S. 1).

Um die Akzeptanz und die Marktdurchdringung von PropTech-Lösungen bewerten zu können, ist es zielführend, die Bedarfe derjenigen Unternehmen der Branche näher zu beleuchten, „die sich mit der Digitalisierung ihrer internen Prozesse sowie mit eigenen digitalen Geschäftsmodellen und ihrer externen Stakeholderbeziehung auseinandersetzen" (Rock & Schlesinger, 2023, S. 8). Diese sog. *Digital Leaders in Real Estate* – dabei handelt es sich um etablierte Unternehmen der Branche – befinden sich im Prozess der digitalen Transformation und weisen die Bereitschaft und Fähigkeit auf, mit PropTech-Unternehmen zu kooperieren. Hinsichtlich der Digitalisierung fokussieren diese Unternehmen auf die Digitalisierung von Daten aus Dokumenten (62,1 %), die ESG-Transformation von Gebäuden (55,2 %) das CRM/Kontaktmanagement (44,8 %) sowie das Property

H. Gsell, A. Rajchowski, *Software-Technologien und IT-Systeme für die Wohnungs- und Immobilienwirtschaft*, https://doi.org/10.1007/978-3-658-51129-6_6

Management (41,4 %) als wichtigste Einsatzgebiete von PropTech-Lösungen (vgl. Rock & Schlesinger, 2023, S. 8 ff.).

Ein Abgleich zwischen den Bedarfen der Digital Leaders mit den PropTech-Lösungsangeboten zeigt, dass in sechs Wertschöpfungsstufen entlang des Immobilienlebenszyklus, im *Property Management,* in der *Projektentwicklung,* im *Asset Management,* im *Sanieren,* im *Metering und Energiemanagement* sowie in *Betreibungskonzepten und Zusatzservices,* eine Deckung besteht. Damit trifft ein bedeutendes Angebot von PropTech-Lösungen auf entsprechende Potenzialangaben und folglich zukünftig zu erwartende hohe Bedarfe bei den Digital Leaders. Eine Deckung zwischen Angeboten und Bedarfen ist ebenso mit Bezug zu den Immobilien-Assetklassen festzustellen, die in ihrer ganzen Breite bei den Digital Leaders betrieben und durch geeignete PropTech-Angebote bedient werden (vgl. Rock & Schlesinger, 2023, S. 15 ff.). Die Übereinstimmungen (sowohl bezüglich des Lebenszyklus als auch mit Bezug zu den Immobilien-Assetklassen) von PropTech-Leistungsangeboten und Nachfragepotenzialen der Digital Leaders unterstreicht die Funktion von PropTech-Unternehmen als Treiber für eine digitale Transformation und als Befähiger für die Implementierung von Digitalisierungslösungen in den Unternehmen der Wohnungs- und Immobilienwirtschaft.

Um die Bedeutung von PropTech-Unternehmen für die Digitalisierung der Wohnungs- und Immobilienwirtschaft zu verifizieren, werden im Folgenden zunächst die Nähe dieser Unternehmen zur Branche in Kombination mit den Merkmalen wirtschaftliche Stärke, Unternehmensalter und Internationalität, aus denen sich definierte Kategorien von PropTech-Unternehmen bilden, dargestellt. Auch werden die für PropTechs üblichen Ausrichtungen von Geschäftsmodellen auf Geschäftskunden bzw. Endnutzer skizziert. Im Weiteren leiten die Autoren daraus die strategischen Potenziale von PropTech-Unternehmen mit Bezug zum Markt der Wohnungs- und Immobilienwirtschaft ab. Auf Basis der ermittelten strategischen Potenziale werden schließlich die vier maßgeblichen technischen Realisierungsfelder der Branche anhand von spezifischen Digitalisierungslösungen von PropTech-Unternehmen erläutert. Eine wesentliche Voraussetzung für die wirksame Implementierung von PropTech-Lösungen in Unternehmen der Wohnungs- und Immobilienwirtschaft bildet die technische Anbindung der Systeme an das jeweilige prozessführende System, für die abschließend geeignete Lösungsansätze aufgezeigt werden.

6.1 Organisatorische und marktbezogene Umsetzung des PropTech-Leistungsangebots

Auch wenn der Begriff *PropTechs* oft mit *Start-Up-Unternehmen*[1] assoziiert wird, die innovative Produkte und Dienstleistungen unter Nutzung von Digitalisierungstechnologien für die Wohnungs- und Immobilienwirtschaft an den Markt bringen, repräsentieren diese

[1] Bei Start-Up-Unternehmen handelt es sich um „junge, noch nicht etablierte Unternehmen, die zur Verwirklichung einer Geschäftsidee […] mit geringem Startkapital gegründet werden“ (Achleitner,

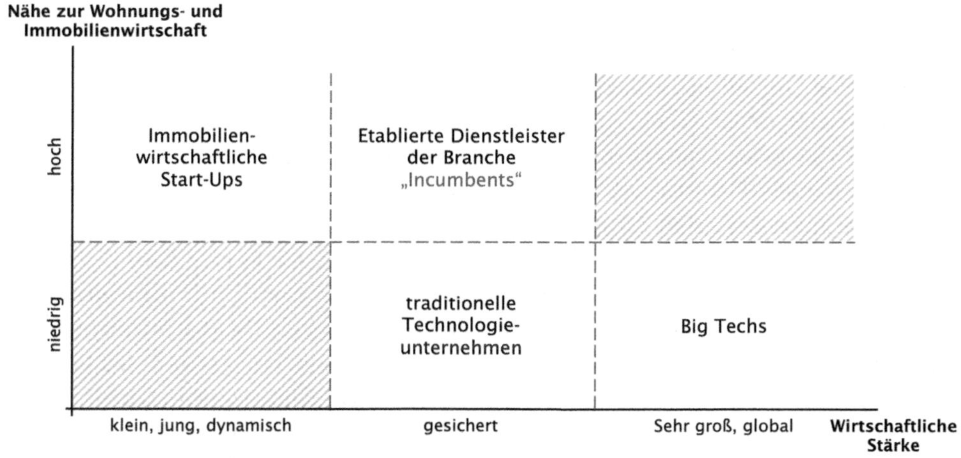

Abb. 6.1 Anbieter von PropTech-Lösungen nach Kategorien. (Eigene Darstellung)

den PropTech-Markt nicht ausschließlich. Vielmehr stellen auch Unternehmen, die anderen Unternehmenskategorien zuzurechnen sind, Leistungen für die Branche bereit. Neben den zahlreichen Start-Up-Unternehmen sind in der Wohnungs- und Immobilienwirtschaft etablierte Unternehmen mit PropTech-Lösungen am Markt, die als sog. *Incumbents* historische Lieferbeziehungen zur Branche aufweisen und in dieser verankert oder Teil der Branche sind, wie beispielsweise die *Techem GmbH,* die *Aareon AG* oder das Wohnungsunternehmen *LEG-Gruppe*. Weiterhin treten auch *traditionelle Technologieunternehmen* mit digitalen Leistungsangeboten in den PropTech-Markt ein, deren Kerngeschäft außerhalb der Wohnungs- und Immobilienwirtschaft liegt und die bisher lediglich Ausrüstung für Gebäude liefern. Beispiele für diese Unternehmen sind die Siemens AG oder der Fördertechnik-Spezialist Schindler (vgl. Herr, 2022, S. 580). Darüber hinaus bieten auch die *Big Techs* – Unternehmen wie *Amazon, Alphabet, Apple, Microsoft, Oracle* oder *Meta* – Leistungen an, die für die Wohnungs- und Immobilienwirtschaft zunehmend von Interesse sein und insbesondere in Kombination mit bestehenden klassischen Technologien oder mit anderen Digitalisierungstechnologien einen Mehrwert für die Unternehmen der Branche schafften könnten (vgl. Herr, 2022, S. 581). Abb. 6.1 strukturiert die Anbieter von PropTech-Lösungen einerseits bzgl. ihrer Integration bzw. Nähe zur Wohnungs- und Immobilienwirtschaft und andererseits nach ihrer wirtschaftlichen Stärke. Die vier in dieser Abbildung dargestellten Unternehmenskategorien werden im Weiteren charakterisiert und hinsichtlich ihrer Bedeutung für die Branche bewertet.

2018). Diese Unternehmen benötigen i. d. R. sehr früh externes Kapital, um ihr Geschäft ausweiten zu können und die eigene Kapitalbasis zu stärken. *Linn/Schlesinger* fokussieren diese Definition unter der Bezeichnung *PropTech Start-Ups* auf Unternehmen der Bau- und Immobilienwirtschaft bzw. Unternehmen mit Immobilienbezug mit einem Alter von maximal zehn Jahren sowie ausgewiesenem Skalierungspotenzial (vgl. Linn & Schlesinger, 2022).

Bei *immobilienwirtschaftlichen Start-Up-Unternehmen* handelt es sich i. d. R. um kleine, junge und dynamische Unternehmen mit wenig Kapital, die unter Nutzung einer oder mehrerer Digitalisierungstechnologien spezifische Leistungen zumeist in einer funktionalen Nische[2] in den Wohnungs- und Immobilienunternehmen anbieten, die durch die etablierten Gebäudetechnik-Dienstleister oder Softwareunternehmen der Branche nicht angeboten werden (können). Das Leistungsangebot der immobilienwirtschaftlichen Start-Up-Unternehmen adressiert oftmals Geschäfts- und technische Prozesse, die nicht als Massenprozesse ausgeführt werden und sich nur schwer standardisieren lassen.

Innerhalb der Kategorie der immobilienwirtschaftlichen Start-Up-Unternehmen lässt sich weiter differenzieren in *Early Stagers*, deutsche PropTech Start-Up-Unternehmen, die über wenig Kapital verfügen und sich in einer Marktorientierungs- und -etablierungsphase befinden, *Grown Ups*, deutsche PropTech Start-Up-Unternehmen, deren Kapitalausstattung i. d. R. überschaubar ist, die sich jedoch bereits eine gesicherte Marktposition erarbeitet haben, sowie *Conquerer*, ausländische PropTech Start-Up-Unternehmen, die den Eintritt in den deutschen Markt planen oder diesen bereits vollzogen haben (vgl. Liebold et al., 2020, S. 2 f.). Trotz dieser Differenzierung stehen Early Stagers, Grown Ups und Conquerer vergleichbaren Herausforderungen gegenüber, die sich wie folgt darstellen: Um zunächst zum Markt der Wohnungs- und Immobilienwirtschaft zu erlangen und sich langfristig in diesem Markt etablieren zu können, benötigen die Start-Up-Unternehmen ein belastbares Netzwerk in der Branche. Ein solches Netzwerk kann es diesen Unternehmen ermöglichen, ihr digitales Leistungsangebot zunächst in Pilotprojekten bei Netzwerkpartnern zu platzieren, um über diese Partnerschaften Vertrauen in der Branche aufzubauen. Auf dieser Grundlage lassen sich kommerzielle Implementierungen vornehmen und damit Umsätze und Erträge generieren. In diesem Zusammenhang steht auch die Herausforderung des Aufbaus von Vertriebskooperationen mit „klassischen" Wohnungs- und Immobilienunternehmen oder mit etablierten Gebäudetechnik-Dienstleistern oder Softwareunternehmen der Branche, sodass die Vertrauen schaffenden Aktivitäten im Verbund mit diesen Kooperationspartnern betrieben werden können (vgl. Liebold et al., 2020, S. 14 und 20). Gelingt die Bewältigung dieser Herausforderungen insbesondere den Early Stagers und den Conquerers, so lässt sich deren Kapitallage über Umsätze und Erträge oder über den Einstieg externer Kapitalgeber verbessern und diese Start-Up-Unternehmen können sich zunehmend im Markt der Wohnungs- und Immobilienwirtschaft etablieren, sodass ein Übergang in die Gruppe der Grown Ups stattfindet. Eine weitere wichtige Herausforderung, die alle PropTech Start-Up-Unternehmen gleichermaßen bewältigen sollten, ist technischer Natur und liegt in der Bereitstellung von modernen

[2] In Übertragung des klassischen Nischenbegriffs aus dem Marketing, nach dem eine *Marktnische* als Teil des Gesamtmarkts bezeichnet wird, dessen Bedarfe aktuell vom Wettbewerb nicht oder unzureichend bedient werden (vgl. Marketing United, 2019), soll unter einer *funktionalen Nische* eine Funktion in der Abwicklung von Geschäfts- oder technischen Prozessen verstanden werden, deren Ausführung die Erfüllung besonderer Anforderungen oder die Bereitstellung spezifischer Kompetenzen erfordert, die nicht oder nur schwer standardisierbar ist und die weitere Funktionen oder Teilprozesse auslösen kann.

Programmierschnittstellen (API) in ihren Digitalisierungslösungen, um eine schnelle und einfache Anbindung der Lösungen an Drittsysteme vornehmen zu können. Derartige Schnittstellen bilden eine wichtige Grundvoraussetzung für den Umsetzungserfolg des jeweiligen PropTech-Geschäftsmodells. Denn aufgrund der polypolistischen Strukturen des PropTech-Marktes, der verschiedenste Lösungen für spezifische Funktionen in den wohnungs- und immobilienwirtschaftlichen Geschäftsprozessen anbietet, achten die etablierten Unternehmen der Wohnungs- und Immobilienwirtschaft auf eine hohe Anbindungsfähigkeit von PropTech-Digitalisierungslösungen an das jeweilige prozessführendes System (vgl. Liebold et al., 2020, S. 17). Dies gilt insbesondere, wenn mehrere dieser Lösungen miteinander sowie mit dem führenden System integriert werden und ein IT-Ökosystem bilden, das eine einheitliche Datenbasis nutzt und Interaktionen zwischen den in einem Unternehmen eingesetzten IT-Systemen unterstützt (vgl. Nölling, 2022).

Der Erfolg der PropTech Start-Up-Unternehmen generiert sich aus ihrem spezifischen Know-how bzgl. der eingesetzten Technologien sowie aus ihrer hohen Reaktionsfähigkeit auf Veränderungen der Marktanforderungen. Mit ihrer großen Nähe zur Wohnungs- und Immobilienwirtschaft und ihrer engen Vernetzung mit der Branche verfügen diese Unternehmen über genaue Kenntnis der spezifischen Bedürfnisse der wohnungs- und immobilienwirtschaftlichen Märkte und damit ihrer (potenziellen) Kunden. Vor diesem Hintergrund agieren die immobilienwirtschaftlichen Start-Up-Unternehmen mit sehr hohem Fokus auf ihre Kunden und bieten Digitalisierungslösungen an, die auf eine weitreichende Optimierung der Kunden-Geschäftsprozesse wie auch technischer Prozesse abzielen (vgl. Schlesinger, 2023, S. 481). Mit der unmittelbaren Erfassung der dich dynamisch verändernden Bedarfe und Ansprüche ihrer Kunden haben die PropTech Start-Up-Unternehmen die Chance, effizientere Prozesse zu gestalten und ihr digitales Leistungsangebot zu disruptiven Geschäftsmodellen weiterzuentwickeln. Damit können sie perspektivisch die durch neue Herausforderungen, wie sich durch weltweite Krisen verändernde Märkte, den Fachkräftemangel oder die ESG-Regulatorik, getriebene Marktpotenziale ausschöpfen (vgl. Schlesinger, 2023, S. 500).

Die in der Wohnungs- und Immobilienwirtschaft als Leistungsanbieter etablierten Unternehmen, die *Incumbents,* kennen den Markt sowie die spezifischen Bedarfe ihrer Kunden sehr gut und nutzen ebenso wie die Start-Up-Unternehmen eine oder mehrere Digitalisierungstechnologien, um diese Bedarfe durch innovative Lösungen zu befriedigen. Dabei agieren Digitalisierungs-Organisationseinheiten dieser Unternehmen, die die Entwicklung, Vermarktung und Implementierung ihrer jeweiligen PropTech-Lösung verantworten, wie die Start-Up-Unternehmen. Sie weisen eine vergleichbare Agilität wie die Start-Up-Unternehmen auf und können damit schnell und zielführend auf Veränderungen des Marktes reagieren sowie auf die Anforderungen ihrer Kunden zugeschnittene innovative Digitalisierungslösungen bereitstellen (vgl. Herr, 2022, S. 582). Neben Digitalisierungs-Organisationseinheiten gründen viele Incumbents rechtlich unabhängige Tochterunternehmen, welche die PropTech-Lösungen am Markt etablieren und eigenständig agieren. Die finanzielle Ausstattung dieser PropTech-Unternehmen kann vor diesem Hintergrund als gesichert angesehen werden, sodass bei entsprechendem Markterfolg von einem stabilen und langfristig verfügbaren Leistungsangebot auszugehen ist.

Ähnlich wie die der Incumbents ist die finanzielle Ausstattung der *traditionellen Technologienunternehmen,* die nicht originär in der Branche verankert sind, einzuordnen. Diese Unternehmen bündeln ihr PropTech-Leistungsangebot für die Wohnungs- und Immobilienwirtschaft entweder ebenfalls in Tochtergesellschaften oder in Joint Ventures mit anderen Unternehmen (vgl. Herr, 2022, S. 580). Da diese Unternehmen bei der Entstehung ihrer PropTech-Lösungen wenige bzw. sehr spezifische Berührungspunkte mit der Wohnungs- und Immobilienwirtschaft haben, kennen sie den Gesamtmarkt kaum und können lediglich sehr spezielle Digitalisierungslösungen zur Verfügung stellen, die in direktem Bezug zu dem Produkt oder der Dienstleistung stehen, die sie bereits in die Branche eingebracht haben. Bei einem gebäudetechnischen Ausrüstungsprodukt kann dies beispielsweise eine KI-gestützte Fernwartung oder eine KI-gestützte Echtzeitsteuerung von Geräten und Anlagen sein. Aufgrund ihrer größeren Distanz zur Wohnungs- und Immobilienwirtschaft dieser PropTech-Kategorie im Vergleich zu Start-Up-Unternehmen und Incumbents ist von einer geringeren Reaktionsfähigkeit auf sich ändernde Anforderungen der Branche auszugehen.

Die *Big Techs* sind schließlich am weitesten entfernt von der Wohnungs- und Immobilienwirtschaft. Zugleich weisen sie eine sehr hohe wirtschaftliche Stärke und in ihrem Märkten eine große Marktmacht auf. Um erfolgreich auf den polypolistischen Märkten der Wohnungs- und Immobilienwirtschaft zu agieren, müssen diese Unternehmen zunächst einmal eigene Digitalisierungsinitiativen starten und spezifische Bedarfe in der Branche in hinreichender Breite generieren, um im Weiteren innovative PropTech-Lösungen unter stabilem Einsatz einschlägiger Digitalisierungstechnologien bereitstellen zu können. Angesichts der extremen Größe der Organisationen dieser Unternehmen sowie der fehlenden Nähe zur Wohnungs- und Immobilienwirtschaft agieren die Big Techs i. d. R. in Kooperation mit Unternehmen, die über vertieftes Know-how der Branche verfügen (vgl. Herr, 2022, S. 581 f.).

Die Leistungsangebote von PropTech-Unternehmen werden durch die Unternehmen in unterschiedlichen Geschäftsmodellen, die auf spezifische Kundengruppen ausgerichtet sind, am Markt der Wohnungs- und Immobilienwirtschaft platziert. Gemäß der entsprechenden Kundengruppen lassen sich diese Geschäftsmodelle in *Business-to-Consumer- (B2C), Business-to-Business- (B2B)* und *Business-to-Business-to-Consumer- (B2B2C)* -PropTech-Lösungen unterscheiden (vgl. Herr, 2022, S. 583 f.).

Die B2C-PropTech-Lösungen adressieren insbesondere private Nutzer und Kleinvermieter mit dem Ziel, die Nutzung ihrer Systeme komfortabler und einfacher zu gestalten oder die Verwaltung eines kleinen Bestands an Immobilien effizienter auszuführen. Mit Bezug zu den oben dargestellten Kategorien von PropTech-Unternehmen spielen die Big Techs beim Angebot dieser Lösungen eine wichtige Rolle. Diese Unternehmen verfügen über Cloud-basierte Infrastrukturen, über welche komplexe und datenbasierte digitale

Leistungen, wie beispielsweise digitale Zwillinge im Zusammenspiel mit IoT-Lösungen oder Common Data Modelle[3] für die Immobilienwirtschaft, bereitgestellt werden können.

B2B-PropTech-Lösungen legen den Fokus demgegenüber auf die Erfüllung der Leistungsbedarfe von institutionellen Wohnungs- bzw. Immobiliengesellschaften und -manager. Diese Lösungen zielen auf eine Digitalisierung bzw. Automatisierung von ausgewählten Geschäftsprozessen ihrer Kunden. Dazu gehen diese Unternehmen, die mehrheitlich der Kategorie der PropTech-Start-Up-Unternehmen zuzuordnen sind, oftmals mit Geschäftsmodellen an den Markt der Wohnungs- und Immobilienwirtschaft, die bestehende Leistungen substituieren. Beispiele für derartige Geschäftsmodelle sind Online-Besichtigungen von Handelsimmobilien und ihres lokalen Umfelds mittels VR-Technologien oder das automatische Beauftragen von Handwerksunternehmen zur Durchführung von Reparaturen von Schäden via Smart Contracts.

Eine Erweiterung der B2B-PropTech-Lösungen bilden die B2B2C-Lösungen, die in Unternehmen der Wohnungs- und Immobilienwirtschaft implementiert werden, damit dieser die entsprechenden Lösungen ihrerseits in der Interaktion mit ihren Kunden, z. B. Kauf- oder Mietinteressent:innen, Mietenden oder Vermietenden, zum Einsatz bringen. B2B2C-PropTech-Lösungen führen oftmals mehrere Akteure, die miteinander kommunizieren sowie Daten austauschen müssen, zusammen. Oftmals handelt es sich bei den entsprechenden Lösungen um Cloud-basierte Systeme, die Softwarefunktionen nach dem SaaS-Konzept bereitstellen. Damit können die Endnutzer die bereitgestellten Leistungen über einen Browser oder eine App in Anspruch nehmen und miteinander in Interaktion treten. Ein klassisches Beispiel für eine B2B2C-PropTech-Lösung sind Mietenden-Apps, welche die Informationsbereitstellung durch das jeweilige vermietende Wohnungsunternehmen an ihre Mieterinnen und Mieter sowie eine i. d. R. asynchrone Kommunikation dieser Parteien unterstützen.

Eine Analyse der Verteilung der Geschäftsmodelle mit Bezug auf die Kundengruppen zeigt, dass die B2B-PropTech-Lösungen mit 69,0 % den bei Weitem größten Anteil am Leistungsangebot der PropTech-Unternehmen aufweisen. Mit 25,0 % liegt der Anteil der B2B2C-Lösungen an zweiter Stelle. Somit stehen die verfügbaren PropTech-Lösungen mit einem Anteil von insgesamt 94,0 % im direkten Zugriff der Wohnungs- und Immobilienunternehmen. Das B2C-Geschäft macht folglich lediglich 6,0 % Anteil an den angebotenen PropTech-Lösungen aus (vgl. Rock & Schlesinger, 2023, S. 3). Aus den genannten Anteilen lässt sich schließen, dass der Einfluss der Big Techs, die hauptsächlich Leistungen für Endnutzer anbieten, auf die Wohnungs- und Immobilienwirtschaft in Deutschland aktuell begrenzt ist. Zugleich weisen PropTech-Unternehmen mit einer hohen Nähe zur Branche auch angesichts der guten Kenntnis der Bedarfe der Wohnungs-

[3] Ein *Common Data Modell* stellt ein für eine Domäne standardisiertes und erweiterbares Daten- bzw. Informationsmodell dar, aus dem konsistente Definitionen für verwaltete Entitäten, Attribute, semantische Metadaten und Beziehungen zur Verfügung gestellt werden (vgl. IBM, 2024). Mit den konsistenten Definitionen unterstützt ein solches Modell die gemeinsame Nutzung von Daten durch unterschiedlichen Geschäftsanwendungen und Geschäftsprozessen (vgl. Microsoft, 2022).

und Immobilienunternehmen, die sie mit geeigneten Angeboten im B2B- und B2B2C-Geschäft treffsicher erfüllen, eine starke Marktposition auf.

6.2 Strategische Potenziale und Anforderungen

Mit der Kategorisierung von PropTech-Unternehmen sowie der Skizzierung der für diese Unternehmen üblichen Ausrichtung ihrer Geschäftsmodelle auf Geschäftskunden bzw. Endnutzer lässt sich eine Charakterisierung einzelner PropTech-Unternehmen vornehmen. Gemäß dieser Charakterisierung und der aufgezeigten Anteile an den kundengruppenbezogenen Geschäftsmodellen, ist davon auszugehen, dass PropTech Start-Up-Unternehmen sowie Ableger von Incumbents, PropTech-Tochterunternehmen von etablierten Unternehmen der Wohnungs- und Immobilienwirtschaft, den weitaus größten Anteil an der PropTech-Landschaft ausmachen. Unter Einbeziehung marktseitiger Aspekte lassen sich die strategischen Potenziale erfassen, die diese PropTech-Unternehmen mit Digitalisierungslösungen ausschöpfen können. Mit der Darstellung der strategischen Potenziale werden die Anforderungen, die sowohl an die PropTechs selbst als auch an die konkrete Ausgestaltung der von diesen Unternehmen bereitgestellten Digitalisierungslösungen gestellt werden, formuliert.

Um die strategischen Potenziale von PropTech-Unternehmen zu entwickeln, werden nachfolgend zunächst die Stärken und Schwächen der PropTech Start-Up-Unternehmen und der Ableger der Incumbents, die diesen Unternehmen strukturell sehr ähnlich sind, herausgearbeitet. Mit dieser Eingrenzung lassen sich die folgenden Bereiche identifizieren, in welchen PropTech-Unternehmen mit Bezug zur Digitalisierung relevante Stärken ausweisen:

- *Große Nähe zur Wohnungs- und Immobilienwirtschaft:* Aufgrund ihrer i. d. R. sehr guten Vernetzung untereinander und mit der Branche haben die PropTech-Unternehmen sehr gute Kenntnisse der Bedarfe des Marktes der Wohnungs- und Immobilienwirtschaft. Diese Vernetzung wird u. a. getragen durch die wohnungs- und immobilienwirtschaftlichen Verbände in Deutschland und ist beispielsweise im Kompetenzzentrum DigiWoh institutionalisiert (vgl. GdW, 2020). Auch privatwirtschaftliche Unternehmen und Messegesellschaften engagieren sich mit unterschiedlichen Formaten für den Aufbau von PropTech-Netzwerken, beispielsweise mit der *Real Estate Arena* oder dem *PropTech Summit* (vgl. Deutsche Messe AG, 2023).
- *Hohe technologische Kompetenz:* Nahezu alle PropTech-Unternehmen weisen mit ihren angebotenen Digitalisierungslösungen nach, dass sie die Technologien, die sie einsetzen, beherrschen. Bei den Digitalisierungstechnologien, die diese Unternehmen in ihre Lösungsangebote integrieren, handelt es sich u. a. um Plattform-Technologien, künstliche Intelligenz/Machine Learning, Big Data und Internet of Things Technologien (Sensorik, Aktorik, MQTT) (vgl. Deeg & Trunec, 2018, S. 15 ff.). Die PropTech-Unternehmen kombinieren die eingesetzten Digitalisierungstechnologien miteinander

und mit „klassischen“ Informations- und Kommunikationstechnologien und stellen damit innovative Lösungen für die Wohnungs- und Immobilienwirtschaft bereit. Den weitaus größten Anteil an eingesetzten Digitalisierungslösungen machen die Plattformen mit 32,9 % aus (vgl. Rock & Schlesinger, 2023, S. 6 f.), um Dienstleistungen, wie beispielsweise Kommunikation mit Stakeholdern, Bereitstellung/Analyse von Daten oder Marktplätze, über das Internet bereitzustellen.

- *Innovative Geschäftsmodelle:* Die Geschäftsmodelle von PropTech-Unternehmen werden von potenziellen Investoren wie auch von Unternehmen der Branche als innovativ wahrgenommen, denn sie weisen hohes Technologiepotenzial, Skalierbarkeit, Disruptionspotenzial und Nachhaltigkeit auf (vgl. Linn & Schlesinger, 2022, S. 24; vgl. ZIA, 2023, S. 52). Mit diesen Geschäftsmodellen stellen PropTechs beispielsweise Lösungen zur Steigerung der Effizienz von unterstützenden Geschäftsprozessen der Branche, zur (Teil-)Automatisierung von komplexen Funktionen und Prozessen sowie zur Substitution von existierenden manuellen Lösungen zur Verfügung, die signifikante Veränderungen des Arbeitens von Wohnungs- und Immobilienunternehmen bedeuten können.
- *Gute Ausbildung der Mitarbeitenden:* Die Fach- und Führungskräfte von PropTech-Unternehmen verfügen über einen guten Ausbildungsstand mit unterschiedlichen Qualifikationen. Mit einem Anteil von ca. 30 % haben die Mitarbeitenden dieser Unternehmen bereits vor ihrer Tätigkeit für ein PropTech-Unternehmen Erfahrung in der Branche gesammelt, 21 % haben ein immobilienwirtschaftliches Studium abgeschlossen. Damit liegt der Anteil von Erfahrungsträgern von außerhalb der Branche zwar deutlich höher, allerdings sind diese Erfahrungsträger oftmals mit digitalen bzw. informationstechnischen Kompetenzen ausgestattet (vgl. Wagner et al., 2024, S. 16), die für das Geschäft des jeweiligen PropTech-Unternehmen maßgeblich sind. Auch sind für die PropTech-Unternehmen der Zugang zu lokal verfügbaren Talenten sowie die Kooperation und der Austausch mit Universitäten und Forschungseinrichtungen wichtige Standortfaktoren, die ebenfalls auf die Notwendigkeit eines hohen Aus- und Weiterbildungsniveaus hinweisen (vgl. Catella, 2019, S. 2).

Die beschriebenen Stärken der PropTech-Unternehmen berühren die Felder technologische Kompetenz und Qualifikation sowie Geschäftsmodelle. Die Nähe der Unternehmen zur Wohnungs- und Immobilienwirtschaft ergänzt diese Felder um einen Punkt, der den Zugang zum Markt fördert, und damit einen wichtigen Erfolgsfaktor für die PropTech-Unternehmen bildet. Den vorangehend dargestellten Stärken stehen die folgenden relevanten Schwächen von PropTech-Unternehmen gegenüber.

- *Begrenzte finanzielle Ausstattung:* Aufgrund der Kürze ihrer Geschäftstätigkeit, die per definitionem weniger als zehn Jahre beträgt (vgl. Definition *PropTech* in Linn & Schlesinger, 2022, S. 1), sowie der Neuheit ihres Leistungsangebots am Markt verfügen die meisten PropTech-Unternehmen über begrenzte finanzielle Mittel. Daraus entsteht die Restriktion, dass wenige Ressourcen (Personal, Know-how, Finanzen) zur

Weiterentwicklung des digitalen Leistungsangebots dieser PropTechs zur Verfügung stehen. Vor diesem Hintergrund müssen diese Unternehmen mit ihren Lösungen schnell an ihrem Zielmarkt überzeugen, um Erträge zu generieren, oder sie müssen externe Kapitalgeber finden (vgl. IM Immobilienmanager, 2023).

- *Unzureichende Deckung der Bedarfe der Branche:* Trotz der innovativen Digitalisierungslösungen, welche PropTech-Unternehmen anbieten, geht ihr Leistungsangebot teilweise an den Bedarfen der klassischen Wohnungs- und Immobilienunternehmen vorbei. So gibt es insbesondere Angebotslücken mit Bezug auf das Bauen und das Gebäudemanagement (vgl. Rock & Schlesinger, 2023, S. 15). Mögliche Ursachen für diese Lücken können in fehlenden fachlichen Kompetenzen bei den PropTech-Unternehmen in diesen Themenfeldern, in einer zu hohen Komplexität der zu unterstützenden Prozesse oder in erwarteten mangelnden Effizienz- und Effektivitätsgewinnen bei den potenziellen Kunden und ihren Stakeholdern liegen.
- *Sehr hohe Aufgabenbelastung der Mitarbeitenden:* Aufgrund der begrenzten Ressourcen von PropTech-Unternehmen und ihres überwiegenden Start-Up-Charakters ist die Anzahl an Mitarbeitenden in den Unternehmen limitiert, sodass die operativen Aufgaben in den Unternehmen durch wenige Personen wahrgenommen werden. Dies bedeutet eine hohe physische und mitunter psychische Belastung der Führungskräfte und Mitarbeitenden (vgl. HR-Partner, o. J.; Stellenwerk, 2023) der PropTech-Unternehmen und kann Qualitäts- und Umsatzverlusten des Unternehmens zur Folge haben.
- *Fehlende Marktmacht für die Durchsetzung von Standards:* Da PropTech-Unternehmen mit ihrer Geschäftstätigkeit vergleichsweise geringe Umsätze erzielen und weil eine „schwindende Durchsetzbarkeit digitaler Geschäftsmodelle“ (Rock & Schlesinger, 2023, S. 1) erwartet wird, ist die Möglichkeit der Einflussnahme zur Etablierung technischer Standards, wie beispielsweise standardisierte Programmierschnittstellen (API) und Kommunikationsprotokolle für den Datenaustausch zwischen PropTech-Lösungen und dem jeweiligen führenden IT-System eines Wohnungs- bzw. Immobilienunternehmens, in der Branche begrenzt. Dadurch besteht die Gefahr, dass die PropTech-Unternehmen bei ihren Kunden lediglich Insellösungen implementieren und somit keine Durchgängigkeit der Prozesse und deren Ausrichtung auf die Stakeholder des jeweiligen Unternehmens realisiert werden kann. Dies führt in der Folge zu Einschränkungen der Leistungsfähigkeit der Digitalisierungslösungen.

Die dargestellten Stärken und Schwächen, welche eine deutliche Mehrheit der PropTech-Unternehmen mit Bezug zur Digitalisierung und zum Markt der Wohnungs- und Immobilienwirtschaft aufweisen, sind an den Chancen und Risiken, die den Markt selbst kennzeichnen, zu spiegeln. Nachfolgend werden zunächst die Chancen, welche die Wohnungs- und Immobilienwirtschaft den PropTech-Unternehmen bietet, beschrieben:

- *Druck zur Digitalisierung:* Die Unternehmen der Wohnungs- und Immobilienwirtschaft sehen sich einem zunehmenden Druck zur Digitalisierung ausgesetzt, um einerseits ihre eigenen Prozesse effizienter zu gestalten und andererseits die

Leistungserwartungen ihrer Stakeholder zu erfüllen (vgl. Brehm et al., S. 16 ff.). Zugleich steigen auch die Bedarfe der Branche an Digitalisierungslösungen insbesondere für das Management des Geschäfts und zur Erfüllung von ESG-Anforderungen (vgl. Rock & Schlesinger, 2023, S. 11). Aufgrund dieses Drucks besteht für die PropTech-Unternehmen die Chance, mit intelligenten Digitalisierungslösungen Kunden am Markt zu gewinnen und mit diesen Lösungen zum Erzielen der angestrebten Effekte beizutragen.

- *Hohe wirtschaftliche Stabilität der Wohnungs- und Immobilienunternehmen:* Bei den potenziellen Kunden von PropTech-Unternehmen handelt es sich überwiegend um traditionsbewusste Unternehmen, bei denen Veränderungen behutsam und wenig dynamisch vorgenommen werden (vgl. Brehm et al., S. 4 f.). Vor diesem Hintergrund können PropTech-Lösungen schrittweise eingeführt und umfassend in den Unternehmen der Wohnungs- und Immobilienwirtschaft erprobt werden. Die Stabilität betrifft auch die Geschäftslage der Branche (vgl. Henger & Voigtländer, 2024, S. 4 f.), sodass davon ausgegangen werden kann, dass Mittel zur Implementierung von Digitalisierungslösungen zur Verfügung stehen.
- *Hohe Vertrauenskultur in der Branche:* Mit einem hohen Organisationsgrad in wohnungs- und immobilienwirtschaftlichen Verbänden in Deutschland hat sich eine hohe Vertrauenskultur zwischen den etablierten Unternehmen der Branche entwickelt, in welche PropTech-Unternehmen, die bereits als Grown Ups im Markt bekannt und dort aktiv sind, vielfach eingebunden sind. Damit kann eine erleichterte Platzierung des Leistungsangebots dieser Unternehmen bei Netzwerkpartnern realisiert werden.
- *Positive Stimmung und optimistische Prognose:* Die Digital Leaders der Branche zeigen ein vermehrtes Interesse an der Beauftragung von PropTech-Unternehmen. Damit verbinden diese Unternehmen ein mittleres bis hohes Wachstumspotenzial für Digitalisierungslösungen (vgl. Rock & Schlesinger, 2023, S. 20 f.). Aufgrund der breiten Verteilung der PropTech-Lösungen auf alle Wertschöpfungsstufen entlang des Immobilienlebenszyklus ist zu erwarten, dass die Digitalisierungsbedarfe der etablierten Unternehmen der Wohnungs- und Immobilienwirtschaft mit geeigneten PropTech-Lösungen gut abgedeckt werden können.

Die vorangehend aufgelisteten Chancen zeigen, dass der Markt der Wohnungs- und Immobilienwirtschaft hinsichtlich der Digitalisierung weiterhin hohes Entwicklungspotenzial aufweist. Trotz dieses Entwicklungspotenzials gibt es einige Risiken in diesem Markt, die sich wie folgt darstellen:

- *Wenig Veränderungs- und Investitionsbereitschaft:* Mit der Stabilität und Traditionalität der Wohnungs- und Immobilienunternehmen ist gleichermaßen ein Vorbehalt gegen Veränderungen und eine mangelnde Bereitschaft, neue Wege zu gehen, verbunden. Dies zeigt sich in den Umständen, dass Implementierungsprojekte von digitalen Lösungen oft keine „Business Priority" bei diesen Unternehmen genießen (vgl. Brehm et al.,

S. 4 f.) und dass die Lage der Branche als schwierig bewertet wird (vgl. Henger & Voigtländer, 2024, S. 5), was die Investitionsbereitschaft der Unternehmen hemmt.

- *Hohe Komplexität der Prozesse:* Die Prozesse, welche die PropTech-Unternehmen mit Ihren Lösungsangeboten im Fokus haben, weisen oft eine hohe Komplexität und die Notwendigkeit zahlreicher Interaktionen mit unterschiedlichen Stakeholdern auf, sodass ihre Unterstützung mit Digitalisierungslösungen sehr schwierig ist. Es handelt sich bei diesen Geschäfts- und technischen Prozessen nicht um Massenprozesse, sondern vielmehr um unterstützende Prozesse, die sich schwer standardisieren lassen. Oft erfordern die PropTech-Lösungen für eine effiziente Abbildung dieser Prozesse eine Anbindung an andere IT-Systeme, insbesondere an das jeweilige führende IT-System des Wohnungs- oder Immobilienunternehmens, in welchem die Lösung implementiert wird.
- *Fehlende Standardisierung von technischen Schnittstellen:* Ein Datenaustausch zwischen unterschiedlichen IT-Systemen, also auch zwischen PropTech-Lösungen und anderen Systemen, die im jeweiligen Wohnungs- oder Immobilienunternehmen eingesetzt werden, lässt sich mitunter nur mit sehr großem Aufwand umsetzen. Dies liegt darin begründet, dass die anderen Systeme – oftmals auch das eingesetzte führende System – proprietär gestaltet sind und damit geschlossene Systeme bilden (vgl. BundesBauBlatt, 2022b). Dies erschwert den Marktzugang der PropTech-Unternehmen, denn die Unternehmen der Wohnungs- und Immobilienwirtschaft erwarten eine hohe Anbindungsfähigkeit von PropTech-Digitalisierungslösungen an ihr jeweiliges prozessführendes System (vgl. Liebold et al., 2020, S. 17).
- *Mangelnder Datenschutz und Datensicherheit:* IT-Infrastruktur, Datenschutz, Datensicherheit und Softwareaktualisierungen bilden keine Kernkompetenzen der Unternehmen der Wohnungs- und Immobilienwirtschaft. Vor diesem Hintergrund besteht die Gefahr, dass die Implementierungen von IT-Systemen in diesen Unternehmen keine hinreichende Absicherung gegen Gefahren von Angriffen und die missbräuchliche Nutzung von Daten aufweisen. Insbesondere, wenn Cloud-basierte Lösungen eingesetzt werden, kann es beispielsweise aufgrund von Hackerangriffen zum Abfluss von Knowhow oder zu Ausfällen der IT-Systeme kommen, die schwere wirtschaftliche Schäden und Imageverluste für die betroffenen Unternehmen mit sich bringen.

Die vorangehend beschriebenen Chancen und Risiken des Markts der Wohnungs- und Immobilienwirtschaft hinsichtlich der Implementierung von Digitalisierungslösungen in den eigenen Unternehmen werden den weiter oben erarbeiteten Stärken und Schwächen von PropTech-Unternehmen in einer sog. *Key Issue Matrix* gegenübergestellt (vgl. Abb. 6.2). Aus dieser Gegenüberstellung lassen sich im Weiteren strategische Potenziale für die PropTech-Unternehmen entwickeln und Anforderungen an die Ausgestaltung ihres Geschäfts und der bereitgestellten Digitalisierungslösungen formulieren.

	Sicht auf den Markt der Wohnungs- und Immobilienwirtschaft / Sicht auf die PropTech-UN	Stärken	Schwächen
		• Große Nähe zur Wohnungs- und Immobilienwirtschaft. • Hohe technologische Kompetenz. • Innovative Geschäftsmodelle. • Gute Ausbildung der Mitarbeitenden.	• Begrenzte finanzielle Ausstattung. • Unzureichende Deckung der Bedarfe der Branche. • Sehr hohe Aufgabenbelastung der Mitarbeitenden. • Fehlende Marktmacht für die Durchsetzung von Standards.
Chancen	• Druck zur Digitalisierung. • Hohe wirtschaftliche Stabilität der Wohnungs- und Immobilienunternehmen. • Hohe Vertrauenskultur in der Branche. • Positive Stimmung und optimistische Prognose.	• Aufbau strateg. Kundenbeziehungen unter Nutzung von Nähe, technolog. Kompetenz und Qualifikation. • Angebot passgenauer Lösungen für Probleme der Branche. • Implementierung innovativer Digitalisierungslösungen bei Partnern.	• Aufbau von Partnerschaften mit Kunden: Pilotprojekte, passgenaue Digitalisierungslösungen. • Anpassung der eigenen PropTech-Geschäftsmodelle und -Lösungen. • Aufbau von Bündnissen mit der Branche für Schnittstellen-, Kommunikations- und Sicherheitsstandards.
Risiken	• Wenig Veränderungs- und Investitionsbereitschaft. • Hohe Komplexität der Prozesse. • Fehlende Standardisierung von technischen Schnittstellen. • Mangelnder Datenschutz und Datensicherheit.	• Bereitstellung attraktiver, einfach zu implementierender PropTech-Lösungen, Pilotprojekte. • Handhabung der Komplexität in Kooperation mit den Kunden. • Bereitstellung standardisierter Schnittstellen + Umsetzung höchster IT-Sicherheitsstandards.	• Anpassung der eigenen PropTech-Geschäftsmodelle und -Lösungen. • Kooperation mit etablierten Unternehmen der Branche und PropTech-UN. • Präsentation von Pilotlösungen auf Branchenveranstaltungen. • Bereitstellung standardisierter Schnittstellen + Umsetzung höchster IT-Sicherheitsstandards.

Abb. 6.2 Strategische Potenziale von PropTech-Unternehmen. (Eigene Darstellung)

Key Issue Matrix für PropTech-Unternehmen und deren Markt

Mit der Key Issue Matrix werden die strategischen Optionen entwickelt, die aus der Gegenüberstellung der Sicht auf die PropTech-Unternehmen und der Sicht auf den Markt der Wohnungs- und Immobilienwirtschaft ersichtlich sind. Daraus leiten sich Handlungsmaßnahmen und Anforderungen für die Ausschöpfung der strategischen Potenziale mit dem Ziel von erfolgreichen Implementierungen von PropTech-Lösungen in den Unternehmen der Wohnungs- und Immobilienwirtschaft ab.

Eine Abgleich der Stärken der PropTech-Unternehmen mit den Chancen des Marktes der Wohnungs- und Immobilienwirtschaft führt auf die nachfolgend ausgeführten strategischen Potenziale für die PropTech-Unternehmen sowie auf die Anforderungen, die mit diesen Potenzialen verknüpft sind: Mit einer engen Einbindung der PropTech-Unternehmen in die Branche sowie ihrer hohen technologischen Kompetenz und der guten Qualifikation ihrer Mitarbeitenden bringen die PropTech-Unternehmen die besten Voraussetzungen mit, um strategische Partnerschaften mit etablierten Unternehmen der Wohnungs- und Immobilienwirtschaft aufzubauen. Dies gilt für die Early Stagers, die in diesen Partnerschaften ihre Lösungen pilothaft implementieren, verbessern und als Referenzen präsentieren können. Für die Grown Ups liegt der Nutzen dieser Partnerschaften in der Möglichkeit der Weiterentwicklung ihrer Digitalisierungslösungen sowie deren Erprobung in einem „geschützten" Raum. Mit einer Zusammenführung der hohen technischen Kompetenz der PropTech-Unternehmen und der vorherrschenden positiven Grundstimmung der Branche muss weiterhin Strategie verfolgt werden, zahlreiche möglichst passgenaue und innovative PropTech-Lösungen erfolgreich und mit nachhaltigen Nutzeneffekten in den Unternehmen der Wohnungs- und Immobilienwirtschaft zu implementieren und damit verbunden diese Lösungen sowie die PropTech-Unternehmen auf dem Markt der Wohnungs- und Immobilienwirtschaft zu etablieren.

Die Grundanforderung für die Nutzung bestehender Marktchancen mittels der skizzierten strategischen Ansätze liegt in der Installierung von tragfähigen Geschäftsmodellen durch die PropTech-Unternehmen. Diese Geschäftsmodelle müssen so gestaltet sein, dass sie eine optimale Nutzung der Stärken der PropTech-Unternehmen realisieren und mit innovativen Digitalisierungslösungen, die manuelle Tätigkeiten oder existierenden technische Lösungen substituieren, eine erfolgsversprechende Positionierung in einer Nische umsetzen oder disruptiv in einer Nische wirken.

Weitere strategische Potenziale und Anforderungen leiten sich aus dem Abgleich der Stärken der PropTech-Unternehmen mit den Risiken des Zielmarkts dieser Unternehmen ab: So können die PropTech-Unternehmen unter Einsatz ihrer hohen technologischen Kompetenz und der guten Ausbildung ihrer Mitarbeitenden hochattraktive Digitalisierungslösungen bereitstellen, die eine deutliche Verbesserung der Erfüllung spezifischer Funktionen in den etablierten Unternehmen der Branche erwarten lassen. Ziel muss es sein, den Markt von den eigenen Lösungen zu begeistern und diesen vom Nutzen von Investitionen in diese Lösungen zu überzeugen. Dies kann gelingen, wenn die PropTech-Lösungen zur Beherrschung der Komplexität der Prozesse, die durch diese Lösungen bedient werden, beitragen. Eine enge Zusammenarbeit zwischen PropTech-Unternehmen und ihren Kunden kann dabei helfen, Transparenz in den Prozessen zu schaffen und die zugehörigen Digitalisierungslösungen auf diese Prozesse auszurichten.

Wichtige Anforderungen, die in diesem Zusammenhang an die PropTech-Unternehmen gestellt werden, liegen in einer guten Integrations- bzw. Anbindungsfähigkeit der einschlägigen Digitalisierungslösungen sowie in der Flexibilität, Kompetenz und Kommunikationsfähigkeit der jeweiligen PropTech-Organisationen. Eine gute Integrations–/Anbindungsfähigkeit der Digitalisierungslösungen lässt sich durch die Ausstattung dieser Lösungen mit modernen, standardisierten Programmierschnittstellen erzielen (vgl. Animus, 2022, S. 18 ff.). Als weitere strategische Maßnahme müssen die PropTech-Lösungen jederzeit höchsten Sicherheitsanforderungen genügen, sodass dem Risiko mangelnder IT-Sicherheit und mangelnden Datenschutzes in der Branche entgegengewirkt wird. Dies erfordert es, die Lösungen kontinuierlich weiterzuentwickeln und zu jeder Zeit aktuelle Sicherheitsstandards zu implementieren.

Für die Kompensierung von Schwächen der PropTech-Unternehmen lassen sich einige Chancen des Marktes der Wohnungs- und Immobilienwirtschaft zunutze machen: So ist es aufgrund des hohen Digitalisierungsdrucks, der auf die Wohnungs- und Immobilienunternehmen wirkt, strategisch zielführend, seitens der PropTech-Unternehmen Partnerschaften zu diesen Unternehmen aufzubauen und ggf. die eigenen Geschäftsmodelle so anzupassen, dass die Bedarfe der Branche in höherem Maße mit geeigneten Digitalisierungslösungen erfüllt werden. Mit einem passgenauen Leistungsangebot ließe sich die mangelnde Investitionsbereitschaft der potenziellen Kunden, bei denen davon auszugehen ist, dass sie sich überwiegend in einer stabilen wirtschaftlichen Lage befinden (vgl. Henger & Voigtländer, 2024, S. 4 f.), überwinden. Weiterhin sollten die PropTech-Unternehmen neben der Bereitstellung von standardisierten Programmierschnittstellen (API) in ihren eigenen Lösungen etablierte Unternehmen der Wohnungs- und Immobilienwirtschaft als Bündnispartner aufbauen, sodass diese ihrerseits bei den wohnungs- und immobilienwirtschaftlichen IT-Systemanbietern für standardisierte API in deren IT-Systemen werben. Damit lässt sich trotz fehlender Marktmacht der Nutzen von Maßnahmen kommunizieren, die eine Anbindung von Digitalisierungslösungen an diese IT-Systeme oder deren Integration in IT-Ökosysteme technisch einfacher machen.

Der Abgleich der identifizierten Schwächen von PropTech-Unternehmen mit den Risiken des Marktes führt auf strategische Potenziale, die z. T. bereits angeführt worden sind: So können Anpassungen der eigenen Geschäftsmodelle der PropTech-Unternehmen, die ursprünglich nicht die Bedarfe des Marktes erfüllt haben, die fehlende Veränderungs- und Investitionsbereitschaft der Unternehmen dieses Marktes überwinden und ggf. eine effiziente Handhabung der komplexen Prozesse realisieren. Auch kann die Entwicklung von Partnerschaften sowohl zu etablierten Unternehmen der Branche wie auch zu anderen PropTech-Unternehmen eine strategische Maßnahme bilden, um eine stabile Positionierung am Markt zu erreichen und in diesem Markt mit digitalen Lösungsangeboten erfolgreich zu agieren. In diesem Zusammenhang tragen wirksame Piloten bei Referenzkunden sowie Präsentationen der Digitalisierungslösungen auf Messen, Symposien oder anderen Zusammenkünften der Branche zu einer erfolgreichen Marktpositionierung der digitalen Angebote bei. Auch die Bereitstellung standardisierter Programmierschnittstellen (API) und die dauerhafte Erfüllung höchster Sicherheitsstandards in den PropTech-Lösungen wirken unterstützend für den Markterfolg.

Die vorangehend beschriebenen strategischen Optionen und Anforderungen, zielen auf drei wesentliche strategische Potenziale ab, deren Ausschöpfung durch die PropTech-Unternehmen fokussiert werden sollten: Erstens sind durch die PropTech-Unternehmen hochattraktive, sichere und einfach zu implementierende Digitalisierungslösungen bereitzustellen und kontinuierlich weiterzuentwickeln. Zweitens sollten PropTech-Unternehmen Geschäftsmodelle installieren, die auf die passgenaue Erfüllung der Bedarfe des Marktes der Wohnungs- und Immobilienwirtschaft sowie eine erfolgsversprechende Positionierung oder eine disruptive Wirkung in einer Nische abzielen. Die dritte Maßnahme liegt im Aufbau strategischer Partnerschaften der PropTech-Unternehmen mit etablierten Playern der Branche – „klassischen" Wohnungs- und Immobilienunternehmen, Technologiepartner und andere PropTech-Unternehmen.

Unter Einbeziehung der vorangehend erarbeiteten strategischen Potenziale ist es zielführend, dass PropTech-Unternehmen technische Lösungen bereitstellen, die von den Unternehmen, welche die Digitalisierung ihrer eigenen Geschäftsprozesse betreiben und über die Entwicklung von eigenen digitalen Geschäftsmodelle nachdenken, als „Perspektivlösungen" mit zukünftig zu erwartenden hohen Bedarfen bewertet werden. Vor diesem Hintergrund werden im nachfolgenden Kapitel Realisierungsfelder der Digitalisierung in der Wohnungs- und Immobilienwirtschaft definiert und erläutert, in welche sich diese Lösungen einordnen lassen.

6.3 PropTech-Lösungen in den Realisierungsfeldern der Digitalisierung

Neue, innovative Lösungen für die Wohnungs- und Immobilienwirtschaft, die in funktionalen Nischen der Branche Effizienzgewinne, eine effektivere Erfüllung der Stakeholderanforderungen eine höhere Automatisierung und Integration von Geschäftsprozessen sowie eine intelligente Bewirtschaftung von Gebäuden ermöglichen, fördern die technologische Weiterentwicklung und damit die Digitalisierung der Branche (vgl. Pfnür et al., 2022, S. 9). PropTech-Unternehmen können unter Ausschöpfung der strategischen Potenziale, die sie mit Digitalisierungslösungen auf dem Markt der Wohnungs- und Immobilienwirtschaft ausweisen, als Treiber der Implementierung entsprechender Lösungen in der Branche agieren. Vor dem Hintergrund der Bedarfe von Unternehmen der Wohnungs- und Immobilienwirtschaft, die durch die Digital Leaders der Branche formuliert werden (vgl. Rock & Schlesinger, 2023, S. 9 ff.), müssen die PropTech-Unternehmen mit ihrem Leistungsangebot *technische Realisierungsfelder* fokussieren, welche sich in einer Matrix strukturieren lassen (vgl. Abb. 6.3). Die visualisierte Matrix stellt eine Anpassung der Innovationsmatrix zur Kategorisierung von Handlungs- und Innovationsfeldern der Digitalisierung (vgl. Bölting et al., 2016, S. 37) in der Immobilienwirtschaft dar. In der angepassten Innovationsmatrix ziehen sich die beiden Dimensionen, welche die technischen Realisierungsfelder für die Digitalisierung umfassen, wie folgt auf:

- In der ersten Dimension (vertikale Richtung) wird nach der Zielrichtung der Effekte von Digitalisierungslösungen unterschieden. Diese können auf Geschäftsprozesse oder auf technische Prozesse von Unternehmen der Wohnungs- und Immobilienwirtschaft ausgerichtet sein.

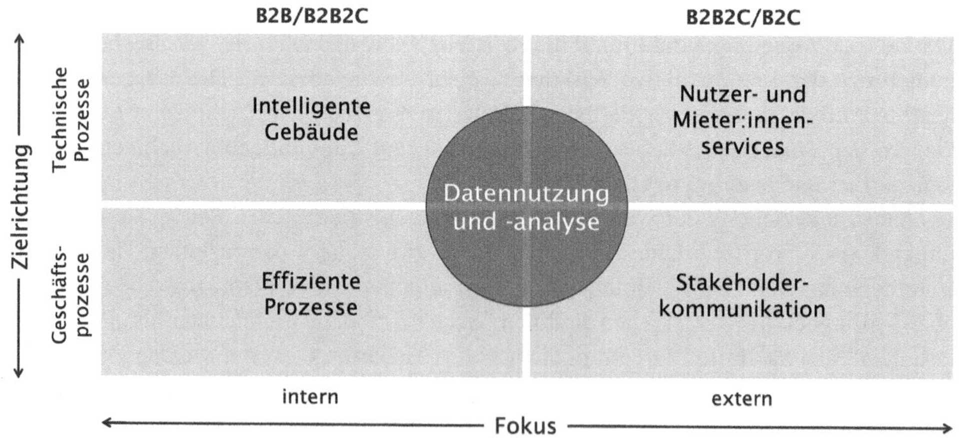

Abb. 6.3 Technische Realisierungsfelder der Digitalisierung. (Eigene Darstellung in Abwandlung von Bölting et al., 2016, S. 21)

- In der zweiten Dimension (horizontale Richtung) wird nach *internem Fokus und nach externem Fokus der Digitalisierung* unterschieden. Die interne Fokussierung schließt Interaktionen mit den Stakeholdern der jeweiligen Unternehmen ein, die hier einzuordnenden PropTech-Lösungen bilden das B2B- oder das B2B2C-Geschäft ab. Demgegenüber adressieren die PropTech-Lösungen mit externem Fokus Immobilien-Nutzer und Mietende und werden durch das B2B2C- oder das B2C-Geschäft abgebildet.

Mit der Kombination der Ausprägungen der beiden vorangehend aufgezeigten Dimensionen entstehen vier technische Realisierungsfelder sowie ein zusätzliches Realisierungsfeld, das zentral in die Matrix integriert ist. Dem ersten Realisierungsfeld *Effiziente Prozesse* lassen sich PropTech-Lösungen zuordnen, welche den Wohnungs- und Immobilienunternehmen neue Handlungs- und Gestaltungsspielräume für ihre Prozesse im operativen Geschäft eröffnen (vgl. Herr, 2022, S. 591). Das Realisierungsfeld *Intelligente Gebäude* fasst innovative PropTech-Lösungen für Gebäude sowie für gebäudetechnische Anlagen und Ausrüstungen zusammen, die u. a. die ESG-Transformation von Gebäuden unterstützen (vgl. Rock & Schlesinger, 2023, S. 10). Die beiden vorgenannten Realisierungsfelder zielen darauf ab, die interne Organisation von Wohnungs- und Immobilienunternehmen zu verbessern und legen den Schwerpunkt daher auf Business-to-Business- sowie Business-to-Business-to-Consumer-Leistungen. In das dritte Realisierungsfeld *Nutzer- und Mietendenservices* erfolgt die Einordnung von Digitalisierungslösungen, welche die Transparenz für Immobiliennutzer und Mietende im Zusammenhang mit dem jeweiligen Objekt erhöhen oder die den Komfort der Objektnutzung verbessern. Im Realisierungsfeld *Stakeholderkommunikation* werden die PropTech-Lösungen zusammengefasst, die bezogen auf definierte Phasen des Immobilienlebenszyklus Interaktionen und die Kommunikation mit den jeweiligen Stakeholdern, beispielsweise mit Immobilienkäufern, Mietinteressent:innen, Mietenden oder Versorgern und Dienstleistern, unterstützen. Die beiden vorangehend skizzierten Realisierungsfelder fokussieren die Stakeholder und Nutzer von Immobilien, also unternehmensexterne Akteure, und machen sowohl Business-to-Business-to-Consumer- als auch reine Business-to-Consumer-Leistungen nutzbar. Das fünfte Realisierungsfeld *Datennutzung und -analyse* subsummiert schließlich PropTech-Lösungen für eine zielführende Nutzung bzw. Analyse von Daten, die mit Bezug zu unterschiedlichen Artefakten im Immobilienlebenszyklus erzeugt bzw. erfasst, verarbeitet und gespeichert werden (vgl. Drees & Sommer, 2024, S. 30). Die fünf vorangehend skizzierten Realisierungsfelder werden nachfolgend im Detail erläutert.

Das erste technische Realisierungsfeld *Effiziente Prozesse* adressiert PropTech-Lösungen, die auf eine Steigerung der Effizienz (vgl. Wenzel, 2020, S. 22 ff.) und der Qualität von Geschäftsprozessen abzielen. Bei diesen Lösungen handelt es sich zuerst um spezifische Systemimplementierungen in den Unternehmen der Wohnungs- und Immobilienwirtschaft, die mit integrierten Digitalisierungstechnologien eine höhere Automatisierung und/oder einfachere Abwicklung von immobilienwirtschaftlichen Geschäftsprozessen sowohl innerhalb der eigenen Organisation als auch unternehmensübergreifend realisieren.

Beispiele für derartige PropTech-Lösungen im Realisierungsfeld *Effiziente Prozesse* bilden KI-gestützte Softwaresysteme zur Schadensbearbeitung *(ClaimFlow Technology GmbH),* Steuerungs-/Projektmanagement-Software für Wohnungssanierungen *(Innocube GmbH/Leo Software, Doozer Real Estate Systems GmbH),* VR-gestützte Softwaresysteme für Online-Besichtigungen oder Cloud-basierte Software für die Immobilienverwaltung, die KI-basierte Funktionen beinhaltet *(Casavi GmbH).* Diese Implementierungen integrieren Digitalisierungstechnologien, wie künstliche Intelligenz (KI), Virtual oder Augmented Reality, Robotics, Blockchain- oder Internet-of-Things-Technologien, die spezifische Funktionen in diese Softwaresysteme integrieren. Mit diesen Funktionen lassen sich definierte Aufgaben schneller, sicherer und effizienter ausführen und ggf. automatisieren, sodass sich Verbesserungen in der Aufgabenausführung und eine höhere Erfüllung der Anforderungen und Wünsche der Stakeholder erzielen lassen. Somit schaffen die Digitalisierungslösungen des Realisierungsfelds zusätzliche Spielräume zur Handhabung und Ausgestaltung operativer Prozesse, die durch die entsprechenden Implementierungen unterstützt werden.

Neben diesen spezifischen Implementierungen fallen Digitalisierungslösungen, die direkt in etablierte Softwaresysteme, wie beispielsweise ERP- oder CAFM-Systeme integriert werden, in das Realisierungsfeld *Effiziente Prozesse*. Die in diesen Lösungen genutzten Technologien – Cloud Computing/Software-as-a-Service, Big Data Analytics/Business Intelligence, künstliche Intelligenz/Machine Learning – bilden bereits vielfach einen anerkannten Stand der Technik ab. So bieten beispielsweise die Marktführer von immobilienwirtschaftlichen ERP-Systemen in Deutschland Cloud-basierte Lösungen an, die im SaaS-Modell betrieben werden (vgl. Herr, 2022, S. 585 f.). Die Entwicklungspotenziale für weitere Einbindungen sind vorhanden und lassen sich ggf. durch Kooperationen zwischen etablierten Softwareunternehmen und PropTech-Start-Up-Unternehmen ausschöpfen. Auch die Anbindung von PropTech-Lösungen, die als spezifische Implementierungen in Wohnungs- und Immobilienunternehmen betrieben werden, an die etablierten Softwaresysteme – speziell an das führende System des jeweiligen Unternehmens – ist ein wichtiger Aspekt, der in diesem Realisierungsfeld beachtet werden muss. Eine solche Anbindung erfordert standardisierte Programmierschnittstellen (API) und Kommunikationsprotokolle in den beteiligten Systemen.

Bei den Digitalisierungslösungen des Realisierungsfelds *Intelligente Gebäude* handelt es sich um Lösungen, welche die Erstellung, die Bewirtschaftung sowie die Sanierung und ggf. den Abriss von Gebäuden unterstützen und die damit zur Nachhaltigkeit im Zusammenhang mit Gebäuden und den in Gebäuden betriebenen Anlagen und Geräten beitragen. In Bezug auf die Bewirtschaftung von Gebäuden zielen die einschlägigen Lösungen zudem darauf ab, Prozesse des Facility Managements sowie technische Gebäudeprozesse effizienter zu gestalten. Beispiele für entsprechende Digitalisierungslösungen bilden das Schlüsselmanagementsystem der KIWI.KI GmbH oder das KI-gestützte Aufzugsmanagementsystem von Aufzugshelden (Digital Spine GmbH). Auch PropTech-Lösungen, die in einem erweiterten Kontext zur Energieeffizienz beitragen, sind diesem Realisierungsfeld zuzurechnen: So können derartige Lösungen in Eingliederung von Gebäuden in ein

Smart Grid als Teil eines intelligenten Stromnetzes unterstützen und damit einen Beitrag dazu leisten, dezentrale Energieversorgungskonzepte umzusetzen (vgl. Bölting et al., 2016, S. 39). Schließlich sind Systeme zum Management digitaler Gebäudezwillinge sowie Systeme zur Erfassung, Überwachung und Steuerung von ESG-getriebenen Größen von Gebäuden dem Realisierungsfeld Intelligente Gebäude zuzurechnen.

Das ESG-Management birgt für das Realisierungsfeld *Intelligente Gebäude* vor dem Hintergrund der EU-Regulatorik erhebliche Entwicklungs- und Marktpotenziale für PropTech-Unternehmen. ESG-Managementsysteme müssen Daten aus dem führenden System des jeweiligen Wohnungs- bzw. Immobilienunternehmens importieren und diese analysieren, sodass eine Bewertung von ESG-Größen möglich ist. Die Analyseergebnisse sind in ein Reporting zu überführen und zu dokumentieren. Die Digitalisierungslösungen, die diesem Realisierungsfeld zugeordnet sind, zielen darauf ab, ein effizientes und effektives Gebäude- und Anlagenmanagement zu betreiben sowie das regulatorisch geforderte ESG-Reporting zu unterstützen. Die einschlägigen Lösungen können dazu beispielsweise Machine Learning- oder Internet of Things-Technologien integrieren. Weiterhin müssen sie über standardisierte Programmierschnittstellen (API) und über umfassende Kommunikationsfunktionen verfügen. Die Anlagen, Maschinen und Geräte in Gebäuden, die im Zusammenspiel mit Digitalisierungslösungen betrieben werden, erfordern zudem die Ausstattung mit Sensoren und Aktoren, um ihre intelligente Steuerung zu realisieren bzw. Anlagen–/Maschinen-/Gerätedaten für weiterführende Analysen bereitstellen zu können.

Das Realisierungsfeld *Nutzer- und Mietendenservices* fasst Digitalisierungslösungen zusammen, die eine Erhöhung des Komforts und der Transparenz im Zusammenhang mit der Nutzung von Immobilien zum Ziel haben. So können beispielsweise Smart Home-Lösungen, welche die Steuerung von Geräten sowie deren Zusammenspiel in Haushalten unterstützen, zur Erhöhung des Komforts und der Sicherheit in diesen Haushalten beitragen. Die Leistungsangebote im Smart Home Bereich integrieren vielfach physische Produkte mit Software- bzw. Digitalisierungslösungen und richten sich vorwiegend an Endnutzer:innen (B2C-Lösungen). Neben „klassischen" Smart Home-Geräten, wie beispielsweise sprachgesteuerte Entertainmentgeräte, ferngesteuerte Lichtanlagen oder Rollläden, welche die Sicherheitsbedarfe der Nutzenden erfüllen, können mit digitalen Heizungsregelungen, wie sie beispielsweise die *Tado GmbH* anbietet, intelligente Geräte in dieses Realisierungsfeld eingeordnet werden, die auch Transparenz über die Energieverbräuche schaffen können.

Weiterhin sind Ambient Assisted Living (AAL)-Lösungen dem Realisierungsfeld *Nutzer und Mietendenservices* zuzuordnen, die in die Gebäudeinfrastruktur integriert der Komforterhaltung insbesondere von älteren Menschen dienen und es diesen ermöglichen, in ihrer häuslichen Umgebung zu verbleiben (vgl. Bölting et al., 2016, S. 38). Im Kontext des Arbeitens fallen weiterhin Digitalisierungslösungen in dieses Realisierungsfeld, die den Nutzenden dieser Lösungen neue Arbeitsumgebungen oder individualisierbare Raumnutzungsmöglichkeiten, wie beispielsweise einen Cloud-basierten Zugriff auf Arbeitsmittel oder Software, zur Verfügung stellen. Derartige Lösungen sind i. d. R. im B2B2C-

Geschäft über die jeweiligen Arbeitgeber an die Endnutzer:innen zu vermitteln. Da diese Lösungen nicht speziell für den Markt der Wohnungs- und Immobilienwirtschaft bereitgestellt werden, haben die Big Techs bei den entsprechenden Angeboten einen Wettbewerbsvorteil. Das Realisierungsfeld Nutzer- und Mietendenservices bedient vor dem Hintergrund der aufgezeigten Leistungsangebote alle Assetklassen. Hinsichtlich der Immobilienlebenszyklus-Phase liegt der Schwerpunkt der Digitalisierungslösungen dieses Realisierungsfelds auf der Bewirtschaftung von Immobilien.

Im vierten Realisierungsfeld *Stakeholderkommunikation* sind Digitalisierungslösungen zu verorten, welche die Interaktion und die Kommunikation zwischen unterschiedlichen Akteuren in den Phasen des Immobilienlebenszyklus unterstützen. Dazu werden vielfach Plattformen genutzt, die die unterschiedlichen Akteure zusammenführen und die öffentlich über das Internet zugänglich oder privat angelegt sein können. Neben Plattformlösungen fallen ganzheitliche, digital unterstützte Dienstleistungsmodelle in dieses Realisierungsfeld, die beispielsweise einen gesamten Vermietungsprozess als „Mieten-as-a-Service" für Wohn- oder Gewerbeimmobilien anbieten (Bölting et al., 2016, S. 41). Auch solche Modelle lassen sich als Plattformlösungen, ggf. ergänzt um intelligente Projektmanagement-Funktionen, realisieren.

Öffentliche Plattformlösungen oder Marktplätze, wie beispielsweise *ImmoScout 24, Releasy* oder *FutuRe,* bringen Immobilienanbieter oder Anbieter von immobilienwirtschaftlichen Leistungen mit Nachfragenden zusammen, machen die entsprechenden Angebote damit transparent und unterstützen den Aufbau von Partnerschaften für definierte Fragestellungen. Auch machen solche Plattformen die Abwicklung der entsprechenden Geschäftsprozesse effizienter und effektiver. Neben diesen öffentlichen Plattformlösungen gibt es private Plattformlösungen wie *Spiri.Bo* oder *Youtilly,* über welche beispielsweise die Kommunikation zwischen Wohnungsunternehmen und Mietenden oder die Beauftragung von Handwerksunternehmen bzw. anderen Dienstleistern durch Wohnungs- und Immobilienunternehmen erfolgen können (vgl. Wenzel, 2020, S. 22 ff.). Plattformen machen mit 32,9 % bereits heute den dominierenden Anteil der PropTech-Angebote an Digitalisierungslösungen aus (vgl. Rock & Schlesinger, 2023, S. 6 f.), sodass der Markt für diese Lösungen bereits sehr eng ist. Die PropTech-Lösungen, die in das Realisierungsfeld Stakeholderkommunikation einzuordnen sind, werden im B2B- und im B2B2C-Geschäft eingesetzt. Die Endnutzer:innen sind damit zumindest teilweise in die Nutzung der bereitgestellten Funktionen eingebunden.

Das fünfte technische Realisierungsfeld *Datennutzung und -analyse* fokussiert die Aufbereitung, Strukturierung und Analyse umfassender Datenmengen, die aus den Wohnungs- oder Immobilienunternehmen und/oder aus anderen Quellen stammen. Die Ziele solch umfassender Datenanalysen und -auswertungen liegen in der Gewinnung von Erkenntnissen zur Steigerung der Effizienz und Effektivität von Prozessen, den Anforderungen, Bedarfen und Wünschen der Stakeholder sowie zur Verbesserung der Gebäudeeffizienz und deren Nachhaltigkeit über den Immobilienlebenszyklus (Bölting et al., 2016, S. 44). Entsprechende PropTech-Lösungen dieses Realisierungsfelds wirken in die übrigen vier technischen Realisierungsfelder. PropTech-Lösungen, die auf die Nutzung und Analyse von Daten abzielen, adressieren die Immobilienlebenszyklus-Phasen Bauen und Bewirtschaftung. So können mit Bezug zur Bauphase beispielsweise Building Information Modeling (BIM)-Lösungen, wie sie von der Ingenieure Wüst GmbH angeboten werden, die Grundlage bilden, um Facility Management- sowie Wartungs-/Reparaturprozesse in Gebäuden sowie von gebäudetechnischen Anlagen und Geräten effizienter und effektiver zu gestalten.

Mit Bezug zu den Stakeholdern bzw. Nutzern von Immobilien lassen sich im Realisierungsfeld Datennutzung und -analyse durch die Erfassung, Strukturierung und Analyse von Daten und daraus abgeleiteten Maßnahmen Mehrwerte für diese Gruppen generieren, die einen verbesserten Wissens- bzw. Informationsstand, einen höheren Komfort und erhöhte Sicherheit in der Phase der Bewirtschaftung von Immobilien bedeuten. So können beispielsweise mit PropTech-Lösungen, die eine intelligente Analyse von energetischen Verbrauchsdaten eines Objekts vornehmen, Einsparungspotenziale identifiziert oder die Erfüllung von ESG-Kriterien bewertet werden. Ebenso können Digitalisierungslösungen für das Customer Relationship Management (CRM) mit der Analyse und Auswertung großer Datenmengen die Bedarfe von Nutzern und Objekten transparent machen. Im Realisierungsfeld Datennutzung und -analyse werden hauptsächlich Unternehmen der Wohnungs- und Immobilienwirtschaft als Zielkunden angesprochen, sodass die entsprechenden Lösungen im B2B-Geschäft bereitgestellt werden.

Die PropTech-Lösungen in den fünf technischen Realisierungsfeldern der Digitalisierung können unterschiedliche Ausprägungen umsetzen: So lassen sie sich als einzelne Implementierungen umsetzen, die an führende Systeme der Wohnungs- und Immobilienunternehmen angebunden oder in IT-Ökosysteme mit mehreren IT-Lösungen eingebunden werden. Weiterhin können sie als internetbasierte Plattformlösungen erstellt werden, die als öffentliche Marktplätze oder private Interaktions- und Kommunikationsräume fungieren. Drittens kann es sich um Systeme handeln, die funktional in führende Systeme von Wohnungs- und Immobilienunternehmen integriert sind. Insbesondere die erstgenannten Ausprägungen verlangen nach technischen Lösungen zur einfachen und schnellen An- und Einbindung dieser Lösungen an bzw. in andere Systeme, sodass die Bereitstellung von standardisierten Programmierschnittstellen einen wesentlichen Faktor für den Erfolg und die Marktdurchdringung dieser Lösungen darstellt. Im nachfolgenden Abschn. 6.4 werden Konzepte für eine technische Integration von unterschiedlichen Systemen und eine damit verbunden mögliche Datenkommunikation sowie mögliche Interaktionen aufgezeigt.

6.4 Technische Integration

Eine technische Integration von PropTech-Lösungen mit IT-Systemen, welche die Kerngeschäftsprozesse in der Wohnungs- und Immobilienwirtschaft führen, wie z. B. ERP-, CRM- oder andere Verwaltungssysteme, ist vielfach notwendig. Diese Notwendigkeit wird getrieben durch den Umstand, dass PropTech-Lösungen originäre Daten – sowohl

Stammdaten als auch Bewegungsdaten – aus dem jeweils führenden IT-System[4] verarbeiten (müssen) und vielfach Daten an dieses System zur Weiterverarbeitung zurückgeben. So muss beispielsweise eine Kommunikations- und Serviceplattform für Mietende die Stammdaten der Mietenden sowie Daten zu den Wohneinheiten und der darin befindlichen Geräte und Anlagen handhaben; oder ein System zur Fernüberwachung der technischen Gebäudeausstattung muss Sensordaten von Geräten und Anlagen erfassen und verarbeiten und ggf. aus der Verarbeitung resultierende Daten an das führende System übermitteln.

Die vorangehenden Beispiele zeigen, dass ein Datenaustausch zwischen mindestens zwei IT-Systemen, nämlich oftmals einer PropTech-Lösung und dem jeweils führenden System, zu realisieren ist. Eine reibungslose und schnelle Integration dieser Systeme erfordert den Einsatz von standardisierten Schnittstellen und Protokollen.[5] Mit dem so realisierten direkten Datenaustausch zwischen den Systemen können eine gemeinsame, einheitliche und konsistente Datenbasis sowie damit verbunden effiziente und durchgängige Prozesse aufgebaut und betrieben werden. Die Gestaltung der Integration der Systeme und davon abhängig der technischen Schnittstellen kann lose oder enger gekoppelt sein und als Einzellösung oder integriert in ein Ökosystem mehrerer Partner realisiert werden. So können die Potenziale, die PropTech-Lösungen bieten, durch eine Orchestrierung mit unterschiedlichen IT-Systemen, beispielsweise in einem Ökosystem, das die Leistungen unterschiedlicher Dienstleister integriert (vgl. Animus, 2022, S. 10), ggf. besser ausgeschöpft und weiterentwickelt werden als ein bidirektionaler Austausch von Daten zwischen einer PropTech-Lösung und dem jeweils führenden System. Vor dem Hintergrund einer jeweils passgenauen Ausgestaltung der Anbindung einer PropTech-Lösung an ein führendes System werden im folgenden Abschnitt differenzierte Konzepte für die Integration der IT-Systeme mit unterschiedlichen Integrationsstufen beschrieben.

6.4.1 Technische Integrationsstufen

Die vorangehenden Ausführungen zeigen, dass eine Anbindung von PropTech-Lösungen an das jeweilige führende System zielführend ist und zur Automatisierung sowie Effizienzsteigerung von Prozessen beitragen kann. Für diese Anbindung lassen sich

---

[4] In Anlehnung an *Legner/Otto* wird ein führendes System als ein System in einem Verbund mehrerer IT-Systeme verstanden, über welches die im Verbund zu verarbeitenden Daten bereitgestellt werden und an dessen Daten- und Informationsbestand sich die übrigen Systeme orientieren (vgl. Legner & Otto, 2014, S. 9).

[5] Geeignete Schnittstellen und Protokolle unterstützen eine direkte Kommunikation zwischen unterschiedlichen Systemen und Geräten, die wiederum eine Automatisierung von Prozessen bzw. komplexen Workflows ohne manuelle Eingriffe ermöglichen kann. Um den Austausch von Daten unabhängig von den zugrundeliegenden Technologien und Plattformen umsetzen zu können, müssen die Schnittstellen und Protokolle einheitliche Regeln und Spezifikationen, also *Standards,* implementieren, die festlegen, wie die unterschiedlichen Systeme miteinander kommunizieren (vgl. OPC Router, 2024).

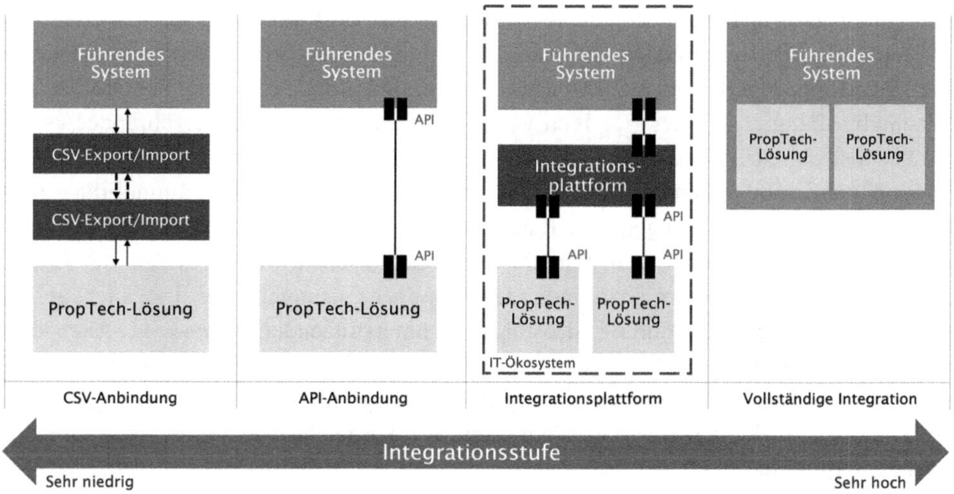

Abb. 6.4 Integrationskonzepte von PropTech-Lösungen mit dem jeweils führenden IT-System. (Eigene Darstellung)

unterschiedliche Ansätze beschreiben, die vier Stufen der Integration von PropTech-Lösungen mit dem jeweiligen führenden System repräsentieren (vgl. Abb. 6.4): In der ersten Integrationsstufe, die de facto keine originäre Integration darstellt, werden mittels CSV (Comma-separated Values)-Datenexport/-import Daten aus dem jeweiligen führenden System in eine PropTech-Lösung übertragen bzw. umgekehrt Daten aus der PropTech-Lösung an das führende System übergeben. Die zweite Integrationsstufe etabliert eine direkte Anbindung einer PropTech-Lösung mittels einer modernen Programmierschnittstelle/Application Programming Interface (API) an das führende System des jeweiligen Wohnungs- bzw. Immobilienunternehmens. Damit wird ein bidirektionaler Datenaustausch zwischen den Systemen realisiert. Die dritte Integrationsstufe beschreibt eine technische und ggf. organisatorische Einbindung von PropTech-Lösungen in ein IT-Ökosystem, z. B. mittels einer Gateway[6]-Kommunikation. Dabei können API-Anbindungen mehrerer PropTech-Lösungen sowie des führenden Systems an eine Integrationsplattform, die als Gateway fungiert, vorgenommen werden. Diese Plattform integriert die auszutauschenden Daten aus den IT-Einzelsystemen und stellt sie den jeweils anderen Systemen zur Verfügung. Alternativ können die jeweiligen PropTech-Lösungen in ein IT-Ökosystem eingebunden werden, das durch den Herstellers des führenden Systems getragen wird. Die

[6] Gateways werden i. d. R. in der Netzwerk- bzw. Telekommunikationstechnik eingesetzt und bezeichnen Hardware- oder Softwarekomponenten, welche zwei unterschiedliche Systeme miteinander verbindet. Ein Gateway ermöglicht die Kommunikation zwischen Systemen, die unterschiedliche Kommunikationsprotokolle implementieren. Mit einer Protokollumsetzung werden die eingehenden Daten im ersten Schritt konvertiert und im zweiten Schritt an das empfangende System weitergeleitet. Mit der Konvertierung werden nicht unterstützte Daten eliminiert und für die Weiterleitung benötigten Daten dem Protokoll hinzugefügt (vgl. Hohn, 2024).

Anbindung der PropTech-Lösungen an die Integrationsplattform erfolgt auch in dieser Variante mittels API, während das führende System über eine proprietäre Schnittstelle an diese Plattform angebunden ist. Die vierte Integrationsstufe bezeichnet schließlich eine vollständige Integration einer PropTech-Lösung als Softwaremodul in das führende System.

Die Auswahl einer bestimmten Integrationsstufe für die Anbindung einer oder mehrerer PropTech-Lösungen an das führende System eines Wohnungs- oder Immobilienunternehmens hängt von den gegebenen Rahmenbedingungen, wie beispielsweise dem eingesetzten führenden System selbst sowie dessen technischen Möglichkeiten, der Anzahl der an das führende System anzubindenden PropTech-Lösungen oder dem angestrebten Automatisierungsgrad der durch IT-Lösungen zu unterstützenden Prozesse ab. Auch kann sie getrieben werden durch das Geschäftsmodell des Herstellers des führenden IT-Systems und einer vielfach damit verbundenen organisatorischen Integration der beteiligten Partner. Die oben skizzierten Integrationskonzepte werden nachfolgend entwickelt und ausführlich dargestellt.

Manuelle CSV-basierte Integration

Mit der Anbindung einer PropTech-Lösung mittels CSV-Datenexport/-import ist ein sehr hoher manueller Aufwand verbunden. So müssen die zu übertragenden Daten im Ausgangssystem in das CSV-Format exportiert, gespeichert und zum empfangenden System übertragen sowie dort importiert werden. Ein korrekter Import erfordert die richtige Zuordnung der durch Trennzeichen abgegrenzten Inhalte jedes Datensatzes zu den vorgesehenen Feldern im Zielsystem sowie die richtigen Datentypen und -längen. Mit den beschriebenen Schritten ist der CSV-Datenaustausch stark fehlerbehaftet, der Austausch erfolgt unidirektional und ist daher für eine Automatisierung von Prozessen in der Wohnungs- und Immobilienwirtschaft wenig geeignet. Mögliche Effekte zur Steigerung der Effizienz von Prozessen, die durch PropTech-Lösungen unterstützt werden, lassen sich mit der Handhabung von CSV-Dateien kaum erzielen.

Integration über standardisierte Programmierschnittstellen

Einen flexiblen Ansatz, der den synchronen Austausch einer Vielzahl an Daten in beide Richtungen zwischen Softwaresystemen ermöglicht (vgl. Animus, 2022, S. 24), bildet die Anbindung von PropTech-Lösungen an das jeweilige führende IT-System eines Unternehmens mittels moderner, standardisierter Programmierschnittstellen (API). Die Umsetzung dieses Ansatzes erfordert eine Transparenz der Datenmodelle der Kommunikationspartner, sodass diese die Datenstrukturen innerhalb der eigenen Systeme in geeigneter Weise abbilden und damit die jeweils benötigten Funktionen verfügbar machen können (vgl. Sieger, 2023, S. 8; Hoffstiepel, 2020).

Bei dem beschriebenen Konzept müssen Schnittstellenstandards, wie z. B. REST (REpresentational State Transfer) oder OPC (Open Platform Communications) genutzt werden, um die entsprechenden Schnittstellen in den Partnersystemen möglichst einfach implementieren zu können. Die REST-API unterstützt als Programmierschnittstelle die Kommunikation verteilter Systeme (vgl. Talend, o. J.). Ihre Umsetzung als Micro- oder

Web-Service bilden heute den Stand der Technik. Mit einer OPC-API wird eine Übertragung von Daten zwischen unterschiedlichen industriellen Automatisierungssystemen realisiert (vgl. OPC Router, 2024). Der jeweilige Schnittstellenstandard legt fest, wie die IT-Systeme miteinander interagieren, welche Daten ausgetauscht werden und welche Funktionen in den Systemen wie verfügbar gemacht werden. Daraus resultieren eine einfachere Integration der Systeme und eine mögliche Automatisierung von Geschäftsprozessen. Neben der Standardisierung der Schnittstellen müssen *Regeln* und *Standards* für die eigentliche Kommunikation zwischen den Systemen etabliert werden, die festlegen, *wie* die Daten ausgetauscht werden, welche Datenformate zu verwenden sind und wie die Kommunikation gesteuert wird. Diese Festlegungen werden in Kommunikationsprotokollen getroffen. Gängige Standardprotokolle sind beispielsweise HTTP für den Austausch von Internet-Inhalten oder MQTT für den Austausch von Daten, die in Sensoren und Geräten generiert werden (vgl. OPC Router, 2024).

Integration über Integrationsplattformen/iPaaS

Die in den PropTech-Lösungen oftmals notwendige Nutzung der im jeweiligen führenden System vorgehaltenen elementaren Daten verlangt eine Integration aller im Rahmen von immobilienwirtschaftlichen Geschäftsprozessen genutzten Systeme in einem einzigen IT-Ökosystem des jeweiligen Unternehmens. Ein IT-Ökosystem bezeichnet die Gesamtheit von Software-Technologien, Systemen, Schnittstellen, Standards und Akteuren, die in einer bestimmten Domäne zusammenwirken. Es ist vergleichbar mit einem biologischen Ökosystem, in welchem verschiedene Organismen nicht isoliert existieren, sondern sich in wechselseitiger Abhängigkeit gegenseitig beeinflussen und gemeinsam weiterentwickeln. So ist ein IT-Ökosystem gekennzeichnet durch die Vielfalt der unterschiedlichen Systeme, welche spezifische Funktionen erfüllen, und Interoperabilität zwischen diesen Systemen, die mittels standardisierter Programmierschnittstellen und Kommunikationsprotokollen sowie abgestimmter Datenmodelle und -formate hergestellt wird. Darüber hinaus bilden eine dynamische Weiterentwicklung und Veränderung, Kooperation und Wettbewerb von Lösungen unterschiedlicher Anbieter, die im Ökosystem interagieren, sowie Nutzerzentrierung durch den reibungslosen Ablauf von Prozessen für Anwender und Stakeholder weitere Merkmale (vgl. Bosch, J., 2009, S. 2 f.; Rausch et al., 2010, S. 2).

Ein durch die vorangehend dargestellten Merkmale beschriebenes IT-Ökosystem kann mittels einer Integrationsplattform durch einen Plattformbetreiber aufgebaut werden (vgl. Abb. 6.5). Integrationsplattformen, welche die Anbindung mehrerer PropTech-Lösungen erlauben und sich damit als integrative IT-Ökosysteme für Wohnungs- und Immobilienunternehmen etablieren, erscheinen eine zielführende Lösung für diese Wohnungs- und Immobilienunternehmen, wenn sie zur Abwicklung ihrer Geschäftsprozesse neben ihrem führenden System mehrere PropTech-Lösungen einsetzen. Die entsprechende Integrationsplattform fungiert hier als *Gateway* und implementiert moderne, standardisierte Programmierschnittstellen (API), über welche die zu integrierenden IT-Einzelsysteme angebunden werden können. Der über die Integrationsplattform darzustellende Datenaustausch erfordert ebenso standardisierte Programmierschnittstellen in den zu integrierenden

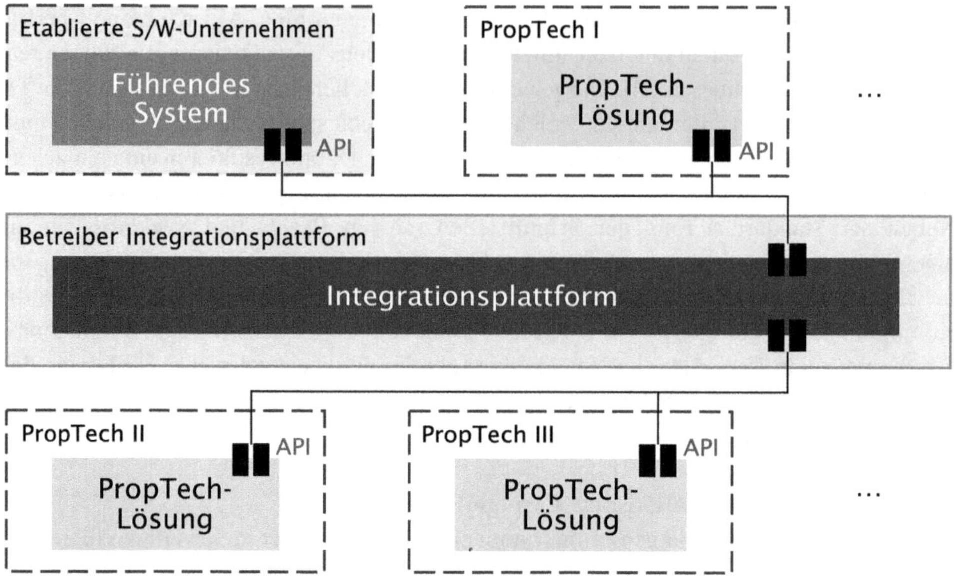

Abb. 6.5 Integratives IT-Ökosystem realisiert als externe Integrationsplattformlösung. (Eigene Darstellung)

IT-Systemen – sowohl im jeweiligen führenden Systems als auch in den PropTech-Lösungen und in den anderen IT-Einzelsystemen – um sie an die Plattform anzubinden.

Mit der Implementierung einer solchen API-basierten Integrationsplattform für ein Wohnungs- bzw. Immobilienunternehmen lässt sich ein vielfacher Datenaustausch zwischen den angebundenen IT-Einzelsystemen realisieren, der zu einer effizienten und effektiven Abwicklung der Geschäftsprozesse im jeweiligen Unternehmen beitragen kann. Denn erstens werden die Kerngeschäftsprozesse des Unternehmens mit Unterstützung des eingesetzten führenden Systems effizient abgewickelt. Zweitens lassen sich unterstützende, durch PropTech-Lösungen abgebildete Geschäftsprozesse ausführen, da diese Lösungen über die Plattformanbindung auf die Daten aus dem führenden System zugreifen und diese in den zugehörigen Prozessen verarbeiten können. Die Integrationsplattform wird idealerweise als Cloud-Lösung umgesetzt (vgl. BundesBauBlatt, 2022b).

Neben einer Integrationsplattform, die durch einen unabhängigen Plattformbetreiber geführt werden kann, ist als verwandte Variante ein geschlossenes IT-Ökosystem denkbar, das eine Anbindung ausgewählter PropTech-Lösungen an ein Gateway, welches das führende System proprietär anbindet, erlaubt. Das führende System und das Gateway bilden in diesem Modell eine Einheit. Ein solches IT-Ökosystem kann je nach Konstellation durch einen der zentral beteiligten Partner – üblicherweise das Softwareunternehmen, welches das führende System entwickelt und bereitstellt – aufgebaut und betrieben werden. Die Anbindung der PropTech-Lösungen, die ein Wohnungs- oder Immobilienunternehmen neben dem führenden System nutzt, an das Gateway kann wiederum mittels API realisiert werden. Auch diese Integrationsplattform lässt sich als Cloud-Lösung umsetzen (vgl. Talend, o. J.).

Vollständige Integration

Die vierten Integrationsstufe repräsentiert eine vollständige Integration der jeweiligen Drittlösung als Softwaremodul im führenden System. Mit der vierten Integrationsstufe, einer vollständigen Integration der jeweiligen PropTech-Lösung als eigenes Softwaremodul in das führende System des jeweiligen Wohnungs- oder Immobilienunternehmens, die durch den Softwarehersteller des führenden Systems vorzunehmen ist, ist de facto mit der Auflösung dieser PropTech-Lösung verbunden. Der Datenaustausch erfolgt damit innerhalb des führenden IT-Systems, sodass keine Schnittstellen zu etablieren sind. Damit einher geht vielfach ein Verlust an Agilität und Flexibilität bei der Weiterentwicklung der Funktionen der ehemalige PropTech-Lösung.

6.4.2 Integrative Plattformlösungen

Die Beschreibungen der Integrationsstufen zeigen, dass die Flexibilität und die Effizienz des Datenaustauschs von der Standardisierung und damit der universellen Einsetzbarkeit der jeweils implementierten Programmierschnittstellen (API) bestimmt werden. Eine Bereitstellung moderner, standardisierter API zur Anbindung von PropTech-Lösungen oder anderer externer IT-Systeme an das jeweils führende IT-System eines Wohnungs- oder Immobilienunternehmens durch die beteiligten Partner bildet hinsichtlich Flexibilität, Erweiterbarkeit und Effektivität den optimalen Ansatz für eine zielführende Nutzbarmachung dieser Lösungen, um die mit den Lösungen angestrebten Effekte zu erzielen (vgl. Wenzel, 2020, S. 38; Vieker, 2021; Animus, 2022, S. 22 f.).

Damit können in Abhängigkeit von den Anforderungen des jeweiligen Wohnungs- bzw. Immobilienunternehmens sowohl Anbindungen einzelner Softwaresysteme an das führende IT-System als auch die Nutzung von Integrationsplattformen zur Anbindung mehrerer Systeme sinnvoll sein. Mit der Nutzung einer Integrationsplattform, die moderne, standardisierte Schnittstellen bereitstellt, lässt sich ein integratives IT-Ökosystem etablieren. Damit verbunden ist die Perspektive der Orchestrierung verschiedener durch die angebundenen Softwarelösungen abgebildeten Prozesse zu neuen Use Cases, welche die Mehrwerteffekte der Einzellösungen miteinander verknüpfen. Dies führt idealerweise zu einer Ende-zu-Ende-Automatisierung der gebildeten Prozesse unter Zugriff auf eine konsistenten Datenbasis. Die damit erzielbare Integration von Prozessen auch in Richtung von Mietenden und Eigentümern von Wohneinheiten sowie in Richtung von Versorgern und Dienstleistern kann erstens weitere Effizienzsteigerungen realisieren und zweitens zu einer deutlich höheren Stakeholder-Orientierung und -Zufriedenheit führen.

Die Bereitstellung moderner, standardisierter Programmierschnittstellen in den PropTech-Lösungen bildet somit einen wichtigen Faktor für ihre zielführende und breite Nutzbarmachung in Unternehmen der Wohnungs- und Immobilienwirtschaft. Daneben sollten auch die Softwareunternehmen, die prozessführende IT-Systeme entwickeln und bereitstellen, standardisierte Programmierschnittstellen (API) in ihre Systeme integrieren. Damit sind in Abhängigkeit von den Anforderungen des jeweiligen Wohnungs- bzw. Immobilienunternehmens sowohl Anbindungen einzelner PropTech-Lösungen an das jeweilige führende System als auch die Nutzung von Integrationsplattformen bzw. Integration Platform-as-a-Service (iPaaS) realisierbar.

6.4.3 Formen der Zusammenarbeit

Der Datenaustausch zwischen unterschiedlichen IT-Lösungen erfordert ein Mindestmaß an Kooperation und Austausch zwischen den beteiligten Softwareunternehmen, der mehr oder weniger formal geregelt werden kann (vgl. Red Hat, 2023). Eine Abstimmung kann bereits bei einer CSV-Anbindung einer PropTech-Lösung an ein führendes System notwendig sein, um beispielsweise einen Abgleich von Datenfeldern bzw. Feldbezeichnungen vorzunehmen. Bei der Gestaltung von Programmierschnittstellen (API), die für den Datenaustausch zwischen zwei IT-Systemen aufgebaut werden, ist eine Zusammenarbeit der Softwarepartner von sehr hoher Relevanz, denn es müssen die Schnittstellenspezifikationen der IT-Systeme ausgetauscht und die jeweiligen Schnittstellen auf Basis dieser Spezifikationen gegenseitig angepasst werden. Dazu wären ggf. vertragliche Regelungen mit Festlegungen beispielsweise zu Aktualisierungen (Updates) oder zu Sicherheitsmaßnahmen zu treffen. In der nachfolgenden Integrationsstufe kann beispielsweise ein bekannter Standard der API eines führenden Systems eine geeignete Gestaltung der API der an dieses System anzubindende PropTech-Lösung ermöglichen, ohne eine engere Absprache mit dem jeweiligen Softwarehersteller des führenden Systems zu treffen. Dennoch empfiehlt es sich, Absprachen bzw. Vereinbarungen zwischen den beteiligten Softwareunternehmen zur Ausgestaltung der Schnittstellen zu treffen. Da nicht nur die Softwarepartner Shareholder bei dieser Ausgestaltung sind, sondern auch das jeweilige Wohnungs- bzw. Immobilienunternehmen als Nutzer der IT-Systeme eine wichtige Rolle spielt, sind Regelungen, die die Bedingungen der Softwarenutzung kalkulierbar machen, bei einer API-Anbindung von PropTech-Lösungen an das jeweils führende System von hoher Bedeutung.

Eine vergleichbare Anforderung besteht bei der Einbindung von PropTech-Lösungen in ein IT-Ökosystem und dem damit verbundenen Datenaustausch zwischen unterschiedlichen IT-Systemen: Mit der Etablierung eines solchen Ökosystems sollten Kooperationen der entsprechenden Start-Up-Unternehmen, die PropTech-Lösungen bereitstellen, sowie des jeweiligen Softwareherstellers, dessen führendes System Teil dieses Ökosystems ist, mit dem Ökosystem-Betreiber, der diese Lösungen über eine Integrationsplattform anbindet, aufgebaut werden. Die entsprechenden Kooperationen können sich unterschiedlich gestalten: So können beispielsweise direkte Absprachen zwischen den Entwicklungsteams der unterschiedlichen Softwarehersteller zur Gestaltung der Programmierschnittstellen erfolgen, die unverbindlich und damit von der Unsicherheit möglicher Veränderungen dieser API geprägt sind. Verbindlichere Kooperationen lassen sich hingegen mit vertraglichen Vereinbarungen zwischen den beteiligten Partnern – Softwareunternehmen sowie Integrationsplattform-Betreiber – über die technischen, rechtlichen und finanziellen Rahmenbedingungen der Zusammenarbeit treffen.

Für Anbieter von führenden Systemen bildet eine Integration von PropTech-Lösungen mit ihren Systemen einen wichtigen Erfolgsfaktor für die Platzierung der Systeme am Markt (vgl. Vieker, 2021). Daher betreiben diese eine solche Integration – entweder über die Einbindung ihrer jeweiligen führenden Systeme in Integrationsplattformen oder über eine direkte Anbindung von PropTech-Lösungen über moderne, standardisierte API – vielfach aktiv. Der Ansatz der Einbindung eines führenden IT-Systems in eine Integrationsplattform erfordert entweder die Bereitstellung standardisierter API dieses Systems durch den jeweiligen Softwarehersteller für den Ökosystem-Betreiber und die übrigen Softwarepartner oder den Betrieb einer solchen Plattform durch den Hersteller selbst. In dieser Konstellation kann dieser Softwarehersteller seinerseits Ökosysteme zur Integration von PropTech-Lösungen mit dem jeweiligen prozessführenden System eines Wohnungsunternehmen aufbauen.

Die Einbindung einer PropTech-Lösung in das Ökosystem des jeweiligen Anbieters eines führenden Systems sowie die vollständige Integration einer PropTech-Lösung als Softwaremodul in dieses führende System bedeuten oftmals die Eliminierung des ursprünglichen PropTech-Geschäftsmodells durch die Übernahme des ehemaligen PropTech-Unternehmens oder eine Beteiligung an diesem. Diese beiden Integrationsansätze erweitern den Leistungs- bzw. Funktionsumfang des Angebots des Anbieters des führenden Systems, zugleich erhöhen sie die Komplexität dieses Angebots. Aus Sicht des jeweiligen Start-Up-Unternehmens, dessen PropTech-Lösung wie vorangehend beschrieben eingebunden wird, liegen die resultierenden Effekte in der Regel in einer abnehmenden Innovationskraft, im Rückgang der Flexibilität und in einer Reduzierung des Wettbewerbs zwischen den IT-Lösungsanbietern (vgl. BundesBauBlatt, 2022a).

Literatur

Achleitner, A.-K. (2018). *Start-up-Unternehmen. Gabler Wirtschaftslexikon*. Springer Fachmedien. https://wirtschaftslexikon.gabler.de/definition/start-unternehmen-42136/version-265490. Zugegriffen: 16. März 2024.

Animus (2022). *Let's talk about Tech, Baby! Whitepaper*. Animus GmbH. https://animus.de/wp-content/uploads/2022/03/ANIMUS-Whitepaper_01-2022_RZ-Download.pdf. Zugegriffen: 2. März 2023.

Bölting, T., Königsmann, T., & Neitzel, M. (2016). *Digitalisierung in der Immobilienwirtschaft – Chancen und Risiken. Studie im Auftrag der Bundesarbeitsgemeinschaft Immobilienwirtschaft Deutschland (BDI)*. InWIS, EBZ Business School.

Bosch, J. (2009). *From software product lines to software ecosystem*. Software product lines, 13th international conference, SPLC 2009, San Francisco, California, USA, august 24–28, 2009, proceedings. https://www.researchgate.net/publication/220789544_From_software_product_lines_to_software_ecosystem/references. Zugegriffen: 25. Sept. 2025.

Brehm, N., Liebold, P., Rock, V., & Schlesinger, S. (2021). *Digital leaders in real estate Germany 2021 Studie*. https://proptechgermanystudie.de/wp-content/uploads/2021/11/Digital-Leaders-Studie-2021_24-11-2021.pdf. Zugegriffen: 29. März 2024.

BundesBauBlatt (2022a). *PropTechs: Augen auf beider Partnerwahl*. Bauverlag. https://www.bundesbaublatt.de/artikel/proptechs-augen-auf-bei-der-partnerwahl-3887299.html. Zugegriffen: 2. März 2023.

BundesBauBlatt (2022b). *Die Zukunft gehört offenen IT-Systemen*. Bauverlag. https://www.bundesbaublatt.de/artikel/die-zukunft-gehoert-offenen-it-systemen-3852511.html. Zugegriffen: 2. März 2023.

Catella (2019). *Real Estate & PropTech 2019/2020 – Standortbestimmung*. Catella Group. https://www.catella.com/globalassets/global/mix-germany-corporate-finance/catella_mt_proptech_nov19.pdf. Zugegriffen: 27. März 2024.

Deeg, M., & Trunec, K. (2018). *Digitale agenda 2025*. VdW Niedersachsen/Bremen e. V. https://www.vnw.de/fileadmin/user_upload/Digitale_Agenda_2025.pdf. Zugegriffen: 26. März 2024.

Deutsche Messe AG (2023). *Noch mehr Netzwerken, innovation und startups*. Pressemeldung. https://www.real-estate-arena.com/files/files/202/media/downloads/presse/pressemitteilungen/startschuss-rea-2024-final.pdf. Zugegriffen: 25. März 2024.

Drees & Sommer (2024). *Transform to Succeed. Studie*. Drees & Sommer, TH Aschaffenburg, Februar 2024. https://www.dreso.com/de/en/transform-to-succeed-digitalisierungsstudie-2024. Zugegriffen: 27. März 2024.

GdW (2020). *Kompetenzzentrum Digitalisierung der Wohnungswirtschaft „DigiWoh" gestartet. Pressemeldung*. GdW Bundesverband deutscher Wohnungs- und Immobilienunternehmen e. V. https://www.gdw.de/pressecenter/pressemeldungen/kompetenzzentrum-digitalisierung-der-wohnungswirtschaft-digiwoh-gestartet/. Zugegriffen: 24. März 2024.

Henger, R., & Voigtländer, M. (2024). *Stimmungslage der Immobilienwirtschaft hellt sich etwas auf. Gutachten*. Institut der deutschen Wirtschaft. https://www.iwkoeln.de/studien/ralph-henger-michael-voigtlaender-stimmungslage-in-der-immobilienwirtschaft-hellt-sich-etwas-auf.html. Zugegriffen: 29. März 2024.

Herr, T. (2022). Die Rolle der PropTechs in der immobilienwirtschaftlichen transformation. In A. Pfnür, M. Eberhardt, & T. Herr (Hrsg.), *Transformation der Immobilienwirtschaft – Geschäftsmodelle, Strukturen, Prozesse und Produkte im Wandel*. Springer Gabler.

Hoffstiepel, J. (2020). *Digitalisierung auf dem Vormarsch – Der Mehrwert von software für die Immobilienwirtschaft wird sichtbar*. Blogbeitrag. https://www.mynewsdesk.com/de/crem--solutions/blog_posts/91746. Zugegriffen: 2. März 2024.

Hohn, J. (2024). *Gateway – Definition + Alles Wissenswerte 2024*. Placetel Ratgeber. https://www.placetel.de/ratgeber/gateway. Zugegriffen: 14. Febr. 2024.

HR-Partner (o.J.). *Personalentwicklung in Start-Up Unternehmen*. News-Blog. https://www.helga--jungnickl.de/personalentwicklung-in-start-up-unternehmen/. Zugegriffen: 29. März 2024.

IBM (2024). Common Data Model-Ansichten. https://www.ibm.com/docs/de/networkmanager/4.2.0?topic=dictionary-common-data-model-views. Zugegriffen: 20. März 2024.

IM Immobilienmanager (2023). Proptechs in der Krise zwischen Chancen und Risiken. https://www.immobilienmanager.de/proptech-report-2023-zwischen-chancen-und-risiken-23082023. Zugegriffen: 27. März 2024.

Legner, C., & Otto, B. (2014). *Stammdatenmanagement. Skript*. Universität St. Gallen. https://web.archive.org/web/20141021144315/https://www.alexandria.unisg.ch/export/DL/204768.pdf. Zugegriffen: 13. Febr. 2024.

Liebold, P., Nolan, S., Rock, V., Schlesinger, S., & Zinn, P. (2020). *PropTech Germany 2020 Studie*. https://proptechgermanystudie.de/wp-content/uploads/2021/03/PropTech-Germany-Studie-2020.pdf. Zugegriffen: 2. März 2024.

Linn, L., & Schlesinger, S. (2022). *Blackprint PropTech start-up & VC report 2022*. Blackprint. https://www.blackprint.de/veroffentlichungen/proptech-start-up-vc-report. Zugegriffen: 6. März 2024.

Marketing United (2019). Nische. https://marketingunited.org/wiki/Nische. Zugegriffen: 16. März 2024.

Microsoft (2022). Common Data Model. https://learn.microsoft.com/en-us/common-data-model/. Zugegriffen: 20. März 2024.

Nölling, K. (2022). *Offene Schnittstellen (APIs) für PropTechs und Wohnungsunternehmen unerlässlich*. Blogbeitrag. https://kiwi.ki/blog/proptech/offene-api/. Zugegriffen: 18. März 2024.

OPC Router (2024). *Was sind Schnittstellen?* Inray. https://www.opc-router.de/was-sind-schnittstellen/. Zugegriffen: 12. Febr. 2024.

Pfnür, A., Eberhardt, M., & Herr, T. (2022). Einführung, Struktur und Zusammenfassung. In A. Pfnür, M. Eberhardt, & T. Herr (Hrsg.), *Transformation der Immobilienwirtschaft – Geschäftsmodelle, Strukturen, Prozesse und Produkte im Wandel*. Springer Gabler.

Rausch, A., Goltz, U., Müller, J., & Niebuhr, D. (2010). *IT-Ökosysteme als Lösungsansatz aus Sicht des software engineering. Fachartikel*. Niedersächsische Technische Hochschule. https://www.sigs-datacom.de/uploads/tx_dmjournals/rausch_goltz_mueller_niebuhr_OS_Architekturen_10.pdf. Zugegriffen: 24. Sept. 2025.

Red Hat (2023). Was ist eine API? https://www.redhat.com/de/topics/api/what-are-application--programming-interfaces. Zugegriffen: 19. Febr. 2024.

Rock, V., & Schlesinger, S. (2023). *PropTech Germany 2023 Studie*. TH Aschaffenburg, Blackprint. https://www.th-ab.de/fileadmin/th-ab-redaktion/dokumente/Forschung/Projekte/PropTech-Germany-2023-Studie.pdf. Zugegriffen: 11. März 2024.

Schlesinger, S. (2023). Die deutsche PropTech-Landschaft. In H. Gündling, V. Rock, & C. Schulz-Wulkow (Hrsg.), *Next generation real estate – Innovationen, digitale transformation und ESG* (2. Aufl.). Frankfurt School.

Sieger, H. (2023). Geschmeidig durch die Krise – ERP Experten-talk. *Digital Business Cloud, 01/2023*, 6–11.

Stellenwerk. (2023). Start-up: Eine vielversprechende Karriereoption für Absolvent:innen. https://www.stellenwerk.de/magazin/jobsuche/start-up-eine-vielversprechende-karriereoption-fuer-absolventinnen/. Zugegriffen: 29. März 2024.

Talend (o.J.). REST-API: Definition, Funktionen und Bedingungen. https://www.talend.com/de/resources/was-ist-rest-api/. Zugegriffen: 7. März 2023.

Vieker, S. (2021). Zukunft Immobilienwirtschaft: Kooperationspartner gesucht! https://www.haufe.de/immobilien/wohnungswirtschaft/zukunft-immobilienwirtschaft-kooperationspartner-gesucht_260_534098.html. Zugegriffen: 2. März 2023.

Wagner, P., Bör, N., & Winnige, S. (2024). *Start-ups in der Berufspraxis: Personalstruktur und Fachkräftenachfrage*. Bundesinstitut für Berufsbildung. https://www.bibb.de/dienst/publikationen/de/19377. Zugegriffen: 28. März 2024.

Wenzel, T. (2020). *Studie: Residential Proptech-effects*. Bell Management Consultants.

ZIA (2023). *Digitalisierungsstudie 2023 – Digitalisierung in der Immobilienbranche: Stockt der Fortschritt?* ZIA Zentraler Immobilien Ausschuss e. V. https://zia-deutschland.de/wp-content/uploads/2023/09/2023_ZIA_EY_Real_Estate_Digitalisierungsstudie.pdf. Zugegriffen: 26. März 2024.

Konnektivität zwischen IT-Systemen 7

Kap. 6 hat aufgezeigt, dass der nutzbringende Einsatz von PropTech-Lösungen in Wohnungs- und Immobilienunternehmen und deren Integration in die IT-Landschaft von Unternehmen – ebenso wie die Integration anderer externer IT-Systeme – i. d. R. mit einer Datenanbindung bzw. Datenkommunikation verbunden sein muss. Dies erfordert die Implementierung von Programmierschnittstellen, die eine solche Anbindung unterstützen, in jedem einzelnen System. Neben der Bereitstellung von Schnittstellen in den unterschiedlichen Systemen muss ein einheitliches Datenmodell eingesetzt werden; ferner muss ein durchgängiges Datenmanagement über den Lebenszyklus der Daten in der jeweiligen IT-Landschaft eines Wohnungs-/Immobilienunternehmens umgesetzt sein. An die Ausgestaltung dieser Elemente werden spezifische Anforderungen gestellt, die einen optimalen Datenaustausch und eine optimale Datennutzung in den IT-Einzelsystemen des entsprechenden IT-Ökosystems sicherstellen.

Das vorliegende Kapitel diskutiert die Anforderungen und technischen Lösungsmöglichkeiten für den Datenaustausch und die Datenkommunikation in *integrativen IT-Ökosystemen* (vgl. Kap. 8), die aus unterschiedlichen Einzelsystemen, Softwareanwendungen, Plattformen, Schnittstellen, Standards, Akteuren, etc. bestehen. Dies beginnt mit der Formulierung der Anforderungen an das Datenmanagement und die Datenübertragung sowie an die technischen Lösungen für den Datenaustausch. Darauf aufbauend stellen die Autoren die technische Ausgestaltung der Kommunikation selbst dar, also von Programmierschnittstellen und API-Aufrufen, von Middleware und Integrationsplattformen sowie von Konnektoren/Datenräumen, die in ein IT-Ökosystem integriert werden können und Daten sowohl innerhalb des Systems zugänglich machen als auch einen Datentransfer von und nach außen unterstützen. Dieses Kapitel behandelt damit die technischen Möglichkeiten des Datenaustauschs zwischen unterschiedlichen IT-Systemen.

H. Gsell, A. Rajchowski, *Software-Technologien und IT-Systeme für die Wohnungs- und Immobilienwirtschaft*, https://doi.org/10.1007/978-3-658-51129-6_7

7.1 Anforderungen an die Konnektivität zwischen IT-Systemen

Das zielführende und reibungslose Funktionieren von PropTech-Systemen sowie von IT- und Digitalisierungssystemen, die innerhalb eines Unternehmens-IT-Ökosystems Daten aus dem jeweiligen prozessführenden System sowie ggf. auch Daten von außerhalb dieses IT-Ökosystems verarbeiten, erfordert eine oftmals bidirektionale Datenkommunikation zwischen den unterschiedlichen beteiligten Systemen. Eine solche Kommunikation bildet einen wichtigen Faktor für eine durchgängige Ausführung der Geschäftsprozesse in der Wohnungs- und Immobilienwirtschaft. Idealerweise ist die Ausgestaltung der Schnittstellen für die Kommunikation auf die Datenbedarfe des jeweiligen Geschäftsprozesses – hinsichtlich der Häufigkeit des Datenbedarfs, der auszutauschenden Datenmenge, der Synchronität und des Anstoßens der Datenkommunikation sowie der ausgetauschten Datenformate – auszurichten. So erfordern beispielsweise Prozesse, die Mietende oder Handwerksunternehmen über Portale bzw. Apps einbinden, eine Übertragung von Daten in Echtzeit und damit die Nutzung von modernen, standardisierten Programmierschnittstellen (API), während der Austausch von Stammdaten mit Dienstleistern in niedriger Wiederholhäufigkeit und asynchron zur Erzeugung dieser Daten erfolgen kann – hier ist eine Übermittlung von CSV- oder XML-Dateien über Exporte und Protokolle wie SMTP oder über Cloud-Speicher möglich, was Medienbrüche bedeutet (vgl. Adesso, 2025, S. 6 f.).

Prozessanforderungen und wirtschaftliche Überlegungen spielen bei der Auswahl der jeweiligen Datenübertragungstechnologie zusammen. Diese Anforderungen werden ergänzt um technische Anforderungen an eine Datenkommunikationsschnittstelle selbst, die eine reibungslose, sichere und effiziente Kommunikation zwischen den Systemen zum Ziel hat. Die technischen Anforderungen manifestieren sich in den folgenden Merkmalen:

- *Kompatibilität:* Die Sicherung der notwendigen Interaktionen der dezentralen, i. d. R. technologisch modernen IT-Systemen mit bereits bestehenden, oftmals heterogenen Systemen und Technologien ist ein wesentlicher Faktor für das reibungslose Funktionieren der Kommunikation. Dies erfordert die Realisierung der Kommunikation über kompatible, standardisierte Datenformate, wie z. B. Extended Markup Language (XML) oder JavaScript Object Notation (JSON), und standardisierte Kommunikationsprotokolle, wie beispielsweise REpresentational State Transfer (REST) oder Simple Object Access Protocol (SOAP). Die eingesetzten Formate und Protokolle müssen auf die jeweils genutzte Kommunikationstechnologie bzw. Plattform zugeschnitten sein.
- *Sicherheit und Compliance:* Die Kommunikation zwischen unterschiedlichen Systemen in einem IT-Ökosystem muss eine hohe Sicherheit aufweisen; dies verlangen auch definierte gesetzliche Anforderungen an die Datensicherheit und den Datenschutz. Diese Anforderungen erfordern die Implementierung von Verschlüsselung zum Schutz sensibler Daten, den Einsatz von Sicherheitstechnologien wie die Absicherung der

IT-Infrastruktur, um Angriffsflächen zu minimieren, sowie eine Etablierung von Zugriffs- und Steuerungsmechanismen auf/für die auszutauschenden Daten, um deren Vertraulichkeit, Integrität und Verfügbarkeit sicherzustellen. Die Sicherung des Schutzes personenbezogener Daten bildet gerade bei der Datenkommunikation in der Wohnungs- und Immobilienwirtschaft einen wichtigen zu erfüllenden Faktor für die Sicherheit dieser Datenkommunikation. Daher müssen alle relevanten Gesetze und Verordnungen, wie die DSGVO, die NIS2-Richtlinie oder branchenspezifische Standards bei der Gestaltung der Datenkommunikation zwischen unterschiedlichen IT-Systemen berücksichtigt werden.

- *Leistungsfähigkeit und Zuverlässigkeit:* Um die Leistung der jeweiligen Kommunikation bewertbar zu machen, sind Leistungsanforderungen, wie beispielsweise Antwortzeiten oder Datendurchsatz, zu definieren, deren Erfüllung gemessen werden muss. Weiterhin müssen die jeweiligen Kommunikationsschnittstellen so ausgelegt werden, dass sie mit Blick auf künftige Anforderungen skalierbar sind, d. h. mit der Zeit zunehmend größere Belastungen bzw. Datenaustauschmengen abbilden können. Schließlich muss eine entsprechende Auslegung der Datenkommunikation die Verfügbarkeit für eine Verarbeitung der benötigten Daten im jeweiligen System sicherstellen und sich damit gegenüber möglichen Störungen oder Ausfällen robust verhalten.
- *Hardware- und Software-Auslegung:* Die im Zuge einer Datenkommunikation eingesetzte Hardware und Software müssen auf die Kommunikation ausgelegt sein, d. h. es sind mit Bezug zur Hardware Mindest–/Maximalgrößen für elektrische Werte, wie Spannungen oder Stromstärken, sowie Formfaktoren für Stecker und Verbindungen festzulegen. Auch muss das Verhalten der Kommunikation bei Ausnahmesituationen, beispielsweise bei Über- oder Unterspannung, spezifiziert werden. Die Anforderungen an die Softwareauslegung liegen in der detaillierten Festlegung der jeweiligen Struktur und -inhalte der Daten, die zwischen den Systemen ausgetauscht werden. Auch werden in diesem Rahmen die in den Systemen verfügbaren Funktionen sowie die Interaktionslogistik zwischen unterschiedlichen Systemen beschrieben. Schließlich ist mit der Definition des Systemverhaltens z. B. festzulegen, ob das jeweilige Softwaresystem autark reagiert oder auf externe Ereignisse wartet.
- *Konformität:* Die Anforderungen an die Konformität bestimmen schließlich die Einhaltung relevanter Normen und Richtlinien, beispielsweise im Bereich Messgeräte oder Funkanlagen für die Messung und Übertragung von Energieverbräuchen an Messdienstleister oder für die Steuerung von Smart Home Geräten. Dabei sind die technischen Normen zu bestimmen, die eingehalten werden müssen, weiterhin müssen eventuelle weitere Faktoren die Konformität betreffend, festgelegt werden.
- *Architektur und Pflege:* Das abschließend dargestellte technische Anforderungsmerkmal bezieht sich auf die Schnittstelle selbst, die auf einer qualitativ hochwertigen, modernen Architektur basieren sollte, die regelmäßig auf Praktikabilität, Sicherheit und Effizienz zu überprüfen ist. Sofern Neuerungen verfügbar sind, die eine Verbesserung der Kommunikation erwarten lassen, sollten entsprechende Anpassungen der jeweiligen Schnittstelle vorgenommen werden. Die genutzten Technologien, Daten-

formate und Kommunikationsprotokolle und Gesamtarchitektur, sollten dokumentiert werden. Dabei beschreibt eine klare und detaillierte Spezifikation die Anforderungen zwischen den Systemen.

Die dargestellten Anforderungen setzen die Rahmenbedingungen für die Datenkommunikation zwischen unterschiedlichen IT-Systemen. In Abschn. 6.4 haben die Autoren Integrationskonzepte für das Zusammenspiel unterschiedlicher IT-Systeme vorgestellt. Im Zuge dessen sind bereits technische Ansätze für den Datenaustausch und entsprechende Anforderungen formuliert worden. Die technischen Möglichkeiten für eine Datenkommunikation zwischen unterschiedlichen Systemen werden nachfolgend noch einmal systematisch dargestellt und entlang möglicher Einsatzfelder bewertet.

7.2 Technische Lösungen für die Datenkommunikation

Die in Abschn. 7.1 dargestellten Merkmale, deren Ausprägungen die Bedingungen für die Datenkommunikation im jeweils definierten Szenario beschreiben, haben Einfluss auf die Auswahl der für die Kommunikation zwischen unterschiedlichen IT-Systemen in diesem Szenario genutzte Technologie bzw. die Methode der IT-Integration. Diese Methoden sind in Tab. 7.1 mit Bezug zu den Charakteristika der am besten für den Einsatz der jeweiligen Methode geeigneten Datenkommunikation in einer Übersicht dargestellt. Darin werden jeder Methode die Frequenz sowie die Zeitnähe der zu übertragenden Daten, die sinnvollerweise zu übertragende Datenmenge, die Komplexität der übertragenen Daten sowie die Anforderungen an die Compliance der Daten zugeordnet.

Die Übersicht in Tab. 7.1 kann den Unternehmen der Wohnungs- und Immobilienwirtschaft helfen, die unter Geschäfts-, wirtschaftlichen und sicherheitstechnischen Aspekten für die jeweilige IT-Interaktion am besten geeignete Datenkommunikationslösung zu identifizieren. So hängt die Auswahl einer bestimmten Schnittstellentechnologie bzw. Methode für eine Inter-IT-Systemkommunikation von den individuellen Kommunikationsanforderungen,

Tab. 7.1 Methoden der IT-Systemintegration. (Eigene Darstellung in Anlehnung an Adesso, 2025)

Methode	Übertragungshäufigkeit	Datenmenge	Komplexität der Daten	Compliance und Governance
Programmierschnittstelle (API)	Echtzeit bis periodisch	Klein bis groß	Einfach bis komplex	Hoch
Middleware	Echtzeit bis periodisch	Klein bis sehr groß	Sehr komplex	Sehr hoch
Datenbasiert	Periodisch	Sehr groß	Mittel bis komplex	Mittel
Datenbankintegration	Echtzeit bis periodisch	Sehr groß	Komplex	Hoch
Manuelle Schnittstelle	On-demand	Sehr groß	Einfach	Niedrig
RPA (vgl. Abschnitt 4.5)	Periodisch	Klein bis mittel	Einfach	Mittel
Agenten-basierte KI (vgl. Abschnitt 4.4)	Echtzeit bis periodisch	Klein bis mittel	Sehr komplex	Hoch

welche die jeweils interagierenden IT-Systeme stellen, sowie von der Komplexität der auszutauschenden Daten und der mittels dieser Daten auszuführenden Aufgaben ab.

Die maßgeblichen in Tab. 7.1 dargestellten Methoden werden in diesem Abschnitt mit Bezug zu ihren möglichen Anwendungsfeldern in der Wohnungs- und Immobilienwirtschaft diskutiert. In Abschn. 6.4.1 sind mit der Beschreibung von technischen Integrationsstufen von unterschiedlichen IT-Systemen bereits Lösungsansätze für die API-, Plattform- bzw. Middleware- sowie die manuelle Datenkommunikation zwischen unterschiedlichen IT-Systemen aufgezeigt worden, die in den nachfolgenden Abschn. 7.2.1 bis Abschn. 7.2.4 noch einmal aufgegriffen und konkretisiert werden.

7.2.1 Programmierschnittstellen und API-Aufrufe

Eine *Programmierschnittstelle (API)* stellt einen Satz von Regeln/Standards, Protokollen und Werkzeugen für die Kommunikation und den synchronen Datenaustausch zwischen Softwaresystemen bereit (vgl. Fateh, 2025a; vgl. Animus, 2022, S. 24). Sie unterstützt somit die unmittelbare Integration von Daten, Anwendungen und Diensten von verschiedenen IT-Systemen, Plattformen, Akteuren, etc. Vor dem Hintergrund einer vielfach notwendigen Verarbeitung von Stamm- und Bewegungsdaten aus dem jeweiligen prozessführenden System durch eine PropTech-Lösung oder ein anderes IT-System sowie der Rückgabe von Daten, die aus einer Verarbeitung resultieren, an das prozessführende System, bilden API ein wichtiges Instrument für diese Datenkommunikation.

Aufgrund der implementierten Regeln und Standards können mittels Programmierschnittstellen (API) kleine bis große Datenmengen in Echtzeit mit hoher Sicherheit und Stabilität zwischen unterschiedlichen IT-Systemen ausgetauscht werden. Neben der Echtzeitfähigkeit der Datenkommunikation führen API den Datenaustausch zwischen IT-Systemen synchron und automatisiert in einem Anfrage-Antwort-Prozess durch (vgl. Fateh, 2025a). API weisen eine hohe Flexibilität und Skalierbarkeit auf, können also in einem kurzen Zeitintervall eine hohe Anzahl von Anfragen verarbeiten, sodass die Datenkommunikationsprozesse reibungslos und effizient ablaufen. Zugleich setzt die Nutzung von API deren Implementierung in den kommunizierenden Systemen voraus, was insbesondere bei Legacy-Systemen, die bereits sehr lange im Einsatz sind, oft nicht gegeben ist. Auch bilden das Management über den Lebenszyklus der jeweiligen IT-Systeme sowie die Umsetzung von Maßnahmen zur Sicherung von API wichtige Herausforderungen, mit denen die Betreiber von IT-Systemen in ihren Ökosystemen umgehen müssen.

Mit den in Tab. 7.1 dargestellten technischen Möglichkeiten und unter Berücksichtigung der Anforderungen an die Aktualität und Sicherheit der jeweiligen API lassen sich zahlreiche Einsatzmöglichkeiten dieser Technologie in der Wohnungs- und Immobilienwirtschaft identifizieren. Diese stellen sich wie folgt dar:

- Austausch von Mietendendaten zwischen Kundenportalen bzw. Kundenapps und ERP-System, um z. B. Dokumente anzufordern, Stammdaten zu ändern oder Schäden zu melden.

- Übermittlung von Aufträgen, Statusupdates oder Leistungsnachweisen aus Handwerkerportalen an ein ERP- oder CRM-System.
- Anbindung von PropTech-Lösungen zur Unterstützung von Geschäftsprozessen und Bereitstellung innovativer Services, wie z. B. digitale Wohnungsbesichtigungen, oder für die Integration einer KI-basierten Mietendenkommunikation.
- Effizienter Austausch von Verbrauchs- und Abrechnungsdaten zwischen den Systemen der Messdienstleister und ERP-Systemen.

Die Architekturen von API bestimmen ihr Design und ihre Struktur, also die Organisation ihrer Funktionen, die von ihnen unterstützten Anfragetypen, die eingesetzte Datenformate und Protokolle sowie die genutzten Sicherheits- und Authentifizierungsmechanismen. Die API-Architektur orientiert sich an den Einsatzfeldern, in denen die jeweilige Programmierschnittstelle genutzt wird. Gängige Technologien bzw. Protokolle existieren mit REpresentational State Transfer (REST), dem Simple Object Access Protocol (SOAP), Remote Procedure Call (RPC), GraphQL und Web-API, die jeweils spezifische technische Einsatzfelder unterstützen (vgl. Fateh, 2025b; vgl. Abschn. 6.4.1).

Programmierschnittstellen setzen Anfrage-Antwort-Prozesse zwischen den kommunizierenden IT-Systemen um, die mittels API-Aufrufen/API-Calls angestoßen werden. Bei einem solchen Aufruf handelt es sich um eine Nachricht einer Client-Anwendung an den API-Endpunkt eines anderen IT-Systems, um dort eine definierte Aktion auszulösen. Der gesamte Anfrage-Antwort-Prozess umfasst die folgenden Schritte (vgl. Fateh, 2025a):

- Übermittlung der Anfrage bzw. des Calls durch das anfragende System an einen API-Server über das jeweilige interne Netzwerk oder das Internet. Der Call übermittelt die Informationen zu den beim Server bzw. beim Empfänger auszuführenden Operationen, z. B. *Bereitstellen von Daten* oder *Update einer Ressource*.
- Empfang und Ausführung der Anfrage durch den API-Server. Die Ausführung umfasst deren Validierung, die Autorisierung und Authentifizierung des Clients sowie die Ausführung weiterer notwendiger Operationen.
- Der API-Server übersendet die Antwort auf die Anfrage an den Client. Diese Antwort kann Daten, eine Fehler- oder Statusmeldung umfassen.
- Der anfragende Client nimmt die Antwort entgegen und verarbeitet sie.

Die Aktionen, die durch API-Calls ausgelöst werden, realisieren häufig einen Datentransfer oder die Ausführung einer externen Programmfunktion, wie z. B. den Abruf von Daten zu einer bestimmten Bestellung, die Erstellung von Berichten, die Ausführung einer Bestellung oder die Übersendung einer Nachricht an eine Plattform. Sofern an einem API-Endpunkt eingehender API-Aufruf akzeptiert wird und gültig ist, sendet die empfangende API eine Antwort zurück. API-Aufrufe müssen definierte Sicherheitsfunktionen integrieren, wie z. B. einzigartige Schlüssel für ihre Identifizierung sowie zur Autorisierung und Verifizierung des zugehörigen anfragenden IT-Systems, des Clients, Authentifizierungs-Token, ein Endpunkt-Tracking oder eine DDoS-Mitigation, um Angriffe von außen und damit die nicht-autorisierte Nutzung von Funktionen abzuwehren. Insgesamt müssen API hohe Sicherheitsstandards gegen Angriffe und unautorisierte Nutzung von Funktionen in Netzwerken erfüllen.

7.2.2 Middleware und Integrationsplattformen (iPaaS)

Bei Middleware handelt es sich um Software-Lösungen, die Kommunikationsdienste für verteilte IT-Systeme, wie Anwendungssysteme, Datenbanken oder IT-Werkzeuge, über standardisierte Schnittstellen miteinander bereitstellt. Damit realisiert sie die Integration dieser Systeme und ihrer Daten (vgl. Lackes & Siepermann, 2018). Sie unterstützt demnach eine Kommunikation und einen Datenaustausch zwischen heterogenen IT-Systemen und fungiert damit als „Übersetzer“ zwischen Systemen unterschiedlicher Art zur Gewährleistung einer nahtlosen Datenkommunikation. Neben der Kommunikationsfunktion implementiert Middleware weitere Funktionen, sodass sie eine umfassende Infrastruktur für die Integration und die Kommunikation von IT-Systemen bereitstellt. Diese Funktionen basieren auf mehreren Kernkomponenten, die sich wie folgt beschreiben lassen (vgl. Wendt, o. J.):

- *Messaging:* Ein Messaging erlaubt eine asynchrone Kommunikation zwischen den an die Middleware angebundenen Anwendungen, indem die entsprechenden Systeme Nachrichten speichern und weiterleiten.
- *Datenverarbeitung und* -transformation: Mittels der Datenverarbeitungs- und Datentransformationskomponenten lassen sich Daten aus unterschiedlichen Quellen harmonisieren und in ein Zielformat umwandeln.
- *Sicherheitsmechanismen:* Authentifizierung, Verschlüsselung und Zugriffskontrolle für die angebundenen Systeme zur Gewährleistung der Sicherheit und zum Schutz sensibler Daten und Informationen.
- *Transaktionsmanagement:* Mit dem Transaktionsmanagement wird sichergestellt, dass Änderungen von Daten in den unterschiedlichen angebundenen Systemen zuverlässig durchgeführt werden und dass die Daten zur Weiterverarbeitung an das richtige System geroutet werden.
- *Schnittstellen und Konnektoren:* Middleware stellt standardisierte API und Protokolle zur Verfügung, um die verschiedenen IT-Systeme und Dienste anbinden zu können.

Eine Integrationsplattform bzw. Integration Platform-as-a-Service (iPaaS) basiert auf Middleware-Technologie und dient dazu, das gesamte IT-Ökosystem einer Organisation prozessorientiert zu vernetzen und zu automatisieren. Sie nutzt als Cloud-basierte Plattform Middleware-Funktionen, um eine ganzheitliche Integration von IT-Systemen zu gewährleisten. iPaaS zeichnet sich durch Flexibilität, Skalierbarkeit sowie eine Reduzierung des Infrastrukturaufwands aus (vgl. Adesso, 2025, S. 6). Mit ihrer zentralen Steuerung sind Integrationsplattformen in der Lage, alle angebundenen IT-Systeme zu verwalten und zu überwachen und damit Übersicht und Kontrolle herzustellen. Die zugrunde liegenden Middleware-basierten Lösungen transformieren Daten zwischen unterschiedlichen Datenformaten, stellen eine robuste Fehlerbehandlung bereit und unterstützen ein umfassendes Monitoring. Die Plattformen integrieren Komponenten, wie vorgefertigte Konnektoren für eine zügige Anbindung von gängigen IT-Systemen, vorbereitete Integrationsmuster für eine beschleunigte Implementierung von standardisierten Prozessen, beispielsweise Vermietungen oder das Management der Wartung von gebäudetechnischen Anlagen und Geräten, und wiederverwendbare Programmierschnittstellen, welche die Anbindung von externen Systemen vereinfachen und wirtschaftlich umsetzbar machen.

Im Kontext der Wohnungs- und Immobilienwirtschaft ermöglichen die entsprechenden Lösungen insbesondere die Anbindung von Legacy-Systemen, die über keine native API verfügen. Sie unterstützen die Orchestrierung komplexer Workflows unter Einbindung mehrerer unterschiedlicher IT-Systeme. So lässt sich mit einer Integrationsplattform ein Geschäftsprozess, z. B. ein vollständiger Wechsel von Mietenden, Ende-zu-Ende abbilden und durch die jeweils eingebundenen IT-Systeme unterstützen. Weitere Funktionen bzw. Leistungen einer solchen Plattform, die für die Wohnungs- und Immobilienwirtschaft von Relevanz sind, liegen in der Konsolidierung von Daten aus unterschiedlichen Quellen, in einer effizienten Automatisierung von standardisierbaren Prozessen, wie beispielsweise Wartungsanfragen, Mietabrechnungen oder das Vertragsmanagement sowie in der Integration von IoT-Technologien, um beispielsweise innovative Dienste, wie ein Energieeffizienz-Management oder vorausschauende Wartung, anbieten zu können. Die Gestaltungsmöglichkeiten von Middleware-gestützten integrierten Plattformen reichen von der Optimierung von Prozessen bis hin zum Aufbau neuer, innovativer Geschäftsmodelle (vgl. Adesso, 2025, S. 7). In Abschn. 6.4.1 werden zwei verwandte Modelle der Ausbildung von Integrationsplattformen und damit der Integration von PropTech-Lösungen oder anderer IT-Einzelsysteme in IT-Ökosysteme vorgestellt.

7.2.3 Weitere Datenkommunikations-Lösungen

Neben den in den beiden Abschn. 7.2.1 und 7.2.2 diskutierten Lösungen sind in Tab. 7.1 Methoden aufgelistet, die entweder umfassende manuelle Eingriffe erfordern bzw. sich an manuellen Prozessen orientieren oder die tief mit den IT-Systemen integriert sind und daher sehr komplex und wenig anpassungsflexibel sind. Diese Lösungen lassen sich wie folgt beschreiben (vgl. Adesso, 2025, S. 7 ff.):

- *Dateibasierter Datenaustausch:* Bei einem dateibasierten Datenaustausch werden Daten konventionell in Dateien, wie z. B. CSV- oder XML-Dateien, exportiert und über Protokolle wie SFTP oder über Cloud-Speicher zwischen den IT-Systemen übertragen. So lassen sich beispielsweise Mietendenlisten für Marketingkampagnen exportieren oder Stammdaten mit Dienstleistern ohne API-Anbindung austauschen. Beim dateibasierten Datenaustausch handelt sich um eine einfache, weit verbreitete und kostengünstige manuelle Methode, die jedoch nicht für Echtzeitkommunikation geeignet ist. Auch ist diese Methode fehleranfällig und nicht skalierbar.

- *Datenbank-Integration:* Die Datenbank-Integration bezeichnet eine enge Kopplung zwischen IT-Systemen und der angebundenen Datenbank zur Realisierung eines direkten Zugriffs auf die auszutauschenden Daten. Durch diesen direkten Zugriff ist dieser Kommunikationsweg sehr leistungsfähig und schnell. Demgegenüber stehen eine starke Abhängigkeit zwischen den IT-Systemen, die über eine Datenbank-Integration miteinander verbunden sind, denn Änderungen in den Datenstrukturen des einen Systems können unmittelbare Auswirkungen auf das andere System haben. Auch ist dieser Kommunikationsweg sehr unflexibel, hochkomplex und mit hohen Sicherheitsrisiken behaftet, wenn die Kommunikation nicht streng überwacht wird. Ein Einsatz dieser Methode in der Wohnungs- und Immobilienwirtschaft sollte nur in Ausnahmefällen und mit hoher technischer Expertise erfolgen, etwa bei sehr spezifischer, leistungsintensiver Datenkommunikation oder beim Aufbau eines zentralen Data Warehouse für Business Intelligence Analysen.
- *Manueller Mensch-Maschine-Datenaustausch:* Bei IT-Systemen, die keine automatisierten Datenkommunikationsschnittstellen implementieren oder bei denen die Dateneingaben, -kopien, -ergänzungen oder -überprüfungen menschliche Bewertungskompetenz benötigen, interagieren Menschen mit den Systemen und bilden damit die „Schnittstelle". Diese Form der Datenkommunikation ist fehleranfällig und wenig effizient, kaum skalierbar und nicht auditierbar (vgl. Adesso, 2025, S. 8). Die Nutzeneffekte dieser Methode liegen in hoher Flexibilität, geringen Implementierungskosten sowie in der Möglichkeit der Integration von Systemen, die keine Datenkommunikationsschnittstellen implementieren. Typische Anwendungsfelder des manuellen Mensch-Maschine-Datenaustauschs in der Wohnungs- und Immobilienwirtschaft liegen z. B. in manuellen Anpassungen von Daten nach externen Eingaben, die nach Rückmeldungen von Mietenden oder Handwerkern notwendig werden können, oder in manuellen Prüfungen und Korrekturen von Daten vor deren Weiterverarbeitung in einem anderen IT-System.
- *Robotic Process Automation (RPA):* RPA ermöglicht die Überführung eines manuellen Mensch-Maschine-Datenaustauschs in einen automatisierten Datenaustausch unter Nutzung der grafischen Benutzeroberfläche der beteiligten IT-Systeme (vgl. Aguirre & Rodriguez, 2017, S. 66). Die zugrunde liegende Technologie und deren Bedeutung und Einsatzfelder in der Wohnungs- und Immobilienwirtschaft sind in Abschn. 4.4 dieses Buchs ausführlich beschrieben. Beispiele aus der Branche für eine RPA-Datenkommunikation liegen in der Übertragung von Daten aus E-Mails, von Zählerständen oder aus elektronischen Formularen in ein ERP- oder CRM-System.

Die vorangehend aufgelisteten und skizzierten Lösungen für die Datenkommunikation zwischen IT-Systemen sind in ihrer Praktikabilität, Flexibilität und Integrationsfähigkeit im Vergleich zu API und Middleware/iPaaS deutlich eingeschränkt. Eine Nutzung ist daher lediglich zu empfehlen, wenn Prozess- und IT-Systemumfeld statisch sind oder wenn ggf. Übergangslösungen für die Datenkommunikation benötigt werden, um eine aufwendigere Implementierung von API oder Middleware/iPaaS zeitlich zu überbrücken.

7.2.4 Datenkommunikation mittels agentenbasierter KI

Bei agentenbasierter künstlicher Intelligenz handelt es sich um eine Form der künstlichen Intelligenz, die mehrere KI-Technologien miteinander verknüpft, um komplexe, mehrstufige Aufgaben auszuführen. Dazu nutzen autonome Agenten Machine Learning, Natural Language Processing (NLP) und große Sprachmodelle (LLM) in Kombination miteinander. Damit kann dieses Technologie neben dem Ausführen von komplexen Aufgaben den jeweiligen Aufgabenkontext interpretieren, Optionen bewerten und das eigene Verhalten an die aufgenommenen Gegebenheiten anpassen, um ein übergeordnetes Ziel zu erreichen (vgl. Automation Anywhere, o. J.). Im Bereich der Datenkommunikation ermöglicht die agentenbasierte KI eine dynamische Verwaltung komplexer IT-Systemintegrationen und damit verbunden die Optimierung von Datenströmen sowie einen proaktiven Umgang mit Datenanomalien, um Datenkommunikationsprozesse zu korrigieren oder zu verbessern. Die Autoren diskutieren diese Technologie sowie deren Einsatzmöglichkeiten ausführlich in Abschn. 4.4 dieses Buchs.

Anwendungsbeispiele für den Einsatz von agentenbasierter KI zur Datenkommunikation in der Wohnungs- und Immobilienwirtschaft liegen in der Analyse von Sensordaten sowie in der Aufnahmen von Kommunikationsdaten zwischen Mietenden und dem jeweiligen Wohnungsunternehmen aus unterschiedlichen Kanälen. Diese Daten werden in den Kommunikationskontext eingeordnet, strukturiert analysiert sowie an den richtigen Prozess geroutet. Das Routing schließt eine automatisierte Übertragung der Daten in das richtige IT-System ein. Die Umsetzung einer derartigen Lösung stellt eine anspruchsvolle Aufgabe dar, die durch folgende Aktivitäten geprägt ist (vgl. Adesso, 2025, S. 11):

- *Entwicklung und Einführung:* Entwicklung und Implementierung von agentenbasierten KI-Lösungen verlangen tiefgehende Kenntnis der KI-Technologie, der nutzbaren Strukturen und Mechanismen sowie einschlägiger Plattformen, die den Einsatz dieser Technologie unterstützen. Die Einführung selbst muss im Rahmen eines komplexen Projekts idealerweise in mehreren Stufen – von einer Referenz bzw. einem Piloten bis hin zum breiten Ausrollen auf die vorgesehenen Datenkommunikationsprozesse und unter Gestaltung und Implementierung der agentenbasierten KI-Datenaustauschprozesse – realisiert werden. Dies erfordert ein professionelles Projektmanagement und die Integration aller benötigten Kompetenzen.
- *Überwachung und Kontrolle:* Der Betrieb von agentenbasierten KI-Systemen verlangt die Implementierung von robusten Überwachungsmechanismen und Governance-Rahmenwerken, die sicherstellen, dass die KI-Agenten im Sinne der unterstützten Prozesse und im Sinne der Organisation agieren.

- *Erklärbarkeit/Nachvollziehbarkeit:* KI-Systeme bzw. -Agenten agieren oft als „Black Boxes", da die Algorithmen, denen sie folgen, nicht transparent und die Daten und Kontextinformationen, die sie nutzen, nicht im Detail bekannt sind. Dieser Umstand reduziert das Vertrauen in entsprechende Systeme und macht deren Nutzung insbesondere in einem regulierten Umfeld problematisch.
- *Ethik und Regulierung:* Der Einsatz von agentenbasierter künstlicher Intelligenz, die autonom agieren kann, stellt hohe Anforderungen an die Bildung eines ethischen und rechtlichen Rahmens, innerhalb dessen die Systeme arbeiten müssen. Das entsprechende Rahmenwerk muss erarbeitet werden.

Mit den dargestellten Merkmalen zeigt sich, dass erstens noch einige Forschungs- und Vorarbeiten zu betreiben sind, um agentenbasierte KI-Systeme für komplexe Datenkommunikationsprozesse ggf. mit Zusatzfunktionen nutzbar zu machen, und dass zweitens die Implementierung derartiger Systeme in wohlstrukturierten und gut gesteuerten Projekten erfolgen muss, um die angestrebten Ziele zu erreichen. Auch sollte der Einsatz dieser Methode bzw. dieses Technologie-Stacks für die Datenkommunikation wohlüberlegt sein und sorgfältig hinsichtlich der Aufwand-/Nutzen-Aspekte abgewogen werden. Unter üblichen Bedingungen erscheinen die Nutzung von Programmierschnittstellen (API) und Middleware/iPaaS aktuell noch die wirtschaftlichere, schnellere, sicherere und flexiblere Wahl für die Datenkommunikation zwischen unterschiedlichen Systemen.

7.3 Konnektoren und Datenräume

Konnektoren bilden neben den in Abschn. 7.2 dargestellten Technologien eine weitere Möglichkeit für die Realisierung einer Datenkommunikation zwischen unterschiedlichen Systemen. Es handelt sich dabei um Software- oder Hardwareschnittstellen, die verschiedene heterogene IT-Systeme, wie Cloud- und On-Premises-Systeme, Datenbanken, unternehmenseigene Softwareanwendungen, etc., miteinander verbinden, um einen sicheren und automatisierten Datenaustausch umzusetzen. Konnektoren fungieren als Vermittler zwischen diesen unterschiedlichen Systemen, sie regeln den Zugriff auf die jeweiligen Systeme, gewährleisten die Einhaltung von Sicherheitsstandards und sollten die Integration der unterschiedlichen Systeme vereinfachen.

Zur Erfüllung der genannten Aufgaben werden Konnektoren für spezifische Anwendungsbereiche bereitgestellt. In dem jeweiligen Anwendungsbereichen werden die Konnektoren wie folgt eingesetzt:

- *Gesundheitswesen:* Die Nutzung von *TI-Konnektoren* erfolgt im Gesundheitssektor in Form von Hardwareboxen, welche insbesondere Arztpraxen mit der deutschen Telematikinfrastruktur verbinden, um Dienste wie elektronische Rezepte, elektronische. Arbeitsunfähigkeitsbescheinigungen oder medizinische Dokumente zwischen Leistungserbringern und anderen Einrichtungen via E-Mail-Diensten innerhalb dieser

Infrastruktur auszutauschen. Für den Austausch von medizinischen Dokumenten wird mit KIM (Kommunikation im Medizinwesen) ein Kommunikationsstandard genutzt, der den sicheren Versand von Dokumenten, wie Arztbriefen, Befunden, eRezepten oder eAU, Ende-zu-Ende verschlüsselt zwischen registrierten Arztpraxen, Apotheken, Krankenhäusern, etc. ermöglicht. Die Konnektoren fungieren in diesem System als Verbindungs- und Transformationskomponenten zwischen den lokalen IT-Systemen und der Telematikinfrastruktur.
- *Cloud-Anwendungen: iPaaS-Konnektoren* verbinden Cloud-basierte Dienste, wie beispielsweise *Microsoft 365, Salesforce* oder *Docuware* mit organisationsinternen IT-Systemen; die Verbindung erfolgt oft über Plattformen wie *Make* oder *Power Automate*. Es handelt sich bei einem iPaaS-Konnektor um einen vorgefertigten Baustein auf *Integration-Plattform-as-a-Service*-Basis, der es ermöglicht, unterschiedliche Cloud-Anwendungen, Datenbanken und lokale IT-Systeme schnell und einfach miteinander zu verbinden. Die iPaaS-Konnektoren dienen dazu, eine zentrale Steuerung und Orchestrierung der integrierten Systeme in der Cloud zu gewährleisten (vgl. Bortnik, 2024). Für die Verbindung sind keine tiefgreifenden Programmierkenntnisse erforderlich; sie wird oft über No-Code-Systeme mittels intuitiv zu bedienender Drag and Drop-Schnittstellen und API hergestellt, um Datenflüsse zu automatisieren und Geschäftsprozesse zu vernetzen. Bei iPaaS-Konnektoren als vorgefertigte Bausteine handelt es sich um eine Weiterentwicklung der „klassischen" Integrationsplattformen.
- *Unternehmenssysteme:* Sichere Verbindungen von unternehmensspezifischen ERP-, CRM-, DMG-Speichersystemen, Datenbanken und Filesharing-Lösungen zu externen KI-Analysesystemen, wie z. B. Microsoft Copilot oder Amazon Q, werden über *NetApp-Konnektoren* hergestellt. Damit lassen sich die in Systemen und in Cloud-Systemen gespeicherten strukturierten und unstrukturierten Daten für KI-Training sowie BI-Analysen zugänglich machen, ohne die Daten an die externen Systeme übertragen zu müssen (vgl. Van Teyling et al., 2025).
- *Datenräume:* Um Organisationen oder Plattformen an Datenräume anzubinden, werden *Dataspace Konnektoren (Dataspace Connectors)* genutzt. Dabei handelt es sich um Open-Source-Software, die üblicherweise auf dem Eclipse Data Space Connector (EDC) basiert (vgl. Spiekermann, 2021) und die als technisches Bindeglied zwischen den Organisationen bzw. Plattformen und dem jeweiligen Datenraum fungiert. EDC stellen die Kommunikationssicherheit sowie den souveränen Datenaustausch zu und von Datenräumen mit Kontrolle und verbindlichen Nutzungsregeln für die Teilnehmer sicher. Dataspace Connectors sind mit bestehenden IT-Systemen integriert, sie unterstützen die Übertragung und den Empfang von Daten aus den IT-Systemen an die Datenräume und umgekehrt und ermöglichen die Interoperation zwischen den Systemen durch standardisierte Kommunikationsprotokolle.

Die vorangehend dargestellten Anwendungsbereiche zeigen die universelle Einsetzbarkeit von Konnektoren auf; lediglich der Einsatz von TI-Konnektoren ist für das spezifische Anwendungsfeld Gesundheitswesen vorgesehen. Die übrigen beschriebenen Konnektoren lassen sich in unterschiedlichen Branchen nutzen. So kann der Einsatz von Konnektoren in der Wohnungs- und Immobilienwirtschaft insbesondere innerhalb von IT-Ökosystemen sinnvoll sein, die unterschiedliche IT-Einzelsysteme, Plattformen, SaaS-Lösungen, Datenbanken, etc. zu unterschiedlichen Zwecken miteinander verbinden. Auch können mittels Konnektoren Datenaustauschverbindungen aus spezifischen IT-Ökosystemen heraus zu externen Plattformen, Portalen und Services realisiert werden.

Einen Kernanwendungsbereich für Konnektoren bilden die skizzierten Datenräume, die einen souveränen, vertrauenswürdigen Datenaustausch zwischen Organisationen sowie innerhalb von IT-Ökosystemen mittels Open-Source-Lösungen, den genannten *Dataspace Connectors,* ermöglichen. In der Wohnungs- und Immobilienwirtschaft können Datenräume wichtige Instrument für die Datenkommunikation bilden, insbesondere wenn die Daten nicht über eine zentrale Plattform übermittelt werden sollen, sondern in den dezentralen Systemen verbleiben und ggf. direkt an den Datenempfänger übermittelt werden. So erscheint die Nutzung von Datenräumen insbesondere in integrativen IT-Ökosystemen sinnvoll, die unterschiedliche IT-Systeme sowohl On-Premises als auch aus der Cloud, Plattformen und Portale, relationale und NoSQL-Datenbanken, etc. integrieren (vgl. Abschn. 8.3).

Ein *Datenraum* stellt eine flexible IT-Architektur dar, die eine souveräne, vertrauensvolle und transparente Nutzung dezentral organisierter Daten ermöglicht. Mit der Einrichtung eines Datenraums werden Nutzungsumfänge und -regeln für diesen Datenraum festgelegt. Für ihre Nutzung implementieren Datenräume bestimmte Komponenten – Dienste für den Betrieb und das Management des jeweiligen Datenraums, definierte technische Standards und Prozesse für die Datenkommunikation sowie eine regulatorische Rahmensetzung (vgl. Acatech, 2023, S. 1). Die genannten Komponenten fördern die Integrationsfähigkeit von verteilten Datenangeboten. Damit entsteht mit einem Datenraum ein dezentraler Marktplatz für ein jeweils spezifisches Datenangebot, auf dem eine definierte Anwendungsdomäne abgebildet wird (vgl. Acatech, 2023, S. 3).

Architektur von Datenräumen

Das Management der in einem Datenraum integrierten Daten erfolgt stets in den IT-Systemen, aus denen die jeweiligen Daten bereitgestellt werden, selbst, d. h. für eine konkrete Datennutzung werden *Peer-to-Peer-Strukturen*[1] aufgebaut. Mit den genannten implementierten Komponenten kann ein Datenraum für die Wohnungs- und Immobilienwirtschaft als Koordinierungsstelle und Austauschplattform für Metadaten dienen. Die auszutauschenden Daten selbst werden nach Anforderung durch ein bestimmte Daten

[1] Ein Peer-to-Peer-Netzwerk ist charakterisiert durch eine Kommunikation zwischen gleichberechtigten Kommunikationspartnern, die über dieselben Funktionen verfügen. Damit können die Parteien in einem solchen Netzwerk sowohl als Server als auch als Client fungieren. Das gesamte Netzwerk ist dezentral organisiert und benötigt keine zentrale Steuerungsinstanz. In einfachen Peer-to-Peer-Netzwerken sind alle Kommunikationspartner zentral miteinander verbunden (vgl. Ionos, 2022).

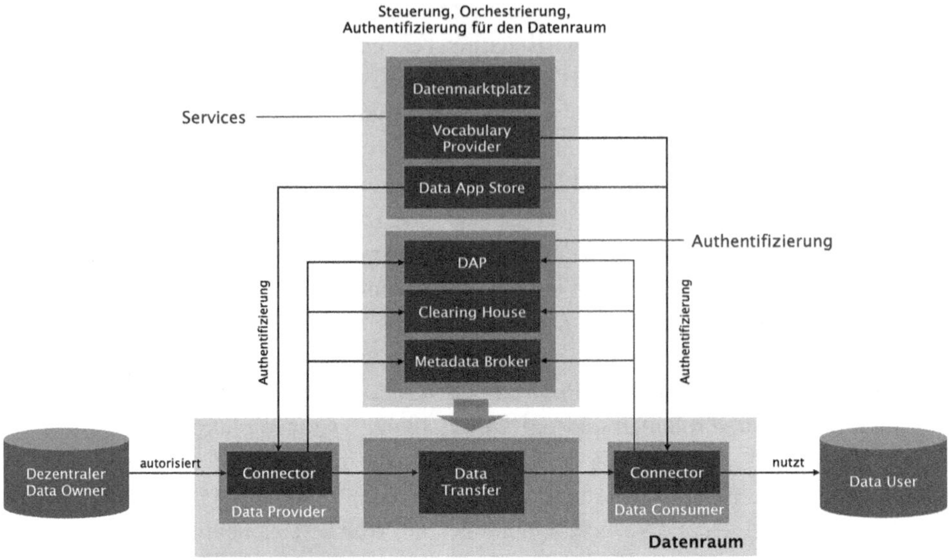

Abb. 7.1 Architekturmodell eines Datenraums mit Datenaustauschprozessen. (Eigene Darstellung in Anlehnung an Acatech, 2023, S. 4)

nachfragendes System direkt durch das bereitstellende System an das nachfragende System übermittelt. Abb. 7.1 zeigt ein Architekturmodell, das diesen Datenaustausch abbildet.

Ein Datenraum ist eingebettet in ein Datenökosystem, das neben dem eigentlichen Datenraum die Akteure und IT-Systeme, zwischen denen Daten ausgetauscht werden, sowie die Dataspace Connectors, welche die technischen Bindeglieder zwischen den Peers und dem Datenraum bilden, umfasst. Außer den Diensten für den Betrieb und das Management des Datenraums, welche die relevanten Metadaten bereitstellen, implementiert der Datenraum Dienste für die Authentifizierung der Peers, zwischen denen Daten ausgetauscht werden, um das Vertrauen zwischen diesen herzustellen. Er bildet damit eine zentrale Management-Plattform für eine bidirektionale Datenkommunikation, die auch als Teil eines IT-Ökosystems in der Wohnungs- und Immobilienwirtschaft eingesetzt werden kann.

Mit der beschriebenen Architektur erfüllt ein Datenraum zunächst die geforderten Sicherheits- und Compliance-Anforderungen, indem er Authentifizierungsdienste implementiert. Über die Dienste und Methoden zu den jeweils von einem IT-System bereitgestellten Geschäftsdaten und die Dienste zum Abrufen dieser Metadaten können die potenziell empfangenden Systeme Informationen zu den bereitgestellten Daten erlangen, sodass auch von einer Erfüllung der Geschäftsanforderungen durch einen Datenraum ausgegangen werden kann. Unter wirtschaftlichen Aspekten erscheint die Implementierung von Datenräumen für die Wohnungs- und Immobilienwirtschaft nur zielführend, wenn spezifische Standards für die Dataspace Connectors, die Informations- und Authentifizierungsdienste sowie für den Austausch der jeweiligen Geschäftsdaten bereitgestellt werden. Damit lassen sich proprietäre Implementierungen von Datenräumen für das jeweilige IT-Ökosystem einer Organisation vermeiden. Gelingt die Definition und Bereitstellung der genannten Standards, kann perspektivisch ggf. auf die Implementierung von Technologien, die für einen bidirektionalen Datenaustausch genutzt werden, also von API, Middleware, iPaaS, etc., verzichtet werden. Es stünde damit eine zukunftsfähige technische Plattform zur Verfügung, die eine mehrseitige Bereitstellung von Metainformationen zu bidirektional auszutauschenden Daten erlaubt, und den direkten bidirektionalen Austausch zwischen IT-Systemen bzw. Peers mit den Merkmalen Souveränität, Vertrauen und Transparenz unterstützt.

Literatur

Acatech (2023). *Factsheet Datenräume: Grundkonzepte und Gestaltungsprinzipien schnell und einfach erklärt*. Acatech – Deutsche Akademie der Technikwissenschaften. https://www.acatech.de/wp-content/uploads/2023/01/Factsheet_Datenraeume_de.pdf. Zugegriffen: 8. Dez. 2025.

Adesso (2025). *DigiWoh – Datenaustausch zwischen IT-Architekturen*. Adesso SE.

Aguirre, S., Rodriguez, A. (2017). Automation of a business process using robotic process automation (RPA): A case study. In J. Figueroa-García, E. López-Santana, J. Villa-Ramírez, R. Ferro-Escobar (Eds.) Applied computer sciences in engineering. WEA 2017, Communications in Computer and Information Science (vol. 742, S. 66–71). Springer. https://www.researchgate.net/publication/319343356_Automation_of_a_Business_Process_Using_Robotic_Process_Automation_RPA_A_Case_Study. Zugegriffen: 9. Mai. 2024.

Animus (2022). *Let's talk about tech*. Animus GmbH. https://animus.de/wp-content/uploads/2022/03/ANIMUS-Whitepaper_01-2022_RZ-Download.pdf. Zugegriffen: 2. März 2023.

Automation Anywhere (o.J.). *Was ist agentenbasierte KI?*. Automation Anywhere Inc. https://www.automationanywhere.com/de/rpa/agentic-ai. Zugegriffen: 15. Nov. 2025.

Bortnik, W. (2024). *DocuWare Konnektor auf power automate. Blogbeitrag*. DocuWare GmbH. https://start.docuware.com/de/blog/produkt/docuware-konnektor-auf-power-automate. Zugegriffen: 5. Dez. 2025.

Fateh, D. (2025a). *What is an API? How APIs work, simply explained*. Contentful GmbH. https://www.contentful.com/guides/api/. Zugegriffen: 9. Nov. 2025.

Fateh, D. (2025b). *What is an API-call?* Contentful GmbH. https://www.contentful.com/guides/api/api-call/. Zugegriffen: 9. Nov. 2025.

Ionos (2022). *Was ist Peer-to-Peer?* Ionos SE. https://www.ionos.de/digitalguide/server/knowhow/was-ist-peer-to-peer/. Zugegriffen: 11. Dez. 2025.

Lackes, R., Siepermann, M. (2018). *Middleware*. Springer Fachmedien. https://wirtschaftslexikon.gabler.de/definition/middleware-40800/version-264177. Zugegriffen: 15. Nov. 2025.

Spiekermann, M. (2021). *Eclipse Dataspace connector*. Eclipse foundation. https://projects.eclipse.org/proposals/eclipse-dataspace-connector. Zugegriffen: 5. Dez. 2025.

Van Teyling, G., Ryan, K., Radder, K. (2025). *Getting started with the NetApp connector for Microsoft copilot and azure NetApp files*. Microsoft. https://techcommunity.microsoft.com/blog/azurearchitectureblog/getting-started-with-the-netapp-connector-for-microsoft-m365-copilot-and-azure-n/4358422. Zugegriffen: 5. Dez. 2025.

Wendt, T. (o.J.). *Middleware: Definition, Funktionen und Vorteile für Unternehmen*. Xentral GmbH. https://xentral.com/de/erp-lexikon/middleware. Zugegriffen: 11. Nov. 2025.

8 Konzept eines integrativen IT-Ökosystems

Die Autoren stellen im vorliegenden Fachbuch Strategien, Technologien und Lösungsansätze sowie methodische Vorgehensweisen für die Digitalisierung und die digitale Transformation in der Wohnungs- und Immobilienwirtschaft vor. Auf technisch-organisatorischer Ebene verlangt die Implementierung von IT- und Digitalisierungslösungen eine strukturierte Einbettung dieser Lösungen in die jeweilige Organisation. Es sollte damit ein Ökosystem aufgebaut werden, welches bestehende, in der Wohnungs- und Immobilienwirtschaft zu nutzende IT-Systeme mit modernen Digitalisierungslösungen integriert und die jeweilige Organisation sinnvoll anbindet. Ziel muss es dabei sein, die Wertschöpfung entlang der über die IT-Systeme abgebildeten Geschäftsprozesse, die sich unterschiedlichen Aufgabenbereichen bzw. -feldern zuordnen lassen (vgl. Deloitte, 2025, S. 18 f.), effizient und effektiv zu betreiben, die Systeme intelligent zu vernetzen sowie eine insgesamt innovative und anpassungsfähige Organisation zu gestalten.

Die Aufgabenfelder, die sich innerhalb von wohnungs- bzw. immobilienwirtschaftlichen Unternehmen bilden, benötigen für die Erfüllung der integrierten Aufgaben spezifische Ressourcen und Kompetenzen. Sie lassen sich in einem hierarchischen Modell abbilden, das von der Ebene *Unternehmen* über die Ebenen *Portfolio, Immobilienverwaltung* mit *Bestand* und *Kunden* bis hin zur Ebene *Stützfunktionen* reicht. Die Ressourcen und Kompetenzen umfassen die Elemente *Organisation, Prozesse, Menschen* sowie *Technik/IT-Systeme*. Aus diesen Elementen bilden die IT-Systeme die Kernelemente des IT-Ökosystems und werden in einem entsprechenden Modell fokussiert (vgl. Abb. 8.1).

Entsprechend des Modells bilden die Aufgabenfelder *Gesamtunternehmen* sowie *Stützfunktionen* branchenunabhängige Aufgaben ab, die durch IT-Systeme unterstützt werden können, welche nicht spezifisch für die Wohnungs- und Immobilienwirtschaft vorgesehen sind. Zugleich stellen das *Enterprise Resource Planning* sowie das *Datenmanagement* Kernfunktionen der Branche dar. Mit einem Portfoliomanagement-System wird im Feld

H. Gsell, A. Rajchowski, *Software-Technologien und IT-Systeme für die Wohnungs- und Immobilienwirtschaft*, https://doi.org/10.1007/978-3-658-51129-6_8

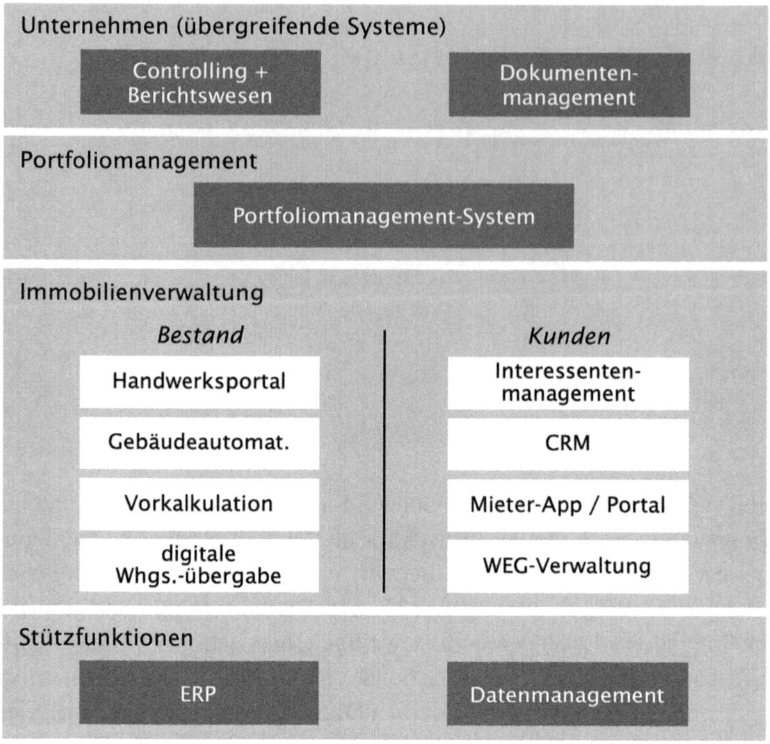

Abb. 8.1 Aufgabenfelder von Wohnungs-/Immobilienunternehmen unter Nutzung von IT-Systemen. (Eigene Darstellung in Anlehnung an Deloitte, 2025, S. 24)

Portfoliomanagement ein System eingesetzt, das hauptsächlich in der Immobilieninvestmentbranche genutzt wird. Das Feld, in dem insbesondere in der Phase des Betriebs bzw. der Bewirtschaftung einer Immobilien Kernaufgaben wahrzunehmen und Geschäftsprozesse abzubilden sind, stellt die *Immobilienverwaltung* dar. In dieses Aufgabenfeld fallen mit Bezug zum *Bestand* z. B. die Aufgaben des Facility Managements oder Wartungen, Instandhaltungen und Reparaturen, mit Bezug zu *Kunden* beispielsweise das Interessentenmanagement, Mietendenservice und -kommunikation oder die WEG-Verwaltung. Im Rahmen der Aufgabenausführung muss vielfach auf Daten zugegriffen werden, die in IT-Systemen des Felds *Stützfunktionen* abgelegt sind. Gerade bei diesen IT-Systemen handelt es sich um Systeme, die nicht exklusiv diesem Aufgabenfeld zuzuordnen sind, sondern sie kommen vielfach feldübergreifend zum Einsatz.

Mit den datentechnischen Zusammenhängen und Abhängigkeiten zwischen den in den unterschiedlichen Aufgabenfeldern eingesetzten IT-Systemen bildet das einwandfreie Funktionieren der IT- und Digitalisierungslösungen sowie ein gut strukturiertes, durchgängiges und ggf. feldübergreifendes Zusammenspiel dieser Lösungen in einer modern aufgestellten Organisation wesentliche Erfolgsfaktoren für eine effiziente und effektive Ausführung der Geschäftsprozesse in den Aufgabenfeldern und damit für die Erfüllung der zugehörigen Aufgaben. Diese Erfolgsfaktoren können in einem *integrativen IT-Ökosystem* zielführend ausgebildet werden. Ein solches Ökosystem muss die unterschiedlichen informationstechnischen Einzelsysteme, die in einem Unternehmen der Wohnungs- und Immobilienwirtschaft eingesetzt werden, integrieren, einen reibungslosen bidirektionalen Datenaustausch zwischen den unterschiedlichen integrierten IT- und Digitalisierungslösungen unterstützen sowie eine schnelle und problemlose Einbindung weiterer IT- und Digitalisierungslösungen einschließlich Datenanbindung realisieren.

Das vorliegende Kapitel beschreibt ein Konzept eines integrativen IT-Ökosystems, das den formulierten Anforderungen folgt und darauf ausgelegt ist, die technischen Rahmenbedingungen für die digitale Transformation der Wohnungs- und Immobilienwirtschaft zu schaffen. Zur Darstellung dieses Konzepts werden in den nachfolgenden Abschnitten die folgenden Inhalte behandelt:

- Zunächst wird der Status Quo der Implementierung von IT- und Digitalisierungslösungen, der in Unternehmen der Wohnungs- und Immobilienwirtschaft vielfach vorzufinden ist, dargestellt. Die Autoren zeigen dabei die Dominanz des führenden Systems – oftmals eines ERP-Systems, das als zentrales System alle Datenaustauschaktivitäten beherrscht und die Datenkommunikation bestimmt – sowie die Bedeutung der anderen in der jeweiligen Organisation genutzten IT-Systeme auf. Im Weiteren werden vor dem Hintergrund der Aufgaben und Herausforderungen, denen die Unternehmen der Wohnungs- und Immobilienwirtschaft gegenüberstehen, die Anforderungen an die Nutzbarkeit von IT- und Digitalisierungslösungen, an die Datenspeicherung und den Datenaustausch sowie an die Architektur eines IT-Ökosystems, welches die IT- und digitalen Systeme integriert, formuliert.
- In Abschn. 8.2 diskutieren die Autoren die Potenziale, die mit dem Einsatz moderner IT-Systeme in der Wohnungs- und Immobilienwirtschaft verbunden sind und die durch ein integratives IT-Ökosystem ausgeschöpft werden können. Diese Potenziale werden in Bezug gesetzt zu den durch die integrierten IT- und digitalen Systeme abgebildeten Geschäftsprozesse, zur Aufgabenausführung derjenigen Systeme, die sehr spezielle Prozesse außerhalb der Kerngeschäftsprozesse bzw. kaum standardisierbare Prozesse unterstützen, sowie zu den möglichen Effekten hinsichtlich der Effizienz und Effektivität der Aufgabenausführung der Systeme. Weiterhin werden Potenziale mit Bezug zur Flexibilität und Anpassungsfähigkeit der Organisation und der Systeme an sich ändernde Rahmenbedingungen und Umfeld- sowie Stakeholderanforderungen aufgezeigt.
- Aus dem Status Quo und den formulierten Anforderungen sowie den identifizierten Potenzialen des Einsatzes moderner IT-Lösungen wird in Abschn. 8.3 das Konzept eines integrativen IT-Ökosystems entwickelt. Dieses Konzept beschreibt eine organisations- und systemübergreifende Architektur aus IT- und Digitalisierungssystemen, Datenbasen, Methoden und Werkzeugen für den Datenaustausch auf API-Basis sowie die Interaktionsschnittstellen zwischen Nutzenden und Ökosystem (Benutzeroberflächen). Weiterhin beschreibt es die Funktionen dieser Komponenten und deren technische Ausgestaltung in Ökosystemen für Wohnungs-/Immobilienunternehmen.

Im Rahmen des Konzepts werden die Integration eines Kernsystems, die mögliche strukturelle Einbindung weiterer IT-Systeme und Digitalisierungslösungen sowie von Datenbasen, Diensten und Benutzenden in das Ökosystem aufgezeigt. Abschließend werden die Bedeutung von Cloud-Lösungen und Plattformen als Gestaltungselemente für ein integratives IT-Ökosystem skizziert.

- Der Abschn. 8.4 dieses Kapitels diskutiert schließlich die Handlungsfelder für eine Transformation „klassischer" IT-Betriebsstrukturen hin zu einem integrativen IT-Ökosystem bzw. für den Aufbau eines solchen Ökosystems sowie die Faktoren für deren zielführende Ausgestaltung. Bei diesen Handlungsfeldern handelt es sich um die Felder *Strategie und Architektur, Organisation und Kultur* sowie *Erste Schritte und Quick Wins.*

8.1 IT-Systeme in der Wohnungs- und Immobilienwirtschaft – Status Quo und Anforderungen

Aktuell sind die eher traditionellen IT-Landschaften in den Unternehmen der Wohnungs- und Immobilienwirtschaft durch den Einsatz von monolithischen, sehr komplexen ERP- oder Verwaltungssystemen geprägt. Entsprechende Systeme dominieren in der Mehrzahl der Wohnungs- und Immobilienunternehmen das Bild und bilden mit ihrer starken Integration in diese Organisationen häufig das Rückgrat der Informationstechnik in den Unternehmen. Denn die Systeme unterstützen bei einer Vielzahl von Aufgaben und in den Kernprozessen der Branche (vgl. Gsell & Nikodemus, 2025, S. 81 f.). Sie steuern die Abläufe, stellen deren Transparenz sicher und tragen damit maßgeblich zur Effizienz der Prozesse bei. In den meisten Unternehmen wird das zentrale ERP- bzw. Verwaltungssystem, das zugleich das prozessführende System bildet, ergänzt um Electronic Banking-Funktionen, die Microsoft Office Suite, Dokumentenmanagement- und Vorgangsmanagementsysteme (vgl. Wedemeier et al., 2024, S. 28; vgl. Gsell et al., 2025, S. 26).

Mit dem jeweiligen ERP-/Verwaltungssystem ist die IT-Landschaft in den Wohnungs- bzw. Immobilienunternehmen zentral strukturiert. Die entsprechenden Systeme integrieren zahlreiche Funktionen, was sie einerseits sehr leistungsfähig und universell einsetzbar macht, andererseits die Veränderungs- bzw. Anpassungsflexibilität an sich ändernde Umfeldanforderungen deutlich reduziert. Ergänzt wird das zentrale System häufig durch weitere Systeme, die Funktionen wahrnehmen, welche durch das vorhandene ERP-/Verwaltungssystem nicht erfüllt werden, und die als „Satellitensysteme" unabhängig vom zentralen System fungieren. Neben den immobilienwirtschaftlichen ERP- und Verwaltungssystemen existieren am Markt immer mehr innovative PropTech-Lösungen, welche die Optimierung und Automatisierung spezifischer Prozesse unterstützen. Eine Anbindung externer Systeme an das führende System gestaltet sich jedoch oftmals sehr schwierig und aufwendig und kann bei Updates des einen oder des anderen Systems hohe Anpassungsaufwendungen bedeuten.

Eine Anpassung oder Erweiterung des IT-Ökosystems ist in den gegebenen Strukturen insgesamt äußerst anspruchsvoll. So ist die in vielen Unternehmen vorhandene

IT-Infrastruktur nicht für die Integration ergänzender Systeme oder neuer Digitalisierungslösungen ausgelegt. Dies zeigen sowohl Studien der wohnungswirtschaftlichen Verbände und von unabhängigen Beratungsunternehmen als auch zahlreiche Aussagen der Vertreter von Wohnungs- und Immobilienunternehmen, die flexibleren IT-Lösungen mit moderner, standardisierter Schnittstellen zur Bewältigung ihrer Aufgaben in die eigene Organisation integrieren möchten (vgl. Vieker, 2022; vgl. Hunziker, 2025, S. 15 ff.). So fehlt es an Konzepten zur Integration dieser Systeme über standardisierte API und Konnektoren bzw. Datenräume in die Unternehmens-IT-Landschaften sowie an strategischen Modellen zur organisatorischen und technischen Einbindung der Lösungen in diese IT-Ökosysteme. Insgesamt existieren mehrere zentrale Herausforderungen für die Wohnungs- und Immobilienwirtschaft im Hinblick auf die Bildung integrativer IT-Ökosysteme in den Unternehmen, die sich in folgenden Punkten zusammenfassen lassen:

- Bei vielen der in den Wohnungs- und Immobilienunternehmen eingesetzten ERP- bzw. Verwaltungssystemen handelt es sich um mächtige, monolithische Systeme, die wenig Flexibilität zulassen und innovative Entwicklungen eher behindern (vgl. Augsten, 2023).
- Dezentrale Prozesse bzw. Nicht-Kernprozesse sind häufig wenig standardisiert, was ihrer Digitalisierung bzw. Automatisierung entgegensteht. Damit verbunden bilden sich „Sekundärprozesse", die nicht im Zentrum der Aufmerksamkeit stehen und oftmals ineffiziente manuelle Abwicklungen sowie System- bzw. Medienbrüche bei ihrer Ausführung zur Folge haben (vgl. Hotze, 2022, S. 36).
- Neue Technologien und PropTech-Lösungen lassen sich kaum in die bestehenden IT-Landschaften der Immobilienunternehmen integrieren (vgl. Liebold et al., 2020, S. 13).
- Durch regulatorische Anforderungen (z. B. ESG-Reporting), steigende Kundenerwartungen und strukturelle Marktveränderungen besteht ein hoher Anpassungsdruck der Geschäftsmodelle in der Wohnungs- und Immobilienwirtschaft und damit verbunden auch der einschlägigen IT-Ökosysteme (vgl. Pfnür & Wagner, 2018, S. 10).

Verfügbarkeit, Qualität und Handhabbarkeit von Daten sind entscheidende Erfolgsfaktoren für das einwandfreie Funktionieren von IT-Systemen. Mit den vorangehend beschriebenen Limitierungen der IT-Systemlandschaft verbunden sind einige Restriktionen in der Handhabung von Daten sowie der informationstechnischen Dienste in Wohnungs- und Immobilienunternehmen. Diese stellen sich wie folgt dar (vgl. Reitze, 2024):

- *Isolierte Datenstrukturen:* Häufig liegen die Daten, die in unterschiedlichen IT-Systemen verarbeitet werden, in verschiedenen Formaten, Strukturen, Systemen, Verantwortungsbereichen und an unterschiedlichen Orten vor. Darüber hinaus mangelt es vielfach an der Qualität der Daten (vgl. ZIA/EY, 2024, S. 13). Dies erschwert den direkten Austausch dieser Daten deutlich und es wird ein reibungsloses, effektives und durchgängiges Arbeiten in der gesamten Organisation verhindert. Die isolierten Datenstrukturen entstehen aufgrund eines mangelnden Zusammenwirkens der einzelnen

Organisationseinheiten in einem Unternehmen sowie der genutzten IT-Systeme und damit der Prozesse, die durch die Systeme abgebildet werden. Aus den isolierten Datenstrukturen heraus entstehen Ineffizienzen in den Prozessen sowie Defizite in der Information und in der Erfüllung der Kundenbedürfnisse.

- *Lange Innovationszyklen:* Durch die mangelnde Flexibilität der Systeme, ihre monolithischen Strukturen verbunden mit einem großen Funktionsumfang können Modernisierungen und Anpassungen der Systeme nur mit erheblichem Zeit- und Ressourceneinsatz vorgenommen werden. Damit entstehen *Legacy*-Systemstrukturen, die tief mit den zugehörigen Prozessen verwoben sind und deren Auflösung mit zunehmender Zeit immer schwieriger wird. Dies bedeutet, dass die entsprechenden IT-Systeme und die diese Systeme integrierenden IT-Landschaften oftmals gewachsen sind, neuartige Anforderungen nicht erfüllen, keine modernen Technologien integrieren und damit kaum eine effiziente und effektive Aufgabenerfüllung erfolgen können. Mit der fortführenden Nutzung von Altsystemen verbunden sind mangelnde Anpassungen an neue Sicherheitsanforderungen, eine mangelnde Wartbarkeit der Systeme sowie fehlende Möglichkeiten der Anbindung moderner Systeme und des Datenaustauschs.
- *Eingeschränkte Integration externer Services:* Die monolithische Struktur des jeweiligen zentralen Prozessführenden Systems lässt die Einbindung und Nutzbarmachung von außerhalb des IT-Ökosystems bereitgestellten Diensten kaum zu. Unter diesen Bedingungen können Integrationsdienste oder Cloud-basierte Dienste, die spezifische Aufgaben für die jeweilige Organisation wahrnehmen könnten, nicht nutzbar sein. Damit ist es vielfach nur unter extrem großen Aufwand möglich, die existierende IT-Systemlandschaft mit modernen Digitalisierungstechnologien und Plattformen zu verknüpfen und diese Technologien für die Organisation einsetzbar zu machen. Dies bedeutet, dass die jeweilige Organisation dauerhaft in veralteten informationstechnischen Strukturen arbeiten muss, die sich veränderten geschäftlichen Herausforderungen kaum anpassen und neue informationstechnische Möglichkeiten kaum umsetzen können. Auch ein Zusammenführen und Nutzbarmachen der auf die unterschiedlichen Systeme verteilten heterogenen Daten ist kaum möglich.

Die in den Unternehmen der Wohnungs- und Immobilienwirtschaft vorherrschenden IT-Landschaften stellen i. d. R. ein ERP- bzw. Verwaltungssystem mit umfassenden Funktionen in ihr Zentrum – dies vielfach unabhängig von der Größe des jeweiligen Unternehmens. Dies bedeutet, dass insbesondere die kleineren Unternehmen den gesamten Funktionsumfang dieser häufig sehr kostenintensiven Systeme kaum nutzen. Sie benötigen vielmehr schlanke Verwaltungssysteme mit wenigen Kernfunktionen sowie die Möglichkeit, weitere Systeme für spezifische Aufgaben einfach anbinden und innerhalb des eigenen IT-Ökosystems betreiben zu können.

Die skizzierten wenig flexiblen und beschränkten IT-Systemlandschaften scheinen kaum geeignet, die massiven Herausforderungen, vor denen die Wohnungs- und Immobilienwirtschaft steht, angemessen zu bewältigen. So bestehen durch die Klimakrise, Datenschutzanforderungen, eine notwendige Ressourcenschonung und energieeffizienzgetriebene regulatorische Anforderungen schwierige Rahmenbedingungen, welche Entscheidungsprozesse in den Unternehmen vielschichtig machen (vgl. PwC, 2024, S. 4). Der Einsatz von IT-Systemen und das Heranziehen großer Datenmengen müssen die Ausführung vieler Kerngeschäftsprozesse und Dokumentationen effizient unterstützen. Neben den genannten äußeren Herausforderungen steigen auch die Anforderungen und Erwartungen der Stakeholder der Unternehmen der Branche, also von Mietenden, Eigentümern, Dienstleistern, Versorgern, etc., deren effiziente Erfüllung ebenfalls die Nutzung geeigneter IT-Systeme erfordert. Schließlich stellt der zunehmende Fachkräftemangel eine Herausforderung dar, dem ebenfalls mit dem Einsatz von Softwareanwendungen für eine effiziente Aufgabenausführung begegnet werden kann. Die genannten Herausforderungen haben zudem eine wirtschaftliche Dimension, sodass die Entwicklung und der Einsatz entsprechender IT-Systeme zu deren Auflösung beitragen können, wenngleich damit Kosten entstehen. Diesen Kosten sollte jedoch ein signifikanter Nutzen gegenüberstehen, der in deutlichen Effizienzgewinnen und Effektivitätssteigerungen besteht.

Vor dem Hintergrund der aufgezeigten Herausforderungen müssen spezialisierte IT-Systeme eingesetzt werden, die optimal auf ihr jeweiliges Aufgabenfeld zugeschnitten sind. Ziel diese IT-System-Spezialisierung ist es, jedes Aufgabenfeld durch das jeweils am besten für die Aufgabenerfüllung geeignete IT-System im Sinne eines „Best of Breed" abzudecken. Dies bedeutet für die Immobilienwirtschaft, dass neben einem ERP-System als Kernsystem für die Aufgabenfelder Ergebnismanagement und Rechnungswesen weitere Einzelsysteme zum Einsatz kommen, die spezifische Aufgaben, wie beispielsweise den Vermietungsprozess oder die Mietendenkommunikation, optimal unterstützen und mit dem Kernsystem Daten austauschen. Alle IT-Systeme des IT-Ökosystems müssen Anforderungen auf organisationaler, prozessbezogener, personeller und technischer Ebene erfüllen, sodass das Ökosystem als Einheit funktioniert. Die Anforderungen adressieren einerseits die IT-Systeme selbst sowie andererseits das Zusammenspiel der IT- und Digitalisierungslösungen des Ökosystems. Sie lassen sich mit Bezug zu den genannten Ebenen wie folgt formulieren:

- Organisation: Unter *Organisationsgesichtspunkten* müssen die eingesetzten IT-Systeme flexibel auf sich dynamisch ändernde Rahmenbedingungen anpassbar sein. Die jeweiligen Aufgaben und Abläufe müssen durch die IT-Systeme selbst und ein abgestimmtes Zusammenspiel der unterschiedlichen Systeme der vorhandenen IT-Landschaft optimal, möglichst automatisiert und effektiv erfüllt werden. Diese auf die Informationstechnik abgestimmte Aufgabenerfüllung verlangt eine klare Einordnung der IT-Funktionen sowie der Steuerung der zugehörigen Systeme in die jeweilige Organisation.
- Prozesse: Die *Geschäftsprozesse* müssen durch die zugehörigen IT-Systeme bestmöglich abgebildet werden, um ihre effiziente Unterstützung und ihre reibungslose, direkte Ausführung sicherzustellen. Dies erfordert in umgekehrter Richtung eine Abbildbarkeit der Prozesse in den IT-Systemen und damit eine gewisse Standardisierung der abgebildeten Prozesse – dies gilt bis zu einem bestimmten Grad auch für die Prozesse, die

keine Kernprozesse darstellen. Weiterhin sollte die Prozessunterstützung durch die IT-Systeme in der Wohnungs- und Immobilienwirtschaft durchgängig Ende-zu-Ende und bei Ineinandergreifen mehrerer Prozesse ein reibungsloser Austausch der prozesszugehörigen Daten erfolgen.

- Mensch/Personal: Anforderungen, die *Menschen* an die IT-Systeme einer IT-Systemlandschaft stellen, liegen in der einfachen Bedienbarkeit dieser IT-Systeme, die möglichst intuitiv sein sollte, sowie in der einfachen Zugänglichkeit der Systeme. Neben einer komfortablen Handhabung der Einzelsysteme erwarten die Nutzer eine reibungslose Interaktionsfähigkeit dieser Systeme, d. h. eine problemlose Verfügbarkeit der benötigten Daten im richtigen System und damit verbunden einen ungehinderten Datenaustausch zwischen den in das IT-Ökosystem integrierten Systemen. Auch werden die Konsistenz und Richtigkeit der in den Systemen verarbeiteten Daten sowie minimale Latenzzeiten für Antworten aus den Systemen erwartet. Mit den formulierten Anforderungen werden hauptsächlich nicht-funktionale Faktoren definiert, die wichtige Kriterien der Entwicklung derartiger Systeme bilden und Gegenstand der ISO/IEC, 25010 darstellen (vgl. Block, 2023).
- Technik: Neben den vorangehend bereits genannten Anforderungen liegen weitere *technische Anforderungen* an die IT-Systeme, die in den Unternehmen der Wohnungs- und Immobilienwirtschaft betrieben werden, bzw. an die entsprechende Systemlandschaft erstens in ihrer Absicherung gegen Angriffe und Fehlbedienungen, die Datenverluste oder eine Manipulation von Daten durch nicht berechtigte Personen oder Systeme zur Folge haben. Zweitens muss eine sichere und stabile Datenerfassung, -verarbeitung und -speicherung in den IT-Systemen gewährleistet sein und drittens muss es möglich sein, Daten reibungslos zwischen den unterschiedlichen Einzelsystemen des IT-Ökosystems auszutauschen. Dies erfordert auf technischer Ebene moderne, standardisierte Programmierschnittstellen in den Einzelsystemen, die eine einfache und schnelle Verbindung der Systeme untereinander unterstützen, oder intelligente Konnektoren und Datenräume, über welche ein breiter Datenaustausch zwischen einem Kernsystem und weiteren IT-Systemen eines IT-Ökosystems sowie externen IT-Systemen realisiert werden kann (vgl. Abschn. 7.3).

8.2 Potenziale des Einsatzes moderner IT-Lösungen in integrativen IT-Ökosystemen

Die in Abschn. 8.1 aufgezeigten Defizite der existierenden IT-Systemlandschaften in den Unternehmen der Wohnungs- und Immobilienwirtschaft sowie die dargestellten Anforderungen machen deutlich, dass ERP-/Verwaltungssysteme heute nicht mehr ausreichen in einer Welt, in welcher Mobilität, Plattformen und Partnerschaften maßgebliche Gestaltungsfaktoren für erfolgreiche Geschäftstätigkeiten bilden. Die Unternehmen der Wohnungs- und Immobilienwirtschaft benötigen damit Strukturen, die hochflexibel an die sich dynamisch verändernden Anforderungen der jeweiligen Organisation und an die

Tab. 8.1 Paradigmenwechsel vom klassischen ERP-System zum integrativen IT-Ökosystem. (Eigene Darstellung)

Klassisches ERP-/Verwaltungssystem	Integratives IT-Ökosystem
Monolithisch, zentral	Modular, dezentral, serviceorientiert
Stark integriert, schwer ext. erweiterbar	API-First, Schnittstellen für Drittanbieter
Aufwändige Erweiterung	Integration innovativer Lösungen jederzeit
Lineare Prozesse, proprietäre Formate	Echtzeit-Daten, standardis. Schnittstellen
Hohe Initialkosten, geringe Flexibilität	Nutzungsbasierte Modelle, skalierbar
Systemverwalter, reaktiv	Plattformgestalter, integrativ, strategisch
Oft proprietär, On-Premises	Cloud-basiert, Microservices, offen

Rahmenbedingungen des Umfeld anpassbar sind, die spezifische Aufgaben passgenau wahrnehmen können, die schnell und einfach Daten aus anderen Systemen entgegennehmen und an andere Systeme übergeben können, und die damit eine mühelose Anbindung anderer Systeme, Plattformen, innovativer Lösungen oder Dienste realisieren. Damit kann insgesamt ein IT-Ökosystem entstehen, das die Prozesse von Wohnungs- und Immobilienunternehmen optimal abbildet und so weit wie möglich und sinnvoll automatisierbar macht.

Ziel eines integrativen IT-Ökosystems für die Wohnungs- und Immobilienwirtschaft ist eine nahtlose Einbindung von Informationstechnologien, Prozessen und Stakeholdern – also Wohnungs-/Immobilienunternehmen, Eigentümern, Mietenden, Dienstleistern, wie Versorgern, Facility Management Unternehmen, Handwerkern. Die formulierten Anforderungen an eine moderne IT-Landschaft in der Branche bedürfen eines Paradigmenwechsels in der Ausgestaltung dieser Landschaft von „klassischen" ERP-/Verwaltungssystemen hin zu diesen integrativen IT-Ökosystemen.

Der notwendige Paradigmenwechsel erfordert deutliche strukturelle Veränderungen der IT-Landschaften in den Unternehmen der Wohnungs- und Immobilienwirtschaft. Tab. 8.1 zeigt die wichtigsten Veränderungsfelder, die die sich wie folgt gestalten:

- *Serviceorientierung und Integration:* Ein Wandel von monolithischen, zentralen IT-Systemen mit einem universellen Funktionsumfang zu dezentralen Systemen und Diensten, die jeweils spezifische Aufgaben wahrnehmen, erlaubt eine flexible und wirtschaftliche Abwicklung der entsprechenden Aufgaben. Die existierenden zentralen Systeme sind kaum erweiterbar; demgegenüber realisiert ein integratives IT-Ökosystem durch eine API-First[1]-Strategie eine einfache, schnelle und universelle Anbindung

[1] Mit einer API-First-Strategie legen Programmierer von Softwaresystemen genau fest, wie sich die Programmierschnittstellen, welche das jeweilige System implementiert, verhalten sollen und welche spezifischen Geschäftsanforderungen diese erfüllen müssen. Damit verbunden sind die Entwicklung kontrollierter Fail-Fast-Methodiken für Aktualisierungen, Codeänderungen sowie Funktionserweiterungen an den Systemen (vgl. Doyle, 2024). Die Verfolgung dieser Strategie wird getrieben von Softwaretrends wie Microservices, Serverless Computing und Edge Computing.

externer Systeme und Dienste an ein Kernsystem, d. h. die Einzelsysteme im Ökosystem stellen moderne, standardisierte Schnittstellen für Drittanbieter bzw. jeweils andere Systeme bereit.

- *Erweiterbarkeit:* Durch die im vorangehenden Punkt angeführte API-First-Strategie, die moderne, standardisierte Programmierschnittstellen (API) in den Mittelpunkt stellt, kann sich das Hemmnis einer aufwendigen Erweiterung des jeweils eingesetzten zentralen Systems um zusätzliche Funktionen auflösen, denn diese Funktionen können mittels einer flexiblen Einbindung von Drittsystemen, welche die entsprechenden Funktionen implementieren, in das IT-Ökosystem ergänzt werden. So unterstützen moderne, standardisierte API die Anbindung von beispielsweise PropTech-Lösungen für spezifische Aufgaben, von Werkzeugen für das ESG-Reporting oder von IoT-Systemen und -Geräten an ein zentrales ERP-/Verwaltungs-Kernsystem.
- *Datenkommunikation und Automatisierung:* In der Wohnungs- und Immobilienwirtschaft etablierte Systeme weisen i. d. R. proprietäre Datenformate auf, die sich in isolierten, linearen Strukturen der durch die Systeme abgebildeten Prozessen widerspiegeln. Mit integrativen IT-Ökosystemen müssen eine Vernetzung der Prozesse und einheitliche Datenmodelle für die in das System integrierten Systeme implementiert werden, welche die Voraussetzungen für eine Durchlässigkeit der IT-Systeme bzw. deren enge Interaktionen bilden. Einheitliche Datenmodelle, moderne, standardisierte API der Einzelsysteme sowie die direkte Nutzbarkeit der in den Prozessnetzwerken erzeugten, verarbeiteten und gespeicherten Daten in Echtzeit bilden die Befähiger für durchgängige Prozesse von Ende zu Ende in den Wohnungs- und Immobilienunternehmen.
- *Flexibilität:* Die Dynamik von anforderungs- und umfeldbezogenen Veränderungen in Unternehmen der Wohnungs- und Immobilienwirtschaft erfordert eine angepasste Flexibilität der Prozesse sowie der IT-Systeme, welche diese Prozesse abbilden. Ein integratives IT-Ökosystem integriert ein Kernsystem, das die wesentlichen Funktionen flexibel abbildet und im Vergleich zu einem monolithischen ERP-/Verwaltungssystem eine deutlich geringere Investition darstellt, und gruppiert die jeweils benötigten Einzelsysteme zur Unterstützung oder automatischen Ausführung spezifischer (Teil-)Prozesse dynamisch um dieses Kernsystem herum. Damit entsteht eine flexible, nutzungszentrierte IT-Landschaft, welche die benötigten Funktionen flexibel und skalierbar bereitstellt.
- *Plattform- und Cloud-Integration:* Die hohe Flexibilität eines integrativen IT-Ökosystems im Vergleich zur etablierten ERP-/Verwaltungssystemlandschaft zeigt sich auch in der an mehrseitigen Plattformen (vgl. Abschn. 3.4) orientierten Gestaltung dieses Ökosystems. Ein solches IT-Ökosystem kann ebenso wie Plattform-Ökosysteme unterschiedliche (Teil-)Prozesse und Akteure zusammenführen (vgl. Gsell & Nikodemus, 2025, S. 168 f.), es erlaubt eine proaktive Begleitung bzw. Unterstützung der unterschiedlichen Prozesse in den Wohnungs- und Immobilienunternehmen und damit deren effiziente Ausführung. Durch die flexible Zusammenführung der unterschiedlichen Systeme und die Möglichkeit einer durchgängigen Verarbeitung der Daten in den jeweils genutzten IT-Systemen des Ökosystems entsteht ein Plattform-gleiches,

flexibles Gesamtsystem. Mit der flexiblen Integration von unterschiedlichen IT-Systemen in das IT-Ökosystem lassen sich auch entsprechend geeignete Cloud-basierte Systeme, Plattformen, innovative Lösungen, Dienste, etc. in das Ökosystem einbinden. Damit werden die Ortsungebundenheit und der On-Premises-Charakter der klassischen Systeme substituiert durch anpassbare Cloud-basierte Lösungen, die miteinander interagieren und mittels Microservices[2] gesteuert werden, kommunizieren und Daten austauschen können.

Die geschilderten Merkmale, welche die Veränderungsfelder des Paradigmenwechsels vom klassischen ERP-/Verwaltungssystem zum integrierte IT-Ökosystem definieren, verdeutlichen die Flexibilität und Integrationsfähigkeit, die ein solches IT-Ökosystem bietet, um die Herausforderungen, denen sich die Wohnungs- und Immobilienwirtschaft gegenübersieht, zu bestehen. Mit dessen Implementierung wandelt sich das jeweilige Wohnungs- bzw. Immobilienunternehmen vom Verwalter von weitgehend isolierten IT-Funktionen zum Orchestrierer von angepassten und integrierten IT-Diensten. Dies wird damit zu, Treiber der Digitalisierung und des Einsatzes innovativer informationstechnischer Lösungen und damit von Effizienz und Effektivität der Aufgabenabwicklung in der Wohnungs- und Immobilienwirtschaft. Denn integrative IT-Ökosysteme fördern die Interoperabilität und Einbindung von unterschiedlichsten IT-Systemen, d. h. von Cloud-basierten Systemen, Plattformen, innovativen Softwaresystemen von PropTech-Unternehmen und etablierten Softwareanbietern, IT-Diensten, etc., und bilden damit die Basis für Effizienzsteigerungen, Flexibilität und Innovationsfähigkeit der Unternehmen der Branche.

Datenaustausch und Datenkommunikation bilden Schlüsselfunktionen von integrativen IT-Ökosystemen, um die Interoperabilität und Interaktionen zwischen den Systemen zielführend zu gestalten. Daher bilden Microservices und moderne, standardisierte Programmierschnittstellen (API) die wesentlichen technischen Gestaltungskomponenten der Systeme. Weitere Potenziale leiten sich aus der Agilität, Flexibilität und Veränderungsfreundlichkeit derartiger Systeme ab und sind in den ausgeführten Merkmalen des Paradigmenwechsels vom klassischen ERP-/Verwaltersystem zum integrativen IT-Ökosystem bereits skizziert: Diese liegen in der schnellen Reaktionsfähigkeit und in der proaktiven Aktionsfähigkeit der Wohnungs- bzw. Immobilienunternehmen, die diese insbesondere dazu befähigen, bei entsprechenden prozessbezogenen und/oder wirtschaftlichen Anforderungen schnell intelligente IT- und Digitalisierungslösungen passgenau und unter Anbindung des Datenaustauschs und der Datenkommunikation in das Ökosystem zu integrieren. Damit kann das jeweilige Unternehmen von innovativen Lösungen für die Branche, die von PropTech-Unternehmen, etablierten Softwareunternehmen und anderen Dienstleistern – z. B. auch Unternehmen zur Gewährleistung der Informationssicherheit – bereitgestellt werden, direkt profitieren und die entsprechenden Lösungen innewohnenden Potenziale ausschöpfen.

[2] Zum Verständnis von Microservices vgl. Abschn. 3.4 dieses Fachbuchs.

Neben modernen, standardisierten Programmierschnittstellen bilden auch Datenräume, die in die Ökosysteme eingebunden werden können, eine Möglichkeit für die Ausgestaltung des Datenaustauschs und der Datenkommunikation innerhalb der Ökosysteme, denn sie erlauben eine lose Kopplung der Einzelsysteme eines IT-Ökosystems sowie externer IT-Systeme mit dem jeweiligen Kernsystem (vgl. Abschn. 7.3). Datenräume schaffen eine Grundlage für einen sicheren und vertrauensbasierten Austausch von Daten, sowohl von Stammdaten als auch von Bewegungsdaten, zwischen unterschiedlichen internen und externen IT-Systemen. Schließlich können mit dem Konzept eines IT-Ökosystems auch Systeme von Partnerunternehmen schnell und einfach in dieses Ökosystem integriert werden. Dies fördert die Ausschöpfung des Potenzials des Aufbaus strategischer Partnerschaften, denn es lassen sich über diesen Weg schnell Pilotsysteme in das IT-Ökosystem einbinden und projektieren. Damit kann ein valider Nachweis des jeweiligen Nutzens der über den Piloten implementierten Lösung und ggf. eines Best Practice für das Wohnungs- bzw. Immobilienunternehmen erbracht werden.

Die aufgezeigten Nutzenpotenziale sind verbunden mit spezifischen Faktoren, die bei der Implementierung von IT-Systemen bzw. Digitalisierungslösungen in Wohnungs-/ Immobilienunternehmen und deren Integration in das jeweilige IT-Ökosystem berücksichtigt werden müssen. Bei den entsprechenden Faktoren und deren Merkmalen handelt es sich um die Punkte *Komplexität, Management, Datenschutz, Compliance, Qualitätssicherung* und *Sicherheitsrisiken,* die typischerweise Entwicklungselemente des Software Engineering darstellen und deren Management im Betrieb von Softwaresystemen erfolgen muss. Diese Punkte stellen sich für die Entwicklung eines IT-Ökosystems in der Wohnungs- und Immobilienwirtschaft im Einzelnen wie folgt dar:

- *Komplexität und Management:* Die Implementierung von Softwaresystemen und deren Integration in eine Softwarelandschaft erfordert die Fähigkeit, in *komplexen Umgebungen* zu agieren und unterschiedliche Gestaltungs- und Einflussfelder passgenau zusammenzuführen. So müssen in einer solchen Implementierung die Vernetzung von Prozessen, IT-Systemen und Personen, die mit der Software arbeiten, sowie Personen und Systeme, an welche die Ergebnisse der Datenverarbeitung durch ein Softwaresystem gerichtet sind, berücksichtigt werden. Auch bedeuten die Integration und die Handhabung von mehreren (Teil-)Systemen in einem Gesamt-Ökosystem einen höheren Aufwand für die Steuerung und die Lenkung der Einzelsysteme sowie des Gesamtsystems (vgl. Flügge, o. J.).
- *Datenschutz und Compliance:* Sicherheit und insbesondere der *Schutz personenbezogener Daten* bilden Merkmale, die unmittelbar Einfluss auf das Vertrauen der Nutzenden in die Systeme und IT-Landschaften haben und daher von Beginn des Aufbaus derartiger Landschaften berücksichtigt werden müssen. Die entsprechenden Schutzmaßnahmen sowie die Maßnahmen zur Einhaltung der Compliance-Anforderungen sind Teil der technischen Umsetzung des IT-Ökosystems und bedürfen einer sorgfältigen Planung, einer Analyse der Datenrisiken sowie der Nutzung standardisierter Muster für das Design – hier sollten die Designkonzepte *Privacy by Design* zum Schutz

der Privatsphäre mit seinen sieben Grundprinzipien (vgl. Cavoukian, 2009, S. 2) sowie *Security by Design* zur Gewährleistung der Hard- und Softwaresicherheit durch entsprechende Sicherheitsarchitekturen (vgl. Nexus, 2024) bereits in der Konzeptions- und Entwicklungsphase einer Geschäfts- und Softwareentwicklung umgesetzt werden, um spätere Schwachstellen im Bereich des Datenschutzes und der Sicherheit zu vermeiden.

- *Qualitätssicherung:* Im Zuge der *Qualitätssicherung* während der Entwicklung von IT-Systemen und der Integration dieser Systeme in ihr IT-Ökosystem muss durch eine systematische Ausführung der Entwicklungs- und Implementierungsprozesse sichergestellt werden, dass die Softwaresysteme die Anforderungen erfüllen und diese zuverlässig und ohne das Anstoßen von Fehlern einwandfrei funktionieren. Dazu werden über den gesamten Lebenszyklus von IT-Systemen Qualitätssicherungsmaßnahmen unter Einsatz bestimmter Methoden, wie z. B. *Test-Driven Development (TDD), Continuous Integration (CI)* oder manueller und automatischer Tests, sowie Qualitätsmodelle durchgeführt. Die Ziele dieser Maßnahmen liegen in der Fehlervermeidung, der Sicherung der Zuverlässigkeit und Leistung der Systeme sowie der Anforderungserfüllung und der Sicherung der Benutzerfreundlichkeit (vgl. Gierszal & Karafioł, 2025).
- *Risikomanagement:* Wie in jedem Projekt müssen auch bei der Entwicklung von IT-Systeme potenzielle Schwierigkeiten, welche einer erfolgreichen Entwicklung, Einführung und Nutzung eines IT-Systems entgegenstehen, identifiziert, analysiert und bewertet werden. Die Bewertungsfaktoren bilden die Eintrittswahrscheinlichkeit eines Problems und die Auswirkungen eines eingetretenen Problems auf die IT-System-Einführung und -Nutzung. In Abhängigkeit von diesen beiden Faktoren werden Strategien und Maßnahmen zur Vermeidung bzw. Minimierung des Risikoeintritts festgelegt. Mit einem angemessenen *Risikomanagement* lassen sich Kosten sparen, Entwicklungen schneller vorantreiben, Entwicklungs-, Einführungs- und Nutzungskosten genauer einschätzen sowie IT-Projekte plangemäß durchführen (vgl. Gottdiener, 2022).

Für das Ausschöpfen der Potenziale eines integrativen IT-Ökosystems muss dieses System eine geeignete Architektur sowie darin eingebettete technische Merkmale umsetzen, welche erstens dazu beitragen, spezifische Anforderungen an den Datenaustausch und die Datenkommunikation zu erfüllen, und die zweitens so gestaltet sind, dass maximale Flexibilität und Dynamik des IT-Ökosystems abgebildet werden. Das IT-Ökosystem sollte so ausgestaltet sein, dass die Einzelsysteme bei hoher Passgenauigkeit mit den Prozessen, welche durch die jeweiligen Einzelsysteme unterstützt werden, ohne ein spezifisches Customizing in das entsprechende Ökosystem integriert werden können. Die mögliche Ausgestaltung der Architektur des IT-Ökosystems, grundlegende Funktionen der integrierten Systemkomponenten sowie ein Konzept für das Datenmanagement in integrativen IT-Ökosystemen werden in Abschn. 8.3 ausgeführt. Darauf aufbauend beschreiben die Autoren in Abschn. 8.4 die Handlungsfelder für den Aufbau eines solchen IT-Ökosystems in der Wohnungs- und Immobilienwirtschaft.

8.3 Integratives IT-Ökosystem für die Wohnungs- und Immobilienwirtschaft – Architektur und Datenmanagement

Ein integratives IT-Ökosystem, das die im vorangehenden Abschnitt formulierten Potenziale ausschöpfen kann und damit höchste Anpassungsflexibilität, einen universellen Datenaustausch und einen individualisierten Zuschnitt seines Leistungsangebots auf die Größe, Bedürfnisse und Rahmenbedingungen des jeweiligen Wohnungs-/Immobilienunternehmens umsetzt, muss entsprechend einer zur Abbildung dieser Ziele geeigneten Architektur aufgebaut sein. Diese Architektur umfasst die IT-Systeme, also ein Kernsystem sowie die in das Ökosystem integrierte ergänzende Systeme, welche der Unterstützung der Geschäftstätigkeit des jeweiligen Wohnungs- bzw. Immobilienunternehmens dienen, Einheiten und Komponenten für den Datenaustausch und die Datenkommunikation, Systeme für die Speicherung und das Management von Daten und Dokumenten, Benutzerschnittstellen, wie IT-systemspezifische Benutzeroberflächen, Browser und Apps mit Anbindungen zu externen IT-Systemen und Cloud-Lösungen. Abb. 8.2 zeigt ein Referenzmodell eines IT-Ökosystems im Überblick. Die wichtigsten der vorangehend genannten Elemente werden nachfolgend ausführlich beschrieben.

Die technische Basis für ein integratives IT-Ökosystem bildet eine „klassische" IT-Infrastruktur, wie sie in Abschn. 3.1.2 beschrieben ist. Sie besteht demnach aus Hardware zum Erbringen von Rechen- und Speicherleistung, aus Systemsoftware zum Management der System- und Anwendungssoftwareprozesse sowie aus den Netzwerkelementen, um die unterschiedlichen Hardware- und Softwaresysteme zu verbinden und die Netzwerkkommunikation zu realisieren. Darüber hinaus sind Sicherheitssysteme zum Schutz der Daten, Prozesse und der Infrastruktur selbst vor unbefugten Zugriffen und anderen

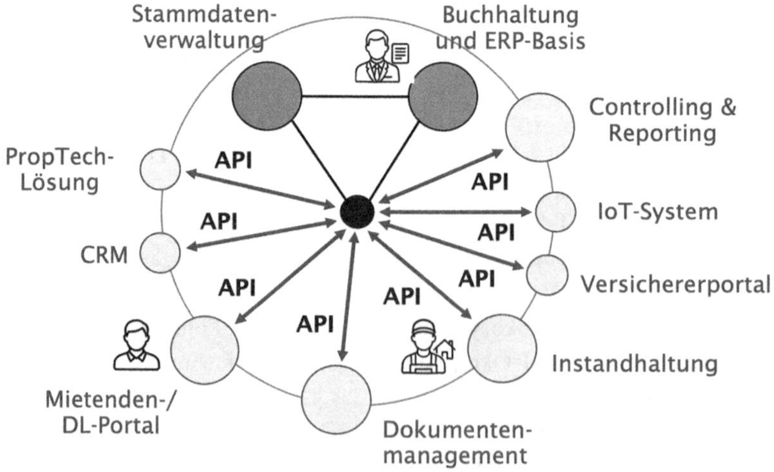

Abb. 8.2 Referenzmodell eines integrativen IT-Ökosystems für die Wohnungs- und Immobilienwirtschaft. (Eigene Darstellung)

Bedrohungen zu implementieren. Weiterhin werden grundständige IT-Dienste und Systemkomponenten als IT-Infrastrukturkomponenten bereitgestellt. Die genannten Leistungskomponenten der IT-Infrastruktur können teilweise oder vollständig aus der Cloud bezogen werden. Über die Ausgestaltung der IT-Infrastruktur als traditionelle Infrastruktur, die in einem eigenen Rechenzentrum (On-Premises) betrieben wird, als reine Cloud-basierte Infrastruktur oder als hybride Infrastruktur aus traditioneller und Cloud-Infrastruktur (vgl. Abschn. 3.1.2, S. 35 ff.) entscheidet das jeweilige Unternehmen in Abhängigkeit von den individuellen Anforderungen und Rahmenbedingungen des IT-Ökosystems.

Die im Referenzmodell der Abb. 8.2 dargestellte Architektur eines integrativen IT-Ökosystems kann vollständig aus Cloud-Systemen oder hybrid aufgebaut sein, d. h. On-Premises- und Cloud-Systeme integrieren. Die Ökosystem-Architektur muss skalierbar und flexibel anpassbar sein, standardisierte Datenmodelle integrieren und eine API-First-Strategie umsetzen sowie eine eventbasierte Datenkommunikation, beispielsweise mittels MQTT, implementieren. Diese Basis wird getragen von Partnerschaften mit PropTech-bzw. Start-Up-Unternehmen, Softwaredienstleister, Versorgern, Mobilitätsdienstleistern und Finanzdienstleistern, die ihre Leistungen idealerweise alle mittels API anbinden. Die Nutzenden des IT-Ökosystems stehen im Zentrum der technischen Leistungserbringung: So ziehen die Mietenden einen Nutzen aus einer zentralen Kommunikation und Transparenz über spezifische Prozesse, z. B. einer Schadensregulierung, sowie aus passgenauen Diensten, die über das Ökosystem bereitgestellt werden. Mitarbeitende von Wohnungs-bzw. Immobilienunternehmen sind über moderne Arbeitsplatzsysteme und mobile Apps in das Ökosystem eingebunden und Dienstleister werden über die immobilienwirtschaftlichen Geschäftsprozesse, die sie begleiten – vielfach verbunden mit einem automatisierten Datenaustausch – direkt in das integrative IT-Ökosystem eingebunden.

Die dargestellte Basis bildet den konzeptionellen Rahmen für die Komponenten, die ein funktionierendes integratives IT-Ökosystem einbinden muss. Die Hauptkomponenten bilden die für die immobilienwirtschaftlichen Aufgaben eingesetzten IT-Einzelsysteme – Anwendungssysteme, die spezifische Geschäftsprozesse der Wohnungs- bzw. Immobilienunternehmen unterstützen. Weiterhin muss das IT-Ökosystem Systeme für die Speicherung und das Management von Daten und Dokumenten, Methoden und Werkzeuge für den Datenaustausch und die Datenkommunikation sowie für die reibungslose Nutzung der unterschiedlichen Systeme jeweils optimal geeignete Benutzeroberflächen integrieren. Die mögliche technische Ausgestaltung dieser Komponenten wird nachfolgend diskutiert.

Die Aufgaben bzw. Prozesse, die durch das IT-Ökosystem unterstützt werden, erstrecken sich über den gesamten Lebenszyklus von Immobilien. Sie werden in Abhängigkeit von der jeweiligen Lebenszyklusphase, in die sie fallen, von unterschiedlichen Akteuren, wie beispielsweise Projektentwickler, Bauunternehmen, Wohnungs- und Baugesellschaften, Maklerunternehmen, Facility Management Dienstleister oder andere Dienstleistungsunternehmen, wahrgenommen. Diejenigen Unternehmen, die eine Lebenszyklusphase einer Immobilie als Hauptakteure begleiten, implementieren jeweils ein eigenes IT-Ökosystem, welches die IT-Einzelsysteme, die diese hauptaktiven Unternehmen für ihre Aufgaben einsetzen, integriert. Bei den eingesetzten IT-Systemen kann es sich um unterschiedliche Systeme handeln, die um ein Kernsystem herum angeordnet und datentechnisch an dieses Kernsystem angebunden sind. Die IT-Systemlandschaft in einem integrativen IT-Ökosystem kann sich damit wie folgt darstellen:

- Das Kernsystem des IT-Ökosystems unterstützt die grundlegenden Aufgaben, die in der jeweiligen Lebenszyklusphase einer Immobilie auszuführen sind. Als *Core-IT* umfasst es definierte interne Funktionsmodule, so repräsentiert es in der Verwaltungs-/Bewirtschaftungsphase beispielsweise ein schlankes ERP- bzw. Verwaltungssystem mit Basisfunktionen, wie Buchhaltung/Rechnungswesen, Stammdatenverwaltung (Mietende, Gebäude, Verträge) und mit direkter Verknüpfung zu Dokumentenmanagement, Instandhaltung und technischem Gebäudemanagement. Ein solches Kernsystem kann definierte zentrale Aufgaben im Betrieb bzw. in der Bewirtschaftung von Immobilien wahrnehmen, also die Buchhaltung, die Verrechnung von Abrechnungen von Versorgern und Dienstleistern auf Buchungs- und im Weiteren auf Mietendenkonten oder die Überführung der in den Mietendenkonten abgelegten Daten in Betriebskostenabrechnungen. Die direkt verknüpften Funktionsmodule bzw. Systeme werden durch dieses Kernsystem gesteuert.
- Für die Abbildung externer Funktionen innerhalb des IT-Ökosystems werden IT-Einzelsysteme mittels API an das Kernsystem angebunden. Diese dienen der Abwicklung bzw. Unterstützung spezifischer Aufgaben von Wohnungs- und Immobilienunternehmen. Es kann sich bei diesen Einzelsystemen um Softwareanwendungen oder externe Dienste handeln, die beispielsweise von PropTech-Unternehmen bereitgestellt werden. Beispiele für derartige Softwareanwendungen und Dienste sind Dienste für eine digitale Wohnungsübergabe oder für das Heizungsmonitoring, IoT-Systeme für die Erfassung von Verbräuchen oder Rauchmelder, ESG-Reporting-Werkzeuge für eine CO_2-Bilanzierung und ein Nachhaltigkeitsmonitoring, Anbindungen zu Versicherer- oder Handwerkerportalen oder Kommunikationssysteme, wie Chatbots, Ticketsysteme oder Mietendencockpits.

Wichtige Elemente des IT-Ökosystems neben den IT-Systemen zur Aufgabenerfüllung in den Lebenszyklusphasen von Immobilien bilden die Hard- und Softwarekomponenten zur Speicherung und für das Management von Daten, also relationale Datenbanksysteme, die an Anwendungssysteme angebunden sind, oder NoSQL-Datenbanken für große Datenmengen und Datenformate, die sich nicht in relationalen Datenbanken speichern lassen. Direkt an das informationstechnische Kernsystem des IT-Ökosystems sollte i. d. R. eine zentrale relationale Datenbank angebunden sein, in welcher die Stammdaten, die in der jeweils unterstützenden Phase des Lebenszyklus genutzt werden, abgelegt sind. Idealerweise implementiert das IT-Ökosystem möglichst wenige relationale und NoSQL-Datenbanken und es greifen mehrere IT-Systeme über ein Datenbankmanagementsystem auf jeweils dieselben Datenbanken zu. Sofern Einzelsysteme ihre individuelle Datenbank einschließlich eines Datenbankmanagementsystems mitbringen, müssen oft ein Datenaustausch zwischen den unterschiedlichen an die Einzelsysteme angebundenen Datenbanken und damit zwischen unterschiedlichen IT-Systemen vorgenommen werden. Dies gilt insbesondere für die Stammdaten und für die im Kernsystem verarbeiteten Bewegungsdaten, die vielfach auch in anderen IT-Einzelsystemen des IT-Ökosystems verarbeitet werden müssen. Ein entsprechender Datenaustausch erfordert geeignete Methoden und Werkzeuge, die den Austausch von Daten unterschiedlicher Formate unterstützen.

Für eine strukturierte Speicherung von Dokumenten und deren bedarfsgerechte Bereitstellung sollte ein Dokumentenmanagementsystem (DMS) als IT-Einzelsystem in das IT-Ökosystem integriert werden. Dieses kann ebenso wie Komponenten der IT-Infrastruktur bzw. andere Einzelsysteme On-Premises oder in der Cloud betrieben werden. Die Steuerung der Dokumentenspeicherung und -bereitstellung erfolgt üblicherweise in enger Kommunikation mit dem vorhandenen Kernsystem (vgl. Abschn. 3.1.3), sodass eine geeignete Anbindung des Dokumentenmanagementsystems an dieses System zu realisieren ist. Dies kann mittels Programmierschnittstellen erfolgen, die zentrale Elemente des IT-Ökosystems bilden.

Der Datenaustausch bzw. die Datenkommunikation bildet eine der wichtigsten Funktionen für ein IT-Ökosystem, das die in einer Lebenszyklusphase benötigten IT-Systeme integriert. Denn die Einzelsysteme benötigen häufig Daten aus dem Kernsystem und müssen mit der Verarbeitung dieser Daten neu erzeugte Daten an dieses Kernsystem oder zur Abwicklung von digitalen Ende-zu-Ende-Prozessen ggf. an andere Einzelsysteme des IT-Ökosystems zur weiteren Verarbeitung übertragen. Daher bilden Methoden und Werkzeuge zum Datenaustausch grundlegende Komponenten des Ökosystems. Moderne Programmierschnittstellen (API) fungieren innerhalb dieser Methoden und Werkzeuge als Basiselemente für die Kommunikation. Die für den unmittelbaren Austausch von Daten in einem IT-Ökosystem implementierbaren Methoden und Werkzeuge stellen sich wie folgt dar:

- API-Gateways bzw. API-Management-Plattformen: Bei einem API-Gateway handelt es sich um ein Management-Werkzeug, welches API-Aufrufe von Systemen entgegennimmt und an die entsprechenden Dienste eines System-Backends übermittelt (vgl. Red Hat, 2024). Es realisiert eine Datenübertragung und Kommunikation zwischen Endpunkten und kann eingesetzt werden, wenn mehrere Systeme miteinander interagieren, ohne dass diese direkten Zugriff auf die API der jeweils anderen Systeme erhalten. Beispiele für Einsatzfelder für API-Gateways liegen in der Authentifizierung, in der Steuerung von API-Aufrufen für Microservice-basierte Systemarchitekturen, in der Lastverteilung oder im Monitoring. Durch ein API-Gateway werden die API vor Überlastung geschützt sowie die Sicherheit und die Leistungsfähigkeit der Systeme erhöht. Im Unterschied zu „klassischen" Gateways, die primär Protokolle/Daten übersetzen, sind API-Gateways auf das Management von Schnittstellen spezialisiert.
- Gateways: Ein „klassisches" Gateway stellt einen zentrale Komponenten zur Verbindung zwischen Systemen dar, die jeweils unterschiedliche Protokolle zur Kommunikation verwenden. Es dient damit als Übersetzer und hat die Aufgabe, die Protokolle und Datenformate von Quellen und Zielen korrekt zu interpretieren, also die Art des

Protokolls, die Übertragungsgeschwindigkeit, das Dateiformat, die Adressierung und die verwendeten Hardware-Komponenten zu identifizieren. Gateways werden genutzt, wenn Systeme keine gemeinsamen Protokolle und Datenformate nutzen.

- Middleware: Middleware fungiert als Softwareschicht, welche heterogene Anwendungssysteme miteinander verbindet, somit die Lücken zwischen den verteilten Systemen schließt und eine Kommunikation der Systeme und Geräte unterstützt. Oftmals verbindet sie übergeordnete IT-Systeme mit Geräten auf operativer Ebene, wie beispielsweise Drucker, Maschinen oder verteilte IoT-Komponenten (vgl. OPC Router, o. J.). Middleware abstrahiert somit die technische Kommunikation.
- Integration Platform-as-a-Service (iPaaS): iPaaS verbindet als Cloud-basierte Integrationsplattform verschiedene Anwendungen, Daten und Prozesse sowie Dienste und Ereignisse miteinander. Sie fungiert als zentrale Plattform zur automatisierten Einrichtung, Verwaltung und Überwachung von Datenflüssen zwischen unterschiedlichen IT-Systemen mittels vorkonfigurierter Konnektoren und API-Management-Werkzeuge. Die Plattform ist sowohl in einer Cloud-Umgebung als auch in lokalen (On-Premises) Umgebungen nutzbar. Sie ist bei mittlerer bis hoher Komplexität stärker auf Agilität und SaaS-Anbindung ausgerichtet als ein klassischer Enterprise Service Bus (ESB).
- Enterprise Service Bus (ESB): Ein Enterprise Service Bus bildet eine Softwarearchitektur zur Unterstützung der Kommunikation zwischen interagierenden Anwendungen in einem Ökosystem (vgl. Jitterbit, 2024). Er wird in softwareorientierten Architekturen (SOA) verwendet, um eine komplexe Integration zu vereinfachen, also Daten zu transformieren, Nachrichten weiterzuleiten, Protokolle zu konvertieren und damit die Interoperabilität unterschiedlicher Systeme sicherzustellen, die unterschiedliche Technologien und Datenmodelle verwenden. Ein ESB ist ein komplexes Werkzeug zur zentralen Steuerung des Datenaustauschs und ist auf viele Systeme skalierbar.
- Message Queues: Message Queues repräsentieren spezifische Middleware, die eine asynchrone und skalierbare Kommunikation zwischen unterschiedlichen Systemen realisieren. In dieser Middleware werden Datenpakete bzw. Nachrichten in der Reihenfolge ihrer Erstellung gespeichert, bis das jeweilige empfangende System diese abruft. Die Nachrichten sind i. d. R. kurz, es kann sich dabei z. B. um Anforderungen, Antworten, Fehlermeldungen oder Informationen in Klartext handeln. Message Queues erlauben die Entkopplung umfangreicher Verarbeitungsprozesse, die Pufferung von Aufgaben sowie ihre Stapelverarbeitung (vgl. Geißler & Ostler, 2020). Sie weisen eine hohe Leistungsfähigkeit auf und implementieren eine resiliente Kommunikation sowie eine Echtzeit- oder Near-Realtime-Integration.

Die dargestellten Werkzeuge und Methoden für den Datenaustausch realisieren diesen unabhängig von der lokalen Verortung der IT-Systeme. D. h. sie können für den Datenaustausch bzw. die Datenkommunikation zwischen On-Premises-Systemen untereinander, zwischen On-Premises- und Cloud-Systemen sowie zwischen unterschiedlichen IT-Systemen, die in der Cloud betrieben werden, eingesetzt werden. Es sollten für die Umsetzung eines Datenaustauschs bzw. einer Datenkommunikation diejenige Methode oder dasjenige Werkzeug implementiert werden, welche für das jeweilige Datenaustauschszenario am besten geeignet ist.

Die Nutzenden des IT-Ökosystems, also die Mitarbeitenden von Wohnungs- bzw. Immobilienunternehmen, bilden ebenso wie die Oberflächen, über welche die Nutzenden mit den Einzelsystemen des Ökosystems interagieren, einen Teil dieses Ökosystems. Als Zugänge können IT-systemspezifische Benutzeroberflächen eingesetzt werden, die mit dem jeweiligen IT-System implementiert werden und direkt in dieses integriert sind. Derartige Benutzeroberflächen werden i. d. R. für On-Premises-Systeme bereitgestellt, oft müssen die Nutzenden bei dieser Bereitstellung über das eigene Netzwerk mittels eines sog. Remote-Desktops auf den Server, auf dem das entsprechende IT-System lokal oder im unternehmenseigenen Rechenzentrum betrieben wird, und damit auf die lokal vorgehaltene Benutzeroberfläche des jeweiligen Systems zugreifen.

Heute vielfach übliche Benutzeroberflächen für IT-Systeme, die auch einen entfernten Zugriff auf die Backends dieser Systeme erlauben, bilden Browser oder systemspezifische Apps, die als Clients fungieren, welche die Daten aus dem Backend anzeigen und Anfragen zurücksenden. Die Kommunikation wird in diesen Fällen über das HTTP-Protokoll, Programmierschnittstellen (API), JSON/XML und Websockets[3] realisiert, die umfangreiche Daten und Dokumente aus den jeweiligen Systemen abrufen und an diese übermitteln können. Einzelsystem mit diesen universellen Zugriffsmöglichkeiten können sowohl On-Premises als auch als Cloud-Systeme betrieben werden.

Grundsätzlich gibt es unterschiedliche Möglichkeiten der technischen Ausgestaltung eines integrativen IT-Ökosystems, die sich zwischen On-Premises- und Cloud-Lösungen bewegen. Die IT-Infrastruktur, die eingesetzten IT-Anwendungssysteme, Plattformen und Datenbankmanagementsysteme sowie die genutzten Dienste für geschäftsprozessbezogene und systembezogene Aufgaben können in einer der beiden Bereitstellungsformen genutzt werden. Die entsprechenden Lösungen können entlang der Bedarfe des jeweiligen Wohnungs- bzw. Immobilienunternehmens in ihrer Bereitstellung miteinander kombiniert werden, sodass vielfach hybride Gesamtsysteme entstehen. Spezifische Cloud-Lösungen können für ein integratives IT-Ökosystem Leistungen verfügbar machen, die entsprechend eines „As-a-Service"-Ansatzes genutzt werden. Daraus entsteht die Möglichkeit, einschlägige Prozesse der Wohnungs- und Immobilienunternehmen durch spezifische IT-Systeme abzubilden und zu automatisieren, deren On-Premises-Betrieb beispielsweise technisch oder organisatorisch nicht möglich, wirtschaftlich nicht zu vertreten

[3] Ein Websocket zeichnet sich dadurch aus, dass dieser als TCP-basierte Netzwerkprotokoll eine bidirektionale Vollduplex-Kommunikation zwischen einem Client, beispielsweise einem Webbrowser, und einem Server realisiert. Damit können sowohl Clients als auch Server nach dem Aufbau einer Verbindung kontinuierlich und zu jeder Zeit Daten senden, ohne die Verbindung immer wieder neu aufbauen zu müssen. Die Kommunikation kann in Echtzeit erfolgen (vgl. IBM, 2023). Mögliche Einsatzfelder in der Wohnungs- und Immobilienwirtschaft sind live Online-Auktionen von Objekten, Sofortbenachrichtigungen aus ERP-/Verwaltungssysteme an definierte Stakeholder, die aktuelle Anzeige von Daten aus Smart Home Geräten oder Apps, für die eine sichere und schnelle Datenübertragung erforderlich ist, wie beispielsweise bei einer mobilen Wohnungsübergabe.

oder aus anderen Gründen nicht zielführend ist. Auch können Technologien auf dem neuesten Stand der Technik genutzt werden, Wartungen, Aktualisierungen und die Gewährleistung der Sicherheit von IT-Systemen werden durch die jeweiligen Anbieter der Lösungen vorgenommen. Weiterhin lassen sich die genutzten Lösungen einfach skalieren, bestimmte Lösungen können zunächst agil erprobt werden, umgekehrt lassen sich intern entwickelte Branchenlösungen für spezifische Aufgaben über Cloud-Plattformen auch vermarkten oder Partnern zur Verfügung stellen (vgl. Deloitte, 2022).

8.4 Handlungsfelder für den Aufbau eines integrativen IT-Ökosystems

Der Aufbau eines integrativen IT-Ökosystems für die Wohnungs- und Immobilienwirtschaft erfordert eine strategische Basis, die eine zielführende Gestaltung des Ökosystems entlang definierter Handlungsfelder ermöglicht. Ziel ist es, sicherzustellen, dass das jeweilige Ökosystem derart für eine Organisation aufgebaut wird, dass die angestrebten Effekte stabil erreicht werden, die Implementierung der Lösungen nachhaltig Bestand im jeweiligen Unternehmen hat und diese kontinuierlich weiterentwickelt wird. Mit einer kontinuierlichen Weiterentwicklung sollte sichergestellt werden, dass das IT-Ökosystem eines Wohnungs- bzw. Immobilienunternehmens die Fähigkeit integriert, sich an veränderte Anforderungen und Rahmenbedingungen anpassen zu können. Die Handlungsfelder, welche die Autoren für die Branche als relevant identifizieren, um die formulierten Ziele zu erreichen, liegen in den Bereichen *Strategie und Architektur, Organisation und Kultur* sowie *Erste Schritte und Quick Wins*.

Das erste Handlungsfeld *Strategie und Architektur* legt den Zielfokus darauf, dass die Informationstechnik und das Zusammenspiel der Lösungen in einem Ökosystem als Befähiger der strategischen Ausrichtung eines Wohnungs- bzw. Immobilienunternehmens fungieren. In diesem Handlungsfeld müssen zunächst ein grundlegendes strategisches Verständnis in der jeweiligen Organisation aufgebaut sowie eine Zielarchitektur entwickelt werden, welche sich an dem in Abb. 8.2 dargestellten Referenzmodell orientiert und die in Abschn. 8.3 formulierten Anforderungen erfüllt, die modular, skalierbar und integrationsfähig sein muss. Mit diesen grundlegenden Überlegungen wird die Basis für Innovation und Digitalisierung in der Wohnungs- und Immobilienwirtschaft geschaffen. Die Erzeugung des strategischen Verständnisses für ein integratives IT-Ökosystem geht im jeweiligen Wohnungs- oder Immobilienunternehmen einher mit der Etablierung einer Digitalisierungsstrategie in der Organisation, die in die Gesamt-Unternehmensstrategie eingebettet ist (vgl. Abschn. 5.1). Die kontinuierliche Weiterentwicklung des integrativen IT-Ökosystems sollte als Teil dieser Digitalisierungsstrategie verstanden werden und durch die Gestaltung von strukturierten Übergängen und ein Change Management gestützt werden.

Einen wichtigen Teil der strategischen Überlegungen in diesem Handlungsfeld bilden eine API-Strategie für das IT-Ökosystem und damit verbunden die Integrationslogistik, die darauf abzielen muss, die Fähigkeit des IT-Ökosystems für eine schnelle und sichere Anbindung neuer Dienste aufzubauen sowie einen problemlosen bilateralen Datenaustausch und Datenkommunikation zwischen den unterschiedlichen IT-Systemen des Ökosystems zu realisieren. Entsprechende technische Maßnahmen liegen in der Konzeption eines API-Gateways als zentrales Zugriffselement, in der Entwicklung eines API-Katalogs, der orientiert an der API-First-Strategie die wichtigsten Funktionen und Dienste, welche die Programmierschnittstellen bereitstellen müssen, auflistet (vgl. Doyle, 2024) sowie in der Implementierung von Standardprotokollen, wie REST oder Webhooks. Auch müssen ein differenziertes Regelwerk von internen und externen API mit Sicherheitszonen und Zugriffsbeschränkungen sowie ein Sandbox-System für die Partnerintegration aufgebaut werden. Die technischen Maßnahmen werden um organisatorische Maßnahmen ergänzt, die beispielsweise in der Bestimmung eines API-Produkt-Owners, in der Einbindung der Organisationseinheiten, welche die Systeme nutzen, in das API-Design sowie in der Entwicklung von Governance-Regeln für die API-Nutzung und -Weiterentwicklung liegen.

Ein weiteres strategisches Element, das im Rahmen des Handlungsfelds Strategie und Architektur ausgestaltet werden muss, bildet die Datenarchitektur: Es muss ein zentrales Datenmodell entwickelt werden, das die Stammdaten für alle Systeme handhabbar macht und unternehmensweit gültig ist. Die Stammdaten, die dieses Modell abbildet, können in einem zentralen *Stammdatenmanagement-Systems,* z. B. für Mietenden-, Gebäude- und Vertragsdaten, gespeichert und aus diesem für die Verarbeitung in den IT-Einzelsystemen abgerufen werden. Darüber hinaus sollten Dateneigentum und Verantwortlichkeiten festgelegt, Datenqualitätsprobleme identifiziert und behoben sowie die unterschiedlichen Datenquellen mit Bezug zu den Einzelsystemen harmonisiert werden.

Auf Basis des vorangehend skizzierten strategische Grundgerüsts können architektonische bzw. technologische Maßnahmen konkretisiert werden, welche der in Abschn. 8.3 beschriebenen Konzeption folgen. Ein grobes Vorgehen für die Entwicklung und die Umsetzung entsprechender Maßnahmen stellt sich wie folgt dar: Für die Konkretisierung des Architekturkonzepts wird zunächst eine Skizze der Zielarchitektur mit einem Schichtenmodell, das z. B. die Schichten *Präsentation, Integration, Daten* und *Services* umfasst, erstellt. Darauf aufbauend werden die strategischen Plattformkomponenten, wie *Middleware, API-Gateway, Datenplattform,* bestimmt und schließlich die technischen Standards für die Architektur (*REST, JSON, Open ID Connect,* etc.) festgelegt. In einer Transformation einer. IT-Organisation hin zu einem integrativen IT-Ökosystem können viele der existierenden Systeme nicht unmittelbar durch neue Lösungen ersetzt werden. Sie lassen sich jedoch zunächst ergänzen oder einkapseln. So können beispielsweise das ursprüngliche ERP-/Verwaltungssystem parallel zu einem agilen Frontend betrieben werden sowie Middleware oder ESB zur Anbindung externer Systeme an das ursprüngliche System genutzt werden. Auch lassen sich Microservices für die Umsetzung neue Funktionen und Low-Code- oder No-Code-Plattformen für einfache Prozessdigitalisierungen nutzen. Weiterhin können beispielsweise Cloud-Dienste für Analysen, die Kommunikation oder für die KI-Unterstützung von bestimmten IT-Systemfunktionen schrittweise eingeführt werden.

Der Wandel zu einem integrativen IT-Ökosystem erfordert schließlich neue Rollen, Verantwortlichkeiten und Prozesse in der Organisation, die über das Handlungsfeld *Strategie und Architektur* abgebildet werden. Vor diesem Hintergrund müssen die IT-Governance und die Organisationsstrukturen an die entsprechenden technischen Strukturen und Anforderungen angepasst werden. Hier können die Einführung eines sog. *Digital Architecture Boards,* die Definition der Rollen von *Solution Architect, Integration Manager* sowie *Data Steward/Data Owner* wichtige Komponenten sein. Weiterhin müssen ein digitale Plattformverantwortung etabliert werden und ein Entscheidungsprozess für die Gestaltung neuer Schnittstellen und Services sowie deren Abbildung mittels der API aus dem etablierten API-Katalog installiert werden.

Die Ziele des zweiten Handlungsfelds *Organisation und Kultur* liegen in der Schaffung der kulturellen Basis sowie in einer organisatorischen Verankerung des integrierten IT-Ökosystems im jeweiligen Wohnungs- bzw. Immobilienunternehmen. Denn erfolgreiche Ökosystem- und Plattformansätze entstehen nicht nur durch Technologien, sondern durch interdisziplinäre Zusammenarbeit, digitale Kompetenzentwicklung bei den beteiligten Akteuren sowie eine offene Haltung gegenüber Veränderungen. Vor diesem Hintergrund adressiert das Handlungsfeld Konzepte und Maßnahmen, die den Aufbau von Innovationspartnerschaften mit PropTech- und Start-Up-Unternehmen sowie Plattformanbietern unterstützen, die Motivation und das „Mitnehmen“ der Mitarbeitenden in den Unternehmen fördern, beispielsweise durch Schulungen/Qualifizierungen, den Einsatz agiler Methoden oder die proaktive Kommunikation von Veränderungen durch die Führungskräfte der Unternehmen, sowie die Etablierung einer digitalen Kultur und des Change Managements als Erfolgsfaktoren.

Ein kultureller Wandel zielt direkt auf eine Veränderung der Rolle die Informationstechnik ab, die nicht mehr nur Dienstleister ist, sondern ein treibender Faktor und aktive Gestalterin des Geschäftsmodells eines integrativen IT-Ökosystems – die IT wird damit zum strategischen Befähiger dieses Ökosystems. Ein solches Geschäftsmodell muss auf einer Digitalisierungsstrategie sowie eines in der Organisation verankerten strategischen Verständnisses über das integrative IT-Ökosystem basieren. Zur Unterstützung des Geschäftsmodells sind neue Rollenprofile für die IT zu entwickeln, beispielsweise die oben genannten Rollen *Solution Architect, Integration Manager* sowie *Data Steward/Data Owner,* das IT-Verständnis sollte auf eine Produkt- und Serviceorientierung fokussiert und die Mitarbeitenden in der IT müssen dahingehend qualifiziert werden, dass sie u. a. agile Methoden beherrschen, um neue technische Anforderungen zügig und bedarfsbezogen umsetzen zu können, und ihre Aktivitäten auf die Bedürfnisse der Nutzenden des jeweiligen IT-Ökosystems ausrichten. Die systematische Entwicklung digitaler Kompetenz stellt eine entscheidende Aufgabe des Handlungsfelds *Organisation und Kultur* dar, um die Transformation zum integrativen IT-Ökosystem nachhaltig zu gestalten. Im Vorgehen müssen dazu zunächst Kompetenzprofile definiert werden und es muss ein auf diese Kompetenzprofile zugeschnittenes Qualifizierungsprogramm konzipiert und eingeführt werden, in dem sowohl fachliche als auch methodische Kompetenzen aufgebaut werden. Das Programm kann sich aus unterschiedlichen Lehr-/Lernmodulen zusammensetzen, sodass die Mitarbeitenden die für sich optimalen Lernformen für den Kompetenzaufbau wahrnehmen können.

Neben dem Kompetenzaufbau ist ein Kulturwandel, der auf das Arbeiten in einem integrativen IT-Ökosystem ausgerichtet wird, bewusst zu gestalten. Dieser Kulturwandel muss eine Kultur der Offenheit, des Experimentierens, des Ausprobierens und des Lernens etablieren. Damit verbunden sind Transparenz über Ziele, Projekte, Kennzahlen, Fehlerfreundlichkeit und Lernen aus Piloten, Partizipation und Feedbackkultur, Förderung von Eigenverantwortung und organisationseinheitsübergreifendes Denken. Methoden und Instrumente zum Initiieren bzw. Aktivieren dieses Kulturwandels liegen im Storytelling erfolgreicher Digitalisierungsprojekte, in einer proaktiven und deutlich wahrnehmbaren Unterstützung von Digitalisierungsinitiativen und -maßnahmen durch das Top-Management des Unternehmens, Unterstützungsformate wie „Digitalisierungs-Sprechstunden", organisierte informelle Treffen und interne Barcamps. Die genannten Methoden und Instrumente zielen darauf ab, auf Mitarbeitendenebene ein digitales Mindset zu fördern.

Ergänzend zur Mitarbeitendenebene muss die gesamte Organisation kulturell auf den Einsatz von Digitalisierungslösungen innerhalb eines IT-Ökosystems ausgerichtet werden. Dazu müssen die einzelnen Organisationseinheiten des Wohnungs- bzw. Immobilienunternehmens in die Gestaltung des IT-Ökosystems eingebunden werden. Dies kann durch die Bildung projektbezogener interdisziplinärer Teams aus der IT-Organisationseinheit und weiteren unterschiedlichen Organisationseinheiten des Unternehmens insbesondere zum Aufbau von Piloten realisiert werden. Weiterhin kann das *Digital Architecture Board* aus der Digitalisierungsstrategie spezifische Maßnahmen zur Umsetzung des IT-Ökosystems ableiten und priorisieren. Schließlich müssen die fachbezogenen Organisationseinheiten in das API-Design und die Prozessdigitalisierung eingebunden werden. Ein Instrument einer solchen Einbindung können Co-Creation-Workshops sein.

Sowohl mit Bezug zu den Mitarbeitenden als auch zur Organisation muss Change Management betrieben und als dauerhafte Aufgabe gehandhabt werden. So sollten dauerhaft zu implementierende Kommunikationskonzepte, welche die zu adressierenden Zielgruppen benennen, die Kommunikationskanäle identifizieren und die zu kommunizierenden generellen Veränderungsbotschaften skizzieren, entwickelt, sog. *Change-Agents* in den Organisationseinheiten geschult und aktiviert werden sowie die Veränderungsthemen in bestehende Formate, wie Mitarbeitendengespräche, Betriebsversammlungen und das Intranet, integriert werden. Auch kann mittels eines regelmäßigen Monitorings der Veränderungsakzeptanz bei den Mitarbeitenden und der begleitenden Maßnahmen in der Organisation eine Messung des kulturellen Wandels vorgenommen werden.

Das Handlungsfeld *Erste Schritte und Quick Wins* adressiert gezielte Maßnahmen für den Einstieg in das integrative IT-Ökosystem, der pragmatisch initiiert und ausgeführt sowie in iterativen Schritten vorgenommen werden sollte. Dieses Handlungsfeld fasst wichtige Erkenntnisse aus den anderen beiden Handlungsfeldern zusammen und fokussiert diese auf Maßnahmen in der Initiierungs- und Startphase des IT-Ökosystems. Die Maßnahmen folgen einem strukturierten Vorgehen entlang der folgenden Schritte:

- *Analyse des Reifegrads* der Organisation und der Prozesse hinsichtlich IT und Digitalisierung: Mit einer Reifegrad- und Potenzialanalyse werden der Digitalisierungsgrad der Organisation zunächst systematisch erfasst und daraus priorisierte Handlungsfelder abgeleitet. Für die Erfassung des Reifegrads wird eine Bewertung definierter Kriterien, die jeweils spezifische Aspekte der Digitalisierung ansprechen, entsprechend ihrer Erfüllung vorgenommen. Weiterhin erfolgt eine Bewertung der bestehenden IT-Systemlandschaft der Organisation, der existierenden Schnittstellenstruktur sowie der Datenflüsse in der Systemlandschaft. Mit dieser Analyse verbunden ist eine Untersuchung der Potenziale der Prozesse hinsichtlich ihrer möglichen Digitalisierung und Automatisierung. Typische Ergebnisfelder tiefergehender Analysen der immobilienwirtschaftlichen Prozesse in den Unternehmen können Medienbrüche zwischen dem ERP-/Verwaltungssystem der Organisation und externen Diensten, isolierte Prozesse ohne Self-Services für Mietende oder andere Stakeholder sowie hohe manuelle Aufwände z. B. in der Instandhaltung, der Kommunikation oder der ESG-Datenpflege aufzeigen.
- *Aufsetzen von Pilotprojekten* mit klaren KPI: Im zweiten Schritt wird das Ziel verfolgt, zunächst schnell umsetzbare Digitalisierungsprojekte zu identifizieren, welche von der existierenden IT-Systemlandschaft möglichst unabhängig sind und zugleich einen hohen Nutzen der in diesen Projekten umgesetzten Maßnahmen aufzeigen. Beispiele für derartige Pilotprojekte sind die Einführung eines digitalen Mietendenportals, das die Zufriedenheit der Stakeholder erhöht und zugleich weniger Anrufe in der Hotline des Unternehmens zur Folge hat, oder die Implementierung einer digitalen Schadens-App mit einer Automatisierung des Schadensabwicklungsprozesses und einer verbesserten Nachvollziehbarkeit der Aktionen. Wichtig in dieser Phase sind der Fokus auf die Schnittstellenfähigkeit der Lösungen unter Nutzung von API sowie deren modularer Aufbau und Erweiterbarkeit.
- *Vorbereitung des technischen Fundaments:* Mit diesem Vorgehensschritt wird die Grundlage geschaffen, um überhaupt erste digitale Dienste im Ökosystem betreiben zu können. Zu den entsprechenden Maßnahmen zählen das Aufsetzen eines API-Gateways, z. B. unter Nutzung von Middleware, der Aufbau einer zentralen Benutzerverwaltung mit Single Sign-On (SSO), die Entwicklung und Implementierung eines zentralen Datenmodells, das für alle Einzelsysteme des IT-Ökosystems Gültigkeit hat, die Aufnahme von Maßnahmen zur Sicherung der Datenqualität der Stammdaten sowie die Definition von Schnittstellenstandards für die Pilotlösungen, wie REST, JSON oder OpenAPI.
- *Aktivierung der internen Kommunikation:* Parallel zu den beschriebenen Schritten müssen bereits Kommunikationsaktivitäten gestartet werden, welche die Digitalisierung als Unternehmensprojekte sichtbar machen. Dazu wird das in den beiden anderen

Handlungsfeldern bereits angeführte *Digital Architecture Board* mit Vertreter:innen aus der IT-Organisationseinheit, einzelnen fachlichen Organisationseinheiten und dem Top-Management aktiviert, die initiierten Pilotprojekte werden unternehmensintern öffentlich gemacht und mit klaren Zielbildern kommuniziert, es werden kurze Erfolgsmeldungen kommuniziert und die Mitarbeitenden für die Nutzung der Pilotlösungen qualifiziert.

- *Vorbereitung des Sichtbarmachens der Erfolgsindikatoren und der Skalierung:* Im abschließenden Schritt wird auch die langfristige positive Wirkung der Pilotlösungen in der Organisation sichtbar gemacht und es werden Konzepte und Umsetzungsmaßnahmen für eine Skalierung dieser Lösungen entwickelt. Weiterhin werden die Kennzahlen der erzielten Quick Wins erfasst und kommuniziert. Diese können in reduzierten Bearbeitungs- bzw. Prozesszeiten für bestimmte Aktivitäten, in einer signifikanten Erhöhung der digital durch die Stakeholder der Organisation eingereichten Dokumente, in einer hohen Nutzendenquote des Mietendenportals bzw. der Mietenden-App, in höheren Zufriedenheitswerten bei den Mietenden und Mitarbeitenden oder in kürzeren Reaktionszeiten und weniger Rückfragen liegen.

Die Ausführungen in diesem Kapitel zeigen, dass integrative IT-Ökosysteme einen wichtigen Erfolgsfaktor für eine optimale Unterstützung der Geschäftsprozesse in Wohnungs- und Immobilienunternehmen darstellen können, eine hohe Flexibilität in der Ausgestaltung der IT-Unterstützung entsprechend der jeweiligen Anforderungen der Organisation und der Umfeldbedingungen ermöglichen, damit insgesamt eine hohe Effizienz der Unternehmen und eine hohe Effektivität der Aufgaben mit Bezug zu den Stakeholdern realisieren können. Die Architektur eines solchen Systems implementiert modernste Technologien in jedem Gestaltungsfeld; sie basiert auf plattformzentriertem Denken als modulares, erweiterbares Netzwerk von Daten und Diensten. Den Schlüssel zu Konnektivität, Innovation und Partnerschaft stellen Programmierschnittstellen dar, welche einen reibungslosen Datenaustausch und eine bidirektionale Datenkommunikation zwischen den unterschiedlichen Systemen des IT-Ökosystems ermöglichen. Mit modernen, standardisierten API kann eine schnelle und einfache Integration von IT-Systemen im Ökosystem realisiert werden; eine solche Integration bestimmt künftig die Geschwindigkeit und Reichweite der digitalen Transformation eines Unternehmens der Wohnungs- und Immobilienwirtschaft. Auch die Nutzerzentrierung bildet ein erfolgsbestimmendes Element eines IT-Ökosystems; die Stakeholder stehen im Zentrum einer Strategie, die intuitive Dienste, transparente Prozesse und spürbaren Mehrwert durch das IT-Ökosystem anstreben. Die dargestellten Handlungsfelder zeigen schließlich auf, dass für das Erzielen der beschriebenen Effekte Technologie, Organisation und Kultur Hand in Hand miteinander entwickelt und proaktiv gestaltet werden müssen (vgl. Hunziker, 2025, S. 19).

Literatur

Augsten, S. (2023). *Haben software-Monolithen ausgedient? Data center insider*. Vogel IT-Medien. https://www.datacenter-insider.de/monolithische-software-architektur-a-94c7ff443aa256b76d9981c4185f7292/. Zugegriffen: 27. Aug. 2025.

Block, S. (2023). *ISO 25010 – Kriterien zur Qualität von software*. Inztitut. https://inztitut.de/blog/glossar/iso-25010/. Zugegriffen: 28. Aug. 2025.

Cavoukian, A. (2009). Privacy by design – The 7 foundational principles. https://privacy.ucsc.edu/resources/privacy-by-design%2D%2D-foundational-principles.pdf. Zugegriffen: 29. Aug. 2025.

Deloitte (2022). *Cloud Ecosystem: Erfolg durch Kooperation*. Deloitte. https://www.deloitte.com/de/de/Industries/tmt/perspectives/cloud-ecosystems.html. Zugegriffen: 4. Sept. 2025.

Deloitte (2025). *Softwarelandschafen in Wohnungsunternehmen*. Deloitte, VdW Bayern Treuhand.

Doyle, K. (2024). *Was für einen API-first-Ansatz bei der Entwicklung spricht*. TechTarget. https://www.computerweekly.com/de/tipp/Warum-ein-API-first-Ansatz-in-der-Entwicklung-zeitgemaess-ist. Zugegriffen: 8. Sept. 2025.

Flügge, S. (o.J.). *Die Komplexität von Softwaresystemen. Object* Systems. https://www.objectsystems.de/die-komplexitaet-von-softwaresystemen.html. Zugegriffen: 29. Aug. 2025.

Geißler, O., & Ostler, U. (2020). *Was ist eine message queue?* Datacenter Insider. https://www.datacenter-insider.de/was-ist-eine-message-queue-a-894892/. Zugegriffen: 5. Sept. 2025.

Gierszal, O., & Karafioł, J. (2025). *Qualitätssicherung in der Softwareentwicklung – Implementierung und best practices*. Brainhub. https://brainhub.eu/de/library/qa-in-der-softwareentwicklung-best-practices-zur-umsetzung. Zugegriffen: 29. Aug. 2025.

Gottdiener, Z. (2022). *Risikomanagement in der Softwareentwicklung: 7 häufige Risiken*. Door3. https://www.door3.com/de/blog/understanding-risk-management-in-software-development-7-common-risks. Zugegriffen: 29. Aug. 2025.

Gsell, H., & Nikodemus, P. (2025). *Digitalisierung von Geschäftsprozessen in der Immobilienwirtschaft – Informationsmanagement, Systeme, Plattformen*. Springer Vieweg.

Gsell, H., Stamer, C., & Füllbeck, M. (2025). *IT und Digitalisierung in der Haus- und WEG-Verwaltung 2025*. EBZ Business School/InWIS Forschung & Beratung.

Hotze, D. (2022). Systemoffenheit ist Trumpf. DW 03/2022, 75. *Jahrgang* (S. 36–39). Haufe. https://www.haufe.de/download/die-wohnungswirtschaft-ausgabe-32022-wohnungswirtschaft-562174.pdf. Zugegriffen: 27. Aug. 2025.

Hunziker, C. (2025). Das IT-Ökosystem ist größer als ERP. Immobilienwirtschaft Trendbook, *Digital Guide Real Estate 2025* (S. 15–21). Haufe. https://zeitschriften.haufe.de/ePaper/IW_Digital_Guide/9850Q920/14/. Zugegriffen: 27. Aug. 2025.

IBM (2023). *WebSockets*. Microsoft. https://learn.microsoft.com/de-de/windows/uwp/networking/websockets. Zugegriffen: 6. Sept. 2025.

Jitterbit (2024). *Was ist ein ESB und welche Rolle spielt es bei der modernen Datenintegration?* Jitterbit. https://www.jitterbit.com/de/blog/what-is-esb/. Zugegriffen: 5. Sept. 2025.

Liebold, P., Nolan, S., Rock, V., Schlesinger, S., & Zinn, P. (2020). *PropTech Germany 2020 Studie*. Aschaffenburg/Frankfurt/Mainz. https://proptechgermanystudie.de/wp-content/uploads/2021/03/PropTech-Germany-Studie-2020.pdf. Zugegriffen: 2. März 2024.

Nexus (2024). *Was ist security by design?* Nexus Technology. https://www.nexusgroup.com/de/security-by-design/. Zugegriffen: 29. Aug. 2025.

OPC Router (o.J.). *Was Ist middleware und wie funktioniert sie?* Inray. https://www.opc-router.de/was-ist-middleware/. Zugegriffen: 5. Sept. 2025.

Pfnür, A., & Wagner, B. (2018). Transformation der Immobilienwirtschaft, *Arbeitspapiere zur immobilienwirtschaftlichen Forschung und praxis*, Band nr. 37, November 2018. Technische Universität. https://www.real-estate.bwl.tu-darmstadt.de/media/bwl9/dateien/arbeitspapiere/Transformation_der_Immobilienwirtschaft_-_Ergebnisbericht_Unternehmensbefragung_TU_Darmstadt.pdf. Zugegriffen: 27. Aug. 2025.

PwC (2024). *Emerging trends in real estate: Europe*. PricewaterhouseCoopers. https://www.pwc.com/gx/en/investment-management-real-estate/assets/emerging-trends-report-2025.pdf. Zugegriffen: 3. Mai 2025.

Red Hat (2024). *Wie funktioniert ein API-gateway?* Red Hat. https://www.redhat.com/de/topics/api/what-does-an-api-gateway-do. Zugegriffen: 4. Sept. 2025.

Reitze, H. (2024). *Zukunftsvision Immobilien – Fortschritt und Herausforderung der Digitalisierung in der Immobilienbranche*. Digitale welt. https://digitaleweltmagazin.de/zukunftsvision-immobilien-fortschritt-und-herausforderung-der-digitalisierung-in-der-immobilienbranche/. Zugegriffen: 27. Aug. 2025.

Vieker, S. (2022). *Die Zukunft gehört offenen IT-Systemen*. BBB 10/2022. Bauverlag. https://www.bundesbaublatt.de/artikel/die-zukunft-gehoert-offenen-it-systemen-3852511.html. Zugegriffen: 27. Aug. 2025.

Wedemeier, C., Rajchowski, A., & Wanke, T. (2024). *Software-Landschaften und Einsatz von digitalen Lösungen in Wohnungsunternehmen – Ergebnisse einer Umfrage bei den Unternehmen der Wohnungswirtschaft*. GdW Bundesverband deutscher Wohnungs- und Immobilienunternehmen e. V. https://www.gdw.de/downloads/publikationen/gdw-information-171-software-landschaften-und-einsatz-von-digitalen-loesungen-in-wohnungsunternehmen/. Zugegriffen: 29. Dez. 2024.

ZIA/EY (2024). *Digitalisierungsstudie 2024: KI – Ein „game changer" in der Immobilienwirtschaft?* ZIA Zentraler Immobilien Ausschuss e. V. https://zia-deutschland.de/wp-content/uploads/2024/09/202493_Digitalisierungsstudie_ZIA_EY.pdf. Zugegriffen: 29. März 2025.

Langfristige Trends und Perspektiven der Digitalisierung in der Wohnungs- und Immobilienwirtschaft

9

Das vorliegende Buch zeigt vielfältige Möglichkeiten für die Unternehmen der Wohnungs- und Immobilienwirtschaft auf, ihre digitale Transformation zu vollziehen und die Digitalisierung in den Unternehmen zu verstetigen – mittels der Nutzbarmachung moderner IT-Systeme und Technologien, eines passgenauen strategischen Rahmens für die Digitalisierung sowie wirkungsvoller Methoden und Instrumente für die Implementierung der jeweils am besten geeigneten Lösungen. Die technischen Lösungen und Konzepte für eine umfassende Umsetzung der Digitalisierung in der Branche sind bereits auf breiter Basis vorhanden. Dennoch bestehen weiterhin erhebliche Entwicklungsbedarfe und -potenziale, wie die Digitalisierungsstudien von *ZIA/EY* (vgl. ZIA/EY, 2025, S. 12 f.) sowie von *Drees & Sommer* (vgl. Drees & Sommer, 2025, S. 16 f.) zeigen: Trotz der breiten Verfügbarkeit attraktiver Digitalisierungslösungen für die Wohnungs- und Immobilienwirtschaft, die den gesamten Lebenszyklus von Immobilien bedienen, sowie der vielfältigen Herausforderungen, denen sich die Branche gegenübersieht, verharrt sie weitgehend in ihrem Status Quo. Die Unternehmen der Branche setzen zwar seit nunmehr 25 Jahren in größerem Stil ERP-, Dokumentenmanagement-, Office-Systeme und Electronic Banking ein (vgl. Gsell et al., 2025, S. 26), die im Wesentlichen ihre finanzwirtschaftlichen Kerngeschäftsprozesse und ihre Immobilienverwaltungsprozesse abbilden bzw. unterstützen, jedoch vollziehen sich darüberhinausgehende digitale Modernisierungen eher zögerlich.

Zur Unterstützung einzelner (Teil-)Geschäftsprozesse werden entlang des Immobilienlebenszyklus zunehmend Portal- und Plattformlösungen genutzt, so z. B. beim Bau von Immobilien zum Bezug und zur Anlieferung von Baumaterialien die Plattform *Schüttfix* (vgl. Fraunhofer IESE, 2023, S. 98 f.), im Vermietungsprozess die Plattformen *Wohnungshelden, Immomio* oder *ImmoScout 24* (vgl. Gsell & Nikodemus, 2025, S. 104/S. 187) oder für die Kommunikation mit den Stakeholdern von Wohnungsunternehmen bzw. Immobilienverwaltungen *Spiri.Bo* oder *Casavi*. Hier fehlt es jedoch häufig an der Integration

H. Gsell, A. Rajchowski, *Software-Technologien und IT-Systeme für die Wohnungs- und Immobilienwirtschaft*, https://doi.org/10.1007/978-3-658-51129-6_9

von Prozessen und Systemen, sodass die geforderten und notwendigen Ende-zu-Ende-Automatisierungen der Prozesse häufig nicht umgesetzt werden. Zudem hängen die Nutzung von Cloud-basierten und mobilen Lösungen in der Branche häufig von der Größe des jeweiligen Unternehmens und damit von den unternehmensspezifischen Bedarfen sowie von den in den Unternehmen verfügbaren personellen und finanziellen Ressourcen ab.

Mit den Herausforderungen und den gegebenen technischen Möglichkeiten werden auch in der Wohnungs- und Immobilienwirtschaft die Bedeutung von Daten, Datenmanagement und datengetriebenen Entscheidungen, die die Basis für ein erfolgreiches Agieren in einem volatilen Umfeld bilden, zunehmend anerkannt (vgl. ZIA/EY, 2025, S. 20 f.). So prägen datengetriebene Geschäftsmodelle die industrielle Entwicklung bereits seit Mitte der 2020er-Jahre (vgl. Steglich et al., 2025, S. 3) – dies gilt mit Abstrichen bzw. zeitlichem Versatz auch für die Wohnungs- und Immobilienwirtschaft. Mit der zunehmenden Einsatzreife moderner Technologien, wie künstlicher Intelligenz, Robotic Process Automation, Internet of Things oder Building Information Modeling bilden Daten und deren integrative und intelligente Nutzung wichtige Erfolgsfaktoren für das Treffen von strategischen und operativen Entscheidungen sowie das Agieren von Unternehmen der Wohnungs- und Immobilienwirtschaft. So zeigt beispielsweise die technische Integration von Energie-, Mietenden- und Prognosesystemen für die Wartung und Instandhaltung von gebäudetechnischen Anlagen und Geräten die Entwicklung von einer effizienzbasierten zu einer datengetriebenen Digitalisierung auf (vgl. Reiberg et al., 2022, S. 13 f.). Damit wird die Digitalisierung zu einem organisationalen Lernprozess, der technologische, ökonomische und kulturelle Dimensionen miteinander verbindet.

Vor dem Hintergrund des beschriebenen Status Quo werden in diesem Kapitel abschließend die Trends und Zukunftsperspektiven der Nutzung von modernen IT-Systemen und neuen Technologien in der Wohnungs- und Immobilienwirtschaft beleuchtet. Die Autoren gehen dazu auf die folgenden, aufeinander aufbauenden Aspekte ein:

- *Technologiegetriebene Megatrends:* Grundsätzliche Spiegelung der aus Technologien erwachsenden Megatrends an den Anforderungen und Möglichkeiten der Wohnungs- und Immobilienwirtschaft.
- *Ökonomische und gesellschaftliche Effekte und Perspektiven:* Übertragung der technologiegetriebenen Megatrends sowie der Erkenntnisse aus der Diskussion dieser Trends in der Wohnungs- und Immobilienwirtschaft auf Wirtschaft und Gesellschaft.
- *Strukturelle Veränderungen und daraus abgeleitete Anforderungen:* Darstellung der mit den Megatrends sowie den wirtschaftlichen und gesellschaftlichen Perspektiven verbundenen strukturellen Veränderungen in der Branche.
- *Vordringliche Handlungsfelder für Unternehmen:* Identifizierung der Handlungsfelder, in denen Wohnungs- und Immobilienunternehmen aktiv sein müssen, um die technologiegetriebenen Megatrends für sich nutzbar zu machen sowie die notwendigen strukturellen Veränderungen zu erzielen.

Aus diesen Trends und Perspektiven leiten die Autoren drei prägende Zukunftsszenarien ab, die mögliche Entwicklungspfade der Branche vor dem Hintergrund der Digitalisierung skizzieren. Diese Pfade basieren auf unterschiedlichen Annahmen zu Technologien, Regulierung und gesellschaftlicher Akzeptanz von Veränderungen.

9.1 Technologiegetriebene Megatrends und Perspektiven

Die für die Wohnungs- und Immobilienwirtschaft wichtigsten modernen und zukunftsweisenden Digitalisierungstechnologien haben die Autoren in Kap. 4 ausführlich diskutiert und beleuchtet. Die Nutzung dieser Technologien in der Branche eröffnet vielversprechende Potenziale, deren Ausschöpfung umfangreiche Ressourcen benötigt und zugleich erhebliche Effizienz- und Effektivitätsgewinne erwarten lässt. Dabei ist die Weiterentwicklung dieser Technologien bei weitem noch nicht abgeschlossen und ebenso entstehen daraus kontinuierlich Innovationen und neue Anwendungsfelder. Technologien wie künstliche Intelligenz (KI), Datenräume (vgl. Reiberg et al., 2022, S. 12 ff.), Smart-City-Technologien und Cyber-Sicherheit prägen die langfristige Transformation der Branche:

- KI unterstützt bereits heute insbesondere bei der Abwicklung von kommunikativen Aufgaben und Routinetätigkeiten in der Immobilienwirtschaft sowie bei der vorausschauenden Abwicklung von technischen Prozessen, wie Wartungen, Schadenserkennung bei gebäudetechnischen Anlagen und Geräten und bei der Energieoptimierung. Die nächste Entwicklungsstufe, die bereits in der Erprobung und insbesondere in Form von digitaler Assistenz in prototypischem Einsatz ist, bilden *agentenbasierte KI-Systeme*. Diese verknüpfen unterschiedliche KI-Agenten miteinander und unterstützen damit eine umfassende Selbststeuerung von technischen wie auch von Geschäftsprozessen (vgl. Dukino et al., 2019, S. 13). Im Kontext von KI bilden die Fähigkeit einschlägiger Systeme, immense Mengen an Daten zusammenzuführen, zu strukturieren und zu analysieren sowie kontextbezogen nutzbar zu machen, einen wichtigen Treiber der digitalen Transformation (vgl. Renner et al., 2024, S. 14; vgl. Hayes & Downie, 2024). Somit bilden Daten, deren Verarbeitung und Auswertung in großen Mengen sowie deren vielfacher Austausch zwischen unterschiedlichen IT-Systemen einen entscheidenden Gestaltungsfaktor für die Digitalisierung und es ist zu erwarten, dass damit die Bedeutung des Datenmanagements weiter zunimmt (vgl. ZIA/EY, 2025, S. 28 ff.).
- Eng verbunden mit KI-Technologien und Daten ist das Feld Datenräume und Interoperabilität, das hohes Gestaltungspotenzial für die Datenkommunikation und Interaktion unterschiedlicher Akteure verspricht sowie Potenzial für die Entwicklung neuer Geschäftsmodelle aufweist (vgl. Abschn. 6.4). Angebote und Projekte im Kontext der Wohnungs- und Immobilienwirtschaft in diesem Feld, wie beispielsweise *Drooms* (vgl. Lausberg & Krieger, 2022, S. 26) oder *SmartLivingNEXT* (vgl. ZVEI, 2023), sowie

Projekte außerhalb der Branche, wie *Catena-X* oder *Mobility Data Space (MDX)* (vgl. Amman, 2024, S. 4), zeigen, dass die Fähigkeit einer sicheren, standardisierten und souveränen Datennutzung einen wichtigen Erfolgsfaktor für die Einsetzbarkeit von modernen Digitalisierungstechnologien und für die Entwicklung von Unternehmen bilden. Für Wohnungs- und Immobilienunternehmen und deren Stakeholder tragen die Austauschbarkeit und Kombinierbarkeit von Daten über Systemgrenzen hinweg in entscheidendem Maße dazu bei, dass bspw. gebäudetechnische Prozesse, Maßnahmen und Prozesse zur CO_2-Reduzierung oder Mietprozesse möglichst Ende-zu-Ende automatisiert und reibungslos funktionieren. Dazu müssen vernetzte Plattformarchitekturen aufgebaut und Schnittstellenstandards eingeführt werden, die den einfachen und schnellen Zugang zu Datenräumen, die auf die Branche zugeschnitten sind, sowie deren wirtschaftlichen Betrieb ermöglichen. Zu beantworten sind in diesem Kontext auch Fragen nach der Governance und der Hoheit über die Daten sowie die wirtschaftliche Teilhabe. Zumindest in Teilen sind derartige Fragen bereits im Kontext von Software-as-a-Service beantwortet worden.

- Die Erweiterung von Smart Buildings zu Smart Cities zeigt einen weiteren Entwicklungspfad auf, der auf bereits existierenden Technologien basiert. So können ganze Gebäude als Cyber-physische Systeme (CPS) (vgl. Gsell & Nikodemus, 2025, S. 4) verstanden werden, die einen Echtzeitdaten-basierten Betrieb realisieren. Vernetzte Sensorik und Aktorik, IoT-Plattformen und digitale Gebäude- und Infrastruktur-Zwillinge, die alle miteinander vernetzt sind, bilden die Grundlage für intelligente Quartiers- und Mobilitätslösungen, in denen Energie, Mobilität, Wohnen und ggf. Gewerbebetrieb integrativ umgesetzt sind. Damit bewegt sich die Wohnungs- und Immobilienwirtschaft in einem Spannungsfeld zwischen immobilienwirtschaftlicher Stabilität und urbaner Innovationsdynamik.
- Als Entwicklungsfeld, das für den sicheren Betrieb von Digitalisierungslösungen und damit für die nachhaltige Implementierung der Digitalisierung in der Wohnungs- und Immobilienwirtschaft von entscheidender Bedeutung ist, gewinnt das Themenfeld Cyber-Sicherheit und digitale Souveränität weiter an Relevanz. Denn mit zunehmender Vernetzung steigt auch das Risiko von Sicherheitsvorfällen und Datenschutzverletzungen in erheblichem Maße (vgl. BSI, 2025, S. 3). Die Einhaltung regulatorischer Vorgaben, wie etwa der NIS-2-Richtlinie oder Datenschutzgrundverordnung, stellt einen entscheidenden Wettbewerbsfaktor dar. Denn wenn diese Vorgaben in IT-Systemen und Digitalisierungslösungen nicht erfüllt werden, schließt sich der Marktzugang für diese Lösungen. Die digitale Souveränität adressiert in diesem Zusammenhang nicht nur technische Schutzmechanismen, sondern sie bezeichnet auch die Fähigkeit von Unternehmen und Organisationen, kritische Infrastrukturen eigenständig zu betreiben sowie den Zugriff auf strategische Datenressourcen zu kontrollieren.
- Die Erzeugung und Verifizierung digitaler Identitäten von natürlichen Personen und Organisationen hängt eng mit dem Themenfeld Cyber-Sicherheit zusammen. Vor diesem Hintergrund bildet die Etablierung von Digital Wallets als wichtige Infrastrukturkomponente, die Datenräume, Interoperabilität und digitale Souveränität befähigt

schließlich ebenfalls einen Megatrend, der bei der Entwicklung der Branche beachtet werden muss. Mit der geplanten Einführung des EU Digital Identity (EUDI)-Wallet entsteht ein europaweit harmonisierter Rahmen, in dem Organisationen sicher prüfbare digitale Identitätsdaten und attestierte Attribute, wie beispielsweise Wohnsitznachweise, Steuerbescheinigungen oder berufliche Qualifikationen, in Wallets von Nutzenden ausstellen, verwalten und verifizieren können (vgl. Europäische Kommission, o. J.). Für Wohnungs- und Immobilienwirtschaft eröffnet dieser Megatrend die Möglichkeit, Identifizierungs-, Prüf- und Nachweisprozesse, z. B. im Rahmen des Vermietungsprozesses, des Managements von Zugängen zu Portalen oder der Kommunikation mit Dienstleistern, auf einer einheitlichen, hochsicheren Identitätsinfrastruktur abzubilden. Auch können neue Formen einer organisationsbezogenen Identifizierung, beispielsweise von Hausverwaltungen, Dienstleistungs- und Handwerksunternehmen oder Versorgern, etabliert werden, die sich in Plattform-Ökosysteme der Branche integrieren lassen. Zudem werden die regulatorischen Entwicklungen auf dem Gebiet der Cyber-Sicherheit, insbesondere die eIDAS-Verordnung, erfüllt (vgl. BSI, o. J.a).

Die aufgelisteten Megatrends leiten sich in großem Maße aus bereits existierenden modernen Technologien bzw. technischen Anwendungsfeldern ab. Weitere technologiegetriebene Megatrends, die den dargestellten sehr ähnlich sind und deren Entwicklungen unabhängig von einer bestimmten Branche beobachtet werden, werden beispielsweise in der jährlich erscheinenden *Accenture Technology Vision,* den *Deloitte Tech Trends* oder den *Gartner Top 10 Strategic Technology Trends* identifiziert (vgl. Accenture, 2025; vgl. Deloitte, 2024; vgl. Gartner, 2025). Die Megatrends, die in diesen Studien adressiert werden, fokussieren aktuell die Themen künstliche Intelligenz mit ihren Effekten auf Kundenerlebnisse, auf die Robotersteuerung sowie auf die Unterstützung von Menschen in ihrem Arbeitsumfeld (vgl. Accenture, 2025, S. 8); weiterhin Software Engineering, Technologie- und Strategieentwicklung, IT- bzw. Cyber-Sicherheit, Hardwareentwicklung und Quantencomputing sowie KI-getriebene Softwarearchitekturen und Programmierschnittstellen (vgl. Deloitte, 2024, S. 3 f.). Die genannten Megatrends stellen teilweise Weiterentwicklungen der oben erläuterten Technologien dar und können disruptive Veränderungen in Organisationen, Wirtschaft und Gesellschaft initiieren, deren Effekte insbesondere für die Wohnungs- und Immobilienwirtschaft in Abschn. 9.2 aufgezeigt werden.

Die beschriebenen technologiegetriebenen und Technik-fokussierten Megatrends bewirken weitgehende wirtschaftliche und gesellschaftliche Veränderungen. Diese Veränderungen werden auch dadurch gefördert, dass die Trendtechnologien einen wichtigen Beitrag zur Bewältigung des Mangels insbesondere an personellen Ressourcen leisten können. So helfen Optimierungen und digitale Automatisierungen von Prozessen, strukturelle Ressourcenengpässe auszugleichen: Automatisierte Dokumentenverarbeitung, KI-gestützte Kommunikation mit Stakeholdern oder selbstlernende Buchungs- und Abrechnungssysteme können fehlende Ressourcen kompensieren und neue Effizienzpotenziale erschließen. Dies erfordert neben den eigentlichen technischen Lösungen signifikante Veränderungen in der Organisation und den Prozessen (vgl. Renner et al., 2024, S. 3).

Neben dem ressourcen- und effizienzgetriebenen künftigen Einsatz von Trendtechnologien ist auch deren Nutzbarmachung vor dem Hintergrund künftig weiter steigender regulatorischer Anforderungen zu erwarten. Insbesondere die ESG-Regulatorik verlangt umfassende Datenstrukturierungen und -analysen und damit verbunden ein intelligentes Datenmanagement über den gesamten Lebenszyklus von Immobilien, um die notwendigen Nachweisführung betreiben zu können. Diese Punkte beschreiben ergänzend zu den technischen Trends einen Trend zur *Digital Compliance,* die elektronische Dokumentationen von Nachhaltigkeitskennzahlen, Energieverbrauchsdaten und sozialen Indikatoren in den Fokus stellt. Weiterhin müssen auch die soziologischen Folgen der Digitalisierung durch die Unternehmen der Wohnungs- und Immobilienwirtschaft adressiert werden, wie beispielsweise eine digitale Teilhabe, Datenethik sowie die Verantwortung gegenüber Mietenden, Mitarbeitenden und anderen Stakeholdern (vgl. Mazzoni et al., 2024, S. 10 f.). Damit verbunden müssen Zugänglichkeit, Transparenz und Akzeptanz wichtige Faktoren werden, die den Megatrend *digitale Inklusion* prägen. Dieser Trend kennzeichnet die Entwicklung zur Informationsgesellschaft auf sozialer Ebene sowie die notwendige *Digital Governance* und digitale Nachhaltigkeit. In der Wohnungs- und Immobilienwirtschaft wird eine Stakeholder-zentrierte Digitalisierung, die nutzerfreundliche Schnittstellen, Datenschutz und Klarheit in der Kommunikation kombiniert, ein wichtiger Ausdruck sozialer Nachhaltigkeit.

9.2 Strukturelle Veränderungen und Handlungsfelder für die Branche

Die in den Abschn. 9.1 und 9.2 beschriebenen technischen und wirtschaftlich-sozialen Trends der Digitalisierung führen bereits heute zu tiefgreifenden strukturellen Veränderungen in der Wohnungs- und Immobilienwirtschaft. Zentrale Kennzeichen dieser Veränderungen sind die Ausbildung plattformökonomischer Strukturen, das Entstehen gänzlich neuer Wertschöpfungsketten und die Zusammenführung vormals getrennter funktionaler Sektoren. In diesen veränderten Strukturen übernehmen digitale Plattformen die Rolle intermediärer Infrastrukturen, über welche Daten, Dienstleistungen und Transaktionen orchestriert und ausgeführt werden (vgl. PwC, 2024, S. 23 f.). es erfolgt eine engere Integration aller Leistungserbringer mit den Stakeholdern der jeweiligen Plattform; insbesondere sind hier auch die PropTech-Unternehmen eingeschlossen, die z. B. in einem Teilprozess einen Beitrag leisten und deren Lösungen wichtige Elemente von Ende-zu-Ende-Prozessen bilden. Die PropTech-Unternehmen fungieren in dieser Konstellation häufig als Innovationsbeschleuniger (vgl. Henger & Voigtländer, 2025, S. 1 f.), da sie häufig spezielle und zugleich passgenaue Lösungen für Teilprozesse, z. B. für die Mietendenkommunikation, die Energieoptimierung oder das Zahlungsmanagement, bereitstellen.

Mit der steigenden Bedeutung der Plattformökonomie und der Bereitstellung von Digitalisierungslösungen verändern sich die Kooperationsstrukturen zwischen Immobilienunternehmen und IT-Dienstleistern von klassischen Kunden-Lieferanten-Beziehungen hin zu Partnerschaften auf Augenhöhe, die auf gemeinsamen Datenmodellen und integrierten Innovationsprozessen basieren. Mit dieser engen Zusammenarbeit werden neue Governance-Modelle etabliert, die sowohl technische Interoperabilität als auch vertragliche und ethische Aspekte berücksichtigen.

Eine weitere wichtige strukturelle Veränderung stellt die Öffnung der Branche zu benachbarten Sektoren dar, wie beispielsweise Energie, Mobilität oder öffentliche Verwaltung. Durch die technologiegetriebenen Megatrends werden mit diesen Sektoren Synergieeffekte erschlossen: So integriert der Energiesektor Gebäude in Smart-Grid-Strukturen, im Bereich Mobilität lassen sich integrierte, quartiersbezogene Sharing-Konzepte von Wohnungsunternehmen und Mobilitätsanbietern entwickeln. Kommunen digitalisieren beispielsweise Verwaltungsprozesse für das Wohnraummanagement. Somit entstehen hybride Geschäftsmodelle, die für die beteiligten Akteure zusätzliche Erträge generieren können (vgl. IEA, 2023, S. 33 f.). Die Grenzen zwischen den unterschiedlichen Sektoren werden also zunehmend durchlässig und die Geschäftsmodelle beispielsweise von Wohnungsunternehmen wandeln sich von Verwaltern von physischen Einheiten hin zu Betreibern digital vernetzter Lebensräume, d. h. die strukturellen Veränderungen sind nahezu disruptiv und modifizieren die internen und externen Organisations- und Prozessstrukturen der Unternehmen der Branche erheblich.

Auch die künftige Einführung von Digital Wallets führt zu strukturellen Veränderungen in der Wohnungs- und Immobilienwirtschaft. Denn Wohnungsunternehmen, Immobilienverwalter, Versorger, Kommunen und Finanzinstitute können in der Rolle von *Issuern* und/oder *Service Providern* agieren: Sie können einerseits zu Ausstellern digitaler Nachweise werden, die die in Wallets von Mietenden, Eigentümern oder Dienstleistungsunternehmen gespeichert werden, andererseits können sie die Wallets zur sicheren Identifizierung und Datenabfrage selbst nutzen. Strukturell entsteht damit ein identitätszentriertes Ökosystem, in welchem Authentifizierung, Attributnachweise und Signaturen nicht mehr innerhalb einzelner IT-Lösungen, z. B. in Portalaccounts oder proprietäre Zugangssystemen, gekapselt sind, sondern mittels einer übergreifenden Wallet-Infrastruktur orchestriert werden.

Vor dem Hintergrund der dargestellten Trends und damit verbundenen strukturellen Veränderungen der Branche müssen die Wohnungs- und Immobilienunternehmen auf vier strategischen Handlungsfeldern aktiv werden, nämlich auf den Feldern Qualifizierung, Datenmanagement sowie IT-Ökosystemmanagement und digitale Identität. Die Maßnahmen in diesen Feldern gestalten sich wie folgt:

- Die digitale Transformation und die Umsetzung komplexer Trendtechnologien verlangen nach Akteuren, die über einen *Grundstock an IT- und Digitalisierungskompetenz* verfügen und die technischen Zusammenhänge – von der eigenen Datenlandschaft über die technischen Möglichkeiten im Unternehmen bis hin zu den prozessbezogenen Interdependenzen mit IT- und Digitalisierungslösungen – verstehen (vgl. Bitkom,

2024, S. 10; vgl. Gsell et al., 2025, S. 52 f.). Diese Anforderung besteht für alle Ebenen einer immobilienwirtschaftlichen Organisation. Schulungen und Weiterbildungsprogramme, die technisches Wissen mit betriebswirtschaftlichem Verständnis verbinden, werden zur Basis organisationaler Lernfähigkeit.

- Die Entwicklung einer *konsistenten Datenstrategie* und ein daraus abgeleitetes Datenmanagement, welche auf die Innovations- und Effizienzziele ausgerichtet sind, bilden grundlegende Gestaltungsfaktoren für die Digitalisierung und Voraussetzungen für die Nutzung digitaler Lösungen. Denn sie definieren, welche Daten wie erfasst und verarbeitet werden, wie sie strukturiert sind und zu welchem Zweck sie genutzt werden. Eine unter strategischen Gesichtspunkten angelegte Datenarchitektur ermöglicht es, Daten und Informationen aus unterschiedlichen Quellen, wie z. B. aus ERP-Systemen, IoT-Netzwerken, Mietenden-Apps bzw. -Portalen oder Energieplattformen, etc., zusammenzuführen und in Entscheidungswissen und Echtzeit-Steuerungsinformationen zu überführen. Dies muss für die gesamten Daten entlang des Lebenszyklus von Immobilien zielführend umgesetzt werden. Die skizzierten Bedingungen gelten auch für den Einsatz von künstlicher Intelligenz, die nur dann ihren vollen Nutzen entfaltet, wenn sie auf umfassende und gut integrierte Daten zugreift – sei es für prädiktive Wartungen und Reparaturen, eine Bot-gestützte Kundenkommunikation oder für die Optimierung von Energieverbräuchen. Auch der Aufbau von digitalen Zwillingen erfordert die Integration zahlreicher Datenquellen, wie elektronische Gebäudedaten, Daten von Sensoren und Aktoren sowie Verbrauchsdaten, um ein umfassendes Abbild einer Immobilie über ihren Lebenszyklus zu generieren.
- Die *Etablierung eines integrativen IT-Ökosystems* verlangt eine aktive Gestaltung der Rolle von Immobilienunternehmen innerhalb digitaler Netzwerke. Sie können die Rolle als Datenlieferanten, Plattformbetreiber, Servicepartner oder Datennutzer einnehmen. Erfolgreiche IT-Ökosysteme zeichnen sich durch Offenheit, Vertrauen und standardisierte Schnittstellen aus (vgl. Lis et al., 2019, S. 21). Die Unternehmen der Wohnungs- und Immobilienwirtschaft können mit derartigen IT-Ökosystemstrukturen äußerst effizient und effektiv arbeiten; sie agieren in vernetzten Daten- und Prozessarchitekturen, ohne die Kontrolle über die eigenen Kernkompetenzen aufzugeben. Zugleich bieten diese Systeme eine hohe Flexibilität mit Bezug auf sich dynamisch verändernde Anforderungen sowie eine hohe Integrationsfähigkeit von informationstechnischen und damit passgenaue auf definierte Aufgabenstellungen zugeschnittene Lösungen.
- Der Aufbau einer digitalen Identität unter Nutzung eines Digital Wallet erfordert Handlungsmaßnahmen auf Prozessebene durch die Bildung Wallet-fähiger Identifikations- und Berechtigungsprozesse (vgl. Selvam, 2024, S. 3 f.) entlang des Immobilienlebenszyklus, d. h. Identitäts- und Zugangsmanagement müssen neugestaltet werden. Zweitens ist eine Integration der Wallet-Funktionalitäten in die IT-Systeme, beispielsweise ERP-Systeme, Mietendenportale, Vermietungsplattformen oder technische Gebäudeinfrastruktur, erforderlich, um Ende-zu-Ende-Prozesse auf Basis gesicherter Identitäten und Attribute zu realisieren. Im Zuge der prozess- und systembezogenen Anpassungen

müssen klare Verantwortlichkeiten und Rollen zur Einhaltung von regulatorischen, Sicherheits- sowie Compliance-Anforderungen festgelegt werden. Schließlich ist auch die Zugänglichkeit und Verständlichkeit des Digital Wallets für alle Stakeholder sicherzustellen. Vor dem Hintergrund dieser vielschichtigen Handlungsmaßnahmen rücken Digital Wallets als **Identitäts- als Querschnittsressource** in das Zentrum einer digitalen Wertschöpfung in der Wohnungs- und Immobilienwirtschaft und verstärken die Notwendigkeit, Datenstrategie, IT-Ökosysteme und Qualifizierungsmaßnahmen um identitätsbezogene Kompetenzen und Prozesse zu erweitern.

Die in den vorangehenden Handlungsfeldern beschriebenen Rahmenbedingungen besitzen Leitfadencharakter: Sie zeigen, dass erfolgreiche digitale Transformation nicht nur durch Investitionen in moderne Technologien und deren Implementierung entsteht, sondern dass eine kohärente Verbindung von Strategie, Struktur und Kultur erforderlich ist. Unternehmen, die frühzeitig Interoperabilität, souveränes Datenmanagement und kooperative Zusammenarbeit nutzen und verfolgen, sichern sich nachhaltige Innovationserfolge (vgl. PwC, 2024, S. 21).

9.3 Zukunftsszenarien

Um die möglichen Entwicklungen der Wohnungs- und Immobilienwirtschaft unter dem Einfluss der Digitalisierung mit einem vertiefenden praktischen Bezug zu beschreiben, stellen die Autoren nachfolgend drei Szenarien vor, welche die ausgewiesenen Megatrends sowie die daraus prognostizierten Effekte aufnehmen und zugleich auf unterschiedlichen Annahmen zu Technologie, Regulierung und Akzeptanz fußende Entwicklungen aufsetzen. Diese Szenarien sind als heuristische Modelle zu sehen, die den Unternehmen der Wohnungs- und Immobilienwirtschaft helfen sollen, strategische Optionen, Investitionspfade sowie die eigenen Entscheidungen im Kontext der Digitalisierung bewertbar zu machen.

Für die strukturierte Beschreibung der Szenarien wird ein Framework genutzt, welches zunächst das *Szenariofeld* beschreibt, im Weiteren die *Einflussfaktoren* auf den Untersuchungsgegenstand sowie deren Abhängigkeiten analysiert, *Zukunftsbilder* entwickelt und daraus schließlich Maßnahmen ableitet (vgl. Kosow & Gaßner, 2008, S. 25). Die Nutzung dieses Rahmenwerks schließt somit die Beschreibung der Entwicklungen, der Dynamiken und der treibenden Kräfte, aus denen das jeweilige Zukunftsbild resultiert, ein (vgl. Kosow & Gaßner, 2008, S. 11). Die nachfolgend dargestellten, aus den Ausführungen dieses Kapitels abgeleiteten Szenarien fokussieren die Trendthemen Plattformökonomie, künstliche Intelligenz sowie Nachhaltigkeit bzw. Regulierung.

Szenario Plattformgetriebene Wohnungswirtschaft

Das erste Szenario *Plattformgetriebene Wohnungswirtschaft* fokussiert Kernleistungen im Umfeld von Wohnungsunternehmen, wie Kommunikation, Zahlungen, Energie, Wartung,

Vermarktung, die von unterschiedlichen Akteuren ausgeführt werden. Aktuell werden diese Aktivitäten und die beteiligten Akteure durch die Wohnungsunternehmen gesteuert, die im Zuge ihrer Aufgabenerfüllung umfassende personelle Ressourcen sowie vornehmlich prozessführende Systeme, ggf. ergänzt um weitere IT-Systeme, die spezifische Funktionen abbilden, einsetzen. Insbesondere die Herausforderungen, denen sich die Branche gegenübersieht, sowie die steigende Bedeutung der Plattformökonomie veranlassen ein Oligopol weniger Plattformbetreiber, die genannten Kernleistungen auf interoperablen Ökosystemplattformen zu bündeln und damit die Akteure auf diesen Plattformen zusammenzuführen. Die Anbindung der Akteure und ihrer Systeme erfolgt über standardisierte Programmierschnittstellen. Weiterhin werden die Plattformen getragen durch Datenräume, welche die Identifizierung der Teilnehmer, die Einhaltung von Regeln, Vorschriften und Gesetzen sowie der Nutzungsbedingungen sicherstellen (vgl. Reiberg et al., 2022, S. 13). Die Steuerung der Kommunikations- und Transformationsprozesse verlagert sich in diesem Szenario von der Unternehmens- auf die Ökosystemebene.

Das Geschäftsmodell, das dieses Szenario beschreibt, fußt auf der jeweiligen Ökosystemplattform: Die Plattform, auf der die Kernleistungen eines Ökosystems gebündelt sind und welche die Akteure zusammenführt, erzielt Einnahmen aus Abo- und Transaktionsentgelten. Diese Einnahmen lassen sich ergänzen durch datenbasierte Zusatzleistungen, wie z. B. Scoring, Benchmarking oder der Bereitstellung von spezifischen Marktanalysen mit Bezug zum Ökosystem. Mögliche Merkmale der Leistungsfähigkeit der Plattformen bilden ihre Adaptionsrate, die Integrationszeit neuer Leistungen bzw. Plattformteilnehmer sowie Kennzahlen zur Datenqualität und Vertrauenswürdigkeit der jeweiligen Plattform, die durch eine *Policy-Konformität* angezeigt werden kann. Schließlich lässt sich der Erfolg der jeweiligen Plattform auch an ihrem Anteil am Umsatz des Gesamt-Ökosystems bewerten. In diesem Szenario wird die Fähigkeit, Leistungen über eine Ökosystemplattform zu beziehen und für die eigenen Aufgaben nutzbar zu machen sowie die eigenen Leistungen über die Plattform bereitzustellen bzw. zu verteilen, zu einer Kernkompetenz von Wohnungs- und Immobilienunternehmen.

Mit dem Einsatz eines interoperablen Ökosystems verbunden sind Skaleneffekte, verkürzte Innovationszyklen und eine erhöhte Servicequalität. Die Risiken dieses Szenarios liegen darin, dass sich die Teilnehmenden einer Ökosystemplattform – insbesondere die Wohnungsunternehmen, deren Kernprozesse bzw. -leistungen über die Plattform abgewickelt werden – in eine gewisse Abhängigkeit begeben gegenüber der Steuerung der entsprechenden Prozesse durch die verantwortlichen Wohnungs- und Immobilienunternehmen selbst. Darüber können mit der Nutzung eines Ökosystems für die teilnehmenden Unternehmen Lock-in-Effekte und hohe Compliance-Kosten entstehen. Daher sollten diese Unternehmen Gegenstrategien verfolgen und mit vernetzten Daten- und Prozessarchitekturen arbeiten, die sich schnell und problemlos migrieren lassen sowie kritische Verantwortungsbereiche in unabhängigen, souveränen Datenräumen betreiben (vgl. Reiberg et al., 2022, S. 5 f.). Entsprechende Konformitäts- und Zertifizierungsrahmen können hier Orientierung geben. Insgesamt bleibt für das Szenario Plattformgetriebene Ökosysteme festzuhalten, dass sich Unternehmen, welche frühzeitig eine API-First-Strategie verfolgen sowie ein Identitätsmanagement betreiben und eine Nutzendenkontrolle implementieren, eine günstige Position in einer künftigen Ökosystemlandschaft sichern können (vgl. Europäische Kommission, 2024, S. 8 ff.).

Szenario KI-gestützte Wertschöpfung

Im zweiten Szenario wird insbesondere der Megatrend künstliche Intelligenz abgebildet: Dieses Szenario fokussiert eine *KI-gestützte Wertschöpfung,* die darauf abzielt, Entscheidungen in der Bewirtschaftung von Immobilien, d. h. in Betrieb, Instandhaltung, Vermietung und Kundenservice, zu unterstützen. Neben der Trendtechnologie KI bilden digitale Zwillinge der jeweiligen Immobilien, also der Gebäude sowie der gebäudetechnischen Anlagen und Geräte, eine wichtige technische Grundlage für das Szenario. Diese dienen dazu, die technischen Daten zu erfassen und diese mit den betrieblichen und externen Daten zusammenzuführen, um sie über KI-gestützte, lernende Systeme zu analysieren. Das Szenario bringt somit unterschiedliche Aufgabenfelder, welche den Betrieb von Immobilien prägen, zusammen. KI-basierte Instrumente unterstützen bezogen auf diese Felder dabei, die einschlägigen Bewirtschaftungsprozesse in den Unternehmen der Wohnungs- und Immobilienwirtschaft zu steuern. Insbesondere können Predictive- und Prescriptive-Modelle Handlungsmaßnahmen vorschlagen oder teilautomatisiert ausführen, die dazu beitragen, Prozesse effizienter auszuführen, ungeplante Ausfälle und Reparaturen zu vermeiden und eine hohe Stakeholderorientierung sowie Komfortgewinne zu erzielen. Die beschriebenen Rahmenbedingungen und Möglichkeiten sind in den Abschn. 4.5 und 4.6 dieses Buchs bereits ausführlich dargestellt.

Voraussetzungen für die erfolgreiche und zielführende Ausführung einer KI-gestützten Wertschöpfung bilden eine hohe Datenqualität, auf Basis sehr großer und semantisch passgenauer Datenmengen sehr gut trainierte KI-Algorithmen, eine geeignete Prozessanbindung sowie fachliche Kompetenzen der Personen, welche die KI-gestützten Wertschöpfungsprozesse begleiten und final über die vorgeschlagenen Handlungsmaßnahmen entscheiden (vgl. IEA, 2023, S. 45 f.). Auch muss dic Opcrationalisierung von KI-basiert generierten Analyseergebnissen durch einen strukturierten Prozess geführt werden, in welchem Hinweise bzw. Ergebnisse in Tickets, Tickets in Aufträge und Aufträge in Handlungen, über die abschließend durch Menschen entschieden wird, überführt werden (vgl. Bitkom, 2024, S. 34). Risiken, welche dieses Szenario begleiten, liegen in einer allmählichen Verschlechterung der genutzten KI-Modelle über die Zeit durch Änderungen der realen Welt gegenüber den Trainingsdaten für das jeweilige Modell, Bias und Halluzinationen, die üblicherweise mit dem Einsatz von KI-basierten Lösungen verbunden sein können, sowie in neuen Angriffsmöglichkeiten, die aus einer Internetanbindung der einschlägigen Systeme entstehen. Vor diesem Hintergrund müssen entsprechend der NIS-2-Richtlinie ein Risikomanagement, Incident-Response sowie Third-Party-Kontrollen eingerichtet und dokumentiert werden (vgl. BSI, o. J.b). Weiterhin müssen eine KI-Governance mit Modellkatalogen, Test- und Freigabeprozessen zum Standard werden.

Um einen stabilen Betrieb der KI-gestützten Wertschöpfung zu realisieren, müssen mittels einschlägiger Verfahren zur Erstellung und Ausführung von Modellen für maschinelles Lernen und künstliche Intelligenz, MLOps und AIOps, sichere Versionierungen, ein Monitoring, Rollback-Möglichkeiten und Auditierbarkeit realisiert werden. Die Teams, welche in die Wertschöpfungsprozesse eingebunden sind, benötigen zudem Daten- und Domänenkompetenz sowie klare Rollenprofile, die u. a. ihre Handlungs- und Entscheidungskompetenz sowie ihre Berichtspflichten bestimmen. Schließlich verlagern sich die Investitionen in diesem Szenario vom Lizenzkauf für IT-Werkzeuge hin zur Nutzbarmachung von Cloud-basierten Servicemodellen und zur Fähigkeit, Datenprodukte zuverlässig zu entwickeln und zu betreiben.

Szenario Nachhaltigkeitsgetriebene Regulierung

Mit dem dritten Szenario *Nachhaltigkeitsgetriebene Regulierung* werden Lösungen adressiert, die darauf abzielen, zunehmend strenge Klimaziele durchzusetzen und die ESG-Anforderungen zu erfüllen. So werden mit der Corporate Sustainability Reporting Directive (CSRD) und den European Sustainability Reporting Standards (ESRS) definierte Anforderungen an die Nachhaltigkeitsberichterstattung formuliert. Damit verbunden müssen ESG-Data-Hubs Mess-, Material-, Maßnahmen- und Finanzdaten so konsolidieren, dass daraus anforderungskonforme, prüfbare Berichte entstehen. Weiterhin sind diese Hubs über kommunale und nationale Programme an Förderlogiken und Smart-City-Datenplattformen zu koppeln. Insgesamt fußt das Szenario also auf einem strengen regulatorischen Rahmen, der die formulierten Megatrends aufnimmt, um daraus für diesen Rahmen geeignete Lösungen zu generieren.

Die Lösungen, die für ein effektives Management der regulatorischen Anforderungen und unter Berücksichtigung der Megatrends möglich sind, liegen in einer datenbasierten Priorisierung von Sanierungspfaden, wobei hier Kosten-Nutzen-Aspekte im Mittelpunkt stehen. KI-basierte Planungs- und Analysemethoden können dazu beitragen, die unter kurz-, mittel- und langfristiger Perspektive bevorzugten Pfade zu identifizieren. Ein weiteres Anwendungsgebiet von KI-basierten Instrumenten im Rahmen des Szenarios liegt in der Zuweisung von CO_2-Budgets, die ebenfalls vor dem Hintergrund der Effekte, die durch Maßnahmen, für welche die Budgets genutzt werden, priorisiert werden kann. Diese Effekte werden kontinuierlich überwacht, sodass ein intelligenter Regelkreis aufgebaut wird, der die Umsetzung von Nachhaltigkeitsmaßnahmen unter dem Aspekt der optimalen Ausschöpfung der Potenziale steuert. Unter Nutzung der skizzierten Lösungen arbeiten Energie-, Technik- und Bewirtschaftungsteams auf denselben Datenbeständen, weiterhin werden Material- und Entsorgungsdaten im Lebenszyklus von Immobilien anhand digitaler Produktpässe dokumentiert und damit entsprechend der regulatorischen Vorgaben berichtet.

Um ein datengetriebenes und KI-gestütztes Reporting entlang der skizzierten Konzepte aufzubauen, bedarf es eines gewissen Maßes an Standardisierung der Berichtsprozesse, klarer Datenstrukturen sowie eines NIST-2-konformen Sicherheitsmanagements. Diese Faktoren tragen dazu bei, den Overhead für das Berichtswesen möglichst gering zu halten, eine semantische Fragmentierung zu vermeiden und Cyberrisiken zu minimieren. Auch kann die Nutzung von unabhängigen Datenräumen die Zweckbindung des Reporting sowie die Auditierbarkeit der Maßnahmen und die Kontrolle der Zugriffe unterstützen – wichtige Voraussetzungen für die Akzeptanz und Skalierbarkeit des konzipierten Reporting (vgl. Reiberg et al., 2022, S. 5 f.).

Szenario Wallet-basierte Identitätsökosysteme

Im vierten Szenario *Wallet-basierte Identitätsökosysteme* bildet schließlich die Verfügbarkeit von Digital Wallets für Personen und Organisationen eine zentrale Grundlage der digitalen Wertschöpfung in der Wohnungs- und Immobilienwirtschaft. Identitätskritische Interaktionen von der ersten Kontaktaufnahme von Mietinteressent:innen über die Unterzeichnung von Mietverträgen bis hin zur Nutzung von plattformbasierten Dienstleistungen werden auf Basis standardisierter, in Wallets gespeicherter Identitäts- und Attributnachweise ausgeführt: Mietinteressent:innen authentifizieren sich mit ihrer Wallet, legen ausgewählte Attribute, z. B. Wohnsitz, Einkommensnachweise oder Beschäftigungsstatus, selektiv offen und signieren Mietverträge mit qualifizierten elektronischen Signaturen direkt aus der Wallet heraus. Vermietungs- und Verwaltungsprozesse können medienbruchfrei, vollständig digital und rechtssicher abgewickelt werden. Wohnungsunternehmen wiederum treten als Issuer spezifischer attestierter Attribute auf, beispielsweise von Mietzahlungs-Historien, Wohnungsnutzungsnachweisen oder Zugangsberechtigungen zu Gebäuden und Gemeinschaftsflächen, die in den Wallets ihrer Mietenden oder Dienstleister gespeichert werden.

Die technischen Grundlagen dieses Szenarios bilden interoperable Identitäts- und Attributstandards sowie ein europäisches Zertifizierungs- und Trust-Listen-System für Wallet-Provider, Issuer und Service Provider. Gebäudezugangssysteme, Energieplattformen, Mobilitätsangebote und kommunale Verwaltungsdienste sind an diese Infrastruktur angebunden, sodass die Wallet zur zentralen Komponente für die Teilhabe an digital vernetzten Quartiers- und Stadtökosystemen wird. Mit der Nutzung dieser Technologien sind eine deutliche Reduktion administrativer Aufwände, eine Beschleunigung von Vermietungs- und Serviceprozessen, eine höhere Datensicherheit durch standardisierte Verfahren und eine verbesserten Nutzererfahrung verbunden.

Risiken entstehen aus einer potenziell hohen Abhängigkeit von der stabilen Verfügbarkeit der Wallet-Infrastruktur, aus neuen Angriffsflächen für Cyberkriminalität sowie aus sozialen Exklusionsrisiken, falls bestimmte Gruppen Digital Wallets nicht oder nur eingeschränkt nutzen können. Vor diesem Hintergrund bilden eine **balancierte Governance,** welche die Skalierung und Integration der Wallet-Infrastruktur in immobilienwirtschaftliche Plattform-Ökosysteme unterstützt, sowie robuste Sicherheits-, Inklusions- und Fallback-Konzepte, wie z. B. analoge Alternativprozesse oder Notfall-Identifikationswege, wichtige Erfolgsfaktoren für ein Wallet-basiertes Identitätsökosystem. Unternehmen der Branche, die frühzeitig Wallet-fähige Identitäts- und Prozessarchitekturen entwickeln und implementieren, ihre Rolle in ihrem Ökosystem als Issuer und/oder Service Provider strategisch definieren und in die Qualifizierung ihrer Mitarbeitenden hinsichtlich Identitäts-, Daten- und Ökosystemmanagement investieren, können in diesem Szenario eine zentrale Stellung in zukünftigen urbanen Daten- und Identitätsökosystemen einnehmen.

In den vier dargestellten Szenarien werden wichtige übergreifende Erfolgsfaktoren adressiert: Der erste dieser Erfolgsfaktoren liegt in einer Integrationsfähigkeit der Systeme und Strukturen, denn die notwendige Interoperabilität und damit verbundene Teilnahmefähigkeit an europäischen Datenräumen bilden wichtige Grundlagen für Innovationen. Zweitens ist eine hohe Kooperationsfähigkeit notwendig, da das Management von Ökosystemen oftmals binäre Lieferantenlogiken ersetzt und Governance zu einem gestaltbaren Wettbewerbsfaktor wird. Drittens muss trotz der technikgetriebenen Trends, welche die Grundlage der Szenarien bilden, eine Fokussierung auf die Menschen erfolgen, denn Akzeptanz, Teilhabe und Datenschutz bilden entscheidende Faktoren einer sozialen Nachhaltigkeit, welche die in diesem Buch vorgestellten digitalen Lösungen tragen müssen und die Bedingung für Diffusion bilden (vgl. PwC, 2024, S. 16 ff.).

Literatur

Accenture (2025). *Technology Vision 2025*. Accenture. https://www.accenture.com/de-de/insights/technology/technology-trends-2025. Zugegriffen: 10. März 2025.

Amman, J. (2024). *Data sharing is caring – A multiple case study on business model types in decentralized data ecosystems*. LMU München School of Management. https://smartlivingnext.de/wp-content/uploads/Ammann_HICSS-BMs-in-DDE_FinalSubmission.pdf. Zugegriffen: 21. Nov. 2025.

Bitkom (2024). *Digital office index 2024. Studie zur Digitalisierung von Geschäfts- und Verwaltungsprozessen in deutschen Unternehmen*. Bitkom. https://www.bitkom.org/sites/main/files/2024–09/bitkom-studie-digital-office-index-2024.pdf. Zugegriffen: 28. Nov. 2025.

BSI (2025). *Die Lage der IT-Sicherheit in Deutschland 2025*. Bundesamt für Sicherheit in der Informationstechnik. https://www.bsi.bund.de/SharedDocs/Downloads/DE/BSI/Publikationen/Lageberichte/Lagebericht2025_Achtseiter.pdf. Zugegriffen: 21. Nov. 2025.

BSI (o.J.a). *eIDAS-Verordnung über elektronische Identifizierung und Vertrauensdienste*. Bundesamt für Sicherheit in der Informationstechnik. https://www.bsi.bund.de/dok/7831030. Zugegriffen: 12. Aug. 2025.

BSI (o.J.b). *#nis2know: NIS-2 Risikoanalyse*. Bundesamt für Sicherheit in der Informationstechnik. https://www.bsi.bund.de/dok/nis-2-risikoanalyse. Zugegriffen: 28. Sept. 2025.

Deloitte (2024). *Deloitte tech trends 2025*. Deloitte. https://www.deloitte.com/de/de/services/consulting/perspectives/tech-trends.html. Zugegriffen: 20. Sept. 2025.

Drees & Sommer (2025). *Transform to Succeed 2025*. Drees & Sommer, TH Aschaffenburg. https://www.dreso.com/de/unternehmen/shared-content/publikationen/transform-to-succeed-digitalisierungsstudie-2025. Zugegriffen: 19. Juni 2025.

Dukino, C., Friedrich, M., Ganz, W., Hämmerle, M., Kötter, F., Meiren, T., Neuhüttler, J., Renner, T., Schuler, S., & Zaiser, H. (2019). *Künstliche Intelligenz in der Unternehmenspraxis*. Studie zu Auswirkungen auf Dienstleistungen und Produktion. Fraunhofer IAO. https://publica-rest.fraunhofer.de/server/api/core/bitstreams/0dd40c4f-9c68-4fbe-ba56-e4743834805d/content. Zugegriffen: 13. Dez. 2025.

Europäische Kommission (2024). *Commission staff working document on common European data spaces*. Europäische Kommission. https://digital-strategy.ec.europa.eu/en/library/second-staff-working-document-data-spaces. Zugegriffen: 28. Sept. 2025.

Europäische Kommission (o.J.). *EU Digital Identity Wallets for Issuers*. Europäische Kommission. https://ec.europa.eu/digital-building-blocks/sites/spaces/EUDIGITALIDENTITYWALLET/pages/881984686. Zugegriffen: 13. Dez. 2025.

Fraunhofer IESE (2023). *Digitale Ökosysteme in Deutschland: Inspirierende Beispiele zur Stärkung der deutschen Wirtschaft*. Fraunhofer IESE. https://www.gartner.com/en/articles/top-technology-trends-2025. Zugegriffen: 15. Sept. 2024.

Gartner (2025). *Gartner top 10 strategic technology trends for 2025*. Gartner Inc. https://www.gartner.com/en/articles/top-technology-trends-2025. Zugegriffen: 24. Nov. 2025.

Gsell, H., & Nikodemus, P. (2025). *Digitalisierung von Geschäftsprozessen in der Immobilienwirtschaft – Informationsmanagement, Systeme, Plattformen*. Springer Vieweg.

Gsell, H., Stamer, C., & Füllbeck, M. (2025). *IT und Digitalisierung in der Haus- und WEG-Verwaltung 2025*. EBZ Business School/InWIS Forschung & Beratung.

Hayes, M., Downie, A. (2024). *Was ist KI-transformation?* IBM Deutschland GmbH. https://www.ibm.com/de-de/think/topics/ai-transformation. Zugegriffen: 13. Dez. 2025.

Henger, R., Voigtländer, M. (2025). *PropTechs treiben Innovationen im Immobilienmarkt*. IW-Kurzbericht 44/2025. Institut der deutschen Wirtschaft. https://www.iwkoeln.de/fileadmin/user_upload/Studien/Kurzberichte/PDF/2025/IW-Kurzbericht_2025-PropTechs.pdf. Zugegriffen: 13. Dez. 2025.

IEA (2023). *Efficient Grid-Interactive Buildings*. International Energy Agency. https://iea.blob.core.windows.net/assets/71d1b69d-e8aa-49e5-9e0c-12c13d5a3a1f/EfficientGrid-InteractiveBuildings.pdf. Zugegriffen: 28. Nov. 2025.

Kosow, H., & Gaßner, R. (2008). *Methods of future and scenario analysis: Overview, Assessment, and Selection Criteria*. Deutsches Institut für Entwicklungspolitik (DIE). https://www.idos-research.de/uploads/media/Studies_39.2008.pdf. Zugegriffen: 27. Nov. 2025.

Lausberg, C., Krieger, P. (2022). *Entscheidungsunterstützungssysteme in der Immobilienwirtschaft*. Campus of Real Estate. https://www.hfwu.de/fileadmin/user_upload/FWR/IMMOB/news/Arbeitspapier_1-2022_Lausberg__Krieger_Entscheidungsunterstuetzungssysteme_in_der_Immobilienwirtschaft.pdf. Zugegriffen: 21. Nov. 2025.

Lis, D., Tagalidou, N., Lingelbach, K., & Spiekermann, M. (2019). *Ökosysteme für Daten und Künstliche Intelligenz*. Fraunhofer ISST/Fraunhofer IOA. https://www.iais.fraunhofer.de/content/dam/iais/publikationen/studien-und-whitepaper/2019/Positionspapier_%C3%96kosysteme_f%C3%BCr_Daten_und_K%C3%BCnstliche_Intelligenz.pdf. Zugegriffen: 21. Nov. 2025.

Mazzoni, L., Botta, M., Carlini, R., Filistrucchi, L., Menedez Gonzales, N., & Parcu, P. (2024). *Implications of the digital transformation on different social groups*. Policy Department for Citizens' Rights and Constitutional Affairs, Europäisches Parlament. https://www.europarl.europa.eu/RegData/etudes/STUD/2024/760277/IPOL_STU(2024)760277_EN.pdf. Zugegriffen: 13. Dez. 2025.

PwC (2024). *Emerging trends in real estate: Europe*. PricewaterhouseCoopers. https://www.pwc.com/gx/en/investment-management-real-estate/assets/emerging-trends-report-2025.pdf. Zugegriffen: 3. März 2025.

Reiberg, A., Niebel, C., & Kraemer, P. (2022). *Was ist ein Datenraum? Definition des Konzepts Datenraum*. Gaia-X Hub Germany/Acatech – Deutsche Akademie der Technikwissenschaften. https://gaia-x-hub.de/wp-content/uploads/2022/10/20220914_White_Paper_22.1_Definition_Datenraum_final.pdf. Zugegriffen: 16. Apr. 2025.

Renner, N., Kett, H., Kutzias, D., & Le, N.-T. (2024). *KI als strategische Ressource für Produkte etablieren*. Fraunhofer IAO. https://publica-rest.fraunhofer.de/server/api/core/bitstreams/366f8107-1a2e-4d39-902e-f85029ce31e3/content. Zugegriffen: 13. Dez. 2025.

Selvam, D. (2024). Securing Digital Identities: The Synergy of Information Technology Security, Trust, and Privacy. International Journal of Computer Science, Engineering and Information

Technology (IJCSEIT) (vol. 14, No. 5, August 2024). https://www.researchgate.net/publication/385800418_Securing_Digital_Identities_The_Synergy_of_Information_Technology_Security_Trust_And_Privacy. Zugegriffen: 13. Dez. 2025.

Steglich, S., Berger, M., & Sedlmeir, J. (2025). *Erfolgreiche digitale und datengetriebene Geschäftsmodelle für Industrie 4.0 mit Fokus auf dem Maschinen- & Anlagenbau.* Forschungsbeirat Industrie 4.0/Acatech – Deutsche Akademie der Technikwissenschaften. https://www.acatech.de/publikation/digitale-datengetriebene-geschaeftsmodelle/. Zugegriffen: 20. Nov. 2025.

ZIA/EY (2025). *Digitalisierungsstudie 2025: Data life cycle management in der Immobilienwirtschaft.* ZIA Zentraler Immobilien Ausschuss e. V. https://www.ey.com/content/dam/ey-unified-site/ey-com/de-de/noindex/documents/zia-ey-real-estate-digitalisierungsstudie-2025.pdf. Zugegriffen: 10. Sept. 2025.

ZVEI (2023). *SmartLivingNEXT: Forschung für eine data-sharing-Ökonomie.* ZVEI Verband der Elektro- und Digitalindustrie e. V. https://www.ey.com/content/dam/ey-unified-site/ey-com/de-de/noindex/documents/zia-ey-real-estate-digitalisierungsstudie-2025.pdf. Zugegriffen: 10. Sept. 2025.

GPSR Compliance

The European Union's (EU) General Product Safety Regulation (GPSR) is a set of rules that requires consumer products to be safe and our obligations to ensure this.

If you have any concerns about our products, you can contact us on ProductSafety@springernature.com

In case Publisher is established outside the EU, the EU authorized representative is:

Springer Nature Customer Service Center GmbH
Europaplatz 3
69115 Heidelberg, Germany

Batch number: 10286681

Printed by Printforce, the Netherlands